Die Chronik-Bibliothek des 20. Jahrhunderts

Hanna Vollmer

Chronik 1924

Tag für Tag in Wort und Bild

Chronik Verlag

Abbildungen auf dem Schutzumschlag
(oben links beginnend)
Der sowjetische Revolutionsführer Wladimir I. Lenin stirbt am 21. Januar
Französische Soldaten vor einem deutschen Eisenbahnwaggon; erst im Herbst werden Teile der besetzten deutschen Gebiete geräumt
Wahlplakat der Deutschnationalen; die Deutschen wählen in diesem Jahr zweimal
Die Führer der Nationalsozialisten, die wegen des Hitlerputsches in München vor Gericht stehen
Massenmörder Fritz Haarmann von der Polizei gefaßt
Plakat zu den VIII. Olympischen Sommerspielen in Paris
»Violin d'Ingres«, Photogramm des Surrealisten Man Ray

Redaktion: Christoph Hünermann (Text), Traute Schürmann-Baetzel (Bild)
Fachautoren: Dr. Ingrid Loschek (Mode), Rainer Wachtel (Architektur)
Anhang: Ludwig Hertel, Bernhard Pollmann, Karl Adolf Scherer
Herstellung: Barbara Reppold-Hinz, Annette Retinski
Gesamtherstellung: Mohndruck Graphische Betriebe GmbH, Gütersloh

Leihgeber für Zeitungen und Zeitschriften: Institut für Zeitungsforschung, Dortmund

ISBN 3-577-14024-0

Inhalt 1924

Hauptteil (ab Seite 8)

Jeder Monat beginnt mit einem Kalendarium, in dem die wichtigsten Ereignisse chronologisch geordnet und in knappen Texten dargestellt sind. Sonn- und Feiertage sind durch farbigen Druck hervorgehoben. Pfeile verweisen auf ergänzende Bild- und Textbeiträge auf den folgenden Seiten. Faksimiles von Zeitungen und Zeitschriften, die im jeweiligen Monat des Jahres 1924 erschienen sind, spiegeln Zeitgeist und herausragende Ereignisse.
Wichtige Ereignisse des Jahres 1924 werden – zusätzlich zu den Eintragungen im Kalendarium – in Wort und Bild beschrieben. Jeder der 350 Einzelartikel dieses Bandes bietet eine in sich abgeschlossene Information. Die Pfeile des Verweissystems machen auf Artikel aufmerksam, die an anderer Stelle dieses Bandes ergänzende Informationen zu dem jeweiligen Thema vermitteln.
670 teils farbige Abbildungen und grafische Darstellungen illustrieren die Ereignisse und Entwicklungen des Jahres 1924 und werden damit zu einem historischen Kaleidoskop besonderer Art.
Hinter dem Hauptteil (auf S. 208) geben originalgetreue Abbildungen einen Überblick über alle Postwertzeichen, die im Jahr 1924 im Deutschen Reich neu ausgegeben wurden.

Januar 8
Februar 26
März 42
April 58
Mai 74
Juni 90
Juli 106
August 126
September 144
Oktober 158
November 176
Dezember 190

Übersichtsartikel (ab Seite 21)

19 Übersichtsartikel, am blauen Untergrund zu erkennen, stellen Entwicklungen des Jahres 1924 zusammenfassend dar.
Alle Übersichtsartikel aus den verschiedenen Jahrgangsbänden ergeben – zusammengenommen – eine sehr spezielle Chronik zu den jeweiligen Themenbereichen (z. B. Film von 1900 bis 2000).

Arbeit und Soziales 21
Architektur 122
Auto 118
Bildungswesen 186
Essen und Trinken 68
Film 204
Gesundheit 53
Kunst 70
Literatur 174
Mode 88
Musik 24
Theater 56
Unterhaltung 142
Urlaub und Freizeit 98
Verkehr 38
Werbung 154
Wirtschaft 136
Wissenschaft und Technik ... 202
Wohnen und Design 170

Anhang (ab Seite 209)

Der Anhang zeigt das Jahr 1924 in Statistiken und anderen Übersichten. Ausgehend von den offiziellen Daten für das Deutsche Reich, Österreich und die Schweiz, regen die Zahlen und Fakten zu einem Vergleich mit den vorausgegangenen und den nachfolgenden Jahren an.
Für alle wichtigen Länder der Erde sind die Staats- und Regierungschefs im Jahr 1924 aufgeführt und werden wichtige Veränderungen aufgezeigt. Die Zusammenstellungen herausragender Neuerscheinungen auf dem Buchmarkt sowie der Premieren auf Bühne und Leinwand werden zu einem Führer durch das kulturelle Leben des Jahres.
Das Kapitel »Sportereignisse und -rekorde« spiegelt die Höhepunkte des Sportjahres 1924.
Internationale und deutsche Meisterschaften, die Entwicklung der Leichtathletik- und Schwimmrekorde sowie alle Ergebnisse der großen internationalen Wettbewerbe im Automobilsport, Eiskunstlauf, Fußball, Gewichtheben, Pferde-, Rad- und Wintersport sowie im Tennis sind wie die Boxweltmeister im Schwergewicht nachgewiesen.
Der Nekrolog enthält Kurzbiographien von Persönlichkeiten, die 1924 verstorben sind.

Regierungen Deutsches Reich, Österreich und Schweiz 209
Deutsches Reich, Österreich und Schweiz in Zahlen 210
Staatsoberhäupter und Regierungen ausgewählter Länder 214
Kriege und Krisenherde 216
Ausgewählte Neuerscheinungen auf dem Buchmarkt 217
Uraufführungen in Schauspiel, Oper, Operette und Ballett ... 219
Filme 221
Sportereignisse und -rekorde . 222
Nekrolog 229

Register (ab Seite 232)

Das *Personenregister* nennt – in Verbindung mit der jeweiligen Seitenzahl – alle Personen, deren Namen in diesem Band verzeichnet sind.
Werden Personen abgebildet, so sind die Seitenzahlen kursiv gesetzt. Herrscher und Angehörige regierender Häuser mit selben Namen sind alphabetisch nach den Ländern ihrer Herkunft geordnet.
Wer ein bestimmtes Ereignis des Jahres 1924 nachschlagen möchte, das genaue Datum oder die Namen der beteiligten Personen aber nicht präsent hat, findet über das spezielle *Sachregister* Zugang zu den gesuchten Informationen.
Oberbegriffe und Ländernamen erleichtern das Suchen und machen zugleich deutlich, welche weiteren Artikel und Informationen zu diesem Themenfeld im vorliegenden Band zu finden sind. Querverweise helfen bei der Erschließung der immensen Informationsvielfalt.

Personenregister 232
Sachregister 237

Das Jahr 1924

Weltpolitisch markiert das Jahr 1924 eine Wende von der seit dem Ersten Weltkrieg anhaltenden Konfrontationspolitik der großen Mächte zur Suche nach internationaler Entspannung. Bei den Siegermächten des Ersten Weltkriegs, insbesondere in den Vereinigten Staaten von Amerika, hat sich die Ansicht durchgesetzt, daß eine weitere Eskalation der internationalen Spannungen in Europa den Frieden weltweit gefährden würde.

Die Reparationsforderungen der Alliierten haben die wirtschaftlichen Möglichkeiten des Deutschen Reichs bei weitem überschritten. Die Situation hat sich zusätzlich verschärft, nachdem französische Truppen 1923 ins Ruhrgebiet einmarschiert sind und nunmehr die wichtigste Wirtschaftsregion des Deutschen Reichs als Unterpfand für deutsche Wiedergutmachungszahlungen besetzt halten. Die Folgen dieser Entwicklung sind eine anhaltende wirtschaftliche Krise und politische Instabilität im Deutschen Reich.

Auf der Londoner Konferenz im Juli und August beschließen die Alliierten mit Blick auf diese Situation eine Neuregelung der Reparationsfrage und eine 800-Millionen-Goldmark-Anleihe für das Deutsche Reich. Zudem vereinbaren die beiden Erzfeinde in Europa, Frankreich und das Deutsche Reich, eine Räumung der besetzten Industrieregion an Rhein und Ruhr für das Jahr 1925.

Durch diese Übereinkunft fließt ab Mitte 1924 ausländisches Kapital ins Deutsche Reich. Es beginnt eine Phase des wirtschaftlichen Aufschwungs.

Auch gegenüber der Sowjetunion, die seit der Oktoberrevolution 1917 international isoliert war, ändern westliche Staaten ihre Politik. Die Angst vor der »bolschewistischen Gefahr« weicht nun der Erkenntnis, daß sich die Moskauer Revolutionsregierung so stabilisiert hat, daß nicht mehr mit ihrem baldigen Sturz zu rechnen ist, auch wenn zwischen Josef W. Stalin und Leo D. Trotzki ein erbitterter Machtkampf um die Nachfolge von Wladimir I. Lenin entbrennt, der im Januar stirbt.

Die Regierung in London, geführt von James Ramsey MacDonald, dem ersten Labour-Premier in der britischen Geschichte, nimmt zuerst diplomatische Beziehungen zur UdSSR auf, andere Staaten folgen diesem Beispiel.

Trotz des wirtschaftlichen Aufschwungs bleibt im Deutschen Reich die innenpolitische Lage instabil. Die demokratischen Parteien sind außerstande, klare Mehrheitsverhältnisse zu ihren Gunsten herzustellen. Zweimal muß die deutsche Bevölkerung in diesem Jahr zu den Wahlurnen gerufen werden. Gewinner der innenpolitischen Entwicklung sind vor allem die rechtsextremen Parteien. Die unnachgiebige Haltung der Alliierten gegenüber dem Deutschen Reich seit dem Ende des Ersten Weltkriegs hatte den Rechtsparteien Munition für ihre Propagandafeldzüge geliefert: Sie agitieren gegen den »Vergewaltigungsfrieden« von Versailles und gegen die Reichsregierung, der sie vorwerfen, sie beuge sich den alliierten Forderungen ohne Gegenwehr. Mit ihrer Propaganda finden sie vor allem in den Kreisen Gehör, die sich nur unter Vorbehalt mit der Republik eingerichtet haben.

Die starke Position rechter Kreise findet ihren Niederschlag im Justizskandal des Jahres 1924. Adolf Hitler, Führer der Nationalsozialisten, der 1923 einen erfolglosen Putschversuch in Bayern unternommen hatte, findet im April vor einem Münchner Gericht milde Richter. Im Dezember wird er schon wieder aus der Haft entlassen.

Die weltweite wirtschaftliche Stabilisierung läßt gegen Ende des Jahres 1924 eine Zeitspanne beginnen, die als die »Goldenen Zwanziger« in die Geschichte eingeht. Literatur, Musik und bildende Künste erleben eine neue Blüte nach den kümmerlichen Jahren der Nachkriegszeit. Thomas Mann schließt die Arbeit an seinem Roman »Der Zauberberg« ab, in New York wird die »Rhapsody in blue« von George Gershwin uraufgeführt, und André Breton verfaßt in Frankreich das »Surrealistische Manifest«.

In weiten Kreisen der Bevölkerung wächst das Bedürfnis nach Unterhaltung, und mehr Menschen als je zuvor können sie sich leisten. Kinofilme wie Fritz Langs Leinwandepos »Die Nibelungen« oder »Der letzte Mann« von Friedrich Wilhelm Murnau füllen die Lichtspielhäuser. In deutschen Theatern werden Komödien wie Georg Kaisers »Kolportage« bejubelt, zu Publikumsrennern entwickeln sich große Ausstattungsrevuen.

Das sportinteressierte deutsche Publikum merkt 1924 noch nichts von einer veränderten Haltung der Weltmächte gegenüber dem Deutschen Reich. Erneut werden die Olympischen Spiele ohne deutsche Athleten ausgetragen. Wie schon 1920 in Antwerpen bleiben Sportler aus Deutschland als Vertreter des »Kriegsschuldnerlandes« ausgeschlossen. Als Ersatz für die I. Olympischen Winterspiele in Chamonix-Mont-Blanc und die VIII. Sommerspiele in Paris, die ganz im Zeichen des finnischen Läufers Paavo Nurmi stehen, finden im Deutschen Reich »nationale Olympiaden« statt.

Hanna Vollmer

◁ *Reichskanzler Wilhelm Marx als Koalitionskutscher, der die auseinandertreibenden politischen Kräfte im Deutschen Reich nicht zu bändigen vermag; so sieht die satirische Zeitschrift »Simplicissimus« die von Instabilität gekennzeichnete innenpolitische Entwicklung im Jahr 1924*

Januar 1924

Mo	Di	Mi	Do	Fr	Sa	So
	1	2	3	4	5	6
7	8	9	10	11	12	13
14	15	16	17	18	19	20
21	22	23	24	25	26	27
28	29	30	31			

1. Januar, Neujahr

Politiker aus den Staaten Europas zeigen sich in ihren Neujahrsansprachen zurückhaltend optimistisch bezüglich des kommenden Jahres. → S. 13

Als Nachfolgeorganisationen der verbotenen NSDAP werden die Großdeutsche Volksgemeinschaft (Alfred Rosenberg) und der Völkische Block (Erich Ludendorff) gegründet. → S. 14

Mit derzeit 1306 Schiffen (2,6 Millionen Bruttoregistertonnen) liegt die deutsche Handelsflotte weltweit an 20. Stelle. Im Jahre 1914 verfügte das Deutsche Reich über die zweitgrößte Handelsflotte in der Welt (5,6 Millionen BRT).

Im Deutschen Reich gibt es derzeit 1500 zahlende Rundfunkhörer. Zunächst als »Modetorheit« betrachtet, erfreut sich der Rundfunk, der im Deutschen Reich seit Oktober 1923 besteht, wachsender Beliebtheit. Die Jahresgebühr wird von 60 auf 24 Rentenmark gesenkt.

In Berlin wird der Film »Menschen und Masken« von und mit Harry Piel uraufgeführt.

In Berlin wird die Krolloper als Dependance der Berliner Staatsoper eröffnet. Sie ist für avantgardistische Inszenierungen und die Aufführung moderner Werke bestimmt. → S. 25

2. Januar, Mittwoch

Als Antwort auf einen Streik gegen die Einführung des Neunstundentags werden die Berliner Metallarbeiter für eine Woche ausgesperrt. Nahezu die gesamte Berliner Metallindustrie wird im Verlauf dieses Arbeitskampfes lahmgelegt. In allen Bereichen der Industrie versuchen Unternehmensleitungen Anfang 1924, eine Arbeitszeitverlängerung durchzusetzen.

In Nord- und Mittelfrankreich kommt es infolge der Schneeschmelze und starker Regenfälle zu einer Überschwemmungskatastrophe. Seine, Loire und Marne treten über ihre Ufer und überschwemmen zahlreiche Ortschaften. Auch die tiefer gelegenen Pariser Stadtteile sind betroffen. → S. 23

Bei einer Kundgebung des Republikanischen Reichsbundes in Berlin zum Thema »Das geistige Deutschland und die Republik« sprechen Konrad Hänisch, ehemaliger preußischer Kultusminister, und Staatsrechtslehrer Hugo Preuß. Letzterer war 1919 an der Erarbeitung der Weimarer Verfassung beteiligt.

3. Januar, Donnerstag

Reichskanzler Wilhelm Marx (Zentrum) erhält vom Deutschen Friedenskartell, dem Spitzenverband der pazifistischen Organisationen, eine Eingabe über die geheime Aufrüstung der Reichswehrführung, die sog. Schwarze Reichswehr.

Großes Aufsehen erregt in der italienischen Öffentlichkeit ein Fall von Lynchjustiz in dem Abruzzenstädtchen Celano. Auf bestialische Weise wurde dort ein Kirchendieb von der aufgebrachten Bevölkerung des Ortes getötet.

4. Januar, Freitag

Nach dem Rücktritt der sächsischen SPD-Minderheitsregierung unter Karl Fellisch bildet Max Heldt (SPD) eine Koalitionsregierung aus SPD, DDP und DVP. Damit ist der Konflikt zwischen dem Reich und Sachsen über die Beteiligung der KPD an der Landesregierung beigelegt. → S. 15

Die bayerische Regierung übermittelt der Reichsregierung eine Denkschrift, die eine Verfassungsreform anregt mit dem Ziel, die Stellung der Länder gegenüber dem Reich zu stärken. → S. 14

Mit der Verordnung über Gerichtsverfassung und Strafrechtspflege wird eine umfassende Justizreform im Deutschen Reich eingeleitet; u. a. sollen Gerichtsverfahren vereinfacht werden. → S. 15

In Japan kommt es zu einem Regierungswechsel. Der bisherige Ministerpräsident Gombei Jamamoto wird von Keigo Kiyoura abgelöst.

Großbritannien protestiert bei der US-Regierung gegen die Beschlagnahme des mit Schmuggelalkohol beladenen britischen Dampfers »Tomoka« durch die Prohibitionsbehörden der Vereinigten Staaten.

Das Lustspiel »Der Halbgott« von Friedrich Walther (Pseudonym für Walther von Eynern) wird im Schloßparktheater in Berlin-Steglitz uraufgeführt.

5. Januar, Sonnabend

Der polnische Ministerpräsident Wladyslaw Grabski wird vom Parlament zu einschneidenden wirtschaftlichen Sparmaßnahmen ermächtigt, die u. a. der Sanierung des Staatshaushalts dienen sollen. Vorgesehen ist zu diesem Zwecke auch eine Währungsreform.

Im französischen Finanzministerium findet eine Konferenz führender Finanzfachleute über eine Währungsstabilisierung statt. Nach Pressemeldungen soll die Konferenz Maßnahmen zur Bekämpfung der Spekulation erörtert haben. Vorausgegangen ist ein Kurssturz des Franc (→ 23. 2. / S. 37).

6. Januar, Sonntag

Von der Mehrheit der sächsischen SPD wird die neue Koalition mit den bürgerlichen Parteien DDP und DVP abgelehnt. Der Landesparteitag fordert mit 77 gegen 16 Stimmen den Rücktritt des SPD-Ministerpräsidenten Max Heldt und die Auflösung des Landtags (→ 4. 1. / S. 15).

Bei einem Volksentscheid in Lübeck stimmt die Mehrheit der Stimmberechtigten gegen den Rücktritt des Senats, den die sozialdemokratisch-kommunistische Mehrheit der Bürgerschaft gefordert hatte. Bürgerschaftsneuwahlen werden auf den 10. Februar festgesetzt.

7. Januar, Montag

In Paris treffen die US-amerikanischen Finanzsachverständigen Charles Gates Dawes und Owen D. Young ein. Dawes soll den internationalen Ausschuß zur Erarbeitung eines Gutachtens über die Stabilisierung der deutschen Währung und eine neue Reparationsregelung leiten (→ 14. 1. / S. 12).

Nachdem die Bemühungen um die Bildung eines neuen Kabinetts gescheitert sind, beendet Königin Wilhelmina die seit Oktober 1923 andauernde Regierungskrise in den Niederlanden. Sie lehnt das Demissionsgesuch der bisherigen Regierung unter Charles Joseph Maria Ruys de Beerenbrouck ab. Das Kabinett, eine Koalition der rechten Mehrheitsparteien, bleibt unverändert bestehen. → S. 20

Wie die Nachrichtenagentur Reuter aus New Orleans meldet, hat der mexikanische General Adolfo de la Huerta, der seit Ende 1923 einen Aufstand gegen das Regime von Präsident Álvaro Obregón anführt, umfangreiche Waffenkäufe in den USA veranlaßt (→ 10. 2. / S. 37).

In den Londoner Docks richtet der größte Hafenbrand seit 50 Jahren schweren Schaden an.

Im Ufa-Palast am Zoo (Berlin) wird der Film »Die Finanzen des Großherzogs« von Regisseur Friedrich Wilhelm Murnau uraufgeführt. Wichtige Rollen werden von Harry Liedtke, Ilka Grüning und Mady Christians gespielt. Das Drehbuch schrieb Thea von Harbou.

Erstmals legt eine Frau in Preußen die große juristische Staatsprüfung ab. Marie Munk ist daraufhin zur Assessorin ernannt worden.

8. Januar, Dienstag

Großbritannien wird von schweren Schneestürmen heimgesucht. Auch im Deutschen Reich fällt ungewöhnlich viel Schnee. → S. 23

9. Januar, Mittwoch

Separatistenführer Franz Josef Heinz (genannt Heinz-Orbis), Präsident der »Regierung der Autonomen Pfalz«, wird in Speyer von pfälzischen Nationalisten erschossen. → S. 15

Als Nachfolger des am 3. Januar verstorbenen Arnold G. F. Diestel wird Carl Petersen, Vorsitzender der Deutschen Demokratischen Partei (DDP), zum Ersten Bürgermeister der Stadt Hamburg gewählt. → S. 15

Mit dem Hinweis auf die derzeitige Wirtschaftskrise begründet der Schlichtungsausschuß für die deutsche Kaliindustrie sein Votum für eine Verlängerung der Arbeitszeit. Arbeitgeber und Arbeitnehmer akzeptieren den Schlichtungsspruch.

10. Januar, Donnerstag

Anläßlich der Wiederkehr des Jahrestags der Ruhrbesetzung durch französische und belgische Truppen am 10. Januar 1923 erläßt Reichskanzler Wilhelm Marx eine Bekanntmachung, in der er die Besetzung und ihre Folgen aufs Schärfste verurteilt. → S. 14

Die Interalliierte Militärkontrollkommission nimmt ihre Tätigkeit im Deutschen Reich, die in Folge der Ruhrbesetzung unterbrochen worden war, wieder auf. Kontrolliert wird, ob das Deutsche Reich den Abrüstungsbestimmungen des Versailler Vertrags (1919) nachkommt (→ 30. 6. / S. 95).

In Belgrad tagt die Konferenz der Kleinen Entente, einem Bündnissystem zwischen Rumänien, der Tschechoslowakei und dem Königreich der Serben, Kroaten und Slowenen (Jugoslawien). Bei den Gesprächen, die bis zum 12. Januar dauern, wird insbesondere die Aufnahme von diplomatischen Beziehungen zur Sowjetunion erörtert. → S. 20

11. Januar, Freitag

Führende deutsche Politiker protestieren gegen die anhaltende Besetzung des Ruhrgebiets durch Frankreich und Belgien. → S. 14

Eleftherios Weniselos, der für eine Volksabstimmung über die Errichtung einer Republik in Griechenland eintritt, bildet nach der Demission von Ministerpräsident General Stilianos Gonatas am 17. Dezember 1923 die neue griechische Regierung (bis 6. 2.). → S. 20

Im Primus-Palast in Berlin wird der Film »Die letzte Maske« von Emerich Hanus uraufgeführt.

12. Januar, Sonnabend

Die nationalistische Wafd-Partei siegt bei den ersten Parlamentswahlen in Ägypten. → S. 20

Gerhart Hauptmanns »Kaiser Maxens Brautfahrt« wird im Leipziger Schauspielhaus uraufgeführt.

13. Januar, Sonntag

Bei den Gemeinderatswahlen in Sachsen können die bürgerlichen Parteien ihren Stimmenanteil erheblich steigern. Das Wahlergebnis ist auch als Votum gegen linke SPD-Kreise zu werten, die auf Landesebene eine erneute Koalition mit der KPD anstreben (→ 4. 1. / S. 15).

In Nürnberg endet das Fußball-Länderspiel zwischen Deutschland und Österreich 4:3.

14. Januar, Montag

In Paris tritt das erste internationale Sachverständigenkomitee (Dawes-Komitee) zusammen. Es soll die deutsche Währungssituation begutachten und eine Neuregelung der deutschen Reparationszahlungen an die Alliierten erarbeiten. Der Ausschuß wird geleitet von dem US-amerikanischen Finanzpolitiker Charles Gates Dawes. → S. 12

Gute Chancen bei den britischen Parlamentswahlen sieht die »Berliner Illustrirte Zeitung« für den Labour-Führer James Ramsey MacDonald

20. Januar 1924
Nr. 3
33. Jahrgang

Berliner Illustrirte Zeitung

Preis des Heftes 20 Goldpfennig

Verlag Ullstein, Berlin SW 68

Ramsay Macdonald, der Führer der englischen Arbeiterpartei, der nach dem Wahlsieg voraussichtlich Ministerpräsident werden und das erste Arbeiter-Kabinett in der Geschichte Englands bilden wird.

Macdonald während seiner großen Programmrede in der Londoner Albert Hall.

15. Januar, Dienstag

In Berlin werden mehrere Rechtsradikale festgenommen, die im Verdacht stehen, ein Attentat auf Generaloberst Hans von Seeckt geplant zu haben. Der konservative von Seeckt ist seit 1920 Chef der Heeresleitung und seit 1923 Inhaber der Reichsexekutive.

In New York inszeniert Theaterintendant und -regisseur Max Reinhardt »Das Mirakel« von Karl Gustav Vollmoeller. Eugen Klöpfer spielt in dem Stück eine Doppelrolle. Wegen der großen Resonanz wird »Das Mirakel« in der Folgezeit 298mal aufgeführt. → S. 25

Ein Brand zerstört das Landestheater Neustrelitz bis auf die Grundmauern. Dabei geht auch der wertvolle Theaterfundus in den Flammen auf.

16. Januar, Mittwoch

Der Allgemeine Deutsche Gewerkschaftsbund (ADGB) erklärt seinen Austritt aus der am 15. November 1918 gegründeten Zentralarbeitsgemeinschaft mit den gewerblichen Unternehmern. Weite Teile der Unternehmerschaft haben sich nach Aussage des ADGB nicht an die Grundlagen der Zusammenarbeit gehalten.

Die unfreiwillige Sturmfahrt des US-amerikanischen Luftschiffs »Shenandoah« stellt die geplante Nordpolfahrt der »Shenandoah« in Frage. Das Luftschiff hat sich im Sturm als kaum navigierbar erwiesen. → S. 22

17. Januar, Donnerstag

Ein KPD-Mißtrauensvotum im Anschluß an die Regierungserklärung des neuen sächsischen Ministerpräsidenten Max Heldt (SPD) wird vom Landtag abgelehnt (→ 4. 1. / S. 15).

Anläßlich der Aufführung von Ernst Tollers »Hinkemann« kommt es in Dresden zu Störungen durch Nationalsozialisten. Weitere Aufführungen des pazifistischen Stücks in Wien (10. Februar) und Berlin (11. April) finden deshalb unter Polizeischutz statt. In der Berliner Inszenierung spielt Heinrich George die Hauptrolle. → S. 25

18. Januar, Freitag

In Finnland kommt es zu einer Regierungskrise infolge der Meinungsverschiedenheiten zwischen Regierung und Staatspräsident Kaarlo Juho Ståhlberg über die Frage der Parlamentsauflösung, der sich die Regierung widersetzt. Ministerpräsident Kyösti Kallio tritt zurück; Aimo Kaarlo Cajander führt bis zu den Neuwahlen am 1. April eine Geschäftsregierung.

In Berlin wird der zweiteilige Film »Die große Unbekannte« von Willi Wolff mit Ellen Richter uraufgeführt.

19. Januar, Sonnabend

Die Milchversorgung des rheinisch-westfälischen Industriegebiets wird durch einen deutsch-niederländischen Milchlieferungsvertrag sichergestellt.

Der Deutschen Reichsbahn wird von verschiedenen Hypothekenbanken ein Darlehen in Höhe von 100 Millionen Goldmark gewährt.

20. Januar, Sonntag

Internationales Aufsehen erregen Berichte niederländischer Zeitungen über einen angeblichen deutschen Kolonisierungsplan in Neuguinea. Nach diesen Meldungen sollen Herzog Adolf von Mecklenburg, Schwager der niederländischen Königin, und Philipp Helfferich, Bruder des DNVP-Politikers Karl Helfferich, die Initiatoren dieses Plans sein.

Zu schweren Störungen des Verkehrs führt der Streik der britischen Lokomotivführer. Bis zum 29. Januar wird lediglich ein Notfahrplan aufrechterhalten.

21. Januar, Montag

Unter der Leitung des britischen Bankiers Reginald McKenna wird in Paris der zweite internationale Sachverständigenausschuß eröffnet. Er soll sich mit der Frage befassen, wie deutsche Kapitalien zu behandeln sind, die wegen der Inflation ins Ausland gebracht wurden (→ 14. 1. / S. 12).

Wladimir I. Lenin (eigentl. Wladimir I. Uljanow), Gründer und Regierungschef der Sowjetunion, stirbt in Gorki bei Moskau an einer Gehirnsklerose. → S. 16

Im Mozartsaal in Berlin wird »Der Raub der Helena« von Manfred Noa uraufgeführt. Es handelt sich um den ersten Teil eines Filmwerks mit prominenter Besetzung (u. a. Adele Sandrock, Albert Bassermann). Der zweite Teil wird am 4. Februar unter dem Titel »Der Untergang Trojas« uraufgeführt.

Die italienische Fußball-Nationalelf besiegt in Genua Österreichs Auswahl 0:4.

22. Januar, Dienstag

Reichsbankpräsident Hjalmar Schacht referiert vor dem Dawes-Ausschuß, der mit der Erstellung eines Gutachtens zur Neuregelung der Reparationsfrage beauftragt ist, über Fragen der staatlichen Finanzpolitik im Deutschen Reich. Zuvor hatte Schacht den Ausschuß über den Gesamtkomplex der deutschen Währung informiert (→ 14. 1. / S. 12).

Konrad Adenauer (Zentrum), Oberbürgermeister der Stadt Köln, wird zum Präsidenten des Preußischen Staatsrats gewählt.

In Estland führt eine umfangreiche Polizeirazzia zur Verhaftung von rd. 200 Kommunisten, denen die Vorbereitung eines Umsturzes vorgeworfen wird. Wegen enger Verbindungen der estnischen Kommunisten und der Revaler Sowjetvertretung kommt es im Februar zu einem diplomatischen Konflikt mit der Sowjetunion (→ 27. 11/S. 182).

In einer Eingabe an Reichskanzler Wilhelm Marx (Zentrum) protestieren sämtliche Beamtenverbände gegen die Personalabbauverordnung vom 27. Oktober 1923. Die Verordnung sieht eine Reduzierung der Beamten-, Angestellten- und Arbeiterzahlen in der Reichsverwaltung um 24,9% bis zum 1. April 1924 vor.

23. Januar, Mittwoch

Erstmals in der britischen Parlamentsgeschichte wird eine Labour-Regierung gebildet. James Ramsey MacDonald, in dessen Kabinett vorwiegend Vertreter des rechten Parteiflügels eintreten, löst den konservativen Premierminister Stanley Baldwin ab. → S. 19

Großbritannien und die USA unterzeichnen in Washington einen Alkoholvertrag zur Unterdrückung des Alkoholschmuggels. Danach können die US-Prohibitionsbehörden britische Schiffe innerhalb einer Zwölfmeilenzone nach Alkoholvorräten durchsuchen. Bei Verstößen gegen US-Alkoholeinfuhrgesetze können Schiffe beschlagnahmt werden (→ 13. 3. / S. 49).

24. Januar, Donnerstag

Mit 51 gegen 37 Stimmen lehnt der sächsische Landtag den Antrag des linken Flügels der SPD-Fraktion auf Auflösung des Landtags ab. Die Koalition der SPD mit den bürgerlichen Parteien DDP und DVP führt innerhalb der SPD zu heftigen Flügelkämpfen (→ 4. 1. / S. 15).

25. Januar, Freitag

Frankreich und die Tschechoslowakei schließen in Paris einen Bündnis- und Freundschaftsvertrag, der die »Kleine Entente« ergänzt, das Vertragssystem im Osten Europas (→ 10. 1. / S. 20).

In Chamonix-Mont-Blanc (Frankreich) beginnt die vom Internationalen Olympischen Komitee veranstaltete »Internationale Wintersportwoche«, der erst im Nachhinein der Titel »I. Olympische Winterspiele« zugesprochen wird. Die Wettkämpfe dauern bis zum 4. Februar. → S. 25

26. Januar, Sonnabend

Auf dem II. Allunions-Sowjetkongreß, der bis zum 2. Februar dauert, legt Parteichef Josef W. Stalin ein feierliches Gelöbnis auf den am 21. Januar verstorbenen Regierungschef Wladimir I. Lenin ab, womit er den Leninkult der folgenden Jahre einleitet. → S. 18

In Japan wird die Vermählung des Prinzregenten und Kronprinzen Hirohito mit Prinzessin Nagako gefeiert. → S. 22

Paul Klee hält anläßlich seiner Ausstellung im Kunstverein Jena einen vielbeachteten Vortrag über seine Kunstauffassung.

27. Januar, Sonntag

In einem Mausoleum auf dem Roten Platz in Moskau wird der am 21. Januar verstorbene sowjetische Regierungschef Wladimir I. Lenin feierlich beigesetzt. Parteichef Josef W. Stalin hält die Gedenkrede. Am Tag zuvor war Petrograd zu Ehren des Verstorbenen in Leningrad umbenannt worden (→ 21. 1. / S. 16).

Italien und das Königreich der Serben, Kroaten und Slowenen (Jugoslawien) unterzeichnen in Rom einen Freundschaftsvertrag. Ein weiteres Abkommen anerkennt die italienische Souveränität über Fiume (Rijeka). Damit ist der seit dem Ersten Weltkrieg schwelende Konflikt um die Stadt Fiume, auf deren Gebiet beide Staaten Anspruch erheben, im Sinne Italiens gelöst (→ 16. 3. / S. 48).

28. Januar, Montag

In Konstantinopel (Istanbul) unterzeichnen Österreich und die Türkei einen Freundschaftsvertrag und einen Handelsvertrag.

Nach dem Sieg der nationalistischen Wafd-Partei bei den ersten ägyptischen Parlamentswahlen am 12. Januar bildet Wafd-Führer Sad Saghlul die neue Regierung. Die Wafd-Partei tritt für die vollständige Unabhängigkeit Ägyptens ein, das unter starkem Einfluß Großbritanniens steht (→ 12. 1. / S. 20).

29. Januar, Dienstag

Die Mitglieder der beiden internationalen Sachverständigenausschüsse treffen in Berlin ein, wo sie bis zum 13. Februar mit deutschen Stellen die Voraussetzungen für eine Neuregelung der Reparationsfrage untersuchen. Der Plan für eine neue deutsche Goldnotenbank wird festgelegt (→ 14. 1. / S. 12).

Ein Kompromiß hinsichtlich des umstrittenen Lohnsystems führt zur Beendigung des Streiks der britischen Lokomotivführer (seit 20. 1.).

Um auf dem internationalen Markt die Konkurrenzfähigkeit herzustellen, werden im Deutschen Reich die Roheisenpreise um fünf bis zehn Rentenmark pro Tonne gesenkt.

30. Januar, Mittwoch

Dänemark und Norwegen schließen das Grönlandabkommen. Danach soll die Ostküste Grönlands den Fischern und Walfängern beider Länder gleichermaßen offen stehen. Ungeklärt bleibt vorerst die seit Jahren umstrittene Frage der Souveränität über Ostgrönland, auf das beide Länder Anspruch erheben.

31. Januar, Donnerstag

Vom bayerischen Landtag wird ein Landtagswahlgesetz verabschiedet, das die Zahl der Landtagsabgeordneten von 143 auf 114 reduziert.

Vom II. Allunions-Sowjetkongreß wird die neue Verfassung der UdSSR endgültig bestätigt, durch die ein zentralistisch regierter Einheitsstaat geschaffen wird. Nur formal ist das föderalistische Prinzip bestimmend.

Das Wetter im Monat Januar

Station	Mittlere Lufttemperatur (°C)	Niederschlag (mm)	Sonnenscheindauer (Std.)
Aachen	1,8 (1,8)	35 (72)	– (51)
Berlin	–3,2 (–0,4)	17 (43)	– (56)
Bremen	–1,1 (0,6)	25 (57)	– (47)
München	–3,0 (–2,1)	– (55)	– (56)
Wien	– (–0,9)	– (40)	– (–)
Zürich	–1,7 (–1,0)	35 (68)	41 (46)

( ) Langjähriger Mittelwert für diesen Monat
– Wert nicht ermittelt

Die Freuden des Winters thematisiert die »Illustrirte Zeitung« in einer ihrer Januar-Ausgabe

Mitglieder des Dawes-Komitees: (1. Reihe v. l.) Pirelli, Alix, Parmentier, Dawes, Young, Houtard, Stamp, Franqui, (2. Reihe v. l.) Flora, Kindersley, MacFadyean

Dawes-Komitee für Neuregelung der Reparationen

14. Januar. In Paris nimmt das Ende 1923 eingesetzte internationale Sachverständigenkomitee zur Prüfung der deutschen Währungssituation und Ausarbeitung eines neuen Reparationsplans die Arbeit auf. Das Finanzexpertenkomitee wird von US-Finanzpolitiker Charles Gates Dawes geleitet.

Im Sommer 1923 stand außer Zweifel, daß die Reparationszahlungen an die Alliierten, die vom Deutschen Reich aufgrund des Versailler Vertrags von 1919 gefordert wurden, nicht wie geplant aufgebracht werden konnten. Die galoppierende Inflation von 1923 hatte die deutsche Währung und Wirtschaft zerrüttet. Erst die Währungsreform im November 1923 machte die wirtschaftliche Leistungsfähigkeit des Deutschen Reiches wieder kalkulierbar und ermöglichte einen reparationspolitischen Neuanfang. Im Dezember 1923 wurde daher das Dawes-Komitee eingesetzt. Zu dem unabhängigen Gremium gehören neben Dawes Owen D. Young (USA), Sir Robert Kindersley (Großbritannien) und Sir Josiah C. Stamp (Großbritannien) sowie je zwei französische, italienische und belgische Finanzexperten. Im Gegensatz zu früheren Regelungen der Reparationsfrage sollen dem vom Dawes-Komitee zu erarbeitenden Zahlungsplan die deutschen Währungs- und Wirtschaftsverhältnisse zugrunde gelegt werden.

Besonders die USA, die sich erstmals an der Regelung des Reparationsproblems beteiligen, sind an einem wirtschaftlich erholten Europa interessiert. Denn die expandierende US-Wirtschaft ist auf eine Ausweitung ihres Kapital- und Warenexports angewiesen.

Mit der Reparationsfrage ist u. a. das Problem der französischen Besetzung des Ruhrgebiets seit Januar 1923 eng verknüpft. Frankreich betrachtet das Ruhrgebiet als Pfand für ausstehende deutsche Reparationszahlungen. Die Regierung in Paris stimmt daher nur unter britischem und US-amerikanischem Druck der Behandlung der Ruhrfrage durch das Dawes-Komitee zu. Ein zweites Sachverständigenkomitee unter der Leitung des britischen Bankiers Reginald McKenna soll die Ursachen der Kapitalflucht aus dem Deutschen Reich untersuchen (→ 9. 4. / S. 64, 16. 8. / S. 130).

Reparationsstreit seit Ende des Weltkriegs

Der Versailler Vertrag (1919) verpflichtet das Deutsche Reich zur Zahlung von Reparationen (Wiedergutmachungen) an die Alliierten. Bisher scheiterten realistische Vereinbarungen über Höhe und Modalitäten dieser Zahlungen u. a. an der kompromißlosen Haltung der Franzosen.

Nach Scheitern der Verhandlungen über eine endgültige Festsetzung der Gesamtsumme akzeptierte das Deutsche Reich das Londoner Ultimatum der Alliierten vom 11. Mai 1921. Es legte u. a. die Reparationszahlungen auf 132 Milliarden Goldmark zahlbar in jährlichen Zwei-Milliarden- Raten fest. Mit der sog. Erfüllungspolitik der Reichsregierung wird die Unerfüllbarkeit der alliierten Forderungen demonstriert.

Als Franzosen und Belgier Anfang 1923 das Ruhrgebiet als Pfand für ausstehende deutsche Reparationsleistungen besetzten, wurden die deutschen Zahlungen eingestellt. Die Einsetzung eines internationalen Expertenkomitees unter Beteiligung der USA (→ 14. 1. / S. 12) markiert einen Neuanfang in der Reparationsfrage.

Am Quai d'Orsay, im Uhrensaal des französischen Außenministeriums, entstand 1919 der Vertrag von Versailles

Wirtschaft braucht ausländische Hilfe

Januar. In einer Denkschrift nimmt die Reichsregierung Stellung zur derzeitigen Lage der deutschen Wirtschaft und Finanzen.
Zum einen erwartet die Reichsregierung eine »allmähliche Gesundung der Wirtschaft« nach Beendigung der verheerenden Inflation durch die Währungsreform im November 1923. Zum anderen sei die endgültige Stabilisierung nicht »ohne die Hilfe ausländischen Kapitals und ohne die Wiederherstellung der deutschen Wirtschaftseinheit« (Aufhebung der französischen Ruhrbesetzung) möglich.
Infolge der »nachteiligen Tendenzen« in der Nachkriegszeit (Inflation, Gebietsabtretungen, Reparationen) ist nach Angaben der Regierung der »Wert der deutschen Produktion ... um mehr als ein Drittel gesunken.« Ohne die Gewährung der Meistbegünstigung für die deutsche Wirtschaft im internationalen Handel und ohne eine Verbesserung der deutschen Handelsbilanz sei eine grundlegende Veränderung der Wirtschaft nicht in Sicht.
Unter der inflationsbedingten »Aufzehrung der Kapitalsubstanz« habe, so die Denkschrift, besonders der Mittelstand gelitten. Die Arbeiterschaft sei 1923 von Arbeitslosigkeit und dem Rückgang des Reallohns betroffen. Derzeit lebe fast ein Sechstel der deutschen Bevölkerung von öffentlicher Fürsorge.

Reichskanzler Wilhelm Marx will das Deutsche Reich aus der Wirtschaftsmisere herausführen

Verhaltener Optimismus für das Jahr 1924

1. Januar. Zum Jahreswechsel äußern sich Europas Spitzenpolitiker über die Perspektiven für das neue Jahr. Bei den traditionellen Neujahrsempfängen für die Diplomaten in Berlin und Paris sprechen Reichspräsident Friedrich Ebert und Frankreichs Staatspräsident Alexandre Millerand ihre Hoffnung auf eine Besserung der politischen und wirtschaftlichen Lage nach dem Krisenjahr 1923 aus. Für das Deutsche Reich bedeutet dies, wie Reichsaußenminister Gustav Stresemann in seinen »Neujahrsbetrachtungen« ausführt, die Befreiung des Ruhrgebiets (→ 11. 1./S. 14) und eine Neuregelung der die internationalen Beziehungen belastenden Reparationsfrage (→ 14. 1./S. 12).

Angesichts der schwierigen deutschen Situation sorgenvoller Ausblick in das Jahr 1924 von Reichsaußenminister Gustav Stresemann (DVP) in der »Zeit«:

»Das neue Jahr wird uns außenpolitisch vor schwere Entscheidungen stellen. Soweit Hoffnung besteht, die Ruhrfrage, die für Deutschland eine Lebensfrage ist, zu lösen, wird diese Lösung voraussichtlich nur im Zusammenhang mit dem großen Reparationsproblem möglich sein.
Wir können es vom deutschen Standpunkt aus nur begrüßen, wenn internationale Kommissionen sich mit der Frage der deutschen Leistungsfähigkeit erneut beschäftigen wollen. Wir haben nichts zu verbergen. Die Vorwürfe, die man früher gegen uns erhob, daß wir bewußt auf den Bankrott der deutschen Finanzen hingearbeitet hätten, werden jetzt wohl nicht mehr aufrechterhalten. Zu deutlich stehen die Folgen des deutschen Wirtschaftsniederganges vor aller Augen ...
Es ist klar, daß wir Leistungen nach außen in dieser Situation nicht zu übernehmen vermögen. Es ist weiter klar, daß wir einer internationalen Anleihe bedürfen, die uns die Möglichkeit gibt, ... unsere Währung zu stabilisieren, unserer Industrie die notwendigen Rohstoffe zuzuführen, um so den Grund zu legen für eine zukünftige wirkliche deutsche Wirtschaftsprosperität, die auch allein in der Zukunft Trägerin deutscher Leistungen sein kann. Wer von Deutschland für die Zukunft Leistungen verlangt, ... der muß sich darüber klar sein, daß er zunächst Deutschland die Möglichkeit dieser Leistungen geben muß. Und dazu ist notwendig eine Zeit ruhiger Entwicklung, der Sicherheit der Grenzen, der Wiederherstellung der deutschen Souveränität, kurz, die Geltendmachung der Rechte aus dem Versailler Vertrag seitens Deutschlands und ihre Anerkennung durch die Signatarmächte des Vertrags. Hat man Deutschlands Pflichten betont – und Deutschland hat sich niemals diesen Pflichten entzogen –, so darf man auch an Deutschlands Rechten nicht vorübergehen. Deutschland ohne Ruhr und Rhein wäre die Verewigung wirtschaftlicher Ohnmacht . . ., wäre die Verewigung der Unruhe in Europa . . .
Beinahe fünf Jahre hat es gedauert, ehe die Völker vom Beginn des großen Weltkriegs zum formalen Frieden [Versailler Vertrag von 1919] gelangt sind. Möge ein gutes Geschick uns geben, daß wir dem wirklichen Frieden näherkommen, den die Welt braucht.«

Reichspräsident Friedrich Ebert sagt in seiner Neujahrsansprache vor dem diplomatischen Korps in Berlin u. a.:

»Es ist bei Beginn dieses neuen Jahres der sehnlichste Wunsch des deutschen Volkes in seinem harten und duldenden Ringen um sein Leben und seine Zukunft, daß auch ihm bald das hohe Gut ruhiger Arbeit und friedlichen Lebens im Kreise der Völker beschieden sei.«

Versöhnungsbereitschaft signalisiert Frankreichs Staatspräsident Alexandre Millerand in seiner Neujahrsansprache, worin er sich auf das seit dem französischen Einmarsch in das Ruhrgebiet gespannte Verhältnis zum Deutschen Reich bezieht:

»Die Ausdauer und die Stetigkeit unserer mit unbeugsamer Mäßigung verfolgten Politik haben zuletzt Früchte getragen. Es scheint, daß es erlaubt ist, die Morgenröte der Versöhnung und des endgültigen Friedens zu begrüßen. Frankreich, dessen Geist vom Geist des Hasses so weit entfernt ist, ruft sie mit ganzer Seele. Es wünscht inbrünstig, daß kein neuer Zwischenfall die Verwirklichung hinausschiebe. In seinen Erwartungen vereint es die Wiederherstellung der wirtschaftlichen Weltordnung mit der Wiederherstellung seiner eigenen Prosperität.
Es fordert seinen Platz in der ersten Reihe der Arbeiter, die guten Willens sind und deren Mitarbeit unerläßlich ist, damit jene Ruhe in die Ordnung komme, womit Sie [er spricht dabei direkt den päpstlichen Nuntius in Paris an] . . . in richtiger Weise den Frieden definieren.«

Der französische Regierungschef Raymond Poincaré richtet in der US-Zeitung »New York Tribune« eine Neujahrsbotschaft an das US-amerikanische Volk:

Während des vergangenen Jahres habe Frankreich sehr ernste Anstrengungen machen müssen, um seine Recht zu wahren. Diese Aktion (Ruhrbesetzung) werde auch jetzt noch fortgesetzt. Wenn Frankreich anders gehandelt haben würde, dann würde es die Früchte des Sieges, den Amerika habe mit erringen helfen, aufs Spiel gesetzt haben, und das französische Volk wäre um die Reparationen gekommen.

Französische Besatzungstruppen in Düsseldorf; am Straßenrand eine unfreundlich gesinnte Zuschauermenge

Jahrestag der Ruhrgebietsbesetzung

11. Januar. Offizielle Verlautbarungen, so u. a. eine Erklärung von Reichskanzler Wilhelm Marx (→ 10. 1./S. 14), nehmen den Jahrestag des Einmarsches französischer und belgischer Truppen in das Ruhrgebiet zum Anlaß, um erneut gegen die noch andauernde Besetzung des Industriereviers zu protestieren.

Trotz deutschen Einlenkens im Ruhrkampf – der passive Widerstand gegen die Besatzungsmächte wurde im September 1923 abgebrochen – halten die Franzosen an der Besetzung und Nutzung des Ruhrgebiets als Pfand für deutsche Reparationszahlungen fest. Der Reichsregierung bleibt nur die Hoffnung, im Zuge einer Neuregelung der Reparationsfrage (→ 14. 1./S. 12) die Räumung des Ruhrgebiets durchsetzen zu können. Erst die Verfügung über das Wirtschaftspotential des Ruhrgebiets, so die deutsche Argumentation, ermögliche langfristig die Zahlung der geforderten Wiedergutmachung.

Auch wird von deutscher Seite die Rückkehrerlaubnis für die während des Ruhrkampfes Ausgewiesenen gefordert. Es handelt sich hauptsächlich um Beamte, Angestellte und Arbeiter der Reichsbahn, insgesamt rund 140 000 Menschen, die wegen passiven Widerstands mit ihren Familien aus dem besetzten Ruhrgebiet ausgewiesen wurden.

»Eine Kette der schwersten Prüfungen«

10. Januar. Reichskanzler Wilhelm Marx (Zentrum) erläßt folgende Bekanntmachung zur Besetzung des Ruhrgebiets durch französische und belgische Streitkräfte vor einem Jahr (in Auszügen zitiert):

»Am 11. Januar jährt sich der Tag, an dem französische und belgische Truppen unter Verletzung des Versailler Friedensvertrages deutsches Land an der Ruhr mit Waffengewalt besetzten. Eine Kette der schwersten Leiden und Prüfungen wurde der Bevölkerung des ... Gebietes seit jenem schwarzen Tage auferlegt. Tausende von Deutschen wurden mit ihren Familien ... vertrieben. Über zweitausend Gefangene harren noch in Gefängnissen der fremden Besatzungsmächte ihrer Befreiung ... Dieses Martyrium wurde noch ... gesteigert durch die schamlosen Übergriffe des landfremden und käuflichen Separatistengesindels ...

An alle diejenigen in der Welt, welche sich noch menschliches Empfinden und völkerrechtliches Denken bewahrten, appelliere ich, mit uns dahin zu wirken, daß der Rechtszustand im besetzten Gebiet wiederhergestellt werde ...

In allen Deutschen wurde gerade durch die bitteren Erfahrungen der letzten Monate die Überzeugung vertieft, daß besetztes und unbesetztes Gebiet nicht ohne einander leben können ...«

Einmarsch französischer Truppen in Essen am 11. Januar 1923; das Ruhrgebiet wird als Pfand für Reparationsleistungen besetzt

Neuformierung der politischen Rechten

1. Januar. Als Ersatzorganisationen für die nach dem Fehlschlag des Hitlerputsches in München (8./9. 11. 1923) auch in Bayern verbotene Nationalsozialistische Deutsche Arbeiterpartei (NSDAP) werden die Großdeutsche Volksgemeinschaft von Alfred Rosenberg und der Völkische Block von Erich Ludendorff gegründet.

NS-Propagandist Alfred Rosenberg wurde 1923 Hauptschriftleiter des »Völkischen Beobachters«. Das Zentralblatt der NSDAP ist seit dem Hitlerputsch im November 1923 verboten

An der Spitze des völkischen Blocks stehen neben Ludendorff Albrecht von Graefe und Gregor Strasser. Sie konkurrieren mit der Rosenberg-Organisation, die Julius Streicher und Hermann Esser leiten, um die Mitglieder der verbotenen NSDAP und um die Führung der »völkischen Bewegung«. Diese profitiert von dem Aufsehen, daß Hitlerputsch und Hitlerprozeß in München erregen (→ 1. 4. / S. 62).

Bayern will mehr Rechte für Länder

4. Januar. Die bayerische Regierung läßt Reichskanzler Wilhelm Marx eine Denkschrift über eine föderalistische Reform der Weimarer Verfassung übergeben.

Im Oktober 1923 verstieß Bayern mit der Wiedereinsetzung des dienstenthobenen Generals Otto von Lossow und der Inpflichtnahme der bayerischen Reichswehrdivision eklatant gegen die Reichsverfassung (→ 18. 2. / S. 33). Vor dem Hintergrund des Konfliktes zwischen Bayern und dem Reich, der sich daraus entwickelte, fordert Bayern nun eine Stärkung der Länder gegenüber der Reichsgewalt.

In der Verfassungsdenkschrift heißt es u. a.: »Die Zuständigkeiten zwischen Reich und Einzelstaaten müssen neu abgegrenzt werden. Alles, was nicht unbedingt gemeinsame Angelegenheit sein muß, ist den Einzelstaaten zurückzugeben.«

Bürgermeister für Hamburg gewählt

9. Januar. Carl Petersen, Vorsitzender der linksliberalen Deutschen Demokratischen Partei (DDP), wird zum Präsidenten des Senats und zum Ersten Bürgermeister der Hansestadt gewählt. Sein Amtsvorgänger, Arnold G. F. Diestel, war am 3. Januar verstorben.

Bei einem Presseempfang nach der Wahl erklärt Petersen, er sei »sich darüber klar gewesen, daß die Annahme der Wahl seinen Abschied aus der aktiven Parteipolitik bedeute, weil der Präsident des hamburgischen Senats parteipolitisch vollkommen neutral sein müsse.« (»Frankfurter Zeitung«). Petersen, der einer alten Hamburger Familie entstammt, legt deshalb sein Amt als Vorsitzender der DDP nieder, das er seit 1919 innehat, und scheidet aus dem Reichstag aus, dem er seit 1920 angehört. Seit 1899 ist Petersen Abgeordneter der Bürgerschaft Hamburgs, ab September 1918 ist er Mitglied des Senats. 1918 war er Mitgründer der DDP, deren Vorsitz er nach Friedrich Naumann übernahm (1919–1924).

Als Erster Bürgermeister von Hamburg engagiert sich Petersen besonders in der Frage der Vergrößerung seiner Heimatstadt durch Eingemeindungen.

Sachsens neue Regierung

4. Januar. In Sachsen bildet Max Heldt (SPD) eine neue Landesregierung. Er koaliert mit der Deutschen Demokratischen Partei (DDP) und der Deutschen Volkspartei (DVP). Damit wird der Konflikt Reich/Sachsen beigelegt, der im Oktober 1923 seinen Höhepunkt erreicht hatte. Die damalige SPD/KPD-Regierung in Sachsen wurde durch Eingriff des Reichs (Reichsexekution) zum Rücktritt gezwungen. Die jetzige Koalition zwischen SPD und bürgerlichen Parteien wird jedoch vom linken SPD-Flügel abgelehnt. Seit die Linkskoalition unter Erich Zeigner wegen der KPD-Beteiligung, die von der Reichsregierung als erster Schritt für einen kommunistischen Umsturzversuch gewertet wurde, im Oktober 1923 zurücktreten mußte, dauerten die Spannungen Sachsen/Reich an.

Max Heldt (SPD) wird Regierungschef in Sachsen; die SPD-Linke läuft Sturm gegen seine Koalition

Mit der Regierung Heldt – Max Heldt führt den rechten SPD-Flügel an – werden einerseits der Konflikt mit dem Reich beigelegt; bereits im Februar wird der militärische Ausnahmezustand beendet. Andererseits steht die sächsische SPD durch den Schwenk des rechten Flügels zur bürgerlichen Mitte vor einer Zerreißprobe. So nimmt der SPD-Landesparteitag am 6. Januar eine Resolution an, die der Mehrheit der Landtagsfraktion Bruch der Parteidisziplin vorwirft und ihr schärfstes Mißtrauen ausspricht. Ein Antrag der SPD-Linken auf Auflösung des Landtags wird am 24. Januar mit den Stimmen der SPD-Rechten abgelehnt. Mit Unterstützung der SPD-Reichstagsfraktion, die ein Aufflammen der sächsischen Krise verhindern will, kann Heldt sich halten (→ 8. 11. / S. 84).

Separatistenführer in Pfalz erschossen

9. Januar. In Speyer kommt Franz Josef Heinz (genannt Heinz-Orbis), Präsident der separatistischen »Regierung der Autonomen Pfalz«, bei einem Attentat pfälzischer Nationalisten ums Leben. Zwei Attentäter und vier Begleiter von Heinz-Orbis werden bei dem Schußwechsel tödlich verwundet. Hintergrund des Anschlags ist die Erbitterung der

Franz Josef Heinz (Heinz-Orbis), Präsident der separatistischen »Autonomen Pfalz«, fällt einem Attentat zum Opfer. Seit 1919 hatte der Separatistenführer mit der Organisation Frei-Pfalz für die »Autonome Pfalz« agitiert

pfälzischen Bevölkerung über das Separatistenregime (→ 12. 2. / S. 34). Am 12. November 1923 proklamierten von Heinz-Orbis geführte Separatisten nach dem Vorbild ihrer Gesinnungsgenossen im Rheinland die sog. Pfälzische Republik. Die Separatisten-Regierung wird von der französischen Militärbesatzung in der Pfalz offen unterstützt und als legale Regierungsgewalt mit eigenen Befugnissen anerkannt.

Emmingersche Reform der Straf- und Zivilverfahren

4. Januar. Aufgrund des Ermächtigungsgesetzes vom 8. Dezember 1923 erläßt die Reichsregierung die Verordnung über Gerichtsverfassung und Strafrechtspflege. Sie ist ein wesentlicher Bestandteil der Justizreform, die vom Reichsjustizminister Erich Emminger verantwortet und nach ihm benannt wird.

Die Justizverordnung verwirklicht eine seit 1919 angestrebte Reform, die auf eine Vereinfachung besonders der deutschen Strafgerichtsbarkeit abzielt. Danach fallen u. a. die »Strafkammern als Gerichte erster Instanz fort. Das Amtsgericht wird für sämtliche, bisher zur Zuständigkeit der Schöffengerichte und Strafkammern gehörenden Sachen und auch für einen Teil der zur Zuständigkeit der Schwurgerichte gehörenden Verbrechen zuständig. Bei Übertretungen und regelmäßig auch bei Vergehen entscheidet der Amtsrichter allein ... Im übrigen entscheidet das Schöffengericht, dessen Zusammensetzung nicht geändert wird. Nur ausnahmsweise ... wird noch ein zweiter Amtsrichter zugezogen. Gegen sämtliche Urteile des Amtsgerichts gibt es eine Berufung an die mit Berufungsrichtern und Schöffen besetzte Strafkammer. Für die schwersten Verbrechen verbleibt es bei der Zuständigkeit des Schwurgerichts ...« (»Frankfurter Zeitung«).

Mit einer weiteren Verordnung über das Verfahren in bürgerlichen Rechtsstreitigkeiten vom 13. Februar wird das Güteverfahren eingeführt, das der Klageerhebung vorgeschaltet wird. Ferner ist die Möglichkeit der »Sprungrevision« zur Beschleunigung von laufenden Verfahren vorgesehen.

Der Reformgeist im deutschen Justizwesen erfaßt auch den Strafvollzug; Modellcharakter hat die Strafanstalt für Jugendliche in Wittlich bei Trier, wo die Häftlinge durch Arbeit, Ausbildung und Sport auf die Rückkehr in die Gesellschaft vorbereitet werden

Sowjetunion trauert um Revolutionsführer Lenin

21. Januar. Wladimir I. Lenin, Vorsitzender des Rats der Volkskommissare (Regierungschef) der Sowjetunion, stirbt 53jährig in Gorki bei Moskau. Als Todesursache nennt ein ärztliches Gutachten hochgradige Gehirnsklerose »infolge übermäßiger geistiger Tätigkeit«. Seit er im März 1923 seinen dritten Schlaganfall erlitt, war Lenin wegen einer halbseitigen Lähmung und Beeinträchtigung der Sprechfähigkeit bereits politisch weitgehend handlungsunfähig. Nach Lenins Tod beginnt der Personenkult um den Revolutionsführer und Gründer der Sowjetunion. Auch der Machtkampf um seine Nachfolge bricht nun offen aus (→ 26. 1. /S. 18.).

Im Regierungskommuniqué vom 22. Januar zum Tod des Sowjetführers heißt es: »Das Hinscheiden Lenins bedeutet den schwersten Schlag, der die arbeitenden Klassen der Sowjetunion seit der Eroberung der Macht durch die Arbeiter und Bauern Rußlands getroffen hat ... Die breitesten Massen der werktätigen Sowjetregierung werden das Werk Lenins weiterführen ...«.

An der Bahre Wladimir I. Lenins: Angehörige und Freunde des Toten in seinem Sterbezimmer in Gorki bei Moskau

Petrograd wird am 26. Januar in Leningrad umbenannt und in allen sowjetischen Hauptstädten sollen Lenindenkmäler errichtet werden. Zur feierlichen Beisetzung in einem provisorischen Mausoleum auf dem Roten Platz in Moskau am 27. Januar kommen zahllose Sowjetbürger und Delegationen aus dem ganzen Land. Der Körper des toten Revolutionsführers wird einbalsamiert und in dem Mausoleum zur Schau gestellt.

Parteichef Josef W. Stalin, der die Gedenkrede hält, verbindet mit der Förderung des Lenin-Kults geschickt den Ausbau seiner Machtposition. Seinen schärfsten Konkurrenten um die Nachfolge Lenins, Leo D. Trotzki, hält er von den Trauerfeierlichkeiten fern. Er telegrafiert Trotzki, der einen Genesungsaufenthalt in Tiflis verbringt, einen falschen Termin für die Feier.

Lenin – lebenslanger Kampf für die Revolution in Rußland

Am 22. April 1870 wurde Wladimir I. Lenin (eigentl. Wladimir I. Uljanow) in Simbirsk (Uljanowsk) geboren. Wegen politischer Agitation unter Arbeitern in Petersburg (Leningrad) wurde er nach Sibirien verbannt (1897–1900). In der Emigration (1900–05 und 1907–17 in London, Paris u. a.) entwickelte Lenin sein theoretisches Revolutionskonzept, das eine Kaderpartei von Berufsrevolutionären als Vorhut des Proletariats im Kampf um den Sozialismus fordert. Als die Februarrevolution 1917 in Rußland ausbrach, kam Lenin nach Petrograd (Leningrad) und führte zusammen mit Leo D. Trotzki die Machtergreifung der Bolschewiki (Oktoberrevolution 1917) an. Seither bestimmte er als Regierungschef die Geschicke der Sowjetunion. Am → 21. Januar 1924 (S. 16) stirbt Lenin, der in seinem Testament noch die Absetzung Josef W. Stalins verfügt. Er kann dieses Vorhaben aus gesundheitlichen Gründen nicht mehr durchsetzen.

Petersburger »Kampfbund zur Befreiung der Arbeiterklasse« (1895/96); Gründer: Lenin (M.)

Lenin spricht 1917 in Moskau; rechts neben der Rednerbühne sein Kampfgenosse Leo D. Trotzki

Der sowjetische Regierungschef arbeitet pausenlos (1921)

Der von Krankheit gezeichnete Lenin mit seiner Ehefrau

Der Revolutionär im Familienkreis: Lenin mit Ehefrau und zwei Neffen

Feierlicher Trauerzug zum Bahnhof in Gorki; viele Sowjetbürger geben Lenin letztes Geleit; die sterblichen Überreste werden nach Moskau überführt

Delegationen vor dem Sterbehaus Lenins in Gorki; Transparente verkünden Schmerz und Trauer der Bevölkerung über den Tod des Revolutionsführers

Beisetzungsfeier für Lenin auf dem Roten Platz in Moskau; tausende Sowjetbürger sind dazu in die Hauptstadt gekommen; beim aufgebahrten Sarg halten Mitglieder der Regierung Totenwache

Bevölkerung nimmt Abschied; aufgebahrter Leichnam Lenins im Saal des Moskauer »Hauses der Unionen«

Von der britischen Bildhauerin Clare Sheridan angefertigte Büste Lenins; in der UdSSR werden erst nach seinem Tod Standbilder aufgestellt

Mit Kränzen bedecktes provisorisches Mausoleum Lenins an der Mauer des Kreml; der tote Revolutionsführer und Gründer der Sowjetunion, zeitlebens entschiedener Gegner von Personenkult und Heldenverehrung, wird (einbalsamiert) in seiner Grabstätte für die Öffentlichkeit zur Schau gestellt

Machtkampf in sowjetischer Parteiführung entbrannt

26. Januar. Auf dem II. Allunions-Sowjetkongreß, der bis zum 2. Februar in Moskau tagt, leitet Josef W. Stalin, Generalsekretär der Kommunistischen Partei Rußlands (später KPdSU), mit seiner »Rede zum Tode Lenins« (→ 26. 1./S. 18) den Leninkult ein und empfiehlt sich als dessen Sachwalter und Interpret. Nach dem Tod des sowjetischen Regierungschefs Wladimir I. Lenin am → 21. Januar (S. 16) beginnt ein offener Machtkampf zwischen Stalin und Leo D. Trotzi, dem Volkskommissar für Verteidigung.

Wegen seiner schweren Krankheit war es Lenin nicht mehr gelungen, die in seinem Testament (→ 31. 5. / S. 85) vom Dezember 1922/Januar 1923 geforderte Absetzung Stalins durchzusetzen.

Am 2. Februar wird Alexei I. Rykow Regierungschef; die eigentliche Macht konzentriert sich jedoch bei der Troika. Dieses 1923 gebildete Bündnis zwischen Stalin, der den Parteiapparat kontrolliert, Grigori S. Sinowjew (Vorsitzender des Leningrader Sowjets) und Lew B. Kamenew (Vorsitzender des Moskauer Sowjets) dient der Entmachtung Trotzkis (→ 14. 3. / S. 48).

Dieser hatte bereits Ende 1923 u. a. in dem Aufsatz »Neuer Kurs« Entwicklungen in der KP und der Sowjetunion wie die Verselbständigung des bürokratischen Apparats öffentlich angegriffen. Während des Parteikongresses vom 16. bis 20. Januar kam es u. a. zu einer heftigen Kontroverse über die Frage der Demokratisierung. Die Opposition konnte sich mit ihrer Forderung nach einer Erneuerung des Parteiapparats durch Wahlen nicht durchsetzen. Auch wurde das von ihr kritisierte Fraktionsverbot innerhalb der Partei von dem Kongreß bestätigt. Schließlich setzte Stalin noch die Verurteilung von sechs Irrtümern Trotzkis als einer »kleinbürgerlichen Abweichung« vom Leninismus durch.

Mit dem Verbot der Fraktionsbildung (seit 1921), hatte Lenin die Zersplitterung der Partei verhindern wollen. Die Konzentration der Macht in einer kleinen Führungselite bildet nun die Voraussetzung für die Herrschaft Stalins.

Erste Kabinettssitzung unter Alexei I. Rykows (1) Vorsitz in Moskau; Kamenew (2), Litwinow (3), Tschitscherin (4)

»Wir schwören Dir, Genosse Lenin . . .«

26. Januar. Um seine Position im Kampf um die Nachfolge des verstorbenen sowjetischen Regierungschefs, Wladimir I. Lenin, auszubauen (→ 26. 1. / S. 18; 21. 1. / S. 16), rechtfertigt Josef W. Stalin, Generalsekretär der KP Rußlands, unter Berufung auf den Verstorbenen, seinen Führungsanspruch. Lenin lehnte Personenkult und Heldenverehrung ab. Das hindert Stalin nicht daran, mit der »Rede zum Tode Lenins« den Leninkult einzuleiten: »Als Genosse Lenin von uns schied, hinterließ er uns das Vermächtnis, den erhabenen Namen eines Mitglieds der Partei hochzuhalten und in Reinheit zu bewahren. Wir schwören Dir, Genosse Lenin, daß wir dies Dein Gebot in Ehren erfüllen werden!« Derartige Schwurformeln wiederholt Stalin in der Rede sechsmal im Zusammenhang mit den heiligen Pflichten: »Die Einheit unserer Partei wie unseren Augapfel zu wahren – die

Will an die Macht in der Sowjetunion: Parteichef Josef W. Stalin

Diktatur des Proletariats zu schützen und zu festigen – mit allen Kräften das Bündnis der Arbeiter und Bauern zu festigen – die Union der Republiken zu festigen und zu erweitern – den Grundsätzen der Kommunistischen Internationale die Treue zu bewahren«. Stalins letzte Schwurformel gleicht einem messianischen Gelübde: »Wir schwören Dir . . . daß wir unser Leben nicht schonen werden, um den Bund der Werktätigen der ganzen Welt, die Kommunistische Internationale zu festigen und zu erweitern !«

Die ganze Rede hat den Charakter einer Hymne an den verstorbenen Revolutionsführer, der gezeigt habe, »daß das Reich der Arbeit auf Erden und nicht im Himmel errichtet werden muß«.

Rykow folgt Lenin

Nachfolger des am → 21. Januar (S. 16) verstorbenen Wladimir I. Lenin als Vorsitzender des Rats der Volkskommissare wird am 2. Februar Alexei I. Rykow (Abb. o.). Diese Besetzung hat keine entscheidende Bedeutung für den Machtkampf in der Sowjetführung (→ 26. 1./S. 18). Rykow, seit 1905 einer der führenden Bolschewiki, wurde 1922 Mitglied des Politbüros der KP Rußlands (später KPdSU). Mitglieder des Politbüros, der wichtigsten Machtinstanz in Partei und Staat, sind u. a. Leo D. Trotzki, Josef W. Stalin, Grigori S. Sinowjew, Lew B. Kamenew.

Briten erstmals unter Labour-Regierung

23. Januar. Zum ersten Mal wird in der britischen Geschichte eine Regierung der Labour-Partei gebildet. Labour-Premierminister James Ramsey MacDonald nimmt vorwiegend Vertreter des rechten Parteiflügels in sein Kabinett auf.

Bei den Unterhauswahlen am 6. Dezember 1923 hatte Labour 191 Mandate erhalten (1922: 142) und damit die Stellung der Partei als zweitstärkster Kraft im Parlament festigen können. Labour, wie auch die Liberalen (159 Mandate, vorher 117), gewannen die Wahlen mit der Forderung nach einer Freihandelspolitik. MacDonalds konservativer Amtsvorgänger Stanley Baldwin, Vertreter einer Schutzzollpolitik, erlitt eine empfindliche Wahlniederlage. Die Konservativen verloren mit 92 Sitzen ihre absolute Mehrheit im Unterhaus (258 Mandate, vorher 346).

Der erste Labour-Premier MacDonald (M.) umringt von Gratulanten

Wahlsystem in Großbritannien

Nach dem britischen System der relativen Mehrheitswahl gewinnt der Kandidat einer Partei ein Mandat, der die meisten Stimmen in einem Wahlkreis auf sich vereinigen kann. Dementsprechend spiegelt die Sitzverteilung im Parlament nicht das prozentuale Verhältnis der abgegebenen Stimmen, wie es beim Verhältniswahlrecht der Fall ist. Die auf die unterlegenen Kandidaten entfallenen Stimmen sind nämlich nicht repräsentiert. Das Wahlergebnis vom 6. Dezember 1923 zeigt die Auswirkungen dieses Wahlsystems: In Mandatszahlen ausgedrückt, haben sich deutliche Verschiebungen ergeben (Konservative −92, Labour +49, Liberale +42). Der prozentuale Stimmenanteil der Parteien ist dagegen nur geringfügig verändert (Kons. −0,5%, Lab. +1,5%, Lib. +0,8%).

MacDonald, der aus einfachen Verhältnissen stammt, ist den Parteilinken und den Gewerkschaften als beinahe Linksliberaler suspekt. Zu den ersten Maßnahmen der Regierung gehört die Aufhebung der Schutzzölle für Automobile sowie der Tee-, Kaffee- und Kakaosteuern und -zölle (»free breakfast table«). Auch nimmt MacDonald diplomatische Beziehungen zur Sowjetunion auf (→ 2. 2. / S. 36).

Labour-Führer bei König Georg V.
Am Tag des Regierungswechsels in Großbritannien laufen die Ereignisse mit erstaunlicher Präzision ab. Um 11.30 Uhr erscheint der bisherige konservative Premierminister und Verlierer der Wahl, Stanley Baldwin, im Buckingham-Palast, um König Georg V. (Abb.) den Rücktritt seines Kabinetts mitzuteilen. Unmittelbar darauf läßt Georg V. James Ramsey MacDonald, den Führer der Labour Party, kommen. Der Empfehlung Baldwins folgend, beauftragt der König den Labour-Führer mit der Regierungsbildung. MacDonald nimmt den Auftrag an und leistet den Treueeid auf die Krone.

100 Jahre Liberale und Konservative

Die erste Labour-Regierung in Großbritannien ist Ausdruck einer Kräfteverlagerung im bisher von Konservativen (früher Tories) und Liberalen (früher Whigs) beherrschten Parteiensystem. Britische Premiers der letzten 100 Jahre:

- ▷ Robert B. Jenkinson, Earl of Liverpool, Tory (1812–27)
- ▷ George Canning, Tory (1827)
- ▷ Frederick John Robinson, Viscount Goderich, Tory (1827–28)
- ▷ Arthur Wellesley, Duke of Wellington, Tory (1828–30)
- ▷ Charles, Earl of Grey, Whig (1830–1834)
- ▷ William Lamb, Viscount Melbourne, Whig (1834)
- ▷ Wellington (2. Mal) (1834)
- ▷ Sir Robert Peel, Tory (1834–35)
- ▷ Melbourne (2. Mal) (1835–41)
- ▷ Peel (2. Mal) (1841–46)
- ▷ John Russel, Whig (1846–52)
- ▷ Edward Geoffrey Stanley, Earl of Derby, Tory (1852)
- ▷ George Gordon, Earl of Aberdeen, Tory (1852–55)
- ▷ Henry J. Temple, Viscount Palmerston, Whig (1855–58)
- ▷ Derby (2. Mal) (1858–59)
- ▷ Palmerston (2. Mal) (1859–65)
- ▷ Russel (2. Mal) (1865–66)
- ▷ Derby (3. Mal) (1866–68)
- ▷ Benjamin Disraeli, Earl of Beaconsfield, Tory (1868)
- ▷ William Ewart Gladstone, Lib. (1868–1874)
- ▷ Disraeli (2. Mal), (1874–80)
- ▷ Gladstone (2. Mal) (1880–85)
- ▷ Robert Cecil, Marquess of Salisbury, Kons. (1885–86)
- ▷ Gladstone (3. Mal) (1886)
- ▷ Salisbury (2. Mal) (1886–92)
- ▷ Gladstone (4. Mal) (1892–94)
- ▷ Archibald Ph. Primrose, Earl of Rosebery, Lib. (1894–95)
- ▷ Salisbury (3. Mal) (1895–1902)
- ▷ Arthur James Balfour, Kons. (1902–1905)
- ▷ Sir Henry Campbell-Bannerman, Lib. (1905–1908)
- ▷ Herbert Henry Asquith, Lib. (1908–1916)
- ▷ David Lloyd George, Lib. (1916–1922)
- ▷ Andrew Bonar Law, Kons. (1922–1923)
- ▷ Stanley Baldwin, Kons. (1923–1924)

Wilhelmina löst Regierungskrise

7. Januar. Um die Regierungskrise in den Niederlanden zu beenden, teilt Königin Wilhelmina dem Ministerpräsidenten Charles Joseph Maria Ruys de Beerenbrouck ihre Ablehnung des Entlassungsgesuchs seiner Regierung mit. Somit bleibt das seit 1918 amtierende Kabinett der rechten Mehrheitsparteien unverändert im Amt.

Ruys de Beerenbrouck war am 27. Oktober 1923 zurückgetreten, nachdem ein Gesetzentwurf zur Flottenverstärkung mit den Stimmen der an der Regierungskoalition beteiligten Katholiken abgelehnt wurde. Die Bemühungen um die Bildung eines neuen Kabinetts sind seitdem gescheitert. Der alten und neuen Regierung sprechen alle Parteien des niederländischen Parlaments am 16. Januar das Vertrauen aus außer den Sozialisten, die Neuwahlen verlangen.

Die seit 1890 regierende Wilhelmina, Königin der Niederlande, übt als Monarchin starken politischen Einfluß aus

Griechenlands neuer Regierungschef, Eleftherios Weniselos, in seinem Arbeitszimmer; Weniselos will eine Volksabstimmung über die Staatsform

Wechsel in Griechenland

11. Januar. Nach dem Rücktritt von General Stilianos Gonatas am 17. Dezember 1923 bildet Eleftherios Weniselos die neue griechische Regierung. Die Liberalen unter Weniselos hatten die Wahlen zur verfassunggebenden Versammlung am 16. Dezember 1923 gewonnen. Bereits Anfang Februar tritt Weniselos aus Krankheitsgründen zurück. Im Königreich Griechenland steht die Entscheidung über die zukünftige Staatsform bevor. Der Meinungskampf zwischen den Befürwortern einer Republik (Liberale und Republikaner) und den Verfechtern einer Monarchie (Royalisten) hatte sich im Vorjahr zunehmend verschärft. Meinungsverschiedenheiten bestehen aber auch zwischen den Liberalen, die für eine Volksabstimmung über die Frage der Staatsform eintreten, und den Republikanern, die auf die sofortige Ausrufung der Republik drängen (→ 25. 3. / S. 46).

Wafd-Partei siegt bei Wahl in Ägypten

12. Januar. Aus den ersten Parlamentswahlen in Ägypten geht die nationalistische Wafd-Partei als eindeutige Siegerin hervor. Daraufhin bildet Wafd-Führer Sad Saghlul am 28. Januar die neue ägyptische Regierung.

Bereits nach Ende des Weltkriegs im November 1918 hatte Saghlul als Führer einer ägyptischen Delegation (arabisch = Wafd) von den Briten die Unabhängigkeit seines Landes, das seit 1882 unter der Herrschaft Großbritanniens steht, gefordert. Zwar kam es 1922 zur Beendigung des britischen Protektorats und der Errichtung einer unabhängigen parlamentarischen Monarchie. Gegen den nach wie vor bestehenden dominierenden britischen Einfluß, vor allem die militärischen Rechte der Briten, richtet sich die Politik der Wafd-Nationalisten (→ 19. 11. / S. 183).

Als Führer der Wafd-Partei war Sad Saghlul 1919 und 1921 bis 1923 von den Briten deportiert worden, die ihn als innenpolitischen Gegner ausschalten wollten

»Kleine Entente« orientiert sich weiter an Westmächten

10. Januar. In Belgrad beginnt eine dreitägige Konferenz der Kleinen Entente, in der sich Rumänien, die Tschechoslowakei und das Königreich der Serben, Kroaten und Slowenen (Jugoslawien) zusammengeschlossen haben. Bei den Beratungen geht es in erster Linie um die Beziehungen der Bündnispartner zur Sowjetunion.

Die Konferenz der 1920/21 durch bilaterale Defensivallianzen entstandenen Kleinen Entente beschließt, in der Frage der Aufnahme der Beziehungen zur Sowjetunion die Entscheidungen Großbritanniens und Italiens abzuwarten (→ 2. 2. / S. 36). Ferner sollen die vertrauensvollen Beziehungen der Kleinen Entente zu sämtlichen Alliierten beibehalten und gefestigt werden.

Nach dem Weltkrieg wurden die politisch-territorialen Verhältnisse in Mittel- und Südosteuropa durch die Pariser Vorortverträge von 1919/20 neu geordnet. Die Tschechoslowakei ist z. B. einer der Nachfolgestaaten von Österreich-Ungarn. Mit ihrer Bündnispolitik verfolgen die mittel- und südosteuropäischen Staaten eine Politik der Absicherung dieser Nachkriegsordnung.

Besonders mit Frankreich, das diese Staaten als »Cordon Sanitaire« (Sperrgürtel) zur Begrenzung der »bolschewistischen Weltrevolution« unterstützt, werden entsprechende Verträge abgeschlossen. Wie Polen und Rumänien bereits 1921, schließt die Tschechoslowakei am 25. Januar in Paris einen Bündnis- und Freundschaftsvertrag mit Frankreich. Beide Regierungen verpflichten sich auf ein gemeinsames Vorgehen im Falle einer Bedrohung ihrer nationalen Sicherheit und der durch die Friedensverträge festgesetzten Ordnung.

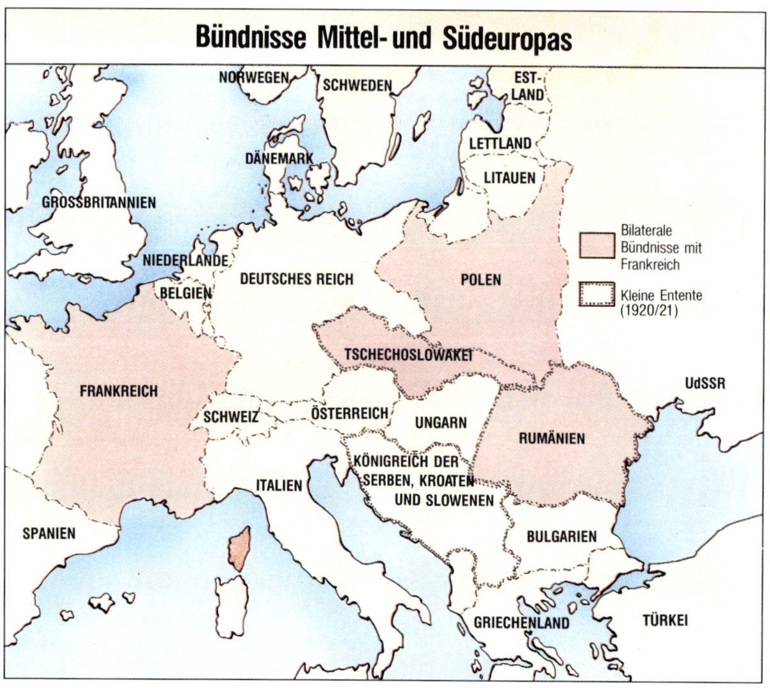

Arbeit und Soziales 1924:

Hohe Arbeitslosenzahlen trotz Wirtschaftsaufschwung

Mit der Währungsstabilisierung durch die Währungsreform im November 1923 und mit der Neuregelung der Reparationszahlungen im Dawesplan (→ 16. 8. / S. 130) beginnt für das Deutsche Reich im Jahr 1924 eine Phase des wirtschaftlichen Aufschwungs. Die sich verbessernde Wirtschaftslage läßt den Lebensstandard auch der unteren Bevölkerungsschichten wieder ansteigen. Die Zahl der Arbeitslosen jedoch bleibt trotz konjunkturbedingten Rückgangs im Vergleich zu den Vorjahren weiterhin sehr hoch (11,4%).

Auf den hohen Arbeitskostendruck seit der Stabilisierung der Währung reagieren die deutschen Unternehmer mit umfassenden Rationalisierungsmaßnahmen in Fabrikhallen und Büros. Begünstigt wird diese Tendenz, die 1925 ihren Höhepunkt erreicht, durch die hohe Unternehmenskonzentration in der deutschen Wirtschaft; 1923/24 kontrollieren z. B. 10 Konzerne 90% der Erzeugung im Rheinisch-Westfälischen Kohlensyndikat. Bei Rationalisierungsmaßnahmen wie Veränderung der Arbeitsteilung und Mechanisierung der Produktion u. a. spielen die Großunternehmen eine Vorreiterrolle. Sie können als erste die hohen Entwicklungs- und Anschaffungskosten für neue Maschinen finanzieren.

Folge des so erreichten Produktivitätsanstiegs ist bei stagnierenden Binnen- und Außenmärkten der Verlust zahlreicher Arbeitsplätze. Zwar geht die Zahl der Erwerbslosen mit dem Wirtschaftsaufschwung im Jahresverlauf zurück. Im Vergleich zu den Vorjahren bleibt sie jedoch hoch, wie die folgenden Werte über die Arbeitslosigkeit unter den deutschen Gewerkschaftsmitgliedern zeigen:

- ▷ Januar 1921: 4,5%
- ▷ Oktober 1921: 1,2%
- ▷ Januar 1922: 3,3%
- ▷ Oktober 1922: 1,4%
- ▷ Januar 1923: 4,2%
- ▷ Oktober 1923: 19,1%
- ▷ Januar 1924: 26,5%
- ▷ Oktober 1924: 8,4%

Von der Freisetzung »überflüssigen« Personals sind besonders die Angestellten betroffen. So werden u. a. in der Reichsverwaltung 396 838 Stellen für Beamte, Angestellte und Arbeiter abgebaut, um den Reichshaushalt zu entlasten. Auf 100 offene Stellen kommen bei den Büroangestellten im Jahresdurchschnitt 1727 Arbeitsgesuche. Im Bergbau kommen auf 100 Stellen 1176 Bewerber.

»Im Rauche der Stadt«, Gemälde von Reinhold Dieffenbacher, fängt Industriestadtstimmungen ein

Martinstahlwerk nach einem Gemälde von Heinrich Hermanns; 1924 haben deutsche Stahlkocher 54 Stunden Wochenarbeitszeit; die Gewerkschaften streben die Wiederherstellung des Achtstundentags an

Brotverteilung an Bergleute, die gegen die Ruhrbesetzung protestieren

1924 sind die tarifpolitischen Auseinandersetzungen vom Kampf um die Arbeitszeit geprägt, wie z. B. der Arbeitskampf im Ruhrbergbau (→ 2. 5. / S. 83). Die Unternehmer konnten bereits Ende 1923 unter Hinweis auf die zu steigende Arbeitsproduktivität in vielen Wirtschaftszweigen längere Arbeitszeiten durchsetzen: Für die Schwerindustrie z. B. 54 Stunden (Schwerarbeiter) bzw. 59 Stunden (alle übrigen) wöchentlich. Mit der Verordnung über die Arbeitszeit vom 21. Dezember 1923 war der Achtstundentag als gesetzliche Regelarbeitszeit praktisch aufgehoben worden. Die durch inflationsbedingten Vermögens- und Mitgliederschwund geschwächten Gewerkschaften nehmen in diesem Jahr den Kampf um die Wiederherstellung dieser sozialpolitischen Errungenschaft von 1918/19 auf.

Gestreikt wird 1924 nicht nur gegen verlängerte Arbeitszeiten sondern auch für Lohnerhöhungen (1924: 2012 Streiks, 1923: 2162). Der reale Anstieg der Löhne, der im Verlauf des Jahres zu verzeichnen ist, kann u. a. auf den verstärkten Eingriff des Staates in die Tarifkonflikte (staatliche Schlichtung) zurückgeführt werden. Für gelernte Arbeiter errechnet das Statistische Reichsamt folgende Durchschnittswochenlöhne (nominal):

- ▷ 1913: 34,67 RM
- ▷ Januar 1924: 27,75 RM
- ▷ April 1924: 30,42 RM
- ▷ Juli 1924: 35,17 RM
- ▷ Oktober 1924: 35,81 RM
- ▷ Dezember 1924: 37,84 RM

Durch die Inflation von 1923 haben besonders die »Festbesoldeten« reale Einkommensverluste hinnehmen müssen, wie aus einer Untersuchung des Statistischen Landesamts in Hamburg vom April 1924 hervorgeht. Danach sanken die Gehälter der höheren Beamten auf einen Realwert von 33,7% des Vorkriegsgehalts, bei mittleren Beamten auf 49,9% und bei unteren Beamten auf 57,4%. Zwar werden die Beamtengehälter 1924 mehrfach erhöht. Damit kann jedoch die Einkommensnivellierung zugunsten der niedrigen Gehälter und der Arbeiterlöhne – Maurerlöhne z. B. betrugen 1921–1923 im Durchschnitt 78,9% des Vorkriegsstands – nicht aufgefangen werden.

Luftschiff »Shenandoah« nach der Sturmfahrt schwer beschädigt

Luftschiff treibt hilflos im Sturm

16. Januar. Während eines Sturms reißt sich das US-amerikanische Luftschiff »Shenandoah« (ZR 1) von seinem Ankerplatz in Lakehurst/New York los und kann nur unter größten Mühen zurückgeführt werden. Zweifel werden laut an der Tauglichkeit des Luftschiffs für den geplanten Nordpolflug.

Vermählung Hirohitos

26. Januar. Japans Prinzregent (seit 1921) und Kronprinz Hirohito wird in Tokio mit Prinzessin Nagako vermählt. Das ganze Land feiert die Hochzeit mit ungewöhnlich spontaner Begeisterung. Der Korrespondent der Londoner »Times« berichtet über das Zeremoniell:
»Im malerischen und doch schlichten Rahmen des Shinto-Rituals, vor dem Ahnentempel ... [im] Palastbezirk wurde Prinzessin Nagako heute nach den uralten Gebräuchen und Zeremonien dem Prinzregenten ... angetraut. Über 700 Personen waren anwesend, darunter alle kaiserlichen Prinzen und Prinzessinnen ... Der Regent, in die feierlichen Hochzeitsgewänder gekleidet, erschien mit dem Zepter in der Hand und trat an die Seite der Prinzessin ... Die massiven Tore des Äußeren Tempels schwangen auf, Fürst Kujo rezitierte in monotoner Stimme aus den Shinto-Schriften. Dann öffnete sich der Innere Tempel, der Bräutigam ... verlas eine Botschaft an die Schatten der Vorfahren. Darauf zog sich das Paar in den Äußeren Tempel zurück, wo Fürst Kujo den heiligen Becher mit Wein füllte und ihn erst dem Regenten ... [dann] der Braut reichte.«

Bräutigam Hirohito; seine Hochzeit mit Nagako gilt als Liebesheirat

Nagako im Brautschmuck

Groß-Funkstation bei Buenos Aires

Januar. In Montegrande bei Buenos Aires wird die neue Groß-Funkstation Argentiniens vom Präsidenten der Republik, Marcelo Torcuato de Alvear, persönlich eingeweiht. Mit dieser Anlage ist Argentinien an den internationalen Funkverkehr direkt angeschlossen, der eine zunehmende Bedeutung für die Entwicklung wirtschaftlicher und politischer Beziehungen gewonnen hat. An dem vor etwa zwei Jahren begonnenen Bau der Funkstation waren deutsche Unternehmen führend beteiligt.
Daher sendet der argentinische Präsident folgendes Telegramm an Reichspräsident Friedrich Ebert:
»Es ist mir eine Freude, Ihnen, Herr Reichspräsident, durch Vermittlung der in diesem Augenblick eingeweihten Groß-Funkstation Montegrande den Gruß der argentinischen Regierung ... zu übermitteln.« In seinem Antworttelegramm weist Ebert auf die politische Bedeutung der modernen Nachrichtentechnik hin: »Ich hoffe, daß die neue Verbindung dazu beiträgt, die Beziehungen der beiden befreundeten Nationen [Deutsches Reich und Argentinien] zu ... vertiefen.«

Walchenseekraftwerk; rechts Rohrbahnen vom Kochelsee

Schaltraum im Turbinenhaus des neuen Wasserkraftwerks

Großwasserkraftwerk Walchensee ans Bayernwerk-Netz angeschlossen

11. Januar. *Im neuen Walchenseekraftwerk in Oberbayern beginnt der Probebetrieb mit dem ersten Maschinenaggregat (24 000 PS). Nach erfolgreicher Versuchsphase gibt das Kraftwerk, eines der ersten Großwasserkraftwerke, wenig später erstmals Strom an das Netz des Bayernwerks ab. Das Werk am Nordrand der Alpen wurde von Oskar von Miller erbaut, der 1921 das Bayernwerk (heute Bayernwerk AG) gründete. Unter Nutzung des Höhenunterschiedes zwischen dem Walchen- und dem Kochelsee (200 m) erreicht das Kraftwerk, das in sechs Jahren errichtet wurde, eine Leistung von rd. 40 Megawatt. Jährlich kann es 300 000 Megawattstunden abgeben. Zugleich kann der von Heizkraftwerken in das Verbundnetz gelieferte Nachtstrom indirekt gespeichert werden. Mit diesem Strom treibt man im Kraftwerk Walchensee die Pumpen an, die das Wasser nachts aus dem Unterbecken wieder ins Oberbecken hochpumpen. Für den Ausbau der Elektrizitätsversorgung in Bayern ist die Nutzung der Wasserkraft von hoher Bedeutung.*

Störungsfreies Telefonieren

13. Januar. Der Versuchsbetrieb mit dem jüngst fertiggestellten unterirdischen Fernsprechkabel Hamburg – München verläuft erfolgreich, wie die »Frankfurter Zeitung« meldet:
»Von der Nordsee bis zu den Alpen ist damit ein durch Sturm und Unwetter ungefährdeter Fernsprechverkehr gesichert. Die Kabelverbindung geht von Hamburg über Hannover-Berlin-Bitterfeld-Plauen-Nürnberg nach München. Alle 150 Kilometer sind Verstärkerröhren eingeschaltet, die eine vorzügliche Verständigung ermöglichen.«
Das neue Telefonkabel hat eine Länge von 1100 km und ist damit das längste Fernsprechkabel in Europa. Bislang machten Fernsprechkunden häufig schlechte Erfahrungen mit dem Telefonnetz, da die oberirdisch verlegten Kabel sehr störanfällig sind. Mit dem neuen, unterirdisch verlaufenden Kabel wird diesem Mißstand abgeholfen.

Briten bleiben gelassen bei Themse-Hochwasser

Pariser Straßenlaternen ragen aus den Seine-Fluten

Rettungsaktion im französischen Alfortville

Seine bei Paris; Schaulustige auf der fast überschwemmten Brücke von l'Alma

»Venedig« in Courbevolie an der über ihre Ufer getretenen Seine

Naturschauspiel: Völlig vereiste Niagarafälle

Schwere Sturmflutschäden an der französischen Westküste

Postbote im von Erdbeben zerstörten Tokio

Europa unter dem Ansturm der Naturgewalten – Winterliche Wetterkatastrophen in vielen Ländern

Im Januar 1924 sorgt das Wetter in Europa für Schlagzeilen: Hochwasser und Sturmflut in Frankreich, schwerer Eisgang im Norden Europas, ungewöhnlich heftige Schneefälle in Mitteleuropa. Infolge starker Niederschläge treten Anfang Januar in Nord- und Mittelfrankreich die Flüsse Seine, Loire und Marne über ihre Ufer. Weite Landstriche und zahlreiche Ortschaften werden überschwemmt. Auch tiefer gelegene Vororte und Stadtteile von Paris sind betroffen; zwei Bahnhöfe werden geschlossen. Durch eine schwere Sturmflut entstehen an der Westküste Frankreichs, besonders an Hafenanlagen, bedeutende Sachschäden. Starker Eisgang legt den skandinavischen Schiffsverkehr nahezu lahm. Der zugefrorene Sund ist nur noch mit Hilfe von Eisbrechern passierbar. Nur noch größere Dampfer können den Stockholmer Hafen erreichen. In den Häfen an der norwegischen Küste kommt infolge der Packeisbildung der Schiffsverkehr fast zum Erliegen. Auch auf der Elbe nimmt der Eisgang bedrohliche Formen an. Mehrere Schiffe frieren ein; die Hamburger Eisbrecher sind pausenlos im Einsatz. Großbritannien wird von Schneestürmen und Niederschlägen heimgesucht. Nach starkem Schneefall liegt auch in Berlin und anderen Teilen des Deutschen Reichs der Schnee 20 cm hoch. Auf den bulgarischen Eisenbahnstrecken muß teilweise der Verkehr wegen der Schneeverwehungen eingestellt werden. Ganze Ortschaften sind von der Umwelt abgeschnitten.

Musik 1924:

Wenig Zustimmung für moderne Klänge

Große Beachtung finden im Musikjahr 1924 die Richard-Strauss-Uraufführungen: »Schlagobers«, ein heiteres Wiener Ballett, an der Staatsoper Wien (→ 9. 5./S. 87) und »Intermezzo«, eine bürgerliche Komödie mit symphonischen Zwischenspielen, am Schauspielhaus Dresden (→ 4. 11./S. 188). Strauss gehört wie auch Max Reger und Gustav Mahler zu den gemäßigten »Neutönern«, die zunehmend Eingang in den bürgerlichen Musikbetrieb finden.

Hingegen werden Komponisten der sog. Neuen Musik – Arnold Schönberg, Igor Strawinski, Alban Berg, Anton von Webern, Paul Hindemith, Béla Bartók, Kurt Weill, Arthur Honegger, Ernst Křenek u. a. – vom breiten Publikum kaum rezipiert. Ihre Bedeutung für die moderne Musik ist jedoch kaum zu unterschätzen.

Am 14. Oktober wird »Die glückliche Hand« von Schönberg an der Volksoper Wien uraufgeführt. Auf das expressionistische Drama mit Musik (1913) reagiert die Kritik gespalten. Die Reaktion reicht von höchstem Lob – »tönende Spiegelbilder einer beispiellos fein differenzierten Nervenvibration« (»Illustriertes Wiener Extrablatt«) – bis zu völligem Unverständnis.

Die gemäßigt Expressiven um Hindemith und Strawinski wollen mit einer »neuen Sachlichkeit«, einer möglichst objektiven und präzisen Werkwiedergabe, eine unbürgerliche, moderne Musikentwicklung einleiten. Zur Neuen Sachlichkeit gehört der Neoklassizismus, der »barockere« Musikformen bevorzugt: 1924 wird Strawinskis »Concerto für Klavier und Blasinstrumente« uraufgeführt (22. 5. in Paris). Im Rahmen der Händel-Renaissance wird dessen Oper »Xerxes« in deutscher Fassung wiederaufgeführt (5. 7., Göttingen). Weitere neusachliche Tendenzen in der Musik sind das Interesse am Jazz – Křeneks Jazzoper »Der Sprung über den Schatten« wird am → 9. Juni (S. 102) in Frankfurt am Main uraufgeführt sowie der Maschinenkult: Honeggers »Pacific 231« (1924 uraufgeführt) ist der gleichnamigen Schnellzuglokomotive gewidmet.

Richard Strauss, Komponist und bis → 4. November (S. 189) Leiter der Wiener Staatsoper

Dirigent Otto Klemperer, Generalmusikdirektor der Berliner Volksoper, später an der Krolloper

Generalmusikdirektor Leo Blech scheidet nach einem Prozeß am Deutschen Opernhaus in Berlin aus

Wilhelm Furtwängler, Dirigent des Leipziger Gewandhausorchesters und der Berliner Philharmoniker

Dirigent Felix Weingartner legt die Direktion der Wiener Staatsoper (seit 1919) nieder

Neuer Generalmusikdirektor der Berliner Staatsoper: Der österreichische Dirigent Erich Kleiber

Bruno Walter, 1913 – 22 Generalmusikdirektor der Münchener Staatsoper, derzeit Gastdirigent

Dirigent Fritz Busch, 1919 – 1922 Operndirektor in Stuttgart, nun an der Dresdner Staatsoper

Schallplatte – das neue Massenmedium

Mit wachsender Begeisterung wird das neue Massenmedium Schallplatte aufgenommen. Vor allem populäre, aber auch klassische Musik finden dadurch eine ungeahnte Verbreitung. Viele Menschen erhalten erstmals die Chance, sich die besten Orchester und die besten Solisten der Welt anzuhören. Der Genuß klassischer Musik, bisher dem weitgehend bürgerlichen Konzertpublikum vorbehalten, wird – auch durch den Rundfunk »demokratisiert«. Bis Ende 1924 verkauft die Deutsche Grammophon AG 2,1 Millionen Schallplatten.

◁ Szenenbilder zu Richard Strauss' neuem Ballett »Schlagobers«: Ein übersatter Konfirmand träumt von Prinzessin Pralinee und ihrem Hofstaat, den lebendig gewordenen Zuckerwaren. Ein mechanischer Koch schlägt Schlagsahne (österreichisch: Schlagobers) in Gestalt weißer Tänzerinnen.

Krolloper als vierte Berliner Opernbühne

1. Januar. Mit einer Festvorstellung von Richard Wagners »Die Meistersinger von Nürnberg« wird in Berlin eine Opernbühne im Gebäude des früheren »Krollschen Etablissements« eröffnet. Es ist das vierte Berliner Opernhaus neben der Staatsoper, der Charlottenburger Oper und der Volksoper. Die Krolloper wird vorerst als eine Nebenbühne der Staatsoper betrieben, bis der Verein Volksbühne – in Verbindung mit Subventionen der Stadt Berlin – die nötigen Mittel für den geplanten Betrieb einer volksnahen Opernbühne aufbringen kann.

Für die Neueröffnung wurden Bühne und Zuschauerraum der Krolloper, die 1851 von Josef Kroll errichtet worden war, von Architekt Oskar Kaufmann umgestaltet. Eine der führenden deutschen Tageszeitungen schreibt: »Außen hat er [Oskar Kaufmann] zwar die alte Fassade des Krollschen Etablissements bestehen lassen, innen jedoch einen ganz neuen Raum geschaffen. Über dem breiten und tiefen Parterre erhebt sich ein weit ausladender Balkon und ... ein zweiter Rang, von dem aus man selbst gut hören und sehen kann ... Hier ist für 2500 Menschen ein Theaterraum geschaffen, der trotz seiner Größe Publikum und Bühne zu einer Gemeinschaft zusammenschließt.« In den folgenden Jahren entwickelt sich die Berliner Krolloper unter der künstlerischen Leitung von Otto Klemperer zu einer der bedeutendsten und fortschrittlichsten Theaterbühnen Europas.

Neugestaltete Loge in der Krolloper

Zuschauerraum in der Berliner Krolloper am Königsplatz

Plakat für die Winterspiele in Chamonix, die am 4. Februar enden

Winter-Sport erhält olympische Weihe

25. Januar. Im französischen Winterkurort Chamonix-Mont-Blanc beginnen die I. Olympischen Winterspiele. Die bis zum → 4. Februar (S. 30) dauernden Wettkämpfe tragen zunächst noch die Bezeichnung »Internationale Wintersportwoche«. Erst nach erfolgreichem Abschluß erhalten sie den Namen »Olympische Winterspiele«. Damit haben sich die Befürworter des Wintersports nach langen Diskussionen im Internationalen Olympischen Komitee durchgesetzt.

NS-Hetze verhindert Toller-Aufführung

17. Januar. Während der Aufführung der pazifistischen Tragödie »Hinkemann« von Ernst Toller im Staatlichen Schauspielhaus in Dresden kommt es zu einem von Nationalsozialisten provozierten Theaterskandal. Theaterdirektor und Regisseur Paul Wiecke setzt das Stück wenige Tage später mit der Begründung ab, »den Künstlern das weitere Auftreten ... um ihrer persönlichen Sicherheit willen« nicht zumuten zu können.

Mit einem »wüsten Hustenkonzert«, »gewaltigem Entrüstungslärm« und dem Singen des »Deutschlandliedes« während der Vorstellung machen die NSDAP-Anhänger die »Hinkemann«-Aufführung unmöglich. Tragische Hauptfigur des Toller-Stücks ist der durch eine Kriegsverletzung impotente Hinkemann.

Publikum in USA feiert Reinhardt

15. Januar. Im New Yorker Century Theatre läuft »Das Mirakel« an, eine Pantomime von Karl Gustav Vollmoeller. Diese erste Inszenierung des österreichischen Theaterregisseurs und -intendanten Max Reinhardt in den USA wird von Publikum und Kritik begeistert aufgenommen. Über die als religiöses Monumentaltheater bezeichnete Aufführung, an der über 700 Schauspieler und Statisten beteiligt sind, schreibt die »New York American«:

»Das Publikum ... wurde atemlos von einer Gefühlsreaktion zur anderen getragen. Beim Betreten des Theaters – das kein Theater mehr ist, sondern die imposanteste Kathedrale in New York City ... – gewann man den Eindruck furchtgebietenden Staunens.«

Das Szenenfoto von der »Mirakel«-Aufführung Max Reinhardts in New York zeigt den Ritter (Orville Caldwell) und die Nonne Megildis (Rosamond Pinchot), vor der Madonnenstatue (Lady Diana Cooper) kniend. Die Statue wird lebendig und übernimmt die Rolle der Nonne. Bühnenbildner Norman Bel Geddes hat das Century Theatre in eine riesige Kathedrale umgebaut

Februar 1924

Mo	Di	Mi	Do	Fr	Sa	So
				1	2	3
4	5	6	7	8	9	10
11	12	13	14	15	16	17
18	19	20	21	22	23	24
25	26	27	28	29		

1. Februar, Freitag

In der Comédie-Française in Paris wird die Tragödie »Das Grab des Unbekannten Soldaten« (»Le tombeau sous l'Arc de Triomphe«) von Paul Raynal uraufgeführt. Das in der Folgezeit rund 9000mal gespielte Antikriegsstück verschafft dem französischen Dramatiker Weltruhm. → S. 41

Erich Kleiber, seit 1923 Generalmusikdirektor der Berliner Staatsoper, dirigiert erstmals ein Konzert mit den Berliner Philharmonikern.

Der Architekt Oswald Eduard Bicker und der Maler, Radierer und Milieu-Zeichner Heinrich Zille werden Mitglieder der Preußischen Akademie der Künste.

2. Februar, Sonnabend

Reichspräsident Friedrich Ebert ernennt den bisherigen Geschäftsträger Leopold von Hoesch zum Botschafter in Paris. Als die Franzosen im Januar 1923 in das Ruhrgebiet einmarschierten, war der damalige Botschafter Wilhelm Mayer-Kaufbeuren unter Protest abberufen worden.

Die britische Labour-Regierung erkennt die Sowjetunion diplomatisch an. Damit ist die bisherige außenpolitische Isolation der Sowjetunion überwunden. Binnen kurzem folgen andere westliche Staaten dem britischen Beispiel, so u. a. Italien am 7. und Österreich am 25. Februar. → S. 36

Die Zeitschrift »Die Umschau« greift die wissenschaftliche Diskussion der 1923 veröffentlichten Theorien über die bemannte Weltraumfahrt von Raumfahrtpionier Hermann Oberth auf. Das Thema Weltraumfahrt findet im Deutschen Reich einen ständig wachsenden Interessentenkreis (→ Juli / S. 120).

3. Februar, Sonntag

Woodrow Wilson, US-Präsident von 1913 bis 1921, stirbt 67jährig in Washington (District of Columbia). Wilson wurde 1920 für seine Bemühungen um eine Friedensordnung nach dem Weltkrieg mit dem Friedensnobelpreis ausgezeichnet. Calvin Coolidge, amtierender US-Präsident, ordnet eine 30tägige Nationaltrauer an. → S. 36

Das Zentralkomitee der Kommunistischen Partei Rußlands (später KPdSU) leitet eine umfassende Heeresreform für 1924/25 ein, mit der die Kommandostruktur wieder nach dem Führungsprinzip ausgerichtet werden soll.

Aus Bridgeport/Connecticut wird ein Großfeuer bei dem weltberühmten Zirkus Barnum und Bailey gemeldet. Außer einem Stier können alle Tiere gerettet werden.

4. Februar, Montag

Nach einer Meldung der »Frankfurter Zeitung« haben Separatisten das Stadthaus in Pirmasens besetzt, um die Auszahlung der Erwerbslosenunterstützung zu erzwingen (→ 12. 2. / S. 34).

Mohandas Karamchand (genannt Mahatma) Gandhi, Führer der indischen Nationalisten, wird wegen seines schlechten Gesundheitszustandes vorzeitig aus der Haft entlassen. Am 18. März 1922 war Ghandi wegen Beteiligung an der indischen Unabhängigkeitsbewegung zu sechs Jahren Gefängnis verurteilt worden. → S. 37

In Honduras bricht ein Aufstand gegen Präsident López Gutiérrez aus, der am 10. März überraschend stirbt. Nur wenige Tage hält sich die Übergangsregierung unter Fausto Dávila. Am 1. April übernimmt General Vincente Tosta die Regierung. Erst Anfang Mai wird der Frieden unter Vermittlung der USA wiederhergestellt.

Manfred Noas Film »Der Untergang Trojas« wird in Berlin uraufgeführt. Es handelt sich um ein zweiteiliges Filmwerk, das einiges Aufsehen erregt. Bereits am 21. Januar wurde als erster Teil »Der Raub der Helena« uraufgeführt.

In Chamonix-Mont-Blanc werden die I. Olympischen Winterspiele abgeschlossen (seit 25. 1.). → S. 30

In Berlin endet das elfte Sechstagerennen mit einem deutschen Sieg. → S. 31

5. Februar, Dienstag

In ihrer Note an die französische Regierung erhebt die Reichsregierung scharfen Protest gegen die Unterstützung für das Separatistenregime in der Pfalz von seiten Frankreichs. → S. 34

Mit dem Rücktritt von Postminister Cesaro scheidet das letzte nichtfaschistische Mitglied aus dem italienischen Kabinett aus. Für die am 6. April stattfindenden Parlamentswahlen hatte Cesaros demokratisch-soziale Partei eine eigene Wahlliste aufgestellt, was zu erheblichen Spannungen mit Ministerpräsident und Duce Benito Mussolini führte (→ 6. 4. / S. 66).

Eine Währungs- bzw. Geldreform (Dekret vom 5. und 22. Februar) in der Sowjetunion vereinheitlicht das im Umlauf befindliche Geld und schafft eine stabile Währung.

Bei Dreharbeiten einer Berliner Filmgesellschaft für den Film »Quo vadis?« in der Nähe von Rom brechen vierzig dressierte Löwen aus. Schauspieler und 400 Statisten ergreifen die Flucht; ein alter Mann wird von einem der Löwen angefallen und zerrissen. → S. 41

6. Februar, Mittwoch

Nach dem Rücktritt von Eleftherios Weniselos bildet Georg Kafándaris, ein gemäßigter Weniselist, die neue griechische Regierung. Weniselos war während einer Debatte im Parlament am 29. Januar in Ohnmacht gefallen und hatte wegen seines schlechten Gesundheitszustands seinen Rücktritt eingereicht (→ 25. 3. / S. 46).

In einem Interview mit dem »Journal des Débats« erklärt der Industrielle Fritz Thyssen, eine Entspannung der deutsch-französischen Beziehungen sei vor Räumung des Ruhrgebiets nicht zu erwarten (→ 11. 1. / S. 14).

7. Februar, Donnerstag

In Paris unterzeichnet Spanien das mit Großbritannien und Frankreich am 18. Dezember 1923 abgeschlossene Tangerabkommen. Die marokkanische Hafenstadt steht seit 1912 unter internationaler Kontrolle.

Im Zusammenhang mit der diplomatischen Anerkennung der Sowjetunion durch Italien werden in Rom ein italienisch-sowjetischer Handels- und Zollvertrag mit Meistbegünstigungsklausel und ein Schiffahrtsvertrag unterzeichnet (→ 2. 2. / S. 36).

8. Februar, Freitag

Im Staatsgefängnis von Nevada/USA in Carson City wird erstmals ein Todesurteil mit Giftgas vollstreckt. → S. 38

9. Februar, Sonnabend

Das polnische Parlament in Warschau verabschiedet ein Gesetz über die Einführung einer zweijährigen Militärdienstpflicht. Polen hat damit von allen europäischen Staaten die längste Wehrpflicht.

An ihrem 100. Todestag wird Anna Katharina Emmerick in Rom seliggesprochen. Über ihre religiösen Visionen verfaßte der Dichter Clemens Brentano um 1818 ein Buch, das damals allgemeines Aufsehen erregte. Brentano lebte 1819 bis 1824 bei der Nonne in Dülmen bei Münster.

In Miami schwimmt Sybil Bauer (USA) mit 3:03,8 min Weltrekord über 200 m Rücken.

10. Februar, Sonntag

Bei den Bürgerschaftswahlen in Lübeck verliert die SPD elf von bisher 39 Sitzen. Auch bei den Landtagswahlen in Thüringen büßt die bisher regierende SPD elf Mandate ein (vorher 28), während der »Ordnungsblock« der bürgerlichen Parteien mit 35 Sitzen stärkste Fraktion wird. → S. 35

Die mexikanischen Bundestruppen erringen den entscheidenden Sieg über die aufständischen Truppen unter General Adolfo de la Huerta. Die Schlacht bei Ocotlán verläuft für beide Seiten äußerst verlustreich. → S. 37

11. Februar, Montag

Stanley Baldwin, bis Januar britischer Premierminister, wird von der Konservativen Partei einstimmig in seinem Amt als Parteivorsitzender bestätigt.

Während der Aufführung von Ernst Tollers Bühnenstück »Hinkemann« im Wiener Raimundtheater versuchen Nationalsozialisten vergeblich, den Haupteingang zu stürmen. Das Theater wird von mehreren hundert Polizisten geschützt. In Dresden mußte das pazifistische Stück wegen NS-Störungen abgesetzt werden (→ 17. 1. / S. 25).

Der schwedische Schwimmer Arne Borg schwimmt in Honolulu Weltrekord über 800 m Freistil in 10:43,6 min. → S. 31

12. Februar, Dienstag

Nach einer antiseparatistischen Demonstration wird das Bezirksamt in Pirmasens, eine Schlüsselbastion der Separatisten in der Südpfalz, gestürmt. Da das französische Militär nicht eingreift, gelingt den aufgebrachten Bürgern die Vertreibung der Separatisten. Bei dem Kampf kommen sechs Angreifer und 14 Separatisten ums Leben. → S. 34

Per Verordnung überführt die Reichsregierung die bisher vom Reich verwaltete Reichsbahn in den Betrieb und die Verwaltung des neuen, finanziell selbständigen Unternehmens »Deutsche Reichsbahn«. Dies ist eine der Maßnahmen zur Wirtschafts- und Währungsstabilisierung (→ 26. 2. / S. 32).

Im Beisein von 16 Archäologen wird der Sarkophag des ägyptischen Pharaos Tutanchamun geöffnet. Die sensationelle Entdeckung des Grabs im Tal der Könige bei Luxor im November 1922 hat ein weit über Archäologenkreise hinausgehendes Interesse entfacht. → S. 40

In der New Yorker Aeolian Hall wird »Rhapsody in blue« von und mit George Gershwin uraufgeführt. Gershwin verbindet Jazzelemente mit Konzertmusik zum sog. sinfonischen Jazz. → S. 41

13. Februar, Mittwoch

In Kaiserslautern kommt es zu gewaltsamen Auseinandersetzungen zwischen Separatisten und einer erregten Menschenmenge, in die auch französische Truppeneinheiten eingreifen. Drei Personen, darunter ein Separatist, werden getötet (→ 12. 2. / S. 34).

Mit einer Reichsschuldenordnung wird die Aufnahme von Kreditmitteln für das Deutsche Reich neu geregelt.

Um die Beiträge und Leistungen im Sozialversicherungswesen an die stabilisierten Währungsverhältnisse anzupassen, erläßt die Reichsregierung die Verordnung über die Fürsorgepflicht (Sozialhilfe) und die Verordnung über Erwerbslosenfürsorge (Arbeitslosenversicherung; → 26. 2. / S. 32).

14. Februar, Donnerstag

Auf der Grundlage einer Übereinkunft der französischen, belgischen und britischen Regierung schließt die Interalliierte Rheinlandkommission mit dem Pfälzischen Kreisausschuß das sog. Speyrer Abkommen. Damit wird die Separatisten-Herrschaft in der Pfalz beendet; der Kreisausschuß tritt an die Spitze der Verwaltung (→ 12. 2. / S. 34).

Der Streik der Hafenarbeiter steht in Großbritannien im Mittelpunkt des Interesses; die Titelseite der »Illustrated London News« zeigt die Führer der Transportarbeitergewerkschaft während einer Verhandlungspause im Arbeitsministerium

THE ILLUSTRATED LONDON NEWS

REGISTERED AS A NEWSPAPER FOR TRANSMISSION IN THE UNITED KINGDOM AND TO CANADA AND NEWFOUNDLAND BY MAGAZINE POST.

SATURDAY, FEBRUARY 23. 1924.

THE DOCK STRIKE: MR. ERNEST BEVIN, GENERAL SECRETARY OF THE TRANSPORT AND GENERAL WORKERS' UNION; MR. BEN TILLETT, M.P., MR. JAMES SEXTON, M.P., AND OTHER REPRESENTATIVES OF THE MEN, AT THE MINISTRY OF LABOUR.

Mr. Sexton, National Supervisor of the Docks Section of the Transport and General Workers' Union, is on the left of the photograph; then come Mr. Ben Tillett, Secretary of the Political and International Department of the same union; and Mr. Bevin (standing). The group was taken during one of the abortive "peace" conferences held at the Ministry of Labour at the invitation of Mr. Tom Shaw. The attitude of the men throughout was expressed by Mr. Ben Tillett when he said: "The demand for 2s. is the irreducible minimum." Mr. Bevin is responsible for the remarkable assertion: "There is some authority, apparently, outside of the shipping and transport industry altogether, that they (the masters) appear to have to consult—some power which is in the background, which is making this just claim of the dockers the butt of a political and economic policy." On Sunday, February 17, he signed the "National Strike Committee Bulletin," which said: "Reports from all districts to hand, splendid. Men determined everywhere. Decision of delegate conference has been honoured at all ports. . . . We instruct local strike committees that requests for permits must be declined. . . . Stand determinedly by national position."—[PHOTOGRAPH BY PHOTOPRESS.]

Die 3. Steuernotverordnung der Reichsregierung sieht die Besteuerung von Gewinnen aus der Inflation von 1923 (»Aufwertungssteuer«) vor. Hausbesitzer haben künftig eine Hauszinssteuer zu entrichten, die den Wohnungsbau finanzieren soll (→ 26. 2. / S. 32).

Der Film »Siegfried« wird im Ufa-Palast am Zoo (Berlin) uraufgeführt. Es handelt sich um den ersten Teil von Fritz Langs Filmepos »Die Nibelungen«. Im Mai wird »Kriemhilds Rache« (2. Teil) uraufgeführt (→ 10. 5. / S. 87).

In Stuttgart wird das Schauspiel »Der Arme Konrad« von Friedrich Wolf uraufgeführt. Der sozialistische Dramatiker setzt sich in dem Stück mit der deutschen Novemberrevolution von 1918 auseinander.

15. Februar, Freitag

Ein deutsch-tschechoslowakisches Wirtschaftsabkommen stellt die gegenseitige Meistbegünstigung beider Vertragspartner sicher.

Das Lenin-Institut in Moskau wird zur einzigen staatlichen Sammelstelle für den Nachlaß des am → 21. Januar (S. 16) verstorbenen Revolutionsführers Wladimir I. Lenin und für die Dokumentation seiner Biographie erhoben.

In den Räumen der »Wilden Bühne« in Berlin, die im Januar geschlossen wurde, eröffnet Wilhelm Bendow das Kabarett »tü-tü«.

16. Februar, Sonnabend

In Warschau beginnt die zweitägige Randstaatenkonferenz, an der Estland, Finnland, Lettland und Polen teilnehmen. Wegen Spannungen mit Polen bezüglich des Wilnagebiets fehlt Litauen. Vorwiegend werden Fragen der wirtschaftlichen Zusammenarbeit erörtert.

Nach gescheiterten Lohnverhandlungen bricht in London ein Dockerstreik aus. Die rasche Beilegung des Arbeitskampfes am 20. Februar steigert das Ansehen der Labour-Regierung in der britischen Öffentlichkeit. → S. 38

Da sein satirisches Mappenwerk »Ecce homo« die öffentliche Moral verletze und die inneren Werte des deutschen Volkes in den Schmutz ziehe, verurteilt das Berliner Landgericht III den Maler und Grafiker George Grosz zu 6000 Mark Strafe. Durch den Prozeß wird Grosz erst einer breiten Öffentlichkeit bekannt. → S. 35

In großer Aufmachung berichten die »London News« über die 160. Ausstellung der Royal Society of British Artists in London. → S. 41

17. Februar, Sonntag

Bei einem von der Bayerischen Volkspartei (BVP) initiierten Volksbegehren stimmt die Mehrheit der Stimmberechtigten für eine vorzeitige Auflösung des Landtags und eine Verfassungsänderung (→ 6. 4. / S. 65).

Bei den Landtagswahlen in Mecklenburg-Schwerin kommt es zu einem Rechtsruck. Die Sozialdemokraten verlieren ihre Mehrheit; die Deutschnationale Volkspartei (DNVP) wird mit 19 Sitzen stärkste Fraktion.

Bei einer Volksabstimmung in der Schweiz wird eine vorübergehende Verlängerung der wöchentlichen Arbeitszeit von 48 auf 54 Stunden mehrheitlich abgelehnt. → S. 35

Bei Ludwigsstadt entgleist der Gütereilzug München-Berlin beim Überqueren einer Brücke. Teile des Zugs, der in Brand gerät, stürzen in die Tiefe. Drei Personen, darunter der Lokomotivführer, kommen bei diesem schweren Eisenbahnunglück ums Leben.

Johnny Weissmuller schwimmt in Miami/Florida in 57,4 sec Weltrekord über 100 m Freistil. → S. 31

Die Österreicherin Herma Planck-Szabó wird in Oslo zum dritten Mal hintereinander Weltmeisterin im Eiskunstlauf der Damen. → S. 31

18. Februar, Montag

Der Konflikt zwischen der Reichsregierung und Bayern über die Befehlsgewalt in der Reichswehr wird beigelegt. Otto von Lossow, umstrittener Reichswehrgeneral in Bayern, nimmt seinen Abschied. → S. 33

US-Marineminister Edwin N. Denby muß wegen seiner Verwicklung in den sog. Teapot-Dome-Skandal zurücktreten. In den Bestechungsskandal sind auch führende US-Politiker verwickelt. Immer mehr Details werden über die Korruption unter dem früheren US-Präsidenten Warren Gamaliel Harding bekannt. → S. 38

Bei vier Wiener Großbanken treten die Beamten in den Ausstand. Der Arbeitskampf weitet sich rasch aus und kann erst nach knapp drei Wochen beendet werden (→ 16. 2. / S. 38).

19. Februar, Dienstag

Trotz umfangreicher Löscharbeiten wird der sog. Neue Bau in Ulm, eines der bedeutendsten historischen Gebäude der Stadt, durch ein Großfeuer fast vollständig zerstört. → S. 38

20. Februar, Mittwoch

Der Reichstag nimmt den Gesetzentwurf über ein Rechtsschutz- und Rechtshilfeabkommen mit Österreich einstimmig an. Ebenso werden Gesetzentwürfe über Danziger und Memelländische Rechtsangelegenheiten angenommen.

In der Türkei wird die Luftlinie zwischen Konstantinopel (Istanbul) und Angora (Ankara) eröffnet.

21. Februar, Donnerstag

Nachdem die bisher in Thüringen regierende SPD bei den Landtagswahlen am → 10. Februar (S. 35) schwere Verluste hinnehmen mußte, wählt der Landtag eine bürgerliche Regierung. Ministerpräsident wird Richard Leutheußer (DVP).

In seinem 12. Monatsbericht legt Alfred Zimmermann, Generalkommissar des Völkerbundes für Österreich, die bereits erzielten Erfolge bei der Währungssanierung dar. Zugleich betont er jedoch die Notwendigkeit weiterer Einsparungen im Verwaltungsbereich. → S. 35

22. Februar, Freitag

In Magdeburg wird mit dem Reichsbanner Schwarz-Rot-Gold ein Kampfverband republikanischer Frontsoldaten gegründet. Ziel der Organisation, der in der Mehrzahl SPD-Mitglieder angehören, ist der Schutz der Republik und ihrer Institutionen gegenüber den Rechtsverbänden. Vorsitzender wird Otto Hörsing (SPD). → S. 33

23. Februar, Sonnabend

Nach mehrtägiger Debatte nimmt die französische Abgeordnetenkammer die von der Regierung zum Schutz des rapide sinkenden Franc vorgelegte Finanzreform an. Vorgesehen sind u. a. 20 %ige Steuererhöhungen. → S. 37

Im Schauspielhaus Leipzig wird die Tragikomödie »Wer weint um Juckenack« von Hans José Rehfisch uraufgeführt.

Nach einem Berliner Urteil stellen Strohhalme kein Verkehrshindernis dar. Gegen einen Kaufmann, dem beim Entladen seines Wagens einzelne Strohhalme auf die Straße gefallen waren, hatte ein Schupobeamter eine entsprechende Anzeige erstattet.

24. Februar, Sonntag

In Anwesenheit von Reichspräsident Friedrich Ebert, Reichskanzler Wilhelm Marx (Zentrum) und verschiedener Reichsminister findet im Plenarsaal des Reichstags eine Kundgebung für den »gefährdeten deutschen geistigen Mittelstand« statt. In den Redebeiträgen wird u. a. auf die Notlage der Universitäten und Forschungsstätten hingewiesen.

25. Februar, Montag

Der österreichische Bundeskanzler Ignaz Seipel unternimmt einen Vorstoß zur Beilegung des Streiks der Wiener Bankbeamten und -angestellten. Seipel unterbreitet beiden Seiten Vermittlungsvorschläge, die jedoch am 27. Februar an der Frage der Verlängerung des Schalterdienstes in den Nachmittagsstunden scheitern. Erst am 6. März wird eine Einigung erzielt (→ 16. 2. / S. 38).

26. Februar, Dienstag

Reichskanzler Wilhelm Marx (Zentrum) verteidigt vor dem Reichstag die von seiner Minderheitsregierung erlassenen Notverordnungen als unentbehrliches Reformwerk. Er droht mit der Auflösung des Reichstags, wenn die oppositionelle Reichstagsmehrheit auf ihren Anträgen zur Aufhebung oder Änderung der Verordnungen bestehe. → S. 32

Vor dem Volksgericht München I beginnt der Hochverratsprozeß gegen NSDAP-Führer Adolf Hitler, Weltkriegsgeneral Erich Ludendorff und andere am Münchner Hitlerputsch vom 8./9. November 1923 Beteiligte. Der Prozeß stößt auf großes öffentliches Interesse im Deutschen Reich und im Ausland. → S. 33

27. Februar, Mittwoch

Nach der Ablehnung eines französisch-belgischen Handelsabkommens durch die belgische Abgeordnetenkammer erklärt die Regierung unter Georges Theunis, die mit der Abstimmung die Vertrauensfrage verbunden hatte, ihren Rücktritt. Am 11. März bildet Theunis eine neue Regierung, der als Außenminister Paul Hymans angehört.

Helene Engelmann und Alfred Berger gewinnen in Manchester die Weltmeisterschaft im Eiskunstlauf der Paare (→ 17. 2. / S. 31).

28. Februar, Donnerstag

Da sich eine politische und wirtschaftliche Stabilisierung im Deutschen Reich abzuzeichnen beginnt, hebt Reichspräsident Friedrich Ebert (SPD) den militärischen Ausnahmezustand auf, der seit dem 26. September 1923 besteht. Auch die Generalermächtigung für den Chef der Heeresleitung, Hans von Seeckt, wird beendet.

General a. D. Erich Ludendorff greift vor dem Volksgericht München I den »hohen Klerus« wegen seiner angeblich judenfreundlichen Haltung an und kritisiert zugleich die »deutschfeindliche« Einstellung des Vatikans. Ludendorff steht wegen Teilnahme am Hitlerputsch vor Gericht (→ 26. 2. / S. 33).

Preußen unterbreitet der ehemaligen königlichen Familie zur Frage der Vermögensauseinandersetzung ein weiteres Angebot. Die Hohenzollern sollen u. a. die besten Güter aus dem 1918 beschlagnahmten Hofkammerbezirk erhalten. Dieser Staatsvorschlag wird jedoch nicht akzeptiert.

In Wien wird Emmerich Kálmáns Operette »Gräfin Mariza« mit großem Erfolg uraufgeführt. → S. 41

29. Februar, Freitag

Nach Aufhebung des militärischen Ausnahmezustands im Deutschen Reich am Vortag erläßt Generaloberst Hans von Seeckt, Chef der Heeresleitung, einen Befehl an die Reichswehr, in dem er derselben Dank und Anerkennung für ihre Tätigkeit zur Wiederherstellung der Reichsautorität ausspricht.

Durch K.-o.-Sieg über Hans Breitensträter wird Paul Samson-Körner im Berliner Sportpalast Deutscher Boxmeister im Schwergewicht. → S. 31

Das Wetter im Monat Februar

Station	Mittlere Lufttemperatur (°C)	Niederschlag (mm)	Sonnenscheindauer (Std.)
Aachen	0,0 (2,1)	55 (59)	– (74)
Berlin	–2,9 (0,4)	38 (40)	– (78)
Bremen	–1,1 (0,9)	26 (48)	– (68)
München	–2,9 (–0,9)	22 (50)	– (72)
Wien	– (0,6)	– (41)	– (–)
Zürich	–1,7 (0,2)	25 (61)	37 (79)

( ) Langjähriger Mittelwert für diesen Monat
– Wert nicht ermittelt

Die Wochenzeitschrift »Jugend« geht auf ihrer Titelseite auf die »fünfte Jahreszeit«, den Karneval ein

Eröffnung der Spiele in Chamonix-Mont-Blanc; olympischer Eid der Fahnenträger der Nationen

Norwegischer Skispringer Jacob Tullin Thams; mit einer Weite von 58,50 m gewinnt er die Goldmedaille

Olympiasieger und Weltmeister 1924: Mannschaft des Viererbobs Schweiz I in Chamonix

Eisschnellauf über 10 000 m; J. Skutnabb (FIN) holt Gold vor Thunberg (FIN) und Larsen (NOR)

Siegerdiplom für die nachträglich als I. Olympische Winterspiele anerkannte Wintersportwoche in Chamonix-Mont-Blanc

Helene Engelmann und Alfred Berger (AUT), überlegen im Paarlauf

Die ersten Olympischen Winterspiele

4. Februar. Die I. Olympischen Winterspiele in Chamonix-Mont-Blanc gehen zu Ende. Wegen des großen Erfolgs erhalten die als »Internationale Wintersportwoche« durchgeführten Wettkämpfe nachträglich die »olympischen Weihen« (vgl. Kasten). Der französische Winterkurort Chamonix am Fuß des Mont Blanc verfügt u. a. über ein großes Eisstadion, und bietet gute Voraussetzungen für die ersten eigenständigen Winterspiele. Die weltweite Berichterstattung über die Wettkämpfe unterstreicht die Bedeutung, die diesem Sportereignis international beigemessen wird.

Zahl der Olympia-Wettkämpfer	
18-km-Langlauf, Herren	41
50-km-Langlauf, Herren	33
Spezialspringen, Herren	27
Nordische Kombination, Herren	30
500-m-Eisschnellauf, Herren	27
1 500-m-Eisschnellauf, Herren	22
5 000-m-Eisschnellauf, Herren	22
10 000-m-Eisschnellauf, Herren	16
Eisschnellauf-Vierkampf, Herren	22
Eiskunstlauf, Herren	11
Eiskunstlauf, Damen	8
Eiskunstlauf, Paare	18
Vierer-Bob	39
Eishockey	82

Knapp 300 Teilnehmer aus 16 Ländern – das Deutsche Reich ist 1924 noch ausgeschlossen; Estland ist nur beim Einmarsch dabei – bestreiten die 14 Wettbewerbe in fünf Sportarten. In den Skiwettbewerben holt der 29jährige Norweger Thorleif Haug drei Goldmedaillen (18 km, 50 km, Nordische Kombination) und eine Bronzemedaille im Spezialsprunglauf. Er bekommt deshalb den Beinamen »Olympischer Skikönig«.

Erfolgreichster Olympionike ist der schon fast 31jährige Finne Clas Thunberg. Der »Nurmi auf dem Eis« gewinnt in den Eisschnellauf-Konkurrenzen drei Goldmedaillen (1500 m, 5000 m, Vierkampf), eine Silber- (10 000 m) und eine Bronzemedaille (500 m). Norwegen – sensationell ohne Olympiasieg im Eisschnellauf – gewinnt dennoch die inoffizielle Nationen- und Medaillenbewertung (4 × Gold, 7 × Silber, 7 × Bronze) vor Finnland (4 × Gold, 3 × Silber, 3 × Bronze).

Im Eiskunstlauf brilliert die »Wiener Schule«. Herma Planck-Szabó gewinnt bei den Damen; Helene Engelmann und Alfred Berger entscheiden die Paarlaufkonkurrenz für sich. Bei den Herren belegt Wilhelm Böckl hinter dem Schweden Gillis Grafström den zweiten Platz. In der Damenkonkurrenz erregt ein Mädchen aus Norwegen Aufsehen, obwohl es nur auf den achten Platz kommt: Die elfjährige Sonja Henie.

Das Eishockeyturnier entscheiden die Kanadier souverän für sich. Sie deklassieren in der Vorrunde die Tschechen (30:0), die Schweden (22:0) und die Schweizer (33:0). In der Finalrunde gewinnen sie 19:2 gegen Großbritannien sowie 6:1 gegen den Turnierzweiten USA.

Winterspiele nach Erfolg in Chamonix

Bereits 1911 schlug Italien die Einführung von Olympischen Winterspielen vor. Jahrelang widersetzten sich die Skandinavier dieser Idee, weil sie um das Fortbestehen der Nordischen Spiele in Schweden fürchteten, die seit 1901 ausgetragen werden.

1908, bei den Spielen in London, wurden Eiskunstlauf sowie 1920 in Antwerpen Eiskunstlauf und Eishockey als olympische Rahmenwettbewerbe ausgetragen. Nach dem Erfolg der Internationalen Wintersportwoche in Chamonix beschließt das Internationale Olympische Komitee im Mai 1925, rund drei Jahrzehnte nach der Neugründung der Olympischen Spiele 1896 die Einführung der Olympischen Winterspiele. Die Wettkämpfe in Chamonix erhalten diese Weihe nachträglich.

Freistilweltrekord des Schweden Borg

11. Februar. Der schwedische Schwimmer Arne Borg stellt in Honolulu (Hawaii) einen Weltrekord über 800 m Freistil in 10:43,6 min auf. Im internationalen Schwimmsport ist Borg einer der schärfsten Konkurrenten des jungen US-amerikanischen Starschwimmers Johnny Weissmuller (→ 17. 2./S. 31). Mit Spannung wird der Wettkampf dieser beiden Schwimmer bei den bevorstehenden Olympischen Sommerspielen in Paris erwartet (→ 5. 7./S. 110). Weltrekorde schwamm der 22jährige Schwede bisher über 400 m Freistil in 5:11,8 min (1922), über 500 m Freistil in 6:32,9 min (1922) und über 1500 m Freistil in 21:35,5 min (1923).

Der als »Schwimmclown« bekannte Schwede Arne Borg genießt wegen seines Humors und seiner sportlichen Leistungen große Popularität

Eiskunstlaufstar der Wiener Schule

16./17. Februar. In Oslo wird die Österreicherin Herma Planck-Szabó zum dritten Mal Weltmeisterin im Eiskunstlauf der Damen. Kurz zuvor hatte sie in Chamonix-Mont-Blanc (→ 4. 2./S. 30) die olympische Goldmedaille gewonnen. Die 21jährige Eisprinzessin ist der Star der »Wiener Schule«, wo Österreichs Spitzenposition im Eiskunstlauf begründet wurde.

Die Weltmeisterschaft im Eiskunstlauf der Paare gewinnen am 26./27. Februar im britischen Manchester mit Helene Engelmann und Alfred Berger ebenfalls Österreicher. Die Herren-Konkurrenz entscheidet dort der Schwede Gillis Grafstöm für sich.

Erste im Eiskunstlauf, Herma Planck-Szabó aus Österreich; den Weltmeistertitel holte sie schon 1922 in Stockholm und 1923 in Wien

Das Startbild zeigt Johnny Weissmuller (»Fliegender Fisch«) in Miami; sein Weltrekord (57,4 sec über 100 m) bleibt ein Jahrzehnt unübertroffen

Rekordjäger Weissmuller

17. Februar. In Miami schwimmt Johnny Weissmuller mit 57,4 sec Weltrekordzeit über 100 m Freistil. Damit verbessert der US-amerikanische Rekordjäger seinen sensationellen Weltrekord vom 9. Juli 1922, als er mit 58,6 sec als erster Schwimmer weniger als eine Minute für die 100-m-Distanz benötigte.

Der 19jährige hat schon eine erfolgreiche Karriere hinter sich: Er stellte außer den 100-m-Rekorden bisher Weltrekorde auf über 200 m Freistil in 2:15,6 min (1922), über 300 m Freistil in 3:35,2 min (1922), über 400 m Freistil in 5:06,6 min (1922) und in 4:57,0 (1923) und über 500 m Freistil in 6:24,2 (1922). Weissmuller ist einer der Favoriten bei den Schwimmwettkämpfen bei den diesjährigen Olympischen Spielen in Paris (→ 5. 7./ S. 100; S. 113).

Deutscher Erfolg bei Sechstagerennen

4. Februar. Das elfte Berliner Sechstagerennen, das am 29. Januar gestartet wurde, geht im Sportpalast zu Ende. Gewinner des Rennens ist die deutsche Mannschaft Lorenz/Saldow (347 Punkte), gefolgt von Bauer/Krupkat (264), Techmer/Stellbrink (189), Kaiser/Taylor aus den USA (167), Hahn/Tietz (132) und Hanley/Lawrence aus den USA (128). Von den gestarteten 14 Teams haben nur diese sechs bis zum Ende durchgehalten. Zurückgelegt wurde eine Strecke von insgesamt 3896,905 km.

Schon früh gingen Lorenz/Saldow in Führung. Nach der Hälfte des Rennens hatten sie bereits 133 Punkte, während Bauer/Krupkat mit 117 Punkten den zweiten Platz und Techmes/Stellbrink mit 53 Punkten den dritten Platz belegten. Der Verlauf des »Ganzen Rennens«, so resümiert ein Reporter in der »Frankfurter Zeitung«, konnte »nur wenig befriedigen«. Es geschah »nichts Aufregendes«.

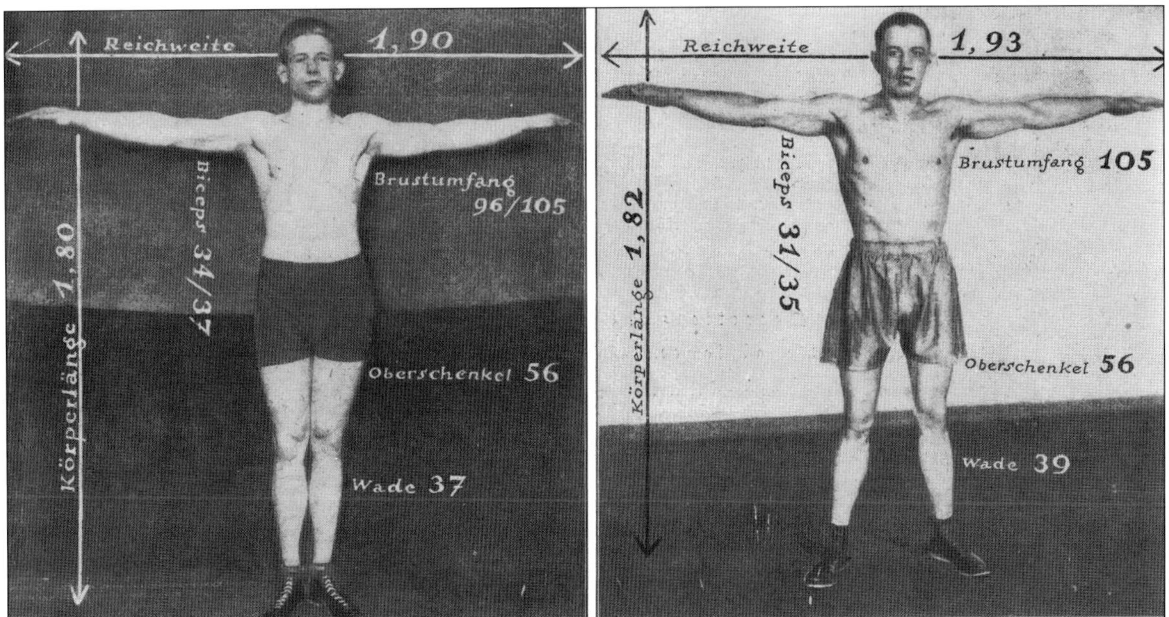

Samson-Körner siegt im Kampf um Schwergewichtstitel

29. Februar. *Paul Samson-Körner wird Deutscher Meister im Schwergewicht durch K.o. über Hans Breitensträter. Den mit großer Spannung erwarteten Kampf im Berliner Sportpalast kann Herausforderer Samson-Körner schon in der dritten Runde für sich entscheiden. Breitensträter, Deutscher Meister seit 1920, geht am Ende der zweiten Runde nach einem rechten Haken von Samson-Körner zu Boden und wird bis acht angezählt. Nach einem weiteren rechten Haken in der dritten Runde zählt der Ringrichter ihn aus. Die Abbildung zeigt einen Vergleich der Körpermaße von Breitensträter (l.) und Samson-Körner (r.).*

Marx fordert Verlängerung des Ermächtigungsgesetzes

26. Februar. Mit einer Reichstagsrede eröffnet Reichskanzler Wilhelm Marx (Zentrum) die Debatte über das Ermächtigungsgesetz vom 8. Dezember 1923. Marx fordert eine Verlängerung dieser am 15. Februar abgelaufenen Ermächtigung, auf deren Grundlage seine Minderheitsregierung Notverordnungen zur Stabilisierung der deutschen Währung und Wirtschaft erlassen hat. Gegen diese Verordnungen liegen Anträge der oppositionellen Mehrheit im Reichstag vor.

Reichstagsauflösung angedroht
In seiner Reichstagsrede sagt Reichskanzler Wilhelm Marx (Auszüge): »Ausgerüstet mit diesem Ermächtigungsgesetz hat die Regierung eine große Zahl von Verordnungen erlassen ... [Die Reichsregierung ist gewiß], daß bei objektiver ruhiger Beurteilung der ergangenen Verordnungen das Urteil dahin ergehen muß, daß es der Regierung im großen und ganzen gelungen ist, die ihr gestellte Aufgabe zu erfüllen ... Die Mark ist seit Mitte November vorigen Jahres bis heute auf derselben Höhe geblieben. Das Geld entwertet sich nicht mehr ... Die Wirtschaft erholt sich langsam, aber sichtlich ... Leider konnten wir die Erfolge, die wir aufzuweisen haben, nur erreichen durch ungemein harte ... und tiefgreifende Maßnahmen ... Ich denke hier in erster Linie an die Personalabbauverordnung ... ich denke ferner an die Festsetzung außerordentlich geringer Goldgehälter für die Beamten, an die Verlängerung der Arbeitszeit bei den Arbeitern ... [Die Regierung erklärt], daß sie den Bestand ihres ganzen Reformwerkes gefährdet und gar vernichtet sieht, wenn eine von diesen von der Reichsregierung als unumgänglich bezeichneten Verordnungen durch den Reichstag aufgehoben ... würde. Sie erklärt, daß sie [dann] angesichts der Bedeutung dessen, was auf dem Spiele steht, ... genötigt sein würde, ... beim Herrn Reichspräsidenten die Auflösung des Reichstags zu beantragen ...«

Reichskanzler Marx (mit Radiomikrofon) im Reichstag; an der Sitzung nimmt auch Reichspräsident Ebert (M.) teil

Marx droht den Oppositionsparteien mit der Auflösung des Reichstags, falls sie an ihren Anträgen zur Aufhebung bzw. Änderung der meisten der Notverordnungen der Reichsregierung festhalten.

Angesichts einer fehlenden Regierungsmehrheit im Reichstag sahen führende politische Kreise Ende 1923 in gesetzesvertretenden Verordnungen die einzige Möglichkeit zur Lösung der Wirtschafts- und Währungskrise und zur Stabilisierung der innenpolitischen Verhältnisse im Deutschen Reich. Zu den einschneidenden Maßnahmen von 1923 wie der faktischen Aufhebung des Achtstundentags kommen im Februar 1924 die Dritte Steuernotverordnung zur Besteuerung von Gewinnen aus der Inflation von 1923, die Schaffung der Deutschen Reichsbahn als selbständigem Unternehmen und eine Neuregelung der Erwerbslosenfürsorge.

Die innenpolitischen Verhältnisse im Deutschen Reich beruhigen sich zu Beginn des Jahres 1924 zusehends. Dazu tragen auch die Beendigung der Reichskonflikte mit Sachsen (→ 4. 1./S. 15) und mit Bayern (→ 18. 2./S. 33) bei. Des weiteren zeichnet sich das Ende der Separatistenherrschaft in der Pfalz ab (→ 12. 2. / S. 34). Angesichts der zunehmend gefestigten Situation hebt Reichspräsident Friedrich Ebert (SPD) am 28. Februar den militärischen Ausnahmezustand im Deutschen Reich auf. Damit entfallen die meisten Einschränkungen der Grundrechte und die reichsrechtlichen Parteienverbote gegen NSDAP und KPD. Auch wird die außerordentliche Ausübung der vollziehenden Gewalt durch den Chef der Heeresleitung, Generaloberst Hans von Seeckt, die seit dem 9. November 1923 besteht, aufgehoben.

Angeklagt im Hitlerprozeß (v. l. n. r.): Adolf Hitler, General Erich Ludendorff, Ernst Pöhner, Hermann Kriebel, Wilhelm Frick, Friedrich Weber, Ernst Röhm

Prozeß gegen Putschisten

26. Februar. Vor dem Volksgerichtshof München I beginnt der Hochverratsprozeß gegen NSDAP-Führer Adolf Hitler, General a. D. Erich Ludendorff und acht weitere Nationalsozialisten wegen Beteiligung am Hitlerputsch vom 8./9. November 1923 (→ 1. 4. / S. 62).

In der Anklageschrift wird Hitler als die Seele des gescheiterten Putsches bezeichnet; denn er habe den Plan entworfen, sich bei der Ausführung an die Spitze gesetzt und den Sturz der Regierungen des Deutschen Reichs und Bayerns erklärt. Weiter sind als führende Putschbeteiligte neben Ludendorff angeklagt: Ernst Pöhner, Wilhelm Frick, Friedrich Weber, Ernst Röhm, Hermann Kriebel und als nachgeordnete Mitbeteiligte Wilhelm Brückner, Robert Wagner und Heinz Pernet, der Stiefsohn Ludendorffs.

Da sich Bayerns Generalstaatskommissar Gustav Ritter von Kahr, der Reichswehrchef in Bayern, General Otto von Lossow, und Landespolizeichef Hans Ritter von Seisser auf den Druck bayerisch-monarchistischer Gruppen gegen den Putsch stellten, scheiterte die »nationale Revolution« nach einem Tag.

Dienstag, 26. Februar 1924 — Berliner Lokal-Anzeiger — Abendausgabe

Preis 10 Goldpfennig (100 Milliarden)

№ 97 — Zentral-Organ für die Reichshauptstadt — 42. Jahrgang

Bezugs-Bedingungen und Anzeigen-Preise sind in der Morgenausgabe angegeben

Fernsprecher: für Großberlin nur Amt Dönhoff 4103 bis 4140; für den auswärtigen Verkehr nur Amt Dönhoff 4100 bis 4104. — Für unverlangt eingesandte Manuskripte übernimmt die Schriftleitung keine Verantwortung

Der erste Tag des Hitler-Prozesses.

Verlesung der Anklageschrift. — Antrag auf Ausschluß der Oeffentlichkeit. — Das Gericht berät. Hitlers Vernehmung.

Der Prozeßbericht.

Telegraphische Meldung.

B. S. München, 26. Februar. Unter außergewöhnlich starken Vorsichtsmaßnahmen hat heute morgen um 8½ Uhr der Hitler-Prozeß begonnen. Der mächtige Komplex der ehemaligen Militärbildungsanstalt, in dessen einem Gebäude die Verhandlung sich abrollt, lag einsam und verlassen da. Mächtige Verhaue aus Stacheldraht sperren die Blutenburgstraße, und nur, wer im Besitz einer Karte ist, darf zunächst das Verhau, hinter dem Landespolizei und Schutzmannschaft in Stahlhelmen aufgestellt sind, passieren. Durch eine zweite Kontrolle am Tor der Offizierschule gelangt man

Im Gerichtssaal.

Drahtbericht unseres nach München entsandten Sonderberichterstatters Friedrich Hussong.

München, 26. Februar.

Man ist — müßte man sprechen — unter sich: das Gericht, die Angeklagten, die Verteidiger, die Presse. Im Hintergrund ein bißchen Publikum. In diesem Saal aßen einst die königlich bayerischen Kadetten. Keine Leckerbissen. Aber das Gericht, das uns heute hier vorgesetzt wird, ist doch schwerer zu verdauen als alles, was hier je auf-

Ja, Herr Vorsitzender, es ist richtig.

An dieser Stelle des Verhörs sagte der Franzose und Held der Tribüne, Danton, zum Vorsitzenden des Revolutionstribunals: „Mein Name? — Im Panthéon der Geschichte!“ — Ludendorff ist kein Franzose und kein Held der Tribüne. Er rückt die Hornbrille ein wenig zurecht und setzt sich fester auf den

fahren für den Staat und das Vaterland bringen. Ich beantrage weiter, die Beratung über diesen meinen Antrag unter Ausschluß der Oeffentlichkeit durchzuführen.“

Rechtsanwalt Dr. Holl erklärte, daß die Verteidigung die Verantwortung vor der Oeffentlichkeit ablehnen müsse, falls dem Antrage des Staatsanwaltes gemäß auf Ausschluß der Oeffentlichkeit erkannt werden sollte. Die Anklage erfordere die Verhandlung in vollster Oeffentlichkeit. Man dürfe der Verteidigung, ebenso wie den Angeklagten zutrauen, daß sie selbst an den Stellen, an denen Dinge berührt werden sollten, die das Vaterland zu schädigen geeignet seien, das Gericht aufmerksam machen

Der Münchener Hochverratsprozeß stößt auf großes Interesse; 70 in- und ausländische Journalisten folgen als Beobachter den Verhandlungen

Bayern lenkt ein

18. Februar. *Mit dem Rücktritt von General Otto von Lossow (Abb.) ist der Konflikt zwischen Bayern und dem Reich beigelegt. Im Oktober 1923 verstieß Bayern gegen die Reichsverfassung, als es die Befehlsgewalt über die in Bayern stationierte Reichswehr übernahm und Lossow übertrug.*

Kampfbund republikanischer Parteien

22. Februar. In Magdeburg wird das Reichsbanner Schwarz-Rot-Gold gegründet. Dieser politische Kampfverband republikanischer Kriegsteilnehmer will für den Schutz der Republik und ihrer Institutionen vor allem gegenüber den Kampfbünden der politischen Rechten kämpfen.

Vorsitzender des Reichsbanners wird Mitgründer Otto Hörsing, sozialdemokratischer Oberpräsident in Magdeburg. Die formell überparteiliche Organisation, an deren Gründung neben sechs Magdeburger Sozialdemokraten auch je ein Mitglied des Zentrums und der linksliberalen DDP beteiligt sind, steht der SPD nahe. Die Mitglieder rekrutieren sich überwiegend aus sozialdemokratischen und gewerkschaftlichen Kreisen. Führende Politiker dieser Partei, so Otto Wels, tragen zum raschen Aufbau des republikanischen Kampfverbands bei. Wie andere Kampfbünde der Weimarer Republik (z. B. Stahlhelm) ist auch das Reichsbanner militärisch organisiert.

Fahnenweihe des Reichsbanners Schwarz-Rot-Gold in Potsdam; der neue republikanische Kampfverband hat im ganzen Reichsgebiet erheblichen Zulauf

Von Bürgerwehr in Brand gestecktes Bezirksamt in Pirmasens, in dem sich Separatisten verschanzt hatten

Ausgebranntes Bezirksamt in Pirmasens in der Pfalz nach den blutigen Kämpfen vom Vortag

Aus für Separatistenregime in der Pfalz

12. Februar. In Pirmasens kommt es zu blutigen Kämpfen zwischen Separatisten und einer aufgebrachten Menschenmenge. Da die französischen Besatzungssoldaten nicht eingreifen, werden die Sonderbündler aus Pirmasens vertrieben.

Bewegung der Separatisten
Als Besatzungsmacht an Rhein und Ruhr unterstützen die Franzosen die deutschen Abfallbewegungen mit dem Ziel, einen vom Deutschen Reich unabhängigen, unter der Schutzherrschaft Frankreichs stehenden Rheinstaat zu errichten. Im Oktober 1923 riefen Separatisten die sog. Rheinische Republik aus. Sie scheiterte, wie nun auch die Pfälzische Republik, vor allem an der Ablehnung der Bevölkerung (November 1923). Unter zunehmendem Druck von britischer Seite – im Unterhaus (London) wurde am 21. Januar ein antiseparatistischer Bericht des britischen Generalkonsuls in München, Robert Henry Clive, verlesen – entschließt sich Frankreich nun zur Preisgabe auch der Sonderbündler in der Pfalz.

Am 12. November 1923 proklamierte Separatistenführer Franz Josef Heinz (genannt Heinz-Orbis) die sog. Pfälzische Republik, die auf wenig Unterstützung der Bevölkerung stieß. Der angestaute Ärger über das Separatistenregime, das sich nur mit französischer Unterstützung halten kann, führt nun zu spontanen, direkten Aktionen. Nach einer antiseparatistischen Demonstration in Pirmasens stürmt die Bürgerwehr mit Unterstützung einer großen Menschenmenge das dortige Bezirksamt: »Es wurden Flammenwerfer geworfen, um so die Separatisten auszuräuchern.

»Treuekundgebung« im Reichstag für die besetzten Gebiete

Nunmehr wollten sich die Separatisten ergeben, doch die erbitterte Menge kannte keine Gnade mehr. Von den im Bezirksamte befindlichen Separatisten wurden vierzehn getötet . . .« (»Frankfurter Zeitung«). Auch in Kaiserslautern kommt es am folgenden Tag zu ähnlichen Kämpfen. Bereits am → 9. Januar (S. 15) wurde der Präsident der Pfälzischen Republik, Heinz-Orbis, bei einem Attentat tödlich verletzt. Diese Ereignisse, die Proteste der deutschen Regierung in Paris (→ 5. 2./S. 34) und der britische Druck auf Frankreich, die Sonderbündler nicht mehr zu unterstützen, führen eine Wende herbei. Mit dem Speyrer Abkommen vom 14. Februar zwischen einem Spezialkomitee der Interalliierten Rheinlandkommission und dem pfälzischen Kreisausschuß wird das »autonome« Separatistenregime liquidiert.

Großer Pfalz-Tag in Berlin: Massendemonstration auf dem Königsplatz als moralische Unterstützung für die »treudeutsche« pfälzische Bevölkerung

Protest gegen die Pfälzer Zustände

5. Februar. In einer Note an die Regierung in Paris protestiert die Reichsregierung gegen die Unterstützung der französischen Besatzungsbehörden für das Separatistenregime in der Pfalz:

»Die deutsche Regierung befindet sich heute im Besitz unwiderlegbarer Beweise, daß den separatistischen Banden . . . es niemals gelungen wäre, in der Pfalz die Oberhand zu gewinnen, wenn sie nicht von vornherein von den französischen Besatzungsbehörden mittelbar und unmittelbar bei ihrem hochverräterischen Unternehmen unterstützt worden wären . . . In Kaiserslautern, Speyer, Ludwigshafen, Pirmasens, Kirchheimbolanden, Germersheim und zahlreichen anderen Orten der Pfalz ist der . . . Selbstschutz, der den Angriffen der Separatisten auf die öffentlichen Gebäude entgegentreten sollte, von . . . französischem Militär aufgelöst worden . . . Ebenso zahlreich sind die Versuche, die deutschen Beamten zu zwingen, unter Bruch ihrer Amtspflicht gegen ihre legitime Regierung unter Leitung der Separatisten den Dienst fortzusetzen . . .
Die völlige Beseitigung der öffentlichen Ordnung durch Separatisten, die Unterdrückung der legitimen deutschen Behörden, die gänzliche Beseitigung der Freiheit der Presse, die Errichtung des Standgerichts, die willkürliche Verhaftung von Einwohnern und die zahlreichen Vertreibungen gaben den Besatzungsbehörden bisher keinerlei Anlaß zu irgendwelchen Maßnahmen . . .
Die deutsche Regierung sieht sich . . . zu der Feststellung genötigt, daß die französischen Behörden unter Nichtachtung ihrer völkerrechtlichen und vertragsgemäßen Verpflichtung in der Pfalz Zustände herbeigeführt haben, die eine schwere Verletzung der Souveränität des Reiches und Bayerns in sich schließen . . . Die deutsche Regierung ersucht die französische Regierung, den gesetz- und vertragsmäßigen Zustand in der Pfalz wiederherzustellen . . .«

SPD-Verluste bei Wahl in Thüringen

10. Februar. Bei den Landtagswahlen in Thüringen wird der »Ordnungsblock« der bürgerlichen Parteien mit 35 Mandaten stärkste Fraktion. Die bisher regierende SPD verliert hingegen elf von 28 Sitzen. Mit den neuen Mehrheitsverhältnissen endet die Regierungskrise in Thüringen. Auch der Konflikt des Freistaats mit der Reichsregierung ist nun beigelegt.

Das geschäftsführende SPD-Minderheitskabinett unter August Frölich wird am 21. Februar von einer bürgerlichen Regierung abgelöst. Neuer Ministerpräsident ist Richard Leutheußer (DVP).

Seit die Reichsregierung im November 1923 den Rücktritt der thüringischen KPD-Minister erzwungen hatte, nachdem erst am 16. Oktober die SPD-KPD-Koalition gebildet worden war, herrschten äußerst gespannte Beziehungen zwischen dem Reich und Thüringen. Nicht nur die Regierungsbeteiligung der KPD, die nach Ansicht des Reiches wegen ihrer revolutionären Umsturzpläne verfassungswidrig ist, provozierte die Reichsintervention. Kritisiert wurde auch die Finanzpolitik der Landesregierung und ihre parteipolitisch gesteuerte Personalpolitik. Unter dem Druck der Reichsregierung hatte Frölich bereits im Januar einer strengen Finanzkontrolle zustimmen müssen. Nunmehr sind die mitteldeutschen Verhältnisse im Sinne der sog. Reichsräson »befriedet«, denn auch in Sachsen gibt es keine Linksregierung mehr (→ 4. 1./S. 15).

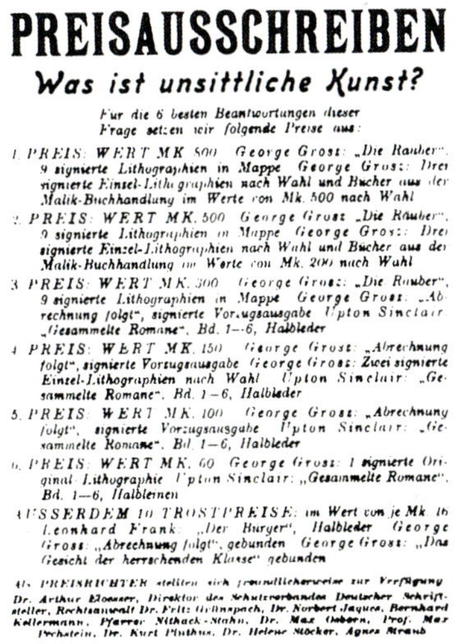

PREISAUSSCHREIBEN

Was ist unsittliche Kunst?

Für die 6 besten Beantwortungen dieser Frage setzen wir folgende Preise aus:

1. PREIS: WERT MK. 500 George Grosz: „Die Räuber", 9 signierte Lithographien in Mappe George Grosz: Drei signierte Einzel-Lithographien nach Wahl und Bücher aus der Malik-Buchhandlung im Werte von Mk. 500 nach Wahl

2. PREIS: WERT MK. 500 George Grosz „Die Räuber", 9 signierte Lithographien in Mappe George Grosz: Drei signierte Einzel-Lithographien nach Wahl und Bücher aus der Malik-Buchhandlung im Werte von Mk. 200 nach Wahl

3. PREIS: WERT MK. 300 George Grosz: „Die Räuber", 9 signierte Lithographien in Mappe George Grosz: „Abrechnung folgt", signierte Vorzugsausgabe Upton Sinclair: „Gesammelte Romane", Bd. 1–6, Halbleder

4. PREIS: WERT MK. 150 George Grosz: „Abrechnung folgt", signierte Vorzugsausgabe George Grosz: Zwei signierte Einzel-Lithographien nach Wahl Upton Sinclair: „Gesammelte Romane", Bd. 1–6, Halbleder

5. PREIS: WERT MK. 100 George Grosz: „Abrechnung folgt", signierte Vorzugsausgabe Upton Sinclair: „Gesammelte Romane", Bd. 1–6, Halbleder

6. PREIS: WERT MK. 60 George Grosz: 1 signierte Original-Lithographie Upton Sinclair: „Gesammelte Romane", Bd. 1–6, Halbleinen

AUSSERDEM 10 TROSTPREISE: im Wert von je Mk. 16 Leonhard Frank: „Der Bürger", Halbleder George Grosz: „Abrechnung folgt", gebunden George Grosz: „Das Gesicht der herrschenden Klasse" gebunden

ALS PREISRICHTER stellten sich freundlicherweise zur Verfügung Dr. Arthur Eloesser, Direktor des Schutzverbandes Deutscher Schriftsteller, Rechtsanwalt Dr. Fritz Grünspach, Dr. Norbert Jacques, Bernhard Kellermann, Pfarrer Nithack-Stahn, Dr. Max Osborn, Prof. Max Pechstein, Dr. Kurt Pinthus, Dr. Helene Stöcker, Agnes Straub

Aktion des Malik-Verlags zum »Ecce homo«-Prozeß

Volksabstimmung über Verlängerung der Arbeitszeit in der Schweiz: Gesetzannahme durch einfaches Handaufheben in Trogen im Kanton Appenzell

Urteil gegen bissige Satire

16. Februar. Vor dem Berliner Landgericht III findet der »Ecce homo«-Prozeß gegen den Maler und Grafiker George Grosz und seinen Verleger Wieland Herzfelde statt. Das satirische Mappenwerk »Ecce homo« von Grosz war im April 1923 als »Pornographie« beschlagnahmt worden. Erst durch diesen aufsehenerregenden Prozeß wird Grosz einer breiten Öffentlichkeit bekannt.

Mit beißender Satire stellt Grosz schonungslos die häßliche Wirklichkeit dar (Verismus). Sein sozialkritisches Engagement richtet sich gegen Spießertum und Militarismus, Bourgeoisie und Reaktion. Mit »Ecce homo« (16 Aquarelle und 84 Zeichnungen) habe Grosz, so die Anklage, die öffentliche Moral verletzt und die inneren Werte des deutschen Volkes in den Schmutz gezogen. Im Verhandlungsprotokoll heißt es dazu u. a.:

»Vorsitzender: ›. . . ist hier nicht die Grenze, die der Kunst gesetzt ist, überschritten . . .?‹

Grosz: ›Für den Künstler gibt es diese Grenze gar nicht . . .‹

V.: ›Glauben Sie, daß Sie alles rücksichtslos darstellen können?‹

G.: ›Das glaube ich wohl.‹ . . . «

Grosz wird zu 6000 Mark Strafe verurteilt, Herzfelde zu 500 Mark.

Schweizer stimmen gegen Mehrarbeit

17. Februar. Bei einer Volksabstimmung in der Schweiz lehnt die Mehrheit der Bevölkerung das Gesetz über eine Verlängerung der Arbeitszeit (Lex Schultheß) mit 436 531 gegen 315 421 Stimmen ab. Die Pro-Stimmen kommen insbesondere aus Kantonen mit vorwiegend bäuerlicher Bevölkerung.

Vorgesehen war eine Verlängerung der 48stündigen Wochenarbeitszeit auf 54 Stunden. Bereits 1922 hatte die Bundesversammlung die Lex Schultheß angenommen, die nach dem Leiter des Volkswirtschaftsdepartements Edmund Schultheß benannt ist. Für die Dauer der Nachkriegsdepression der Wirtschaft sollte die Arbeitszeit in der Schweiz für eine Höchstdauer von drei Jahren verlängert werden.

Plakat gegen längere Arbeitszeit in der Schweiz von Florentin Moll

Wien im Streit mit Spar-Kommissar

21. Februar. Zwischen dem Generalkommissar des Völkerbundes zur Überwachung der östereichischen Sanierung, Alfred Zimmermann, und der Regierung Österreichs kommt es zu einem offenen Meinungsstreit. Während Zimmermann in seinem 12. Monatsbericht weitere Einsparungen im Verwaltungsbereich fordert, will die Regierung die Steuern erhöhen. Die Sanierung der Finanzverhältnisse verläuft trotz der schwachen österreichischen Krone mit Hilfe einer Völkerbundsanleihe bisher mit einigem Erfolg (→ 8. 11. / S. 182).

Kontakte der westlichen Staaten zur Sowjetunion

2. Februar. Großbritanniens erste Labour-Regierung unter James Ramsey MacDonald (→ 23. 1./S. 19) erkennt die Sowjetunion diplomatisch an. Für die Sowjetunion ist dies der entscheidende Einbruch in die Front der kapitalistischen Staaten, die dem revolutionären Sowjetstaat bisher die internationale Anerkennung versagt haben.

Obwohl Großbritannien zunächst nur eine bedingte De-jure-Anerkennung ausspricht, folgen weitere westliche Regierungen wenig später dem britischen Beispiel: Italien (7. 2.), Österreich (25. 2.), Griechenland (8. 3.), Norwegen (10. 3.), Schweden (18. 3.) u. a. Auch Nachbarstaat China erkennt die Sowjetunion diplomatisch an (→ 31. 5. / S. 84).

Seit der Oktoberrevolution von 1917, mit der die Bolschewiki die Macht in Rußland übernahmen, war die Sowjetunion international weitgehend isoliert. Unter der Leitung von Georgi W. Tschitscherin, dem sowjetischen Volkskommissar des Äußeren, betreibt die Sowjetunion seit 1921 eine zweigleisige Außenpolitik: Als Fernziel wird ein endgültiger Zusammenbruch des Kapitalismus durch die Weltrevolution angestrebt, kurzfristig aber ein Auskommen mit den kapitalistischen Staaten. So wurden bereits 1922 mit dem als Kriegsverlierer ebenfalls isolierten Deutschen Reich im Rapallo-Vertrag diplomatische Beziehungen aufgenommen.

Das hinderte die Sowjetregierung nicht daran, einen kommunistischen Umsturzversuch im Deutschen Reich im Oktober 1923 mit Hilfe der Kommunistischen Internationale zu unterstützen.

Nach dem Scheitern dieses Versuchs wird das Ziel der Weltrevolution endgültig auf eine fernere Zukunft verschoben; die Befürworter einer kurzfristigen Außenpolitik des Ausgleichs mit den kapitalistischen Staaten, unter ihnen auch Josef W. Stalin, erhalten in der Sowjetführung Auftrieb (→ 31. 5. / S. 85). Angestrebt werden Handelsbeziehungen, Kredite und die diplomatische Anerkennung.

Sowjetische Karte (Titel: »Zwei Welten«) zum Gegensatz zwischen UdSSR (Symbol: Jugendliche) und den westlichen Staaten (Symbol: Kruzifix)

◁ Moskaus neuer Botschafter in der schwedischen Hauptstadt Stockholm, Ossinsky (M.), fährt zu seinem Antrittsbesuch bei König Gustav V. genau wie westliche Diplomaten in einer Galakarosse vor

USA trauern um Ex-Präsidenten Woodrow Wilson

3. Februar. In Washington stirbt im Alter von 67 Jahren Woodrow Wilson, 28. Präsident der USA und Friedensnobelpreisträger von 1919, an einer Arteriosklerose. Eine 30tägige Nationaltrauer wird angeordnet.

Mit einem liberalen Reformprogramm gewann Wilson Ende 1912 die Präsidentschaftswahlen für die Demokraten. Zwar konnten in der Wilson-Ära (1913–21) wichtige innenpolitische Reformen durchgesetzt werden, u.a. die progressive Einkommenssteuer; außenpolitisch fehlten jedoch klare Konturen: 1917 gaben die USA ihren Neutralitätskurs im Weltkrieg auf und traten in den Krieg gegen das Deutsche Reich ein. Mit seinem Vierzehn-Punkte-Programm (1918), das einen maßvollen Frieden und eine verbindliche Neuordnung anstrebte, scheiterte Wilson. Zudem konnte er weder die Ratifizierung des Versailler Vertrags noch den Beitritt seines Landes zum Völkerbund erreichen, dessen Gründung sein Hauptanliegen war. Viele Nachrufe betonen das tragische Geschick des »Idealisten« Wilson.

Begräbnis von US-Präsident Woodrow Wilson in Washington; acht Weltkriegsveteranen als Ehrengarde

US-Präsident Wilson (l.) während der Friedensverhandlungen (1919) in Paris; Autofahrt mit Poincaré

US-Präsident Woodrow Wilson (l.) mit seiner Frau bei der Ankunft in Paris zur Friedenskonferenz

Briten entlassen Gandhi aus der Haft

4. Februar. Wegen seines schlechten Gesundheitszustands wird Mohandas Karamchand Gandhi (genannt Mahatma = große Seele) vorzeitig aus dem Yeravda-Gefängnis in Poona (Britisch-Indien) entlassen. Gandhi, der seit April 1919 den indischen Unabhängigkeitskampf gegen die Briten anführt, war 1922 wegen Aufwiegelei zu sechs Jahren Gefängnis verurteilt worden.

Während seiner Inhaftierung ist im führungslosen Indian National Congress (INC), der indischen Unabhängigkeitspartei, ein Richtungsstreit ausgebrochen. Die gewaltlosen Kampfmethoden Gandhis, der bürgerliche Ungehorsam und die Verweigerung der Zusammenarbeit mit den Briten, sind zunehmend umstritten. 1922 gründeten Chittaranjan Das und Motilal Nehru innerhalb des INC die Swaradsch-Partei. Sie setzt auf die Bekämpfung der Parlamente von innen, während bisher jede parlamentarische Tätigkeit verweigert wurde. Gandhi ist mit diesem Kurs der Swaradsch-Anhänger, die auch Changers genannt werden, nicht einverstanden; er sieht darin eine gefährliche Einbindung der Nationalisten in das amtliche Britisch-Indien. Durch ihren Wahlerfolg im Januar, als die Changers mit einer 45köpfigen Fraktion in die Zentrale Gesetzgebende Versammlung einzogen, erringen sie auch im INC das Übergewicht. Es kommt zu einem Kompromiß. Gandhi stimmt der Tätigkeit in den Parlamenten zu und setzt dafür die Garnklausel durch. Danach gelten als INC-Mitgliedsbeitrag künftig 2000 yards (rd. 1828 m) Garn monatlich. Gandhi nimmt mit dieser Aktion den Kampf gegen das britische Textilmonopol durch die Förderung der sog. Handspinnbewegung auf.

Führer des gewaltlosen Kampfes
Mohandas Karamchand Gandhi (Abb. l.), geboren am 2. Oktober 1869 in Porbandar, beteiligte sich nach dem Jurastudium in London (1888 bis 1891) am politischen Kampf der Inder in Südafrika. Seit April 1919 führt er den indischen Unabhängigkeitskampf gegen die Briten mit gewaltlosen Kampfmethoden. Die Kampagne des zivilen Ungehorsams von 1922 (Steuerstreik der Bevölkerung) brach Gandhi wegen Gewalttätigkeiten ab. Während seiner Inhaftierung (März 1922 bis Februar 1924) verliert Gandhis Politik an Rückhalt bei den indischen Nationalisten *(→ 4. 2. / S. 37).*

Steuererhöhung zur Franc-Sanierung

23. Februar. Nach heftigen Debatten nimmt die französische Abgeordnetenkammer die Finanzreformvorlage in ihrer Gesamtheit mit 354 gegen 218 Stimmen an. Die umstrittene Reform sieht einschneidende Maßnahmen zum Schutz des derzeit rapide sinkenden Franc vor:

1. Verschärfung der Strafen gegen Steuerhinterziehung und andere Betrügereien am Fiskus
2. Unterdrückung der Börsenspekulation mit dem Wertverfall der französischen Währung
3. Einführung eines 20prozentigen Zuschlags auf alle Steuern
4. Einleitung einer Verwaltungsreform zur Budgeteinsparung von einer Milliarde Franc
5. Erschließung von Steuerquellen.

Im Budgetausgleich, der durch diese Maßnahmen erreicht werden soll, sieht die Regierung die einzige Möglichkeit zur Bekämpfung der französischen Währungskrise. Diese führt Ministerpräsident Raymond Poincaré darauf zurück, »daß Deutschland seit vier Jahren seine Verpflichtungen [Reparationszahlungen] unerfüllt ließ.«

Karikatur im französischen Blatt »Carnet de la Semaine« zur Inflation in Frankreich; der Texter läßt Ministerpräsident Poincaré (r.) in Anspielung auf die mit den steigenden Lebensmittelpreisen wachsende Unzufriedenheit zum Ernährungsminister (l.) sagen: »Sagen Sie, Küchenchef, sollten wir vor den Wahlen nicht vielleicht doch lieber einen anderen Speisezettel machen?«

General Adolfo de la Huerta, Chef des mexikanischen Aufstands

Aufstand in Mexiko blutig unterdrückt

10. Februar. Bei Ocotlán in Mexiko werden aufständische Truppen unter General Adolfo de la Huerta von den Regierungstruppen entscheidend geschlagen. Damit ist der im Dezember 1923 ausgebrochene Aufstand gegen das Regime von Präsident Alvaro Obregón gescheitert, wenn auch die Kämpfe noch bis Ende Mai andauern.

Zunächst verlief die Rebellion erfolgreich. Die mexikanischen Bundesstaaten San Luis Potosí, Chihuahua, Michoacán und Tamaulipas widersetzten sich der Autorität der Bundesregierung, andere folgten und proklamierten ihre Autonomie. Das Zentrum des Aufstands ist Veracruz, wo de la Huerta im Dezember 1923 eine Gegenregierung gebildet hat. In seinem Programm kündigt der General die sofortige Durchführung freier Wahlen an, wenn die Regierung Obregón gestürzt ist. Dieser habe durch Attentate und Entführungen die Wahlen von 1922 manipuliert und sich das Parlament gefügig gemacht. Ferner sollen das Bildungswesen verbessert und das Frauenwahlrecht eingeführt werden.

Bereits am 28. Januar hatten die Rebellen eine schwere Niederlage in Esperanza erlitten und daraufhin am 5. Februar Veracruz geräumt. Entscheidend für das Scheitern de la Huertas ist die Haltung der USA, die Obregón unterstützen und Waffenkäufe der Rebellen zu unterbinden suchen. Die Rebellen verfügen außerdem nicht über so große Finanzmittel wie die Regierung.

Streik in London und Wien

16. Februar. Während der Ausstand der britischen Dockarbeiter überraschend schnell beendet werden kann, macht der Wiener Bankenstreik wochenlang Schlagzeilen.
Nach gescheiterten Lohnverhandlungen legen die Dockarbeiter der großen britischen Häfen, voran die als »kampflustig« bekannten Londoner, am 16. Februar die Arbeit nieder. Die britische Transportarbeitergewerkschaft will den gesamten Seeverkehr für Güter lahmlegen, um die Lohnforderung von zwei Shillingen mehr pro Woche durchzusetzen. Bereits am 20. Februar wird der Streik beendet. Unter dem Druck des Urteils eines von der neuen Labour-Regierung (→ 23. 1./S. 19) eingesetzten Gerichtshofes (19. 2.) unterbreiten die Arbeitgeber, die den Streik provoziert haben, ein für die Docker akzeptables Angebot.
In Wien bricht am 18. Februar ein Teilstreik bei vier Großbanken aus, auf den die anderen Banken mit Aussperrungen reagieren. Die etwa 25 000 Bankbeamten und -angestellten wollen deutliche Gehaltserhöhungen erreichen und eine Verlängerung der Arbeitszeit verhindern. Direktoren und leitende Prokuristen halten während des fast dreiwöchigen Streiks einen Notdienst aufrecht. Durch Vermittlung der Regierung kommt es am 6. März zu einer Einigung, die von den Streikenden als Erfolg gewertet wird: Allgemeine Gehaltserhöhung um 5% und nur probeweise Verlängerung des Kassendienstes um eine halbe Stunde. Die Banken können jedoch andererseits bis zu 2000 Entlassungen vornehmen.

Straßenbahn-Bremsversuche in Lichtenberg bei Berlin (mit elektrischen Bremsen und mit Luftdruckbremse) zielen auf optimale Verkehrssicherheit

Korrupte Minister in USA

18. Februar. Wegen des immer weitere Kreise ziehenden Petroleumskandals (Teapot-Dome-Skandal) muß US-Marineminister Edwin N. Denby zurücktreten. Das Amt übernimmt Curtis D. Wilbur, bisher Vorsitzender des Obersten Gerichtshofs von Kalifornien.
Der frühere US-Innenminister Albert Fall, der 1923 zurücktreten mußte, ist bereits über den Teapot-Dome-Skandal gestolpert; dabei geht es um die Verpachtung von Ölfeldern der US-Marine in Elk Hills/Kalifornien und Teapot Dome/Wyoming zu ungewöhnlich niedrigen Preisen nach Bestechung zahlreicher hochrangiger Politiker.
Brisante Ergebnisse liefern auch die Kongreßausschüsse zur Untersuchung der Korruption unter der Präsidentschaft von Warren Gamaliel Harding (1921–1923). Allmählich wird die Korruption der »Ohio-Gang«, wie die Günstlinge Hardings genannt werden, bekannt: Generalbundesanwalt und Justizminister Harry M. Daugherty muß am 28. März zurücktreten, als seine Verwicklung in den Gewehrschmuggel an der mexikanischen Grenze (→ 10. 2./S. 37) deutlich wird.

Großer Scheinwerfer auf Berliner Flugplatz Tempelhof für Starts und Landungen des neuen Nachtflugverkehrs zwischen Berlin und Stockholm

USA: Hinrichtung erstmals mit Gas

8. Februar. Im Staatsgefängnis von Nevada/USA in Carson City wird erstmals ein Todesurteil in einer Gaskammer vollstreckt. Einem Bericht der Nachrichtenagentur Reuter zufolge wurde der Delinquent zuerst an einen Stuhl gefesselt. Dann ließ man das Giftgas in den hermetisch verschlossenen Raum einströmen. Innerhalb von 30 Sekunden verlor der Verurteilte das Bewußtsein, er starb jedoch erst nach sechs Minuten. Der Initiator der Giftgas-Hinrichtung, Major D. A. Turner, hält sie für die »schnellste und humanste Methode, einen Menschen zu töten«.

Neuer Bau in Ulm bei Brand zerstört

19. Februar. Der sog. Neue Bau in Ulm fällt fast vollständig einem Großbrand zum Opfer. Trotz umfangreicher Löscharbeiten der Feuerwehr können lediglich der angrenzende uralte Weinhof und das Schwörhaus gerettet werden.
Der Neue Bau, eines der bedeutendsten Bauwerke Ulms, wird fälschlicherweise häufig als Kaiserpfalz bezeichnet; das nun abgebrannte Gebäude wurde nämlich Ende des 16. Jahrhunderts an derselben Stelle errichtet, wo die Pfalz der Karolinger gestanden hatte. Erst Jahre nach dem Brand wird das historische Bauwerk wieder aufgebaut.

Längste Hängebrücke der Welt über den Hudson River bei Peekshill

Potsdamer Platz in Berlin noch ohne Ampel; Polizisten mit Hupen regeln den Verkehr (Zeichnung von M. Frost)

Diskutiertes Brückenmodell (v. oben) für London

Londoner Straßenbahnen sicherer durch Türverriegelung

Mit diesem Spielzeug lernen die Kinder in New York das richtige Verhalten im gefährlicher werdenden Verkehr

Verkehr 1924:

Flugzeug und Auto werden beliebter

Mit der 1924 verbesserten wirtschaftlichen Situation setzt sich im Deutschen Reich der Trend zum Auto- und Flugverkehr verstärkt fort. Wer es sich leisten kann, steigt auf diese Verkehrsmittel um.

Das Auto erobert die Straßen, wodurch besonders in den Großstädten eine Regelung des Verkehrs notwendig wird. Auf dem Potsdamer Platz in Berlin wird im November ein Verkehrsturm mit Ampelanlagen in Betrieb genommen, eine Neuheit im Straßenbild deutscher Städte. Auch die ersten Verkehrspolizisten kommen in der Reichshauptstadt zum Einsatz, auf deren Straßen bereits 19 361 Pkw fahren (Stand 1. Juli). Die »normale« Schutzpolizei wird der Situation nicht mehr Herr: »Diese braven und eifrigen Leute machen unnötig weite, fuchtelnde, ausholende Bewegungen mit den Armen. Sie wirken nicht exakt und infolgedessen undeutlich und nicht verständlich. In der Dunkelheit . . . sieht man sie kaum. Sie können leicht überfahren werden . . .«, schreibt die »Frankfurter Zeitung«.

Insgesamt erhöht sich 1924 die Zahl der im Deutschen Reich zugelassenen Pkw auf 132 179 (1923: 100 340). Auch die Zahl der Motorräder (1923: 59 389, 1924: 97 965) und Lkw (1923: 51 736, 1924: 60 629) steigt deutlich. Das Auto, bisher Luxus für die Reichen, wird allmählich auch für mittelständische Kreise bezahlbar. Billigere Modelle, so z. B. der als »Kommißbrot« bezeichnete Kleinwagen der Firma Hanomag, erobern den Markt (→ 10. 12 / S. 199).

Im Luftverkehr sorgen wachsende Nachfrage und der Konkurrenzkampf der beiden deutschen Luftverkehrskartelle, Deutsche Aero Lloyd AG und Junkers Luftverkehr AG, für einen Ausbau des nationalen und internationalen Streckennetzes. Ende Juli 1924 wird die erste verkehrsmäßig bediente Nachtfluglinie zur Post- und Frachtbeförderung auf der Strecke Berlin – Stockholm über Warnemünde und Karlskrona eröffnet. Die Zahl der Flüge im deutschen Luftverkehr steigt 1924 auf 4198 (1923: 1378). Insgesamt befördern die deutschen Luftverkehrsgesellschaften 13 422 Personen (1923: 8507).

Sarkophagöffnung im Tal der Könige

12. Februar. Nach 15monatigen Ausgrabungsarbeiten im 1922 entdeckten Grab des Pharaos Tutanchamun im Tal der Könige in Ägypten wird der Sarkophag des Herrschers geöffnet. Archäologen aus aller Welt nehmen als Gäste von Ausgrabungsleiter Howard Carter, der das Grab im November 1922 entdeckt hatte, an der mit Spannung erwarteten Sarkophagöffnung teil.

»Goldener Pharao« Tutanchamun
Etwa zehnjährig wurde Tutanchamun (ursprünglich Tutanchaton) 1347 v. Chr. ägyptischer König der 18. Dynastie. Der Nachfolger und vermutliche Sohn Echnatons kehrte 1344 zur alten Amunreligion zurück und änderte seinen Namen in Tutanchamun. 1337 wurde der junge Pharao ermordet.

Mit Tauen wird der fast zwei Tonnen schwere Sarkophagdeckel aus Granit hochgezogen. Unter Leinentüchern liegt die reich geschmückte Mumie des jungen Herrschers. Besonders beeindruckt sind die Anwesenden von der prunkvollen Goldmaske. In Presseberichten wird immer wieder auf die »tiefe Ergriffenheit« der Beobachter im Tal der Könige hingewiesen. Einen Eindruck gibt Arthur Merton, Sonderkorrespondent der Londoner »Times«: »Während Großreiche emporstiegen und vergingen, Kriege und Katastrophen das Weltgeschehen erschütterten . . . ruhte wenige Meter unter der Erde . . . unbeachtet und vergessen von allen dieser König in einem Frieden, einer Erhabenheit, wie nur der Tod und das Grab sie dem Menschen verleihen können.« Überschattet wird die Öffnung des Sarkophags von den schweren Auseinandersetzungen zwischen Howard Carter und der ägyptischen Regierung. Seit der Entdeckung des Grabs leitet Carter die Ausgrabungen, zunächst zusammen mit dem britischen Ägyptologen George Edward M. H., Earl of Carnarvon, der im April 1923 starb. Umstritten sind die Eigentumsrechte an den Fundgegenständen, die von der Regierung in Kairo als Nationalbesitz betrachtet werden. Diese widerruft die Grabungskonzessionen, Carter verläßt im März das Land.

Reichverzierter Thron des Tutanchamun (Rückseite); auf dem Hintergrund aus ziseliertem Gold und Lapislazuli vier mit Sonnenscheiben gekrönte Königskobras

◁ In der Grabkammer des ägyptischen Pharaos Tutanchamun; die Aufnahme zeigt eine Seite des Sarkophags vor Entfernung des äußeren goldenen Schreins und der mit Spannung erwarteten Öffnung des Sarkophagdeckels

Goldene Staatskarosse; Wand mit Schild und Tutanchamun in Gestalt einer die Feinde niedertretenden Sphinx

Detail der aus Gold gearbeiteten Kutschenverzierung; afrikanische und asiatische Kriegsgefangene des Pharaos

Verzierung der Kutsche; Kopf von Hausgeist Bes in Gold, Elfenbein, vielfarbiger Fayence und Glas

Kostbarkeit aus dem Pharaonengrab: Goldene Scheuklappe mit reichhaltigen Verzierungen aus Lapislazuli

Emblem des »Sohns der Sonne« an der Kutsche des Pharaos; falkengestaltige Gottheit Horus mit Sonnenscheibe

Erfolg für Raynals Antikriegstragödie

1. Februar. In der Comédie-Française in Paris wird Paul Raynals »Das Grab des Unbekannten Soldaten« uraufgeführt. Das Antikriegsstück ist ein großer Theatererfolg und macht den französischen Dichter weltweit berühmt.

Raynal setzt sich in diesem Stück mit seinen Erfahrungen als Frontsoldat im Weltkrieg auseinander. Die Hauptfigur der Tragödie, ein namenloser, für die ganze Frontgeneration des Weltkriegs stehender Soldat, klagt die Vätergeneration an: »Weil niemals die ins Feuer gehen, die den Krieg entfachen, weil die Alten mit den vertrockneten Herzen fortfahren, die Geschicke der Menschen zu regieren, darum wird es immer wieder Krieg geben.« Mit dem »Grab des Unbekannten Soldaten« und dessen pathetischer Sprache trifft Raynal sehr genau die Stimmung unter jungen Weltkriegsteilnehmern in Frankreich.

Ausdrucksstarke Zeichnung eines Panthers von Miss D. Burroughes

»Power in Design« begeistert London

16. Februar. Über herausragende Exponate der 160. Ausstellung der Royal Society of British Artists in London berichtet die britische Illustrierte »London News« mit Wort- und Bildbeiträgen. Großes Aufsehen erregen die Design-Studien von Miss D. Burroughes, die der Illustrierten ganzseitige, farbige Abbildungen wert sind. Es handelt sich um Darstellungen lauernder Raubkatzen. Mit starken Farb- und Helligkeitskontrasten, klaren Umrissen und größtmöglicher Sparsamkeit im Detail erzielt die Designerin eine Wirkung, die viele Betrachter in Bann zieht. Die Wildheit des Raubtieres, das sich an ein Beutetier heranschleicht und vor unterdrückter Energie zu pulsieren scheint, wird durch einfache Mittel effektvoll dargestellt. Das Spiel mit Kontrasten und klaren Formen findet bei jungen Designern zunehmend Verbreitung.

Gershwin-Triumph »Rhapsody in blue«

12. Februar. George Gershwins »Rhapsody in blue«, ein Klavierkonzert mit Jazzorchester, wird in der voll besetzten New Yorker Aeolian Hall mit dem Komponisten am Klavier uraufgeführt. Bandleader Paul Whiteman, der Gershwin zu dieser Komposition angeregt hat, steht am Dirigentenpult. Die »Rhapsody in blue« erhält den begeisterten Beifall des Auditoriums, in dem u. a. die Komponisten Igor Strawinski, Sergei W. Rachmaninow und der Geigenvirtuose Fritz Kolisler sitzen. Gershwin gelingt mit diesem Werk der Durchbruch zum anerkannten Komponisten. Berühmt und zu einer Art akustischem Symbol für die Stilrichtung des »sinfonischen Jazz« wird das Klarinettensolo, mit dem »Rhapsody in blue« beginnt.

Der US-amerikanische Komponist George Gershwin verbindet verschiedene Jazzelemente mit europäischer Konzertmusik

Kálmán-Operette uraufgeführt

28. Februar. *»Gräfin Mariza«, eine Operette von Emmerich Kálmán, wird in Wien uraufgeführt. Eine reizvolle Mischung von Gefühlsbetontheit und Humor, rhythmischem Schwung und Einfallsreichtum in den Melodien lassen »Gräfin Mariza« zu einem weiteren Erfolg des ungarischen Komponisten werden. Die schöne, junge Gräfin Mariza will sich zum Schein verloben, um ihren Verehrern für eine Weile zu entkommen. Verwicklungen bahnen sich an, als der erfundene Verlobte tatsächlich auftaucht. Zudem verliebt sich Graf Tassilo, scheinbar nur Verwalter, in die Gräfin, die seine Liebe schließlich erwidert (Abb.: Betty Fischer mit Richard Waldemar (l.) und Max Hansen (r.) in einer Szene aus »Gräfin Mariza«).*

Löwen sind los bei »Quo vadis?«

5. Februar. *Bei den Dreharbeiten zu einer Verfilmung des Romans »Quo Vadis?« in der Nähe von Rom brechen die 40 dressierten Löwen aus, die bei dem Leinwandepos mitwirken. Sie sind durch eine Massenszene, an der 400 Statisten beteiligt sind, nervös geworden. In der Panik, die daraufhin entsteht, werden zahlreiche Personen verletzt. Ein alter Mann wird von einem Löwen zerrissen.*

Schon vorher hatte sich beim Drehen einer Szene, die am Hof des römischen Kaisers Nero spielt, eine Löwin losgerissen. Während die Schauspieler die Flucht ergriffen, ließ sie sich willig einfangen. Die Abbildung zeigt eine Hofszene mit Emil Jannings als Nero in einer Sänfte (Hintergrund).

März 1924

Mo	Di	Mi	Do	Fr	Sa	So
					1	2
3	4	5	6	7	8	9
10	11	12	13	14	15	16
17	18	19	20	21	22	23
24	25	26	27	28	29	30
31						

1. März, Sonnabend

Im Zusammenhang mit einer Korruptionsaffäre werden mehrere Referenten und Beamte des Verteidigungsministeriums der Tschechoslowakei festgenommen. Ihnen werden betrügerische Manipulationen bei für die Armee bestimmten Benzinlieferungen angelastet.

Zu schweren Behinderungen für den Schiffsverkehr kommt es durch starken Eisgang auf der Elbe. Kleinere Schiffe bleiben in den Eismassen stecken und müssen von Eisbrechern befreit werden.

2. März, Sonntag

Im Königreich der Serben, Kroaten und Slowenen (Jugoslawien) kommt es infolge eines Kurswechsels der Kroatischen Bauernpartei zu einer Regierungskrise. Nach mehr als fünf Jahren Verweigerung wollen die Kroaten ihre Parlamentsmandate nun wahrnehmen, wodurch sich die Mehrheitsverhältnisse im Parlament ändern. → S. 47

Bei den chilenischen Parlamentswahlen gewinnen die liberalen Parteien, die Präsident Arturo Alessandri y Palma unterstützen, die Mehrheit der Mandate.

Die Mitteldeutsche Rundfunk AG (Mirag) in Leipzig strahlt die erste Sendung aus. Damit hat im Deutschen Reich nach der Funkstunde AG in Berlin, die bereits seit Oktober 1923 sendet, der zweite öffentliche Rundfunksender seinen Betrieb aufgenommen. In rascher Folge werden 1924 weitere regionale Sender gegründet. → S. 54

3. März, Montag

Die türkische Nationalversammlung in Angora (Ankara) beschließt die Abschaffung des Kalifats. Abd Al Madschid II., als Kalif Oberhaupt der moslemischen Gemeinschaft seit November 1922, wird abgesetzt und mit allen Mitgliedern der alten türkischen Dynastie Osman des Landes verwiesen. → S. 47

Zwischen der Türkei und dem Deutschen Reich wird ein Freundschaftsvertrag geschlossen.

Reichsbankpräsident Hjalmar Schacht nimmt in Paris an einer Sitzung des internationalen Sachverständigenausschusses unter der Leitung von US-Finanzpolitiker Charles Gates Dawes teil. Der Ausschuß soll ein Gutachten über die deutschen Finanzen und die Reparationsfrage vorlegen (→ 9. 4. / S. 64).

Im Abbey Theatre in Dublin wird die Tragödie »Juno und der Pfau« (»Juno and the Peacock«) von Sean O'Casey uraufgeführt. Sozialkritisch schildert O'Casey irisches Arbeitermilieu.

4. März, Dienstag

Im Hitlerprozeß vor dem Volksgericht München I, der am 26. Februar begonnen hat, wird die Beweisaufnahme eingeleitet. Auf Antrag der Verteidigung werden Pressevertreter und Besucher von weiteren Sitzungen des Gerichts ausgeschlossen (26. 2. / S. 33).

Das Preußische Staatsministerium erkennt den 1842 gegründeten Orden »Pour le mérite« für Wissenschaft und Künste, der 1922 in eine »Freie Vereinigung« umgewandelt wurde, als eine Gemeinschaft hervorragender Künstler und Gelehrter an.

5. März, Mittwoch

Zwischen Alliierten und Reichsregierung herrscht Uneinigkeit über die Kontrolle der nach dem Versailler Vertrag von 1919 für das Deutsche Reich geltenden Abrüstungsbestimmungen. Die alliierte Botschafterkonferenz besteht in ihrer Note an die Reichsregierung auf Fortführung der Militärkontrollen (→ 30. 6. / S. 95; 8. 9. / S. 150).

6. März, Donnerstag

Beim Hitlerprozeß in München kommt es zum Auszug der Staatsanwaltschaft aus der Verhandlung. Vorausgegangen waren schwere Angriffe der Verteidigung gegen die Staatsanwaltschaft, denen der Vorsitzende des Gerichts nicht entgegentrat. Am folgenden Tag bedauert Verteidiger Kohl ausdrücklich seine Äußerungen (→ 1. 4. / S. 62).

Außenminister Gustav Stresemann weist während einer allgemeinen politischen Debatte im Reichstag die Vorwürfe des Deutschnationalen Karl Helfferich am außenpolitischen Kurs der Reichsregierung zurück. Entschieden spricht sich Stresemann gegen eine neue Diskussion der Kriegsschuldfrage und die Zurückweisung des Versailler Vertrags von 1919 aus.

Zwischen dem Deutschen Reich und dem mittelamerikanischen Staat Nicaragua wird nach längeren Verhandlungen ein Handelsvertrag abgeschlossen. Die wirtschaftlichen Beziehungen zwischen beiden Ländern waren während des Weltkriegs abgebrochen worden.

Nach einer Dauer von fast drei Wochen wird der Streik von Beamten und Angestellten der Wiener Bankinstitute beendet (→ 16. 2. / S. 38).

Ex-Kronprinz Wilhelm fordert im Zuge der Abfindungsverhandlungen von Preußen ein kostbares Tafelgeschirr, das etwa 400 preußische Städte dem Kronprinzen 1905 zur Hochzeit geschenkt hatten. Da die Schenkungsurkunde nicht beglaubigt ist, wird der Anspruch des Kronprinzen auf das gegenwärtig im Tresor der Reichsbank lagernde Geschirr bestritten. → S. 50

7. März, Freitag

König Ibn Ali Husain der Hedschas (später Teil des Königreichs Saudi-Arabien) nimmt den Kalifentitel an (→ 3. 3. / S. 47; 13. 10. / S. 169).

8. März, Sonnabend

Reichspräsident Friedrich Ebert erläßt eine Notverordnung zum Schutz des Funkverkehrs.

Griechenland erkennt die Sowjetunion diplomatisch an (→ 2. 2. / S. 36).

In Leipzig geht die Frühjahrsmesse, die am 2. März begonnen hat, mit guten Ergebnissen zu Ende. → S. 52

Zur Überwachung und Koordinierung der industriellen Entwicklung Spaniens wird ein Wirtschaftsrat (Consejo de la Economía Nacional) gegründet. Das Gremium wird mit der Erarbeitung eines Wirtschaftsplans beauftragt.

9. März, Sonntag

Französische Regierungsmitglieder treffen zu Beratungen mit Bankfachleuten zusammen. Sie wollen über Maßnahmen beraten, wie dem erneuten Sturz des Franc zu begegnen ist.

10. März, Montag

Katholische Kreise sind unterschiedlicher Auffassung über die scharfe Kritik von General a. D. Erich Ludendorff am (katholischen) Zentrum und dem Vatikan. Unterstützt wird Ludendorff u. a. von der Katholischen Vereinigung für nationale Politik. 500 katholische Priester aus der Rheinprovinz hingegen verurteilen in einer Ergebenheitsadresse an Papst Pius XI. Ludendorffs Angriffe.

Norwegen erkennt die Sowjetunion diplomatisch an. Am 18. März vollzieht auch Schweden, das zugleich ein Handelsabkommen mit der Sowjetunion abschließt, diesen Schritt (→ 2. 2. / S. 36).

11. März, Dienstag

Da die dänische Regierung unter Niels Thomas Neergaard keine parlamentarische Mehrheit für ihre Maßnahmen zur Bekämpfung der Inflation hat, wird das Parlament aufgelöst. Vorgezogene Neuwahlen werden für den 11. April festgelegt (→ 23. 4. / S. 66).

In einer Note an die Völkerbundsmächte protestiert der sowjetische Außenminister Georgi W. Tschitscherin gegen jede Lösung der Memel-Frage ohne Hinzuziehung der Sowjetunion. Das seit dem Weltkrieg unter alliierter Verwaltung stehende Memelgebiet war 1923 von Litauen besetzt worden.

Nachdem die Sowjetregierung am 10. März von Norwegen de jure anerkannt worden ist, wird Alexandra M. Kollontai zum sowjetischen »Botschafter« in Kristiania (Oslo) ernannt. Kollontai erregt als erste Frau im Amt eines »Botschafters« Aufsehen. → S. 49

In den Norddeutschen Werften bricht nach gescheiterten Lohnverhandlungen ein Streik aus. Rund 60 000 Werftarbeiter beteiligen sich an dem Ausstand, der bis zum 25. März andauert.

Bei einem Explosionsunglück in einem Bergwerk bei Salt Lake City/USA werden 175 Bergarbeiter verschüttet.

12. März, Mittwoch

Der Reichstag lehnt den Antrag der Deutschnationalen Volkspartei (DNPV) ab, die bevorstehenden Reichstagswahlen (→ 4. 5. / S. 78) mit der Neuwahl des Reichspräsidenten zu verbinden. Ferner wird in dritter Lesung der Gesetzentwurf über die Ausprägung neuer Silbermünzen à 1,20 und 3,0 Rentenmark angenommen.

Wie General Otto von Lossow und der ehemalige Generalstaatskommissar Gustav Ritter von Kahr wird nun auch der frühere bayerische Landespolizeichef Hans von Seisser als Zeuge beim Hitlerprozeß in München vernommen. Lossow, Kahr und Seisser hatten den Hitlerputsch im November 1923 erst nach längerem Zögern niedergeschlagen.

Vor dem Staatsgerichtshof in Leipzig beginnt ein Fememordprozeß. Am 31. Mai 1923 war Walter Kadow von rechtsradikalen Gesinnungsgenossen in Parchim ermordet worden. Am 15. März werden die Angeklagten zu Haftstrafen zwischen sechs und zehn Jahren verurteilt. Viele Fememordfälle in der sog. Schwarzen Reichswehr werden erst nach Jahren bekannt und nie gerichtlich verfolgt.

In den Berliner Kammerspielen wird die Charakterkomödie »Palme oder der Gekränkte« von Paul Kornfeld mit großem Erfolg uraufgeführt.

13. März, Donnerstag

Auf Antrag von Reichskanzler Wilhelm Marx (Zentrum) löst Reichspräsident Friedrich Ebert (SPD) den Reichstag vorzeitig auf. Hintergrund ist die Opposition der Reichstagsmehrheit gegen die von der Minderheitsregierung erlassenen Notverordnungen (u. a. Steuernotverordnungen). → S. 50

Der Alkoholvertrag zwischen Großbritannien und den Vereinigten Staaten vom 23. Januar wird vom US-Senat in Washington ratifiziert. Mit diesem Vertrag soll der Alkoholschmuggel in die USA unterbunden werden, wo das Alkoholverbot (Prohibition) besteht. → S. 49

In Berlin wird der erste Polizeinotruf installiert.

14. März, Freitag

Michail W. Frunse, Oberbefehlshaber der ukrainischen Armee, wird zum stellvertretenden Vorsitzenden des Kriegsrats der Sowjetunion ernannt. Die Ernennung steht im Zusammenhang mit der von Parteichef Josef W. Stalin angestrebten Entmachtung Leo D. Trotzkis. Dieser ist Vorsitzender des Kriegsrats und gilt als Gegner Frunses. → S. 48

Vom Völkerbundsrat wird das Memelstatut gebilligt. Es garantiert dem seit Anfang 1923 unter litauischer Souveränität stehenden Memelgebiet weitgehende innenpolitische Autonomie.

15. März, Sonnabend

König Fuad I. von Ägypten eröffnet in Kairo das erste ägyptische Parlament. → S. 47

Die Berliner Zeitschrift »Die Woche« ironisiert den Rummel, der seit der Öffnung des Tutanchamun-Grabmals im Februar um die ägyptischen Ausgrabungen stattfindet

Die Woche

Nummer 12 — Berlin, den 22. März 1924 — 26. Jahrgang

Die gestörte Ruhe eines Königs: Der Zustrom von Touristen zur Besichtigung des Tutanchamongrabes

Die Rache des Pharao * Von Hanns Heinz Ewers

Die Presse der Welt ist immer noch in großer Aufregung über den geheimnisvollen Tod des Lord Carnavon, des Entdeckers des Grabmals Tutanchamons. Heute noch, viele Monate später, will man sich darüber nicht beruhigen. Was bedeutet für amerikanische Blätter beispielsweise die Ruhrbesetzung? Drei bis zehn Zeilen täglich. Aber die giftige Fliege, die dem Leben des englischen Lords ein Ende setzte, surrt tagtäglich über wenigstens eine große Spalte und ist in seitenlangen illustrierten Artikeln das Entzücken der Leser der Sonntagsbeilagen. Sir Conan Doyle, Miß Maria Corelli und alle Mystagogen auf beiden Seiten des Atlantik lassen sich interviewen oder geben in Vorträgen einem staunenden Publikum ihre Meinung kund.

Was ist der Tatbestand? Lord Carnavon kam, lungenleidend, vor etwa zwanzig Jahren zum ersten Male nach Ägypten; er bezog in Luxor das Winterpalasthotel, wo es ihm so gut gefiel, daß er alljährlich dorthin zurückkam. Er interessierte sich bald für Ausgrabungen, erwarb eine Konzession und setzte sich mit dem tüchtigen Howard Carter in Verbindung, der die Ausgrabungen leitete. Nach manchen Jahren gelang es Carter, das Grab Tutanchamons zu finden. Als man an die Oeffnung des Grabes schritt, wurde Lord Carnavon von einer giftigen Fliege oder auch einem Moskito gestochen. Er starb dann infolge dieses Stiches.

Alles, was rationalistisch denkt, findet das äußerst einfach und natürlich und ist entrüstet über den romantischen Rummel des Sherlock-Holmes-Erfinders Doyle, des Okkultisten Loncellin, des Magiers Cyama und aller anderen Theosophen, Spiritisten, Mystiker und Rosenkreuzer. Die Vernunft muß und soll triumphieren. Aber ist der sogenannte gesunde Menschenverstand

Bei einem Springturnier in Aborfield Cross bei Wokingham in Großbritannien stürzt der britische Thronfolger Eduard, Prinz von Wales, schon beim ersten Hindernis. Der Prinz war mit der Nummer 13 gestartet. → S. 55

16. März, Sonntag

Bei der Feier zur Angliederung Fiumes (Rijeka) wird Gabriele D'Annunzio für seine Verdienste um die Ausdehnung Italiens mit dem erblichen Titel eines »Fürsten von Monte Nevoso« geehrt. Er hatte als Anführer einer Freischärlertruppe Fiume besetzt. Italiens Souveränität über die Hafenstadt an der Adria ist nun anerkannt. → S. 48

Der deutsche Historiker und Pazifist Ludwig Quidde wird in München wegen Landesverrats inhaftiert. → S. 50

17. März, Montag

Nach Ablehnung des Volksbegehrens zur Verfassungsänderung löst sich der bayerische Landtag auf. Über die von der Bayerischen Volkspartei (BVP) angestrebte Verfassungsänderung – statt mit der bisherigen Zweidrittelmehrheit soll der Landtag die Verfassung mit einfacher Mehrheit ändern können – soll nun ein Volksentscheid herbeigeführt werden (→ 6. 4. / S. 65).

18. März, Dienstag

In Mecklenburg-Schwerin wird eine deutschnationale Landesregierung unter Joachim von Brandenstein gebildet.

Reichskanzler Wilhelm Marx und Reichsaußenminister Gustav Stresemann reisen aus Berlin zu einem dreitägigen Staatsbesuch in die österreichische Hauptstadt Wien ab.

Während der britische Luftwaffenetat für 1924/25 um 2,5 Millionen auf 14,5 Millionen Pfund erhöht werden soll, sind für den neuen Heeres- und Marineetat Großbritanniens gravierende Einsparungen vorgesehen. → S. 48

Der Schweizer Bundesrat beschäftigt sich mit den Rechten von Ex-Kalif Abd Al Madschid II., der seit seiner Ausweisung aus der Türkei (→ 3. 3. / S. 47) in der Schweiz Asyl genießt. Nach Auffassung von Außenminister Giuseppe Motta ist der Ex-Kalif als Privatmann zu betrachten und deshalb sei der von diesem angestrebte moslemische Kongreß in der Schweiz nicht erwünscht.

19. März, Mittwoch

Der preußische Landtag verabschiedet die neue Verfassung der evangelischen Landeskirche.

Vom US-amerikanischen Repräsentantenhaus wird die sog. Bonusbill angenommen. Danach soll jeder Kriegsteilnehmer 20 Jahre lang jährlich 50 US-Dollar (210 Rentenmark) erhalten. Als auch der Senat das Gesetz vier Tage später billigt, legt US-Präsident Calvin Coolidge wegen der hohen zu erwartenden Kosten von 153 Mio. US-Dollar (64 Mio. Rentenmark) ein Veto ein. Im Mai erlangt die Vorlage dennoch Gesetzeskraft.

Franz Rosenzweig, Mitbegründer des jüdischen Freien Lehrhauses in Frankfurt/Main, schreibt an den Religionsforscher Martin Buber über die Diskriminierung von Juden im Deutschen Reich: »Heute treten wir ein oder sind vielmehr schon in einer neuen Ära der Verfolgungen. Dagegen ist nichts zu machen, weder von uns noch von wohlgesinnten Christen«.

In den Münchner Kammerspielen wird Bertolt Brechts Stück »Leben Eduards des Zweiten von England« uraufgeführt. Brecht selbst führt Regie. → S. 55

20. März, Donnerstag

Mehrheitlich lehnt der sächsische Landtag den Auflösungsantrag der Deutschnationalen Volkspartei (DNVP) ab.

21. März, Freitag

Nach Abschluß der Beweisaufnahme beginnen im Münchner Hitlerprozeß die Plädoyers. Der erste Staatsanwalt Ludwig Stenglein beantragt gegen NS-Führer Adolf Hitler acht Jahre Festungshaft wegen Hochverrats. Hitler steht als Initiator eines Putschversuchs in München im November 1923 vor Gericht (→ 1. 4. / S. 62).

Aus Krankheitsgründen kandidiert der Industrielle Hugo Stinnes, bisher Reichstagsabgeordneter der Deutschen Volkspartei, nicht für die am → 4. Mai (S. 78) bevorstehenden Reichstagswahlen (→ 10. 4. / S. 67).

Als unzulänglich kritisiert der deutsche Beamtenbund die 13%ige Erhöhung der Beamtengehälter (wirksam ab April). Diese Regelung bedeute »keine Milderung der gegenwärtigen Notlage der Beamten« (→ 25. 5. / S. 82).

22. März, Sonnabend

Im polnischen Oberschlesien werden zehn führende Mitglieder des Deutschen Volksbundes wegen angeblicher staatsfeindlicher Aktivitäten verhaftet. Im ehemals deutschen Teil Oberschlesiens kommt es immer wieder zu Spannungen zwischen Polen und der deutschen Minderheit.

In London treten etwa 40 000 Bus- und Straßenbahnfahrer in den Streik. → S. 48

In Anwesenheit zahlreicher Wissenschaftler und Behördenvertreter wird in Berlin das Werner Siemens-Institut für Röntgenforschung eröffnet. → S. 55

Erich Rademacher schwimmt in München Weltrekord. Der deutsche Starschwimmer legt die 100 m Brust in 1:15,0 min zurück.

23. März, Sonntag

Das Fußball-Länderspiel zwischen Schweiz und Frankreich endet in Genf 3:0.

24. März, Montag

In einer Ansprache vor der Versammlung der Kardinäle in Rom äußert sich Papst Pius XI. zur politischen Situation in Italien. Zwar erkennt er die Konzessionen von Ministerpräsident und Duce Benito Mussolini im kulturpolitischen Bereich an, kritisiert jedoch die immer wieder vorkommenden Gewalttaten der Faschisten gegen katholische Organe.

Das Repräsentantenhaus der USA in Washington bewilligt eine Summe von 10 Millionen US-Dollar (42 Millionen Rentenmark) für den Ankauf von Lebensmitteln für notleidende deutsche Frauen und Kinder. → S. 52

25. März, Dienstag

In Griechenland proklamiert die Nationalversammlung die Republik und beschließt die endgültige Absetzung der Dynastie Glücksburg. König Georg II. verläßt das Land; erster Staatspräsident wird Pavlos Konduriotis. → S. 46

In Hamburg nehmen die Hafenarbeiter nach zweiwöchigem Streik ihre Arbeit wieder auf. Beide Tarifparteien stimmen dem Schlichtungsspruch von Reichsarbeitsminister Heinrich Brauns zu, der den Hafenarbeitern u. a. ein Mitbestimmungsrecht an der Arbeitsvermittlung im Hafen einräumt.

26. März, Mittwoch

Rechtsradikale Kriegsteilnehmerverbände machen gegen eine Verurteilung der Angeklagten im Hitlerprozeß mobil. Der Frontkriegerbund erklärt, die »Beantragung von Strafen für die Deutschesten der Deutschen als tiefste Demütigung« zu empfinden (→ 1. 4. / S. 62).

Nachdem die französische Abgeordnetenkammer eine mit der Vertrauensfrage verbundene Gesetzesvorlage abgelehnt hat, tritt Ministerpräsident Raymond Poincaré mit seinem Kabinett zurück. Am 29. März wird ein stark verändertes Kabinett unter Poincarés Leitung ernannt.

Die sowjetische Strafjustizreform sieht eine strenge Anwendung des Prinzips der Klassenjustiz für die Zukunft vor. »Feinde der Arbeiterklasse« sollen in Fällen, die bei Verbrechern proletarischer Herkunft mit Gefängnisstrafen geahndet werden, in entfernte Grenzbezirke verbannt werden.

Nach anhaltenden Regenfällen und Wolkenbrüchen sind in Süditalien zwischen Salerno und Amalfi zahlreiche Villen, Häuser und Pflanzungen zerstört worden. In der betroffenen Region zählt man über 50 Tote.

27. März, Donnerstag

Beim Hitlerprozeß in München sprechen die Angeklagten persönliche Schlußworte, in denen sie sich zu ihrer Tat, dem sog. Hitlerputsch im November 1923, bekennen. NSDAP-Führer Adolf Hitler nutzt diese Gelegenheit eines öffentlichen Auftritts zu einer nationalsozialistischen Propagandarede (→ 26. 2. / S. 33; 1. 4. / S. 62).

Außer dem Volksgerichtshof I in München , der mit dem Hitlerprozeß befaßt ist, werden in Bayern alle Volksgerichte aufgehoben.

Während ihrer gemeinsamen Tagung in Berlin vereinbaren der Reichsverband der Deutschen Industrie und die Vereinigung der Deutschen Arbeitgeberverbände eine engere Zusammenarbeit mit den Arbeitnehmerorganisationen.

Franz Schrekers Oper »Irrelohe« wird in Köln uraufgeführt. Der österreichische Komponist ist seit 1920 Direktor der Berliner Hochschule für Musik.

Im Lessing-Theater in Berlin wird die Komödie »Kolportage« von Georg Kaiser uraufgeführt. »Kolportage« gehört in der Folgezeit zu den erfolgreichsten Bühnenstücken der 20er Jahre. → S. 55

28. März, Freitag

US-Generalbundesanwalt und Justizminister Harry M. Daugherty tritt zurück. Er hatte sich geweigert, dem Untersuchungsausschuß des Senats Dokumente über den Gewehrschmuggel an der mexikanischen Grenze auszuliefern. Laut Pressemeldungen soll Daugherty in verschiedene Korruptionsfälle verwickelt sein (→ 18. 2. / S. 38; 13. 3. / S. 49).

Nach langwierigen Verhandlungen im Anschluß an den Rücktritt der Regierung Konstantin Päts wird in Estland eine Minderheitsregierung unter Friedrich Akel gebildet.

29. März, Sonnabend

Vom Landgericht Leipzig wird der ehemalige sächsische Ministerpräsident Erich Zeigner (SPD) wegen Vernichtung amtlicher Akten und Amtsbestechlichkeit zu drei Jahren Gefängnis verurteilt. → S. 52

Zwischen der römischen Kurie und dem Staat Bayern wird ein Konkordat unterzeichnet. Mit diesem Vertrag werden die Beziehungen zwischen Bayern und der katholischen Kirche geregelt. → S. 50

30. März, Sonntag

Höhepunkt des fünften Parteitags der Deutschen Volkspartei in Hannover, der am Vortag begonnen hat, ist die Rede des Parteivorsitzenden Reichsaußenminister Gustav Stresemann. Ferner sorgt die Gründung der Nationalliberalen Vereinigung innerhalb der Partei für Diskussionsstoff.

In München nimmt die Rundfunkgesellschaft Deutsche Stunde in Bayern ihren Sendebetrieb auf (→ 2. 3. / S. 54).

31. März, Montag

Im ersten Quartal 1924 ist der deutsche Importüberschuß von 136 auf 235 Millionen Goldmark gestiegen.

Das Wetter im Monat März

Station	Mittlere Lufttemperatur (°C)	Niederschlag (mm)	Sonnenscheindauer (Std.)
Aachen	3,8 (5,5)	42 (49)	– (125)
Berlin	2,3 (3,9)	10 (31)	– (151)
Bremen	1,6 (4,0)	32 (42)	– (117)
München	3,4 (3,3)	23 (46)	– (142)
Wien	– (4,9)	– (42)	– (135)
Zürich	4,1 (4,2)	50 (69)	154 (149)

( ) Langjähriger Mittelwert für diesen Monat
– Wert nicht ermittelt

Die »Fliegenden Blätter« nehmen satirisch die Gefahren aufs Korn, die von der übermächtigen US-amerikanischen Automobilindustrie ausgehen

Griechen proklamieren Republik – Georg II. abgesetzt

25. März. In feierlicher Sitzung proklamiert die griechische Nationalversammlung die Republik und erklärt die Dynastie Glücksburg für abgesetzt. König Georg II. verläßt das Land; erster Staatspräsident wird Pavlos Konduriotis.

Seit Monaten hatten die Republikaner die sofortige Ausrufung der Republik gefordert. Vergeblich hatte der frühere Ministerpräsident Eleftherios Weniselos, der zur Rückkehr nach Griechenland gedrängt worden war, versucht, die Regierung aus dem Streit über die Staatsform herauszuhalten. Er wollte die Republik durch eine Volksabstimmung herbeiführen (→ 11. 1./S. 20). Am 10. März verließ er das Land.

Daraufhin setzt Alexandros Papanastasiou, Führer der sozialdemokratischen Republikanischen Union und Ministerpräsident seit dem 11. März, die Ausrufung der Republik durch. Sie wird am 13. April nachträglich durch eine Volksabstimmung bestätigt: 758 742 Griechen stimmen für die Republik, 325 322 für die Beibehaltung der Monarchie. Die Hellenische Republik wird vom Ausland anerkannt.

Eine schwere Hypothek für die Republik sind die Spannungen zwischen Royalisten und Republikanern. Im Oktober 1923 wurde ein Putschversuch royalistischer Offiziere von der Regierung niedergeschlagen. Entlassungen im Offizierskorps und Repressionen gegen Monarchisten sind seitdem an der Tagesordnung.

△ *Nach der Ausrufung der Republik in Griechenland: Demonstranten in Athen mit Porträts der republikanischen Parteiführer Ministerpräsident Alexandros Papanastasiou, Admiral Hadjikyriakos, General Georgios Kondylis (v. l. n. r.)*

◁ *Erste Regierung der am 25. März proklamierten griechischen Republik auf der Freitreppe des früheren königlichen Palastes: Ministerpräsident Alexandros Papanastasiou (im Vordergrund, 3. v. l.), Innenminister Aravantinos (4. v. l.), Kriegsminister General Georgios Kondylis (in Uniform, 2. v. l.), dahinter die übrigen Kabinettsmitglieder*

Angriffe auf die Republik aus dem Exil

25. März. Mit der folgenden Entschließung ruft die Nationalversammlung in Athen die Republik aus (→ 25. 3./S. 46):

»1. Sie [die Nationalversammlung] erklärt die Dynastie Glücksburg für abgesetzt, entzieht allen ihren Mitgliedern das Recht der Thronfolge und das griechische Bürgerrecht, verbietet ihnen, auf griechischem Boden zu wohnen und [gewährt] ... ihnen Entschädigung für ihr Privateigentum ... 2. Griechenland wird eine Republik mit parlamentarischer Form, was durch eine Volksabstimmung bestätigt werden soll ...«.

Aus seinem rumänischen Exil richtet der abgesetzte König Georg II. am 7. April eine Botschaft an das griechische Volk, in der er die Ausrufung der Republik als »anarchistischen Akt irregeleiteter Offiziere« verurteilt. Zugleich beansprucht er die Rechte und Pflichten des Königtums auch weiterhin, verzichtet also seinerseits nicht auf den Thron. Georg II. war erst am 27. September 1922 König von Griechenland geworden. Damals mußte sein Vater Konstantin I. nach der Niederlage seiner Truppen im Griechisch-Türkischen Krieg von 1919 bis 1922 endgültig abdanken.

Angehörige der griechischen königlichen Familie; Königin Sophie (2. v. r.)

Ägypter eröffnen erstes Parlament

15. März. Feierlich wird das erste ägyptische Parlament von König Fuad I. in Kairo eröffnet. Ministerpräsident Sad Saghlul verliest die Thronrede. Darin wird die Unabhängigkeit Ägyptens als Aufgabe des Parlaments bezeichnet.
Saghlul übernahm nach dem Wahlsieg seiner nationalistischen Wafd-Partei im Januar die Regierung. Wafd will die Unabhängigkeit Ägyptens und des Sudans von Großbritannien erreichen. Die frühere Protektoratsmacht verfügt noch über einen erheblichen Einfluß in Ägypten. Die Briten wissen zudem den König auf ihrer Seite.
Zur Parlamentseröffnung schickt Großbritanniens Premier James Ramsey MacDonald ein Telegramm, in dem es heißt: »Es ist unser Wunsch, daß diese [ägyptisch-britischen] Beziehungen auf einer stetigen Grundlage beruhen mögen, die für beide Länder befriedigend ist, und zu diesem Ziele ist [Großbritannien] ... zu jeder Zeit bereit, mit der ägyptischen Regierung zu verhandeln« (→ 19. 11./S. 183).

Parlamentseröffnung in Kairo durch den ägyptischen König Fuad I. (M.); Ministerpräsident Sad Saghlul (r.) bei der Verlesung der Thronrede

Konflikte zwischen Serben und Kroaten

2. März. Ein Kurswechsel der Kroatischen Bauernpartei führt im Königreich der Serben, Kroaten und Slowenen (Jugoslawien) zu einer Regierungskrise. Nachdem sie mehr als fünf Jahre die Mitarbeit im Parlament verweigerten, wollen die Kroaten ihre Mandate nun wahrnehmen. Die Regierung unter Nikola Pašić verliert dadurch ihre parlamentarische Mehrheit.
In den folgenden Monaten erlebt das Königreich eine seiner vielen innenpolitischen Krisen. Pašić, der seit 1921 mit kurzen Unterbrechungen regiert, tritt am 12. April zurück, führt aber zunächst die Geschäfte weiter. Nur wenige Monate kann sich die Regierung unter Ljubomir Davidović, die im Juli die Macht übernimmt, halten, obwohl sie mit Kroatenführer Stjepan Radić eine Übereinkunft erzielt. Als schließlich wieder Pašić im November die Regierung übernimmt, leben die Spannungen zwischen kroatischen Autonomieforderungen und großserbischem Zentralismus in alter Schärfe erneut auf.

Türkei: Kalif wird ins Exil geschickt

3. März. Die Türkei tut den letzten konsequenten Schritt vom islamischen Kulturverband zur europäischen Zivilisation: Sie schafft das Kalifat ab und verweist alle Mitglieder der Dynastie Osman des Landes. Die geistlichen Schulen und Gerichte werden aufgehoben.
Zur Begründung sagt Präsident Mustafa Kemal Pascha (Kemal Atatürk), die seit Oktober 1923 bestehende Republik sei gefestigt. Das Land brauche nun eine moderne Verwaltung und die Trennung von Religion und Politik.
Am 4. März verläßt der abgesetzte Kalif Abd Al Madschid II., der seit 1922 dieses Amt als geistlicher Führer der moslemischen Gemeinschaft innehat, das Land. Er begibt sich mit seiner Familie in die Schweiz. In einer Botschaft an die moslemische Welt protestiert der Ex-Kalif gegen den »gottlosen« Beschluß, das Kalifat abzuschaffen.
Mustafa Kemal Pascha lehnt den Islam als Grundlage des Staates ab. Nach der Verfassung vom 20. April bleibt der Islam aber vorläufig Staatsreligion der Türkei.

△ Madschid II. auf der Fahrt zu seiner letzten Amtshandlung

◁ Kalif Ibn Ali Husain, König der Hedschas

◁◁ Abgesetzt: Mustafa Fewzi, islamisches Gerichtsoberhaupt

Aufstieg und Fall des Hauses Osman

Die Abschaffung des Kalifats und die Ausweisung aller Mitglieder der Dynastie der Osmanen aus der Türkei am → 3. März 1924 (S. 47) beenden die fast 600jährige Ära eines Herrscherhauses. Seit etwa 1300 regierten Sultane dieser Dynastie das nach ihnen benannte Osmanische Reich. Dynastiegründer war Osman I. Ghasi (um 1300 bis 1326). Bis 1683 richteten die Osmanen (seit 1517 auch Träger des Kalifentitels) ihr Expansionsstreben auf Südosteuropa. Schon 1453 wurde Konstantinopel (Istanbul) erobert und zur Hauptstadt des Reiches gemacht. Nach der Absetzung des letzten Sultans Muhammad VI. 1922, als die Nationalversammlung das Sultanat abschaffte, wurde dessen Neffe Abd Al Madschid II. zum Kalifen ohne Herrschaftsrechte gewählt. 1924 entledigt sich die Republik auch des Kalifen.

Vom Verkehr verstopfte Londoner City vor dem Streik

Derselbe Platz während des Busfahrerstreiks

Streik der Bus- und Straßenbahnfahrer lähmt Londoner City

22. März. *In der britischen Hauptstadt London gibt es keine Verkehrsprobleme mehr, seit etwa 40 000 Bus- und Straßenbahnfahrer in den Streik getreten sind. Ungefähr 4000 Busse sind stillgelegt. Die City ist ungewohnt friedlich und ruhig, was Spaziergänger durchaus zu schätzen wissen. Weniger erfreut ist die britische Labour-Regierung, die den Streik rasch beenden will. Untergrund- und Vorortbahnen sind hoffnungslos überfüllt. Viele Londoner nehmen deshalb lieber lange Fußmärsche in Kauf. Viele Berufstätige erreichen ihre Arbeitsplätze nur mit Verspätung, so daß auch der Geschäftsverkehr in Mitleidenschaft gezogen wird. Die Streiklage verschärft sich, als am 27. März auch noch die Stillegung dieser Bahnen angedroht wird. Um eine Katastrophe abzuwenden, gibt die Regierung am 29. März ihre unnachgiebige Haltung auf. Die Verkehrsarbeiter erhalten sechs Shilling mehr pro Woche. Am 1. April nehmen sie die Arbeit wieder auf.*

D'Annunzio als Volksheld gefeiert

16. März. Anläßlich der Angliederung Fiumes (Rijeka) südlich von Ljubljana an Italien erhebt König Viktor Emanuel III. den italienischen Dichter Gabriele D'Annunzio in den Fürstenstand.

Bereits 1919 hatte D'Annunzio, der fortan den erblichen Titel eines »Fürsten von Monte Nevoso« führt, mit einer Freischärlertruppe die adriatische Hafenstadt Fiume besetzt und zwei Jahre lang regiert. D'Annunzio, der bei seinen Auftritten in der Öffentlichkeit Pathos und Pomp liebt, wird als Eroberer Fiumes wie ein Nationalheld verehrt.

Nach jahrelangem Streit hat das angrenzende Königreich der Serben, Kroaten und Slowenen (Jugoslawien) die faktische italienische Souveränität über die Hafenstadt an der Adria anerkannt. Das Fiume-Abkommen vom 27. Januar teilt Italien die Stadt Fiume, dem Nachbarstaat fast das ganze Hinterland zu. Ferner verpflichtet sich Italien, einen Teil des Fiumaner Hafens an das Königreich zu verpachten. Der Bahnhof erhält ein internationales Regime.

Unterzeichnung des Fiume-Abkommens in Rom durch die beiden Ministerpräsidenten Nikola Pašić (vorn, 2. v. l.) und Benito Mussolini (vorn, 3. v. l.)

Begrüßung des italienischen Königs (l.) im Hafen von Fiume

Briten rüsten nur ihre Luftwaffe auf

18. März. Dem britischen Unterhaus liegt der Verteidigungsetat für 1924/25 zur Beratung vor. Während bei Heer und Marine Einsparungen vorgesehen sind, soll die Luftwaffe ausgebaut werden.

In einer programmatischen Rede plädiert Premierminister James Ramsey MacDonald für eine »konsequente Friedenspolitik«. Großbritannien solle seinen Verteidigungsapparat auf einen kleinen, auf »höchster technischer Höhe stehenden Kern« beschränken. Die Heeresstärke wird auf 152 529 Mann (1923/24: 154 538) reduziert. Die Etatmittel für die Marine sind vorwiegend für bestehende vertragliche Verpflichtungen vorgesehen. Auf den geplanten Bau einer Flottenbasis in Singapur wird nach Beratung mit den Dominions verzichtet.

Das Budget für die Luftflotte beträgt 14,5 Millionen Pfund, also 2,5 Millionen Pfund mehr als 1923/24. Die Zahl der Verteidigungsgeschwader soll um acht auf 18 erhöht, das Personal um 2000 auf 3500 Mann aufgestockt werden.

Feinde Trotzkis im Moskauer Kriegsrat

14. März. Der Rat der Volkskommissare in der Sowjetunion ernennt Michail W. Frunse, Oberbefehlshaber der ukrainischen Armee, zum Stellvertretenden Vorsitzenden des Kriegsrates. Die Ernennung richtet sich gegen den amtierenden Vorsitzenden des Kriegsrates Leo D. Trotzki, als dessen persönlicher Feind Frunse gilt.

Seit dem Tod von Regierungschef Wladimir I. Lenin (→ 21. 1./S. 16) spitzt sich der Machtkampf innerhalb der sowjetischen Parteiführung zu (→ 26.1./S. 18). Josef W. Stalin, Generalsekretär der KP Rußlands (später KPdSU), betreibt die Entmachtung Trotzkis, seines schärfsten Gegners. Dieser kann sich jedoch nicht zu einer Rebellion gegen Stalin entschließen.

Bald hat Frunse durch die Ernennung zum Generalstabschef der Roten Armee am 5. April und zum Bevollmächtigten des Volkskommissariats für Heer und Marinewesen der Russischen Sowjetrepublik am 18. April die ganze Entscheidungsgewalt über die Armee.

Die neue Sowjetbotschafterin mit ihrem Beglaubigungsschreiben

Erstmals eine Frau als »Botschafter«

11. März. Nachdem Norwegen die Sowjetunion am Vortag de jure anerkannt hat, kommt Alexandra M. Kollontai wegen ihrer diplomatischen Tätigkeit in Kristiania (Oslo) erneut in die Schlagzeilen: Erstmals wird eine Frau »Botschafter«.
Schon ihr Dienstantritt im Vorjahr – Kollontai wurde zunächst »Gesandter« der Sowjetvertretung in Norwegen – hatte weithin Aufsehen erregt. Über ihre Erfahrungen als einzige Frau in der Welt der Diplomaten berichtet Kollontai später in ihrer Autobiographie:
»Die konservative Presse und besonders die russische ›weiße‹ Presse waren empört und versuchten, aus mir ein wahres Greuel der Unmoralität und eine blutdürstige Schreckensgestalt zu machen. Ganz besonders viel wurde nun über meine fürchterlichen Anschauungen in bezug auf Ehe und Liebe geschrieben. Doch muß ich hier betonen, daß es nur die konservative Presse war, die mich so unfreundlich in meiner neuen Stellung empfing. Bei allen geschäftlichen Beziehungen, die ich während . . . meiner Arbeit in Norwegen gehabt habe, erfuhr ich niemals die leiseste Spur des Unwillens oder des Mißtrauens gegen die Fähigkeiten der Frau.«
In ihren theoretischen Werken (u. a. »Die neue Moral und die Arbeiterklasse«) befaßt sich die neue Botschafterin der Sowjetunion vor allem mit der Frauenfrage aus kommunistischer Sicht.

»Trockene« USA ein Schmuggel-Dorado

13. März. Der US-Senat in Washington ratifiziert den Alkoholvertrag mit Großbritannien. In diesem und entsprechenden Verträgen der USA mit anderen Staaten werden Maßnahmen zur Bekämpfung des Alkoholschmuggels vereinbart. Am 19. Mai schließt auch das Deutsche Reich ein solches Abkommen mit den USA.
Seit das nationale Alkoholverbot (Prohibition) in den Vereinigten Staaten eingeführt wurde (Bundesgesetz von 1919), blüht der Schmuggel. Nach dem nun ratifizierten Vertrag dürfen die Prohibitionsbehörden britische Schiffe innerhalb einer Zwölfmeilenzone (bisher Dreimeilenzone) durchsuchen. Schiffe, die gegen die Alkoholimportgesetze verstoßen, können beschlagnahmt und zwecks Aburteilung eingebracht werden.
In den USA ist der Sinn und Unsinn der Prohibition heftig umstritten. Ihre Verfechter, die vor allem in ländlichen Regionen leben, wollen die alten, »einfachen« Wertvorstellungen wie Glaube, Moral und »Amerikanismus« geschützt sehen. Den lockeren großstädtischen Lebensstil, der vor allem in Rundfunk, Großstadtpresse und Hollywood-Filmen propagiert wird, lehnen sie als unmoralisch und bedrohlich ab.
Für die Großstädter wird das illegale Trinken zum Abenteuer, denn die Prohibition verbietet nicht nur Herstellung und Verkauf, sondern auch den Genuß von Getränken mit mehr als 0,5% Alkohol. Chic ist der Besuch der »speak-easies« (illegale Kneipen). Der Cocktail wird erfunden als Geschmacksverbesserung des häufig schlechten Alkohols.
Folgen der Prohibition sind Schmuggel, illegale Herstellung und gesetzwidriger Verkauf von Alkohol in großem Umfang. Eine neue Ära des organisierten Gangstertums beginnt; so baut u. a. Al Capone in Chicago sein Verbrechersyndikat auf. Zugleich wächst die Korruption bei Polizei, Prohibitionsbeamten und Politikern, die an den Gewinnen beteiligt sein wollen. So muß u. a. US-Generalbundesanwalt und Justizminister Harry M. Daugherty wegen Bestechlichkeit zurücktreten.

Protest gegen das Alkoholverbot: Die Plakate verweisen auf eine Beeinträchtigung der Wirtschaft und erklären die Trinkmoral zur Privatsache

US-Regierungsbeamte beim Entleeren beschlagnahmter Weinfässer

Regierungslabor zur Untersuchung verdächtiger Flaschensendungen

In einem Wäldchen bei Savannah im US-Bundesstaat Georgia hat die Polizei eine geheime Schnapsbrennerei ausgehoben

Kanzler beantragt Reichstagsauflösung

13. März. Reichspräsident Friedrich Ebert (SPD) löst den Ersten Reichstag der Weimarer Republik wenige Monate vor Ablauf der Legislaturperiode auf. Neuwahlen werden auf den → 4. Mai (S. 78) festgelegt.
Ebert folgt damit einem Antrag der Reichsregierung unter Kanzler Wilhelm Marx. Diese bürgerliche Minderheitsregierung will durch die Neuwahl eine Abstimmung im Reichstag über die Notverordnungen verhindern, die sie aufgrund eines Ermächtigungsgesetzes erließ. Es handelt sich um einschneidende Wirtschafts-, Finanz- und Sozialreformen. Da die oppositionelle Mehrheit im Reichstag die am 15. Februar abgelaufene Ermächtigung nicht verlängern und zudem die Notverordnungen der Reichsregierung ändern oder aufheben will, sieht Marx keinen anderen Weg als Neuwahlen, um seine Reformen nicht zu gefährden. Vor dem Reichstag sagt er, die Reichsregierung erachte die Haltung der Opposition als unerträglich, weil dadurch erneute Unsicherheit in die Finanzen und Wirtschaft gebracht würde.
Durch Absprache mit den Oppositionsführern kann Marx noch vor der Auflösung einige wichtige Vorlagen für die wirtschaftliche Neuordnung durch den Reichstag bringen wie das Reichspostfinanzgesetz und die Notetatgesetze.

Kronprinzessin Cecilie, geb. Prinzessin von Mecklenburg-Schwerin, mit ihren beiden ältesten Söhnen Wilhelm und Louis Ferdinand in Heiligendamm

Kronprinz fordert Gedeck

6. März. Wilhelm, deutscher Ex-Kronprinz, kämpft um die Herausgabe eines Hochzeitsgeschenks. Es handelt sich um ein wertvolles Tafelgeschirr, das etwa 400 preußische Städte im Jahr 1905 dem ehemaligen Kronprinzen zur Hochzeit geschenkt hatten.
Das Streitobjekt konnte seinerzeit nicht übergeben werden, weil es nicht rechtzeitig fertiggestellt war. Inzwischen lagert das Tafelgedeck für 30 Personen mit 1900 Stücken aus schwerem Silber, Porzellan und Kristall im Tresor der Reichsbank.
Wilhelm erhebt nun Anspruch auf Aushändigung des Geschenks, weil nach eigenen Angaben seine augenblickliche finanzielle Lage einen Verzicht nicht gestatte. Unklar ist die juristische Seite des Falls, weil die Schenkungsurkunde nicht notariell beglaubigt ist. Deshalb zweifeln die ursprünglichen Geschenkgeber ihre Rechtskraft an.
Dieser Streitfall steht vor dem Hintergrund der noch laufenden Verhandlungen des Staates Preußen mit dem ehemaligen Königshaus über dessen Abfindung (→ 11. 9. / S. 151).

Pazifist Quidde in München verhaftet

16. März. In München wird Ludwig Quidde, Historiker und Präsident der Deutschen Friedensgesellschaft, wegen Landesverrats verhaftet. Das Vorgehen gegen den prominenten Pazifisten hängt mit einer Veröffentlichung in der »Welt am Montag« vom 10. März zusammen, die Quidde auch als Flugblatt drucken und an Freunde im Ausland versenden ließ.

Der Pazifist Ludwig Quidde prangert die geheime Aufrüstung rechter Kräfte in der Reichswehr an und geht dafür ins Gefängnis

Dabei handelt es sich um den Artikel »Die Gefahr der Stunde«, in dem Ludwig Quidde auf die militärische Ausbildung illegaler Armeeverbände, die sog. Schwarze Reichswehr, hinweist. Er macht damit auf einen Verstoß gegen geltende Abrüstungsbestimmungen aufmerksam. In Protesten namhafter Personen des öffentlichen Lebens wird die Verhaftung Quiddes scharf verurteilt. Der bayerischen Justiz wird Blindheit auf dem rechten Auge vorgeworfen.

Nach zehn Monaten werden die Ratifikationsurkunden zum Konkordatsvertrag in München ausgetauscht; neben dem Apostolischen Nuntius, Eugenio Pacelli (vorne l.) der spätere bayerische Ministerpräsident Heinrich Held

Konkordat zwischen Bayern und Vatikan

29. März. Bayerns Ministerpräsident Eugen von Knilling und der päpstliche Nuntius in München, Eugenio Pacelli, der spätere Papst Pius XII., unterzeichnen in München das Konkordat.
In den 16 Artikeln des Vertrags werden die Beziehungen zwischen der katholischen Kirche und dem bayerischen Staat geregelt. Grundsätzlich wird das Selbstbestimmungsrecht der Kirche und der christliche Charakter des bayerischen Staates betont. Die katholische Kirche hat Anspruch auf staatlichen Schutz; der Religionsunterricht wird als fester Bestandteil des allgemeinen Schulunterrichts verankert. Entsprechende Verträge schließt Bayern auch mit den evangelischen Kirchen im November.

Frisur für die moderne Frau: 1920 für Asta Nielsen kreiert

Filmstar Gloria Swanson zieht Styling nach eigenen Mode-Ideen vor

Der Bubikopf findet immer mehr Anklang; hier mit sanften Wellen

So sieht die Zeitschrift »Die Damen« die modebewußte Frau

Männerproteste: Der Bubikopf fördert angeblich den Bartwuchs

Bubikopf – die Damen gehen als »Herren«

Garçonne mit Bubikopf, das ist der moderne Frauentyp (Garçonne abgeleitet von Garçon, franz. = Knabe, also »Knäbin«). Zu geraden Hemdblusen und -kleidern, sportlichen Jacketts und Jumpern gehören der Bubikopf und der Topfhut. Sportlich, schlank, selbständig ist die modebewußte Idealfrau mit der knabenhaften Linie.
Rasch setzt sich der Bubikopf, jene kurze, am Herrenschnitt orientierte Frisur, zum Entsetzen der Männer in der Damenwelt durch. Er wird in Variation als Pagenschnitt, als »Etonschnitt« (auch am Hinterkopf kurz) oder als »Windstoßfrisur« mit nach vorn gekämmten Schläfenhaaren getragen.

Eine interessante Form des Bubikopfes ist auch die »Windstoßfrisur«; Zeichnung in der US-amerikanischen Zeitschrift »Harpers Bazar«

Filmschauspielerin Elsie Fuller

Die Frisur eines emanzipierten und selbstbewußten Frauentyps

Filmschönheit Lya de Putti

Hilfe aus dem Ausland für Notleidende

24. März. Das US-amerikanische Repräsentantenhaus in Washington bewilligt zehn Millionen US-Dollar (42 Millionen Rentenmark) zum Ankauf von Lebensmitteln für deutsche Frauen und Kinder.

Nach wie vor ist die Versorgungslage im Deutschen Reich kritisch. Zwar sind die Preise für Lebensmittel nun stabil, aber das Angebot bleibt knapp. Zu wenig Devisen stehen für Nahrungsmittelimporte zur Verfügung. Schon im Krisenjahr 1923 wurde die Notlage weiter Kreise der Bevölkerung durch ausländische Spenden u.a. aus Schweden, der Schweiz, den Niederlanden, Österreich und den Vereinigten Staaten etwas gelindert.

In der Schweiz sorgen die wenigen Deutschen, die sich einen Winterurlaub im Alpenland leisten können, für Irritationen. Empört weist die schweizerische Presse schon im Januar auf den Kontrast zwischen dem Luxus deutscher Kurgäste und der Notwendigkeit einer schweizerischen Hilfsaktion für das Deutsche Reich hin. Deutschen Urlaubern wird vorgeschlagen, »für ihre hungernden Landsleute auch nur die Ausgabe eines einzigen Tages zu opfern«, wodurch erhebliche Summen zusammenkämen.

Ähnlichen Ärger verursachen im Ausland Berichte über Luxus und Schlemmerei in den vornehmen Lokalen der Reichshauptstadt. In der deutschen Presse wird immer wieder betont, daß sich im Gegensatz zur allgemeinen Not und Verarmung nur ein ganz kleiner Kreis von Personen finde, die ein Luxusleben führen könnten.

Zwar ist die Inflation von 1923 gestoppt, und es wird auch ein wirtschaftlicher Aufschwung für die kommenden Monate erwartet; zur Zeit leben jedoch noch viele deutsche Familien in Hunger und Not. Viele Menschen versuchen, durch kleine Diebstähle ihre Existenz zu sichern. Bei der Lebensmittelbeschaffung werden alle Möglichkeiten ausgeschöpft; so stieg im vergangenen Jahr die Zahl der Hundeschlachtungen um 100%.

Von Studenten in den USA gesammelte Lebensmittel werden im Hamburger Hafen gelöscht

Opfertag für hungernde deutsche Kinder, veranstaltet vom niederländischen Roten Kreuz in 's-Hertogenbosch

Deutsche Kinder als Feriengäste in Österreich; Sonderzug nach Wien mit 700 unterernährten Berliner Kindern in Begleitung des preußischen Wohlfahrtsministers Heinrich Hirtsiefer; in Wien werden sie auf Gastfamilien verteilt

Spaniens Hilfswerk für das Deutsche Reich: Straßensammlung in Madrid zugunsten deutscher Studenten

Gefängnisstrafe für Justizminister

29. März. Im Prozeß gegen den ehemaligen sächsischen Ministerpräsidenten und Justizminister Erich Zeigner (SPD) vor dem Landgericht Leipzig wird das Urteil gesprochen. Wegen widerrechtlicher Vernichtung von Akten und Bestechlichkeit wird Zeigner zu drei Jahren Gefängnis und Ehrenverlust verurteilt.

In der Urteilsbegründung wird auf den schweren Schaden hingewiesen, den Zeigner durch seine Verfehlungen dem Land und dem Ansehen der Justiz zugefügt habe. Als mildernder Umstand wird seine Abhängigkeit von dem Erpresser Möbius anerkannt. Dieser wird wegen Beihilfe zu den genannten Vergehen ebenfalls verurteilt.

Das Gericht hält für erwiesen, daß Zeigner sich in seiner Amtszeit als Justizminister 1921–1923 mehrfach bestechen ließ. Nach Aussagen des Hauptbelastungszeugen Möbius hat er größere Geldsummen angenommen und dafür Haft- in Geldstrafen umgewandelt oder Haftstrafen ausgesetzt. Zeigner, der sich zunächst von Möbius bestechen ließ, wurde von diesem zu weiterem Amtsmißbrauch erpreßt. Am 7. Juli verwirft das Reichsgericht den Revisionsantrag Zeigners.

Leipziger Messe günstig verlaufen

8. März. Die Leipziger Frühjahrsmesse geht nach einwöchiger Dauer mit durchweg guten Ergebnissen zu Ende. Die Messeleitung registriert einen Rekordbesuch.

»Aus dem regen Käuferzuspruch darf man wohl nicht zu Unrecht schließen, daß für deutsche Ware in den verschiedenen Märkten wieder Bedarf vorhanden ist . . . Wenn [trotzdem] das wirtschaftliche Ergebnis der diesjährigen Messeschau der enormen Frequenzziffer nicht die Waage hält, so ist in erster Linie unsere verteuerte Produktion verantwortlich zu machen . . .«, schreibt die »Frankfurter Zeitung«.

Am besten hat diesmal die Textilbranche abgeschlossen, während das Messegeschäft bei der Keramik- und Glasindustrie und der Spielzeugbranche nicht den sonst gewohnten großen Zug aufwies. Unterschiedlich liefen die Geschäfte in der Metallwarenbranche.

Werbung für einen Meßapparat zur Anpassung gesunder Schuhe in der »Berliner Illustrirten Zeitung«

Reklame für UV-Lampen als Heilmittel

Gymnastik macht Spaß und ist gesund: Schülerinnen üben im Freien

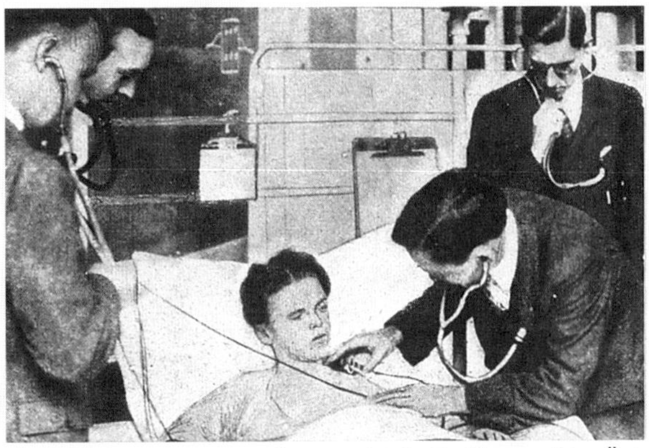

Ärztliche Herzuntersuchung mittels Radiographie; Ärztekollegium bei der Erprobung des neuen Systems

Medizinstudenten in New York werden Herzgeräusche durch Radio-Stethoskop übermittelt

Hygiene in Genf: Mahnung, das Ausspeien zu unterlassen

Gesundheit 1924:

Infektionskrankheiten und »Krebsfrage«

Im Jahr 1924 grassieren im Deutschen Reich trotz Verbesserungen in der Nahrungsmittelversorgung und der medizinischen Betreuung der Bevölkerung noch die Infektionskrankheiten.

Infolge schlechter Ernährung und beengter Wohnverhältnisse nehmen die Erkrankungen wie Scharlach, Diphtherie und Tuberkulose besonders in den Großstädten zu. 1924 werden im Deutschen Reich 33 048 Scharlachfälle (1923: 27 775) und 37 804 Diphtheriekranke (1923: 32 509) registriert. Besonders unter Kindern ist die Krankheitsanfälligkeit hoch. 10% der Schulanfänger werden wegen Blutarmut, Unterernährung und hierdurch bedingter Körperschwäche vom Schulbesuch zurückgestellt. Im Verlauf des Jahres verbessert sich die Ernährungssituation, so daß sich ein Rückgang der Infektionskrankheiten abzeichnet.

Eine andere Krankheit beschäftigt im Jahr 1924 die medizinische Wissenschaft. Seit Jahren steigen in den westlichen Industrieländern die Krebserkrankungen. Während 1923 58 291 Deutsche an dieser Krankheit starben, sind es 1924 bereits 60 664 Krebstote. Eine vom britischen Gesundheitsministerium initiierte Studie kommt zu dem Ergebnis, »daß im Verlaufe von zwei Generationen die statistisch festgestellte Krebssterblichkeit sich verdreifacht hat, und daß die große Zunahme nicht allein durch die längere Lebensdauer und die genauere Statistik erklärt werden kann.« Über die ungeklärten Ursachen dieser Krankheit heißt es in der Studie der britischen Fachleute: »Beim Menschen konnte bisher ein Einfluß der Erblichkeit nicht festgestellt werden . . . es besteht auch keinerlei Beweis für die Infektiosität [Ansteckungsfähigkeit] . . . des Krebses. Dagegen spricht viel zugunsten der dauernden Reiztheorie, wie z. B. das Vorkommen des Lippenkrebses bei Pfeifenrauchern.«

Die Krebsforschung wird angesichts dieser Entwicklung intensiv vorangetrieben (→ 22. 3./S. 55): Der österreichische Röntgenologe Guido Holzknecht veröffentlicht seine »Röntgentherapie«. Karl Heinrich Bauer, deutscher Chirurg und namhafter Krebsforscher, formulierte erste Ansätze seiner Mutationstheorie über die Entstehung von Krebsgeschwulsten.

Siegeszug des Radios – Begeisterung für neues Medium

2. März. Wenige Monate nach der ersten Rundfunksendung aus Berlin im Oktober 1923 nimmt der Mitteldeutsche Rundfunk in Leipzig den Sendebetrieb auf. Am 30. März startet die Deutsche Stunde in Bayern ihr Programm.

Neues Zeitalter durch Rundfunk
»Im 20. Jahrhundert wird sich durch den Rundfunk für die Nachrichtenverbreitung ein Dienst herausentwickeln, von dem gleich gewaltige Leistungen und Wirkungen zu hoffen sind als durch das Zeitungswesen im 19. Jahrhundert! Dabei liegt in der Verbreitung durch Rundfunk eine enorme suggestive Macht. Denn wo gibt es sonst eine Möglichkeit, Millionen von Menschen dahin zu bringen, ihre Gedanken in der gleichen Sekunde auf den gleichen Gegenstand zu richten und der Beeinflussung durch einen einzigen Sprecher zu erliegen.« (»Der Deutsche Rundfunk«, erste deutsche Programmzeitschrift)

Später als in den USA, wo bereits 1922 fast eine Million Hörer Programme von etwa 200 privaten Sendern empfingen, schafft das neue Massenmedium erst jetzt den Durchbruch im Deutschen Reich. Ein Grund dafür sind die langen Verhandlungen der führenden Funkunternehmen mit dem Rundfunk-Staatssekretär im Reichspostministerium, Hans Bredow. Der Staat will Einfluß auf den öffentlichen Rundfunk. So ist die Reichspost neben Privatfirmen und Banken an den Sendern beteiligt.
Das neue Medium wird vom Publikum begeistert aufgenommen. Die Rundfunkplaner gehen davon aus, daß die Hörerzahlen explosionsartig steigen, wenn erst mehr Sendegebiete bedient werden. Bis Anfang des Jahres waren es rund 1500 zahlende Hörer, Ende März sind es 8600. Hinzu kommen die »schwarzhörenden« Funkamateure.
Die Sender mit Reichweiten bis 150 km strahlen hauptsächlich Unterhaltungsprogramme aus. Bereits am 9. November 1923 wurde der erste politische Nachrichtendienst gesendet. Nach der Genehmigung der Post im Mai kommen auch erste »Radio-Inserate« (Werbefunk) über den Äther (→ 4. 12. / S. 198).

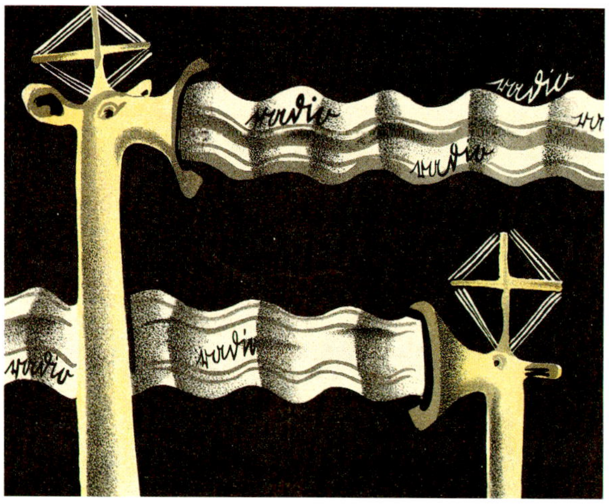

Die humoristische Zeitschrift »Fliegende Blätter« karikiert den Rundfunk als »Das neue Fabeltier«

Die Titelseite der »Leipziger Illustrirten Zeitung« versinnbildlicht die um sich greifende Radio-Faszination

Radio im Rettungsdienst: Sanitäter mit Sende- und Empfangsstation

Neues Ein-Mann-Radiogerät; konstruiert für den Postflug

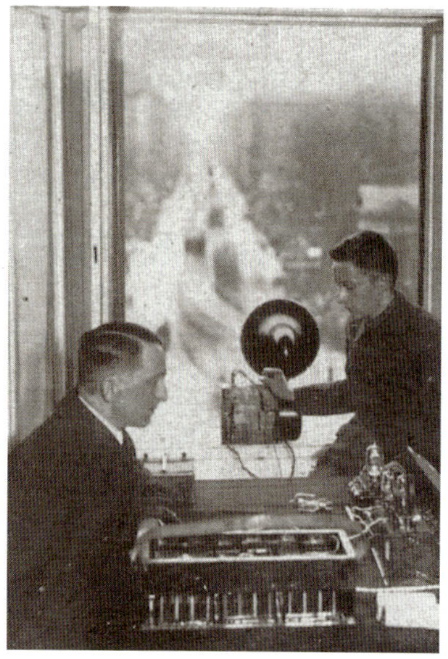

Bekanntgabe der Reichstagswahl-Ergebnisse per Rundfunk in Berlin

Erste Funk-Oper in Berlin: Ein Akt aus »Tannhäuser« mit Hans Tänzler (1), Hanna Garina (2), Peter Lordmann (3)

Radio im Heim; Haustanz nach drahtloser Musik wird ein immer beliebteres Freizeitvergnügen im familiären Kreis

Krebsforschung im Siemens-Institut

22. März. Im Beisein zahlreicher Behördenvertreter und Wissenschaftler wird in Berlin-Moabit das Werner Siemens-Institut für Röntgenforschung eröffnet. Einerseits dient die Einrichtung der Behandlung von Patienten des Krankenhauses Moabit mit Röntgenstrahlen, z. B. bei der Krebstherapie. Andererseits sollen hier medizinische, physikalische und technische Probleme der Röntgenforschung untersucht werden. Die moderne Forschungsstätte wurde von der Stadt Berlin und einigen führenden Firmen der medizinischen Industrie, u. a. Siemens & Halske AG, gemeinsam finanziert.

Der Physiker Wilhelm Conrad Röntgen entdeckte 1895 die Röntgenstrahlen und erhielt 1901 dafür den ersten Physiknobelpreis

Lichtbilder gegen Schwarzfahren

März. Die Reichsbahnverwaltung hat die Einführung des Lichtbildzwangs für die Zeitkarten beschlossen. Mit dieser Maßnahme sollen die Betrügereien durch mißbräuchliche Verwendung der Zeitkarten unterbunden werden, die eine erhebliche finanzielle Schädigung der Reichsbahn verursachen. Monatskarten sind ab 1. April, Wochen- und Schülerkarten ab 1. Mai dem Lichtbildzwang unterworfen. Vorgeschrieben ist das Lichtbildformat 70 mm hoch und 46 mm breit. Ferner muß der Kopf »deutliche Gesichtszüge aufweisen und eine Größe von 1 Zentimeter haben«.

Reichsverkehrsminister Rudolf Oeser will durch bessere Kontrollen bei der Bahn Einnahmeverluste durch Schwarzfahrer verhindern

Film über Hypnose und Psychoanalyse

März. In Berlin läuft ein Aufklärungsfilm an über Hypnose und psychoanalytische Seelenbehandlung. Das zur Zeit große Interesse an diesem Thema wird nämlich immer wieder von Betrügern und Kurpfuschern ausgenutzt. In populärer Darstellung erklärt der Film dieses dem Laien schwer verständliche Gebiet der modernen Medizin. Malerische Vergleiche sorgen für Anschaulichkeit. So ist z. B. der Begriff des »Oberbewußtseins« mit der Oberfläche des Meeres verglichen, der des »Unbewußten« mit der unsichtbaren, aber trotzdem belebten Tiefe des Meeres.

Sigmund Freuds Thesen zur Seelenforschung finden wachsendes Interesse nicht nur in Fachkreisen

Eduard soll keine Rennen mehr reiten

15. März. Bei einem Springturnier in Arborfield Cross bei Wokingham in Großbritannien stürzt der britische Thronfolger Eduard, Prinz von Wales, schon beim ersten Hindernis. Glücklicherweise kommt der Kronprinz, der auf »Little Favourite« mit der Nummer 13 gestartet war, mit leichten Verletzungen davon. Da es sich bereits um Eduards elften Reitunfall seit dem Weltkrieg handelt, fordert die britische Presse immer dringlicher vom Thronfolger, das Rennreiten über schwere Hindernisse endlich aufzugeben.

Auch als »Modeschöpfer« macht der Prinz von Wales Schlagzeilen. Als einer der ersten trug der wegen seines eleganten Auftretens vielgerühmte Thronfolger zum Cutaway (Schoßrock) die bis dahin verpönte Schmetterlingsschleife. Zum Sportanzug führte er den bunten schottischen Hochland-Sweater ein und in der Krawattenmode gilt Eduard als Trendsetter.

Britischer Thronfolger Eduard unmittelbar nach seinem Sturz

Kronprinz Eduard in Arborfield auf »Little Favourite« mit der Nr. 13

Trendsetter Eduard mit Sweater, Bienenwabenkrawatte und Schmetterling

Szene der Brecht-Uraufführung; J. Eichheim als Balladenverkäufer (r.)

Brechts neue Wege der Theaterregie

19. März. In den Kammerspielen München wird Bertolt Brechts »Leben Eduards des Zweiten von England« uraufgeführt. Brecht selbst führt Regie. Ansätze zu einer neuen verfremdenden Regie, die eine nur gefühlsmäßige Haltung des Publikums durchbrechen will, werden deutlich. Theaterkritiker Herbert Ihering notiert im »Berliner Börsen-Courier«: »Brecht spürt das Publikum der Straße, der Sportpaläste, der Sechstagerennen, der Boxkämpfe. Er erlebt seine Feindschaft, seine Vorliebe, seine Erregung, seine Erschlaffung produktiv mit. Er überwindet das Publikum durch Gestaltung.«

Kitsch-Persiflage Renner der Saison

27. März. Georg Kaisers Komödie »Kolportage« wird im Lessing-Theater Berlin uraufgeführt. Diese Persiflage auf Publikumsgeschmack und Trivialliteratur begeistert ein Publikum, das seine Sehnsucht nach Kitsch nicht bekennen mag. Kritiker Ludwig Sternaux schreibt im »Berliner Lokal-Anzeiger«: »Ja, das Ganze ist fast, in geistreicher Selbstironie, eine Glorifizierung des Kitsches.« Die in dem Stück erzählte Geschichte um den Grafen Stjernenhö enthält alle Elemente der Werke trivialer Literatur von Autoren wie Hedwig Courths-Mahler und Eugenie Marlitt.

Theater 1924:

Erfolg für Komödien und Historienstücke

Mit der spürbaren wirtschaftlichen und politischen Stabilisierung der Lage im Deutschen Reich geht der Vormarsch der Komödie auf den deutschen Bühnen einher. Das angestammte Mittelschichtspublikum will unterhalten sein. Bühnenautoren wie Georg Kaiser, Paul Kornfeld und Walter Hasenclever schreiben nicht mehr Expressionistisches sondern populäre Komödien: »Kolportage« von Kaiser (→ 27. 3./S. 55), »Palme oder der Gekränkte« von Kornfeld (Uraufführung in Berlin, 12. 3.) und andere Komödien sind die Kassenschlager der deutschen Theater, die im harten Konkurrenzkampf mit den neuen Massenmedien Film und Rundfunk (→ 2. 3. / S. 54) stehen.
Eine andere Antwort auf die Krise des alten Bildungstheaters sucht der junge Bühnenautor und Regisseur Bertolt Brecht. In der Inszenierung seines Stücks »Leben Eduards des Zweiten von England« (→ 19. 3./S. 55) arbeitet Brecht erstmals mit Formen eines verfremdenden Bühnenstils: Statt Illusionstheater Distanzierung des Publikums von der Handlung. Theater will so zugleich unterhalten und nachdenklich machen.
Führende Theaterleute inszenieren wie Brecht Historienstücke als distanziert-rationale Annäherung an geschichtlich-gesellschaftliche Themen: Erwin Piscator schafft mit der Inszenierung von Alfons Paquets »Fahnen« (→ 27. 5./S. 87) in Berlin den Durchbruch als Regisseur. Ein großer Erfolg ist auch Max Reinhardts Inszenierung von George Bernard Shaws »Die heilige Johanna« in Berlin (→ S. 173). Elisabeth Bergner glänzt hier in der Rolle der Johanna.
Skandalerfolge wie Arnolt Bronnens Stücke »Anarchie in Sillian« (→ 6. 4./S. 73) und »Katalaunische Schlacht« (Uraufführung in Frankfurt/Main, 28. 11.) können nicht darüber hinwegtäuschen, daß der »schwarze« Expressionismus der Nachkriegsjahre kaum noch gefragt ist. Ein weiterer Trend im Theaterjahr 1924 ist die beginnende Öffnung der Bühnen für ausländische Dramatiker wie Eugene O'Neill und Luigi Pirandello.

»Medea« von Euripides in der Nachdichtung von Johannes Tralow am Schauspielhaus in Frankfurt/Main; Fritz Odemar (l.) als Sklave und Erika Beilke (r.) als Medea

Deutsche Erstaufführung von Knut Hamsuns »Spiel des Lebens« in Leipzig (24. 10.); Elisabeth Stieler als Teresita und Harry Langewisch als Jens Spir

Carola Toelle und Emil Jannings im neuen Lustspiel »Der Tokaier« von Hans Müller, das am Theater in der Königgrätzer Straße in Berlin vom Publikum gefeiert wird

Fritta Brod vom Schauspielhaus in Frankfurt am Main in der Rolle der Beatrice im Drama »Die Cenci« (1819, dt. 1910) des britischen Dichters Bysshe Shelley

Inszenierung von Otto Falckenberg an den Münchener Kammerspielen: August Strindbergs »Karl XII.«; Szenenfoto v. l. n. r.: Ludwig Donath, Ernst Ginsberg, Hans Schweikart

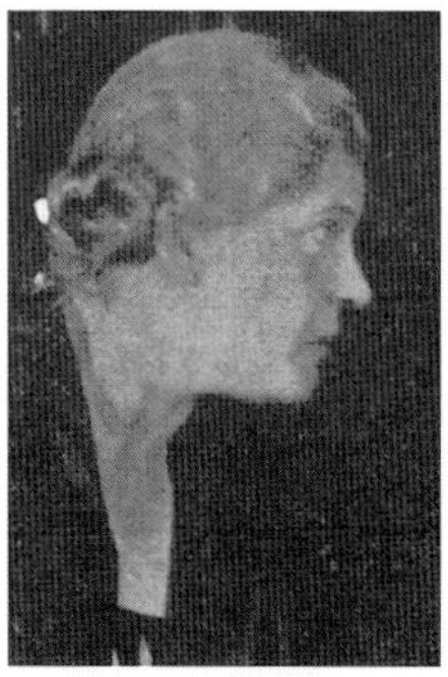

Ausdruckskraft moderner Schauspieler: Lucie Fröhlich in »Der einsame Weg« von Arthur Schnitzler

Der Schauspieler Albert Bassermann hat eine psychologisch-naturalistische Auffassung der Rollen

Eduard von Winterstein, bekannter Charakterdarsteller arbeitet unter Max Reinhardt in Berlin

Käte Haack in der Berliner Neueinstudierung des Schnitzler-Schauspiels »Der einsame Weg«

Schauspieler und Regisseur Max Reinhardt in Schillers Drama »Kabale und Liebe«

Schriftsteller und Schauspieler Curt Goetz mit seiner Frau, Valérie von Martens, in seinem Lustspiel »Ingeborg« (Kammerspiele Berlin)

Szenenbild aus Knut Hamsuns Tragikomödie »Vom Teufel geholt« in der Neuinszenierung (H. Körner) am Münchener Schauspielhaus; Bühnenbild: E. Stern

»Traumstück« von Karl Kraus, uraufgeführt im Berliner Lustspielhaus; Lothar Max Müthel als träumender Dichter, Lyda Salmonowa als Valuta

Luigi Pirandellos Welterfolg »Sechs Personen suchen einen Autor«: Szenenfoto der Frankfurter Aufführung mit Intendant Richard Weichert als Direktor; Max Reinhardt inszeniert das Stück (→ 30. 12. / S. 203)

Tragikomödie »Simson und Delila« des dänischen Dramatikers Sven Lange (dt. 1910), Aufführung im Renaissance-Theater in Berlin; auf der Bühne v. l. n. r.: Walter Franck, Olga Tschechowa und Paul Marx

Strindbergs »Gustav III.« im Württembergischen Landestheater Stuttgart mit Egmont Richter, Arthur Anwander, Kurt Junker (v. l. n. r.)

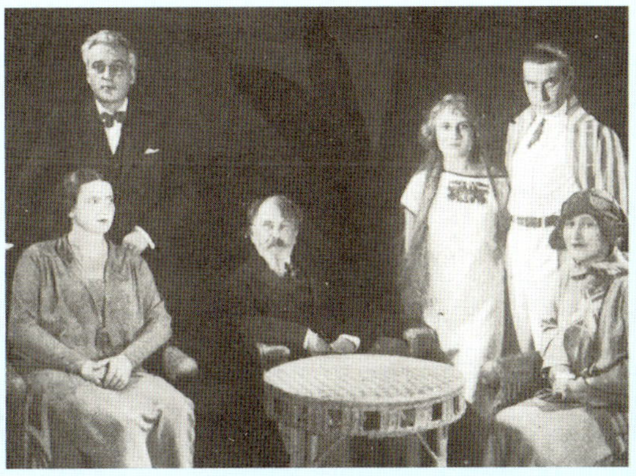

Zur Uraufführung von Arthur Schnitzlers »Komödie der Verführung« am Wiener Burgtheater (11. 10.): Der Dichter (3. v. l.) mit den Hauptdarstellern

Ossip Dymows »Sommer« im Berliner Renaissance-Theater: Das Szenenfoto zeigt (v. l. n. r.) Leonhard Steckel, Olga Tschechowa, Paul Hermann Bildt

April 1924

Mo	Di	Mi	Do	Fr	Sa	So
	1	2	3	4	5	6
7	8	9	10	11	12	13
14	15	16	17	18	19	20
21	22	23	24	25	26	27
28	29	30				

1. April, Dienstag

Im Hochverratsprozeß vor dem Volksgericht München I werden die Urteile gesprochen. Als Hauptbeteiligte am Hitlerputsch vom November 1923 werden die Nationalsozialisten Adolf Hitler, Ernst Pöhner, Hermann Kriebel und Friedrich Weber zu je fünf Jahren Festungshaft (Mindeststrafe) und je 200 Goldmark Geldstrafe verurteilt. → S. 62

In Paris überreicht der deutsche Botschafter Leopold von Hoesch der Botschafterkonferenz eine Note zur Frage der Militärkontrolle. Darin bekundet die Reichsregierung ihren Willen zur Verständigung, aber auch ihre ablehnende Haltung gegenüber einer Fortsetzung der Kontrollmaßnahmen (→ 30. 6. / S. 95; 8. 9. / S. 150).

Seit dem 1. Oktober 1923 sind insgesamt 396 838 Stellen von Beamten, Angestellten und Arbeitern in der deutschen Reichsverwaltung abgebaut worden. Massive Einsparungen, die u. a. mit dieser 24,9 %igen Personalreduzierung erreicht werden, dienen dem Ausgleich des Reichshaushalts.

Als erster europäischer Staat kehrt Schweden zur gesetzlichen Vorschrift über den Goldmünzfuß zurück.

Nach einer Einigung über die Neuregelung der Löhne nehmen die Londoner Verkehrsarbeiter, die am 22. März in Streik getreten waren, die Arbeit wieder auf (→ 22. 3. / S. 48).

In Frankfurt am Main beginnt die Südwestdeutsche Rundfunkdienst AG (SWR), der vierte Sender des öffentlichen deutschen Rundfunks, mit dem regelmäßigen Sendebetrieb. Die Zahl der angemeldeten Rundfunkteilnehmer im Deutschen Reich ist auf 8600 gestiegen (→ 2. 3. / S. 54).

Unter der Direktion Max Reinhardts wird das Theater in der Josefstadt in Wien neueröffnet. In der zeitentrückten Atmosphäre eines festlichen Hoftheaters wird Carlo Goldonis »Der Diener zweier Herren« mit Hermann Thimig als Diener gezeigt. → S. 73

2. April, Mittwoch

Bei der Aufstellung gemeinsamer Kandidatenlisten für die Reichstagswahlen am → 4. Mai (S. 78) in Bayern geraten Zentrum und Bayerische Volkspartei in Streit. Die Zentrumsleitung beschließt daraufhin, eigene Kandidaten aufzustellen (→ 15. 4. / S. 65).

In Mexiko wird der britische Geheimagent Eugen Bailey verhaftet. Bailey soll an einem Komplott gegen die Regierung Alvaro Obregón beteiligt gewesen sein. Angeblich sollen dem Rebellengeneral Adolfo de la Huerta britische Waffen gegen Erdölkonzessionen im Falle seines Sieges in Aussicht gestellt worden sein (→ 10. 2. / S. 37).

Laut Pressemeldungen aus Stockholm haben schwedische Radio-Amateure Sendungen des neuen Rundfunksenders in Frankfurt empfangen können, der am 1. April den Betrieb aufgenommen hat. Dieser Sender sei sehr viel besser zu hören als das Berliner Voxhaus.

3. April, Donnerstag

Reichsverkehrsminister Rudolf Oeser übernimmt zusätzlich das Amt des vorläufigen Generaldirektors der reorganisierten Deutschen Reichsbahn. Im Zusammenhang mit dem Dawesplan kommt es im August zu einer weiteren Neuordnung der Reichsbahn.

Mit einer Verordnung von Reichspräsident Friedrich Ebert (SPD) über Ausreisegebühren wird für die Deutschen das Reisen ins Ausland erschwert. Währungspolitische Gründe sprachen für den Erlaß der Verordnung.

In Bulgarien wird aufgrund des Gesetzes zum Schutze des Staates die Kommunistische Partei aufgelöst. Das Eigentum der Partei wird beschlagnahmt. Nach dem gescheiterten Septemberaufstand der Kommunisten von 1923 war es immer wieder zu Unruhen im Land gekommen (→ 10. 4. / S. 66).

4. April, Freitag

Beim bayerischen Justizministerium ist ein Gesuch auf sofortigen Straferlaß der beim Hitlerprozeß verurteilten Nationalsozialisten Adolf Hitler, Friedrich Weber, Hermann Kriebel und Ernst Pöhner eingegangen. Für diese Eingabe der Verteidigung wurden 24 000 Unterschriften gesammelt (→ 1. 4./S. 62; 20. 12./S. 196).

Karl Valentins Stegreifkomödie »Die Raubritter von München« wird in den Münchener Kammerspielen mit großem Erfolg uraufgeführt. Hermann Hesse hält es für »ein wunderbares Stück, eine außerordentliche Viecherei«.

5. April, Sonnabend

In Weimar wird der Parteitag der linksliberalen Deutschen Demokratischen Partei (DDP) eröffnet.

Bis zum 15. Mai will die New Yorker Stadtverwaltung in allen größeren öffentlichen Parks Radio-Anlagen mit Lautsprechern installieren. Die Bevölkerung soll auch im Freien Rundfunksendungen hören können. Die für den Central Park vorgesehene Anlage ist auf 10 000 Hörer ausgelegt.

6. April, Sonntag

Bei den Landtagswahlen in Bayern erleiden die Mitte-Rechts-Koaliton und die SPD starke Verluste. Einen sensationellen Erfolg erzielt der rechtsradikale Völkische Block mit 23 Mandaten (17,1%). Wegen der französischen Besetzung werden im linksrheinischen Teil von Bayern (Rheinpfalz) erst am 4. Mai Wahlen abgehalten. → S. 65

Sieger der italienischen Parlamentswahlen sind die Faschisten, was nicht zuletzt auf die Wahlbeeinflussung und den faschistischen Wahlterror zurückzuführen ist. Zusammen mit ihren rechtsliberalen Listenverbündeten erhalten die Faschisten 65 % der Stimmen und 375 Mandate. → S. 66

Mit überraschendem Erfolg wird Arnolt Bronnens expressionistisches Drama »Anarchie in Sillian« an der Jungen Bühne des Deutschen Theaters in Berlin uraufgeführt. → S. 73

Erstmals findet im Rahmen der Frankfurter Buchmesse, die bis zum 12. April dauert, eine Radio-Messe statt, die über Entwicklung und derzeitigen »Stand des Radio-Wesens« informiert.

Zu einem Weltrundflug starten vier Douglas-World-Cruiser-Flugzeuge der US-Armee in Seattle im US-Bundesstaat Washington. Erstmals in der Geschichte der Menschheit wird ein derartiger Versuch unternommen. → S. 69

7. April, Montag

In einer Botschaft an das griechische Volk verurteilt der griechische Ex-König Georg II. die Proklamation der Republik am 25. März als »den anarchistischen Akt irregeleiteter Offiziere« und beansprucht weiterhin die Rechte und Pflichten des Königtums. Georg II. hält sich derzeit im rumänischen Exil (Braila) auf (→ 25. 3. / S. 46).

Im Rahmen ihrer Politik der Begrenzung weiterer Anleihen verfügt die Reichsbank, daß die Gesamtsumme der gegenwärtig laufenden Kredite nicht überschritten werden darf.

8. April, Dienstag

Nach dem Rücktritt der württembergischen Minderheitsregierung aus Deutscher Demokratischer Partei und Zentrum unter Ministerpräsident Johannes von Hieber (DDP) übernimmt E. Rau (parteilos) die Regierung. Rücktrittsgrund ist die Entscheidung des Landtags, den Vollzug einer Regierungsverordnung über die Aufteilung von sieben Oberämtern zu verschieben.

Bei der Tagung des Internationalen Arbeitsamtes in Genf geht es vorrangig um die allgemeine Durchsetzung des Achtstundentags.

In Wien werden Verhandlungen aufgenommen über einen deutsch-österreichischen Handelsvertrag.

Theaterregisseur Jürgen Fehling bringt in einer aufwendigen Inszenierung Christian Friedrich Hebbels Drama »Die Nibelungen« im Staatlichen Schauspielhaus Berlin auf die Bühne. Gleichzeitig wird die »Nibelungen«-Verfilmung von Fritz Lang (1. Teil uraufgeführt am 14. Februar) von der Kritik als ein »deutsches Ereignis« gefeiert (→ 10. 5. / S. 87).

9. April, Mittwoch

Das Dawes-Komitee legt in Paris sein Gutachten zur Reparationsfrage vor. Dieser sog. Dawesplan regelt vorläufig die Zahlungen auf der Basis einer stabilen deutschen Währung. Vorgesehen ist u. a. die alliierte Kontrolle der Reichsbank und eine Anleihe als »Starthilfe« für das Deutsche Reich. Gesamtsumme und Zahlungsdauer werden nicht festgelegt. → S. 64

Ein spanisches Wahlgesetz führt das Frauenstimmrecht ein. Allerdings haben danach nur unverheiratete, verwitwete oder gesetzlich geschiedene Frauen das Recht zu wählen. Das Wahlrecht einer verheirateten Frau nimmt deren Ehemann wahr. → S.69

10. April, Donnerstag

Reichsinnenminister Karl Jarres verbietet für die Dauer von zehn Tagen die »Deutsche Zeitung«. Das Verbot ist mit dem am Vortag in der Zeitung erschienenen Artikel »Wehrmacht und Politik« begründet. Darin wird die Ansicht vertreten, der Verfassungseid könne die Reichswehr im Falle eines politischen Umsturzes nicht an eigenmächtigem Handeln hindern.

In Bulgarien werden acht wegen Verschwörung und gesetzwidriger Aufstellung von Kampftrupps angeklagte Mitglieder des früheren Kabinetts Alexandar Stamboliski freigesprochen. Stamboliski war im Juni 1923 durch einen Staatsstreich gestürzt und wenig später ermordet worden. → S. 66

In Frankfurt am Main findet der 9. Parteitag der Kommunistischen Partei Deutschlands (KPD) statt.

Das rumänische Königspaar wird bei einem Staatsbesuch in Paris von Staatspräsident Alexandre Millerand feierlich empfangen.

Im Alter von 54 Jahren stirbt der deutsche Industrielle Hugo Stinnes in Berlin. Stinnes war seit 1920 Reichstagsabgeordneter der Deutschen Volkspartei. Während der Nachkriegsinflation baute er ein Industrie-Imperium auf. → S. 67

Im Berliner Gewerkschaftshaus findet die Gründungsversammlung vom Arbeiter-Radio-Klub Deutschland statt. Bei den Deutschen herrscht eine regelrechte Rundfunk-Euphorie seit Einführung des neuen Massenmediums im Oktober 1923 (→ 2. 3. / S. 54).

11. April, Freitag

Generalleutnant Freiherr Kreß von Kressenstein wird zum Landeskommandanten in Bayern und zum Kommandeur der in Bayern stationierten 7. Reichswehrdivision ernannt. Sein umstrittener Vorgänger General Otto von Lossow hatte, um die Beilegung des Konflikts zwischen Bayern und dem Deutschen Reich zu ermöglichen, am 18. Februar seinen Abschied genommen.

Die vorgezogenen Parlamentswahlen in Dänemark bringen einen Sieg der Sozialdemokraten, während die bisherigen Regierungsparteien Gemäßigte Linke und Konservative Verluste hinnehmen müssen. Mit Thorvald Stauning wird erstmals ein Sozialdemokrat Ministerpräsident in Dänemark (→ 23. 4. / S. 66).

Die satirische Zeitschrift »Simplicissimus« macht sich am 1. April über die Ziele des Nationalsozialisten Adolf Hitler lustig; am gleichen Tag werden in München gegen Hitler und seine Anhänger wegen des Putschversuches im November 1923 die Urteile gesprochen

Stuttgart München 1. April 1924 Preis 30 Pfennig 29. Jahrgang Nr. 1

SIMPLICISSIMUS

Bezugspreis monatlich 1,20 Goldmark
Alle Rechte vorbehalten

Begründet von Albert Langen und Th. Th. Heine

Bezugspreis monatlich 1,20 Goldmark
Copyright 1924 by Simplicissimus-Verlag G. m. b. H. & Co., München

Der erste April (Th. Th. Heine)

Hitlers Einzug in Berlin

12. April, Sonnabend

Nach Abschluß des Hitlerprozesses am → 1. April (S. 62) hebt die Bayerische Regierung den Erlaß über den Nichtvollzug des Republikschutzgesetzes vom 29. September 1923 auf. Damit tritt die Zuständigkeit des Staatsgerichtshofs zum Schutz der Republik in Leipzig für Bayern wieder in Kraft.

Durch ein sowjetisches Pressegesetz soll die Zensur verschärft werden. Ferner wird der »Zensurkommission« (Glavlit) die allgemeine Überwachung der Presse übertragen.

In Kiel wird an der Mündung des Nord-Ostsee-Kanals ein neuer Freihafen eröffnet. Die bisher von der Kriegsmarine geprägte Stadt ist gezwungen, ihre Wirtschaft unter den Bedingungen des Versailler Friedensvertrags von 1919 umzustellen. → S. 67

13. April, Sonntag

In Griechenland bestätigt eine Volksabstimmung die Ausrufung der Republik am → 25. März (S. 46). Das bisherige Königreich heißt ab sofort Hellenische Republik.

14. April, Montag

In ihrer Note an die Reparationskommission erklärt die Reichsregierung, daß sie in dem vom Dawes-Komitee erarbeiteten Gutachten (Dawesplan) eine »praktische Grundlage für die schnelle Lösung des Reparationsproblems« sehe. Am 17. April empfiehlt die Reparationskommission den beteiligten Regierungen die Annahme des Dawesplans (→ 9. 4. / S. 64).

Nach den Plänen von Ministerpräsident Wladyslaw Grabski wird in Polen eine Währungsreform durchgeführt. Die polnische Mark wird durch den Gold-Zloty ersetzt (Umtauschverhältnis: 1 Zloty = 1 800 000 polnische Mark). Mit der Währungsreform gelingt die Stabilisierung der wirtschaftlichen Verhältnisse. Am 15. April wird die vom Staat weitgehend unabhängige Bank Polski gegründet.

In Düsseldorf einigen sich Vertreter des Bergbaulichen Vereins und der Interalliierten Kontrollkommission MICUM auf einer Verlängerung der im Vorjahr vereinbarten Kohlelieferungen. → S. 64

Der US-amerikanische Architekt Louis Henry Sullivan stirbt im Alter von 67 Jahren in Chicago. Sullivan war Vertreter eines strengen Funktionalismus und Wegbereiter der modernen konstruktivistischen Bauweise.

Erstmals gelingt ein Horizontalflug über 350 m mit dem Hubschrauber. Etienne Oehmichen ist der erfolgreiche Pilot der Flugmaschine.

Auf dem Tempelhofer Feld in Berlin wird mit dem Bau einer Funkstation begonnen, die zwei 46 m hohe Türme erhalten wird. Hauptfunktion dieser Station wird die Aufrechterhaltung eines drahtlosen Wetter- und Nachrichtendienstes zwischen dem Berliner Flughafen und anderen Flughäfen des In- und Auslandes sein. → S. 67

In einer Radioansprache (Berliner Rundfunk) beantwortet Staatssekretär Hans Bredow Fragen von Rundfunkhörern an die Rundfunkverwaltung u. a. über die Gebühren, Antennen und Rückkopplungsempfänger.

15. April, Dienstag

Spannungen zwischen Zentrum und Bayerischer Volkspartei führen zum Rücktritt von BVP-Reichsminister Erich Emminger (Justiz). Das Zentrum will bei der bevorstehenden Reichstagswahl am → 4. Mai (S. 78) in Bayern eigene Kandidaten aufstellen. → S. 65

In seiner ersten offiziellen Stellungnahme zu dem am → 9. April (S. 64) vorgelegten Gutachten zur Reparationsfrage (Dawesplan) äußert der französische Ministerpräsident Raymond Poincaré Bedenken und unterstreicht die Absicht Frankreichs, an der Besetzung des Ruhrgebiets als Pfand für deutsche Reparationszahlungen festzuhalten.

Während eines Studentenkongresses im belgischen Löwen, an dem holländische und flämische Studenten teilnehmen, kommt es zu Zusammenstößen mit Wallonen, die »gegen Fremde, die die belgische Einheit zerstören wollen«, demonstrieren. → S. 66

16. April, Mittwoch

Papst Pius XI. spendet eine halbe Million Lire zur Wiederherstellung der bei den Wahlen in Italien am 6. April zerstörten katholischen Wahllokale. Die Spendenaktion richtet sich demonstrativ gegen die Faschisten und führt zu Verstimmungen zwischen dem Papst und Ministerpräsident und Duce Benito Mussolini (→ 6. 4. / S. 66).

17. April, Donnerstag

Reichsbankpräsident Hjalmar Schacht übernimmt zusätzlich die Leitung der neuen Deutschen Golddiskontbank. Die Golddiskontbank steht in enger Verbindung mit der Reichsbank. Sie soll für die deutsche Industrie Kredite in ausländischer Währung aufnehmen. → S. 67

18. April, Karfreitag

In New York gibt das US-amerikanische »Committee for relief of German children« (Komitee für die deutsche Kinderhilfe) das bisherige Spendenaufkommen bekannt. Drei Millionen US-Dollar (etwa 12,6 Millionen Rentenmark) sind gespendet worden (→ 24. 3. / S. 52; S. 68).

19. April, Sonnabend

Nach Pressemeldungen befindet sich der türkische Ex-Kalif Abd Al Madschid II., der sich nach seiner Absetzung im März mit mehreren Prinzen und Prinzessinnen des Hauses Osman in der Schweiz aufhält, in erheblichen Geldschwierigkeiten. Wie verlautet, soll er in Frankreich um finanzielle Unterstützung nachgesucht haben (→ 3. 3. / S. 47).

20. April, Ostersonntag

NSDAP-Führer Adolf Hitler, am → 1. April (S. 62) wegen Hochverrats zu fünf Jahren Festungshaft verurteilt, erhält zum 35. Geburtstag Tausende von Glückwunschsendungen ins Gefängnis. Durch den Prozeß ist Hitler über Bayern hinaus bekannt geworden. Von seinen Anhängern wird der NS-Führer als Märtyrer gefeiert (→ 7. 7. / S. 120).

Die türkische Nationalversammlung in Angora (Ankara) verabschiedet die Verfassung der Republik Türkei, die 1923 ausgerufen wurde. Obwohl Präsident Mustafa Kemal Pascha (Kemal Atatürk genannt) die Trennung von Staat und Religion energisch vorantreibt, bleibt der Islam vorerst Staatsreligion.

Das Fußball-Länderspiel Schweiz gegen Dänemark in Basel endet 2:0.

21. April, Ostermontag

Der Gründungstag Roms wird in Italien als »Fest der Arbeit« begangen. Im Vorjahr war dieser Feiertag anstelle der abgeschafften Erste-Mai-Feiern eingeführt worden.

Die Transeuropa-Union (südlicher Junkers-Pool) nimmt auf der Strecke Genf – Zürich – München – Wien den Luftverkehrsbetrieb auf. Die Flugzeuge, meist vom Typ F 13, verkehren täglich.

In Pittsburgh im US-amerikanischen Bundesstaat Pennsylvania stirbt 65jährig die italienische Schauspielerin Eleonora Duse. Sie befand sich auf einer Gastspielreise. → S. 72

Das holländisch-deutsche Fußball-Länderspiel in Amsterdam endet 0:1.

22. April, Dienstag

Im Zeichen des 200. Geburtstags des Philosophen Immanuel Kant steht die Generalversammlung der Kantgesellschaft in Königsberg. In einer Vielzahl von Feiern wird der Philosoph gewürdigt. → S. 72

In Bremerhaven läuft die »Columbus«, das »derzeit schönste deutsche Schiff«, zu ihrer Jungfernfahrt aus. → S. 69

23. April, Mittwoch

Bei einem schweren Eisenbahnunglück in Bellinzona im Tessin (Schweiz) kommt u.a. Karl Helfferich ums Leben. Helfferich ist einer der prominentesten Politiker der deutschnationalen Reichstagsfraktion. → S. 64

Erstmals in der dänischen Geschichte übernehmen die Sozialdemokraten die Regierung. → S. 66

In London wird die Ausstellung des Britischen Empire eröffnet. → S. 67

24. April, Donnerstag

In Warschau unterzeichnen polnische und sowjetische Regierungsvertreter eine Konvention über den Eisenbahntransitverkehr.

25. April, Freitag

Den Empfehlungen der Reparationskommission folgend, akzeptieren nach der deutschen auch die Regierungen Großbritanniens, Frankreichs, Italiens, Belgiens und Japans den Plan des Daweskomitees (→ 9. 4. / S. 64).

Nachdem Versuche gescheitert sind, eine Neuregelung der Grenze zwischen der Republik Irland und Nordirland durch direkte Verhandlungen herbeizuführen, muß London gemäß Irlandvertrag von 1922 eine Grenzkommission einsetzen (→ 16. 7. / S. 116).

26. April, Sonnabend

In ihrem Aufruf zu den Reichstagswahlen am → 4. Mai (S. 78) warnt die Reichsregierung vor einer Bedrohung des Staats von rechts und links. → S. 65.

Der französische Flieger Pelletiers d'Oisy trifft, von Paris kommend, in Bagdad ein. Er hat die Strecke mit seinem Bréquet-Flugzeug in nur zweieinhalb Tagen bewältigt. Flugziel des Franzosen ist Tokio (→ 6. 4. / S. 69).

27. April, Sonntag

In ihrer Entschließung fordert die 53. Plenarversammlung des Deutschen Landwirtschaftsrats, die seit dem 25. April in Bremen tagt, u. a. die endgültige Lösung des Reparationsproblems.

Targa Florio: Mit durchschnittlich 65,160 km/h fährt der deutsche Rennfahrer Christian Werner auf Mercedes-Benz bei dem Langstreckenrennen in Sizilien einen Rekord. Werner triumphiert über die italienischen Konkurrenten Ascari und Masetti.

28. April, Montag

In einem vom Hitlerprozeß abgesonderten Verfahren werden 40 Mitglieder des »Stoßtrupps Hitler« wegen Beteiligung am Hitlerputsch vom 8./9. November 1923 verurteilt. Alle verurteilten Nationalsozialisten werden auf die Festung Landsberg gebracht (→ 1. 4. / S. 62).

29. April, Dienstag

Um Ausschreitungen vorzubeugen, wie es heißt, verbietet das spanische Militärdirektorium die Erste-Mai-Feiern. Jedoch wird am 1. Mai überall die Arbeit eingestellt.

30. April, Mittwoch

Im Ruhrbergbau läuft eine zwischen dem Zechenverband und den vier Bergarbeiterverbänden Ende 1923 vereinbarte Lohnordnung und das Abkommen über die Mehrarbeit (achte Stunde) ab. Die Gewerkschaften haben ihre Mitglieder aufgerufen, ab 1. Mai wieder die siebenstündige Schicht unter Tage zu verfahren (→ 2. 5. / S. 83).

Das Wetter im Monat April

Station	Mittlere Lufttemperatur (°C)	Niederschlag (mm)	Sonnenscheindauer (Std.)
Aachen	7,2 (8,8)	73 (63)	– (178)
Berlin	6,2 (8,3)	71 (41)	– (193)
Bremen	6,6 (8,2)	74 (50)	– (185)
München	7,8 (8,0)	156 (59)	– (173)
Wien	– (9,6)	– (54)	– (–)
Zürich	8,5 (8,0)	131 (88)	120 (173)

( ) Langjähriger Mittelwert für diesen Monat
– Wert nicht ermittelt

Die französische Zeitschrift »L'Illustration« zeigt auf ihrer Ausgabe vom 12. April die alliierte Reparationskommission mit dem US-amerikanischen Gutachter Charles Gates Dawes (stehend, Mitte)

Avec ce numéro : LA PETITE ILLUSTRATION contenant la deuxième partie du roman : LA MAISON DE PATRICE PERRIER, par M. Gaston Chérau

L'ILLUSTRATION

RENÉ BASCHET, directeur — SAMEDI 12 AVRIL 1924 — Gaston SORBETS, rédacteur en chef.

82e Année. — N° 4232

LA COMMISSION DES RÉPARATIONS ET LES EXPERTS

Photographie prise à l'hôtel Astoria, le mercredi 9 avril dans la matinée, après la remise officielle des rapports des deux Comités Dawes et Mac Kenna à M. Barthou.

De gauche à droite, assis, MM. Young (Et.-Un.), colonel Logan (Et.-Un.), Louis Barthou (Fr.), Mauclère (Fr.), Sir John Bradbury (Grande-Bret.), membres de la Commission des Réparations ; debout, MM. Bate (secret. gén. de la délég. amér.), Pirelli (expert italien), Allix (expert français), Frère (secrét. gén. de la délég. belge), Owen D. Young (expert américain), Mac Fadyean (secr. gén. de la C. D. R.), général Dawes (expert américain), Denis (secrét. à la C. D. R.), Parmentier (expert français, cachant M. Bergery, secrét. à la C. D. R.), Flora (expert italien, cachant M. Mathieu, interprète), Herbert (secrétaire), Sir Josiah C. Stamp (expert britannique).

L'assemblée était complétée par MM. Corsi (Ital.), marquis Salvago Raggi (Ital.), Cambell-Cook (Grande-Bret.), Delacroix (Belg.), Gutt (Belg.), membres de la C. D. R., et par MM. Francqui (expert belge), Sir Robert Kindersley (expert britannique), Robinson (expert américain), Laurent-Atthalin (expert français), Janssen (expert belge), baron Houtart (expert belge), qui ne figurent pas sur notre gravure.

Phot. J. Clair-Guyot. — Voir l'article et les autres photographies, page 3[illegible].

Einzige Aufnahme vom Hitlerprozeß vor dem Volksgericht in München; sie entstand bei Prozeßbeginn, danach sind Fotografen nicht mehr zugelassen

General Erich Ludendorff beim Verlassen des Gerichtsgebäudes nach seinem Freispruch; das Gericht würdigte seine »Feldherrenverdienste«

Milde Urteile für Anführer des Hitlerputsches von 1923

1. April. Im Hochverratsprozeß gegen Adolf Hitler, General a. D. Erich Ludendorff und acht weitere am Hitlerputsch vom November 1923 Beteiligte werden die Urteile gesprochen. Das Volksgericht München I läßt äußerste Milde walten. Ludendorff wird unter Würdigung seiner Feldherrenverdienste im Weltkrieg freigesprochen. Hitler, Ernst Pöhner, Hermann Krickel und Friedrich Weber erhalten je fünf Jahre Festungshaft, die Mindeststrafe für Hochverrat. Die fünf weiteren Angeklagten werden wegen Beihilfe zum Hochverrat zu einem Jahr und drei Monaten Festungshaft verurteilt.

Mit Verwunderung und Empörung nimmt die in- und ausländische Presse diese Urteile auf (S. 63), die den Verurteilten zudem nach Verbüßung von sechs Monaten Festungshaft für den »Strafrest« Bewährungsfrist in Aussicht stellt (→ 20. 12./S. 196). Die deutsche Öffentlichkeit hat den seit → 26. Februar (S. 33) laufenden Prozeß mit großem Interesse verfolgt. 70 Journalisten nahmen als Beobachter an den Verhandlungen teil. Urteile und Prozeßführung werden in zahllosen Kommentaren als parteiisch kritisiert (S. 63).

Das Gerichtsverfahren ließ den Angeklagten breiten Raum für ihre zügellosen Angriffe gegen ihre politischen Gegner. Vor allem Hitler schwingt sich mit agitatorischen und demagogischen Reden vom Angeklagten zum Ankläger gegen die Republik auf. Offen bekennt sich der Hauptangeklagte zu der Absicht des Regierungsumsturzes. Durch die groß aufgemachten Prozeßberichte der führenden deutschen Blätter erreicht Hitler erstmals eine über Bayerns Grenzen hinausgehende Bekanntheit. Der Hochverratsprozeß wird für ihn zum politischen Triumph. Die Haftzeit verbringt er in der Festung Landsberg am Lech (→ 7. 7./S. 120).

Die bayerische Regierung hatte durchgesetzt, daß der Hitlerprozeß vor einem bayerischen Volksgericht und nicht vor dem zuständigen Staatsgerichtshof zum Schutze der Republik in Leipzig stattfindet. Dadurch sollte die Rolle, die Reichswehr und Landespolizei bei dem Putsch gespielt haben, verschleiert werden. Nichtöffentlich verhandelte das Gericht immer dann, wenn die Verstrickung der Hauptbelastungszeugen Gustav Ritter von Kahr (Ex-Generalstaatskommissar), General Otto von Lossow (Ex-Reichswehrchef in Bayern) und Hans Ritter von Seisser (Landespolizeichef bis 31. 8.) in die Verschwörung zur Sprache kommt.

Urteilsverkündung im Prozeß gegen die Nationalsozialisten um Adolf Hitler (Pressezeichnung der »Leipziger Illustrirten Zeitung«); führende bayerische Politiker sind in den Putsch und die skandalöse Urteilsfindung verwickelt

»Dieses Monstreprozesses immer mit Bitterkeit gedenken«

Heftige Reaktionen löst der Münchner Hitlerprozeß (→ 1. 4./S. 62) in der deutschen und ausländischen Öffentlichkeit aus. Prozeßbeobachter wie der Journalist Hans von Hülsen beschreiben in Rückblicken die Atmosphäre bei dem Gerichtsverfahren. Konservative, liberale und linke Blätter reagieren mit Empörung und Bitterkeit auf die Urteile und einen Prozeßverlauf, der in ihren Augen eine »Farce« war. Sie alle sind sich einig, daß von den rechtsradikalen Bewegungen zukünftig noch mehr Gefahren ausgehen werden, da sie durch diese Urteile Auftrieb erhalten.

In einem Rückblick auf den Prozeß schreibt Hans von Hülsen: »Dieses Monstreprozesses im ehemaligen Speisesaal der Kriegsschule an der Blutenburgstraße . . . kann ich niemals ohne . . . Bitterkeit denken. Was dort in Szene gesetzt wurde, ist mir immer wie Münchens politischer Karneval erschienen. Ein Gerichtshof, der den ›Herren Angeklagten‹ immer wieder die Gelegenheit gibt, stundenlange Propagandareden ›zum Fenster hinaus‹ zu halten; ein Beisitzer, der nach Hitlers erster Rede (ich hab's mit eigenen Ohren gehört!) erklärt: ›Doch ein kolossaler Kerl, dieser Hitler!‹; ein Vorsitzender, der duldet, daß von der höchsten Spitze des Reiches als von ›Seiner Hoheit, Herrn Fritz Ebert‹ gesprochen wird (Hitler) und daß man die Reichsregierung eine ›Verbrecherbande‹ nennt (Kriebel) . . . Mir kam, während ich täglich viele Stunden diesem durch und durch unwürdigen Theater zusehen mußte, die Erinnerung an den Juli 1919. Damals hatte ich, vor diesem selben ›Volksgerichtshof‹, die lange Reihe der Prozesse gegen die Männer der ›Räterepublik München‹ [u. a. Ernst Toller (→ 11. 7./S. 114) und Erich Mühsam (→ 19. 12./S. 196)] mitgemacht. Damals war alles sehr, sehr anders gewesen! Da war es keinem Vorsitzenden eingefallen, die Angeklagten mit ›Herr‹ zu titulieren . . . Sie alle kamen damals nicht im Jackettanzug mit dem Eisernen Kreuz I. Klasse, wie Hitler, sie kamen in Sträflingskitteln, bewacht von Soldaten . . . Aber dafür wurden sie auch alle zu vielen Jahren Zuchthaus verurteilt – eine Gefahr, die im Ernst keiner der Putschisten vom 9. November [1923] auch nur eine Sekunde lief.«

Die angesehene »Frankfurter Zeitung« kommentiert am 2. April: »Das Urteil im Münchner Hochverratsprozeß ist eine Farce und ein Hohn. Das Strafgesetzbuch schreibt vor, daß Hochverrat mit lebenslänglichem Zuchthaus oder Festungshaft zu bestrafen ist. Nur dann, wenn mildernde Umstände anzunehmen sind, kann das Delikt mit einer Festungshaft von fünf bis fünfzehn Jahren bestraft werden. Das Münchner Volksgericht war also gezwungen, . . . zum mindesten eine Festungshaftstrafe von fünf Jahren zu verhängen. Es hat sich dieser Vorschrift der Rechtsordnung . . . nur äußerlich gebeugt. Das Volksgericht verfiel auf den Ausweg, in einer bisher unerhörten Weise ›Bewährungsfristen‹ zu gewähren; auf diese Weise konnte es den Hauptangeklagten neun Zehntel ihrer Strafe von vornherein schenken und die Mitbeteiligten sofort in Freiheit setzen . . . Dieses Urteil bedeutet eine Verhöhnung des deutschen Volkes. Die Angeklagten können ihr Werk in Kürze von neuem beginnen. Andere Menschen, denen etwa Hochverrat in den Sinn kommen sollte (aber natürlich nur rechtsradikale Hochverräter), brauchen sich vor einer wirklichen Strafe nicht zu fürchten.«

Der konservative »Bayerische Kurier«, eine Zeitung, die der Bayerischen Volkspartei (BVP) nahesteht, schreibt nach Prozeßende: »Man mag über das Urteil . . . denken wie man will, das eine wird ihm auch der schärfste Kritiker nicht abstreiten können, daß es der bisherigen Prozeßführung völlig und durchaus angemessen ist, ein Prozeß, der von einer Gerichtsverhandlung oft nur den Namen trug und im Inhaltlichen einer völkischen Agitationsversammlung glich; ein Prozeß, bei dem . . . die rechtlichen Gesichtspunkte gänzlich von parteipolitischen Erörterungen überwuchert wurden; . . . ein solcher Prozeß konnte fürwahr nicht anders beendet werden als durch das verkündete Urteil.«

Philosoph E. Bloch warnt eindringlich vor den Nationalsozialisten

Der Philosoph Ernst Bloch schreibt zu Hitler und den Gefahren, die von diesem ausgehen am 12. April in »Das Tagebuch«: »So ist nicht gering anzuschlagen, wie Hitler die Jugend hat . . . Hitler selbst hat hier in der bürgerlichen Jugend eine durchaus unbürgerliche Bewegung entzündet . . . Hitler, Hitlerismus, Faschismus ist die Ekstase bürgerlicher Jugend.«

Die Gefahren, die von Hitler und seinen Gesinnungsgenossen ausgehen, werden im Jahr 1924 nur von wenigen gesehen. Vielmehr findet der Angeklagte Zustimmung in weiten Kreisen der Bevölkerung. Auch der Vorsitzende des Münchner Gerichts, Landesgerichtsdirektor Georg Neithardt, sympathisiert offen mit den Nationalsozialisten. Trotz Pressekritik und Protesten von Politikern und Behörden räumt er Hitler und seinen Mitangeklagten immer wieder den Raum für Propagandareden ein. In einem Protokoll des Bayerischen Ministerrats vom 4. März 1924 heißt es dazu: »Staatsminister Dr. [Franz] Schweyer teilt mit, daß [Münchens] Polizeipräsident [Karl] Mantel und Polizeioberst [Josef] Banzer sich darüber beschwert hätten, daß sich Reichswehr und Landespolizei in dem Prozesse täglich Verunglimpfungen gefallen lassen müßten, ohne daß vom Vorsitzenden auch nur ein Finger gerührt werde. Wenn es noch ein paar Tage so weitergehe, könnten sie für die Sicherheit der Landespolizei nicht mehr einstehen.

Gegen die Prozeßführung des Vorsitzenden beständen schwere Bedenken. Er habe schon vor dem Prozeß . . . erklärt, Ludendorff sei noch das einzige Plus, das wir in Deutschland besäßen. Gerüchten zufolge soll er sich auch dahin ausgesprochen haben, daß Ludendorff freigesprochen würde.

Die Angeklagten würden nicht vernommen, sondern hielten Reden. Sie könnten vorbringen, was sie wollen . . . Den Angeklagten würden die größten persönlichen Freiheiten gewährt.«

Erste Ausgabe Preis 10 Pfennig

München-Augsburger Abendzeitung

Das Urteil im Hitlerprozeß

München, den 1. April 1924, 10 Uhr 05 Min.

Unter großer Spannung einer zahlreichen Zuhörerschaft wurde heute vormittag im Saale der Infanterieschule durch Landgerichtsdirektor Neithardt das Urteil im Hitlerprozeß verkündet.

Freigesprochen wurde: General Ludendorff

unter Ueberbürdung der Kosten auf die Staatskasse.

Titelseite eines bayerischen Blatts über das Urteil im Hitlerprozeß

Gutachten zum Reparationsproblem

9. April. In Paris legt das internationale Sachverständigenkomitee unter Vorsitz des US-Bankiers Charles Gates Dawes der interalliierten Reparationskommission sein Gutachten zur Reparationsfrage vor. Dieser sog. Dawesplan markiert einen reparationspolitischen Neuanfang. Ein zweites Expertenkomitee unter Leitung des britischen Bankiers Reginald McKenna begutachtet die deutsche Kapitalflucht.

Die seit dem → 14. Januar (S. 12) arbeitenden neutralen Finanzexperten um Dawes kommen zu dem Schluß, daß die wirtschaftliche Erholung des Deutschen Reichs Voraussetzung für weitere Reparationszahlungen ist. Unter diesem Aspekt verurteilen sie die Ruhrbesetzung. Nach dem vorgesehenen Zahlungsplan werden die Jahresraten erst im fünften Jahr (1928/29) die Normalhöhe von 2,5 Milliarden Goldmark erreichen. Im ersten Jahr soll eine 800-Millionen-Goldmark-Anleihe als »Starthilfe« für die Deutschen gewährt werden. Jedoch legt der Dawesplan, der nur vorläufige Gültigkeit hat, nicht die Gesamthöhe und -dauer der Reparationszahlungen fest.

Auf der Grundlage des Dawesplans werden in London neue Verhandlungen zwischen Deutschen und Alliierten aufgenommen (→ 16. 7./S. 116; 16. 8./S. 130). Erstmals engagieren sich die US-Amerikaner für den europäischen Wirtschaftsfrieden.

Die Reichsregierung bezeichnet den Dawesplan als eine »praktische Grundlage für die schnelle Lösung des Reparationsproblems«. Während bürgerliche Mitte und SPD sowie Industrie und Gewerkschaften die Vorschläge trotz mancher Vorbehalte akzeptieren, kommt scharfe Kritik von den Rechtsparteien.

Experten des Daweskomitees (v .l. n. r.): Alix, Mac Fadyean, Houtard, Francqui, Flora, Dawes, Stamp, Pirelli, Parmentier, Young, Kindersley

Konzernchef Fritz Thyssen verhandelt mit der MICUM

Einigung zwischen Bergbau und MICUM

14. April. In Düsseldorf einigen sich Vertreter der Interalliierten Kommission für Hütten- und Bergwerke MICUM (Mission interalliée de Contrôle des Usines et des Mines) und Vertreter des Bergbaulichen Vereins, u. a. Fritz Thyssen, auf eine Verlängerung des Micum-Vertrags vom 23. November 1923 um zwei weitere Monate.

In Erwartung einer baldigen Regelung der Reparationsfrage (→ 9. 4./S. 64) und auf massiven Druck vor allem der französischen Regierung willigt der deutsche Ruhrbergbau in eine Vertragsverlängerung ein.

Trotz der für die Ruhrindustrie schweren Belastungen durch die insgesamt sechs Micum-Verträge stimmen die Zechenbesitzer nun der Verlängerung des ersten Micum-Vertrags zu. Neben der Zahlung einer Pauschalsumme von 15 Millionen US-Dollar (etwa 63 Millionen Rentenmark) für rückständige Kohlensteuer und der laufenden Kohlensteuer von 1,50 Rentenmark für jede Tonne verkaufter Kohle muß der Ruhrbergbau 27% der gesamten Förderung als Reparationskohle nach Frankreich liefern.

Da die MICUM jede Milderung des Vertrags abgelehnt hat, verschärft sich die Lohnkrise im Ruhrbergbau. Seit Wochen drohen im Revier Arbeitskämpfe. Die Zechenbesitzer lehnen jedoch die von den Belegschaften geforderten Lohnerhöhungen mit dem Argument ab, daß ein rentabler Zechenbetrieb durch den MICUM-Vertrag verhindert wird (→ 2. 5./S. 83).

Helfferich stirbt bei Eisenbahnunglück

23. April. Zu den 21 Todesopfern eines schweren Eisenbahnunglücks in Bellinzona im Tessin (Schweiz) gehört auch der deutsche Politiker Karl Helfferich. Der verspätete Nachtschnellzug Mailand – Basel, den Helfferich benutzte, überfuhr ein Haltesignal und prallte mit einem Züricher Schnellzug zusammen.

Der promovierte Jurist Helfferich trat 1908 in den Vorstand der Deutschen Bank ein. Im Januar 1915, während des Ersten Weltkriegs, wurde er Staatssekretär im Reichsschatzamt und im Mai 1916 übernahm er das Reichsamt des Innern und das Vizekanzleramt. Seit Kriegsende gehörte Helfferich der deutschnationalen Reichstagsfraktion an. Als Währungsfachmann gehörte zu den Begründern der Rentenmark, mit der die Inflation 1923 gestoppt wurde. In der Weimarer Republik trug der Nationalist Helfferich entscheidend zur Verschärfung der innenpolitischen Gegensätze im Deutschen Reich bei. Er attackierte die Reichsregierung wegen der Annahme des Versailler Friedensvertrags als »Reichsverderber«. Zugleich bekämpfte er die Republik und stellte sich gegen alle demokratischen Errungenschaften seit Kriegsende. Insbesondere Matthias Erzberger, der den Waffenstillstand mit den Alliierten 1918 unterzeichnet hatte, und Walther Rathenau waren die Opfer seiner Angriffe. Beide wurden von Rechtsextremisten ermordet, und Helfferich wird von bürgerlichen Politikern als einer derjenigen bezeichnet, die den Boden für die Morde bereitet haben.

Nach der Katastrophe von Bellinzona; rechts ein ausgebrannter Waggon

Saß im Unglückszug: Karl Helfferich

Völkischer Erfolg bei Wahl in Bayern

6. April. Bei den Landtagswahlen im unbesetzten Teil Bayerns erzielt der Völkische Block auf Anhieb 17,1% der Stimmen, ein Sensationserfolg für die Nachfolgeorganisation der verbotenen NSDAP. Verlierer sind Bürgerliche und Sozialdemokraten. Im linksrheinischen Teil des Landes, der Rheinpfalz, wird wegen der französischen Besatzung erst am 4. Mai gewählt.
Die Regierungsparteien Bayerische Volkspartei (BVP) und Deutschnationale Volkspartei (DNVP) können bei der Wahl eine knappe Mehrheit behaupten. Stärkste Fraktion im neuen, um 29 Sitze verkleinerten Landtag bleibt die BVP mit 46 Abgeordneten. Sie stellt auch den neuen bayerischen Ministerpräsidenten Heinrich Held (→ 1. 7./S. 114).
Empfindliche Verluste muß die SPD hinnehmen, die mit 17,2% und 23 Mandaten nur noch genauso stark ist wie die Völkischen. Zur deutlichen Verschiebung des politischen Spektrums nach rechts haben u. a. der Konflikt Bayerns mit der Reichsregierung (→ 4. 1./S. 14) sowie Hitlerputsch und Hitlerprozeß (→ 1. 4./S. 62) beigetragen.
Abgelehnt wird der gleichzeitig durchgeführte Volksentscheid über eine Verfassungsänderung, die den Landtag zur Änderung der Verfassung mit einfacher statt Zweidrittelmehrheit ermächtigen wollte.

Wahlplakat der linksliberalen Deutschen Demokratischen Partei (DDP)

Antisemitische Propaganda der Rechten: Juden als Ausbeuter

Gegenpropaganda zur Agitation der Völkischen unter Ludendorff

Der Reichsbund jüdischer Frontkämpfer will den Reichstagswahlkampf von antisemitischer Hetze und Verleumdungen freihalten

Die Rechtsextremen machen Front gegen Demokratie und Republik

Ministerrücktritt nach Parteienzank

15. April. Reichsjustizminister Erich Emminger tritt zurück. Staatssekretär Kurt Joël übernimmt die Geschäftsführung.
Mit dem Ausscheiden des einzigen Ministers der Bayerischen Volkspartei (BVP) wird die Situation für Reichskanzler Wilhelm Marx kurz vor den Reichstagswahlen am → 4. Mai (S. 78) weiter verschärft. Die BVP ist zwar formell keine Regierungspartei wie Zentrum, DDP und DVP, aber durch Emminger dem Reichskabinett eng verbunden. Sein Rücktritt ist Folge eines Konflikts zwischen Zentrum und BVP. Die beiden Parteien können sich in Bayern nicht mehr, wie bei den letzten Reichstagswahlen 1920, auf gemeinsame Listen von Kandidaten zur Wahl einigen.

Anfeindung und Gewalt im Wahlkampf

26. April. In ihrem Aufruf zu den Reichstagswahlen am → 4. Mai (S. 78) warnt die Reichsregierung unter Wilhelm Marx die Wähler vor einer politischen Radikalisierung.
Hauptthema des heftig tobenden Wahlkampfes ist der Dawesplan, das am → 9. April (S. 64) vorgelegte Sachverständigengutachten zur Reparationsfrage. Die Reichsregierung der bürgerlichen Mitte aus Zentrum, DDP und DVP befürwortet den Dawesplan und sagt zu den Anfeindungen der Rechtsparteien: »Zeigen die Gegner dieser Politik einen anderen Ausweg aus unserer Bedrängnis? Nein, sie beschränken sich darauf, die Arbeit der Reichsregierung herabzusetzen und gegen das Gutachten der Sachverständigen die Volksleidenschaften aufzupeitschen . . .«
Insgesamt kämpfen 23 Parteien um die Gunst der Wähler. Mehrfach überschatten Gewalttaten den Wahlkampf. So wird z. B. in Berlin ein Arbeiter von Nationalsozialisten erschlagen.
Erstmals gibt es auch Wahlsendungen im Rundfunk (→ 2. 3./S. 54). Täglich eine Viertelstunde sprechen Vertreter der größten Parteien.

Reichskanzler Marx (M.) nach einer Wahlkampfveranstaltung in Düsseldorf

Wahlsieg mit Terror und Manipulationen

6. April. Als Sieger gehen die Faschisten aus den Parlamentswahlen in Italien hervor, bei der nach offiziellen Angaben 64% der Wahlberechtigten zu den Urnen gingen. Sie erhalten zusammen mit ihren rechtsliberalen Listenverbündeten 65% der Stimmen und 375 Mandate. Die Oppositionsparteien sind durch den faschistischen Wahlterror und das neue Wahlgesetz im Nachteil und erhalten nur 147 Mandate.

Im Zusammenhang mit der seit Oktober 1922 angestrebten »Normalisierung« seines faschistischen Regimes hatte Ministerpräsident und Duce Benito Mussolini schon im Juli 1923 ein neues Wahlgesetz (legge Acerbo) durchgesetzt. Danach erhält die Partei, die auf nationaler Ebene mindestens 25% der Stimmen erlangt, automatisch zwei Drittel der Mandate (356). Das letzte Drittel wird in den 15 neuen Wahlkreisen proportional verteilt. Eine derartige Aushöhlung des Repräsentativsystems sicherte den Faschisten von vornherein die absolute Mehrheit im Parlament.

Faschistisches Wahlplakat an der Wäscheleine; wie hier in Genua werden auch in anderen italienischen Städten Wäscheleinen, die über enge Straßen und Gassen gespannt sind, im Vorfeld der Wahlen am 6. April zweckentfremdet

Die linken und linksliberalen Oppositionsparteien schneiden trotzdem noch relativ gut ab. Größere Fraktionen sind die Popolari (39), Sozialisten unterschiedlicher Gruppierungen (46), Kommunisten (19) und Liberale (15). Die Oppositionsführer weisen nach der Wahl darauf hin, daß ihre Parteien unter den schwierigen Verhältnissen ihre Lebenskraft bekundet haben.

Mussolini verkündet, die Wahl habe bewiesen, daß seine Regierung nicht auf Gewalt, sondern auf Zustimmung des Volkes gegründet sei. Sein großer Erfolg ist jedoch nicht zuletzt auf den Terror und die Wahlmanipulationen der Faschisten zurückzuführen, die von der Opposition heftig kritisiert werden (→ 10. 6./S. 97).

Wallonen gegen Großniederländer

15. April. Während des Großniederländischen Studentenkongresses holländischer und flämischer Studenten, der in der belgischen Stadt Löwen tagt, kommt es zu Zusammenstößen der Teilnehmer mit Wallonen. Ein flämischer Student wird durch einen Kopfschuß getötet.

Hintergrund der Ausschreitungen ist der sozioökonomische und kulturelle Gegensatz zwischen den Flamen, die niederländische Mundarten sprechen, und den französischsprachigen Wallonen. Diese Spaltung der Bevölkerung ist seit langem eine Belastung für Belgien.

In Löwen demonstrieren die Wallonen »gegen die Fremden, die die belgische Einheit zerstören wollen«. Die Veranstalter dagegen betonen, der Studentenkongreß verfolge nur kulturelle Ziele, und die Treue der Flamen zum belgischen Staat dürfe nicht verdächtigt werden. Die großniederländische Idee der Vereinigung Flanderns mit den Niederlanden, so einer der Redner, sei ein »Damm dagegen, daß Belgien ein Anhängsel von Frankreich bleibt.«

Sozialist Stauning regiert

23. April. Nach dem Wahlsieg seiner Partei bei den Parlamentswahlen in Dänemark am 11. April bildet der Sozialdemokrat Thorvald Stauning die neue Regierung. Dieser ersten sozialdemokratischen Regierung Dänemarks gehört mit der Historikerin Nina Bang als Ministerin für Unterrichtswesen erstmals auch eine Frau an. Verschiedene Skandale, so der Zusammenbruch der Landmanbank, hatten zur Wahlniederlage der konservativen Regierung unter Niels Thomas Neergaard beigetragen, die nur noch 74 Sitze hat. Die Sozialdemokraten (55 Sitze) koalieren mit den Radikalen (20 Sitze).

Thorvald Stauning, der neue dänische Ministerpräsident, verläßt mit seiner Frau das Königliche Palais in Kopenhagen; der Sozialdemokrat arbeitete in einer Zigarettenfabrik ehe er die politische Laufbahn einschlug; sein Programm umfaßt Maßnahmen gegen Inflation und Arbeitslosigkeit

Bulgarien unter Regime Zankows

10. April. In der bulgarischen Hauptstadt Sofia werden die acht wegen Verschwörung und gesetzwidriger Aufstellung von Kampftrupps angeklagten Ex-Minister freigesprochen. Sie waren Mitglieder im Kabinett des am 9. Juni 1923 gestürzten Alexandar Stamboliski.

Alexandar Zankow, seit dem Staatsstreich und der Ermordung von Stamboliski an der Spitze einer bürgerlichen Regierung, versucht seine Herrschaft angesichts anhaltender Unruhen im Land auch mit unterdrückerischen Maßnahmen zu sichern. Am 17. Mai wird die Agrarpartei, die Stamboliski geführt hatte, aufgelöst; ihr wird vorgeworfen, daß sie die Sicherheit des Staates gefährde und geheime Verbindungen zu kommunistischen Organisationen unterhalte. Auch die Kommunistische Partei, die mit dem gescheiterten Septemberaufstand auf den Sturz des Agrarsozialisten Stamboliski reagiert hatte, wird verboten. Das Eigentum der Partei wird zugunsten des Staates beschlagnahmt.

Großindustrieller Hugo Stinnes tot

10. April. In Berlin stirbt 54jährig Hugo Stinnes, Gründer des größten Konzerns der Nachkriegszeit. Der

Großindustrieller Hugo Stinnes, Nutznießer der Inflation und Herr über ein Konzernimperium, hatte seit 1920 ein DVP-Reichstagsmandat

schon vor dem Weltkrieg erfolgreiche Montanindustrielle baute sich während der Inflationsjahre zu Beginn der 20er Jahre ein riesiges Wirtschaftsimperium auf. Zuletzt kontrollierte er 1535 selbständige Unternehmen mit 2888 Betrieben und Niederlassungen und war damit Herr über 600 000 Arbeiter. Zu dem gigantischen Privatkonzern, der nach dem Tod seines Gründers zerfällt, gehören neben Schwer- und Elektroindustrie, Bergwerken und Reedereien auch Zeitungsverlage.

Ausstellung des Britischen Empire

23. April. *Im neuen Wembley-Stadion (London) wird die Ausstellung des Britischen Empire durch König Georg V. feierlich eröffnet. Vor über 100 000 Zuschauern lobt der König in seiner Ansprache die Gemeinschaft der im Empire versammelten Völker.*
Seit Frühjahr 1922 wurde im Wembley Park (mit zuletzt 16 000 Arbeitern) gebaut, um die Pavillons der einzelnen Empire-Länder fertigzustellen (rechts auf der Abb. der kanadische und im Hintergrund der indische Pavillon). Zu der Riesenwirtschaftsschau werden mindestens 25 Millionen Besucher erwartet. Die britische Industrie hofft auf einen »Goldregen von Aufträgen aus aller Herren Länder«. Im gewaltigen Palast der Industrie präsentieren die Briten »Industriewunder«, so komplette Bergwerksbetriebe und Brotbackanlagen. Viele Besucher kommen weniger aus geschäftlichem Interesse; sie lockt mehr der großzügige Vergnügungsgarten.

Schacht leitet auch Golddiskontbank

17. April. Chef der seit dem 19. März bestehenden Deutschen Golddiskontbank wird unter Beibehaltung

Hjalmar Schacht, seit 1923 Reichsbankpräsident, stand den währungspolitischen Maßnahmen der Reichsregierung bislang skeptisch gegenüber

seiner bisherigen Ämter Reichsbankpräsident Hjalmar Schacht.
Als Reichskommissar für Währungsangelegenheiten (seit 12. 11. 1923) und Reichsbankpräsident (seit 22. 12. 1923) ist Schacht einer der Hauptverantwortlichen für die Währungsstabilisierung. Aufgabe der Deutschen Golddiskontbank ist die Aufnahme von Krediten in ausländischer Währung, um die deutsche Industrie mit den nötigen Finanzmitteln für den Import von Rohstoffen zu versorgen.

Neubeginn im alten Kriegshafen Kiel

12. April. Feierlich wird der Kieler Freihafen an der Mündung des Nord-Ostsee-Kanals eröffnet. In seiner Festrede betont Oberbürgermeister Emil Lueken, die alte Stadt der Kriegsmarine müsse eine Stadt der Handelsmarine werden.
Die Notwendigkeit einer verbesserten Kommerzialisierung des Kieler Hafens, ist eine Folge der Abrüstungsbestimmungen des Versailler Vertrags von 1919. Kiel, das 1871 zum deutschen Reichskriegshafen wurde, muß seine stark auf die Belange der Kriegsflotte ausgerichtete Wirtschaft umstellen. Mit dem neuen Freihafen will Kiel vor allem Umschlagplatz für den Transitverkehr von der Atlantik- auf die Ostseeschiffahrt werden.
Bisher umfaßt der Freihafen bescheidene 13 ha Wasser- und Landfläche (das Hamburger Freihafengebiet hat die 100fache Größe), etwa 1 km nutzbare Kailänge (Hamburg: 32 km) und ungefähr 7000 m^2 bedeckte Schuppengrundfläche (Hamburg: 500 000 m^2). Ein weiterer Ausbau ist jedoch in der Planung.

Ex-Kaiserin im Exil

Zita von Bourbon-Parma, Ex-Kaiserin von Österreich und Ex-Königin von Ungarn (1916–18), lebt mit ihren acht Kindern (Abb.) gegenwärtig im spanischen Exil. Seit dem Zusammenbruch Österreich-Ungarns 1918 weilt die Familie im Ausland. Vor genau zwei Jahren starb Zitas Mann Karl I., der letzte in Österreich regierende Habsburger.

Funkstation auf Tempelhofer Feld

14. April. Auf dem Berliner Flugplatz in Tempelhof wird mit dem Bau einer Funkstation begonnen. Wegen des zunehmenden Luftverkehrs besteht ein dringender Bedarf nach erweiterter Funkkapazität. Ähnliche Stationen werden zur Zeit auch auf dem Münchner, dem Hamburger und dem Königsberger Flughafen errichtet.
Die Funkstation auf dem Tempelhofer Feld soll zwei 46 m hohe Türme erhalten. Damit kann sie einen drahtlosen Telefonverkehr mit einer Reichweite von 800 km und einen Telegrafendienst über 1500 km unterhalten. Die Station hat die Aufgabe, einen Wetter- und Nachrichtendienst zwischen Berlin-Tempelhof und den Flugplätzen des In- und Auslands zu betreiben. Ferner soll der Funkverkehr mit den an- und abfliegenden Flugzeugen über die neue Station abgewickelt werden. Wetterberichte können auf diesem Weg schneller als bisher übermittelt werden, zumal die Funkstation über ein eigenes Wetterobservatorium verfügt.

Essen und Trinken 1924:

Lebensmittelmisere allmählich bewältigt

1924 stellt sich mit dem deutschen Wirtschaftsaufschwung und der Währungsstabilisierung eine Verbesserung der Ernährungssituation ein. Volksspeisungen und Spenden aus dem Ausland (→ 24. 3./S. 52) können im Laufe des Jahres eingestellt werden.

Seit die katastrophale Markinflation im November 1923 durch die Währungsreform gestoppt wurde, sind die Lebensmittelpreise weitgehend stabil: Roggenbrot (1 kg) kostet 0,38 Reichsmark (RM), Kartoffeln (1 kg) 0,08 RM, Butter (1kg) 4,60 RM, Vollmilch (1 l) 0,35 RM, ein Ei 0,20 RM (Preise in Berlin im Oktober 1924). Im November 1923 kosteten z. B. ein Roggenbrot 470 und ein Ei 320 Milliarden Mark.

Die soziale Not läßt sich jedoch nicht von heute auf morgen überwinden. Noch im April 1924 sind in Großstädten wie Frankfurt Schulspeisungen nötig. Mangel- und Unterernährung sind besonders bei Kindern keine Seltenheit. In einer offiziellen Denkschrift zu diesem Thema wird auf die »erschütternde Tatsache« hingewiesen, daß »es zahlreiche Kinder gibt, die überhaupt nicht mehr wissen, was Fleisch ist.« Da sich die Lage jedoch spürbar bessert, stellt die US-amerikanische Hilfsorganisation »Commitee for relief of German children« im Sommer ihre Tätigkeit ein.

Infolge ungewöhnlich starker Niederschläge im Juli und August kommt es bei der deutschen Getreideernte zu erheblichen Ausfällen. Besonders betroffen sind Süddeutschland und die Provinzen Westfalen, Hessen-Nassau, die Rheinprovinz und Teile von Hannover. Hier sind Ernteausfälle von 25% keine Seltenheit. Panikmeldungen der Presse, in der zunächst Ausfälle von 80% gemeldet werden, führen Ende September/Anfang Oktober zur drastischen Getreidepreissteigerung. Verschiedentlich kommt es bei Mehl zu Hamsterkäufen. Gegenüber der Nachrichtenagentur Wolffs Telegraphen-Bureau betont Reichsernährungsminister Gerhard Graf Kanitz jedoch am 11. Oktober 1924, die Versorgungssituation sei keineswegs besorgniserregend.

Kinderfürsorge im Ruhrgebiet; »Mittagstisch der Kleinen« in einer von Thyssen finanzierten Kuranstalt

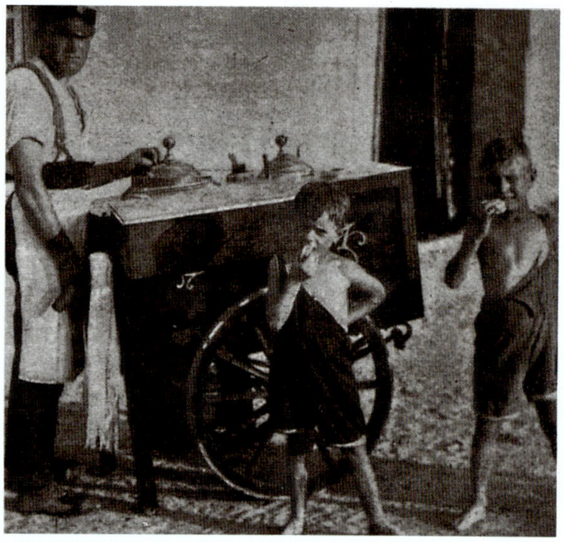

Straßenverkäufer mit ihren Eiswagen sind überall, wo sie auftauchen, von Kindern umlagert

Berliner Gymnasiasten bei der Verteilung von Lebensmittelspenden an notleidende Alte

Neu im Pariser Straßenbild: »La Friture Automobile« verkauft hungrigen und eiligen Passanten frischen Bratfisch und Pommes frites

Arbeiterin in einer Lebensmittelfabrik; besonders die berufstätige Frau greift häufiger auf Konserven zurück

Nahrungsmittel-Untersuchungsanstalt in Berlin; gerade in Notzeiten ist die Lebensmittelkontrolle wichtig

Fortschritte beim Wahlrecht der Frau

9. April. Unter gewissen Voraussetzungen gewährt das neue spanische Wahlgesetz volljährigen Frauen das Stimmrecht. Sie müssen unverheiratet, verwitwet oder gesetzlich geschieden sein oder einen Ehemann haben, dem die Familienrechte entzogen sind. Verheiratete Frauen hingegen dürfen nach wie vor nicht wählen, weil sie gesetzlich dem Ehemann unterstehen.

»Die Neuerung«, kommentiert die »Frankfurter Zeitung«, »bedeutet für Spanien immerhin einen bemerkenswerten Fortschritt.« Tatsächlich steht das Land im internationalen Vergleich noch allzu rückständig da. In Finnland wurde das Frauenwahlrecht 1906, in Norwegen 1913, in Dänemark 1915, in der Sowjetunion 1917, im Deutschen Reich 1918, in den USA 1920 und in Schweden 1921 eingeführt. Seit 1918 dürfen in Großbritannien Frauen über 30 wählen, Männer aber schon ab 21 Jahren. Frankreich und die Schweiz dagegen haben noch kein Frauenwahlrecht eingeführt.

Seit Jahrzehnten kämpfen Frauenrechtlerinnen in Großbritannien, in den USA und im Deutschen Reich für die politische Gleichberechtigung. Besonderes Aufsehen erregten vor dem Weltkrieg die britischen Suffragetten um Emmeline Pankhurst, die mit Hungerstreiks und gewaltsamen Aktionen für ihre Rechte kämpften.

Ozeanriese »Columbus« auf Jungfernfahrt über den Atlantischen Ozean

22. April. *Die »Columbus« tritt in Bremerhaven ihre Jungfernfahrt nach New York an. Mit 32 500 Bruttoregistertonnen (BRT) ist dieser neue Ozeanriese der Linienschiffahrtsgesellschaft Norddeutscher Lloyd, die ihren Sitz in Bremen hat, das größte Schiff der neuen deutschen Handelsflotte.*

Wegen ihrer Innenausstattung gilt die »Columbus« als das derzeit schönste deutsche Schiff (Abb.: Blick auf Sonnen- und Bootsdeck der »Columbus« während der Jungfernfahrt, nach einem Aquarell von Claus Bergen). Ein Vertreter des Norddeutschen Lloyd bezeichnet vor der Presse »die Indienststellung dieses Schiffes als die Äußerung des Lebenswillens eines Kulturvolkes, das über alle Hemmungen hinweg sich weiter zu behaupten bestrebt sei.« Die Handelsflotte des Deutschen Reiches verfügt Anfang 1924 über 1306 Schiffe (2,6 Millionen BRT) und liegt mit dieser Zahl im weltweiten Vergleich an 20. Stelle.

Pioniere der Luftfahrt: Weltflieger umrunden die Erde

6. April. In Seattle im US-Bundesstaat Washington starten vier Douglas-World-Cruiser-Maschinen der US-Armee zu einem Weltrundflug. Erstmals in der Geschichte unternehmen Menschen einen derartigen Versuch. Ebenfalls im Frühjahr 1924 starten britische und französische Piloten zu Flügen über große Distanzen, die von der Weltöffentlichkeit gespannt verfolgt werden.

In westlicher Richtung fliegen die US-Amerikaner etappenweise über Alaska, die Aleuten und die Kurilen nach Tokio. Nach ihrer Ankunft am 22. Mai werden dort die 400 PS starken Motoren erneuert. Zwei der Flugzeuge, geführt von Leutnant Lowell H. Smith und Leutnant Erik H. Nelson, treffen nach 42 398 Flugkilometern, in 57 Etappen zurückgelegt, am 28. September wieder im US-amerikanischen Seattle ein.

Die Briten umfliegen die Erde unter Führung von Major MacLaren in entgegengesetzter Richtung. Am 24. März ist das Vickers-Viking-Doppeldecker-Flugboot (450 PS) in Southampton gestartet. Am 23. Oktober kehrt MacLaren, als Weltflieger gefeiert, nach Großbritannien zurück.

Einen Überlandflug Paris – Tokio führt der Franzose Pelletiers d'Oisy mit einer Bréquet-Maschine (400 PS) aus. Er startet am 24. April und erreicht Tokio am 9. Juni.

Flugzeuge der US-amerikanischen Weltflieger nach der Landung auf dem Fluß Hwangpukiang vor Schanghai; vorn die typischen Schanghai-Sampans (Boote)

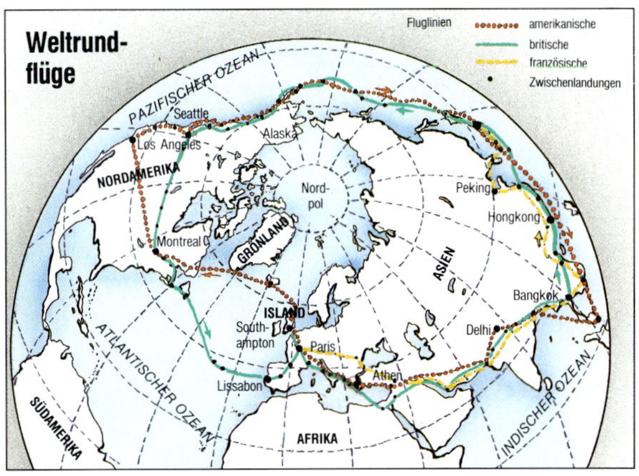

Kunst 1924:

Surrealismus und Neue Sachlichkeit

In der deutschen Kunstszene setzt sich 1924 die Neue Sachlichkeit als dominierende Tendenz durch. Hauptanliegen dieser Kunstrichtung ist die objektive Realitätswiedergabe. Die neue surrealistische Bewegung in Paris dagegen will durch widersprüchlich Kombiniertes und traumhaft Vieldeutiges gewohnte Denk- und Wahrnehmungsmuster erschüttern.

Mit seinem »Manifest des Surrealismus« liefert der französische Schriftsteller André Breton eine theoretische Begründung für diese Bewegung. 1924 formieren sich die Surrealisten um Breton zu einer geschlossenen Gruppe. Neben Schriftstellern wie Breton, Louis Aragon, Philippe Soupault, Paul Éluard gehören dazu die Künstler Hans Arp, Max Ernst, Salvador Dalí, Joan Miró, André Masson, Marcel Duchamp, Giorgio De Chirico, René Magritte, Paul Delvaux u. a. Mit dem Prinzip des »automatischen« Zeichnens, womit Bilder aus dem Unterbewußtsein zutage gefördert werden sollen, entstehen die »Dessins automatiques« von Masson. Miró malt »Paysage catalan«, »Le Carnaval d'Harlequin« und »Maternité«. Als Zeitschrift der Bewegung erscheint u. a. »La Révolution Surréaliste«.

Man Ray, in Paris lebender Maler, Objektkünstler und Photograph aus den USA, kreiert dadaistisch-surrealistische Photogramme (»Rayogramme«).

Im Einklang mit der wirtschaftlichen Stabilisierung im Deutschen Reich ab 1924 tritt hier die Neue Sachlichkeit in den Vordergrund. Mit ihrem technisch-versachlichten Stil ist sie Ausdruck einer wachsenden Technologiebegeisterung. Maler dieser Richtung (sog. Sachlizisten) sind u. a. Alexander Kanoldt und Georg Schrimpf.

Während die Stilrichtung des Verismus weitgehend in der Neuen Sachlichkeit aufgeht und dabei ihre gesellschaftskritische Potenz einbüßt, lassen sich die Abstrakten nicht so leicht vereinnahmen. Paul Klee bildet 1924 mit Wassily Kandinsky, Lyonel Feininger sowie Alexej von Jawlensky die Künstlergruppe der »Blauen Vier«.

Otto Dix' »Die Eltern des Künstlers« zweite Fassung 1924; Verbindung von präzisem Realismus und Sozialkritik

»Manifest des Surrealismus«: »Glauben an die Allgewalt des Traums«

Als theoretisches Fundament für die 1924 in Paris entstehende surrealistische Bewegung veröffentlicht André Breton das »Manifest des Surrealismus«. Von der neuen Bewegung erhalten moderne Literatur und Kunst wichtige Impulse. Beeinflußt von Sigmund Freuds Psychoanalyse, streben die Vertreter des Surrealismus eine geistige Revolution an im Sinne einer Öffnung des Geistes für das Unbewußte und den Traum:

»Wir leben noch unter der Herrschaft der Logik ... Unter dem Vorwand der Zivilisation, des Fortschritts, gelang es schließlich, alles aus dem Geist zu verbannen, was mit Recht oder Unrecht als Aberglaube, als Hirngespinst gilt, jede Art der Wahrheitssuche zu verurteilen, die nicht der herkömmlichen entspricht ... Mit vollem Recht hat [Sigmund] Freud seine Kritik auf das Gebiet des Traums gerichtet. Es ist in der Tat ganz unzulässig, daß ein beträchtlicher Anteil an der psychischen Tätigkeit (erfährt doch – zumindest von der Geburt bis zum Tode – die geistige Tätigkeit des Menschen keinerlei Unterbrechung, und ist doch die Summe der Traum-Momente, selbst wenn man nur den reinen Traum, den des Schlafs, in Betracht zieht, nicht geringer als die Summe der Wirklichkeits-Momente, sagen wir einfach: der Wachseins-Momente), daß dieser beträchtliche Anteil des Traums, sage ich, noch so wenig Aufmerksamkeit hat erlangen können ... Wann werden wir schlafende Logiker, schlafende Philosophen haben? ... Kann nicht auch der Traum zur Lösung grundlegender Lebensfragen dienen? ... Ich glaube an die künftige Auflösung dieser beiden scheinbar so gegensätzlichen Zustände von Traum und Wirklichkeit ... Ich definiere also ein für allemal:

SURREALISMUS, Substantiv, m., reiner, psychischer Automatismus, durch welchen man, sei es mündlich, sei es schriftlich, sei es auf jede andere Weise, den wirklichen Ablauf des Denkens auszudrücken sucht. Denk-Diktat ohne jede Vernunft-Kontrolle und außerhalb aller ästhetischen oder ethischen Fragestellungen.

Der Surrealismus beruht auf dem Glauben an die höhere Wirklichkeit gewisser, bis heute vernachlässigter Assoziations-Formen, an die Allgewalt des Traums, an das absichtsfreie Spiel des Gedankens. Er zielt darauf hin, die anderen psychischen Mechanismen zu zerstören und ihre Stelle einzunehmen zur Lösung der wichtigsten Lebensprobleme ...«

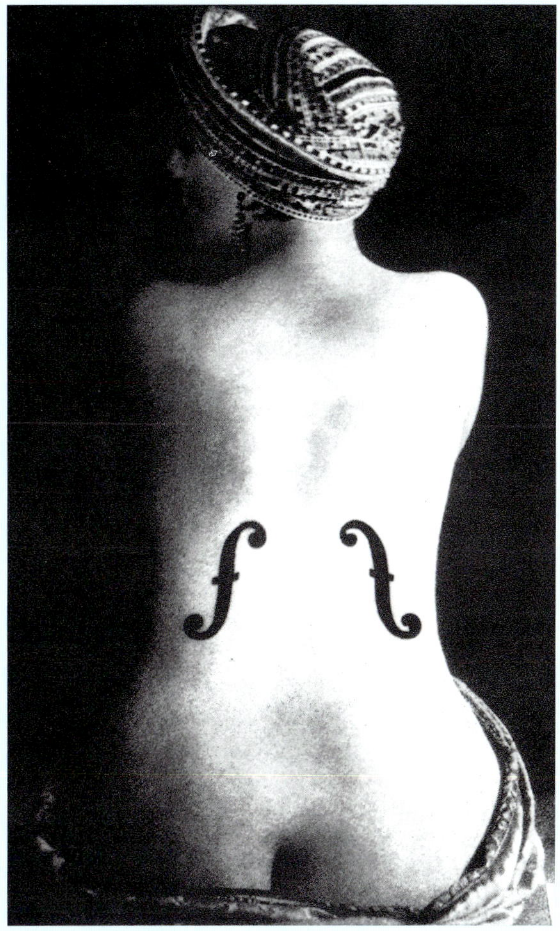

»Violin d'Ingres«: Die Photogramme von Man Ray, die er selbst »Rayographien« nennt, basieren auf der Kombination eigentlich unvereinbarer Elemente

◁ Joan Miró »Maternité« 1924 (Sammlung Roland Penrose, London); typisch für die skurrilen Werke des spanischen Surrealisten sind die harmonische Verbindung von Malerischem und Grafischem, von Linie und Farbe, die Einfühlung in die Natur, der Humor, die kindlich-naive Unbekümmertheit

Alexej v. Jawlensky, deutsch-russischer Maler, Mitglied der Gruppe abstrakter Künstler »Die Blauen Vier«

Lyonel Feininger, deutsch-amerikanischer Maler und Grafiker, seit 1919 Lehrer am Bauhaus in Weimar

Maler und Grafiker Paul Klee, seit 1921 einflußreicher Lehrer und Kunsttheoretiker am Bauhaus

Kandinsky, 1911 Mitbegründer des Blauen Reiters, einem Vorläufer der Künstlergruppe »Die Blauen Vier«

Trauer um Schauspielerin Eleonora Duse

21. April. Während einer Gastspielreise in den USA stirbt Eleonora Duse 64jährig in Pittsburgh. Neben Sarah Bernhardt war sie die bedeutendste Schauspielerin der Jahrhundertwende. Von London bis Petersburg wurde der Star aus Italien stürmisch gefeiert. Die Duse verkörperte den feinnervigen, sensiblen Frauentyp des Jugendstils.

Schon als Vierjährige stand die Tochter eines Provinzschauspielers auf der Bühne. Über ihre Darstellung der Ophelia in Shakespeares »Hamlet« in Neapel, die 1878 den Beginn ihrer Karriere markiert, schrieb die Kritik: »Sie verwirrt das Publikum, aber sie packt es auch, ohne daß es gelänge, einen Grund dafür anzugeben.«

Nach einer Südamerikatournee (1885) verläßt Eleonora Duse das Ensemble von Ernesto Rossi, um eine eigene »Kompagnie« zu gründen. Eine Tournee der Duse-Truppe jagt die andere; besonders als »Kameliendame« wird die Tragödin auf allen Bühnen der Welt gefeiert. Mit Gabriele D'Annunzio verbindet sie eine leidenschaftliche Liebe, die der Dichter in seinem Roman »Feuer« (deutsch 1900) beschreibt. Trotz ihrer Erfolge verließ Eleonora Duse 1909 überraschend das Theater und kehrte erst nach zwölf Jahren auf die Bühne zurück.

Eleonora Duse, gefeierte Schauspielerin auf den großen Bühnen der Welt

Aufnahme der großen italienischen Künstlerin aus dem Jahre 1921

Überführung des Sargs von Eleonora Duse auf einem italienischen Kreuzer; die in den USA verstorbene Schauspielerin wird in ihrer Heimat beerdigt

Bühnenrollen der großen Tragödin

Berühmte Rollen der am 21. April in den USA verstorbenen italienischen Schauspielerin Eleonora Duse:

- ▷ Ophelia in Shakespeares »Hamlet« (Neapel, 1878)
- ▷ Titelrolle in der »Kameliendame« von Alexandre Dumas d. J. und Hauptrollen in weiteren Dumas-Dramen, so in »Monsieur Alphonse«, »La Princesse de Bagdad«, »Denise« u. a.
- ▷ Titelrollen in Victorien Sardous Dramen »Théodora«, »Fédora«, »Fernande« u. a.
- ▷ Adrienne Lecouvreur im gleichnamigen Stück von Eugène Scribe
- ▷ Nora, Hedda Gabler, Rebekka West und andere Frauenrollen in Stücken Henrik Ibsens
- ▷ Desdemona in »Othello« und Kleopatra in »Antonius und Kleopatra«, beides Dramen von Shakespeare.

Mit ihrer Schauspielkunst verhalf die Duse den Dramen ihres Dichter-Freundes Gabriele D'Annunzio zum Erfolg. So spielte sie in »Die tote Stadt« die Rolle der Anna und in »La Giaconda« die Silvia Settala.

Feiern für Immanuel Kant

22. April. Aus Anlaß seines 200. Geburtstags wird der Philosoph Immanuel Kant in zahlreichen Veranstaltungen und Veröffentlichungen gewürdigt. Schwerpunkt der Kantfeiern ist Königsberg, wo der Denker lebte und wirkte.

Zum Gedächtnis an ihren großen Lehrer veranstaltet die Albertus-Universität in Königsberg einen Festakt, an dem zahlreiche Gelehrte des In- und Auslandes teilnehmen. Als Vertreter der preußischen Regierung unterstreicht Kultusminister Otto Boelitz (DVP) in seiner Festrede die Bedeutung des Philosophen für Preußen.

Bei einer Festversammlung am Vortag hatte Preußens Ministerpräsident Otto Braun in Königsberg betont, das deutsche Volk könne »nur durch den Appell an die Vernunft . . . und durchdrungen von dem kategorischen Imperativ unseres großen Immanuel Kant« die gegenwärtige Not überwinden. In Kants »ewigem Frieden« sieht der Ministerpräsident ein Ideal für das Zusammenleben der Völker in Europa.

Bildnis des Philosophen Kant aus dem Jahre 1768 von Becker

Grabstätte Immanuel Kants am Königsberger Dom; anläßlich des 200. Geburtstags des berühmten Sohns der Stadt wurde sie aufwendig restauriert

»Der Diener zweier Herren« von Carlo Goldoni; Szenenentwurf für die Wiener Reinhardt-Inszenierung von Oskar Kaske

Reinhardt eröffnet Josefstadt-Theater

1. April. Mit der Inszenierung von Carlo Goldonis »Der Diener zweier Herren« eröffnet Max Reinhardt das von ihm übernommene Theater in der Josefstadt in Wien. Star-Regisseur Reinhardt wird Direktor eines Hauses, von dessen komödiantischer Schauspieltradition er selbst mit geprägt wurde.
Im Oktober 1922 schrieb Reinhardt über dieses Projekt an den US-Bankier und Kunstmäzen Otto H. Kahn: »Nun fügt es ein angenehmer Zufall, daß der Besitzer der Josefstadt, des ältesten und nebenbei erwähnt, interessantesten Theaters in Wien, Herr Leopold von Singer, in den nächsten Tagen . . . nach New York reist. Ich habe von Herrn v. Singer das Josefstädter-Theater, in dem noch Mozart und Beethoven selbst gespielt haben, für mehrere Jahre gepachtet, um dort mit den besten deutschen Schauspielern eine ganz intime Kammerspielkunst zu pflegen.«
Für die Wiener Gesellschaft ist die Wiedereröffnung der zuletzt etwas heruntergekommenen Bühne in der Josefstadt ein großes Ereignis. Reinhardt betont in Regie und Auswahl des Stücks den Vorrang der Schauspieler und rückt so vom Regisseurtheater ab.

△ Sybille Binder und Dagny Servaes in Goldonis Lustspiel »Der Diener zweier Herren«, mit dem Max Reinhardt das Theater in der Josefstadt wiedereröffnet; weitere Darsteller: Hugo und Helene Thimig, Gustav Waldau, Paul Hartmann

◁ Der österreichische Schauspieler und Regisseur Max Reinhardt setzt mit seinen Inszenierungen neue Maßstäbe im Bühnenschaffen; mit dem Wiener Theater in der Josefstadt, das nach seinen Plänen umgebaut wurde, will Reinhardt die Wiener Schauspieltradition fortsetzen

Sensationserfolg für die »Anarchie«

6. April. Am Deutschen Theater Berlin wird von der Jungen Bühne Arnolt Bronnens Stück »Anarchie in Sillian« uraufgeführt. Wie schon »Vatermord« (Premiere 1922) ist auch diese Bronnen-Uraufführung ein Sensationserfolg. Viele Kritiker sehen nicht so sehr in Bertolt Brecht, sondern in Bronnen den kommenden Bühnenautor.
Mit »Anarchie in Sillian« bleibt Arnolt Bronnen dem »schwarzen« Expressionismus verpflichtet. Ort der Dramenhandlung ist das Kraftwerk Sillian. Als in der nahen Stadt ein Streik ausbricht, beginnt der brutale Kampf zwischen Chefingenieur Carrel, der das Kraftwerk in Gang halten will, und dem zu Sabotage neigenden Techniker Grand. Kritiker Herbert Ihering sieht die Aufführung »unter dem Bann der phänomenalen Leistung von Walter Franck als Grand . . .«. Bronnen begeistert ein »junges« Publikum, das sich mit seiner Frontstellung gegen das etablierte Theater identifiziert. Franz Servaes schreibt in seiner Rezension des Stückes im »Berliner Lokal-Anzeiger«: »Ein grausiges Abbild heutiger Tage. Von Dichterhand – nein, von Dichterfaust! – in erschütterndes Einzelschicksal zusammengedrängt . . . Wie betäubt, wie gerädert, in Schweiß gebadet, saßen wir da, nach beendetem Spiel. Erst nach einer Erschöpfungspause tosender Beifall.«

Arnolt Bronnen, Vertreter des »schwarzen« Expressionismus

Mai 1924

Mo	Di	Mi	Do	Fr	Sa	So
			1	2	3	4
5	6	7	8	9	10	11
12	13	14	15	16	17	18
19	20	21	22	23	24	25
26	27	28	29	30	31	

1. Mai, Donnerstag

In Albanien wachsen die Spannungen zwischen der moslemisch-konservativen Regierung und der Opposition, die der griechisch-orthodoxe Metropolit Fan S. Noli anführt. Es kommt zu Massendemonstrationen gegen Achmed Zogu, den Führer der moslemischen Kräfte, die sich Ende Mai zu einem Aufstand ausweiten (→ 24. 12./S. 197).

In Spanien, wo seit September 1923 eine Militärdiktatur unter Miguel Primo de Rivera y Orbaneja herrscht, wird eine Regierungspartei (Union patriotica) geschaffen. Den anderen Parteien wird jegliche Agitation untersagt.

Bei Kanton in China wird die mit sowjetischer Hilfe aufgebaute Whampoa-Militärakademie eröffnet. Erster Rektor ist Chiang Kai-shek. In der Akademie will die von Sun Yat-sen geführte Kuomintang (Nationale Volkspartei) Kader für ihre Revolutionsarmee ausbilden.

Der Deutsche Industrie- und Handelstag und der Industrieraadet in Kopenhagen schließen ein Abkommen, wonach Streitigkeiten im deutsch-dänischen Handelsverkehr durch eine sog. Handelseinigungsstelle geschlichtet werden sollen.

Im Mamorhaus Berlin wird der Film »Za la mort – Erlebnisse einer schönen Frau« uraufgeführt. Emilio Ghione ist Regisseur, Autor und Hauptdarsteller. Fern Andra spielt die raffinierte Frau.

Erstmals erscheint das »Gewerkschafts-Archiv«. Karl Zwing gibt diese Monatsschrift für Theorie und Praxis der Gewerkschaftsbewegung heraus.

2. Mai, Freitag

Im Ruhrbergbau verschärft sich der Tarifkonflikt. 400 000 Bergleute werden ausgesperrt. Die Gewerkschaften kämpfen in erster Linie gegen die Verlängerung der Arbeitszeit. Am 1. Mai war das letzte kurzfristige Überschichtsabkommen zur achten Arbeitsstunde abgelaufen. Nun wollen die Arbeitnehmer wieder zu der seit 1919 geltenden Siebenstunden-Schicht für Arbeit unter Tage zurückkehren. → S. 83

Während der vergangenen Nacht ist in Berlin ein Arbeiter von fünf Nationalsozialisten erschossen worden. Er hatte sie zur Rede gestellt, als sie illegal Wahlkampfzettel klebten.

In Hamburg nimmt die Nordische Rundfunk AG (Norag) den Sendebetrieb auf. Wenig später beginnen auch die Süddeutsche Rundfunk AG (Sürag) in Stuttgart und die Schlesische Funkstunde AG in Breslau zu senden. Vor den Reichstagswahlen am → 4. Mai (S. 78) gibt es erstmals Wahlsendungen im Radio.

Kasimir S. Malewitsch, sowjetischer Maler und Kunsttheoretiker, veröffentlicht ein »Suprematistisches Manifest«. Darin propagiert er die gegenstandslose Kunst. Er definiert als Suprematismus einen Stil, der nur mit elementaren geometrischen Grundformen arbeitet.

3. Mai, Sonnabend

Schwere deutsch-sowjetische Spannungen sind die Folge einer polizeilichen Durchsuchung der sowjetischen Handelsvertretung in Berlin. Von deutscher Seite wird die Polizeiaktion mit der Fluchthilfe für einen deutschen Untersuchungshäftling durch Angehörige der Vertretung gerechtfertigt. → S. 82

Im Tarifkonflikt im Ruhrbergbau kommt es zu einem Schiedsspruch, der eine 15 %ige Lohnerhöhung und die Verlängerung der seit Ende 1923 geltenden Mehrarbeit, der sog. achten Stunde, für die Arbeit unter Tage vorsieht. Die Bergarbeiterverbände sind gegen die Mehrarbeit und lehnen diesen Schiedsspruch am 16. Mai ab (→ 2. 5. / S. 83).

4. Mai, Sonntag

Bei den Reichstagswahlen müssen die Parteien der Mitte und die SPD schwere Verluste hinnehmen, während die extremen Flügelparteien starke Gewinne verbuchen können. Am 26. Mai tritt die Reichsregierung, eine Minderheitsregierung der bürgerliche Mitte, unter Wilhelm Marx (Zentrum) zurück. → S. 78

Nach den Landtagswahlen in der Pfalz, dem linksrheinischen Gebiet Bayerns, das wegen der französischen Besetzung von den eigentlichen Landtagswahlen am → 6. April (S. 65) abgetrennt worden ist, bleibt die Bayerische Volkspartei (BVP) stärkste Fraktion und Regierungspartei (→ 1. 7. / S. 114).

Mit einer knappen Mehrheit der Mandate (42) gehen die Deutsche Volkspartei (DVP), Zentrum, Deutsche Demokratische Partei (DDP) und Sozialdemokratische Partei aus den Landtagswahlen in Württemberg hervor.

In Paris beginnen die Vorspiele der VIII. Olympischen Sommerspiele mit dem Rugby-Turnier. Die Hauptspiele werden erst am → 5. Juli (S. 110) eröffnet. Auch das Olympische Fußball-Turnier beginnt schon am 25. Mai (→ 9. 6. / S. 104). Die Olympischen Spiele dauern bis zum 27. Juli.

5. Mai, Montag

Nach den Landtagswahlen in Bayern am → 6. April (S. 65) tritt die Regierung Eugen Ritter von Knilling zurück. Bis zur Bildung einer neuen Landesregierung bleibt sie jedoch geschäftsführend im Amt (→ 1. 7. / S. 114).

6. Mai, Dienstag

Ein Mißtrauensvotum der Deutschvölkischen Freiheitspartei gegen die Regierung von Joachim von Brandenstein (DVP) wird in Mecklenburg-Schwerin angenommen. Anlaß war die Zustimmung des Ministerpräsidenten zum Dawesplan.

7. Mai, Mittwoch

Ein derzeit in der Öffentlichkeit heftig diskutiertes Thema ist die »Autoraserei«. Wegen der steigenden Zahl der Verkehrsunfälle durch ein höheres PKW-Aufkommen mehren sich die Stimmen, die gesetzgeberische Maßnahmen fordern. → S. 86

8. Mai, Donnerstag

Im Memelabkommen werden die aus dem Versailler Vertrag von 1919 stammenden Rechte der Alliierten auf Litauen übertragen. Ferner wird dem überwiegend von Deutschen bewohnten Memelgebiet, das im Januar 1923 von Litauen besetzt worden war, im Memelstatut am 17. Mai eine weitreichende innenpolitische Autonomie gewährt.

9. Mai, Freitag

Von der Sozialdemokratischen Partei Deutschlands (SPD) werden Bestrebungen der Deutsch-Hannoveraner (Welfenpartei) für eine Loslösung Hannovers von Preußen abgelehnt (→ 18. 5. / S. 82).

Nach Meldungen der Nachrichtenagentur Havas hat in Marokko eine neue spanische Offensive gegen die aufständischen Rifkabylen begonnen. Seit Jahren führen die Spanier erfolglos Krieg gegen den Berberstamm (→ 16. 10. / S. 168).

An der Wiener Staatsoper wird das heitere Wiener Ballett »Schlagobers« von Richard Strauss uraufgeführt. → S. 87

10. Mai, Sonnabend

Einstimmig beschließt der SPD-Vorstand, einen Volksentscheid über den Dawesplan herbeizuführen. Die Sozialdemokraten befürworten dieses Sachverständigengutachten über die Neuregelung der Reparationszahlungen, das am → 9. April (S. 64) vorgelegt wurde.

Unter dem Titel »Kriemhilds Rache« wird in Berlin der zweite Teil von Fritz Langs »Die Nibelungen« uraufgeführt; »Siegfried« (1.Teil) läuft bereits seit dem 14. Februar. Hauptdarsteller Paul Richter (Siegfried) wird mit diesem Film zum Star, Margarethe Schön spielt Kriemhild, Hanna Ralph Brunhild und Hans Adalbert Schlettow verkörpert Hagen von Tronje. → S. 87

11. Mai, Sonntag

Beim »Deutschen Tag« in Halle, den rechtsgerichtete Verbände wie Stahlhelm, Wehrwolf u. a. anläßlich der Wiedereinweihung eines von Kommunisten 1923 zerstörten Moltkedenkmals veranstalten, kommt es zu blutigen Auseinandersetzungen zwischen kommunistischen Gegendemonstranten und der Polizei (→ 18. 7./S. 115).

Aus den Parlamentswahlen in Frankreich geht das Linkskartell unter Édouard Marie Herriot, Paul Painlevé und Léon Blum mit 366 Abgeordneten als Sieger hervor.

In Köln wird im Beisein von Reichspräsident Friedrich Ebert die erste Wirtschaftsmesse eröffnet. → S. 83

In Österreich wird erstmals der Muttertag gefeiert. Bundespräsident Michael Hainisch ehrt mit der Einführung dieser Feier seine 85jährige Mutter Marianne, die sich für den Muttertag eingesetzt hatte. Schon seit 1914 feiern die US-Amerikaner offiziell dieses Geschenkfest zu Ehren der Mütter. → S. 83

Segelflieger Ferdinand Schulz stellt in Rossitten (Ostpreußen) mit acht Stunden, 42 Minuten und neun Sekunden einen Weltrekord im motorlosen Dauerflug auf. → S. 86

12. Mai, Montag

Die Münchner Staatsanwaltschaft stellt die gerichtlichen Ermittlungen gegen Gustav Ritter von Kahr (Ex-Generalstaatskommissar in Bayern), General Otto von Lossow (Ex-Reichswehrchef in Bayern) und Hans Ritter von Seisser (Landespolizeichef) wegen Beteiligung am Hitlerputsch vom November 1923 ein (→ 1. 4. / S. 62).

Durch Verordnung löst Reichspräsident Friedrich Ebert das derzeit unbesetzte Reichsministerium für Wiederaufbau auf. Die Aufgaben des Ministeriums werden vom Finanzministerium übernommen.

13. Mai, Dienstag

Aufgrund des Artikels 55 der Reichsverfassung beschließt die Reichsregierung zur Gewährleistung einer einheitlichen Politik im Reich und in den Ländern eine Geschäftsordnung für die Reichsbehörden. Sie bestimmt u. a., daß der Reichskanzler die Richtlinien für die Reichspolitik gibt.

14. Mai, Mittwoch

Deutsche Industriekreise beurteilen den Dawesplan unterschiedlich. Rechtsgerichtete Gegner des Reparationsplans rufen zur Gründung einer Deutschen Industriellen Vereinigung auf, die sich gegen den gemäßigten Standpunkt des Reichsverbands der Deutschen Industrie richtet (→ 19. 5. / S. 83).

15. Mai, Donnerstag

Die Deutschnationale Volkspartei, die nach den Reichstagswahlen vom 4. Mai zusammen mit dem Landbund die stärkste Fraktion im Reichstag bildet, fordert den Rücktritt des bürgerlichen Minderheitskabinetts unter Wilhelm Marx (→ 4. 5. / S. 78; 3. 6. / S. 94).

Gegen das Verbot der geplanten Schlageter-Feier im Berliner Stadion protestieren die Vereinigten Vaterländischen Verbände. Albert Leo Schlageter war wegen Sabotage im besetzten Ruhrgebiet von einem französischen Kriegsgericht zum Tode verurteilt und am 26. Mai 1923 hingerichtet worden. Seither wird er in Rechtskreisen als nationaler Märtyrer und Held verehrt.

Im New Yorker Provincetown Playhause wird das Stück »Alle Kinder Gottes haben Flügel« des US-Dramatikers Eugene O'Neill uraufgeführt. Auch auf deutschen Bühnen sind neuerdings häufiger Stücke O'Neills zu sehen.

In Berlin werden die ersten Ergebnisse der Reichstagswahl per Rundfunk übermittelt; Titelseite der »Münchener Illustrierten Presse«

Erscheint wöchentlich einmal
Preis: 20 Gold-Pfg.

Münchener
Illustrierte Presse

Erster Jahrgang
Nummer 24
12. Mai 1924

Aus der Wahlschlacht

Ein Funktelephonie-Lautsprecher verkündet der Menge auf dem Potsdamerplatz in Berlin die ersten Ergebnisse.

Phot. Graudenz.

16. Mai, Freitag

In Schmitten im Taunus kommt es zu einem Zwischenfall an der Grenze zum besetzten Gebiet. Zwei französische Besatzungssoldaten werden im unbesetzten Gebiet von einem Förster beim Wildern erwischt. Bei der folgenden tätlichen Auseinandersetzung wird einer der Franzosen schwer verletzt. Konflikte dieser Art schüren die Spannungen zwischen Deutschen und Franzosen in den besetzten Gebieten.

Die systematische Erforschung und Ausbeutung der Erdölgebiete in Oberitalien und Sizilien ist Gegenstand eines Vertrags zwischen der italienischen Regierung und der US-Erdölgesellschaft Sinclair.

Nach einem weiteren Rückgang der Arbeitslosenzahl im Monat April um 4550 sind in der Schweiz laut offizieller Statistik derzeit nur noch 23 159 Arbeitssuchende ohne Beschäftigung.

17. Mai, Sonnabend

Der Staatsgerichtshof in Stuttgart verurteilt zwei Separatisten aus der Pfalz wegen Hochverrats zu fünf Jahren Zuchthaus bzw. einem Jahr und drei Monaten Festungshaft (→ 12. 2. / S. 34).

In Weimar wird der fünfte Reichsjugendtag der Sozialistischen Arbeiterjugendvereine eröffnet.

Infolge einer falschen Weichenstellung rast der Orientexpreß Konstantinopel – Paris in einen haltenden Güterzug. Das schwere Eisenbahnunglück ereignet sich im Bahnhof von Prestranck-Mattegna (Norditalien). → S. 86

Die US-amerikanischen Weltumflieger treffen, von Attu (Aleuten) kommend, nach einem Flug von 900 Meilen (rd. 1448 km) über den Pazifischen Ozean auf den Kurilen ein. Sie sind am → 6. April (S. 69) in Seattle (USA) zu ihrem Weltrundflug gestartet.

18. Mai, Sonntag

Bei der Vorabstimmung in Hannover über die Lostrennung der Provinz von Preußen erleiden die Deutsch-Hannoveraner eine Niederlage. → S. 82

In Mailand treffen der italienische Ministerpräsident und Duce, Benito Mussolini, und Belgiens Ministerpräsident Georges Theunis in Begleitung seines Außenministers Paul Hymans zusammen. Sie beraten über die Situation ihrer Länder nach dem Dawesplan (→ 9. 4. / S. 64).

19. Mai, Montag

Da sich die Düsseldorfer Stadtverwaltung weigert, den von der französischen Besatzung geforderten Neubau einer Artilleriekaserne in Angriff zu nehmen, beginnen die französischen Behörden mit Beschlagnahmungen u. a. des Rheinmetallwerks 9, des Werks Rheinstahl und von Schupo-Wohnungen.

Die USA gewähren dem Deutschen Reich eine Anleihe in Höhe von 100 Millionen US-Dollar.

In Washington wird ein US-amerikanisch- deutscher Alkoholvertrag unterzeichnet. Er sieht Maßnahmen zur Unterdrückung des Alkoholschmuggels in die USA vor, wo die Prohibition gilt (→ 13. 3. / S. 49).

Zwischen der Türkei und Großbritannien beginnen in Konstantinopel (Istanbul) Verhandlungen über die Mossul-Frage. Wegen der reichen Erdölvorkommen in dem seit 1920 unter britischem Mandat stehenden Gebiet (im nördlichen Irak) widersetzt sich Großbritannien dem türkischen Anspruch auf Mossul. Am 5. Juni geht die Konferenz ergebnislos auseinander.

In Berlin wird die Deutsche Industriellen- Vereinigung gegründet. → S. 83

20. Mai, Dienstag

Erst nach stundenlangen Verhandlungen einigen sich die im neuen Reichstag vertretenen Parteien auf eine Sitzordnung im Plenarsaal. Der rechtsextremen Fraktion (Nationalsozialisten und Völkische) gelingt es nicht, die Deutschnationalen von ihren angestammten Plätzen auf der äußersten Rechten zu verdrängen (→ 4. 5./S. 78).

21. Mai, Mittwoch

Eine Parteiführerbesprechung der Deutschnationalen Volkspartei (DNVP) und der bisherigen Regierungsparteien (Zentrum, DDP, DVP) über eine mögliche Koalition wird ohne Einigung abgebrochen. Am folgenden Tag sollen die Beratungen fortgesetzt werden. Das Minderheitskabinett Wilhelm Marx ist nach Verlusten bei der Reichstagswahl bestrebt, seine Regierungsbasis zu verbreitern (→ 4. 5. / S. 78).

In dritter Lesung nimmt der österreichische Nationalrat den Haushalt 1924 an, der ein Defizit von 1 166 104,9 Kronen aufweist. Die Sparpolitik wird fortgesetzt.

22. Mai, Donnerstag

Preußens Innenminister Carl Severing protestiert gegen die Unterstützung des bayerischen Innenministers Franz Schweyer für die Abtrennungsbewegung in Hannover. Für die Vorabstimmung über die Abtrennung Hannovers von Preußen (→ 18.5. / S. 82) hatte Schweyer den Deutsch-Hannoveranern »viel Glück« gewünscht.

Nach Agenturmeldungen ist die jüngste Offensive der spanischen Armee gegen die seit Jahren um die Unabhängigkeit kämpfenden Rifkabylen in Marokko erfolgreich verlaufen. Eine Gegenoffensive des Berberstamms wird jedoch in Kürze erwartet (→ 16. 10. / S. 168).

Großbritannien und Österreich unterzeichnen einen Handelsvertrag auf der Grundlage der Meistbegünstigung.

23. Mai, Freitag

Tarifverhandlungen der Spitzenverbände der deutschen Beamten mit Vertretern des Reichsfinanzministeriums enden in Berlin mit der Einigung auf eine weitere Erhöhung der Beamtenbezüge. Eine bereits erfolgte Aufbesserung mit Wirkung vom 1. April war von den Beamtenverbänden als zu niedrig bekämpft worden. → S. 82

24. Mai, Sonnabend

Das neugewählte italienische Parlament wird von König Viktor Emanuel III. mit einer Thronrede eröffnet, die von Ministerpräsident und Duce Benito Mussolini verfaßt wurde.

In Berlin beginnt der Prozeß gegen zwei Rechtsradikale, die ein Attentat auf den Chef der Heeresleitung, Hans von Seeckt, vorbereitet hatten. → S. 82

25. Mai, Sonntag

In München werden 62 Kommunisten verhaftet, die sich zu einem geheimen Parteitag getroffen hatten. In Bayern ist die KPD verboten.

Reichsbankpräsident Hjalmar Schacht hält das Hauptreferat während der Hamburger Tagung des Hansabunds. Schacht begründet ausführlich seine positive Haltung zum Dawesplan.

26. Mai, Montag

Da die nach den Reichstagswahlen vom → 4. Mai (S. 78) geführten Verhandlungen mit den Deutschnationalen erfolglos bleiben, tritt die Reichsregierung unter Wilhelm Marx zurück (→ 3. 6. / S. 94).

Vorrangig gegen die Einwanderung aus Südosteuropa und Asien richten sich die Beschränkungen des neuen US-Einwanderungsgesetzes. Eine schwere Verstimmung in Tokio wird durch das Immigrationsverbot für Japaner hervorgerufen. US- Präsident Calvin Coolidge drückt in einer Erklärung sein Bedauern darüber aus. Wegen der Dringlichkeit des Gesetzes habe er jedoch nicht sein Veto einlegen wollen. → S. 84

Täglich nehmen derzeit eine Million deutsche Kinder an Speisungen teil, die aus Spenden der US-amerikanischen Hilfsorganisation »Comitee for relief of German children« finanziert werden.

27. Mai, Dienstag

Während der ersten Sitzung des Reichstags kommt es zu Tumulten, die von kommunistischen Abgeordneten provoziert werden. Die KPD fordert vom Reichstag lautstark die sofortige Entlassung von inhaftierten kommunistischen Reichstagsabgeordneten.

Im Tarifkonklikt des Ruhrbergbaus kommt es zu einem zweiten Schiedsspruch, der nach der Ablehnung durch die Arbeitnehmer am 29. Mai von Reichsarbeitsminister Heinrich Brauns (Zentrum) für verbindlich erklärt wird. Damit ist das wochenlange Tauziehen um neue Lohn- und Arbeitszeitregelungen beendet (→ 2. 5. / S. 83).

In Weiterentwicklung der Ansätze des Proletarischen Theaters inszeniert Erwin Piscator an der Volksbühne Berlin Alfons Paquets »Fahnen« (Uraufführung). → S. 87

Harold Osborn (USA) stellt in Urbana mit 2,03 m einen Weltrekord im Hochsprung auf.

28. Mai, Mittwoch

Zum neuen Reichstagspräsidenten wird der Deutschnationale Max Wallraf gewählt. Er gewinnt gegen den bisherigen Präsidenten Paul Löbe (SPD).

In ihrer Note an die Reichsregierung hält die Botschafterkonferenz der Alliierten in Paris an der Wiederaufnahme der alliierten Militärkontrolle fest. Zur Überprüfung der Abrüstungssituation im Deutschen Reich gemäß den Entwaffnungsbestimmungen des Versailler Vertrags (1919) strebt die Konferenz die Durchführung einer Generalinspektion an (→ 30. 6. / S. 95; 8. 9. / S. 150).

Bei Bukarest kommt es in einer staatlichen Munitionsfabrik zu einer Explosionskatastrophe. Die königliche Familie, die sich zufällig in einem nahegelegenen Palast aufhält, reist fluchtartig ab.

29. Mai, Christi Himmelfahrt

Im Petersdom in Rom wird die päpstliche Bulle über die Verkündigung des Jubeljahres 1925 verlesen. Für das Weihnachten 1924 beginnende Jubeljahr wird die gesamte katholische Christenheit nach Rom eingeladen (→ 24. 12. / S. 199).

30. Mai, Freitag

Als Sozialistenführer Giacomo Matteotti im italienischen Parlament den Wahlterror der Faschisten anprangert, kommt es zu einem Handgemenge (→ 6. 4. / S. 66; 10. 6. / S. 97).

In Warschau wird ein polnisch-niederländischer Handelsvertrag unterzeichnet.

31. Mai, Sonnabend

In Moskau geht der XIII. Parteitag der Kommunistischen Partei Rußlands (später KPdSU) zu Ende, der am 23. Mai begonnen hatte. Parteichef Josef W. Stalin setzt im Verlauf der Beratungen wichtige Entscheidungen gegen die Opposition um Leo D. Trotzki durch. Lenins »Brief an den Parteitag«, in dem der verstorbene Revolutionsführer zur Absetzung Stalins rät, wird verlesen. → S. 85

Nach den finnischen Reichstagswahlen am 1. April bildet Lauri Ingman die neue Regierung. Es handelt sich um eine Koalition der bürgerlichen Parteien.

Nach einer chinesisch-sowjetischen Einigung über die sog. Ost-China-Bahn (Tschangtschun-Eisenbahn), erkennt China die Sowjetunion an. → S. 84

Das Wetter im Monat Mai

Station	Mittlere Lufttemperatur (°C)	Niederschlag (mm)	Sonnenscheindauer (Std.)
Aachen	14,6 (12,8)	89 (67)	– (205)
Berlin	14,6 (13,7)	64 (46)	– (239)
Bremen	14,5 (12,8)	60 (56)	– (231)
München	12,4 (12,5)	132 (103)	– (217)
Wien	– (14,6)	– (71)	– (–)
Zürich	14,0 (12,5)	122 (107)	181 (207)

( ) Langjähriger Mittelwert für diesen Monat
– Wert nicht ermittelt

Die mondäne Linie präsentiert die französische Modezeitschrift »Les Idées Nouvelles De La Mode«

Verheerende Niederlage für Reichsregierung und SPD

4. Mai. Eine Niederlage für die Reichsregierung unter Wilhelm Marx (Zentrum) bedeutet das Ergebnis der Wahl zum Zweiten Reichstag der Republik. Noch empfindlicher sind die Verluste der Sozialdemokraten. Mit der Schwächung der Mitteparteien wächst der Stimmenanteil der Republikgegner von rechts und links.

Auf der äußersten Rechten gewinnen die Nationalsozialisten, die zusammen mit den Völkischen als Nationalsozialistische Freiheitspartei (NSFP) kandidieren, 32 Sitze; zuletzt hatten sie 3. Fraktionsvorsitzender wird General a. D. Erich Ludendorff. Die stärkste Fraktion bildet die rechtskonservative Deutschnationale Volkspartei (DNVP). Unter Einschluß der zehn Sitze des Landbunds verfügt sie über 105 statt bislang 66 Mandate.

Für das Lavieren zwischen Verantwortung und Opposition erhalten die Sozialdemokraten eine deutliche Abfuhr der Wähler. Von zuletzt 172 Sitzen im Reichstag bleiben nur 100 übrig. Da die Anhänger der USPD, die bei der letzten Wahl 81 Sitze errang, nach links wandern, wächst die Mandatszahl der KPD sprunghaft auf 62 an; die KPD stellte bisher 2 Abgeordnete.

Bei den Regierungsparteien der bürgerlichen Mitte kann sich die Zentrumspartei mit 65 Mandaten behaupten (bisher 68). Dagegen schrumpft die rechtsliberale Deutsche Volkspartei (DVP) auf 45 Mandate (bisher 66) und die linksliberale Deutsche Demokratische Partei (DDP) auf 28 Sitze (bisher 45).

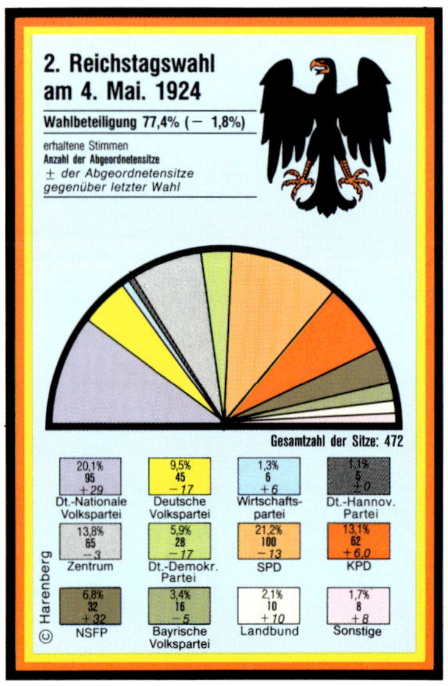

Kommunistische Demonstration am Wahltag; in Anspielung auf die Verluste der Sozialdemokraten tragen die Demonstranten die SPD zu Grabe

Nachdem die Wähler der Reichsregierung und ihrem umstrittenen politischen Kurs, u. a. die Befürwortung des Dawesplans vom → 9. 4. (S. 64), eine deutliche Absage erteilt haben, müssen neue Koalitionsverhandlungen aufgenommen werden. Die bisherige Regierung (Zentrum, DDP, DVP) verfügt im neuen Reichstag nur noch über knapp 30% der Mandate. Verhandlungen mit der DNVP scheitern an der Opposition der Deutschnationalen gegen den Dawesplan, den sie als »zweites Versailles« betrachten. Am 26. Mai tritt Marx mit dem Reichskabinett zurück, bildet es jedoch schon am → 3. Juni (S. 94) in gleicher Besetzung neu. Da Marx ohne Mehrheit im Reichstag nur bedingt regierungsfähig ist, sind Neuwahlen bereits vorprogrammiert (→ 7. 12./S. 194).

Stimmen zur Reichstagswahl

Im Mittelpunkt der Pressekommentare zur Reichstagswahl am → 4. Mai (S. 78) stehen Regierungsneubildung und Dawesplan (→ 9. 4./S. 64).

Während die liberale »Vossische Zeitung« (Berlin) darauf hinweist, daß »der neue Reichstag eine Mehrheit der Großen Koalition aufweisen« werde, fordern die Blätter der Rechten eine »national-bürgerliche Blockbildung« unter Führung der DNVP. In der deutschnationalen »Kreuzzeitung« wird die Bedeutung der DNVP für die Abstimmung über den Dawesplan betont. Selbst eine Große Koalition hätte ohne sie nicht die notwendige Zweidrittelmehrheit.

Die Auslandspresse vertritt durchweg die Ansicht, die DNVP werde wohl nicht die Verantwortung für das Scheitern des Dawesplans übernehmen. Das würde nämlich das Ende aller Hoffnungen bedeuten, daß Deutschland dem Ruin entgehe, schreibt die Londoner Tageszeitung »Times«.

Die »Fliegenden Blätter« karikieren die in der Bevölkerung weitverbreitete Ablehnung der Parteien

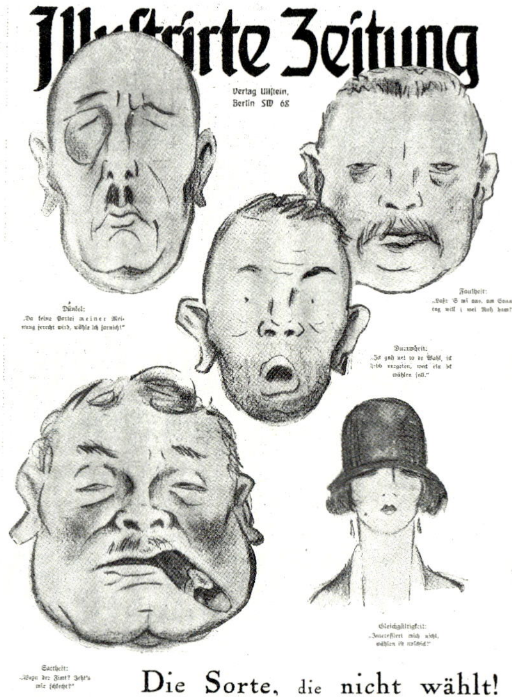

Gegen unpolitisches Fernbleiben von der Reichstagswahl richtet sich die »Berliner Illustrirte Zeitung«

Völkische Wahlpropaganda vor dem Brandenburger Tor in Berlin; noch am Wahltag versuchen die Parteien, die Wähler für sich zu gewinnen

Heiße Wahlkampfphase im Deutschen Reich: Lkw mit Wahlkämpfern dekken die Großstädte mit einer Papierflut von Propagandazetteln ein

Gustav Stresemann (4. v. l.), Reichsaußenminister und Vorsitzender der Deutschen Volkspartei (DVP), verläßt nach Abgabe seiner Stimme das Wahllokal

Spreewälderinnen in traditioneller Tracht auf der Fahrt zum Wahllokal

Reichskanzler Wilhelm Marx (M.) in einer Warteschlange von Wählern

Reichspräsident Friedrich Ebert (SPD) hat im Rathaus von Mergentheim gewählt, wo er sich zur Kur aufhält

Ex-Kronprinzessin Cecilie beim Verlassen des Wahllokals in Oels; im November 1923 kehrte der frühere deutsche Kronprinz Wilhelm mit seiner Familie aus dem Exil ins Deutsche Reich zurück

Abgeordnete des Zweiten Reichstags der Weimarer Republik:

Hergt
(Deutsch-Nat.)

Graf Westarp
(Deutsch-Nat.)
Phot. Binder.

Tirpitz
(Deutsch-Nat.)
Phot. Kester & Co.

Laverrenz
(Deutsch-Nat.)
Phot. Transocean.

Reichskanzler Dr. Marx
(Zentr.)
Phot. Transocean.

Dr. Bell
(Zentr.)
Phot. Transocean.

Dr. Peter Spahn
(Zentr.)
Phot. Transocean.

Dr. Pfeiffer
(Zentr.)
Phot. Noack.

Graf Lerchenfeld
(Bayr. Volksp.)
Phot. Kester & Co.

Prof. Wilh. Kahl
(Deutsche Volksp.)
Phot. Transocean.

Dr. Scholz
(Deutsche Volksp.)
Phot. Transocean.

Dr. Sorge
(Deutsche Volksp.)
Phot. N. Perscheid.

Dr. Düringer
(Deutsche Volksp.)
Phot. Suck.

Gouverneur a. D.
Dr. Schnee
(Deutsche Volksp.)
Phot. Transocean.

Erich Koch
(Dem.)
Phot. Gircke.

Reichswehrminister
Dr. Geßler
(Dem.)
Phot. Transocean.

Dr. Dernburg
(Dem.)
Phot. Transocean.

Karl Frdr. v. Siemens
(Dem.)
Phot. Transocean.

Erkelenz
(Dem.)
Phot. Transocean.

Dr. Gertrud Bäumer
(Dem.)
Phot. Gircke.

Dr. Marie Lüders
(Dem.)
Phot. Transocean.

Reichskanzler a. D.
Hermann Müller
(Soz.)
Phot. Transocean.

Crispien
(Soz.)
Phot. Gircke.

Unter dem Titel »Köpfe aus dem neuen Reichstag« bildet die »Berliner Illustrirte« einen Teil der neugewählten Parlamentsangehörigen ab

Prominente Vertreter aus allen politischen Lagern

Minister a. D. Wallraf
(Deutsch-Nat.)
Phot. Liesendahl.

Schlange-Schöningen
(Deutsch-Nat.)
Photothek.

von Dryander
(Deutsch-Nat.)
Photothek.

Fürst Otto von Bismarck
(Deutsch-Nat.)
Photothek.

Pfarrer Ulitzka
(Ztr.)

Florian Klöckner
(Ztr.)
Transocean.

Dr. Crone-Münzebrock
(Ztr.)
Photothek.

Clara Mende
(Vp.)
Photothek.

Hepp, Führer des Reichslandbundes
(Vp.)
Photothek.

von Kardorff
(Vp.)
Phot. Ernst Sandau.

von Rheinbaben
(Vp.)
Photothek.

Prof. Dr. Bergsträßer
(Dem.)
Photothek.

Graf v. Bernstorff
früh. Botschafter in Amerika
(Dem.)
Transocean.

Prof. Gerland, Jena
(Dem.)
Phot. Gircke.

Pfarrer Korell
(Dem.)
Transocean.

Aufhäuser
(Soz.)
Photothek.

Reichsminister a. D. Sollmann
(Soz.)
Photothek.

Hugo Heimann
(Soz.)
Photothek.

Peter Graßmann
Vorsitz. d. Deutsch. Allgem. Gewerkschaftsbundes
(Soz.)

Dr. Frick
(Völk.)
Phot. Kester.

Stark vertreten sind im neuen Reichstag die Vertreter der Rechtsparteien, die »Deutschnationalen« und die »Völkischen« um General Ludendorff

Polizeiaufmarsch vor der sowjetischen Handelsvertretung

Proteste vor der deutschen Botschaft in Moskau

Großeinsatz der politischen Polizei gegen sowjetische Handelsvertretung in der Reichshauptstadt

3. Mai. *Die polizeiliche Durchsuchung der sowjetischen Handelsvertretung in Berlin sorgt für erhebliche Verstimmung in Moskau. Nur mühsam kann der Konflikt bis Ende Juli beigelegt werden.*

Anlaß für das Vorgehen der Berliner Polizei, bei dem fünf Angestellte der Vertretung festgenommen werden, ist eine Fluchthilfeaktion. Angestellte der Handelsvertretung haben dem kommunistischen Untersuchungsgefangenen Bozenhardt, dem landesverräterische Aktivitäten vorgeworfen wurden, während eines Transports zur Flucht verholfen.

Energisch protestieren die Sowjets gegen die »unerhörte Verletzung der Exterritorialität sowie aller völkerrechtlichen und diplomatischen Gebräuche«. Als Abteilung der diplomatischen Vertretung ihres Landes genieße die Handelsvertretung das Recht der Unantastbarkeit.

Niederlage für die Welfen

18. Mai. Bei der Vorabstimmung über die Loslösung Hannovers von Preußen bekommen die Deutsch-Hannoveraner trotz intensiver Agitation nicht das erforderliche Drittel der Stimmen. Hannover bleibt also preußische Provinz.

Welfenpartei will weg von Berlin

Gegen die preußische Annexion des Königreichs Hannover im Deutschen Krieg 1866 richtet sich die Deutsch-Hannoversche Partei, die 1869 gegründet wurde. Zunächst strebt sie die Restauration der welfischen Dynastie an, weshalb sie auch Welfenpartei genannt wird. Seit 1918 kämpfen die Deutsch-Hannoveraner für ein selbständiges Hannover (»Freistaat Hannover«) bzw. Niedersachsen. Höhepunkt dieser Bestrebungen ist die nun gescheiterte Vorabstimmung.

Insgesamt gibt es 449 562 Jastimmen gegenüber 95 826 Neinstimmen. Zur Herbeiführung einer Volksabstimmung – und darum geht es zunächst bei dieser Vorabstimmung – wären jedoch 588 091 Jastimmen notwendig gewesen.

Überraschend gut schneiden die Deutsch-Hannoveraner im Regierungsbezirk Hannover ab, wo sie 138 593 Stimmen erhalten. Nur 91 024 hatten sie dort bei den Reichstagswahlen am → 4. Mai (S. 78) bekommen. Erfolgloser ist das Abtrennungsbegehren in der Provinz. Die »Vossischen Zeitung« (Berlin) schreibt dazu: »Es wäre falsch, aus dem Mißerfolg der Deutsch-Hannoveraner den Schluß zu ziehen, daß die preußische Sache den Sieg davongetragen habe. Wenn nur die Frage zur Entscheidung gestanden hätte, ob Hannover Selbstverwaltung anstreben oder von Berlin aus verwaltet werden wolle, so wäre das Ergebnis wesentlich anders gewesen. Den Ausschlag hat offenbar die Überzeugung weiter Kreise gegeben, daß die Lostrennung Hannovers von Preußen im jetzigen Augenblick dem Reichsgedanken und der Reichseinheit mehr schade als nütze. Insbesondere hat man in Hannover auf die Stimmen aller maßgebenden Persönlichkeiten des besetzten Gebietes [an Ruhr und Rhein] geachtet, die von der Abtrennung Hannovers die schlimmste Rückwirkung auf das Rheinland [Separatismus] befürchten«.

Hans von Seeckt, seit 1920 Chef der Heeresleitung der Reichswehr

Freisprüche für Seeckt-Attentäter

24. Mai. In Berlin beginnt der Prozeß gegen die Urheber eines vereitelten Attentatsplanes gegen Hans von Seeckt, den Chef der Heeresleitung. Angeklagt sind die Rechtsradikalen Alexander Thormann und Gottlieb Grandel. Die »Beseitigung« Seeckts sollte eine »nationale Diktatur« ermöglichen. Am 5. Juni erfolgt ein Freispruch: Der Plan habe sich nicht »ernsthaft verdichtet«.

Beamtengehälter deutlich erhöht

23. Mai. In Berlin einigen sich Vertreter der Spitzenorganisationen der Beamten und des Reichsfinanzministeriums auf eine weitere Erhöhung der Gehälter. Ab 1. Juni erhöhen sich die Grundgehälter auf 80% des Friedensstandes von 1913.

Gerade die Beamten leiden unter inflationsbedingten Einkommensverlusten. Die Bezüge der höheren Beamten waren Ende 1923 real nur noch 33,7% des Vorkriegsstandes wert, bei den mittleren Beamten waren es 49,9%, bei den unteren Beamten 57,4%. Dieser Situation Rechnung tragend, befürwortet Reichsfinanzminister Hans Luther nach der Gehaltserhöhung im April einen weiteren Zuschlag. Um die Einkommensnivellierung zugunsten der niedrigen Gehälter aufzuheben, profitieren diesmal die hohen Gehälter mit rd. 50%iger Steigerung weit mehr als die niedrigen (rd. 18%). Jedoch trägt auch diese Regelung, wie die »Frankfurter Zeitung« anmerkt, »nur den Charakter eines Provisoriums.« Sobald es die Finanzen erlaubten, heißt es dort, müsse das Einkommen der Beamten den erhöhten Lebenshaltungskosten angepaßt werden.

400 000 Bergleute im Revier ausgesperrt

2. Mai. Nach Weigerung der Zechenbelegschaften, die Achtstundenschicht unter Tage weiterhin zu verfahren, werden 400 000 Arbeiter des Ruhrbergbaus ausgesperrt. Die vier Bergarbeitergewerkschaften, Alter Verband, Polnische Berufsvereinigung ZZP, Hirsch-Dunckerscher Gewerkverein und der Gewerkverein christlicher Bergarbeiter verurteilen die Aussperrung. Sie hatten ihre Mitglieder dazu aufgerufen, nach Auslaufen des letzten Überschichtabkommens für das Ruhrrevier ab 1. Mai wieder die siebenstündige Schicht zu fahren.

Bereits am 31. März hatten die im Zechenverband organisierten Grubenbesitzer den bestehenden Tarifvertrag gekündigt. Zugleich hatten sie die Rückkehr zur Vorkriegsarbeitszeit von 10–12 Stunden pro Schicht zur Voraussetzung für Lohnerhöhungen gemacht.

Der erste Schiedsspruch vom 3. Mai wird von den Bergarbeiterverbänden am 16. Mai abgelehnt. Angesichts der Bedeutung dieses Streitfalls, durch den sämtliche Zechen im Ruhrgebiet stilliegen, leitet Reichsarbeitsminister Heinrich Brauns ein erneutes Schlichtungsverfahren ein. Sein Schiedsspruch vom 27. Mai sieht eine 20%ige Lohnerhöhung vor und verlängert die Geltungsdauer der Acht-Stunden-Schicht, von der nur die Arbeiter in Kokereien ausgenommen sind. Die Zechenbesitzer akzeptieren sofort.

Wegen ihrer schlechten Finanzlage können die Gewerkschaften, deren Vermögen von der Inflation aufgezehrt wurde, keinen längeren Arbeitskampf durchhalten. Deshalb müssen sie sich schließlich dem Druck von Zechenbesitzern und Reichsregierung beugen und den Schiedsspruch annehmen. Am 31. Mai fordern die Bergarbeiterverbände ihre Mitglieder auf, an die Arbeitsplätze zurückzukehren.

Industrie uneins über den Dawesplan

19. Mai. Im Berliner Hotel Esplanade wird die Deutsche Industriellen-Vereinigung gegründet. Sie richtet sich gegen die Haltung des Reichsverbands der Deutschen Industrie (RdI) in der Frage des Dawesplans. Ernst von Borsig, Präsidiumsmitglied des RdI, versucht, mäßigend auf die Versammlung einzuwirken. Er betont, daß der RdI den Dawesplan als »geeignete Grundlage für weitere Verhandlungen« betrachte. Die Mitglieder der neuen Organisation sind jedoch anderer Meinung. Sie lehnen das Dawes-Gutachten grundsätzlich ab.

Hertz-Gesellschaft fördert Funktechnik

31. Mai. In der Universität Hamburg findet die Gründungsversammlung der Heinrich Hertz-Gesellschaft statt. Auf besonderen Wunsch des Hamburger Senats ist sie in der Geburtsstadt des Physikers ins Leben gerufen worden.

Universitätsrektor Wolf bezeichnet die Gesellschaft als ein »Bindeglied zwischen der Arbeit des Forschers und der Technik«. Staatssekretär Hans Bredow vom Reichspostministerium zeigt sich befriedigt, daß »besonders im Hinblick auf die Entwicklung der drahtlosen Telephonie nunmehr eine Zentralstelle ohne Erwerbsinteresse geschaffen worden sei, die der Forschung Geldmittel zur Verfügung stelle.«

Physiker Heinrich Hertz war 1886–88 die Erzeugung und zugleich der Nachweis elektromagnetischer Wellen gelungen. Die Bedeutung der nach ihm benannten Wellen für Funk- und Radiotechnik erkannte er jedoch noch nicht.

Muttertagsfest nun auch in Österreich

11. Mai. Erstmals feiern nun auch die Österreicher den immer beliebter werdenden Muttertag. Marianne Hainisch, Mutter von Bundespräsident Michael Hainisch, hatte sich dafür eingesetzt. Unaufhaltsam ist der internationale Vormarsch dieses Geschenkfestes US-amerikanischen Ursprungs. Die Deutschen begehen den Tag zu Ehren ihrer Mütter offiziell seit 1923.

Reichspräsident Friedrich Ebert (l.) mit dem Oberbürgermeister von Köln, Konrad Adenauer (r.), auf dem Weg zur Eröffnung der ersten Kölner Messe

Großer Andrang herrscht bei der am 11. Mai eröffneten Messe in Köln-Deutz; Blick auf das Ausstellungsgelände zwischen Rhein und Deutzer Bahnhof

Köln mausert sich zu einer Messestadt

11. Mai. Die erste Kölner Messe, die bis zum 17. Mai dauert, wird mit einem Festakt eröffnet, zu dem Reichspräsident Friedrich Ebert, Reichskanzler Wilhelm Marx, Reichsaußenminister Gustav Stresemann und weitere Prominente aus Politik und Wirtschaft erschienen sind.

Schöpfer der Kölner Messe ist Oberbürgermeister Konrad Adenauer. Seit 1922 sind auf einem Gelände zwischen dem Rhein und dem Deutzer Bahnhof großzügige Messehallen entstanden. Derzeit stehen bereits 35 000 m² Ausstellungsfläche zur Verfügung.

Fast 3000 Aussteller aus dem In- und Ausland vor allem aus der technischen Industrie und der Textilbranche drängen sich auf dem Ausstellungsgelände. Die Zahl der Aussteller und der Besucherandrang entsprechen den Erwartungen der Kölner, die mit ihrer zweimal im Jahr stattfindenden Messe zum Zentralmarkt für das Wirtschaftsgebiet in Nordwestdeutschland werden wollen.

Nicht so zufriedenstellend sind die erzielten Umsätze, besonders bei der Textilbranche. Erklärung der Aussteller: »Die Leute haben kein Geld«. Zudem sei wegen der Tarifauseinandersetzungen im Ruhrbergbau (→ 2. 5./S. 83) die Ruhrkundschaft fast ganz ausgeblieben. Wie schon bei der Leipziger Frühjahrsmesse (→ 8. 3./S. 52) hat das hohe deutsche Preisniveau ausländische Interessenten abgeschreckt.

Französische Bürger bei der Stimmenabgabe; überraschend gewinnen die Linksparteien die Wahlen

Frankreichs Staatspräsident Alexandre Millerand mit seinen beiden Söhnen beim Verlassen des Wahllokals

Großer Wahlsieg für Frankreichs Linke

11. Mai. Bei den französischen Parlamentswahlen triumphiert das oppositionelle Linkskartell. Der von Ministerpräsident Raymond Poincaré geführte Nationale Block erleidet eine schwere Niederlage. Poincaré kündigt daraufhin den Rücktritt seiner Regierung an.

Mit ihrer Kritik an Poincarés Wirtschafts- und Finanzpolitik, seiner Ruhrpolitik und einem neuen Antiklerikalismus gewinnen die Linksparteien zusammen 366 von insgesamt 584 Mandaten, eine sichere Mehrheit für eine Linkskoalition. Als zukünftiger Ministerpräsident wird Édouard Marie Herriot, Führer der Radikalsozialisten, genannt. Daneben gehören die Sozialisten unter Léon Blum, die Sozialistischen Republikaner unter Paul Painlevé und die von Aristide Briand geführten Linksrepublikaner zum siegreichen Block der Linksparteien.

Fast die Hälfte ihrer Sitze, 207 von bislang 425, büßen die Parteien des Nationalen Blocks ein. In einer Meldung der Nachrichtenagentur Havas wird die Niederlage auf die Inflation und unpopuläre Maßnahmen der Regierung (u. a. Steuererhöhungen) zurückgeführt. Die Wähler hätten sich von innenpolitischen Fragen leiten lassen (→ 23. 2./S. 37).

Nach der Wahl beginnt der Feldzug der Linkspresse gegen Alexandre Millerand, der als Präsident der Republik seit 1920 den Nationalen Block unterstützt (→ 15. 6./S. 97).

China und UdSSR: Einigung perfekt

31. Mai. Mit dem in Peking unterzeichneten Generalabkommen normalisieren China und die Sowjetunion ihre gegenseitigen Beziehungen. Normale diplomatische Beziehungen werden wiederhergestellt; China erkennt die UdSSR de jure an (→ 2. 2./S. 36). Zugleich werden die Verträge annulliert, die China mit der zaristischen Regierung Rußlands bis 1917 geschlossen hatte.

Mit der Festigung der Macht Sun Yat-sens in China, dessen revolutionäre Bewegung von Moskau seit 1923 unterstützt wird, ist die Frage der früheren Verträge akut geworden. Mit deren Annullierung verzichtet die Sowjetregierung auf Vorrechte aus der Zarenzeit. So wird die Äußere Mongolei als Teil Chinas anerkannt. Nach der Vereinbarung eines Räumungsplans sollen die sowjetischen Truppen aus dem Gebiet abgezogen werden. Für die sog. Ost-China-Bahn, die Tschangtschun-Eisenbahn, wird ein chinesisches Rückkaufrecht vereinbart. Jedoch soll das sowjetische Personal nicht entlassen werden. Endgültige Regelungen bleiben einem weiteren Abkommen vorbehalten. Ferner verzichtet Moskau auf Exterritorialrechte in chinesischen Häfen.

US-Gesetz drosselt Einwandererstrom

26. Mai. Mit dem neuen US-Einwanderungsgesetz wird die Gesamtjahresquote von Immigranten auf etwa 165 000 reduziert, was einer Halbierung entspricht. Nur noch maximal 2% der Angehörigen einer jeden Nationalität, die bei der Volkszählung 1890 in den USA vertreten waren, sind in Zukunft zugelassen.

Bevölkerungspolitische Absicht ist vor allem die Drosselung des süd- und osteuropäischen Einwandererstroms. Allein 1921 waren von insgesamt 805 228 Immigranten 513 800 aus diesem Gebiet. So haben Österreich (785), die Tschechoslowakei (3073), Ungarn (473), Polen (5982) und Italien (3845) nach den neuen Regelungen niedrigere Quoten als die »alten« Einwandererländer Deutsches Reich (51 227), Großbritannien (34 000) und Irland (28 597).

Die Südosteuropäer sind bei der US-Bevölkerung wenig beliebt; sie gelten als rassisch minderwertig, als nicht assimilierbar, radikal und gefährlich. Erste Einschränkungen der Zuwanderung kamen schon mit dem Quotengesetz von 1921, das noch insgesamt 357 000 Einwanderer pro Jahr zuließ. Scharfe Proteste gegen das Gesetz formulieren die Japaner. Sie werden von den US-Behörden als nicht »bürgerfähig« betrachtet und von der Einwanderung praktisch ausgeschlossen.

Antwort aus Japan: Ein Heer von Stenotypistinnen beim Abschreiben eines Massenprotests gegen das neue US-amerikanische Einwanderungsgesetz

Millionen zog es über den Atlantik

Um 1820 begann die Masseneinwanderung in die USA. Europa und Asien erlebten in dieser Zeit ein starkes Bevölkerungswachstum und die expandierende US-Wirtschaft, mit chronischem Arbeitskräftemangel und relativ hohen Löhnen, machte das Land attraktiv für Emigranten.

Jahrzehntelang dominierten die Einwanderer aus Nord- und Westeuropa, vor allem aus Großbritannien, Irland und dem Deutschen Reich. Erstmals 1896 überwogen die »neuen« Immigranten aus Südosteuropa. Von 1905 bis 1914 explodierten die Einwandererzahlen; der Höchststand wurde 1907 mit 1 285 300 Immigranten erreicht. Seit 1921 versuchen die USA, die Zuwanderung einzudämmen.

Die Petite Place von Arras, aufgenommen im Jahr 1914 vor Beginn des Weltkriegs

Derselbe Blick auf die im Krieg zerstörte Petite Place, fotografiert 1918

Aufnahme des Platzes nach Abschluß der Wiederaufbauarbeiten

Wiederaufbau des historischen Arras

Mai. *In der nordfranzösischen Stadt Arras sind die Wiederaufbauarbeiten an bedeutenden Bauwerken, die während des Ersten Weltkriegs beschädigt wurden, in vollem Gange. Die Arbeiten an der von Arkaden gesäumten Petite Place sind schon weit fortgeschritten. Auch die Rekonstruktion an der Grand Place mit ihren Giebelhäusern aus dem 17. Jahrhundert nähern sich ihrem Ende. Gleichzeitig arbeiten die Restauratoren am Rathaus, am Beffroi und an der Kathedrale.*

Parteitag auf Stalins Linie

31. Mai. Der XIII. Parteitag der Kommunistischen Partei Rußlands (später KPdSU), der seit dem 23. Mai in Moskau tagt, bringt weitere Entscheidungen in der innerparteilichen Kampagne gegen Leo D. Trotzki (→ 14. 3./S. 48).

Generalsekretär Josef W. Stalin führt während des Parteitags scharfe Angriffe gegen die parteiinterne Opposition, deren Wortführer Trotzki ist. Die Opposition, so Stalin, sei ein »Sprachrohr der neuen Bourgeoisie, die auf die Schwächung der Diktatur . . . und die Wiederherstellung der politischen Rechte der Ausbeuter« bedacht sei. Wie schon beim II. Allunionskongreß am → 26. Januar (S. 18) kann sich die Opposition mit der Forderung nach Demokratisierung der Partei nicht durchsetzen. Der Kongreß verurteilt am 27. Mai die »kleinbürgerlichen Verirrungen« der Opposition.

Selbst Lenins »testamentarische« Forderung, Stalin abzusetzen, kann dessen Macht über den Parteiapparat nicht mehr erschüttern. Zwar wird der »Brief an den Parteitag« mit der Stalin-Kritik des am → 21. Januar (S. 16) verstorbenen Regierungschefs verlesen, Stalin wird jedoch als Generalsekretär bestätigt;

Generalsekretär Stalin; trotz der Lenin-Kritik wird er immer mächtiger

das brisante Dokument (vgl. Kasten) wird nicht veröffentlicht.

Hinsichtlich der neuen Wirtschaftspolitik, die besonders in der Landwirtschaft seit 1921 einen relativ freien Binnenmarkt zuläßt, beschließt der Parteitag folgende Richtlinien: Vorsicht bei der Vergabe von Handelskonzessionen, Wahrung des staatlichen Außenhandelsmonopols, Ausbau des Getreideexports, Festigung der Handelsbilanz. Staatlicher Handel soll das »gewinnsüchtige Privatkapital« zurückgedrängen.

Lenins ungehörter Rat: »Stalin absetzen«

In seinem »Brief an den Parteitag« warnt Wladimir I. Lenin vor der Machtfülle Josef W. Stalins und dringt auf die Ablösung des Generalsekretärs. Dieses »politische Testament« des am → 21. Januar (S. 16) verstorbenen Lenin wird auf dem XIII. Parteitag verlesen (→ 31. 5./S. 85). Niemand wagt jedoch, das Demissionsangebot des Generalsekretärs anzunehmen, da Stalin für einen funktionierenden Parteiapparat sorgt. Lenins »Brief an den Parteitag« vom 24. Dezember 1922 in Auszügen:

»Genosse Stalin hat, nachdem er Generalsekretär geworden ist [1922], eine unermeßliche Macht in seinen Händen konzentriert, und ich bin nicht überzeugt, daß er es immer verstehen wird, von dieser Macht vorsichtig genug Gebrauch zu machen. Andererseits zeichnet sich Genosse Trotzki . . . nicht nur durch hervorragende Fähigkeiten aus. Persönlich ist er wohl der fähigste Mann im gegenwärtigen ZK, aber auch ein Mensch, der ein Übermaß von Selbstbewußtsein und eine übermäßige Leidenschaft für administrative Maßnahmen hat. Diese zwei Eigenschaften zweier hervorragender Führer des gegenwärtigen ZK können unbeabsichtigt zu einer Spaltung führen . . .«.

Ergänzung zu dem Brief: »Stalin ist grob, und dieser Mangel . . . kann in der Funktion des Generalsekretärs nicht geduldet werden. Deshalb schlage ich den Genossen vor, sich zu überlegen, wie man Stalin ablösen könnte, und jemand anderen an diese Stelle zu setzen, der sich in jeder Hinsicht von Gen. Stalin nur durch *einen* Vorzug unterscheidet, nämlich dadurch, daß er toleranter, loyaler, höflicher und den Genossen gegenüber aufmerksamer, weniger launenhaft usw. ist. Es könnte so scheinen, als sei dieser Umstand eine winzige Kleinigkeit. Ich glaube . . . das [ist] keine Kleinigkeit, oder eine solche Kleinigkeit, die . . . Bedeutung erlangen kann.«

Telefon zur Bildübertragung verwendet

Mai. Eine neue Technik der Bildtelegrafie macht in den USA Furore: Von Cleveland/Ohio werden 15 Fotografien über eine Distanz von fast 400 Meilen (etwa 643 km) nach New York gekabelt und von der »New York Times« veröffentlicht.
Mit diesem werbewirksamen Test wollen die »American Telephone and Telegraph Company« und die »Western Electric Company« die Leistungsfähigkeit ihres neuen Übertragungssystems demonstrieren, das insbesondere für Zeitungsverlage von Interesse ist.
Die Methode wird als einfach, schnell und präzise gelobt. Jeder normale Film ist geeignet. Die Übertragung von Bildern in Normalgröße dauert knapp fünf Minuten.
Bei dem neuen Telegrafie-Verfahren wird die Bildvorlage auf eine rotierende Trommel gespannt und durch einen Lichtstrahl auf einer spiralförmigen Linie punktweise abgetastet. Entsprechend der Helligkeit der Bildpunkte variiert die Intensität des Lichts, das Fotozellen innerhalb der Trommel trifft. Die Fotozellen setzen die Helligkeitsschwankungen in Spannungsschwankungen um, die mit Hilfe von Vakuumröhre und Modulator in das Telefonnetz eingespeist werden. Auf der Empfängerseite werden die Spannungsschwankungen mit einer sog. Kerr-Zelle wieder in Helligkeitsschwankungen umgewandelt. Diese werden auf einer mit einem unbelichteten Film bespannten Trommel aufgezeichnet, die exakt synchron mit der Sendetrommel rotieren muß.
Voraussetzung für die Bildtelegrafie ist die Kerr-Zelle zur Umwandlung elektrischer Spannungsschwankungen in Lichtintensitätsschwankungen. Sie wurde 1923 von dem deutschen Physiker August Karolus entwickelt.

Die Technik der Bildtelegrafie wird mit Erfolg erprobt: Hier eine Fotografie von der Hochbrücke in Cleveland/Ohio, die nach New York gekabelt wurde

Entwurf von A. Loos

Beitrag von R. Mine

Detail des Entwurfs von Raymond Hood

Stein vom Kölner Dom für US-Zeitung »Chicago Tribune«

Mai. *Mit einer ungewöhnlichen Bitte wendet sich die »Chicago Tribune« an das Auswärtige Amt in Berlin: Die US-Zeitung möchte einen Stein vom Kölner Dom für ihr geplantes Verwaltungsgebäude in Chicago. Im Fest- und Kongreßsaal des Hochhauses sollen nämlich einzelne Steine von bedeutenden Bauwerken der Welt eingemauert und nach ihrer Herkunft bezeichnet werden. Wunschgemäß schicken die Kölner einen bei Renovierungsarbeiten ausgewechselten Stein nach Chicago. Die Aufschrift »Cologne Dome« gewährleistet, »daß der Stein auch nach dem Auspacken als ein Kölner Domstein erkannt werden kann«. In neugotischem Stil wird das Verlagshochhaus nach dem Entwurf von Raymond Hood und John Mead Howells gebaut (1925 fertiggestellt). Sie gewannen 1922 den international ausgeschriebenen Wettbewerb, an dem sich auch eine große Zahl europäischer Architekten beteiligen, darunter Walter Gropius, Bruno und Max Taut sowie Adolf Loos.*

Tip für Autolenker: Wink mit der Hand

7. Mai. Ausführlich widmet sich die deutsche Presse dem derzeit heftig diskutierten Thema der Verkehrssicherheit. Zu Aufsätzen und Bemerkungen über die »Autoraserei« in der »Frankfurter Zeitung« schreibt ein Leser: ». . . Und nun noch etwas, das von den allerwenigsten Autolenkern beachtet wird, nämlich bei Straßenkreuzungen durch einen Wink der Hand die Richtung anzuzeigen, die der Führer nehmen will.« Die Diskussion über Verhalten im Verkehr wurde durch das Ansteigen der Unfallzahlen in den letzten Jahren entfacht.

Rekordflug eines Volksschullehrers

11. Mai. Beim Segelflugwettbewerb auf der Kurischen Nehrung bei Rossitten (Ostpreußen) bricht der Volksschullehrer Ferdinand Schulz mit einem fast neunstündigen Flug den Weltrekord im motorlosen Dauerflug. Seine sensationelle Zeit: Acht Stunden, 42 Minuten, neun Sekunden. Der bisherige Weltrekord, aufgestellt vom Franzosen Barbot, lag bei sechs Stunden, vier Minuten. Schulz hat den Rekordflug an niedrigen Dünen, in geringer Höhe und in einer beschränkten Aufwindzone durchgeführt, was großes Geschick und dauernde Aufmerksamkeit des Piloten erfordert.

Orientexpreß rast in einen Güterzug

17. Mai. Kurz nach Mitternacht stößt der Orientexpreß Konstantinopel-Paris in Prestranck-Mattegna, einem kleinen norditalienischen Bahnhof, mit einem Güterzug zusammen. Der schwere Unfall ist Folge einer falschen Weichenstellung. Fast alle Wagen des Expreßzugs entgleisen. Vollständig zertrümmert sind die beiden Gepäckwagen, ein Personenwagen ist schwer beschädigt. Zwei Tote und mehrere Schwerverletzte werden aus den Trümmern geborgen. Die meisten Reisenden kommen mit dem Schrecken davon, der Sachschaden ist jedoch erheblich. Unmittelbar nach dem Zusammenstoß nimmt sich der verantwortliche Bahnhofsvorsteher das Leben.

»Nibelungen«-Szene: Siegfried stellt sich dem Drachen

Paul Richter als Siegfried im künstlichen Atelierwald

Fritz Langs Filmepos »Die Nibelungen«

10. Mai. Unter dem Titel »Kriemhilds Rache« wird in Berlin der zweite Teil von Fritz Langs Filmepos »Die Nibelungen« uraufgeführt. Wie schon die Uraufführung des ersten Teils (»Siegfried«) am 14. Februar ist auch diese Premiere ein gesellschaftliches Großereignis für Berlins Kultur-Schickeria.

Höchst aufwendig hat Lang das »Nibelungenlied« verfilmt, das er selbst als »das geistige Heiligtum der Nation« bezeichnet. Nach dem Buch seiner Lebensgefährtin Thea von Harbou drehte der bekannte Regisseur etwa eineinhalb Jahre lang in den modernen Studios der Filmstadt Babelsberg bei Berlin. Für die monumentalen Bildkompositionen werden Kosten nicht gescheut. So reitet Siegfried (Paul Richter) im Studio durch einen Wald aus riesigen Gipsbäumen. Ein filmtechnologisches Meisterwerk ist der über 20 m lange Drachen, der von 17 Männern bedient wird.

Der Millionen-Film ist der Kino-Hit des Jahres und überzeugt, weil er ohne nationalistische Propaganda auskommt, auch im Ausland.

△ *Werbung für Fritz Langs zweiteilige Verfilmung des »Nibelungenlieds«, monatelang ein Publikumsmagnet in deutschen Kinos*

◁ *Fritz Lang feierte seinen ersten großen Erfolg mit »Dr. Mabuse« (1. und 2. Teil 1922)*

»Kulinarisches« Strauss-Ballett

9. Mai. Als Höhepunkt der Richard-Strauss-Feiern aus Anlaß des 60. Geburtstags des Komponisten und Dirigenten wird an der Staatsoper Wien dessen neuestes Bühnenwerk »Schlagobers« uraufgeführt. Der Meister selbst dirigiert sein heiteres Wiener Ballett vor internationalem Premierenpublikum.

Nach allzu reichlichem Genuß von Süßigkeiten träumt ein Konfirmand von Prinzessin Pralinee und ihrem Hofstaat, all den lebendig gewordenen Gebäcken, Zuckerwaren und Getränken. Aus dem Kupferbecken eines riesigen mechanischen Kochs quillt Schlagobers (österr. für Schlagsahne) in Gestalt weißgekleideter Tänzerinnen hervor. Gelobt werden Choreograph Heinrich Kröller und die Tänzerinnen Gusti Pichler (Prinzessin Pralinee), Hedy Pfundmayr (Prinz Kaffee), Tilly Losch (Prinzessin Teeblüte). Die Presse reagiert auf dieses »kulinarische« Werk jedoch unterschiedlich. Das Thema provoziert bittere Reaktionen angesichts des Nachkriegselends in Österreich.

Piscator-Theater mit viel Technik

27. Mai. An der Volksbühne Berlin wird »Fahnen« von Alfons Paquet uraufgeführt. Regisseur Erwin Piscator erhält für seine Inszenierung

Für Regisseur und Theaterleiter Erwin Piscator war der Weltkrieg Auslöser für das soziale und politische Engagement in seiner Arbeit; Piscator gründete das Proletarische Theater in Berlin (1920/21)

»stürmischen Premierenapplaus«. Seine »politische Dramaturgie« beginnt sich zu einem eigenen Bühnenstil zu entwickeln. Paquets »dramatischen Roman« über den Chicagoer Arbeiteraufstand von 1886 erweitert Piscator durch Dokumente. Er projiziert auf Leinwände rechts und links der Bühne Fotos und Schlagzeilen aus der Zeit des Aufstands. Bürgerliche Kritiker reagieren befremdet auf das sozialistisch engagierte Lehrstück.

Mode 1924:

Luxus und Extravaganz nach harten Kriegs- und Krisenjahren

Während sich die wirtschaftliche Lage im Deutschen Reich 1924 langsam stabilisiert, gefallen sich die Kreise, die es sich leisten können, in der Zurschaustellung von Reichtum und Extravaganz.
»Ohne Straßstickerei, glitzernde Perlfransen, Stahlperlen und Straußenfederabschluß kann man sich nichts mehr vorstellen. Die Abendkleider werden durch die Verzierung ungemein schwer, aber das ist gerade günstig. Dadurch liegen sie fest an und werden gleichzeitig nach unten gezogen. Sie bekommen den erstrebten hauthaften Charakter ... Man wird sich daran gewöhnen müssen, daß die Abendkleider durchweg ärmellos sind.« (»Elegante Welt« vom 8. Oktober 1924)
Dem Hang zur Extravaganz schließen sich die Stoffe an: Es gibt Spitzenkleider, Stoffe aus Gold- oder Silberlamé, broschierte Seide und Velours-Chiffon.
Diese Stoffe und Verzierungen werden für Abendkleider und Abendmäntel verwendet. Die abendlichen Hüllen sind weit und stets knopflos, so daß man sie nicht anzicht, sondern sich in sie drapiert und die linke Hand den Mantel zusammenhält.
Selbst vor den Abendschuhen macht der Reichtum nicht halt. »Silberbrokatschuhe mit blauen Straußenfedern und einer mit bunten Steinen besetzten Schnalle oder ›Goldkäferschuhe‹ aus vergoldetem Leder und mit Straß besetztem, hohem Absatz und ebensolcher Spange« gelten als apart.
»Man geht nicht mehr, ohne vorher Toilette gemacht zu haben, ins Theater; obgleich sich der Grad der Eleganz mit dem Platz abstuft. Im ersten Rang geht man nicht ohne Hut, während in der Loge ein Bandeau aus Perlen oder ein Stirnband mit Straußenfedernschmuck adäquat ist.« Dennoch muß nicht alles echt sein, was glänzt. Juwelenimitationen, Jett und Straß sind durchaus legitim und wer sich die teuren Stoffe nicht leisten kann, wie die Mehrheit der Bevölkerung, greift zur Kunstseide. Wenigstens der Schein von Reichtum soll aufrechterhalten werden.
Gegenüber den abendlichen Phantasien ist die Tageskleidung eher einfach und sportlich.
Die geraden, stoffsparenden Etuikleider oder Fourreaus sind nun weniger gefragt als die durch »ausschwingende Godets [Stoffeinsätze] bewegte Linie«. Die Taille bleibt tiefliegend, aber der Saum wird kürzer, das heißt nach der knöchellangen Mode von 1923 wieder wadenlang.
Eine schlanke, sportliche Figur ist in jedem Fall wichtig, obgleich sich die Zeitgenossinnen eingestehen müssen, daß diese nicht die Norm ist. »Da nicht jede Dame die Korsettlosigkeit mitmachen kann, gibt es Gummigürtel, die man als segensreiche Erlösung von Einschnürung und drückenden Stäben betrachten muß. Der Gummistoff ist ausserordentlich geeignet, um als Formbeherrscher zu wirken; er gestattet jede Bewegung.«
Auch der Herr hält sehr viel auf dem Anlaß entsprechende Kleidung. Tagsüber trägt der Herr einen leger geschnittenen, nur leicht taillierten Sakkoanzug. Als offizieller Tagesanzug gesellt sich der Stresemann hinzu, den Reichsaußenminister Gustav Stresemann populär macht. Selbstverständlich sind weiterhin der Cutaway, Smoking und Frack, während der Gehrock an Popularität verliert. Ebenso vielgestaltig wie die Anzüge sind die Mäntel. Der wohlhabende Herr trägt einen Stadt- oder Abendpelz mit Bisam, Nerz oder Zobel gefüttert. Zum Golf, Wandern oder Jagen trägt der Herr Plusfours (eine etwas weitere Knikkerbocker) und Norfolk-Jacke.

Mode für die Übergangszeit: Sängerin Lea Seidl in einem schicken pelzbordierten Mantelkleid; die leichten Kostüme und Mäntel der Übergangszeit haben Pelzgarnierung und -verbrämung und häufig auch Knopfputz

Schwarzer Pyjama mit geblümter Jacke und Hemdhose aus rosa Crêpe de Chine mit Spitzen

Dieses hochmoderne Kleid besteht aus einem einzigen, rund um den Körper gewickelten Schal

Anzeige in der Modezeitschrift »Vogue« von Jean Dupas; in dieser Illustrierten der mondänen Welt sind fast nur die Annoncen farbig, die von hervorragenden Künstlern für das Modeblatt gestaltet werden; von Jean Dupas, einem der größten Könner des Art deco, stammen zahlreiche dieser Annoncen in »Vogue«, andere von Kees van Dongen und Carl Erickson

◁ Umschlag für die Zeitschrift »Vanity Fair« im Juni 1924; das Bild stammt von Eduardo Garcia Benito, der auch für »Vogue« arbeitet; offensichtlich ist der künstlerische Einfluß Kees van Dongens, einem der erfolgreichsten Maler der vornehmen Gesellschaft; wie bei van Dongen tritt die Liebe des Künstlers zu High Fashion und Eleganz offen zutage; in den 20er Jahren ist es üblich, daß Künstler die Seiten mondäner Zeitschriften gestalten und im Auftrag von Luxusartikelherstellern auch Werbeanzeigen entwerfen

Doucet-Kreation aus tiefblauem Rips mit Jouy-Leinen; »Vogue«-Illustration von Polly Francis

Haute Couture von Lucien Lelong; Modezeichnung von Charles Martin in der französischen »Gazette du Bon Ton«

Stufenkleid aus dem Pariser Modehaus Poiret: Das Marty-Aquarell begeistert Leser der »Gazette du Bon Ton«

Das Pariser Haus Worth eröffnet 1924 die Reihe seiner Abendkleider mit den »Pivoines«, den »Pfingstrosen«

Juni 1924

Mo	Di	Mi	Do	Fr	Sa	So
						1
2	3	4	5	6	7	8
9	10	11	12	13	14	15
16	17	18	19	20	21	22
23	24	25	26	27	28	29
30						

1. Juni, Sonntag

Auf Österreichs Bundeskanzler Ignaz Seipel (christlichsozial) wird im Wiener Südbahnhof ein Revolverattentat verübt. Der durch einen Lungensteckschuß schwer, aber nicht lebensgefährlich verletzte Politiker muß ins Krankenhaus eingeliefert werden. Der Täter, ein Arbeitsloser namens Karl Jaworek, wird sofort festgenommen. → S. 96

Wegen der Wahlniederlage des regierenden Nationalen Blocks vom 11. Mai tritt der französische Ministerpräsident Raymond Poincaré zurück (→ 11. 5. / S. 84; 15. 6. / S. 97).

Carl von Ossietzky wird Redakteur bei der politischen Wochenzeitschrift »Das Tage-Buch«.

Drei Italiener belegen die ersten Plätze beim Giro d'Italia (Start: 10. 5.), Guiseppe Enrici, Frederico Gay und Angiolo Gabrielli. → S. 105

2. Juni, Montag

Wie bereits bei der Eröffnungssitzung am 27. Mai kommt es im Reichstag erneut zu Tumultszenen. Anlaß dafür sind umstrittene Anträge der KPD und der Nationalsozialisten auf Entlassung ihrer wegen politischer Straftaten einsitzenden Abgeordneten. Die beiden Parteien wollen jeweils die Immunität nur ihrer eigenen Abgeordneten wiederhergestellt sehen (→ 24. 6. / S. 94).

Den Indianern in den Vereinigten Staaten von Amerika werden die vollen Bürgerrechte zugesprochen.

3. Juni, Dienstag

Nach dem Scheitern der Koalitionsverhandlungen mit den Deutschnationalen bildet Wilhelm Marx (Zentrum) die neue Reichsregierung in gleicher Besetzung wie vor den Reichstagswahlen vom → 4. Mai (S. 78). Sein Kabinett der bürgerlichen Mitte (Zentrum, DVP, DDP) verfügt jedoch nicht über die Mehrheit im Reichstag. → S. 94

In Kierling bei Wien stirbt in einem Sanatorium der österreichische Schriftsteller Franz Kafka im Alter von 40 Jahren an Tuberkulose. Kafka wird erst lange nach seinem Tod als einer der bedeutendsten Erzähler des 20. Jahrhunderts anerkannt. → S. 103

4. Juni, Mittwoch

An die Regierungserklärung von Reichskanzler Wilhelm Marx (Zentrum) schließt sich eine dreitägige Reichstagsdebatte vor allem über den Dawesplan an. Während die Deutschnationalen diesen Reparationsplan ablehnen, wird die Minderheitsregierung unter Marx in dieser Frage von der SPD-Fraktion unterstützt (→ 3. 6. / S. 94).

Die Technische Hochschule Stuttgart verleiht dem Autokonstrukteur Ferdinand Porsche die Ehrendoktorwürde.

5. Juni, Donnerstag

Im sächsischen Landtag kommt es zu Tumulten, die von kommunistischen Abgeordneten ausgelöst werden. Ein Abgeordneter schleudert den Hammer des Landtagspräsidenten in den Saal. Erst der Einsatz der Polizei stellt die Ruhe wieder her.

Von der Reichstagsfraktion des Zentrums wird ein Arbeitsgericht zum Schutz der Landarbeiter beantragt.

6. Juni, Freitag

Der Reichstag lehnt einen Mißtrauensantrag der Deutschnationalen (DNVP) ab. Mit den Stimmen der oppositionellen SPD erhält die Haltung der Reichsregierung, den Dawesplan als »Grundlage für eine schnelle Lösung der Reparationsfrage« anzusehen, die Billigung des Reichstags (→ 3. 6. / S. 94).

In Prag wird Arnold Schönbergs »Erwartung«, Monodrama in vier Szenen, uraufgeführt; der österreichische Komponist hatte das Werk 1909 geschrieben.

In deutscher Übersetzung erscheint General Henry Tureman Allens »Mein Rheinland-Tagebuch«. Allen war Oberbefehlshaber der US-amerikanischen Besatzungstruppen im Rheinland (Koblenzer Zone) zwischen 1919 und 1923 und hat seither in den USA Hilfsaktionen für die notleidende deutsche Bevölkerung organisiert.

7. Juni, Sonnabend

Ein kommunistischer Mißtrauensantrag gegen den Bremer Senat wird von der Mehrheit der Bürgerschaft abgelehnt.

China und das Deutsche Reich unterzeichnen in der chinesischen Hauptstadt Peking ein Finanzabkommen.

Wegen des anhaltenden Streiks der Londoner Elektrizitätsarbeiter und der U-Bahn-Angestellten müssen 20 weitere U-Bahnhöfe geschlossen werden. Insgesamt sind derzeit 60 Stationen außer Betrieb.

8. Juni, Pfingstsonntag

Frédéric François-Marsal, Finanzminister der letzten Regierung Raymond Poincaré, bildet ein neues Kabinett ohne parlamentarische Mehrheit. Seit dem Wahlsieg des Linkskartells am → 11. Mai (S. 84) herrscht in Frankreich eine Regierungskrise. Die Linken wollen nicht mit dem konservativen Staatspräsidenten Alexandre Millerand regieren (→ 15. 6. / S. 97).

Ein Orkan richtet in Düsseldorf schwere Verwüstungen an. Der Turm der St. Martinskirche stürzt auf ein naheliegendes Haus, das zum größten Teil zerstört wird. Ein Mann wird erschlagen.

Zwei Bergsteiger der dritten britischen Mount Everest-Expedition verunglükken beim Gipfelangriff, worauf die Expedition abgebrochen wird. Ob George H. Leigh Mallory und Andrew Irvine vor ihrem Tod den Gipfel noch erreicht haben, bleibt unklar, gilt aber als unwahrscheinlich. → S. 101

9. Juni, Pfingstmontag

Die Nationalsozialisten führen eine Unterschriftenaktion »Gebt Hitler frei!« durch. NS-Führer Adolf Hitler war am → 1. April (S. 62) wegen des Putschversuchs vom November 1923 zu fünf Jahren Festungshaft verurteilt worden.

Im Rahmen des 54. Tonkünstlerfestes in Frankfurt am Main wird die komische Oper »Der Sprung über den Schatten« von Ernst Křenek in Anwesenheit des avantgardistischen Komponisten uraufgeführt. → S. 102

Der französische Weltflieger Pelletiers d'Oisy erreicht sein Ziel Tokio. D'Oisy war am 24. April in Paris zu einem etappenweise Überlandflug nach Tokio gestartet (→ 6. 4. / S. 69).

Vor etwa 50 000 Zuschauern entscheidet der 1. FC Nürnberg das Finale der Deutschen Fußball-Meisterschaft mit 2:0 gegen den Hamburger SV souverän für sich. Der »Club« holt zum drittenmal nach 1920 und 1921 den Titel. → S. 105

Das Endspiel im Olympischen Fußballturnier in Paris zwischen Uruguay und der Schweiz endet überraschend 3:0. Die 40 000 Zuschauer sind von den in Europa bisher wenig bekannten »Urus« begeistert. → S. 104

10. Juni, Dienstag

In Rom wird Giacomo Matteotti, Generalsekretär der Sozialistischen Partei Italiens, von Faschisten überfallen, in ein Auto gezerrt und ermordet. Der Mord an dem prominenten Sozialisten, der am 30. Mai vor der Kammer den faschistischen Wahlterror angeprangert hatte, stürzt das faschistische Regime in eine schwere Krise. → S. 97

Frankreichs Staatspräsident Alexandre Millerand tritt zurück. Da sich die Linksparteien, die seit der Wahl am → 11. Mai (S. 84) über die Mehrheit verfügen, weigern, mit dem konservativen Staatspräsidenten zu regieren, bleibt Millerand nur der Rücktritt (→ 15. 6. / S. 97).

Tirana, die Hauptstadt Albaniens, wird von den Aufständischen unter Metropolit Fan S. Noli eingenommen. Achmed Zogu, Führer der regierenden moslemisch-konservativen Kreise, gegen die sich die griechisch-orthodoxe, reformistische Opposition erhoben hat, flieht ins Ausland.

In Breslau tagt die 23. Versammlung des Deutschen Lehrervereins.

11. Juni, Mittwoch

Beim viertägigen SPD-Parteitag in Berlin sorgt ein Antrag der Frankfurter SPD, Reichspräsident Friedrich Ebert aus der Partei auszuschließen, für Aufregung. Hauptthema des Parteitags ist die Koalitionspolitik. → S. 95

Nach der Niederlage der regierenden Konservativen in Japan bei den Parlamentswahlen am 10. Mai kommt es zu einem Regierungswechsel. Takaaki Fürst Kato, Präsident der stärksten Oppositionspartei, bildet das neue Kabinett.

Zu seinem 60. Geburtstag wird Richard Strauss zum Ehrenbürger der Stadt München ernannt. Bereits am → 9. Mai (S. 87) wurde zu Ehren des Komponisten an der Staatsoper Wien sein neuestes Werk »Schlagobers« uraufgeführt.

12. Juni, Donnerstag

US-Präsident Calvin Coolidge wird vom Parteitag der Republikaner mit großer Mehrheit zum Kandidaten für die Präsidentschaftswahlen am → 4. November (S. 180) nominiert.

13. Juni, Freitag

Gaston Doumergue wird zum neuen französischen Staatspräsidenten gewählt. Sein Vorgänger, Alexandre Millerand, war nach der Wahlniederlage des von ihm unterstützten Nationalen Blocks am 11. Mai (S. 84) auf Druck des siegreichen Linkskartells am 10. Juni zurückgetreten (→ 15. 6. / S. 97).

Italiens Ministerpräsident und Duce, Benito Mussolini, verurteilt öffentlich das Verbrechen vom 10. Juni, bei dem Sozialistenführer Giacomo Matteotti von Faschisten überfallen und ermordet worden war. Mussolini kündigt eine unnachsichtige Verfolgung der Schuldigen an (→ 10. 6. / S. 97).

Die Rote Gruppe, eine Vereinigung kommunistischer Künstler in Berlin, stellt sich der Öffentlichkeit vor. Zum Vorsitzenden wird Maler und Grafiker George Grosz gewählt; John Heartfield wird Sekretär der Gruppe. → S. 102

14. Juni, Sonnabend

Ein seit dem 5. Juni drohender Streik der deutschen Eisenbahner wird durch Verhandlungen zwischen den Gewerkschaften und der Reichsregierung vermieden. Den Eisenbahnern wird eine Lohnerhöhung von etwa 10% zugebilligt.

In Bethel bei Bielefeld beginnt der erste Deutsche Evangelische Kirchentag, der bis zum 17. Juni dauert. Es handelt sich um die parlamentarische Gesamtvertretung der 28 deutschen evangelischen Landeskirchen.

Mit Otfried von Hausteins »Der Telefunkenteufel« erscheint erstmals ein Roman, der sich mit der Wirkung des neuen Massenmediums Radio beschäftigt, das zunehmende Verbreitung findet.

Das 24-Stunden-Autorennen im italienischen Monza gewinnen die deutschen Fahrer Hans Berthold und Christian Riecken auf NAG-Sportwagen mit 40 PS. Mit 2583 km in 24 Stunden fahren sie die längste bisher durchfahrene Strecke bei einem Stundendurchschnitt von 107,5 km/h. → S. 104

Das Treffen des französischen Regierungschefs Édouard M. Herriot (r.) und des britischen Premiers James Ramsay MacDonald (l.) am 21. Juni ist der französischen Zeitschrift »L'Illustration« ein Titelbild wert

Ce numéro contient :
Quatre pages d'ANAGLYPHES, à regarder avec le lorgnon bicolore,
et la première partie de notre nouveau roman, LA HUTTE D'ACAJOU, par Mme Germaine Acremant.

L'ILLUSTRATION

RENÉ BASCHET, directeur.

SAMEDI 28 JUIN 1924

82e Année. — No 4243.

Gaston SORBETS, rédacteur en chef.

NOUVELLE ENTENTE CORDIALE

Le premier ministre britannique, M. Ramsay Mac Donald, et le président du Conseil français, M. Edouard Herriot, sur les degrés du manoir de Chequers, dans le comté de Birmingham.

Derrière eux, MM. Peretti della Rocca et Camerlynck. — Voir l'article, page 609.

15. Juni, Sonntag

Édouard Marie Herriot, Radikalsozialist und langjähriger Bürgermeister von Lyon, bildet nach dem Wahlsieg des Linkskartells am → 11. Mai (S. 84) die neue französische Regierung. Mit ihrer Kritik an der Wirtschafts- und Finanzpolitik hatten die Linksparteien der bisherigen Regierung unter Raymond Poincaré eine schwere Wahlniederlage beigebracht. → S. 97

Als Reaktion auf die Ermordung von Sozialistenführer Giacomo Matteotti durch Faschisten am → 10. Juni (S. 97) zieht sich in Italien die Mehrheit der nichtfaschistischen Abgeordneten aus der Kammer zurück. Die Opposition will mit ihrem Auszug die Entlassung von Ministerpräsident und Duce, Benito Mussolini, erzwingen.

In Frankfurt am Main geht der erste Kongreß des »Verbandes der Heilkundigen Deutschlands« nach einwöchigen Beratungen zu Ende. → S. 100

In Christiania (später Oslo) endet das Fußball-Länderspiel der norwegischen gegen die deutsche Nationalelf 0:2.

Das Endspiel um die Handballmeisterschaft der Deutschen Turnerschaft zwischen dem TV Seckbach-Frankfurt/Main und dem TV Friesenheim in Leipzig entscheiden die Frankfurter 1:0 für sich. → S. 105

16. Juni, Montag

Im Deutschen Reich wird aufgrund des Reichsgesetzes vom 13. Mai eine Volks-, Berufs- und Betriebszählung durchgeführt, die statistisches Material zur Beurteilung der wirtschaftlichen und demographischen Verhältnisse liefern soll.

In Magdeburg stürzt ein Flugzeug der Magdeburger Luftreederei brennend ab. Der Pilot ist laut »Frankfurter Zeitung« »vollständig verkohlt« und der einzige Passagier kommt bei dem Versuch, sich durch einen Absprung zu retten, ebenfalls ums Leben.

17. Juni, Dienstag

Hauptthema beim fünften Kongreß der Kommunistischen Internationale (Komintern) in Moskau, der bis zum 9. Juli dauert, ist ein Kurswechsel der Politik der Einheitsfront. →S. 96

Bei einem schweren Straßenbahnunglück in Iserlohn kommen 21 Fahrgäste ums Leben; 48 weitere Passagiere werden mit z. T. schweren Verletzungen aus den Trümmern geborgen. Die Katastrophe ist auf ein Versagen der Bremsen zurückzuführen.

18. Juni, Mittwoch

In Helsingfors (Helsinki) werden nach langen, schwierigen Verhandlungen fünf finnisch-sowjetische Konventionen unterzeichnet. Sie betreffen den Austausch der Archive – Finnland liefert den größten Teil der russischen Militärarchive aus –, den direkten Eisenbahnverkehr zwischen beiden Ländern, sowie Post-, Telegrafen- und Telefonfragen.

Dänemark erkennt die Sowjetunion diplomatisch an (→ 2. 2. / S. 36).

In Litauen wird eine neue Regierung unter Anton Tuménas gebildet. Am 9. Juni war die von Ernst Galvanauskas geführte Regierung wegen Differenzen mit dem Parlament über die Verwendung einer britischen Anleihe für Eisenbahnbauten zuruckgetreten.

Gute Ergebnisse erzielt die Reichspost in München bei Versuchen mit Opernübertragungen durch Fernsprecher. → S. 102

Erik Saties Ballett »Mercure« wird im Pariser Théâtre de la Cigale uraufgeführt. Bühnenbild und Kostüme stammen von Pablo Picasso, die Choreographie von Léonide Massine. Das Ballett ist Teil der Reihe »Les Soirées de Paris«.

19. Juni, Donnerstag

Der Finne Paavo Nurmi läuft in Helsinki innerhalb einer halben Stunde Weltrekorde über 1500 m mit 3:52,6 min und über 5000 m mit 14:28,2 min.

20. Juni, Freitag

In Finnland werden die im August 1923 wegen hochverräterischer Umtriebe verhafteten 108 Kommunisten, darunter 27 kommunistische Parlamentsabgeordnete, verurteilt. Zuchthausstrafen von sechs Monaten bis dreieinhalb Jahren werden verhängt. Zugleich wird die Kommunistische Partei aufgelöst.

Im Pariser Théâtre des Champs Elysées wird Darius Milhauds Ballett »Le train bleu« mit Serge Diaghilews Russischem Ballett uraufgeführt. Von Jean Cocteau stammt das Buch, die Choreographie von Bronslawa Nijinska, für das Bühnenbild zeichnet Henri Laurens und die Kostüme sind von Coco Chanel.

21. Juni, Sonnabend

Durch ein Urteil des Reichsgerichts wird der Herrschaftsbesitz Platow-Krojanke als Privateigentum von Prinz Friedrich Leopold von Preußen anerkannt. In Preußen ist die heikle Frage der Fürstenabfindung noch nicht gelöst. Auch andere Länder des Deutschen Reichs finden nur mühsam einen Vergleich mit ihren einstigen Regenten, deren Vermögen 1918 beschlagnahmt, aber nicht enteignet wurde (→ 9. 7. / S. 114).

Während ihrer Konferenz in Chequers, dem offiziellen Landsitz des britischen Premierministers, verständigen sich James Ramsey MacDonald und sein französischer Amtskollege Édouard Marie Herriot bis zum 22. Juni über Fragen der Durchführung des Dawesplans und vereinbaren die Einberufung einer Konferenz in London für Mitte Juli. → S. 97

22. Juni, Sonntag

Bei den Landtagswahlen in Anhalt verlieren die bisherigen Regierungsparteien SPD und DDP ihre Mehrheit.

An der Frage des Dawesplans spaltet sich die Deutsche Volkspartei (DVP). Ihr rechter Flügel etabliert sich als Nationalliberale Reichspartei. Reichsaußenminister und DVP-Vorsitzender Gustav Stresemann hatte sich geweigert, seinen auf Verständigung mit den Alliierten zielenden Kurs zu revidieren. → S. 94

Die Universität Frankfurt am Main weiht das neue Institut für Sozialforschung ein. → S. 100

23. Juni, Montag

Auf einer Pressekonferenz in Washington kündigt ein Sprecher des Weißen Hauses an, die USA würden bei der geplanten Reparationskonferenz in London durch einen inoffiziellen Beobachter vertreten sein (→ 16. 7. / S. 116).

Jan Christiaan Smuts tritt nach seiner überraschenden Wahlniederlage am 17. Juni zurück. Smuts hat nicht nur seit 1919 die Südafrikanische Union regiert. Er profilierte sich auch beim Aufbau des Völkerbunds. → S. 96

In Hannover wird Fritz Haarmann verhaftet. Er gesteht, seit 1918 in Hannover 27 junge Männer umgebracht zu haben. Funde von Leichenteilen hatten seit Anfang Mai die Hannoveraner in Panik versetzt. → S. 95

Aus Rangun in Birma wird das Eintreffen der aus Bangkok in Thailand kommenden US-amerikanischen Weltflieger gemeldet. Ein Flugzeug wird bei der Landung beschädigt (→ 6. 4. / S. 69).

24. Juni, Dienstag

Im Reichstag kommt es erneut zu Handgreiflichkeiten. Gegenseitige Provokationen während der Debatte über Anträge der Kommunisten, Sozialdemokraten und Nationalsozialisten auf Freilassung von politischen Gefangenen führen zu den Auseinandersetzungen. → S. 94.

Sämtliche beim Rheinischen Provinziallandtag vertretenen Fraktionen richten eine dringende Aufforderung an die französische Regierung, alle Ausgewiesenen der besetzten Gebiete in ihre Heimat zurückkehren zu lassen. (→ 25. 6. / S. 95).

In New York wird der Parteitag der Demokraten eröffnet. Vergeblich versuchen die Parteiführer, eine Debatte über den Ku-Klux-Klan zu verhindern. In der Beurteilung dieser geheimen Terrororganisation ist die Oppositionspartei in den USA ebenso tief gespalten wie in der Frage der Prohibition (→ 9. 7. / S. 117).

Zu Ehren des früheren Reichsaußenministers Walther Rathenau, der vor zwei Jahren von Rechtsradikalen ermordet wurde, finden in Berlin offizielle Gedenkfeiern statt. → S. 95

25. Juni, Mittwoch

Die Interalliierte Rheinlandkommission beschließt die Annullierung ihrer Ausweisungsbeschlüsse. Etwa 15 000 Ausgewiesene, mit Familien insgesamt rd. 60 000 Personen, kehren in die französische Rheinlandzone zurück. → S. 95

Nach Agenturmeldungen werden an der für den 16. Juli geplanten Reparationskonferenz in London die Ministerpräsidenten Frankreichs, Großbritanniens, Italiens und Belgiens teilnehmen. Umstritten bleibt die Teilnahme des Deutschen Reichs. Thema der Konferenz ist die Durchführung des Dawesplans (→ 16. 7. / S. 116; 16. 8. / S. 130).

Im Prager Prozeß gegen Angehörige des Kriegsministeriums, die an Benzinschiebereien beteiligt waren, wird das Urteil gesprochen. Die sieben Angeklagten werden zu Kerkerstrafen zwischen acht Monaten und zwei Jahren verurteilt.

26. Juni, Donnerstag

Auf dem Parteitag der Demokraten in New York kommt es zu ungewöhnlichen Demonstrationen für Alfred E. Smith, den Gouverneur von New York. Franklin D. Roosevelt hatte ihn als Kandidat für die Präsidentschaftswahlen am → 4. November (S. 180) vorgeschlagen.

27. Juni, Freitag

Eine von den italienischen Sozialisten proklamierte Gedenkfeier für den am → 10. Juni (S. 97) von Faschisten ermordeten Sozialistenführer Giacomo Matteotti vollzieht sich ohne besondere Störungen. Eine Entschließung der parlamentarischen Opposition fordert zur gleichen Zeit die Ablösung von Ministerpräsident Benito Mussolini.

28. Juni, Sonnabend

In Portugal kommt es zu einem Kabinettswechsel. Alfredo Rodrigues Gaspar bildet als Nachfolger von António Maria da Silva die neue Regierung.

29. Juni, Sonntag

An einer Kundgebung gegen den Versailler Vertrag von 1919, bei der insbesondere der Kriegsschuldparagraph verurteilt wird, nehmen Reichskanzler Wilhelm Marx und weitere Kabinettsmitglieder teil.

30. Juni, Montag

Mit Rücksicht auf die für den 16. Juli anberaumte Reparationskonferenz in London stimmt die Reichsregierung nach monatelangen Auseinandersetzungen mit den Alliierten nun doch der Wiederaufnahme der alliierten Militärkontrolle im Deutschen Reich zu. → S. 95

Am Rande der Ausstellung des Britischen Empire in London (→ 14. 4. / S. 67) findet die erste »Weltkraft-Konferenz« statt, zu der fast 40 Länder Vertreter entsandt haben. Die Arbeit der Konferenz betrifft das Gebiet der gesamten Energieerzeugung (Elektrizität, Wasser usw.) und deren ökonomische Verwertung.

Das Wetter im Monat Juni

Station	Mittlere Lufttemperatur (°C)	Niederschlag (mm)	Sonnenscheindauer (Std.)
Aachen	15,6 (15,9)	78 (77)	– (200)
Berlin	16,4 (16,5)	25 (62)	– (244)
Bremen	15,8 (16,0)	69 (59)	– (218)
München	15,8 (15,8)	134 (121)	– (201)
Wien	– (17,6)	– (68)	– (–)
Zürich	15,4 (15,5)	168 (138)	201 (220)

( ) Langjähriger Mittelwert für diesen Monat
– Wert nicht ermittelt

Die »Fliegenden Blätter« nehmen in ihrer Pfingstausgabe die wachsende Beliebtheit rechtsextremer Gruppen aufs Korn

Fliegende Blätter

Erscheinen Freitags

80. Jahrg. Nr. 4114 | München, 8. Juni 1924 | Preis 30 Goldpf.

Münchener Pfingstausflug

„So a gut's Geschäft hab' i noch nie g'macht! Dös kommt davon, daß meine Windradeln ausschau'n wie 's Hakenkreuz."

Erste Sitzung des neuen deutschen Reichstags am 27. Mai, Eröffnung durch den Alterspräsidenten Bock (SPD); kommunistische Abgeordnete fordern lautstark die Freilassung inhaftierter Abgeordneter ihrer Partei

Wieder Reichsregierung unter Marx

3. Juni. Nach gescheiterten Koalitionsgesprächen wird das Kabinett Wilhelm Marx, das am 26. Mai zurückgetreten war, in gleicher Besetzung erneut ernannt. Auch diese zweite Regierung Marx hat keine Mehrheit und ist von der fallweisen Tolerierung durch die linke oder rechte Opposition abhängig. Neuwahlen sind vorprogrammiert.
Seit die Regierungsbasis bei den Reichstagswahlen am → 4. Mai (S. 78) so deutlich schrumpfte, daß die Regierungsparteien nur noch über 30% der Mandate im Reichstag verfügen, ist eine Mitte-Rechts-Koalition mit der DNVP im Gespräch; die SPD kommt wegen grundsätzlicher Meinungsverschiedenheiten mit der Regierung als Koalitionspartner nicht in Frage.
An der negativen Haltung der rechtskonservativen Deutschnationalen (DNVP) zum Dawesplan (→ 9. 4./S. 64) scheitern die Koalitionsverhandlungen. Zum Dawesplan hatte DNVP-Führer Oskar Hergt schon am 7. Mai erklärt, es gebe zwar kein absolutes »Unannehmbar!«, jedoch Vorbedingungen. Das sind für die DNVP die Räumung des Ruhrgebiets und der Widerruf der »ehrenrührigen« Kriegsschuldfeststellung im Versailler Vertrag von 1919.
Die Regierungsparteien wollen auf jeden Fall den Dawesplan unter Dach und Fach bringen. Für seine wirtschaftliche Erholung braucht das Deutsche Reich, so argumentieren Realpolitiker wie Reichsaußenminister Gustav Stresemann, dringend diese Neuregelung der Reparationsfrage (→ 16. 8./S. 130). Davon hängt auch die Entspannung in der Außenpolitik ab.

Spaltung der DVP wegen Dawesplan

22. Juni. Die Deutsche Volkspartei (DVP) verliert ihren rechten Flügel. In Berlin gründen unzufriedene Volksparteiler, voran Moritz Klönne und Albert Vögler die Nationalliberale Reichspartei.
Schon im März hatte sich innerhalb der rechtsliberalen DVP eine besonders von Vertretern der Schwerindustrie getragene Gruppe gebildet. Diese Nationalliberale Vereinigung forderte eine entschieden rechtsgerichtete Politik.

Reichsaußenminister Gustav Stresemann (DVP) will die deutsche Großmachtstellung wiederherstellen, durch politische Zusammenarbeit mit den Alliierten

Unter der Führung von Reichsaußenminister Gustav Stresemann ist die DVP jedoch auf eine Verständigungspolitik mit den Siegermächten eingeschwenkt und befürwortet u. a. den Dawesplan. Sie ist nicht zu grundsätzlichen Konzessionen an den rechten Parteiflügel bereit. Diese verlassen nun die DVP und wenden sich mit ihrer neuen Nationalliberalen Reichspartei gegen »Erfüllungspolitik« und Sozialdemokratie. Programmatisch steht die Partei der Deutschnationalen Volkspartei (DNVP) nahe.

Tumulte bei Reichstagsdebatte: Abgeordnete prügeln sich

24. Juni. Im Reichstag kommt es während der Debatte über Anträge der Kommunisten, Sozialdemokraten und Nationalsozialisten auf Straffreiheit für politische Straftaten und Freilassung von politischen Gefangenen zu heftigen, auch handgreiflichen Tumulten.
Äußerst aufgebracht reagieren Kommunisten und Sozialdemokraten auf die polemische Rede des nationalsozialistischen Abgeordneten Adolf Roth. Dieser fordert eine Amnestie für die wegen des Hitlerputschs Verurteilten (→ 1. 4./S. 62). Für eine Begnadigung der an der linken Räteregierung Beteiligten würde man sich in Bayern, so Roth, jedoch bestens bedanken.

Abgeordneter Wilhelm Laverrenz

Selbst nach Unterbrechung der Sitzung und dem Auszug der KPD steigt die allgemeine Erregung im Hause noch an; die »Frankfurter Zeitung« beschreibt das Geschehen: »Der sozialdemokratische Abgeordnete Eggerstedt-Kiel wird von dem deutschnationalen Abg. Laverrenz mit den Fäusten gestoßen. In dem dichten Knäuel, der sich gebildet hat, stürmen nun verschiedene Sozialdemokraten auf Laverrenz und seine Freunde ein. Der sozialdemokratische Abgeordnete Simon-Franken würgt dabei den Abgeordneten Adolf Roth-Stuttgart . . . an der Kehle. Es entsteht ein ungeheurer Lärm. Die Schmährufe der Streitenden sind nicht zu verstehen . . .«, soweit die »Frankfurter Zeitung«. Die Anträge werden schließlich an den Rechtsausschuß überwiesen.
Schon am 2. Juni kam es zu Tumulten, als kommunistische und nationalsozialistische Anträge auf Freilassung ihrer wegen politischer Straftaten einsitzenden Abgeordneten abgestimmt wurden: Fünf von neun KPD-Abgeordneten kommen frei. Nationalsozialist Hermann Kriebel bleibt in Haft.

Gedenkfeiern für Walther Rathenau

24. Juni. In Berlin finden verschiedene Gedächtnisfeiern für Walther Rathenau statt, so die große Feier der DDP, der Rathenau angehört hatte. Vor genau zwei Jahren fiel der damalige Reichsaußenminister einem Attentat durch Mitglieder des rechtsradikalen Geheimbunds »Organisation Consul« zum Opfer. Unter dem Vorsitz von Reichspräsident Friedrich Ebert (SPD) konstituiert sich in Berlin eine Walther Rathenau-Stiftung. Kuratoriumsmitglieder werden Prominente wie der Physiker Albert Einstein und der Schriftsteller Fritz von Unruh. Wegen seiner als »Erfüllungspolitik« bezeichneten Haltung gegenüber den Alliierten und seiner jüdischen Abstammung war DDP-Politiker Rathenau heftigen Angriffen der nationalistischen Rechtsparteien, besonders der Deutschnationalen Volkspartei (DNVP), ausgesetzt. Rathenau hatte im Auftrag der Reichsregierung Verhandlungen über die Reparationsfrage mit den alliierten Siegermächten des Ersten Weltkriegs geführt.

Nollet, Leiter der Kontrollkommission

Parade französischer Besatzungstruppen in Castrop im Ruhrgebiet

Regierung erlaubt Wiederaufnahme der alliierten Militärkontrolle

30. Juni. *Nach monatelangen Auseinandersetzungen mit den Alliierten gibt die Reichsregierung ihren Widerstand gegen die Wiederaufnahme der alliierten Militärkontrolle im Deutschen Reich auf. Mit Beginn des Ruhrkampfes im Januar 1923 war die Kontrolle der Entwaffnungsbestimmungen des Versailler Vertrags von 1919 eingestellt worden, zu denen u. a. das Verbot der allgemeinen Wehrpflicht, schwerer Waffen und die Reduzierung des Heeres auf 100 000 Mann gehört. Besonders die Franzosen wollen die permanente Kontrolle der deutschen Rüstung aufrechterhalten. Mit Rücksicht auf die bevorstehende Reparationskonferenz in London (→ 16. 7./S. 116) stimmt das Reichskabinett einer Generalinspektion zu (→ 8. 9./S. 150).*

Flügelkämpfe um Koalitionspolitik

11. Juni. Zu erregten Szenen kommt es beim SPD-Parteitag in Berlin, der bis zum 14. Juni dauert, als ein Antrag der Frankfurter Genossen auf Parteiausschluß von Reichspräsident Friedrich Ebert bekannt wird. Der Parteivorstand hatte diesen Antrag nicht veröffentlicht und unterbindet seine Diskussion.

Im Mittelpunkt der Parteitagsdebatte steht die Frage der Koalitionspolitik. Der Fraktionsvorsitzende im Reichstag, Hermann Müller, verurteilt entschieden Bestrebungen des linken Parteiflügels, Koalitionen der SPD mit der bürgerlichen Mitte in den Ländern zu bekämpfen. Die Koalitionsfrage sei zunächst eine Frage der Taktik.

Am 13. Juni wird mit 262 gegen 105 Stimmen ein Antrag Müllers angenommen, der Koalitionen mit bürgerlichen Parteien befürwortet. Entsprechend wird auch der Streit unter Sachsens Sozialdemokraten entschieden (→ 4. 1./S. 15).

Als Parteivorsitzende werden Hermann Müller, Otto Wels und Arthur Crispien bestätigt.

Haarmann wird gefaßt

23. Juni. In Hannover wird Friedrich, genannt Fritz, Haarmann verhaftet. Nach hartem Verhör gesteht er, 27 junge Männer in Hannover ermordet zu haben. Seit Wochen sind immer wieder Leichenteile in der Leine gefunden worden; zahllose Gerüchte verunsicherten die Bevölkerung, eine Welle der Angst und der Unruhe erfaßte die Stadt. Der homosexuelle Haarmann, eine stadtbekannte Erscheinung, ist seit 1918 als Spitzel für die Kriminalpolizei tätig (→ 19. 12./S. 200).

Erste Aufnahme von Massenmörder Friedrich Haarmann (M.) nach seiner Verhaftung in Hannover, auf die er ohne sichtbare Gefühlsregung reagiert

Ausgewiesene kehren zurück

25. Juni. Die Interalliierte Rheinlandkommission annulliert ihre Ausweisungsbeschlüsse. Die 1923 während des Ruhrkampfes aus der französischen Rheinlandzone ausgewiesenen Deutschen können wieder zurückkehren. Betroffen von dieser Regelung sind aber nur Bewohner der linksrheinischen Gebiete des Deutschen Reichs, die aufgrund des Versailler Vertrags von 1919 besetzt wurden. Ausgewiesene aus dem Ruhrgebiet dürfen nicht zurückkehren (→ 3. 9./S. 148).

Die Politik Frankreichs hat sich seit dem Wahlsieg der Linken grundlegend geändert (→ 15. 6./S. 97). Ministerpräsident Édouard Marie Herriot strebt mit dieser »Maßnahme des Wohlwollens« eine Entspannung mit dem Deutschen Reich an. Etwa 15 000 Ausgewiesene, mit Angehörigen rund 60 000 Menschen, dürfen in die französische Zone des besetzten Rheinlands zurückkehren. Insgesamt sind rd. 140 000 Personen zumeist wegen passiven Widerstands in das unbesetzte Deutsche Reich ausgewiesen worden.

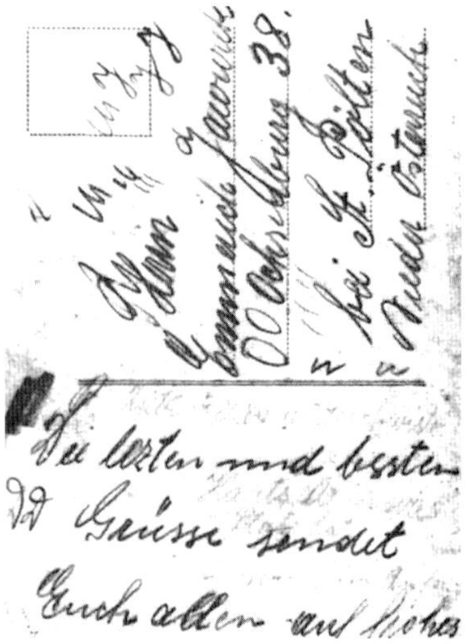

Abschiedskarte von Seipel-Attentäter Karl Jaworek an seine Familie

Attentat auf Österreichs Bundeskanzler Ignaz Seipel (im dunklen Mantel mit Brille) im Wiener Südbahnhof (Zeichnung nach Augenzeugenberichten)

Attentat auf österreichischen Kanzler

1. Juni. Im Wiener Südbahnhof schießt ein Arbeitsloser namens Karl Jaworek mit einem Revolver auf den österreichischen Bundeskanzler Ignaz Seipel. Mit einem Lungensteckschuß muß dieser sofort ins nahegelegene Wiedner Krankenhaus eingeliefert werden.
In ganz Österreich schlagen die Wellen der Empörung hoch. Im bürgerlichen Lager verdächtigt man die »Sozis«, das Attentat angestiftet zu haben. Unter den Arbeitern gehört Seipel nämlich wegen der hohen Arbeitslosigkeit zu den bestgehaßten Politikern. Nach polizeilichen Ermittlungen ist Jaworek, der unmittelbar nach der Tat festgenommen wird, jedoch ein psychopathischer Einzelgänger.

Priester-Kanzler Ignaz Seipel
Ignaz Seipel, geboren am 19. Juli 1876 in Wien, wird Prälat, Professor in Salzburg (1909) und Wien (1917), bevor er 1918 in die Politik geht. Nach dem Weltkrieg ist Seipel maßgeblich an der Ausarbeitung der österreichischen Verfassung beteiligt. Der Führer der Christlichsozialen Partei (seit 1921) tritt 1922 an die Spitze einer bürgerlichen Koalition. Mit Hilfe einer Völkerbundanleihe gelingt ihm die Währungssanierung. Kehrseite der Sparpolitik ist jedoch eine hohe Arbeitslosigkeit. Seipels konservativer innenpolitischer Kurs führt zur Verschärfung der sozialen Spannungen im Land.

Wahlniederlage von Südafrikas Premier

23. Juni. Nach einer überraschenden Wahlniederlage seiner Regierung am 17. Juni tritt Südafrikas langjähriger Ministerpräsident Jan Christiaan Smuts zurück. Sein Nachfolger ist Nationalistenführer James Barry Munnick Hertzog.
Smuts' Südafrikanische Partei konnte nur 52 Mandate erringen (–13) und verliert die Mehrheit im Parlament. Gewinner sind Hertzogs Nationalisten mit nun 61 Mandaten (+16). Labour hat 18 Sitze (–3). Nur durch ein Unterstützungsabkommen der beiden Oppositionsparteien im Wahlkampf, so die allgemeine Einschätzung, konnten sie Smuts diese Niederlage zufügen.
Seit 1919 hat Smuts am Kap der Guten Hoffnung regiert. London verfolgt mit großer Aufmerksamkeit den Führungswechsel im Dominion Südafrikanische Union, da der neue Ministerpräsident und seine Parteifreunde das Verhältnis Südafrikas zum britischen Mutterland grundsätzlich in Frage stellen.

Jan Christiaan Smuts (l.), abgelöst durch James B. M. Hertzog (r.)

Einheitsfront »von unten« ist nun Komintern-Taktik

17. Juni. In Moskau tagt bis zum 9. Juli die Kommunistische Internationale. Komintern-Vorsitzender Grigori S. Sinowjew definiert die Politik der Einheitsfront, die unter Einfluß der KPD eine grundlegende Änderung erfährt.
»Was ist die Einheitsfront? . . . Die Einheitsfront ist eine Methode der Revolution, nicht der Evolution, eine Methode der Agitation und Mobilisierung der Massen in der gegebenen Epoche gegen die Sozialdemokratie . . .« Diese neue Einheitsfront »von unten« setzt auf eine »Linksbewegung« der sozialdemokratischen Basis. Die Agitation der KPD setzt zukünftig nicht mehr bei der Führung sozialistischer und sozialdemokratischer Parteien an, sondern sucht deren Mitgliederschaft für kommunistische Ziele zu gewinnen. Nach dem erfolglosen Aufstand der Kommunisten im Oktober 1923 in Hamburg hat eine linke Gruppierung um Ruth Fischer diese »ultralinke« Wendung der KPD durchgesetzt.

Grigori J. Sinowjew, Vorsitzender der Kommunistischen Internationale und des Leningrader Sowjets

Der sowjetische Botschafter in London, Khristian G. Rakowsky, hält Kontakt zur Komintern

Ernst Thälmann (2. v. l.) beim Komintern-Kongreß in Moskau Juni/Juli 1924; der KPD-Politiker, Vertreter der neuen Einheitsfrontpolitik »von unten«, wird Präsidiumsmitglied des Komintern-Exekutivkomitees

Italien: Führer der Opposition ermordet

10. Juni. In Rom wird Giacomo Matteotti, Sozialisten-Führer und erbitterter Gegner der Faschisten, von einem faschistischen Schlägerkommando entführt und ermordet. Die allgemeine Empörung stürzt das faschistische Regime Benito Mussolinis in eine dramatische Krise kurz nach seinem sensationellen Wahlsieg (→ 6. 4./S. 66).

Matteotti hatte am 30. Mai in einer flammenden Rede vor dem Parlament den Wahlterror der Faschisten angegriffen und die Annullierung der Wahl gefordert. Einen solchen Frontalangriff auf die gerade errungene Machtposition wollten die Faschisten nicht hinnehmen.

Ministerpräsident und Duce Mussolini gerät unter Mordverdacht; in ganz Italien kommt eine faschistenfeindliche Stimmung auf. Die Opposition läuft Sturm: Mit ihrem Auszug aus der Abgeordnetenkammer am 15. Juni will sie Mussolinis Entlassung erzwingen.

Dieser verurteilt zunächst das Verbrechen und kündigt unnachsichtige Verfolgung aller Schuldigen an. Da sich der Unwille der Öffentlichkeit besonders gegen das Innenministerium richtet, verzichtet Mussolini aus taktischen Gründen auf dieses Ressort und überträgt es Luigi Federzoni. Auch opfert er seine am meisten kompromittierten Mitarbeiter Cesare Rossi und Aldo Finzi. Wegen der Uneinigkeit der Opposition, die auch keine Unterstützung bei König Viktor Emanuel III. findet, gelingt es Mussolini, die »Matteotti-Krise« zu überstehen.

Sozialisten-Führer G. Matteotti

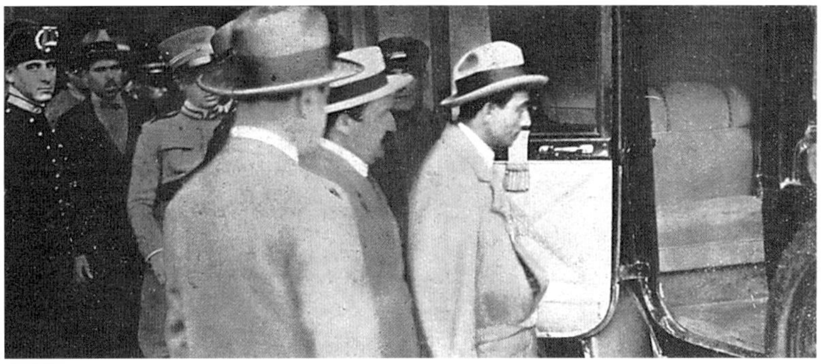

Komplize der Mörder Matteottis (r.): Faschistischer Zeitungsmann Filipelli

Vorkonferenz der Hauptalliierten

21. Juni. Die zweitägige »freundliche und intime Aussprache« (Reuter) zwischen dem britischen Premierminister James Ramsey MacDonald und seinem französischen Amtskollegen Édouard Marie Herriot in Chequers betrifft Fragen der praktischen Durchführung des Dawesplans. Der neue Zahlungsplan für deutsche Reparationen an die Alliierten war am → 9. April (S. 64) vorgelegt worden.

MacDonald und Herriot vereinbaren unter Vorbehalt der übrigen Verbündeten die Einberufung einer Konferenz in London für Mitte Juli (→ 16. 7./S. 116). Herriot macht zur Bedingung, daß die für den Dawesplan erforderlichen Durchführungsgesetze, vor allem über die deutsche Reichsbank, die Reichsbahn und die Belastung der deutschen Industrie, schon vor Konferenzbeginn vom Deutschen Reich verabschiedet werden müßten. Diese einseitige Vorleistung wird von der Reichsregierung abgelehnt.

Präsidentensturz und Linksregierung in Frankreich

15. Juni. Radikalsozialist Édouard Marie Herriot wird französischer Ministerpräsident. Er leitet eine Koalitionsregierung des bei den Parlamentswahlen am → 11. Mai (S. 84) siegreichen Linkskartells (cartel des gauches). Zuvor haben die Linken den Rücktritt von Staatspräsident Alexandre Millerand erzwungen.

Nach der schweren Wahlniederlage des Nationalen Blocks (bloc national) trat Ministerpräsident Raymond Poincaré am 1. Juni mit seinem Kabinett zurück. Eine Regierungskrise bahnte sich daraufan: Die Linken wollten die Demission von Staatspräsident Alexandre Millerand, der seit 1920 den Nationalen Block unterstützte. Nur bei einem Rücktritt Millerands waren sie bereit, die Regierung zu übernehmen. Millerand leistete zunächst Widerstand: »Ich habe es abgelehnt, von meinem Posten zu desertieren«. Dabei konnte er sich auf die Verfassung berufen. Um eine parlamentarische Entscheidung herbeizuführen, beauftragte Millerand am 8. Juni Frédéric François-Marsal mit der Regierungsbildung. Schließlich blieb ihm am 10. Juni doch nur der Rücktritt. Als seinen Nachfolger wählt die französische Nationalversammlung am 13. Juni Gaston Doumergue.

An der neuen Regierung Herriot sind neben den Radikalsozialisten, Paul Painlevés Sozialistische Republikaner und die Linksrepublikaner unter Aristide Briand beteiligt. Von Léon Blums Sozialisten wird die Regierung nur fallweise toleriert. Zum Regierungsprogramm gehört eine antiklerikale Politik, die u. a. den kirchlichen Einfluß in den Schulen zurückdrängen will. In der Außenpolitik deutet sich eine gewisse Entspannung gegenüber dem Deutschen Reich an (→ 25. 6./S. 95). Herriot äußert sich prinzipiell gegen die Ruhrbesetzung; an eine Räumung sei jedoch erst nach der bevorstehenden Neuregelung der Reparationen zu denken (→ 16. 8./S. 130).

Triumph für die Führer des französischen Linkskartells Paul Painlevé (l.) und Édouard Marie Herriot (r.)

Noch-Ministerpräsident François-Marsal (M.) bringt den neuen Präsidenten G. Doumergue (r.) im Auto nach Paris

Urlaub und Freizeit 1924:

Streit um Reisen ins Ausland

Die Verordnung über Ausreisegebühren, die Reichspräsident Friedrich Ebert (SPD) auf Vorschlag der Reichsregierung am 3. April erläßt, stößt vor Beginn der Hauptreisezeit auf energische Ablehnung. Man fühlt sich um den ersehnten Sommerurlaub im Ausland betrogen, denn nur wenige können die 500 Goldmark Ausreisegebühr pro Person zusätzlich zu den ohnehin hohen Reisekosten aufbringen.

Zweck der Verordnung ist, die seit Beginn des Jahres wieder deutlich ansteigende Zahl deutscher Auslandsreisender möglichst stark einzuschränken. Zur Begründung dieser unpopulären Maßnahme wird auf die Klagen des Auslands über »schwelgerische Ausschreitungen« deutscher Reisender hingewiesen. Außerdem belaste die Zunahme der Auslandsreisen den Devisenmarkt und sei bedrohlich für die Währungsstabilität.

Kritiker sehen, was das erste Argument angeht, gerade die gegenteilige Wirkung. »Einfach grundsätzlich 500 Goldmark zahlen zu lassen, heißt doch ein Privileg auf Auslandsreisen für Reiche und für Schieber zu schaffen ...« (»Vossische Zeitung«, Berlin). Gerade für die neureichen Luxusreisenden, die das deutsche Ansehen im Ausland schädigten, wären die Gebühren kein Hindernis. Für den inflationsgeschädigten Mittelstand jedoch »bedeuten 500 Goldmark an Gebühren das Reiseverbot«. Die »Frankfurter Zeitung« schlägt die Staffelung der Reisegebühren nach der Einkommenssteuer vor.

Besonders in der Schweiz war die Diskrepanz zwischen dem luxuriösen Leben deutscher Winterurlauber und der Notwendigkeit von Auslandsspenden für die notleidende deutsche Bevölkerung moniert worden (→ 24. 3./S. 52). Die Zahl der deutschen Touristen in Italien (geschätzt 70 000), in der Schweiz, in Spanien und Portugal übersteigt im Frühjahr 1924 die Durchschnittszahlen aus der Zeit vor dem Weltkrieg bei weitem.

Wegen der vehementen öffentlichen Kritik wird die Gebühr für Auslandsreisen schon vor Beginn der Hauptsaison mit Wirkung vom 18. Juni wieder aufgehoben.

Dennoch verreisen die Deutschen im Jahr 1924 überwiegend innerhalb der Reichsgrenzen. Beliebte Reiseziele für die Sommerfrische liegen an Nordsee- (Westerland auf Sylt) und Ostseeküste (Swinemünde, Kurische Nehrung), am Rhein, in Franken, im Schwarzwald (Baden-Baden) und in Thüringen. Insgesamt verzeichnen die Bäder steigende Urlauberzahlen. Bad Tölz erfreut sich im Sommer 1924 eines besonders großen Besucherandrangs; die Gesamtzahl der Urlauber beträgt bis Anfang August 11 202 Personen. Karlsbad verzeichnet für die Saison 1924 ein Plus von 12 000 Personen gegenüber 1923.

Wer sich eine Auslandsreise leisten kann, wählt zumeist Ziele in Österreich, Italien oder der Schweiz. Wer die See vorzieht, reist meist in eines der reizvollen Bäder an der Nordseeküste der Niederlande:

»Starkes Leben spielt sich am Strande von Scheveningen ab, erstklassige Hotels genügen hier den höchsten Ansprüchen ... Zaandvoort ist das Ideal der Kinder ... Ein Paradies der Vogelliebhaber ist die Insel Texel ... Auf Terschelling und Ameland können die Botaniker und Naturfreunde viele interessante Studien machen ...«, so das »Bäder-Blatt der Frankfurter Zeitung« am 17. August.

Wenig attraktiv sind Reiseziele im Deutschen Reich derzeit für Touristen aus dem Ausland, was vorrangig auf den allgemeinen Visumzwang zurückgeführt wird. Der deutsche Fremdenverkehr kämpft hart um die Wiederherstellung seines durch Krieg und Inflationszeit beeinträchtigten Renommees. Die Preisexplosion 1923 hatte einen dramtischen Urlauberschwund zur Folge. Im Sommer 1924 können die Preise wieder gedrückt werden.

Touristen auf dem Titelblatt der Reisenummer in der »Illustrirten Zeitung« sollen beim Betrachter Reiselust und Urlaubsstimmung wecken

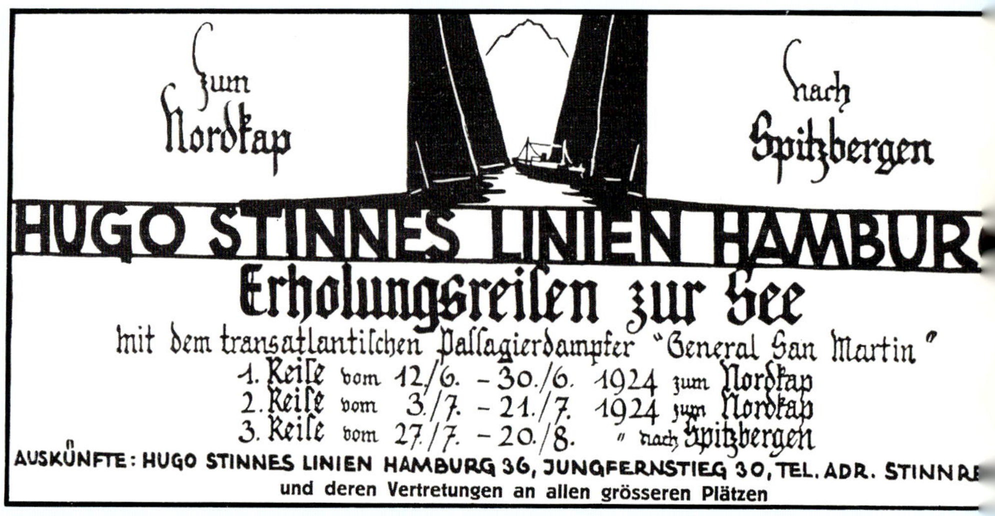

Attraktives, aber keineswegs billiges Reiseangebot der Hugo Stinnes Linien Hamburg: Mit Passagierdampfer »General San Martin« soll es auf Kreuzfahrt in den hohen Norden gehen

Strandszene (gemalt von Max Fabian), wie sie Feriengästen der Seebäder vertraut ist; in Scharen kommen die Urlauber, um Wind, Sonne und Meer zu genießen und natürlich gehört auch die Strandpromenade dazu, bei der die neuesten modischen Errungenschaften vorgeführt werden

Fliegende Blätter

Erscheinen Freitags

80. Jahrg. Nr. 4110 München, 9. Mai 1924 Preis 30 Goldpf

„Glaubst Du immer noch, daß eine neue Eiszeit kommt, die uns nach dem Süden treibt?"

„Ja, ich habe so meine Gründe. Die Regierung würde doch nicht eine Ausreisesteuer von 500 Mark pro Kopf verlangen wenn sie nicht meinte, daß sie bald tüchtig was einbrächte!"

Titelblatt der »Fliegenden Blätter« zum Thema Ausreisegebühren; die Karikatur bringt die von Kritikern betonte Sinnlosigkeit dieser Reisegebühren auf den Punkt

»Ferien auf der Landstraße«: Der letzte Schrei in den USA; der Stadtmensch setzt sich aufs Fahrrad, auf sein Motorrad oder ins Auto; er fährt hinaus ins Grüne, wo er am Rand der Landstraße ein Zelt aufschlägt

Im Wohnwagen unterwegs, gemeinsamer Abwasch ist selbstverständlich; US-Amerikaner verbringen ihren Urlaub neuerdings auf der Landstraße; sie genießen Ungebundenheit und Einfachheit des »Herumzigeunerns«

Abschiedsszene im Hafen von Sydney: Passagiere des nach Europa auslaufenden Dampfers »Ormonde« werfen den Zurückbleibenden Papierschlangen zu

Henry Ford (r.), führender Automobilindustrieller in den USA, und sein Sohn Edsel (l.) mit dem ersten in einer Ford-Fabrik hergestellten Auto und dem zehnmillionsten Wagen des Unternehmens, der 1924 vom Fließband rollt

Erfolg mit Fließband: Zehnmillionster Ford

Juni. Bei Ford in Detroit rollt der zehnmillionste Wagen vom Band. Henry Ford ist mit seiner Unternehmensstrategie (Fordismus) glänzend gefahren. Der größte US-Autohersteller drückte durch rationalisierte Massenfertigung die Herstellungskosten.

Schon 1913 begann Ford mit der Fließbandfertigung seines berühmten T-Modells. Vorher dauerte die Montage eines Fahrgestells mit Achsen, Federn und Motor 12,5 Stunden. Was dann kam, beschreibt Henry Ford in seiner Autobiographie »Mein Leben und Werk« (deutsch 1923): »Anfang 1914 legten wir die Sammelbahn höher. Wir hatten inzwischen das Prinzip der aufrechten Arbeitsstellung eingeführt . . . Das Heraufrücken der Arbeitsebene in Armhöhe und eine weitere Aufteilung der Arbeitsverrichtungen . . . reduziert die Arbeitszeit auf eine Stunde, 33 Minuten pro Chassis.«

Im Jahr 1914 stieg der Ausstoß um 152% auf 308 162 T-Modelle, derzeit beträgt er jährlich mehr als eine Million Einheiten. Durch Preissenkungen werden neue, mittelständische Käuferschichten erschlossen. Hohe Löhne machen auch die Ford-Arbeiter zu potentiellen Auto-Käufern. Ihre monotone Arbeit wird von Ford-Kritikern als »Entseelung der Persönlichkeit« bezeichnet.

△ Fabrikneue Ford-Wagen warten auf den Abtransport nach Europa; europäische Autohersteller fürchten die Ford-Invasion

◁ Ford Highland Park in Detroit, Endmontage des T-Modells, das schon seit 1913 rationell am Fließband produziert wird

»Erforschung des sozialen Körpers«

22. Juni. In der Aula der Universität Frankfurt am Main findet die Einweihungsfeier des Instituts für Sozialforschung statt.

Das neue Institut verfügt über ein eigenes, »in modernstem Stil ausgeführtes Gebäude«, das 16 Forschern Platz bietet. Aufgabe der Sozialforscher ist es, »die Erkenntnis der tieferen Zusammenhänge der Glieder unseres sozialen Körpers zu fördern mit dem Ziele, diese Erkenntnisse für das Leben fruchtbar werden zu lassen« (»Frankfurter Zeitung«). Besonders gilt es, die theoretischen und methodischen Grundlagen der noch relativ jungen Sozialforschung weiterzuentwickeln. Nach dem Vorbild des Instituts für Österreichische Geschichtsforschung werden Forschung und Lehre getrennt. Junge Akademiker zwischen Promotion und Habilitation sollen hier die Möglichkeit haben, unter Bereitstellung der notwendigen wissenschaftlichen Mittel in geeigneter Umgebung zu arbeiten. Kernstück des Instituts ist seine Bibliothek mit bereits 12 000 Bänden.

Neuer Trend zur Naturheilkunde

15. Juni. Der erste Kongreß des »Verbands der Heilkundigen Deutschlands« geht in Frankfurt am Main zu Ende. Wichtige Themen der Tagung, die am 8. Juni begann, sind die Aus- und Fortbildung der nicht ärztlich approbierten Naturheilkundigen. Neben einer regulären Ausbildung will man eine Art staatlicher Approbation für den Naturheilkundigen als »Volksarzt« erreichen. Angestrebt wird ferner die Zulassung zur Kassenpraxis.

Mehrere Vorträge gelten der Augendiagnostik, einem Verfahren zur Erkennung von früheren, bestehenden oder zukünftigen Krankheiten aus der Beschaffenheit der Regenbogenhaut des Auges (Iris).

Die meisten Kongreßteilnehmer sind Homöopathen; Anhänger der arzneilosen Heilverfahren, Magnetiseure, Hypnotiseure und Psychotherapeuten sind nur wenige vertreten. Eines regen Zulaufs von Kranken erfreuen sich die derzeit 4000 bis 5000 deutschen Naturheilkundigen. Seitens der Schulmedizin werden sie als »Kurpfuscher« angefeindet.

Tragisches Ende am Mount Everest

8. Juni. Die dritte britische Mount Everest-Expedition ist gescheitert. Unterhalb des höchsten Berggipfels der Erde (8848 m) verunglücken die beiden Expeditionsteilnehmer George H. Leigh Mallory und Andrew Irvine. Sie werden in 8580 m Höhe zum letztenmal gesehen und sind seither verschollen.

Am 25. März war die Expedition mit zehn Teilnehmern unter der Leitung von Brigadegeneral C. G. Bruce (später Eduard Felix Norton) in Darjeeling in Britisch-Indien aufgebrochen. Beim Rongbuk-Kloster wurde am 29. April das Hauptlager der Expedition errichtet.

Die Briten benutzen die Nordroute zum Gipfel über den Rongbuk-Gletscher und den Nordsattel. Wegen des schlechten Wetters im Mai (–30 °C) verzögert sich die Errichtung der Hochlager am Gletscher.

Der erste Gipfelangriff von Mallory und G. Bruce am 1. Juni scheitert in 7600 m Höhe. Norton und T. Somervell kommen später bis 8540 m, wo jeder Schritt sieben bis zehn Atemzüge kostet. Norton steigt noch allein bis 8570 m auf und stellt damit einen Höhenrekord ohne Maske auf. Schließlich starten am 6. Juni Mallory und Irvine, diesmal mit künstlichem Sauerstoff. Sie kehren nicht zurück. Unklar, aber unwahrscheinlich bleibt, ob sie den Gipfel noch erreicht hatten, also die Erstbesteiger des Everest sind.

△ Expeditionskarawane beim Anmarsch zum Hauptlager am Mount Everest bei Darjeeling am Südrand des tibetanischen Plateaus (4000 m Höhe)

◁ In 8534 m Höhe auf dem Mount Everest: Norton, Teilnehmer der britischen Expedition, bei seinem letzten Versuch, den Gipfel noch zu erreichen

Frauen der Sherpa-Träger beobachten den Aufbruch der Expedition

Briten bestürmen höchsten Gipfel

Bisher sind alle Versuche gescheitert, den höchsten Berg der Welt, den Mount Everest im Himalaya (8848 m), zu bezwingen. Vor allem Bergsteiger aus Großbritannien versuchten in mehreren ehrgeizigen Expeditionen, den Gipfel zu stürmen. Ihre drei Versuche blieben jedoch ohne Erfolg und jedesmal waren Menschenopfer zu beklagen:

1921. Erste britische Mount Everest-Expedition mit neun Teilnehmern unter der Leitung von Lieutenant Col. C. K. Howard-Bury. Während des Anmarsches erliegt A. M. Kellas einem Herzanfall. Aufgabe der Expedition ist die Erkundung möglicher Zugangswege von Osten und Norden. Am 24. September erreichen G. L. Mallory, G. H. Bullock und E. O. Wheeler erstmals den sog. Nordsattel (6990m). Man weiß nun, daß er die Schlüsselstellung für die Nordroute zum Mount Everest-Gipfel ist.

1922. Bei der zweiten britischen Expedition erreichen Mallory, E. F. Norton und H. Somervell ohne Sauerstoffgeräte eine Höhe von 8225 m. Noch höher (8320 m) kommen G. Bruce, Neffe von Expeditionsleiter Brigadegeneral C. G. Bruce, und G. I. Finch mit künstlichem Sauerstoff. Ein schwerer Unfall verhindert jedoch einen weiteren Gipfelangriff. Sieben einheimische Träger, sog. Sherpas, kommen ums Leben, als eine Lawine knapp unter dem Nordsattel eine aufsteigende Trägerkolonne mitreißt. Insgesamt hatte die Expedition 13 Teilnehmer.

1924. Gründlich vorbereitet starten die Briten zum drittenmal. Diesmal will man »the final dash to the peak« (dt. = Endsturm auf den Gipfel) endlich schaffen. Widrige Wetterverhältnisse verzögern den ursprünglich für den 17. Mai geplanten Gipfelangriff. Als Mallory und A. Irvine am → 8. Juni (S. 101) tödlich abstürzen, reagiert die britische Öffentlichkeit mit großer Betroffenheit. Die »Royal Geographic Society« und der Alpine Club in London beschließen daraufhin den Abbruch der Expedition, da nicht noch mehr Menschenleben gefährdet werden sollen.

Neue Vereinigung linker Künstler

13. Juni. In Berlin tritt die Rote Gruppe, eine Vereinigung kommunistischer Künstler, an die Öffentlichkeit. Vorsitzender ist Maler und Grafiker George Grosz. Zu den Mitgliedern gehören Fotomonteur John Heartfield, Maler und Grafiker Rudolf Schlichter und Regisseur Erwin Piscator. Die Gruppe betrachtet es als ihre Aufgabe, in »engster Verbindung mit den zentralen örtlichen Organen der Kommunistischen Partei ... zur verstärkten Wirksamkeit der kommunistischen Propaganda durch Schrift-, Bild- und Bühnenmaterial beizutragen«. So will man z. B. bei »revolutionären Veranstaltungen« mitwirken.

Viel Beifall für Oper von Křenek

9. Juni. Als dramatischer Auftakt zum 54. Tonkünstlerfest wird im Frankfurter Opernhaus die komische Oper »Der Sprung über den Schatten« des österreichischen Komponisten Ernst Křenek uraufgeführt. Das Werk versucht, »die These zu belegen, daß niemand seinen eigenen Schatten überspringen ... könne ... Ein grotesk gegensätzliches Milieu – hier Detektivzentrale, dort Hofatmosphäre – liefert den Antrieb zu entsprechend grotesken musikalisch-szenischen Gestaltungen . . .«, urteilt die »Frankfurter Zeitung«.

Service der Post: Oper per Telefon

18. Juni. Erstmals gelingt in München eine technisch einwandfreie Opernübertragung durch Fernsprecher. Mit etwa 100 in Orchester- und Bühnenraum des Münchner Nationaltheaters verteilten Mikrophonen werden die »Meistersinger« von Richard Wagner aufgenommen. Mit einer speziellen Zusatzeinrichtung kann die Oper telefonisch mitgehört werden. Zuschauer loben die Klangqualität der Übertragung.

Die eigentliche technische Neuerung ist jedoch die Schaltung auf »Ruhestrom«. Sie verhindert die Störung des übrigen Telefonverkehrs. Erhält ein Teilnehmer einen Anruf, so wird sein Anschluß zur Oper automatisch unterbrochen.

US-Manöver simuliert »Seeschlacht der Zukunft«; Flugzeuge greifen mit Phosphorbomben Schiffe an

Nur wenig Chancen für Abrüstungspläne

Juni. Bei Manövern der US-amerikanischen Marine vor der Küste von North Carolina werden die Wirkungen getestet, die moderne Luftbomben auf Großkampfschiffe haben könnten. Kaum fünf Jahre nach dem Weltkrieg proben die Vereinigten Staaten die »Seeschlacht der Zukunft«, während Großbritannien sich pazifistisch zeigt (→ 18. 3./S. 48) und Dänemark sogar die totale Abrüstung anstrebt (→ 21. 7. / S. 117).

Mit umfangreichen Bombenabwurfversuchen prüfen die US-Amerikaner eine mögliche Gefährdung der Groß-Schiffe aus der Luft: Rauchbomben ermöglichen einem Geschwader von Flugzeugen, eine Schlachtschiff-Flotte aus der außerordentlich geringen Höhe von 200 m anzugreifen. Mehrere kleine, schnelle Flugzeuge werfen zunächst Rauchentwickler ab. Die Bombenflugzeuge operieren dann im Schutz der Rauchwolken. Die Die Abwurfversuche zeigen, daß die Wirkung eines solchen Luftangriffs »vernichtend« wäre.

Weniger »Erfolg« als die Weiterentwicklung der »modernen Kriegsführung«, die von pazifistischen Gruppen mit Blick auf die rund 8,5 Millionen Gefallenen und über 21 Millionen Verwundeten des Weltkriegs heftig kritisiert werden, haben seit Kriegsende die Abrüstungsbestrebungen. Für die friedliche Regelung internationaler Streitigkeiten macht sich u. a. Großbritanniens Premierminister James Ramsey MacDonald stark; der Völkerbund will ein entsprechendes Protokoll verabschieden (→ 2. 10./S. 162). Diese Absicht stößt bei der Großmacht USA, deren verstorbener Ex-Präsident Woodrow Wilson (→ 3. 2./S. 36) aus der internationalen Katastrophe des Weltkriegs Konsequenzen für eine friedlichere Welt ziehen wollte und den Völkerbund ins Leben rief, auf wenig Gegenliebe. US-Außenminister Charles Evans Hughes teilt dem Völkerbund am 16. Juni mit, die US-Regierung habe zwar den lebhaften Wunsch, daß geeignete Abkommen abgeschlossen werden möchten, um die Rüstungen zu beschränken, sie könne jedoch nicht dem Völkerbundvertrag beitreten.

Franz Kafka, Albert Ehrenstein, Otto Pick, Lise Katznelson (v. l. n. r.); Scherzaufnahme von 1913 aus dem Prater

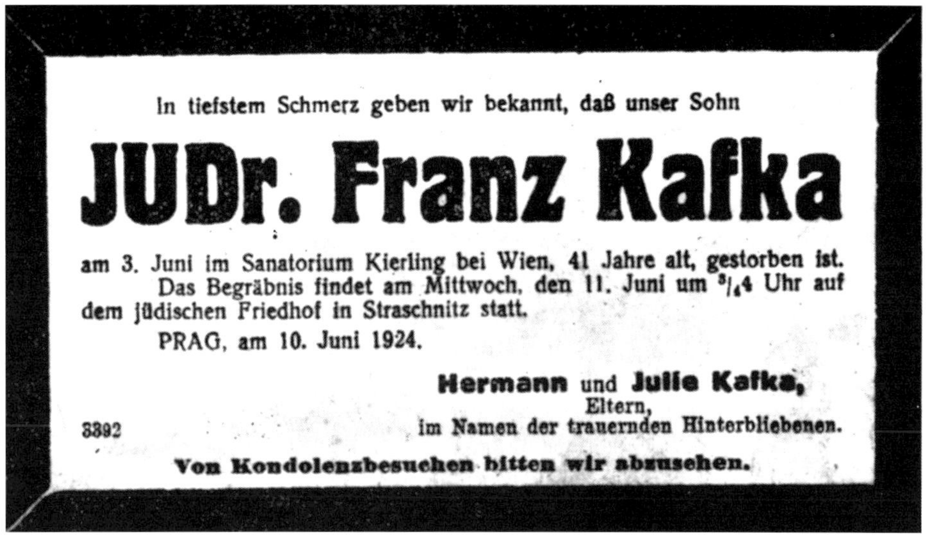

In tiefstem Schmerz geben wir bekannt, daß unser Sohn

JUDr. Franz Kafka

am 3. Juni im Sanatorium Kierling bei Wien, 41 Jahre alt, gestorben ist. Das Begräbnis findet am Mittwoch, den 11. Juni um 3/4 4 Uhr auf dem jüdischen Friedhof in Straschnitz statt.

PRAG, am 10. Juni 1924.

Hermann und Julie Kafka,
Eltern,
im Namen der trauernden Hinterbliebenen.

3392

Von Kondolenzbesuchen bitten wir abzusehen.

Todesanzeige der Eltern für Franz Kafka; zeitlebens quälte den Schriftsteller das schwierige Verhältnis zu seinem Vater, den er als übermächtige und bedrückende Autorität empfand

Zu Lebzeiten wenig beachtet: Schriftsteller Franz Kafka

3. Juni. Im Sanatorium Kierling bei Wien stirbt, unbeachtet vom Getriebe der Literaturwelt, der kaum 41jährige Franz Kafka. Nur wenigen Eingeweihten, Verlegern und Schriftstellern ist Kafka ein Begriff. Seine Romane »Der Prozeß«, »Der Verschollene« (»Amerika«) und »Das Schloß« werden erst posthum von Kafka-Freund Max Brod gegen den erklärten Willen des Autors veröffentlicht.

Weder inhaltlich noch formal lassen sich die Erzählungen und Romane des Pragers einer der gängigen literarischen Strömungen zuordnen. Erst lange nach seinem Tod wird die Bedeutung Kafkas für die Literatur allgemein anerkannt. Neben der Arbeit als Jurist bei der Arbeiter-Unfall-Versicherungs-Anstalt für das Königreich Böhmen in Prag seit Juli 1908 schrieb Kafka an den Spätnachmittagen, die er stets herbeisehnte, seine beklemmend-faszinierende Prosa. Grundthema seiner ist der aussichtslose Kampf des Individuums gegen verborgene, aber allmächtige anonyme Kräfte. Einsamkeit und Angst vor seelenloser, autoritärer Macht – Gefühle, die Kafka zeitlebens quälten – ziehen sich durch seine Erzählungen. Kafka wählt häufig Parabeln, um Aussagen über Empfindungen zu treffen. Seine Sprache bleibt kühl.

Mit dem Schriftsteller Max Brod verband ihn eine lebenslange Freundschaft. Brod sagte über Kafka: »Es ging etwas ganz ungewöhnlich Starkes von ihm aus, was ich nie wieder angetroffen habe, auch bei Begegnungen mit sehr bedeutenden und berühmten Männern nicht«.

Zugleich schien Kafka beständig von Angstgefühlen beherrscht zu sein. In der Erzählung »Das Urteil« (gedruckt 1913) hänge, so schrieb er an die tschechische Journalistin Milena Jesenská, »jeder Satz, jedes Wort, jede – wenn's erlaubt ist – Musik mit der Angst zusammen.« Schwierigkeiten mit seiner Familie aus dem deutsch-jüdischen Bürgertum in Prag spielten eine wichtige Rolle in Kafkas Leben. In dem berühmten »Brief an den Vater« (1919) zeigt Kafka sein Versagen als Folge der unglücklichen Vater-Beziehung. Auch seine unglücklichen Beziehungen zu Frauen prägten den Prager Schriftsteller. So war er mehrmals verlobt, doch eine dauerhafte Beziehung konnte er nie aufrechterhalten.

Der Ausbruch einer Lungentuberkulose im Sommer 1917, die Kafka »fast eine Erleichterung« nannte, beendeten seine »Heiratsversuche« mit Felice Bauer und befreiten ihn vorübergehend von der Büroarbeit. Nach seiner Pensionierung im Juni 1922 verwirklichte er noch einen langgehegten Traum und zog nach Berlin, zu der ostjüdischen Köchin Dora Diamant. Im März 1924 brachte Brod den Todkranken zurück nach Prag.

Franz Kafkas Werk als Spiegel eines isolierten und angsterfüllten Lebens

3. Juli 1883. Geburt Franz Kafkas in Prag (jüdische Kaufmannsfamilie)
1901 bis 1906 Jurastudium in Prag; Freundschaft mit Max Brod
1908 Erste Veröffentlichung: Acht Prosastücke in der Zeitschrift »Hyperion«; Kafka beginnt als Versicherungsjurist zu arbeiten
1912 Begegnung mit Felice Bauer; mit »Das Urteil« (gedruckt 1913) entsteht sein erstes bedeutendes Werk; Kafka schreibt »Die Verwandlung« (gedruckt 1915) und mit »Betrachtung« erscheint sein erstes Buch
1914 »Der Prozeß« und »In der Strafkolonie« entstehen
1917 Erste Anzeichen von Tbc; endgültiger Bruch mit Felice
1919 »Brief an den Vater«
1922 Erzählung »Ein Hungerkünstler« und Roman »Das Schloß«
1923 Übersiedlung nach Berlin; Erzählungen »Eine kleine Frau«, »Der Bau« entstehen
3. Juni 1924 Tod Kafkas; kurz darauf erscheint der Band »Ein Hungerkünstler«, der vier Erzählungen des Autors enthält

Kafka mit Felice Bauer Anfang Juli 1917 in Budapest während einer Reise kurz nach der zweiten Verlobung; wenige Wochen später bricht jener »Bluthusten« aus, den Kafka »fast eine Erleichterung« nennt; die endgültige Trennung von Felice folgt unmittelbar; auch die Liebesbeziehung zu der Journalistin Milena Jesenská, die Kafka 1920 kennenlernt, scheitert

Endspiel des Olympischen Fußballturniers im Stadion von Colombes; die Uruguayer in blauen Trikots (weiß auf dem Foto) begeistern die Zuschauer

Fußball-Gold für Uruguay

Juni. Das Finale beim Olympischen Fußballturnier in Paris zwischen Uruguay und der Schweiz endet 3:0. Nach dem Schlußpfiff des ägyptischen Schiedsrichters Jussuf Mohamed erheben sich die 40 000 Zuschauer im neuen »Stade Colombes« und bringen den »Urus« minutenlange Ovationen dar.

Unbestreitbare Sensation des Fußballturniers dieser VIII. Olympischen Sommerspiele, bei denen Silber und Bronze an die Schweiz und Schweden gehen, sind die Spieler aus Uruguay. In Europa war das hohe Niveau des südamerikanischen Fußballs bisher nicht bekannt. Im Gegensatz zum britischen »Reißbrett«-Fußball zaubern die Balljongleure aus Uruguay voller Ideen und Artistik. Herausragender Spieler der Goldmedaillen-Mannschaft ist der Schwarze José Leandro Andrade.

Einige Wettbewerbe werden schon vor der eigentlichen Eröffnungsfeier der VIII. Olympischen Spiele am → 5. Juli (S. 110) durchgeführt. Zu diesen Vorspielen gehört auch das Fußballturnier, das am 25. Mai begonnen hat und mit 22 Mannschaften stark besetzt ist. England, Dänemark, Norwegen und Deutschland sind allerdings nicht dabei.

Olympia-Postkarte von 1924; der Fußball-Sieg der »Urus« überraschte viele

USA gegen Uruguay; auch hier bleiben die Südamerikaner Sieger

Deutsche Fahrer siegen in Monza

14. Juni. *Gewinner des 24-Stunden-Rennens in Monza (Italien) sind die deutschen Fahrer Christian Riecken und Hans Berthold auf NAG-Sportwagen (40 PS). Überlegen gewinnen die beiden gegen eine starke internationale Konkurrenz. Dabei erreichen sie mit 2583 km in 24 Stunden die bisher längste in ununterbrochener Fahrt durchmessene Strecke. Ihre Durchschnittsgeschwindigkeit betrug 107,5 km/h. Die Sieger werden bei ihrer Rückkehr nach Berlin von Motorsportbegeisterten stürmisch empfangen (Abb. r.).*

Handballmeister aus Frankfurt

15. Juni. *In Leipzig entscheidet der TV Seckbach-Frankfurt/Main das Spiel um die Handballmeisterschaft der Deutschen Turnerschaft (DT) für sich. Ein knappes 1:0 gegen den Pfalzmeister TV Friesenheim reichte den Frankfurtern zum Titelgewinn. Das einzige Tor fiel nach zehn Minuten Spielzeit. In der zweiten Hälfte drängten die Pfälzer stark, konnten aber die Frankfurter Verteidigung nicht durchbrechen (Abb. r., Zeichn. v. Hans Langenberg).*
Seit 1921 ermittelt die DT einen Meister, seit 1922 auch die Deutsche Sportbehörde für Leichtathletik (DSB). DSB-Meister wird der Polizei SV Berlin.

Giro d'Italia fest in italienischer Hand

1. Juni. Sieger des diesjährigen Giro d'Italia wird der Italiener Guiseppe Enrici (143:43:37 h). Sein Landsmann Federico Gay wird zweiter und den dritten Platz belegt Angiolo Gabrielli, ebenfalls ein Italiener. Enrici ist durchschnittlich 25,138 km/h gefahren. Von den 90 Teilnehmern, die am 10. Mai gestartet sind, kommen nur 30 ins Ziel nach Mailand. Die Strecke war 3611 km lang. Hitze und die Bergetappen in Abruzzen und Alpen stellen hohe Anforderungen an das fahrerische Können der Teilnehmer am Giro, der 1909 begründet wurde.

1. FC Nürnberg holt dritten Meistertitel

9. Juni. Mit einem 2:0-Sieg über Titelverteidiger Hamburger SV wird der 1. FC Nürnberg im Berliner Grunewald-Stadion Deutscher Fußballmeister. Vor etwa 30 000 Zuschauern zeigt der »Club«, so der Reporter der »Frankfurter Zeitung«, ein »glänzendes Kombinationsspiel«, dem die Hamburger »in keiner Weise gewachsen« sind.
In der 30. Minute erzielt Georg Hochgesang die Führung für die Süddeutschen; drei Minuten vor Schluß erhöht Wolfgang Strobel auf 2:0. Nach 1920 und 1921 holt sich der 1. FC Nürnberg in diesem Jahr zum dritten Mal den Meistertitel.

Szene aus dem Endspiel um die Deutsche Fußballmeisterschaft in Berlin zwischen dem – siegreichen – 1. FC Nürnberg und Titelverteidiger Hamburger SV

Zwei Weltrekorde in nur 30 Minuten

19. Juni. Paavo Nurmi, überragender Mittel- und Langstreckenläufer aus Finnland, probt in Helsinki für die VIII. Olympischen Sommerspiele in Paris (→ 10. 7./S. 113). In Anpassung an den Zeitplan für die Pariser Wettkämpfe startet er innerhalb einer halben Stunde über 1500 m und 5000 m. Dabei erzielt er ein sensationelles Ergebnis: Weltrekord über 1500 m mit 3:52,6 min und Weltrekord über 5000 m mit 14:28,2 min. »Laufwunder« Nurmi gilt nach diesen Läufen, mit denen er eigene Weltrekorde bricht, als sicherer Medaillenanwärter bei den Olympischen Leichtathletik-Wettkämpfen.

1. FC Nürnberg macht Fußballgeschichte

Am 4. Mai 1900 wird der 1. FC Nürnberg gegründet. Sein erstes offizielles Spiel ist am 29. September 1901. Der »Club«, so nennt der Volksmund den Verein, spielt 2:0 gegen den 1. FC Bamberg.
Beim ersten Auslandsspiel 1906 in Prag gegen die Slavia – sie gilt als beste Mannschaft in Europa – unterliegen die Nürnberger vor 6000 Zuschauern 2:12. In dieser Zeit geben die Berliner und Leipziger den Ton im deutschen Fußball an. Seit 1910 entwickeln sich die Nachbarstädte Nürnberg und Fürth zu einer Fußballhochburg. Am 24. August 1913 eröffnet der 1. FC Nürnberg seine neue Sportplatzanlage (»Zabo«) für 35 000 Besucher.
Die erste Fußballmeisterschaft nach dem Ersten Weltkrieg gewinnen 1920 die Nürnberger überraschend 2:0 gegen SpVgg Fürth. 1921 geht der Titel wieder an den »Club«. Zum Drama wird das Finale gegen den Hamburger SV in Berlin 1922. Nach 90 Minuten (2:2) wird um zweimal 15 Minuten, dann um zweimal 10 Minuten verlängert und schließlich bis zum Abbruch nach drei Stunden fünf Minuten Spielzeit weitergespielt. Bei der Wiederholung in Leipzig wird das Spiel wieder verlängert, als es nach der regulären Spielzeit 1:1 steht. Schließlich wird regelrichtig abgepfiffen und der HSV zum Meister erklärt. Da dieser verzichtet, gibt es keinen Deutschen Meister.
Am → 9. Juni 1924 (S. 105) holt der »Club« zum drittenmal den Titel. In der Meisterelf spielen Heiner Stuhlfauth, Anton Kugler, Gustav Bark, Carl Riegel, Hans Kalb, Hans Schmidt, Hans Sutor, Heinrich Träg, Georg Hochgesang, Ludwig Wieder, Wolfgang Strobel.

Juli 1924

Mo	Di	Mi	Do	Fr	Sa	So
	1	2	3	4	5	6
7	8	9	10	11	12	13
14	15	16	17	18	19	20
21	22	23	24	25	26	27
28	29	30	31			

1. Juli, Dienstag

Heinrich Held (BVP) steht an der Spitze der neuen Landesregierung in Bayern. Da interfraktionelle Verhandlungen nach den Landtagswahlen am → 6. April (S. 65) über Aufnahme des Völkischen Blocks in die Regierung gescheitert sind, bilden die bisherigen Regierungsparteien BVP, Deutschnationale Volkspartei (DNVP) und Bauernbund das neue Kabinett. → S. 114

Auf dem Konvent der Demokraten in New York gestaltet sich die Nominierung des Kandidaten für die Präsidentschaftswahl am → 4. November (S. 180) schwieriger als erwartet. Auch im zehnten Wahlgang erreicht keiner der Bewerber die erforderliche Zweidrittelmehrheit (→ 9. 7. / S. 117).

Zum Nachfolger von General Claude Marie Nollet als Vorsitzender der Interalliierten Militärkontrollkommission wird General Camille Walch, ebenfalls Franzose, ernannt (→ 8. 9. / S. 150).

In Japan wird das metrische System eingeführt.

Auf der Strecke Königsberg-Moskau eröffnet die »Deruluft« einen täglichen Flugdienst in beiden Richtungen.

Im Deutschen Reich sind derzeit rd. 99 000 Rundfunkteilnehmer registriert. Der sprunghafte Anstieg um rund 97 000 Hörer seit Anfang des Jahres ist u. a. auf die Gebührensenkung um drei auf zwei Rentenmark monatlich zurückzuführen (→ 2. 3. / S. 54).

Berlin hat derzeit 51 Theater, davon sind zwölf Sommer- und Gartenbühnen; außerdem sind 156 Varieté- und Kabarettkonzessionen vergeben worden.

2. Juli, Mittwoch

Ministerpräsident Heinrich Held (BVP) stellt eine neue bayerische Landesregierung vor. Es handelt sich um eine Koalition aus Bayerischer Volkspartei, Deutschnationaler Volkspartei und Bauernbund (→ 1. 7. / S. 114).

Mit 100 gegen 10 Stimmen bei 12 Enthaltungen stimmt der in Berlin tagende Hauptausschuß des Reichsverbands der Deutschen Industrie (RdI) dem US-amerikanischen Dawesplan (Reparationsplan) zu. (→ 16. 7. / S. 116).

Nach Meldung des »Daily Chronicle« wird in britischen Regierungskreisen der Vorschlag fallengelassen, einen Tunnel unter dem Ärmelkanal zu bauen.

3. Juli, Donnerstag

Nach Beratungen mit der Reichsregierung billigen die Chefs der deutschen Länderregierungen mit Ausnahme von Mecklenburg-Schwerin die Absicht der Regierung, die baldige Durchführung des Dawesplans zur Neuregelung der deutschen Reparationszahlungen zu erreichen (→ 12. 7. / S. 115).

In Athen wird ein vorläufiges deutsch-griechisches Wirtschaftsabkommen unterzeichnet, das den wichtigsten Exportgütern beider Länder Meistbegünstigung garantiert.

Bei einem Überfall auf einen Häftlingstransport in Duisburg wird der begleitende Polizist schwer verletzt. Zwei Männer schießen in einer Straßenbahn, die zum Häftlingstransport benutzt wurde, auf den Beamten, um den Gefangenen zu befreien. In der unter den Fahrgästen entstehenden Panik gelingt dem Gefangenen die Flucht.

4. Juli, Freitag

Die Fraktionsräume der Kommunistischen Partei im Reichstag und im Preußischen Landtag werden von der Polizei durchsucht. Umfangreiches schriftliches Material wird beschlagnahmt. Der Vorgang steht im Zusammenhang mit einem Hochverratsprozeß gegen Mitglieder der KPD-Zentrale. Die KPD erhebt scharfen Protest.

Das norwegische Parlament beschließt die Umbenennung der Hauptstadt Kristiania. Ab 1. Januar 1925 soll sie Oslo heißen. Im Mittelalter trug die Stadt diesen Namen, bevor sie 1624 abbrannte, vom norwegisch-dänischen König Christian IV. wiederaufgebaut und nach ihm benannt wurde.

Robert Marion La Follette, Senator für Wisconsin, wird in den USA vom Konvent der Progressiven Partei zum Kandidaten für die Präsidentschaftswahlen am → 4. November (S. 180) nominiert (→ 9. 7. / S. 117).

5. Juli, Sonnabend

Eine in São Paulo (Brasilien) ausbrechende militärische Revolte wird mit Regierungstruppen bekämpft. Die Revolte ist gegen die strenge Finanzpolitik von Präsident Arturo da Silva Bernardes gerichtet. Nach mehreren Wochen wird der Aufstand niedergeworfen.

Die Händel-Oper »Xerxes oder Der verliebte König« wird in Göttingen aufgeführt. Die Werke des Komponisten Georg Friedrich Händel erfreuen sich im Deutschen Reich wachsender Beliebtheit. Uraufgeführt wurde die Oper 1738 in London.

Die VIII. Olympischen Sommerspiele werden in Paris offiziell eröffnet. Die Wettkämpfe dauern bis zum → 27. Juli (S. 112). Einige olympische Turniere sind bereits lange vor der Eröffnungsfeier durchgeführt worden (→ 9. 6. / S. 104). Das Deutsche Reich ist, wie schon 1920, von den Olympischen Spielen ausgeschlossen. → S. 110

Jean Borotra besiegt im Wimbledon-Finale seinen französischen Landsmann René Lacoste. Wimbledon-Siegerin im Dameneinzel wird die Britin Kitty McKane vor der US-Meisterin Helen Wills. → S. 125

6. Juli, Sonntag

Reichsaußenminister Gustav Stresemann wird vom Zentralvorstand der Deutschen Volkspartei (DVP) in seinem Amt als Parteivorsitzender bestätigt.

Während eines Arbeitersportfestes in unmittelbarer Nähe von Wien kommt es zu einem Zusammenstoß von Besuchern und bewaffneten Nationalsozialisten, die das Fest zu stören versuchen. Zahlreiche Personen werden verletzt.

In Mexiko wird General Plutarco Elias Calles mit großer Mehrheit zum Staatspräsidenten gewählt. → S. 117

Im Schillertheater Berlin wird Walter Kollos Operetten-Lustspiel »Die Frau ohne Kuß« uraufgeführt.

7. Juli, Montag

Das Weimarer Schöffengericht fällt das Urteil gegen den früheren thüringischen Innenminister Karl Hermann. Wegen falscher Beurkundung wird Hermann zu einem Monat Gefängnis verurteilt. Die Haftstrafe wird jedoch in eine Geldstrafe umgewandelt. → S. 114

In einer Pressemeldung gibt Adolf Hitler bekannt, daß er die Führung der Nationalsozialistischen Bewegung für die Dauer seiner Haft niederlege. Zugleich beginnt Hitler, seine Rechenschafts- und Programmschrift »Mein Kampf« zu diktieren. → S. 120

8. Juli, Dienstag

Zu einem zweitägigen Meinungsaustausch mit seinem französischen Amtskollegen Édouard Marie Herriot über die bevorstehende Londoner Reparationskonferenz ab → 16. Juli (S. 116) trifft der britische Premierminister Ramsey MacDonald in Paris ein. Die Gespräche dienen vor allem der Beilegung britisch-französischer Differenzen über die Durchführung des Dawesplans.

9. Juli, Mittwoch

Der sächsische Landtag nimmt ein Gesetz über die Abfindung des ehemaligen Königshauses an. Für den Verzicht von Ex-König Friedrich August III. auf alle Rechte am Staatsgut leistet der Staat u. a. eine Barabfindung von 300 000 Goldmark. Einer neuen Kulturstiftung werden die königlichen Kunstsammlungen, darunter die Schätze des Grünen Gewölbes, übertragen. → S. 114

Der Konvent der Demokratischen Partei in New York nominiert nach dem 103. Wahlgang John W. Davis durch Akklamation zum Kandidaten für die Präsidentschaftswahlen am → 4. November (S. 180). Vorausgegangen war ein zähes Ringen zwischen Alfred E. Smith und William G. McAdoo. → S. 117

Im polnischen Parlament kommt es bei der Beratung eines Sprachen- und Schulgesetzes zu lautstarken Auseinandersetzungen von Abgeordneten. Als Protest gegen dieses »Ostmarkgesetz«, das eine Polonisierung der ukrainischen und weißrussischen Minderheiten vorantreiben soll, verlassen sämtliche Minderheitsfraktionen das Parlament.

Der fünfte Kongreß der Kommunistischen Internationale in Moskau bestätigt Grigori J. Sinowjew in seinem Amt als Vorsitzender der Exekutivkomitees (→ 17. 6. / S. 96).

10. Juli, Donnerstag

Vor seiner Abreise nach London vergleicht Alanson B. Houghton, US-Botschafter in Berlin, in einem Interview den Dawesplan mit einem Kleidungsstück ausgezeichneten Materials, das einer geringfügigen Abänderung bedürfe, wozu sich jetzt die diplomatischen Schneider in London versammeln würden (→ 16. 7. / S. 116).

11. Juli, Freitag

Ernst Toller, der wegen seiner Beteiligung an der Münchner Räterepublik 1919 zu fünf Jahren Festungshaft verurteilt worden war, wird aus der Haft entlassen und am 15. Juli aus Bayern ausgewiesen. Bei der Aufführung seines Antikriegsstücks »Hinkemann« in Berlin am 18. Juli wird er vom Publikum stürmisch gefeiert. → S. 114

12. Juli, Sonnabend

Reichskanzler Wilhelm Marx macht auf einem Berliner Presseempfang noch einmal die Position der Reichsregierung zum Dawesplan deutlich. Dabei warnt er vor der Festlegung von Bedingungen für eine deutsche Zustimmung, die einzig von der gleichzeitigen Zustimmung aller beteiligten Mächte abhänge. → S. 115

Auf den ägyptischen Ministerpräsidenten Sad Saghlul wird von nationalistischen Extremisten ein erfolgloses Attentat verübt. Es steht im Zusammenhang mit bevorstehenden Verhandlungen des Ministerpräsidenten über die Unabhängigkeit Ägyptens und des Sudan mit Großbritannien (→ 19. 11. / S. 183).

In Mecklenburg finden anläßlich des 50. Todestags von Schriftsteller Fritz Reuter Gedenkfeiern statt. Reuter hatte sich in seinem Werk kritisch mit dem preußischen Militarismus, dem Adel und der Gutsherrschaft auseinandergesetzt.

E. A. D. Eldridge stellt in Arpajon auf Fiat mit 234,974 km/h einen Geschwindigkeitsweltrekord auf.

13. Juli, Sonntag

Von der brasilianischen Botschaft in Paris werden Pressemeldungen über den Militäraufstand in São Paulo als bedeutend übertrieben bezeichnet. Der Aufstand beschränke sich nur auf die Stadt São Paulo, habe sich jedoch nicht, wie gemeldet wurde, auf die gleichnamige Provinz ausgebreitet.

Anläßlich der Enthüllung eines Fliegerdenkmals findet in Nürnberg ein Fliegergedenktag statt, an dem vor allem Organisationen ehemaliger Flieger- und sonstiger Kriegervereine sowie Vaterländische Verbände teilnehmen.

In ihrer Beilage bildet die »Vossische Zeitung« das im Bau befindliche Berliner Radio-Hochhaus ab

Nummer 28
13. Juli 1924

Zeitbilder

Beilage zur Vossischen Zeitung

Das Radio-Hochhaus, das in der Ritterstraße in Berlin gebaut wird. (Architekt Georg Caro.)

STUDENT UND WEINBRAND

Novelle von E. Siewert

Das gute liebe Vorderzimmer mit den alten Mahagonimöbeln, dem großen Bücherschrank, der Aussicht auf den jungen Park muß abgegeben werden. Ein Dr. phil. soll es haben; ihm wird gegönnt, es als Abmieter zu beziehen. Der ist ein durchaus geistig veranlagter Mann, sehr musikalisch, ein nicht unwitziger, unterhaltsamer Mensch trotz seiner Gelehrsamkeit und dabei weder blutarm noch knochenschwach, sondern angenehm männlich kräftig. Nun, das ist doch was. Dieser entfernt verwandte Edelmensch soll der erste Abmieter der Familie sein.

Er fand sich nicht ein; aber die Mietsteigerung fand sich ein. Wohlan, dann sollte es ein Skandinave werden, womöglich ein langer blonder Dichter. Die Familie kannte einen solchen, der nicht sprühte und prunkte mit Körperkraft, dem nicht die blendendsten Aussichten vor der Nase lagen, bei einem Ausländer ist derartiges beinahe erfrischend als Beigabe. Dieser sympathische, unabwendbar zum Dichten getriebene Mensch wollte, wenn nicht selber kommen und einwohnen, doch einen Geistes- und Stammverwandten schicken. Es kam keiner von beiden.

Mit einem exotisch aussehenden Freund trat ein keck und fröhlich, energisch und intelligent aussehendes Herrchen auf, sah das Zimmer, lächelte die vielen Bücher an und die Damen, die mit ihm verhandelten und wollte durchaus zuziehen. Ein Studentchen aus Kiew.

Ziehe zu! Was weiter wird, steht ohnehin in den Sternen. Bedingungen sind: ruhiges, einem Damenhaushalt gemäßes Verhalten, Enthaltung von jeglichem nächtlichen Radau. Sofort bemerkte die haushaltende Dame, daß dies Wesen elastisch und leise ging, sich geschickt und angenehm bewegte, alles wie auf Sprungfedern. Die Zierlichkeit seines Körperbaus, der knabenhafte Zuschnitt seines dunklen Lockenkopfs waren ein Vorzug.

14. Juli, Montag

Nach Meldungen der Agentur Reuter ist im indischen Delhi nach blutigen Zusammenstößen zwischen Mohammedanern und Hindus die Ruhe wiederhergestellt. Bei den Religions-Unruhen wurden zwei Personen getötet und rd. 80 verletzt (→ 27. 9. / S. 152).

15. Juli, Dienstag

Die Optionsfrist für die Deutschen in Oberschlesien läuft ab. Nach dem polnisch-deutschen Abkommen vom 15. Mai 1922 konnten die im polnischen, ehemals deutschen Teil Oberschlesiens lebenden Deutschen bisher über ihre Staatsbürgerschaft entscheiden. Seit dem Ende des Weltkriegs gehören große Teile Oberschlesiens zum polnischen Staat (→ 30. 8. / S. 134).

Nach Meldungen aus Peking haben schwere Wolkenbrüche in den Provinzen Honan, Hunan, Anhwei und Kiangsi eine schwere Überschwemmungskatastrophe verursacht, die Tausende von Menschenleben gefordert und zahlreiche Dörfer zerstört hat. Zeitweise war auch Peking, das vom Umland abgeschnitten ist, akut bedroht.

16. Juli, Mittwoch

In London beginnt die einmonatige Reparationskonferenz zur Beratung des Dawesplans und seiner Durchführung. Dieses Gutachten über die deutschen Reparationszahlungen hatte ein Sachverständigenausschuß unter der Leitung des US-Finanzexperten Charles Gates Dawes erarbeitet. → S.116

Aufgrund einer Amnestie wird Eamon de Valera, Führer der republikanischen Sinn Féin-Bewegung im Freistaat Irland, nach einem Jahr aus der Haft entlassen. De Valera, der den Irischen Freistaat bekämpft, war am 15. August 1923 in Ennis während einer Wahlrede verhaftet worden. → S. 116

17. Juli, Donnerstag

Beratungen der gewerkschaftlichen Spitzenverbände mit den Spitzenorganisationen der Deutschen Beamtenschaft in Berlin gelten der Frage, ob durch eine Volksabstimmung die gesetzliche Regelung der Arbeitszeit auf der Basis des Achtstundentags vorangetrieben werden könnte. Grundsätzlich wird eine Volksabstimmung von allen Organisationen als ein gangbarer Weg anerkannt.

18. Juli, Freitag

In einer Unterredung mit seinem französischen Amtskollegen Édouard Marie Herriot in London drängt der britische Premierminister James Ramsey MacDonald auf eine bedingungslose Zulassung des Deutschen Reichs zur Londoner Reparationskonferenz (→ 16. 7. / S. 116; 16. 8. / S. 130).

Die KPD gründet mit dem Roten Frontkämpferbund einen eigenen politischen Kampfverband. Nach blutigen Zusammenstößen zwischen Polizei und kommunistischen Demonstranten im Zusammenhang mit einem von Rechtsverbänden organisierten »Deutschen Tag« in Halle am 11. Mai hatte die KPD-Zentrale den entsprechenden Gründungsbeschluß gefaßt. → S. 115

Gemäß den Forderungen des Völkerbundrats, der die österreichische Sanierung überwacht, verabschiedet der Nationalrat Österreichs ein Gehaltsgesetz, das Einsparungen bei der Beamtenbesoldung vorsieht (→ 21. 2. / S. 35).

In der persischen Hauptstadt Teheran wird der US-amerikanische Konsul Major Imbrie von einer aufgebrachten Menschenmenge getötet, als er mit seinem Sekretär einen geweihten Brunnen fotografiert.

Anläßlich ihres 60. Geburtstags würdigt Thomas Mann die deutsche Erzählerin und Lyrikerin Ricarda Huch mit einem Essay. Darin bezeichnet er die Jubilarin als die »erste Frau Europas«. → S. 124

Ottavio Bottecchia gewinnt als erster Italiener die Tour de France, die am 22. Juni gestartet wurde. → S. 124

19. Juli, Sonnabend

Bei seiner Ankunft in Southampton erklärt US-Außenminister Charles Evans Hughes vor der Presse: »Das amerikanische Volk und die Regierung nehmen ein lebhaftes Interesse an der Durchführung des Dawesplanes. Die amerikanische Regierung ist der Ansicht, daß dieser Bericht eine solide Grundlage für die wirtschaftliche Wiederaufrichtung Europas darstellt.« (→ 16. 7. / S. 116)

In Antwerpen tagt die erste Konferenz der katholischen Arbeiterbewegung in den Niederlanden, Belgien, Luxemburg, der Schweiz und im Deutschen Reich.

Mit der »Frankfurter Olympiade« findet im Deutschen Reich eine Ersatzveranstaltung für die deutschen Athleten statt, die an den VIII. Olympischen Sommerspielen in Paris (→ 5. 7. / S. 110), laut Beschluß des Internationalen Olympischen Komitees nicht teilnehmen dürfen. → S. 114

20. Juli, Sonntag

Die Londoner Presse äußert sich in ihren Kommentaren über den Stand der Londoner Konferenz sehr befriedigt (→ 16. 7. / S. 116; 16. 8. / S. 130).

In Rosenheim findet die 50. Tagung des Deutschen und Österreichischen Alpenvereins statt.

21. Juli, Montag

US-amerikanische und britische Großbanken, von deren Mitwirkung der Erfolg der vorgesehenen Anleihe für das Deutsche Reich und damit des Dawesplans insgesamt abhängt, setzen Frankreich unter Druck. Die Banker verlangen u. a. eine Verpflichtung Frankreichs, in Zukunft auf Sonderaktionen im Falle deutscher Verfehlungen zu verzichten (→ 16. 7. / S. 116; 16. 8. / S. 130).

Über die Landesgrenzen hinaus erregt der Abrüstungsplan von Dänemarks Verteidigungsminister Gustav Rasmussen Aufsehen. Der Plan, der dem Reichstag zur Abstimmung vorgelegt werden soll, sieht die vollständige Beseitigung der dänischen Armee und Flotte vor. → S. 117

22. Juli, Dienstag

In Bayreuth werden die ersten Wagner-Festspiele nach dem Weltkrieg mit den »Meistersingern« eröffnet. Für Aufsehen sorgt die Parteinahme der Festspielleitung für die völkischen Rechte. → S. 125

23. Juli, Mittwoch

Im bayerischen Landtag kommt es während einer Debatte über die Justiz in Bayern zu einem Tumult, als ein völkischer Abgeordneter erklärt, die Sozialdemokratie solle nicht immer über Mord schreien, denn sie verherrliche selbst den Fürstenmord.

Das Schöffengericht Stolp verurteilt den baltischen Baron Skott von Pistolotows wegen Beleidigung des Reichspräsidenten Friedrich Ebert (SPD) zu zwei Monaten und zwei Wochen Gefängnis. Ebert war von dem deutschnationalen Baron in aller Öffentlichkeit als »Schuft« bezeichnet worden.

24. Juli, Donnerstag

Nach dem Rücktritt der griechischen Regierung unter Alexander Papanastasiou, die erst seit 11. März im Amt ist, stellt Themistokles Sofulis ein neues Regierungskabinett vor.

25. Juli, Freitag

In dritter Lesung nimmt das britische Unterhaus ein Wohnungsgesetz an, das zur Bekämpfung der Wohnungsnot ein umfangreiches, staatlich finanziertes Hausbauprogramm vorsieht. Bis 1939 sollen Häuser mit insgesamt 2,5 Millionen Wohnungen gebaut werden.

In Norwegen kommt es zum Regierungswechsel, nachdem die Gesetzesvorlage zur Aufhebung des Branntweinverbots vom Parlament abgelehnt wurde. Das bisherige Kabinett Abraham Berge tritt zurück. An der Spitze der neuen Linksregierung steht der Bergener Reeder Johann Ludwig Mowinckel.

Befriedigt äußert sich die US-Postbehörde über eine neue transkontinentale Luftpostverbindung zwischen New York und San Francisco. Während der ersten 15 Tage wurden die Flüge, bei denen eine Strecke von insgesamt 80 400 Meilen (rd. 130 000 km) zurückgelegt wurden, ohne einen einzigen Unfall bewältigt. Die Luftpost braucht nur 38 Stunden für die Strecke, während die Bahnpost fünf bis sechs Tage dauert.

26. Juli, Sonnabend

Mit den Stimmen der oppositionellen SPD verabschiedet der Reichstag ein drittes Notetatgesetz, das der Reichsregierung eine unbefristete Ermächtigung zur Haushaltsführung erteilt. Bisher ist es der Minderheitsregierung unter Wilhelm Marx nicht gelungen, eine Reichstagsmehrheit für den regulären Haushaltsentwurf zu gewinnen. → S. 115

Bei Spithead nimmt der britische König Georg V. eine Flottenparade ab. → S. 120

27. Juli, Sonntag

In Berlin stirbt der italienisch-deutsche Komponist und Pianist Ferruccio Busoni im Alter von 58 Jahren. Busoni lebte seit 1894 in Berlin und leitete seit 1920 die Meisterklasse für Komposition an der Akademie der Künste.

28. Juli, Montag

Bei der Londoner Reparationskonferenz ist die Frage der militärischen Räumung des Ruhrgebiets zum zentralen Problem geworden. Es wird der Beschluß gefaßt, Vertreter des Deutschen Reichs nach London einzuladen (→ 16. 7. / S. 116; 16. 8. / S. 130).

Die Reichsregierung läßt dem Völkerbund eine Denkschrift überreichen, in der sie ihren Standpunkt zum vom Völkerbund ausgearbeiteten Garantiepakt darlegt, dessen Verabschiedung bevorsteht (→ 2. 10. / S. 162).

Auf Schacht IV der Zeche Friedrich Thyssen in Hamborn (Duisburg) ereignet sich ein schweres Grubenunglück, dem sechs Bergleute zum Opfer fallen.

29. Juli, Dienstag

Anläßlich des fünften Jahrestages der Unterzeichnung des Versailler Friedensvertrags findet im Reichstag eine Veranstaltung unter dem Motto »Gegen das Friedensdiktat und die Kriegsschuldlüge« statt, an der auch Reichskanzler Wilhelm Marx und mehrere Kabinettsmitglieder teilnehmen.

Georg Kerschensteiner, Reformpädagoge und ehemaliger Stadtschulrat in München, wird 70 Jahre alt. Kerschensteiner ist besonders durch seine Schriften »Die staatsbürgerliche Erziehung der deutschen Jugend« und »Begriff der Arbeitsschule« bekannt geworden (→ 28. 8. / S. 140).

30. Juli, Mittwoch

Der Heidelberger Privatdozent Emil Julius Gumbel wird von seinem Amt suspendiert. Der Pazifist hatte in der Vergangenheit mehrfach auf die illegalen Aktivitäten rechtsgerichteter Kreise hingewiesen. → S. 115

31. Juli, Donnerstag

In Berlin wird nach längeren Verhandlungen ein deutsch-tschechoslowakisches Handelsabkommen unterzeichnet, das gegenseitige Importerleichterungen vorsieht.

Das Wetter im Monat Juli

Station	Mittlere Lufttemperatur (°C)	Niederschlag (mm)	Sonnenscheindauer (Std.)
Aachen	17,0 (17,5)	127 (75)	– (190)
Berlin	17,6 (18,3)	111 (70)	– (242)
Bremen	17,4 (17,4)	91 (92)	– (207)
München	17,7 (17,5)	187 (137)	– (226)
Wien	– (19,5)	– (84)	– (–)
Zürich	17,3 (17,2)	129 (139)	217 (238)

( ) Langjähriger Mittelwert für diesen Monat
– Wert nicht ermittelt

Die ersten Wagner-Festspiele nach dem Weltkrieg nimmt die »Illustrirte Zeitung« in ihren Titel auf

Laufwettbewerb bei den Olympischen Sommerspielen im neu errichteten Stadion von Colombes; im Hintergrund die Ehrentribüne; Aquarell von Georges

Olympische Sommerspiele in Paris feierlich eröffnet

5. Juli. In Paris werden die VIII. Olympischen Sommerspiele offiziell eröffnet. Auf Wunsch des Begründers der modernen Olympischen Spiele und seit 1896 amtierenden Präsidenten des Internationalen Olympischen Komitees (IOC), Pierre Baron de Coubertin, ist Paris nach 1900 zum zweitenmal Austragungsort. 44 Nationen haben 2956 Teilnehmer gemeldet, davon 136 Frauen.

Für alle Wettbewerbe bietet die Seine-Metropole hervorragende Sportanlagen: In Colombes ist ein großes Stadion entstanden, das über eine 500-m-Bahn verfügt. Ferner gibt es ein Fecht-, ein Tennis- und ein vielbestauntes Schwimmstadion in Tourelles am westlichen Stadtrand von Paris. Erstmals wurde ein Olympisches Dorf zur Unterbringung der Athleten gebaut.

Nach ihrem Star benannt, gehen diese Olympischen Sommerspiele als Nurmi-Spiele in die Sportgeschichte ein. Paavo Nurmi, das Laufwunder aus Finnland, feiert in Paris einen phänomenalen Triumph (→ 10. 7. / S. 113). Bei den Leichtathleten werden die siegesgewohnten US-Amerikaner von der europäischen Konkurrenz in die Schranken verwiesen (→ 27. 7. / S. 112). Einige Wettbewerbe sind schon vor der Eröffnungsfeier ausgetragen worden. Am 4. Mai hatten die Spiele mit dem Rugby-Turnier begonnen. Das Fußballturnier (→ 9. 6. / S. 104) begann am 25. Mai, das Schießen am 23. Juni und das Fechten am 27. Juni. Wie schon bei den Spielen in Antwerpen 1920 wurde die Mannschaft des Deutschen Reichs, des »Kriegsschuldlandes«, nicht eingeladen (→ 19. 7. / S. 114).

Teilnehmer und Teilnehmerinnen nach Herkunftsländern*

Ägypten 32/–	Finnland 105/–	Jugoslawien 50/–	Österreich 38/3	Türkei 25/–
Argentinien 79/–	Frankreich 299/20	Kanada 61/–	Philippinen 1/–	Ungarn 85/4
Australien 33/–	Griechenland 36/1	Kuba 9/1	Polen 74/1	Uruguay 34/–
Belgien 168/5	Großbritannien 221/26	Lettland 41/–	Portugal 30/–	USA 268/23
Brasilien 11/–	Haiti 3/–	Litauen 18/–	Rumänien 46/–	
Bulgarien 33/–	Holland 139/9	Luxemburg 51/2	Schweden 147/12	
Chile 13/–	Indien 10/1	Mexiko 15/–	Schweiz 126/3	
Dänemark 53/12	Irland 49/2	Monaco 6/–	Spanien 80/2	
Ecuador 3/–	Italien 199/3	Neuseeland 3/1	Südafrika 29/–	
Estland 43/–	Japan 18/–	Norwegen 57/2	Tschechoslowakei 15/4	

* Angaben Männer/Frauen

Teilnehmer und Teilnehmerinnen nach Sportarten*

Boxen 182/–	Kanusport 8/–	Pelota 16/–	Ringen 228/–	Schwimmen 252/75
Fechten 216/25	Leichtathletik 652/–	Polo 24/–	Rudern 182/–	Segeln 67/1
Fußball 280/–	Moderner Fünfkampf 38/–	Radsport 140/–	Rugby 54/–	Tennis 92/35
Gewichtheben 107/–		Reiten 97/–	Schießen 258/–	Turnen 72/–

Plakat für die in Paris ausgetragenen VIII. Olympischen Sommerspiele; hinter Sportler und Weltkugel die Silhouette der französischen Hauptstadt

Eröffnungsfeier im Stadion von Colombes; zum olympischen Eid haben sich die Delegationen der teilnehmenden Nationen auf dem Rasen aufgestellt

Vorbeimarsch der Delegationen an der Ehrentribüne im Stadion von Colombes; französische Sportler grüßen Staatspräsident Doumergue und seine Gäste

Ein »ABC« der Olympischen Spiele informiert über nationale und Weltrekorde in allen Disziplinen

Siegerdiplom der Olympischen Sommerspiele in Paris, in die 30 Millionen Francs investiert wurden

Auf der Prominententribüne im Pariser Olympiastadion (v. l. n. r.): Prinz Henry, die rumänische Kronprinzessin, der britische Kronprinz und Prinz von Wales Eduard, Staatspräsident Gaston Doumergue

US-Sprinter ohne erwartete Erfolge

27. Juli. Höhepunkte der am → 5. Juli (S. 110) eröffneten VIII. Olympischen Spielen in Paris verbinden sich besonders mit dem Namen Paavo Nurmi (→ 10. 7. / S. 113). Nicht der großen Sportnation USA, sondern Finnland gilt die Bewunderung der Welt. Die erfolgreichsten Leichtathleten: Paavo Nurmi (Finnland: 5 mal Gold), Ville Ritola (Finnland: 4 mal Gold; 2 mal Silber), Harold Osborn (USA: 2 mal Gold), Clarence Houser (USA: 2 mal Gold).
Überraschend gewinnt der Brite Harold Maurice Abrahams in 10,6 sec den 100-m- Sprint gegen die US-Spitzenläufer Jackson Scholz, Charles Paddock und Loren Murchison. Abrahams holt als erster Europäer in der olympischen Geschichte Gold in dieser Disziplin. Von den favorisierten US-Sprintern gewinnt Jackson Scholz, der über 200 m mit 21,6 sec siegt, eine Goldmedaille. Im 400-m-Lauf siegt mit 47,6 sec ein schottischer Pastor, Eric Liddell. Der »fliegende Pfarrer« ließ den 100-m-Lauf ausfallen, weil er auf einen Sonntag fiel.
Dominierende Mittel- und Langstreckler sind die Finnen, wobei Ville Ritola trotz großer Erfolge im Schatten des vielbewunderten Nurmi steht (→ 10. 7. / S. 113).
Bemerkenswert bei den Leichtathleten ist der Doppelsieg der US-Amerikaner im Weitsprung: William DeHart Hubbard holt mit 7,445 m Gold, bei Edward Gourdin reichen die 7,275 m für Silber. Zuvor hatte es überraschend einen Weitsprung-Weltrekord innerhalb des Fünfkampfes gegeben: Robert LeGendre (USA) springt am 7. Juli 7,765 m (später mit 7,77 anerkannt). Gerüchten zufolge habe LeGendre lediglich DeHart Hubbard ärgern wollen, den er nicht leiden könne.
Überragender Athlet aus den USA ist jedoch Harold Osborn, der im Zehnkampf mit 7710,775 Punkten (alte Wertung) den Weltrekord von 7481,69 Punkten verbessert, den Aleksander Klumberg (Estland) 1922 aufgestellt hatte. Osborn wird Olympiasieger im Zehnkampf und holt außerdem Gold im Hochsprungwettbewerb mit 1,98 m.
Die Nationenwertung aller Wettkämpfe geht an die Mannschaft der USA (45 × Gold, 27 × Silber, 27 × Bronze) vor Finnland (14 G, 13 S, 10 B) und Frankreich (13 G, 15 S, 10 B).

Sensation im 100-m-Finale; erstmals gewinnt mit dem Briten Harold Maurice Abrahams ein Europäer die Goldmedaille auf der kürzesten Sprintstrecke; Favorit Charles Paddock aus den Vereinigten Staaten wird fünfter, sein Landsmann Jackson Scholz (2. v. r.) zweiter

Siebter Kilometer beim 10 000-m-Lauf: Ville Ritola aus Finnland zieht an dem Schweden Edvin Wide vorbei, legt auf den letzten 1000 m kräftig zu und gewinnt in Weltrekordzeit; Paavo Nurmi muß zusehen, der finnische Verband will ihn nicht überstrapazieren

Überraschender Weitsprung-Weltrekord im falschen Wettkampf: Robert LeGendre (USA) springt im Rahmen des Fünfkampfes, bei dem er insgesamt den dritten Platz belegt, 7,765 m

Lee Barnes (USA) gewinnt mit 3,95 m Gold beim Stabhochsprung nach einem Stichkampf gegen Glenn Graham (USA); Weltrekordhalter Charles Hoff (NOR) muß verletzt zuschauen

Armand Blanchonnet, Sieger des Straßenrennens über 188 km; Blanchonnet hatte, wie alle Franzosen, bereits seit Monaten auf der schlechten Strecke trainieren können

Goldmedaille für den Schweizer Oberleutnant Alphonse Gemuseus auf Lucette im olympischen Jagdspringen; die Equipe aus der Schweiz gewinnt mit Hauptmann Hans Bühler auf Sailor Boy und Leutnant Werner Stuber auf Girandole auch noch die Silbermedaille im Nationenpreis; die Sommerspiele in Paris sind für das kleine Alpenland die erfolgreichsten Olympischen Spiele

Boxfinale im Halbschwergewicht, gewonnen von Harry Mitchell aus Großbritannien gegen den Dänen Thyge Petersen; der Ringrichter (im Vordergrund) steht außerhalb des Rings

Laufwunder Nurmi Star der Spiele

10. Juli. Innerhalb von eineinhalb Stunden erläuft Paavo Nurmi zwei Goldmedaillen bei den Olympischen Sommerspielen in Paris. Zuerst gewinnt der Ausnahmeläufer aus Finnland die 1500 m in 3:53,6 min und anschließend die 5000 m in 14:31,2 min. Der Start zu den 5000 m erfolgte 26 Minuten nach dem Ende 1500 m. Seine Weltrekorde auf diesen Strecken vom → 19. Juni (S. 105) unterbietet er allerdings nicht. Zweiter beim 5000-m-Lauf ist der Finne Ville Ritola, der trotz seiner herausragenden sportlichen Leistungen (4 × Gold, 2 × Silber) ganz im Schatten Nurmis steht.

Als Nurmi zwei Tage nach dieser Leistung auch noch die »Sonnenschlacht von Colombes«, den dramatischen Querfeldeinlauf über 10,650 km, gewinnt, kennt der Jubel keine Grenzen. Bei mörderischer Hitze mit Schattentemperaturen von 36 °C starten 40 Teilnehmer, nur 15 erreichen das Ziel. Die übrigen sind vorher ausgeschieden. Dem König der Langstreckler sind die übermenschlichen Anstrengungen nicht anzumerken. In scheinbar mühelosem und immer elegantem Laufstil erringt Nurmi seine Siege. Bei jedem Rennen hält er eine Stoppuhr in der Hand, um seine Zeit ständig kontrollieren zu können. Vom 8. bis 13. Juli startet er siebenmal und gewinnt siebenmal. Medaillen für die Mannschaftswertung eingerechnet, verläßt er Paris mit fünfmal Gold.

Paavo Nurmi: Er läuft seine Rennen mit der Stoppuhr in der Hand

Holt in Paris fünf Goldmedaillen: Nurmi, Anfang der 20er Jahre

Es sind seine Spiele: Nurmi, das Laufwunder aus Finnland

Nurmi bei der »Sonnenschlacht von Colombes«, einem 10-km-Lauf bei brütender Hitze, den er souverän gewinnt

Vor Ville Ritola erreicht Nurmi beim 5000-m-Lauf das Ziel: Die zweite Goldmedaille an diesem Tag

Start zum 400-m-Kraul-Finale: Weissmuller, Borg, Charlton (v. o.)

Drei Olympiasiege von Weissmuller

20. Juli. Am Schlußtag der Olympischen Schwimmwettkämpfe in Paris holt sich der zwanzigjährige Schwimmer Johnny Weissmuller aus Chicago (USA) drei Medaillen: Gold über 100 m Kraul, Gold mit der 4 × 200-m-Kraulstaffel in der Weltrekordzeit von 9:53,4 min sowie Bronze mit dem US-Wasserballteam. Zwei Tage vorher war Weissmuller Olympiasieger über 400 m Kraul vor dem Schweden Arne Borg und dem Australier Andrew Charlton geworden. Der 16 Jahre alte Charlton hatte am 15. Juli sensationell den 1500-m-Kraul-Wettbewerb mit 20:06, 6 min vor dem Favoriten Borg für sich entschieden.

Die »Großen Drei« der olympischen Schwimmwettkämpfe im neuerbauten Schwimmstadion von Tourelles: Charlton, Weissmuller und Borg

Held übernimmt Führung Bayerns

1. Juli. Neuer Ministerpräsident in Bayern ist Heinrich Held. Der bisherige Fraktionschef der Bayerischen Volkspartei (BVP) im Landtag tritt an die Spitze einer Koalition aus

Heinrich Held, seit 1914 Vorsitzender des Zentrums in Bayern, seit 1918 der Bayerischen Volkspartei, ist Monarchist und bayerischer Föderalist; er ist loyal gegenüber dem Reich und Gegner des Nationalsozialismus

den alten Regierungsparteien BVP, Deutschnationale Volkspartei (DNVP) und Bauernbund. Vorausgegangen sind langwierige Verhandlungen mit dem Völkischen Block über dessen Aufnahme in die Koalition. Mit dem Sieger der Landtagswahlen am → 6. April (S. 65) wurde keine Einigung erzielt. Held plädiert in seiner Regierungserklärung erneut für eine Verfassungsreform (→ 4. 1. / S. 14).

Gericht verurteilt Ex-Innenminister

7. Juli. Wegen falscher Beurkundung in fortgesetzter Handlung wird der frühere thüringische Innenminister Karl Hermann (SPD) vom Weimarer Schöffengericht zu einem Monat Gefängnis, umgewandelt in 1000 Goldmark Geldstrafe verurteilt. Das Gericht billigt Herman zu, nicht aus unlauteren Motiven gehandelt zu haben. Seit dem 14. Februar 1921 war er Innenminister im sozialistischen Kabinett August Frölich, das nach dem Wahlsieg der Bürgerlichen (→ 10. 2. / S. 35) am 21. Februar zurückgetreten ist. In einem zweiten Prozeß im November wird Hermann wegen Unterschlagung staatlicher Gelder ebenfalls zu 1000 Goldmark verurteilt. Hermann hatte im Herbst 1923 Waffenkäufe veranlaßt, um die sog. Proletarischen Hundertschaften auszurüsten. Dabei hatte er staatliche Mittel zweckentfremdet. Das Gericht hält es für erwiesen, daß Hermann nur Waffen zum Schutze der Republik gekauft habe. Dies sei zwar unrechtmäßig, aber nicht aus unedlen Beweggründen geschehen.

Entschädigung für abgesetzten König

9. Juli. Im sächsischen Landtag wird das Gesetz über die Auseinandersetzung zwischen dem Freistaat Sachsen und dem vormaligen Königshaus angenommen. Ex-König Friedrich August III. verzichtet auf alle Rechte am Staatsgut einschließlich Domänengut. Dafür erhält die fürstliche Familie das Schloß Moritzburg mit Domänengrundstükken und Forstrevieren sowie eine Barabfindung von 300 000 Goldmark. Als Stiftung des öffentlichen Rechts wird eine Kulturstiftung errichtet, auf die das Eigentum an den Sammlungen des ehemaligen sächsischen Königshauses übertragen wird. Dies betrifft die Gemäldegalerie, das Kupferstichkabinett, die Skulpturensammlung, das Historische Museum und das Grüne Gewölbe. Die Entschädigungsverhandlungen der Länder mit ihren ehemaligen Landesherren, die im Verlauf der Novemberrevolution 1918 abgesetzt wurden, gestalten sich z. T. sehr schwierig. So ist in Preußen noch immer keine Einigung erzielt worden.

Toller nach fünf Jahren entlassen

11. Juli. Ernst Toller kommt nach Verbüßung seiner Haftstrafe frei und wird aus Bayern ausgewiesen. Fünf Jahre hat Toller, wegen führender Beteiligung an der Münchner Räterepublik 1919, in der Festung Niederschönenfeld eingesessen. In dieser Zeit ist ein Großteil seiner Dichtungen entstanden: Expressionistische Dramen mit radikalsozialistischer und pazifistischer Tendenz. Aufführungen seiner sozialkritischen Stücke werden mehrfach von Rechtsradikalen gestört (→ 17. 1. / S. 25). In Berlin wird er am 18. Juli von einer begeisterten Menge empfangen.

Sozialist Ernst Toller, nach der Ermordung Kurt Eisners 1919 einer der Führer der Münchner Räterepublik, schrieb während der fünfjährigen Haft u. a. die Dramen »Masse Mensch«, »Der entfesselte Wotan« und »Hinkemann«

»Frankfurter Olympiade« – Trost für deutsche Athleten

19. Juli. Die »Frankfurter Olympiade«, die bis zum 21. Juli dauert, soll einen Ersatz bieten für die deutschen Sportler, die an den VIII. Olympischen Sommerspielen in Paris nicht teilnehmen dürfen (→ 5. 7. / S. 110). Ähnlich motiviert ist auch das Marburger »Akademische Olympia« der deutschen Studenten vom 18. bis 20. Juli.

Noch immer betrachtet das Internationale Olympische Komitee (IOC) die Teilnahme einer deutschen Mannschaft als problematisch. Wie schon 1920 wird Deutschland, das den Ersten Weltkrieg entfesselte und somit die »Kriegsschuld« trägt, eine Teilnahme an den Spielen versagt. Seine ehemaligen Verbündeten Österreich, Ungarn, Bulgarien und die Türkei sind jedoch wieder zugelassen. Im Deutschen Reich ist man über diese IOC-Entscheidung enttäuscht und verärgert.

Zu den Leichathletik-Wettkämpfen auf dem Frankfurter Eintrachtsportplatz am Niederwald, die von deutschen Zeitungen meist als »Olympiade« bezeichnet werden, sind Sportler aus sieben Ländern angereist, aus Italien, Ungarn, Österreich, Estland, Finnland und den Niederlanden. Sportlicher Höhepunkt ist die Schwedenstaffel, bei der die Laufstrecke von Teilnehmer zu Teilnehmer wächst (100 m, 200 m, 300 m, 400 m). Hier siegen die Ungarn vor den Deutschen und den Italienern. Das Publikum feiert Heinrich Troßbachs (Berlin) Sieg über 200 m Hürden (28,3 sec).

»Deutsch-Akademisches Olympia« in Marburg: Festzug vor der Universität, auf der Freitreppe die Professoren

Gymnastikübungen bei der »Akademischen Olympiade«; Teilnehmer sind Studenten aus ganz Deutschland

Marx gegen Bedingungen für Dawesplan

12. Juli. Wenige Tage vor Beginn der Londoner Konferenz über die Durchführung des Dawesplans (→ 16. 7. / S. 116) ist dieses Reparationsgutachten (→ 9. 4. / S. 64) im Deutschen Reich umstrittener denn je. Bei einem Presseempfang in Berlin greift Reichskanzler Wilhelm Marx (Zentrum) noch einmal entschieden in die Diskussion ein:

»Man spricht jetzt wieder soviel von Bedingungen und Voraussetzungen, unter denen Deutschland das Sachverständigengutachten [Dawesplan] durchzuführen entschlossen sei. Ich glaube, wir sind uns in dem, was damit zum Ausdruck gebracht werden soll, alle einig. Aber ich befürchte, daß nach außen hin durch den Gebrauch dieser Begriffe ein Eindruck erweckt wird, der politisch unzuträglich ist. Die Bedingung, die die deutsche Regierung an die Durchführung des Sachverständigengutachtens knüpft, ist einzig und allein die, daß das Gutachten von allen beteiligten Staaten dem Inhalt und dem Geiste gemäß aufrichtig angenommen und durchgeführt wird. Eine andere Bedingung stellt die deutsche Regierung nicht ...«

Im Reichstag ist die Regierung bemüht, sich nicht von den Deutschnationalen (DNVP) auf »Bedingungen« festlegen zu lassen. Ziele, aber keineswegs Bedingungen sind in den Augen der Reichsregierung: Baldige Räumung des Ruhrgebiets, Freilassung der während des Ruhrkampfes inhaftierten und Rückkehr aller ausgewiesenen Deutschen sowie eine Sicherheit gegen künftige Sanktionen. Jedoch will sie auf keinen Fall die Verabschiedung des Dawesplans gefährden.

Nicht so die Deutschnationalen, die eine äußerst kritische Haltung zum Dawesplan einnehmen. Im Unterschied zu den Regierungsparteien Zentrum, Demokraten und Volkspartei werden hier die Forderungen hinsichtlich der besetzten Gebiete als »Mindestbedingungen« angesehen. Zudem fordert die DNVP-Fraktion am 22. Juli im Reichstag den Widerruf der Kriegsschuldfeststellung im Versailler Vertrag von 1919. Der deutschen Delegation bleibt für Verhandlungen in London (seit 5. 8.) wenig Spielraum: Ohne die Stimmen der DNVP kann das Minderheitskabinett von Reichskanzler Marx das abzuschließende Abkommen nicht durch den Reichstag bringen (→ 29. 8. / S. 132).

Reichskanzler Wilhelm Marx (Zentrum) als Reichstagsredner; Zeichnung von Ladislas Fjodor

354
Politische Morde
hat E. J. GUMBEL in seinem Buch „Vier Jahre Mord" aufgezählt
JAHRELANG hat die deutsche Öffentlichkeit, hat der deutsche Reichstag
auf die Antwort der Reichsregierung, auf diese kaum glaublichen Feststellungen gewartet
JETZT ENDLICH
liegt die Äusserung der Reichsregierung in einer ausführlichen
DENKSCHRIFT
vor, die eine Sensation für das gesamte politische Leben Deutschlands
bedeutet. Die Denkschrift des Reichsjustizministers erscheint mit einem Kommentar des Verfassers von „Vier Jahre Mord" im Malik-Verlag. Das Buch gelangt
PÜNKTLICH am Mittwoch, den 30. April NOCH RECHTZEITIG
FÜR DIE WAHLEN
zur Auslieferung! Bestellen Sie
Die Denkschrift des Reichsjustizministers über „Vier Jahre politischer Mord"
Preis broschiert 1.60 Goldmark, Pappband 2.80 Goldmark
für Österreich brosch. 24000 Kronen, Pappband 42000 Kronen
für das übrige Ausland
broschiert 2 schw. Franken, Pappband 3.50 schw. Franken
Der Malik-Verlag / Berlin · Wien

Ministerantwort auf Gumbel

Suspendierung wegen Pazifismus

29. Juli. Aufsehen im In- und Ausland erregt die Suspendierung des bekannten Heidelberger Privatdozenten Emil Julius Gumbel. National gesinnte Kreise, die sich durch Gumbels Bücher über Schwarze Reichswehr und rechte Geheimbünde (»Verschwörer«, 1924) provoziert fühlen, haben mit einer Pressekampagne Druck auf den badischen Unterrichtsminister Willy Hellpach (DDP) ausgeübt.

Äußerer Anlaß für die Suspendierung ist eine Äußerung Gumbels bei einer von ihm geleiteten Antikriegs-Veranstaltung in Heidelberg. Gumbel hatte die Versammlung gebeten, »sich zu Ehren der Toten, die – ich will nicht sagen – auf dem Felde der Unehre gefallen sind, von den Plätzen zu erheben.« Er wollte, wie er später erklärt, die Skepsis des Pazifisten gegen den Krieg mit der Achtung gegen die Gefühle anderer in einem Satz verbinden. Gegen den Protest der Universität hebt Hellpach die Suspendierung zum Wintersemester 1924/25 wieder auf. Die disziplinarische Untersuchung der Universität wird weitergeführt.

Pazifist Gumbel macht sich mit den Veröffentlichungen »Vier Jahre politischer Mord« (1922) und »Verschwörer, Beiträge zur Geschichte und Soziologie der nationalistischen Geheimbünde seit 1918« (1924) bei den Rechten unbeliebt

Kommunistische Kampforganisation

18. Juli. Die Kommunistische Partei Deutschlands (KPD) gründet den Roten Frontkämpferbund (RFB). In Sachsen und Thüringen entstehen die ersten Ortsverbände dieses politischen Kampfverbands. Auslösendes Ereignis für die Gründung war ein »Deutscher Tag« in Halle, den nationalistische (Stahlhelm) und rechtsradikale Wehrverbände (Werwolf) anläßlich der Wiedereinweihung eines Moltkedenkmals veranstaltet hatten. Die KPD-Gegendemonstranten waren in blutige Auseinandersetzungen mit der Polizei verwickelt worden, bei denen acht Menschen starben und 16 schwer verletzt wurden. Noch im Mai beschloß die KPD-Zentrale, ein kommunistisches Gegenstück zum Stahlhelm und zum sozialdemokratischen Reichsbanner Schwarz-Rot-Gold (→ 22. 2. / S. 33) zu schaffen. Agitation und Propaganda, wo nötig Saal- und Demonstrationsschutz sind die Aufgaben dieser behördlich zugelassenen paramilitärischen Massenorganisationen der verschiedenen Parteien.

Budget und Parteiverbote

26. Juli. Da eine baldige Verabschiedung des regulären Haushalts 1924 nicht zu erwarten ist, verabschiedet der Reichstag ein Notetatgesetz. Dieses dritte Notetatgesetz ermächtigt die Reichsregierung unbefristet zur Haushaltsführung. Ferner stimmt die Mehrheits- Opposition im Reichstag, nämlich NSFP, DNVP, SPD und KPD für die Aufhebung der Parteiverbote, vor allem der NSDAP und der KPD.

Die KPD kann nach Aufhebung der Parteiverbote wieder ungehindert an Wahlen teilnehmen; seit dem Hamburger Aufstand im Oktober 1923 war die KPD im Reich und in einigen Ländern verboten; nebenstehend Plakat von Boris Angeluschef (Bruno Fuk); auch die rechtsextreme NSDAP ist seit 1923 in mehreren Ländern verboten

Irland: De Valera kommt wieder frei

16. Juli. Eamon de Valera, Führer der republikanischen Sinn Féin-Bewegung im Freistaat Irland, wird aufgrund einer Amnestie nach fast einem Jahr aus der Haft entlassen. Seit seiner Gründung durch den anglo-irischen Vertrag vom 8. Januar 1922 wird der junge Irische Freistaat von den radikalen Republikanern unter De Valera bekämpft. Sie lehnen den Vertrag ab, weil er den Iren nicht die volle Unabhängigkeit von Großbritannien gebracht hat: Der Freistaat hat Dominion-Status, d. h. volle innenpolitische Selbständigkeit und Mitgliedschaft im Britischen Commonwealth. Letzteres bedeutet, daß die Mitglieder im irischen Parlament (Dail) den Eid auf die britischen Krone schwören müssen. De Valeras Republikaner, die an dieser Regelung besonderen Anstoß nehmen, üben deshalb ihre 44 Mandate nicht aus. Außerdem hat der Vertrag die Teilung Irlands zur Folge, denn die Protestanten Nordirlands haben die freie Entscheidung über den Anschluß an den Freistaat. In dieser Frage setzen die gemäßigten Republikaner der Regierung William Cosgrave auf die im Vertrag vorgesehene Grenzkommission, die im Oktober 1924 eingesetzt wird. Grenzrevisionen könnten, so hofft man in Dublin, Nordirlands politisch-ökonomisches Überleben unmöglich machen. Die Kommission entscheidet jedoch zugunsten Nordirlands.

Eamon De Valera inmitten einer begeisterten Menge in Ennis

Theunis, Herriot und MacDonald, Ministerpräsidenten von Belgien, Frankreich und Großbritannien (v. l. n. r.)

Alliierte eröffnen Londoner Konferenz

16. Juli. Die Londoner Konferenz zur Neuregelung der Reparationen auf der Grundlage des Dawesplans (bis → 16. 8. / S. 130) wird eröffnet. Um ein Abkommen zur Durchführung dieses Zahlungsplans auszuhandeln, treffen die Alliierten mit den Vereinigten Staaten in der britischen Hauptstadt zusammen. Vier Wochen will man sich für die Neuordnung der deutschen Reparationszahlungen nehmen. Bis zum 5. August wird ohne deutsche Beteiligung beraten.

Großbritanniens Premierminister James Ramsey MacDonald sagt in seiner Eröffnungsrede, der Dawesplan fordere nicht nur Verpflichtungen vom Deutschen Reich, sondern auch von den Alliierten. Für das Funktionieren des Plans sei »unbedingt wesentlich«, so der britische Premier weiter, »daß die wirtschaftliche und fiskalische Einheit Deutschlands wiederhergestellt wird«; damit fordert er die Räumung des französisch besetzten Ruhrgebiets. Zweitens bräuchten die Gläubiger, die als Grundlage des Planes eine Anleihe von 800 Millionen Goldmark vorstrecken sollen, eine angemessene Sicherheit.

Die Delegationen bilden zunächst drei Arbeitsgruppen: Die erste befaßt sich mit der Frage eventueller deutscher Nichterfüllungen; die zweite mit der Räumung des Ruhrgebiets; die dritte mit dem Transferschutz.

Teilnehmer dieser Interalliierten Konferenz sind: Großbritannien (Premier MacDonald), Frankreich (Ministerpräsident Édouard Marie Herriot), die USA (Botschafter in London Frank Billings Kellog), Italien (Finanzminister Alberto De Stefani), Belgien (Ministerpräsident Georges Theunis), Japan (Botschafter Fukimo Hayashi), ferner Portugal, Rumänien sowie das Königreich der Serben, Kroaten und Slowenen (Jugoslawien).

Großer Wahlerfolg von General Calles

6. Juli. In Mexiko wird General Plutarco Elias Calles zum Präsidenten gewählt. Er gehört, wie der bisherige Präsident Álvaro Obregón, zu den Führern der radikalen Fortschrittspartei und war bisher Innenminister. Für den General werden 1 340 634 Stimmen abgegeben, auf den unterlegenen Gegenkandidaten der Konservativen, General Angel Flores, entfallen 250 500 Stimmen. Obregón, der seit 1920 Präsident ist, hat nicht mehr kandidiert.

Vor seinem Amtsantritt am 1. Dezember unternimmt Calles eine ausgedehnte Reise nach Europa und in die Vereinigten Staaten. Im August wird er von Reichspräsident Friedrich Ebert in Berlin empfangen. In Paris und Washington trifft er auf Ministerpräsident Édouard Marie Herriot und US-Präsident Calvin Coolidge.

Keine Mehrheit für US-Präsidentschaftskandidaten beim Demokraten-Konvent im Madison Square Garden

Bild vom Präsidentschaftswahlkampf in den USA: Flugblätterregen in einer Geschäftsstraße in New York

Kopenhagen plant totale Abrüstung

21. Juli. Ein dänischer Abrüstungsplan erregt auch über die Landesgrenzen hinweg Aufsehen. Gustav Rasmussen, Verteidigungsminister im neuen sozialdemokratischen Kabinett (→ 23. 4. / S. 66), erläutert vor Pressevertretern diesen Plan für eine völlige Abrüstung Dänemarks. Danach sollen Flotte und Heer abgeschafft und durch ein 70 000 Mann starkes Reservepolizeikorps ersetzt werden. Dies soll innerhalb von 24 Stunden einberufen werden können. Die Aufgaben dieser Polizei liegen zusammen mit der zivilen Seepolizei im Bereich des Grenzschutzes und der Unterstützung der Zollbehörden bei der Grenzkontrolle. In drei bis vier Jahren, so Rasmussen, solle in Dänemark der letzte Soldat verschwunden sein.

Seit Dänemark, das einen strikten Neutralitätskurs verfolgt, in den Völkerbund eingetreten ist (1920), erhalten die Befürworter der Abrüstung Auftrieb. Im Schutz des Völkerbundes könne das Land Verteidigungsausgaben einsparen. Schon die Verteidigungsordnung von 1922 schränke das Heer ein, verkürze die Ausbildungszeit und lege das Hauptgewicht auf die Reserven. Der nun vorgelegte, noch weitergehende Rasmussen-Plan scheitert im Senat des dänischen Reichstags.

Zäher Kampf bei Demokraten-Konvent

9. Juli. Nach dem 103. Wahlgang beendet der seit dem 24. Juni in New York tagende Konvent der Demokratischen Partei die Abstimmungen über den Kandidaten für die US-Präsidentschaftswahlen am → 4. November (S. 180) und nominiert John W. Davis durch Akklamation. Vorausgegangen war ein zähes und erbittertes Ringen zwischen Alfred E. Smith, Gouverneur des Staates New York, und seinem Konkurrenten aus den Südstaaten, William G. McAdoo, dem Schwiegersohn des ehemaligen US-Präsidenten Wilson. Weder Smith, der als Sprecher der großstädtischen Massen, als Katholik und wegen seiner irischen Herkunft in seiner Partei noch keine breite Anerkennung gefunden hat, noch McAdoo können die notwendige Zweidrittelmehrheit erreichen. Mit Davis wird ein farbloser Kompromißkandidat nominiert.

Davis zieht gegen den amtierenden Präsidenten Calvin Coolidge in den Wahlkampf. Dessen untadeliger Leumund ist angesichts der Korruption seines Vorgängers Warren G. Harding (→ 18. 2. / S. 38) ein wahrer Segen für die regierenden Republikaner. Dritter Bewerber um das höchste Amt in den USA ist Robert Marion La Follette als Kandidat seiner neubegründeten Progressiven Partei.

J. W. Davis, Kandidat der Demokraten

Niederlage bei der Vorauswahl: Alfred Smith

Vergeblicher Zweikampf mit Smith: W. McAdoo

Komplizierte Präsidentenwahlen in den USA

Nach einem komplizierten Wahlverfahren ermitteln die US-Amerikaner ihren Präsidenten, der zugleich Staatsoberhaupt, Regierungschef und Oberbefehlshaber der Streitkräfte ist. Die Präsidentschaftswahlen bestehen aus zwei großen Wahlvorgängen: Wahlen zur Nominierung der Parteikandidaten und Wahlen, die über die nominierten Parteikandidaten letztlich entscheiden.

Zunächst ermitteln die einzelnen US-Bundesstaaten ihre Kandidaten für den Parteikonvent, in der Regel durch Vorwahlen. Auf den nationalen Konventen werden die Präsidentschaftskandidaten nominiert (→ 9. 7. / S. 117). In den eigentlichen nationalen Präsidentschaftswahlen (→ 4. 11. / S. 180) treten die Kandidaten der Parteien gegeneinander an. Die Wähler stimmen aber nicht direkt für die Kandidaten, sondern für Wahlmänner. Jeder Bundesstaat hat so viele Wahlmänner wie er Abgeordnete im Kongreß hat, insgesamt 531. Siegt eine Partei in einem Bundesstaat, fallen ihr alle Wahlmännerstimmen dieses Staates zu. Das so entstandene Wahlmännerkollegium wählt schließlich den Präsidenten. Die Wahlmänner stimmen faktisch für den Kandidaten ihrer Partei.

Sonderbare Blüten treibt die äußerst experimentierfreudige Automobiltechnik in den 20er Jahren; Kombination aus Flugzeug und Auto (»Flug-Auto«)

Das Auto als Wohnhaus: Ein Wohnwagen, den sich ein begeisterter Automobilist in Paris bauen ließ; der Wagen enthält vier getrennte Räume

Auto 1924:

Kleinwagen vom Fließband erobern europäischen Automarkt

Wirtschaftlicher Aufschwung im Gefolge der Neuregelung der Reparationsfrage (→ 16. 8. / S. 130) auch in der deutschen Automobilindustrie: Im Vorjahr bauten 63 Pkw-Werke 108 Modelle; 1924 sind es schon 86 Werke, die 146 Modelle herstellen. Dank hoher Bankzinsen und niedriger Löhne fließt Kapital aus dem Ausland ins Deutsche Reich; die Industrie investiert diese Gelder in die dringend notwendige Modernisierung und Rationalisierung ihrer Produktionsanlagen.

Opel führt als erster deutscher Pkw- Hersteller das US-amerikanische Fließband-System nach dem Vorbild der Fordwerke ein (→ S. 100): Im Mai 1924 ist Serienbeginn des 4/12 PS Opel, der ein sensationeller Verkaufserfolg wird. Beim Publikum heißt der grüne Zweisitzer bald »Laubfrosch«, nicht zuletzt wegen seiner Fahreigenschaften, die als »sprunghaft« gelten. Der kleine Wagen ist ein ziemlich genauer Nachbau des seit 1922 gebauten und in Frankreich populären 5 CV Citroën. Im Herbst liefert Opel weitere 4-PS-Modelle, nämlich einen offenen Dreisitzer (4/14 PS), eine Dreisitzer-Limousine (4/14 PS) und einen Lieferwagen (4/14 PS).

Auf dem europäischen Markt entwickeln sich die in Großserie produzierten Kleinwagen zu Verkaufsschlagern. Selbst mittelständische Schichten können, wenn überhaupt, nur an den Kauf eines kleinen Wagens denken. Der schon recht billige »Laubfrosch« (4500 Mark) bleibt für die Masse der Bevölkerung ein Traum. Spitzenreiter der Kleinwagenwelle ist der seit 1922 produzierte Austin Seven, genannt Austin Baby.

Nach dem großen NAG-Erfolg in Monza (→ 14. 6. / S. 104) wird der neue Typ D 4 (10/45 PS), der einen moderneren Hängeventil-Motor hat, einer der beliebtesten Sportwagen für Privatfahrer. Die NAG-Wagen mit hochgezüchteten Motoren sind besonders zuverlässig.

Simson-Ingenieur Paul Henze bringt im Sommer 1924 den Simson-Supra heraus. Im Gegensatz zur bisherigen Produktion des Suhler Werks zeigt diese Neukonstruktion keinen Gebrauchs-, sondern einen ausgeprägten Sportcharakter (Zwei-Liter-Vierzylindermotor

Anzeige für eine repräsentative 10/30-PS-Benz-Limousine; Höchstgeschwindigkeit 80 km/h, Kostenpunkt 16 500 RM

△ *Zum Thema »Das Auto und die Frau« bringt das französische Magazin »L'Illustration« eine Reportage, die das gängige Vorurteil, Frauen verständen nichts von Autos, gründlich widerlegt: Das Bild zeigt eine Gruppe von Arbeiterinnen in einem französischen Automobilwerk (Unic) die neue Fahrgestelle auf Funktionsmängel überprüft; »L'Illustration« unterstreicht auch die zunehmende Anzahl von Frauen, die selbst am Lenkrad eines Autos sitzen*

◁ *Der Renault 40 CV gehört zu den ausgesprochenen Luxuswagen der 20er Jahre; er wird bereits seit 1921 hergestellt, ab 1924 mit der typischen Kohlenschaufel-Motorhaube; dem repräsentativen Äußeren entspricht der leistungsfähige Neun-Liter-Sechs-Zylinder-Reihenmotor mit 104 PS; typisch für Renault ist der hinter dem Motor liegende Kühler, der 50 Liter Wasser enthält; erkennbar an den Schlitzen in den Seitenwänden*

mit 16 Ventilen). Der Simson-Supra – als Typ S 8 / 50 PS und SO 8 / 40 PS (ab 1925) gebaut – genügt höchsten Ansprüchen sportlicher und verwöhnter Fahrer. Rein äußerlich, aber auch in den konstruktiven Details wird er von Autoliebhabern hoch geschätzt.

Technisch bleibt der europäische Pkw US-amerikanischen Konstruktionsmerkmalen verhaftet: Vornliegende Motoren, Hinterradantrieb, Starrachsen. Immerhin setzen sich Linkslenkung, einheitliche Pedalordnung und mechanisch bediente Vierradbremse durch. Der im Herbst erscheinende Horch 10/50 PS, ein sechssitziger Tourenwagen, besitzt Vierradbremsen. Bedeutende Neuentwicklungen, so z. B. die von Edmund Rumpler konstruierte Pendelachse, finden noch keine breite Anwendung. Auch aerodynamische Erkenntnisse des Konstrukteurs Paul Jarray werden kaum aufgegriffen. Gefragt ist bei den Autokäufern nicht mehr der offene Tourenwagen der Vorkriegszeit, sondern die Limousine mit geschlossenem, kastenförmigen Aufbau.

Die neue Interessengemeinschaft zwischen der Daimler-Motoren-Gesellschaft und Benz & Cie. (Zusammenschluß 1926) bietet 1924 die ersten Diesel-Lkw an.

Adolf Hitler arbeitet an »Mein Kampf«

7. Juli. Wie der »Völkische Kurier« mitteilt, hat Adolf Hitler die Führung der Nationalsozialistischen Bewegung niedergelegt. Für die Dauer seiner Haft in Landsberg am Lech will er sich, so das Blatt weiter, jeder politischen Tätigkeit enthalten. Von Besuchen bittet er seine »ehemaligen Anhänger« künftig abzusehen. Hitler begründet diesen Entschluß mit der Unmöglichkeit, während der Haft praktische Verantwortung zu übernehmen sowie mit seiner Arbeitsüberlastung durch die Abfassung eines umfangreichen Buches.

Hintergrund dieser Meldung ist die Einsicht Hitlers, der seit dem gescheiterten Münchner Putschversuch im November 1923 in Haft ist, daß er die Vorgänge in der völkischen Bewegung nicht mehr überschauen, vor allem nicht beeinflussen kann. Unter Nationalsozialisten und Deutschvölkischen, die bei den Reichstagswahlen am → 4. Mai (S. 78) 6,8% der Stimmen erhielten, ist ein Machtkampf ausgebrochen. Seit seiner Verurteilung am → 1. April (S. 62) sitzt Hitler, dessen Prestige durch den Prozeß ungemein gestiegen ist, in der Haftanstalt Landsberg zusammen mit verurteilten Gesinnungsgenossen ein. Er kann sich der Zuschriften und Besuche kaum erwehren. Die Häftlinge müssen keine Annehmlichkeit entbehren. »In Landsberg«, so erinnert sich Otto Strasser, »geht es zu wie in einem Kasino, aber nicht wie in einem Gefängnis.« Bis zu seiner vorzeitigen Entlassung am → 20. Dezember (S. 196) arbeitet Hitler an seiner politischen Programmschrift »Mein Kampf«. Darin formuliert er seine antisemitisch bestimmte Rassenlehre, seine Auffassung eines germanischen Führertums und eines völkischen Nationalismus. Der erste Band erscheint 1925.

Die Verurteilten des Hitler-Putsches auf der Festung im bayerischen Landsberg (v. l. n. r.): Adolf Hitler, Maurice, Kriebel, Rudolf Heß, Weber

»Gehässigkeiten und Gemeinplätze«

Über die Entstehung von Adolf Hitlers politischer Programmschrift »Mein Kampf« während seiner Haftzeit in Landsberg/Lech (→ 7. 7. / S. 120) schreibt Otto Strasser, der später in der NSDAP gegen Hitler opponiert und 1930 aus der Partei austritt, in seinem Rückblick »Hitler und ich«:

»Seit Juli 1924 diktiert er [Hitler] Rudolf Heß, der ebenfalls auf der Festung Landsberg sitzt, sein Buch. Heß ist ihm völlig ergeben. Von seiner Seite hat Hitler keine Einwände gegen die historischen Ungenauigkeiten zu erwarten, deren er sich schuldig macht, noch die geringste Kritik an den überspannten Monologen, in die das Redebedürfnis des ›Meisters‹ mündet.

›Mein Kampf‹ war im Rohzustand ein wahres Chaos von Gemeinplätzen, von Schülerreminiszenzen, subjektiven Urteilen und persönlicher Gehässigkeit. Schlecht verdaute politische Lektüre vermischte sich hier mit den früheren Reden eines [Karl] Lueger ...«

Große Parade der britischen Kriegsmarine

26. Juli. *Bei Spithead nimmt König Georg V. von Großbritannien eine große Flottenparade ab (Abb.). Insgesamt nehmen 196 Kriegsschiffe jeder Art und Größe und zahlreiche Flugzeuge mit einer Besatzung von zusammen 30 000 Mann an dieser ersten Flottenparade seit 1914 teil. Sie findet anläßlich der Londoner Reparationskonferenz (→ 16. 7. / S. 116) statt.*

Die königliche Jacht, der mehrere Schiffe mit den Führern der alliierten Missionen bei der Londoner Reparationskonferenz (→ 16. 7. / S. 116), den Mitgliedern des britischen Kabinetts und zahlreichen Parlamentsmitgliedern folgen, fährt die Reihen der Kriegsschiffe entlang. Die Schiffe der Royal Navy bilden eine Front auf einer Länge von etwa 400 Meilen.

Physiker prophezeit bemannte Raumfahrt

Juli. *Auf lebhaftes Interesse in der deutschen Öffentlichkeit stoßen Hermann Oberths Theorien über die Weltraumfahrt. In seinem 1923 veröffentlichten Buch »Die Rakete zu den Planetenräumen« beweist Physiker Oberth in allgemeinverständlicher Sprache die, wie er meint, realistische Möglichkeit der bemannten Raumfahrt. Seit 1917 versucht Oberth vergebens, Förderer für seine Ideen zu finden. Deshalb wendet er sich nun an die Öffentlichkeit. In der Fachwelt stößt Oberth mit der populären Darstellung seiner Erkenntnisse auf vernichtende Kritik. Später werden sie als die ersten wissenschaftlichen Grundlagen zur Entwicklung der Raketentechnik erkannt (Abb.: Oberthsche Mondrakete im Modell).*

Frauen zwischen Erwerbstätigkeit und Hausarbeit

Juli. Vor dem Hintergrund der hohen Arbeitslosigkeit seit dem Krisenjahr 1923 entbrennt in der deutschen Öffentlichkeit erneut eine heftige Diskussion über die Erwerbstätigkeit von Frauen.

Seit Ende des 19. Jahrhunderts hat sich die Erwerbsquote weiblicher Beschäftigter von etwa 25% auf derzeit rd. 35% erhöht. Als besonders spektakulär empfunden und breit diskutiert wird das Eindringen der Frauen in die Angestelltenberufe, das mit der Einführung der Schreibmaschine im Büro und dem Siegeszug des Warenhauses in den Großstädten einhergeht.

Das Friseurhandwerk – nach wie vor ein typischer Frauenberuf

Einbruch in Männerdomäne: Ärztinnen beim Londoner Ärzte-Kongreß

T. Kutschera, Siegerin der Autowertungsfahrt Wien – Semmering

Berufstätigkeit ist allerdings für die meisten Frauen im Angestelltenbereich nur ein Übergang vor der Ehe oder der Geburt des ersten Kindes. Bei den Arbeiterinnen ist dies untypischer; sie müssen mitverdienen und sind von der Doppelbelastung durch Familie und Beruf betroffen. Ob im Büro oder in der Fabrik, die Frauen sind in der Entlohnung durchweg unterprivilegiert. Selbst bei vergleichbarer Arbeit und Qualifikation werden sie schlechter bezahlt als ihre männlichen Kollegen. Facharbeiterinnen in der Textilbranche z. B. erhalten 1924 lediglich 73% und Hilfsarbeiterinnen 70% des jeweiligen Lohns für die männlichen Textilarbeiter.

Bei den Männern verstärkt sich wegen der anhaltenden hohen Arbeitslosigkeit das Gefühl der Bedrohung durch die neue Konkurrenz in Büro und Fabrikhalle. Die Erwerbstätigkeit der Frauen muß vielfach zur Erklärung der Arbeitslosigkeit herhalten. Häufig stützt sich eine solche Argumentation zusätzlich auf das vorherrschende traditionelle Rollenverständnis, das Frauen auf Heim und Familie festlegt.

Jedoch wird die außerhäusliche Arbeit auch von Frauen unterschiedlich bewertet. Während sich besonders für Unterschichtsfrauen das Problem der Doppelbelastung stellt, empfinden unverheiratete jüngere Angestellte und Arbeiterinnen die eigene Berufstätigkeit oft als Befreiung. Das eigene Einkommen ermöglicht ihnen u. a. eine selbständige Freizeitgestaltung unabhängig von Einladungen.

Billigpreise und Ballons beim Ausverkauf

Juli. *Hochbetrieb in den Einkaufsstraßen deutscher Großstädte: Die »Juli-Sonderverkäufe« locken mit stark herabgesetzten Preisen Scharen von Käuferinnen an. Vorzugsweise beteiligen sich Kaufhäuser an diesem großen »Räumungsverkauf« zum Ende der Sommersaison, dem späteren Sommerschlußverkauf. »Unter Preis« kommt hauptsächlich modische Damen- und Herrenkonfektion in das Ausverkaufsangebot und findet reißenden Absatz. Für die Kleinen gibt es Werbegeschenke, nicht zuletzt um ihren Müttern das Gefühl zu vermitteln, nach einem Einkauf noch etwas geschenkt bekommen zu haben. Eine Impression vom Räumungsverkauf gibt die Zeichnung von Lotte Oldenburg-Wittig.*

Reisevergnügen für prominente Touristen

Juli. *Im Rahmen ihrer Studienreise durch Europa besuchen prominente Juristen und Mitglieder der Advertising Clubs in den USA Paris. Ein Ausflug nach Versailles klingt abends mit einem Feuerwerk im Park aus (Abb.). Vorher hatte die etwa 600köpfige Reisegesellschaft Schloß- und Parkanlage besichtigt und ein Bankett in den Marmorkolonnaden des Lustschlosses Grand Trianon genossen. In Paris werden US-Außenminister Charles Evans Hughes, der als Präsident der Vereinigung der Rechtsanwälte in den USA an dieser Europatour teilnimmt, und weitere Reiseteilnehmer vom früheren französischen Staatspräsidenten Alexandre Millerand und Raymond Poincaré empfangen.*

Moderne Industriearchitektur: Hutfabrik in Luckenwalde bei Berlin, gebaut von Erich Mendelsohn, der seine Baukörper durch großzügige Schwingungen mit Licht- und Schattenwirkung und lange Fensterbänder rhythmisiert

Glühbirnenfabrik im niederländischen Eindhoven von Architekt R. D. Roosenburg; funktionale Bauweise, orientiert an Maßstäben wie Zweckmäßigkeit und Sachlichkeit, prägt den Industrie- und Wohnungsbau der 20er Jahre

Hallenbad in Hilversum von Willem Marinus Dudok; beeinflußt von den Theorien der »Stijlgruppe« plaziert Dudok asymetrische Backsteinblöcke

Architektur 1924:

Fiktion und Natur als gebaute Form

Der deutsche Architekt Ludwig Mies van der Rohe schreibt 1924 in seiner Zeitschrift »G«: »Baukunst ist raumgefaßter Zeitwille. Lebendig. Wechselnd. Neu. Gestaltet die Form aus dem Wesen der Aufgabe mit den Mitteln unserer Zeit!« Daß viele seiner Architekturkollegen ähnlicher Meinung sind, zeigen die Entwürfe aus diesem Jahr.

Der sowjetische Konstruktivist El Lissitzky veröffentlicht seine Projektstudien »Rednertribüne« und »Wolkenbügel«. Die allen Gesetzen der Schwerkraft widersprechende, optisch provozierende Schräglage der Objekte symbolisiert den unaufhaltsamen revolutionären Elan. Geradezu gespickt mit allen Anzeichen sozialer Dynamik ist der Entwurf der Gebrüder Alexandr, Leonid und Wiktor Wesnin für das Zeitungsgebäude der »Leningradskaja Prawda«. Ein vitrinenartiges Hochhaus aus Stahl und Glas mit sichtbaren Lifts und Leuchtanzeigen.

In den Niederlanden entsteht das wohl markanteste neoplastizistische Einzelbauwerk – »Haus Schröder« von Gerrit Rietveld, einem Architekten aus der »de Stijl«-Gruppe um Theo van Doesburg. Wie schon 1917 seinen berühmten Sessel, so zerlegt Rietveld diesmal ein ganzes Haus in seine geometrischen Grundformen. Aus der scheinbar willkürlichen Kombination der Einzelelemente erwächst eine subtile Harmonie.

Jacobus Johannes Pieter Oud beschränkt sich bei seinen »Reihenhäusern« in Hoek van Holland auf schlichte Häuserzeilen mit abgerundeten Eckbauten und vorbildlichen kleinen Hof- und Vorgartenanlagen. Hinzu kommen weiße Fassaden, flache Dächer und horizontal liegende Fenster.

Im Deutschen Reich ist »Gut Garkau« die eindrucksvolle Verkörperung der von Hugo Häring proklamierten »Leistungsform«. Häring schreibt nämlich der Natur einen eigenen »Gestaltungswillen« zu, der durch den inspirierten Architekten zur »gebauten Form« wird. So ermittelt er für Garkau als günstigste Aufstellung für 42 Rinder einen birnenförmigen Stall, der große Beachtung findet.

Kuriosum in Chicago: Gotische Kirche auf einem Wolkenkratzer

»Gut Garkau« in Holstein von Hugo Häring; als funktionale »Leistungsform« für die Aufstellung von 42 Rindern hat Häring diesen birnenförmigen Stall entworfen; in der Mitte befinden sich Futtertische und der Mistgang

Vorbildlich für den Funktionalismus in der Architektur ist Haus Schröder in Utrecht von Gerrit Rietveld, ein in der Übereinstimmung von Außenarchitektur und Innenausstattung überzeugender Bau; Architekt und Möbeldesigner Rietveld gehört zur »Stijlgruppe«

Avantgardistische Projektstudie »Wolkenbügel«, ein Bürogebäude für Moskau, 1924 entworfen von dem sowjetischen Konstruktivisten El Lissitzky, der seit 1922 in Amsterdam, Berlin, Hannover und der Schweiz lebt; er hat u. a. Kontakt zur »Stijlgruppe«

»Volkswohnhaus« Weimarer Straße, Wien, des Architekten Karl Dirnhuber (1924)

Typischer »Superblock« des Wiener Bauprogrammes an Kreuz- und Antonigasse; Architekt ist Erich Leischner; bis 1928 sollen insgesamt 25 000 neue Wohnungen entstehen und zwar hauptsächlich in Form von Großsiedlungen

Wohnhausbau in Wien von Josef Frank (1924/25); funktionales Bauen prägt diese moderne Wohnungsbaukampagne

Futuristisch anmutende Hochhausstadt; Entwurf von Ludwig Hilberseimer (1924), der sich nach dem Studium in Karlsruhe und Berlin mit Großstadtplanung befaßt; 1929 geht er ans Bauhaus in Dessau und 1936 weiter in die USA, wo er einer der führenden Theoretiker des Städtebaus wird; seine Großstadtkonzeption ist auf Rationalisierung und Dezentralisierung ausgerichtet

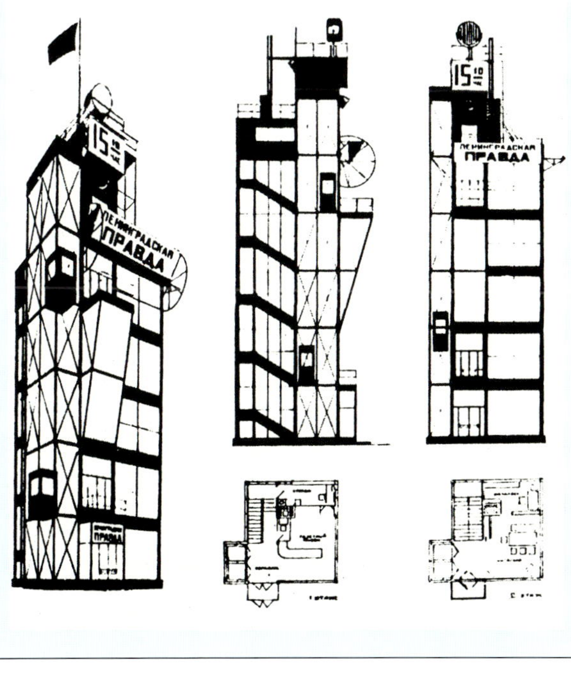

Entwurf der Gebrüder Alexandr, Leonid und Wiktor Wesnin für das Zeitungsgebäude der »Leningradskaja Prawda« (1924): Ein Hochhaus aus Glas und Stahl mit von außen sichtbaren Aufzügen, Rundfunkantennen und einem Scheinwerfer, der Nachrichten auf die Wolken projizieren soll; die Wesnin-Entwürfe sind von konstruktivistischer Prägung

Erster Tour-Sieg für Italiener

18. Juli. Sieger der diesjährigen Tour de France ist der Italiener Ottavio Bottecchia (226:18:21 h) vor dem Luxemburger Nicolas Frantz (226:53:57 h) und dem Belgier Lucien Buysse (227:50:44 h). Erstmals trägt sich mit Bottecchia ein Italiener in die Siegerliste dieser weltweit schwersten Radrundfahrt ein, bei der in diesem Jahr nur 60 der 157 Fahrer, die am 22. Juni gestartet sind, das Ziel erreichen.

Der knapp 30 Jahre alte Italiener, im Vorjahr Gesamt-Zweiter, erobert das »Gelbe Trikot« des Spitzenreiters bereits auf der ersten Etappe von Paris nach Le Havre (381 km), vergrößert seinen Vorsprung in den Pyrenäen u. a. durch zwei Etappensiege und gewinnt die letzte Tageswertung von Dünkirchen nach Paris (345 km).

Vorjahressieger Henri Pélissier aus Frankreich scheidet frühzeitig in der Bretagne aus: Der Favorit will bei kühler Witterung ein zweites Trikothemd anziehen, was die Tourleitung dem Reglement entsprechend nicht erlaubt.

Bergstrecke der Tour bei Monaco; Thys vor Aymo

Der Italiener Bottecchia erreicht den Col d'Izoard

Erfrischungspause für Bellenger

Tour-Fahrer gönnen sich eine Pause

Alancourt, Cuvelier, Houdaert führen

Ricarda Huch – »Herrscherin im Reich des Bewußten«

18. Juli. Thomas Mann ehrt die Erzählerin und Lyrikerin Ricarda Huch zu ihrem 60. Geburtstag mit einem ausführlichen Essay. Mann geht besonders auf ihr literatur- und kulturgeschichtlich bedeutendes Werk über »Die Romantik« (1908) ein. Berühmt ist auch Huchs Schilderung des Dreißigjährigen Kriegs (»Der große Krieg in Deutschland«, 1912–14). Aus dem Mann-Essay, den die »Frankfurter Zeitung« abdruckt:

»Dies sollte ein deutscher Frauentag sein und mehr als ein deutscher. Denn nicht nur die erste Frau Deutschlands ist es, die man zu feiern hat, es ist wahrscheinlich die heute erste Europas . . . Man darf vermuten, daß sie in ihrem, in unserem Lande, wo zum Teil von Kunst und Schöpfertum äußerst kritisierbare Vorstellungen verbreitet sind, zutraulicher verehrt werden würde, wenn sie dümmer wäre, wenn sie als reine Dichterin und Geschöpf des Unbewußten sich einfältig darstellte, statt zu sein, was sie . . . ist: Eine wunderbar artikulierte Herrscherin im Reich des Bewußten, . . . eine große Schriftstellerin . . .

Ich meine ihr Buch über die deutsche Romantik, zwei Bände, die das Niveau ihres Gegenstands besitzen, will sagen: das höchste in Deutschland, ja in der Welt je erreichten. In diesem Buch sagt sie: ›Denn das Ewig-Weibliche ist ja das Prinzip der Erlösung, das Bewußtwerden des Unbewußten, die unendliche Revolution, die Eva einleitete, als sie den Apfel der Erkenntnis pflückte . . .‹ Dieser Satz, daß, allem landläufigen Vorurteil entgegen, das weibliche Prinzip nicht das der Dumpfheit, Natur und Triebhaftigkeit, vielmehr das revolutionäre und zu ›höheren Stufen‹ leitende Prinzip der Bewußtwerdung und der Erkenntnis sei, ist beinahe die These des Buches . . . Das war und ist nicht schlecht zu hören in einem Volk, wo immer viel Neigung vorhanden bleibt, das Ideal des Weibes in der Kuh und das des Mannes in Schlagetot zu erblicken.

. . . Sie [die Romantiker] bekämpften, was zu bekämpfen auch heute noch immer so sehr der Mühe lohnt: die populäre Fehlidee, als ob Kunst und Dichtung, . . . deutsche Kunst lauter Traum, Einfalt, Gefühl oder noch besser ›Gemüt‹ seien und mit ›Intellekt‹ den Teufel etwas zu schaffen hätten. In Wahrheit ist man befugt, die deutsche Romantik als eine ausgemacht intellektualistische Kunst- und Geistesschule anzusprechen . . .«

Der Schriftsteller Thomas Mann (1875) schreibt nicht nur vollendete Essays, sondern zählt zu den bedeutendsten Erzählern im 20. Jahrhundert (→ 28. 11. / S. 189)*

◁ Erzählerin und Lyrikerin Ricarda Huch kam vom lyrischen Subjektivismus des Frühwerks zur »objektiven« Geschichtsdarstellung

Musketier Borotra siegt in Wimbledon

5. Juli. Im Wimbledon-Finale schlägt Jean Borotra seinen französischen Landsmann René Lacoste 6:1, 3:6, 6:1, 3:6, 6:4. Damit beginnt der Erfolgsweg der »vier Musketiere« aus Frankreich, die sich vor einem Jahr bei einem Davispokalspiel erstmals zusammengefunden

Jean Borotra, der »fliegende Baske«; den Beinamen verdankt der Franzose seinem temperamentvollen Stil: Zuweilen hechtet er den Bällen wie ein Torwart hinterher

haben: Borotra, der »fliegende Baske«, das »Krokodil« Lacoste, Henri Jean Cochet und Doppel-Spezialist Jacques (»Toto«) Brugnon. Das Dameneinzel gewinnt die Britin Kitty McKane. Sie spielt 4:6, 6:4, 6:4 gegen »Miß Pokerface« Helen Wills (USA), die nach dem Gewinn des ersten Satzes im zweiten eine 4:1-Führung nicht zu nutzen versteht. Kitty McKane war im Vorjahres-Finale an Frankreichs Tennis-Königin Suzanne Lenglen gescheitert. Die Serien-Siegerin von Wimbledon (seit 1919) scheidet diesmal wegen einer nicht ganz auskurierten Krankheit im Viertelfinale aus. Suzanne Lenglen muß auch auf eine Olympiateilnahme verzichten (→ 5. 7./S. 110). Im Doppel unterliegt Einzelsiegerin Kitty McKane mit Edith Covell 4:6, 4:6 gegen Hazel Wightman /Helen Wills.

Kitty McKane und Helen Wills

Siegfried Wagner, der die Bayreuther Festspiele leitet, mit seiner Familie im Garten der Villa Wahnfried

»Rheingold«, Gemälde von Hermann Hendrich, der den »Ring der Nibelungen« in 14 Bildern illustriert

Neue Festspiel-Dekorationen: Entwurfskizze zur Gibichungenhalle in der »Götterdämmerung«

Entwurfskizze zum Hans-Sachs-Zimmer in den »Meistersingern« für die aktuellen Wagner-Festspiele

Bayreuth ganz im Zeichen der Politik

22. Juli. In Bayreuth werden die ersten Richard-Wagner-Festspiele nach dem Weltkrieg eröffnet. Auf dem Programm stehen Inszenierungen der »Meistersinger von Nürnberg«, des »Ring der Nibelungen« und des »Parsifal«. Als Dirigenten wirken mit: Michael Balling (»Ring«), Willibald Kaehler und Karl Muck (»Parsifal«) sowie zum ersten Mal Fritz Busch (»Meistersinger«).

Mehr als die künstlerischen Ereignisse erregt die »Politisierung Bayreuths« Aufsehen. Im offiziellen Festspielführer wird Wagner als Wegbereiter des »nationalen Sozialismus« gefeiert. Festspielleiter Siegfried Wagner, Sohn Richards, hatte schon früher keinen Hehl aus seinen Sympathien für die völkische Rechte gemacht. Auf dem Festspielgebäude sind die wilhelminischen Reichsfarben schwarz-weiß-rot geflaggt.

Bei der »Meistersinger«-Premiere nimmt das Publikum Hans Sachsens Schlußansprache stehend entgegen und singt dann »Deutschland, Deutschland über alles«. »Die anschließenden . . . Heilrufe . . . öffnen dem kritischen Beobachter vollends die Augen«, schreibt ein Kritiker in der liberalen »Frankfurter Zeitung«. Unter den Festspielgästen sind zahlreiche Prominente der völkischen Bewegung, u. a. Weltkriegsgeneral Erich Ludendorff. Bilanz der Kritik: »So hat Bayreuth im Jahre 1924 zwar eine äußere Auferstehung feiern dürfen . . ., die kulturelle Tragweite . . . hat aber in jedem Betracht abgenommen.« Dies sei primär durch »das betonte Abschwenken Bayreuths in das Lager der politischen und künstlerischen Reaktion« verschuldet.

August 1924

Mo	Di	Mi	Do	Fr	Sa	So
				1	2	3
4	5	6	7	8	9	10
11	12	13	14	15	16	17
18	19	20	21	22	23	24
25	26	27	28	29	30	31

1. August, Freitag

Bei der Londoner Reparationskonferenz (16.7. – 16.8.) zeichnet sich eine Einigung über die Sanktionsfrage ab. Ein Kompromiß sieht vor, daß die Feststellung von deutschen Verfehlungen bei Uneinigkeit in der Reparationskommission einer neutralen Schiedskommission vorbehalten bleibt (→ 16. 8. / S. 130).

Österreichs Bundeskanzler Ignaz Seipel ist nach dem Attentat vom → 1. Juni (S. 96) wieder vollständig gesundet. Seipel will vom 2. September an, wenn der Nationalrat nach der Sommerpause zusammentritt, die Regierungsgeschäfte wieder aufnehmen. → S. 134

2. August, Sonnabend

In London tagt erstmals die Reparationskommission; sie nimmt die Beratungen über drei Dawes-Gesetze auf. Es handelt sich dabei um Durchführungsgesetze zum Dawesplan, die der Reichstag verabschieden soll. Vorgesehen sind eine internationale Kontrolle über Reichsbank und Reichsbahn sowie die Belastung der deutschen Industrie (→ 29. 8. / S. 132).

Die Arbeitsgemeinschaft evangelischer Sozialisten Deutschlands wird in Meersburg am Bodensee gegründet.

Erstmals wird ein Konzert der Berliner Philharmonie mit einem technisch guten Ergebnis im Rundfunk übertragen.

3. August, Sonntag

Am Gedenk- und Trauertag für die deutschen Opfer des Ersten Weltkriegs ruft Reichspräsident Friedrich Ebert (SPD) dazu auf, als Denkmal für die Gefallenen des Weltkriegs »das freie Deutschland« zu schaffen. → S. 134

Joseph Conrad, britischer Schriftsteller polnischer Herkunft, stirbt 66jährig in Bishopsbourne in der britischen Grafschaft Kent. Er hinterläßt ein Prosawerk, in dem er seine Erfahrungen bei der britischen Handelsmarine verarbeitet hat.

Der Italiener Guiseppe Campari siegt beim Großen Preis von Europa in Lyon. → S. 143.

4. August, Montag

Am Ende seines Berlin-Besuchs (seit 3. 8.) äußert sich US-Außenminister Charles Evans Hughes gegenüber der Presse befriedigt über den Verlauf der derzeit in London tagenden Reparationskonferenz (→ 16. 8. / S. 130): »Es ist besonders erfreulich für mich, zu einer Zeit hier zu sein, wo so eine ausgezeichnete Aussicht darauf besteht, daß eine Grundlage für die wirtschaftliche Wiederherstellung gelegt wird.«

In Prag wird der 27. internationale Bergarbeiterkongreß in Anwesenheit von über 200 Delegierten eröffnet.

Die Ungarische Fluß- und Schiffahrt AG hat im Schiffsverkehr auf der Donau eine neue Strecke nach Temesvar im Banat/Rumänien eingerichtet. Durch die Eröffnung dieser Binnenstation ist für den direkten Schiffsverkehr von den Donaustädten Regensburg und Passau ganz Siebenbürgen für den deutschen Export erschlossen worden.

Für die Malik-Buchhandlung in Berlin schafft John Heartfield seine erste Fotomontage mit zeitgeschichtlichem Thema: »Nach zehn Jahren – Väter und Söhne 1924«.

5. August, Dienstag

Das Deutsche Reich nimmt nun auch an der Londoner Reparationskonferenz der Alliierten teil (16. 7. – 16. 8.). Die deutsche Delegation wird von Reichskanzler Wilhelm Marx, Reichsaußenminister Gustav Stresemann und Reichsfinanzminister Hans Luther geleitet (→ 16. 8. / S. 130; 29. 8./S. 132).

In einer Unterredung mit dem britischen Premierminister James Ramsey MacDonald (Labour) unterstreicht Reichskanzler Wilhelm Marx (Zentrum) die Bedeutung der militärischen Räumung des Ruhrgebiets für das deutsche Volk und fordert die Nennung endgültiger Daten (→ 16. 8. / S. 130; 18. 8. / S. 133).

6. August, Mittwoch

Der während des Ruhrkampfs 1923 verfügte Ausweisungsbefehl gegen den Oberbürgermeister von Duisburg, den jetzigen Reichsinnenminister Karl Jarres, wird aufgehoben. Jarres darf jedoch in seiner Eigenschaft als Reichsminister das besetzte Ruhrgebiet nicht betreten.

Mit seinem Sieg über den US-amerikanischen Weltrekordinhaber Charles Paddock im 100-m-Lauf in Berlin erlangt Hubert Houben Weltruhm. Houben siegt mit 10,8 sec vor den US-Sprintern Paddock und Loren Murchison. → S. 143

7. August, Donnerstag

Bei der Londoner Konferenz (16. 7. – 16. 8.) treffen der französische Ministerpräsident Édouard Marie Herriot und Reichskanzler Wilhelm Marx sowie Reichsaußenminister Gustav Stresemann zusammen. Es ist die erste Begegnung deutscher und französischer Spitzenpolitiker, seit Franzosen und Belgier im Januar 1923 in das Ruhrgebiet einmarschierten. Im Mittelpunkt der bilateralen Verhandlungen steht die Frage der militärischen Räumung des Ruhrgebiets (→ 18. 8. / S. 133).

In einem Kommentar des New Yorker »Wallstreet Journals« heißt es zur geplanten Dawes-Anleihe in Höhe von 800 Millionen Goldmark, die das Deutsche Reich erhalten soll: »Die englischen und amerikanischen Bankiers werden sich nichts abhandeln lassen. Sie haben feste Preise, nicht einen Pfennig geben sie her, es sei denn, Deutschland akzeptiert die Bedingungen der Anleihegeber.«

8. August, Freitag

Großbritannien und die Sowjetunion schließen einen Handelsvertrag, der gegenseitige Meistbegünstigung vorsieht und den sowjetischen Handelsgesellschaften in Großbritannien das Recht der Exterritorialität gewährt. Gleichzeitig sagt die britische Regierung Finanzhilfe zu. Diese Anleihe wird von der konservativen und liberalen Opposition vehement abgelehnt. → S. 134

Die Vorortstrecke Berlin-Bernau wird als erste Strecke des Berliner Eisenbahnnetzes elektrisch betrieben. Geplant ist die Elektrifizierung des gesamten S-Bahn-Netzes.

9. August, Sonnabend

Die Reparationskommission und Vertreter des Deutschen Reichs unterzeichnen in London ein Abkommen über den neuen Zahlungsplan für die deutschen Reparationen (Dawesplan). Das Abkommen wird in das spätere Schlußprotokoll (Londoner Abkommen) aufgenommen (→ 16. 8. / S. 130).

10. August, Sonntag

Zur Erinnerung an die Verabschiedung der Weimarer Verfassung im Jahr 1919 finden in allen größeren Städten des Deutschen Reichs Feiern statt. Bei den Verfassungsfeiern tritt erstmals das am → 22. Februar (S. 33) gegründete Reichsbanner Schwarz-Rot-Gold öffentlich in Erscheinung. Das Reichsbanner ist ein SPD-naher politischer Kampfverband ehemaliger Frontsoldaten, der Republikfeinden entgegentreten will. → S. 134

11. August, Montag

In einer Unterredung zwischen Reichskanzler Wilhelm Marx und Reichsaußenminister Gustav Stresemann mit dem französischen Ministerpräsidenten Édouard Marie Herriot und dem britischen Premierminister James Ramsey MacDonald in London geht es erneut um die noch strittige Räumung des Ruhrgebiets (→ 16. 8. / S. 130; 18. 8. / S. 133).

In seiner Programmrede in Clarksburg im US-Bundesstaat West Virginia tritt der Präsidentschaftskandidat der Demokraten John W. Davis für den Eintritt der USA in den Völkerbund und eine weltweite Abrüstung ein. Ferner bekennt sich Davis zur Prohibition, die innerhalb seiner Partei umstritten ist (→ 9. 7. / S. 117; 4. 11. / S. 180).

Nach längeren Verhandlungen wird ein Handelsvertrag zwischen Frankreich und Österreich abgeschlossen, um den Warenaustausch zu intensivieren.

12. August, Dienstag

US-amerikanische Bankkreise beurteilen die Aussichten der deutschen Anleihe optimistisch. Bankier Otto Kahn sagt vor der Presse, daß die Anleihe schon in der allernächsten Zukunft verabschiedet werden soll. Im Zusammenhang mit dem Dawesplan soll das Deutsche Reich eine Anleihe in Höhe von 800 Millionen Goldmark erhalten (→ 16. 8. / S. 130; 10. 10. / S. 168).

Nach Meldungen aus Kairo ist es im Sudan zu Zusammenstößen zwischen ägyptischen und britischen Soldaten gekommen. Seit 1899 ist der Sudan ein anglo-ägyptisches Kondominat. Ägyptische Unabhängigkeitsbestrebungen sind Ursache auch für die Spannungen im Sudan (→ 19. 11. / S. 183).

13. August, Mittwoch

In Spanisch-Marokko spitzt sich die militärische Lage erneut zu. Das spanische Militärdirektorium läßt die gegen den Berberstamm der Rifkabylen kämpfenden spanischen Kolonialtruppen verstärken (→ 16. 10. / S. 168).

Die Junkers Luftverkehr AG wird gegründet. Sie tritt an die Stelle des Unternehmens Junkers-Werke, Abteilung Luftverkehr, das Hugo Junkers am 1. Januar 1922 als Instrument seiner Luftverkehrsambitionen gegründet hatte. Junkers konkurriert mit der Deutschen Aero Lloyd AG, dem zweiten Luftverkehrskartell im Deutschen Reich.

14. August, Donnerstag

An der starren Haltung Frankreichs drohen die Verhandlungen mit dem Deutschen Reich über die Räumung des Ruhrgebiets zu scheitern, womit der Erfolg der Londoner Konferenz über die Neuregelung der Reparationen in Frage gestellt wird (→ 16. 8. / S. 130).

15. August, Freitag

Bei den in London geführten deutsch-französischen Verhandlungen kann sich die deutsche Seite mit der Forderung auf Räumung des Ruhrgebiets durch die Franzosen bis zum 1. Januar oder spätestens 1. April 1925 nicht durchsetzen. Sie akzeptiert schließlich die von Frankreich geforderte einjährige Räumungsfrist, um die Neuregelung der Reparationen nicht zu gefährden (→ 16. 8. / S. 130; 18. 8. / S. 133).

US-Präsident Calvin Coolidge nimmt die Nominierung zum Präsidentschaftskandidaten der Republikanischen Partei an. Coolidge bekräftigt in seiner Programmrede die Nichteinmischung der USA in die europäischen Fragen als den obersten politischen Grundsatz der Republikaner. Jedoch befürwortet die US-Regierung Kredite für das Deutsche Reich.

Die bis zum 31. August dauernden Rhön-Segelflugwettkämpfe werden eröffnet.

16. August, Sonnabend

Die Londoner Konferenz verabschiedet ein gemeinsames Schlußprotokoll (Londoner Abkommen) über die Durchführung des Dawesplans, der die deutschen Reparationszahlungen neu regelt. Der Plan soll jedoch erst in Kraft treten, wenn der Reichstag neun Durchführungsgesetze verabschiedet hat. → S. 130

Zehn Wochen nach der Ermordung Giacomo Matteottis wird die Leiche des italienischen Sozialistenführers in einem kleinen Wald 22 km nördlich von Rom gefunden. Matteotti war am → 10. Juni (S. 97) von Faschisten überfallen und ermordet worden.

Künstlerisch gestaltete Fremdenverkehrswerbung von Augusto Giacometti soll Urlauber in den Sommermonaten in die Schweiz holen

Nahe Budapest wird Heinrich Schulz verhaftet. Schulz wird der politische Mord an Zentrumspolitiker Matthias Erzberger am 26. August 1921 zur Last gelegt. Die ungarische Regierung weigert sich, einem deutschen Auslieferungsantrag zu entsprechen (30.9.) und schiebt Schulz später über Rumänien in die Türkei ab. → S. 134

17. August, Sonntag

In Weimar tagt seit zwei Tagen der Reichsparteitag der Nationalsozialistischen Freiheitsbewegung. Bei den Beratungen geht es hauptsächlich um die Beilegung der wachsenden Gegensätze im rechtsradikalen Lager. Zwischen Deutschvölkischen und Nationalsozialisten toben heftige Führungskämpfe, seit Adolf Hitler in Haft ist. → S. 135

In Italien flammt die Empörung über den Mord an Giacomo Matteotti nach Auffindung der Leiche des Sozialistenführers am Vortag erneut auf. Bei einer Demonstration der Oppositionsparteien in Neapel kommt es zu Zusammenstößen mit bewaffneten Faschisten. Dabei kommen zwei Passanten ums Leben. Matteotti war am → 10. Juni (S. 97) von einem Faschisten-Kommando entführt und ermordet worden.

18. August, Montag

Nach Berlin zurückgekehrt, berichtet die deutsche Delegation den Spitzen in Politik und Wirtschaft über die Londoner Konferenz (→ 16. 8. / S. 130).

Erster sichtbarer Erfolg der Londoner Konferenz (16. 7. – 16. 8.) ist der Rückzug der französischen Besatzungstruppen aus den am 4. Februar 1923 besetzten Amtsbezirken Offenburg und Appenweier. Das Ruhrgebiet soll innerhalb eines Jahres geräumt werden. → S. 133

Die Presse in den USA äußert sich optimistisch über die Ergebnisse der Londoner Konferenz (→ 16. 8. / S. 130), die als Wendepunkt der bisherigen Desorganisation in der Reparationsfrage bezeichnet werden.

19. August, Dienstag

In deutlicher Abgrenzung von der französischen Position plädiert Großbritanniens Premierminister James Ramsey MacDonald für eine sofortige Räumung des französisch besetzten Ruhrgebiets (→ 18. 8. / S. 133).

20. August, Mittwoch

In überwiegend von Deutschen bewohnten Kreisen der Gouvernements Odessa und Ekaterinoslav wird, so ein Beschluß des ukrainischen Zentralexekutivkomitees, eine deutsche Selbstverwaltung eingeführt und Deutsch als Behördensprache zugelassen.

Der Bau des Luftschiffs LZ 126 ist abgeschlossen. In der Friedrichshafener Werft wird der Zeppelin 150 Vertretern der in- und ausländischen Presse vorgeführt. Das Luftschiff, als Reparationsleistung für die Vereinigten Staaten von Amerika bestimmt, wird im Herbst den Atlantik überqueren (→ 12. 10. / S. 164).

Zur Bekämpfung der »Auswüchse im Auto- und Motorradwesen« werden die bayerischen Polizeibehörden zum rücksichtslosen Vorgehen gegen überschnelles Fahren, überlaute und mißtönige Signale, gegen Belästigung durch Motorlärm und Gasgeruch aufgefordert.

21. August, Donnerstag

Die Reichsregierung legt dem Reichstag die neun Gesetze über die Durchführung des Dawesplans vor. Erst nach der Verabschiedung dieser Gesetze tritt dieser neue Zahlungsplan für die deutschen Reparationen in Kraft (→ 29. 8. / S. 132).

Die Deutschnationale Volkspartei (DNVP) lehnt den Dawesplan und die Durchführungsgesetze ab. Einen entsprechenden Beschluß faßt die Reichstagsfraktion der Partei, der bei der Reichstagsabstimmung eine Schlüsselrolle zufällt (→ 29. 8. / S. 132).

22. August, Freitag

Die in Berlin tagenden Vorstände des Deutschen Industrie- und Handelstags, des Reichsverbandes der Deutschen Industrie und des Wirtschaftsausschusses der besetzten Gebiete geben fast einstimmige Erklärungen für die Annahme des Dawesplans ab (→ 29. 8. / S. 132).

Reichspräsident Friedrich Ebert (SPD) empfängt den gewählten mexikanischen Präsidenten General Plutarco Calles in Berlin zu Gesprächen über Möglichkeiten der künftigen Zusammenarbeit beider Staaten (→ 6. 7. / S. 117).

23. August, Sonnabend

Reichskanzler Wilhelm Marx (Zentrum) plädiert in seiner Regierungserklärung zum Dawesplan für die Annahme der dem Reichstag vorgelegten Durchführungsgesetze. Eine mehrtägige Reichstagsdebatte Kontroverse schließt sich an (→ 29. 8. / S. 132).

Beobachter der Hamburger Sternwarte bestätigen die Existenz verschiedener Kanäle auf dem Mars und mehrerer Landstriche, die als Beweis für das Vorhandensein von Festland auf dem Planeten betrachtet werden.

40 000 Sänger beteiligen sich am 9. Sängerbundesfest des Deutschen Sängerbundes in Hannover. → S. 139

24. August, Sonntag

Mit einem Vertrauensvotum für die Linksregierung unter Édouard Marie Herriot befürwortet die französische Kammer die Ergebnisse der Londoner Reparationskonferenz (→ 16. 8. / S. 130).

25. August, Montag

Während der Reichstagsdebatte über die Dawes-Gesetze begründet DNVP-Vorsitzender Oskar Hergt die ablehnende Haltung seiner Partei. Die SPD hingegen wird die Minderheitsregierung Wilhelm Marx unterstützen. SPD-Politiker Rudolf Hilferding bezeichnet vor dem Reichstag die Durchführung des Dawesplans als die »einzige unmittelbar mögliche Lösung«.

Die Reichsregierung ersucht die Budapester Staatsanwaltschaft, ohne Aufschub ein Auslieferungsverfahren gegen den dort gefaßten Mörder von Matthias Erzberger, Heinrich Schulz, einzuleiten (→ 16. 8. / S. 134).

Infolge einer Gewitterböe stürzt ein Flugzeug der Deutschen Aero Lloyd AG auf dem Flug Berlin-Hof in der Nähe von Wittenberg ab. Der Pilot ist schwer verletzt, ein Passagier erleidet leichte Verletzungen.

26. August, Dienstag

Im Renaissance-Theater in Berlin wird das Drama »Tanja« von Ernst Weiss uraufgeführt.

27. August, Mittwoch

Im Reichstag kommt es zu einer Schlägerei, nachdem die Nationalsozialisten (NSFP) die Hinzuziehung von inhaftierten Abgeordneten zur Schlußabstimmung über die Dawes-Gesetze (→ 29. 8. / S. 132) beantragt hatten. Ein DDP-Abgeordneter, der Widerspruch eingelegt hatte, wird von nationalsozialistischen Abgeordneten tätlich bedroht, was ein allgemeines Handgemenge auslöst.

Das in Friedrichshafen am Bodensee gebaute Luftschiff LZ 126 (US-Bezeichnung; ZR III.) führt mit Erfolg seine erste Probefahrt durch. Im Oktober wird das Luftschiff in die USA überführt (→ 12. 10. / S. 164).

Zwischen Heino und Raalte in der niederländischen Provinz Overijssel ereignet sich ein schweres Autobusunglück. Der vollbesetzte Bus gerät auf bisher ungeklärte Weise in Brand und brennt in kurzer Zeit aus. Nur wenige Fahrgäste können sich durch die Fenster retten.

28. August, Donnerstag

Der US-amerikanische Stummfilm »Das Feuerroß« (»The Iron Horse«) von John Ford wird uraufgeführt. Mit diesem Loblied auf Pionierleistung und Unternehmergeist in den Vereinigten Staaten – es geht um den Bau der transamerikanischen Eisenbahn – gelingt Ford der Durchbruch als Filmregisseur.

In München tagt bis zum 31. August der Pädagogische Kongreß unter der Leitung von Reformpädagoge Georg Kerschensteiner. → S. 140

29. August, Freitag

Nach mehrtägigen heftigen Debatten nimmt der Reichstag die Dawes-Gesetze an. Im Mittelpunkt der Auseinandersetzungen steht die Abstimmung über das Reichsbahngesetz. Die dafür erforderliche Zweidrittelmehrheit kommt nur zustande, weil fast die Hälfte der deutschnationalen Fraktion (DNVP) für das Gesetz stimmt. Die DNVP hatte die Dawes-Gesetze bis zuletzt abgelehnt. → S. 132

Die Reichsregierung veröffentlicht eine Erklärung zur Kriegsschuldfrage. Sie stellt fest, daß sie die im Versailler Vertrag festgestellte deutsche Kriegsschuld (Artikel 231) nicht anerkennt. Um eine Einigung mit den Alliierten nicht zu gefährden, hatte sie dieses Thema während der Londoner Konferenz (16. 7. – 16. 8.) unerwähnt gelassen. → S. 133

In Genf findet die erste öffentliche Sitzung der 30. Tagung des Völkerbundrats statt, die sich u. a. mit Fragen der Abrüstung und Militärkontrolle beschäftigt. Die Tagung dauert bis zum 3. Oktober.

In Berlin wird ein deutsch-schwedischer Vertrag über die Errichtung eines Schiedsgerichts zur Regelung zwischenstaatlicher Differenzen unterzeichnet.

In Berlin wird das Dramatische Theater unter der Direktion von Schauspieler Wilhelm Dieterle mit Georg Kaisers »Gilles und Jeanne« eröffnet. → S. 139

Die Büchergilde Gutenberg wird in Leipzig gegründet. Nach dem Verein für Bücherfreunde und der Deutschnationalen Hausbücherei ist sie die dritte deutsche Buchgemeinschaft. → S. 139

30. August, Sonnabend

Nach Verabschiedung der Dawes-Gesetze (→ 29. 8. / S. 132) wird der Dawesplan (Londoner Abkommen) in London endgültig unterzeichnet. Am 1. September tritt das Abkommen in Kraft.

Das Reichsbankgesetz, eines der Durchführungsgesetze zum Dawesplan, sieht die internationale Kontrolle der Reichsbank vor. Sie erhält einen jeweils zur Hälfte mit Deutschen und Ausländern besetzten Generalrat. Die Ausgabe der Banknoten wird künftig von einem ausländischen Kommissar kontrolliert. Neues gesetzliches Zahlungsmittel ist die Reichsmark. → S. 133

Gemäß einer britisch-deutschen Vereinbarung wird die Reparationsabgabe, die bei der Einfuhr deutscher Waren nach Großbritannien zu entrichten ist, wieder auf 26% erhöht. Am 23. Februar war sie auf 5% reduziert worden.

In Wien wird ein deutsch-polnischer Vertrag über Fragen der Staatsangehörigkeit und Optanten in Oberschlesien unterzeichnet. Nach dem Weltkrieg kamen Teile Oberschlesiens an Polen. → S. 134

31. August, Sonntag

In Leipzig wird die bis zum 6. September dauernde Herbstmesse eröffnet.

Der 63. Deutsche Katholikentag beginnt in Hannover (bis 2. 9.). Reichskanzler Wilhelm Marx (Zentrum) hält zur Eröffnung eine Ansprache.

Das Fußball-Länderspiel Deutschland – Schweden in Berlin endet 1:4. → S. 143

Das Wetter im Monat August

Station	Mittlere Lufttemperatur (°C)	Niederschlag (mm)	Sonnenscheindauer (Std.)
Aachen	14,3 (17,2)	134 (82)	– (188)
Berlin	16,0 (17,2)	25 (68)	– (212)
Bremen	19,6 (17,1)	103 (79)	– (182)
München	14,8 (16,6)	100 (96)	– (211)
Wien	– (18,6)	– (68)	– (–)
Zürich	14,2 (16,6)	172 (132)	144 (219)

( ) Langjähriger Mittelwert für diesen Monat
– Wert nicht ermittelt

Die illustrierte Arbeiterzeitung »Der rote Stern« erscheint am 24. August 1924 mit Versen des Politikers Franz Mehring auf der Titelseite

DER ROTE STERN

10 JAHRE SOZIALDEMOKRATIE
2. ERWEITERTE AUFLAGE
112 SEITEN MIT 16 BILDERN 80 Pfg.

ILLUSTRIERTE ARBEITERZEITUNG

Jahrgang 1. Nr. 6 | Berlin, 20. August 1924 | Preis 5 Pfennig

Die Kognakkirschen

Von Ernst Meyer

Rosa Luxemburg saß den größten Teil des Krieges in Haft. Vom Februar 1915 bis Februar 1916 mußte sie eine einjährige Gefängnisstrafe absitzen, die ihr vor dem Kriege wegen Beleidigung des Heeres zudiktiert worden war. Von der Amnestie, die im ersten Rausch des Burgfriedens erlassen war, wurde sie selbstverständlich ausgenommen. Der sozialdemokratische Parteivorstand dachte nicht daran, für sie einzutreten. Aufforderungen an ihn lehnte er damit ab, daß, solange Rosa nicht selbst ein Gnadengesuch einreiche, man auch nichts für sie tun könnte.

Als man keinen juristischen Vorwand mehr hatte, setzte die Regierung Rosa in militärische »Schutzhaft«. Schon vier Monate nach ihrer Entlassung aus der Strafhaft saß Rosa bereits wieder im Gefängnis, um erst am 8. November 1918 befreit zu werden. Diese vielen Jahre Haft zerrütteten ihre Gesundheit. Wir alle waren erschreckt, als wir Rosa am 9. November 1918 zum ersten Male in der Redaktion der »Roten Fahne«, d. h. in dem von der Spartakusgruppe besetzten Lokalanzeiger, wiedersahen. Aber diese vier Jahre Haft waren vier Jahre Arbeit: Aus dem Gefängnis heraus schrieb sie ganze Broschüren, Flugblätter, Artikel für den »Spartakus« und legale Zeitungen, übersetzte sie russische Werke (Korolenko, Geschichte eines Zeitgenossen). Innere Kraft und Heiterkeit erfüllten auch im Gefängnis ihr ganzes Wesen. Sie sprach denen draußen in der imperialistischen »Freiheit« noch Trost zu, wie die Briefe an Sonja Liebknecht und Luise Kautsky zeigen. Selbst Scherz und Humor verließen sie nicht. Eine Probe davon hat die Levi-Korrespondenz unberechtigterweise veröffentlicht, kurz nachdem diese Zeilen bereits für den »Roten Stern« geschrieben waren.

Mehring und ich waren infolge häufiger Denunziation der von Noske und Heilmann geleiteten »Chemnitzer Volksstimme« im Sommer 1916 ebenfalls in militärische Schutzhaft genommen worden. Der Gefängnisarzt beantragte zwar bei Mehring wegen seines Alters (er war über 70 Jahre alt) und bei mir wegen eines Lungenleidens Haftentlassung. Das Oberkommando in den Marken, an dessen Spitze General von Kessel stand, lehnte aber die Haftentlassung ab. Mehrings Gesundheitszustand war so bedenklich, daß der Gefängnisarzt veranlaßte, daß selbst nachts unsere beiden nebeneinander liegenden Zellen offen blieben, damit Mehring mich jederzeit rufen und Hilfe haben könne.

So bedenklich Mehrings Gesundheitszustand auch war, er verlor ebenfalls nicht seine gute Laune. Eines Tages im November 1916 machte er mir den Vorschlag, eine gemeinsame Bekannte in scherzhaften Versen um Konfekt zu bitten, das sie zuweilen an **Liebknecht** ins Zuchthaus zu Luckenwalde gesandt hatte. Die als Kassiber geschmuggelten Verse lauteten:

Untertäniges Promemoria an Frau . . .

Als Karolus ward begraben in des Kerkers tiefen Grauen
sandt' ihm süße Kognakkirschen wohl die **edelste** der Frauen.
Da wir nunmehr brummen achtzehn oder gar schon zwanzig Wochen,
haben wir an jedem Tage uns die gleiche Huld versprochen.
Doch an **jedem** Tag **vergebens** harrten wir der süßen Spende,
denn die edelste der Frauen schloß für **uns** die Feenhände!
Unsre legitimen Frauen sandten uns hausbackne Gaben,
doch an Kognakkirschen konnte nie sich unser Herz erlaben.
»Butter hab' ich, Brot und Pudding und dazu noch frische Eier,
Aber keine Kognakkirschen«, also klagt Genosse Meyer.
»Ich auch speise Fleisch vom Rinde oder Fisch vom sauren Hering,
Aber keine Kognakkirschen«, also seufzt Genosse Mehring.
Dieses große Elend ohne großes Mitleid anzuschauen,
nimmer glauben wir so Arges von der edelsten der Frauen.
Unsre flehentliche Bitte wird ihr gutes Herz erweichen
und mit holdem Lächeln wird sie uns die Kognakkirschen reichen.

Untersuchungsgefängnis Altmoabit 12a, 14. 11. 16.
gez. Franz Mehring gez. Ernst Meyer.

Die Gabe quittierten wir mit folgenden Worten:

Untertänige Dankhymne an Frau . . .

Nun spielen wir die Leier, Franz Mehring und Ernst Meyer,
In gläubigem Vertrauen zur edelsten der Frauen.
Denn wir gestehen ehrlich: die Kirschen waren herrlich.
Wie sollen wir ihr danken, als das wir ohne wanken
Zu ihrer Fahne schwenken und unser Herz ihr schenken.
— Soweit es uns gestatten die legitimen Gatten —
Nun wünschen wir das beste ihr zu dem Weihnachtsfeste,
In dessen lichtem Scheine wir bitten um das eine:
Daß sie im neuen Jahre die alte Huld uns wahre!

Eine Abschrift der Verse ging auch Rosa zu, von der wir nach einiger Zeit folgende Zeilen erhielten:

Auf das untertänige Promemoria
Bekümmerte Antwort eines Unberufenen.

Ach, der Mensch ist nie zufrieden,
Wenn's ihm geht zu gut hienieden!
Im Besitz zwo züchtiger Frauen,
Die sich Müh'n vom Morgengrauen
Um jedwedes eßbar gute Ding,
Fleisch und Eier, Fisch und Pudding, —
Nicht befriedigt still und ehrlich,
Sondern noch nach mehr begehrlich,
Stürmt verwegen in die Leier
So der Mehring wie der Meyer!
Doch nicht darum hat uns Kessel
Hingesetzet in die Nessel,
Um der Fleischeslust zu frohnen
Und zu schlucken Kognakbohnen!
Denkt wie mancher Zeitgenosse,
Nicht verhätschelt so vom Lose,
Hat nicht Frau, noch Speck, noch Hering,
Als wie Meyer und wie Mehring,
Und vom Kognak keinen Nebel,
Und im Munde nur den Knebel,
All dieweil jetzt herrscht der Säbel.
Bei so großen Volkesleiden
Lernt euch züchtiglich bescheiden
Und auch Dinge unterscheiden,
Denn das merkt euch: seit Äonen
Spricht man nicht von Kognak**kirschen**,
Sondern nur von Kognak**bohnen**.

Wir brauchen Schutzzölle!

Den Arbeitern geht es zu gut, das Brot muß teurer werden

Übereinkunft bei Londoner Reparationskonferenz

16. August. Mit einem gemeinsamen Schlußprotokoll, dem sog. Londoner Abkommen, endet die seit → 16. Juli (S. 116) tagende Londoner Konferenz. Alliierte und Deutsche einigen sich auf die Neuregelung der Reparationszahlungen durch den Dawesplan. Damit beginnt eine Ära der Entspannung in den internationalen Beziehungen.

Zum Londoner Abkommen gehört zunächst der Dawesplan selbst, der Höhe, Zusammensetzung und Sicherung der jährlichen Reparationszahlungen des Deutschen Reichs an die Alliierten festlegt (→ 16. 8. / S. 130). Weiter sind eine Reihe von Durchführungsgesetzen zum Dawesplan vorgesehen, von deren Verabschiedung durch den Reichstag die endgültige Unterzeichnung des Londoner Abkommens abhängig gemacht wird. Sie beinhalten eine internationale Kontrolle der deutschen Finanzen und Wirtschaft (→ 29. 8. / S. 132).

Hinsichtlich der umstrittenen Räumung des Ruhrgebiets legt das Abkommen die sog. wirtschaftliche Räumung fest, womit u. a. die Rückgabe beschlagnahmter Bergwerke gemeint ist (→ 3. 9. / S. 148). Darüber hinaus erreichen die Deutschen, seit 5. August an der Londoner Konferenz beteiligt, in bilateralen Verhandlungen mit den Franzosen immerhin eine einjährige »Höchstfrist« für die militärische Räumung (→ 18. 8. / S. 133). Reichskanzler Wilhelm Marx, Reichsaußenminister Gustav Stresemann und Reichsfinanzminister Hans Luther haben sich in London vor allem um die baldige Räumung des Ruhrgebiets bemüht, um der Agitation der Rechten gegen den Dawesplan etwas Greifbares entgegenzusetzen.

Künftig können Sanktionen gegen das Reich, so ein weiterer Beschluß der Alliierten in London, nicht mehr von einem Land allein verhängt werden. Letzte Instanz für die Entscheidung über Nichterfüllung deutscher Reparationen ist nun ein unparteiisches Schiedsgericht unter US-amerikanischem Vorsitz.

Erstmals beteiligen sich auch die USA aktiv an der Lösung finanzpolitischer Probleme in Europa. Dies ist eine wesentliche Voraussetzung für das Funktionieren des Dawesplans, der einen internationalen Kreislauf der Schuldentransferierung in Gang setzen soll.

△ Die deutschen Unterhändler Wilhelm Marx (1) und Gustav Stresemann (2) auf dem Weg zur Konferenz

▷ Schlußsitzung der Konferenz: Stresemann (vorne r.) und Marx (2. v. r.) haben Verhandlungserfolge erzielt

Neuer Zahlungsplan für Reparationen

16. August. Der von der Londoner Konferenz beschlossene Dawesplan stellt die deutschen Reparationszahlungen auf eine neue Grundlage. Im einzelnen sieht der Zahlungsplan vor, der von einem Gremium unter der Leitung von Charles Gates Dawes erarbeitet wurde (→ 9. 4. / S. 64):

Dem Deutschen Reich wird eine Erholungspause zugestanden. Erst im fünften Jahr sollen die »normalen« Zahlungen beginnen:

▷ 1924/25	1000 Mio. Goldmark
▷ 1925/26	1220 Mio. Goldmark
▷ 1926/27	1200 Mio. Goldmark
▷ 1927/28	1750 Mio. Goldmark
▷ 1928/29	2500 Mio. Goldmark

US-Finanzexperte Owen D. Young, Mitglied im Dawes-Komitee

Charles G. Dawes, Vater des in London erarbeiteten Plans

Zudem erhält das Reich 1924 als Starthilfe eine internationale Anleihe in Höhe von 800 Millionen Goldmark (→ 10. 10. / S. 168).

Das Reich hat die Zahlungen aus genau festgelegten Quellen (Reichshaushalt, Reichsbahn- und Industriebelastungen) aufzubringen. Für den Transfer in ausländische Valuta ist ein alliierter Reparationsagent mit Sitz in Berlin zuständig (→ 3. 9. / S. 149).

Der Dawesplan funktioniert nur aufgrund eines internationalen Kreislaufs der Schuldentransferierung: Die Reichsregierung zahlt Reparationen in Reichsmark an den Reparationsagenten, der den Transfer nach Frankreich, Großbritannien u. a. organisiert. Die Alliierten begleichen damit ihre Kriegsschulden in den USA. Aus den USA fließen private Kredite ins Deutsche Reich, das so seine Reparationen begleichen kann. Als vorläufige Regelung läßt der Dawesplan die endgültige Gesamtsumme und Dauer der vom Deutschen Reich zu leistenden Reparationszahlungen offen.

Dramatische Schlußabstimmung über Dawes-Gesetze

29. August. Der Reichstag nimmt die umstrittenen Dawes-Gesetze zur Durchführung des Dawesplans in der mit Spannung erwarteten Schlußabstimmung doch noch an. Daraufhin kann die am → 16. August (S. 130) von der Londoner Konferenz vereinbarte Neuregelung der Reparationen endgültig am 30. August unterzeichnet werden.

Marx zur Londoner Konferenz:
»Wir rühmen uns nicht eines Erfolges, den wir in London errungen hätten. Das Gutachten der Sachverständigen [des Dawes-Komitees] ist für das deutsche Volk in seinem innersten Wesen ebensowenig erfreulich wie der uns auferlegte Versailler Vertrag ... Die Aufgabe der Reichsregierung und die Aufgabe der Delegation in London bestand nur darin, Milderungen dieser Last zu erstreben, Bedingungen und Verhältnisse zu schaffen, um die Durchführung des Gutachtens in einer für die Lebensnotwendigkeiten und die nationale Würde des deutschen Volkes erträglichen Weise zu gewährleisten.
Ich glaube feststellen zu dürfen, daß die deutsche Delegation in London in keinem Falle eine Verschlechterung gegenüber dem jetzigen Zustand, in mancher Hinsicht aber eine Verbesserung erreicht hat.« (Aus der Regierungserklärung von Reichskanzler Wilhelm Marx am 23. August im Reichstag)

Bis zuletzt war fraglich geblieben, ob die neun Dawes-Gesetze den Reichstag passieren würden. Einem dieser Gesetze, dem Reichsbahngesetz, fiel dabei wegen der erforderlichen Zweidrittelmehrheit eine Schlüsselrolle zu. Eine Ablehnung des Eisenbahngesetzes hätte die Ablehnung aller Dawes-Gesetze, die eine Einheit bilden, bedeutet und damit die gesamte Neuregelung der Reparationen durch den Dawesplan blockiert.
Kein Zweifel bestand an der Zustimmung der Regierungsparteien, Deutsche Demokratische Partei (DDP), Zentrum und Deutsche Volkspartei (DVP) sowie der oppositionellen Sozialdemokraten. Sie betrachten den Dawesplan als eine tragbare Vernunftlösung des leidigen Reparationsproblems.

Für die erforderliche Zweidrittelmehrheit wurden jedoch zusätzlich Stimmen der Deutschnationalen (DNVP) gebraucht. Eine heikle Situation, denn die DNVP hat den Dawesplan bis zuletzt erbittert als »neues Versailles«, als neues Kapitel der verhaßten Erfüllungspolitik bekämpft. Am 25. August hatte DNVP-Vorsitzender Oskar Hergt dies im Reichstag unterstrichen. In London sei vor allem in der Räumungsfrage (→ 18. 8. /S. 133) nicht genug erreicht worden.

In der entscheidenden Abstimmung über das Reichsbahngesetz stimmt fast die Hälfte der DNVP-Abgeordneten für die Annahme (48 Ja, 52 Nein) und sichert so die Zweidrittelmehrheit (311 Ja, 127 Nein). Kritiker weisen in der Folgezeit mehrfach auf das inkonsequente Verhalten der DNVP hin.
Unter massivem Druck industrieller und agrarischer Interessenverbände, die sich Vorteile vom Dawesplan versprechen, hatte Hergt den Fraktionszwang aufgehoben. Die DNVP, seit der Abstimmung als »Mampepartei« verspottet, hat nun eine Zerreißprobe zu überstehen (→ 23. 10. / S. 163).
Im wesentlichen sehen die Dawes-Gesetze folgende Regelungen vor:
▷ Belastung der deutschen Industrie mit einem Anteil an der Reparationsschuld in Höhe von fünf Milliarden Goldmark
▷ Gründung einer Deutschen Reichsbahngesellschaft, die mit insgesamt 11 Milliarden Goldmark belastet wird
▷ Reichsbahngesellschaft und auch die Reichsbank werden »internationalisiert«; sie erhalten je zur Hälfte mit Deutschen und Ausländern besetzte Kontrollorgane
▷ Einführung der Reichsmark als neue deutsche Währung (→ 30. 8. / S. 133).

Die mit dem Dawesplan verbundene »Internationalisierung« deutscher öffentlicher Einrichtungen wie der Reichsbank und der Reichsbahn, die Einsetzung internationaler Kontrollorgane, so u. a. des Generalagenten für Reparationen mit Sitz in Berlin (→ 3. 9. / S. 149), bedeuten eine massive Einschränkung deutscher Finanz- und Wirtschaftshoheit. Sie wird dauernder Kritikpunkt rechtsradikaler Agitation gegen den Weimarer Staat.

Demonstranten unter dem Zeichen des Hakenkreuzes bezeichnen den Dawesplan als »Fluch der Sünde wider den Geist nationaler Selbstbehauptung«

Konstituierende Sitzung des Verwaltungsrats der Reichsbahngesellschaft, die von den Alliierten überwacht wird

Ausweis zum Passieren der Grenze des französisch besetzten Ruhrgebiets; die Freigabe des Personenverkehrs zwischen der Besatzungszone und den unbesetzten Teilen des Deutschen Reichs wird in London von den Alliierten beschlossen

Franzosen noch ein Jahr im Ruhrgebiet

18. August. Die Franzosen räumen die seit dem 4. Februar 1923 besetzten rechtsrheinischen deutschen Bezirke Appenweier und Offenburg gemäß den Beschlüssen der Londoner Konferenz (→ 16. 8. / S. 130).

Reichsaußenminister Gustav Stresemann hat in London auch die Forderung auf Räumung des Ruhrgebiets bis zum 1. Januar oder spätestens 1. April 1925 erhoben, aber nicht durchsetzen können. Doch auch schon die gegen französischen Widerstand erreichte einjährige »Höchstfrist« für die militärische Räumung des rheinisch-westfälischen Industriegebiets kann als Erfolg Stresemanns gelten. Ferner verspricht der französische Ministerpräsident Herriot eine »möglichst unsichtbare Besatzung«.

Immerhin kommen schon am 22. Oktober der Raum Dortmund-Hörde-Lünen wie auch die rechtsrheinischen »Flaschenhälse«, nämlich die Räume Wesel, Emmerich, Vohwinkel, Königswinter und Limburg frei. Diese Regionen gelten als »neubesetzte« Gebiete. Das aufgrund des Versailler Vertrags seit 1920 »altbesetzte« Rheinland soll etappenweise nach 5, 10 und 15 Jahren geräumt werden (→ 31. 12. / S. 197).

Erst am 31. Juli 1925 verlassen die letzten Franzosen und Belgier das Ruhrgebiet, das am 11. Januar 1923 als Pfand für deutsche Reparationen besetzt wurde. Schneller vollzieht sich die sog. wirtschaftliche Räumung (→ 3. 9. / S. 148).

Grenzsperre um das französisch besetzte Ruhrgebiet bei Datteln

Kasino für Unteroffiziere der französischen Besatzungsarmee in Essen

Patrouille der französischen Truppen vor dem Essener Hauptpostamt

Kriegsschuld eine »falsche Anklage«

29. August. Nach Verabschiedung der Dawes-Gesetze (→ 29. 8. / S. 132) gibt die Reichsregierung eine öffentliche Erklärung gegen den Kriegsschuld-Artikel 231 des Versailler Vertrags (1919) ab. Schon lange haben die Deutschnationalen einen Widerruf der »Kriegsschuldlüge« von der Regierung gefordert.

Unter Hinweis auf die »schweren Verpflichtungen«, die auf das deutsche Volk mit der Annahme des Dawesplans zukämen, erklärt die Reichsregierung, daß sie die Feststellung der alleinigen deutschen Kriegsschuld nicht anerkenne. Denn diese widerspreche den »Tatsachen der Geschichte«. Das Reich müsse von der Bürde jener falschen Anklage befreit werden.

Von der angekündigten offiziellen Übergabe dieses Widerrufs an die Alliierten nimmt die Reichsregierung jedoch nach scharfen Warnungen aus Paris Abstand. Mit der Kriegsschuld rechtfertigten die Alliierten nämlich die deutsche Verpflichtung, Reparationen zu zahlen.

Reichsmark löst Rentenmark ab

30. August. Als neue Währungseinheit im Deutschen Reich wird die Reichsmark eingeführt. Dies sieht eines der Dawes-Gesetze vor, die am → 29. August (S. 132) vom Reichstag verabschiedet und nun von Reichspräsident Friedrich Ebert (SPD) ausgefertigt worden sind.

Nach diesem Bankgesetz wird die Rentenmark durch die Reichsmark abgelöst, die künftig einziges gesetzliches Zahlungsmittel ist. Die Reichsbank wird verpflichtet, ihre auf Mark lautenden Banknoten umzutauschen. Zugleich wird die Rentenmark eingezogen, die im November 1923 eingeführt worden war, um die Inflation zu stoppen.

Mit Hilfe der als Übergang geplanten Rentenmark, die im Wertverhältnis 1:1 Billion Inflations-Mark in Umlauf kam, ist die Stabilisierung der deutschen Währung gelungen. Die Milliarden- und Billionenbeträge der weiter kursierenden Markscheine aus der Inflationszeit sind tatsächlich bedeutungslos geworden. Nun wird lediglich die neue, stabile Währung in Reichsmark umbenannt.

London: Vertrag mit den Sowjets

8. August. Ein britisch-sowjetischer Handelsvertrag wird in London unterzeichnet, der für beide Parteien Meistbegünstigung festlegt und den sowjetischen Handelsgesellschaften die Exterritorialität einräumt, d. h. Unabhängigkeit von britischer Gerichtsbarkeit. Vorerst verschoben wird das Problem der russischen Schulden und der Entschädigung für ehemaligen britischen Privatbesitz in der Sowjetunion. Dieser Umstand, besonders aber die Zusage einer Anleihe für die Sowjetunion von Labour-Premier James Ramsey MacDonald stößt auf Protest der Konservativen.

Sowjetbotschafter Adolf A. Ioffe nach Unterzeichnung des Handelsvertrags in London; Ioffe war Mitglied der russischen Delegation bei den Friedensverhandlungen von Brest-Litowsk, 1918 Botschafter in Berlin, 1923 in China

Erzberger-Mörder in Ungarn gefaßt

16. August. Bei Budapest wird Heinrich Schulz, einer der Mörder von Zentrumspolitiker Matthias Erzberger, verhaftet. Mit der Begründung, daß kein entsprechender Vertrag bestehe, lehnt Ungarn einen deutschen Auslieferungsantrag am 30. September ab. Erzberger, der 1919 die Annahme des Versailler Vertrags befürwortet hatte, war am 26. August 1921 im Auftrag des rechten Geheimbunds »Organisation Consul« von den Ex-Offizieren Heinrich Tillessen und Schulz ermordet worden. Bayerns Behörden hatten damals die Verfolgung der Täter boykottiert.

Matthias Erzberger, Führer des linken Zentrums, Unterzeichner des Waffenstillstands von Compiègne

Gedenkfeiern für Weltkriegsopfer

3. August. Vor dem Reichstagsgebäude in Berlin findet die offizielle Gedenkfeier für die deutschen Opfer des Weltkriegs statt. Reichspräsident Friedrich Ebert (SPD) bezeichnet in seiner Ansprache den Wiederaufbau des Deutschen Reichs als eine »Ehrenpflicht« gegenüber den Gefallenen. Dem Gedächtnis der Toten solle das »freie Deutschland« als ein Denkmal errichtet werden. Zum zehnten Jahrestag des Kriegsausbruchs – am 1. August 1914 erklärte das Deutsche Reich Rußland den Krieg – finden in allen wichtigen Städten des Reichs Gedenk- und Trauerfeiern statt.

Reichspräsident Friedrich Ebert (SPD), deutsches Staatsoberhaupt seit 1919, nutzt in den stürmischen Anfangsjahren des Weimarer Staates seine Befugnisse zur Stabilisierung der Republik

Kanzler Seipel wieder genesen

1. August. Von seiner schweren Verletzung durch das Attentat am → 1. Juni (S. 96) hat sich Österreichs Bundeskanzler Ignaz Seipel wieder erholt; das berichtet die Wiener Presse. Der Lungensteckschuß ist vollständig ausgeheilt. Am 2. September, wenn der Nationalrat zusammentritt, will Seipel die Regierungsgeschäfte wieder übernehmen (→ 8. 11. / S. 182). Der Attentäter, ein Arbeitsloser namens Karl Jaworek, hat inzwischen seine Tat bereut und soll den Bundeskanzler »flehentlich um Vergebung gebeten« haben. Er wird zu dreieinhalb Jahren Kerker verurteilt.

Ignaz Seipel, seit 1922 Bundeskanzler einer bürgerlichen (großdeutsch-christlichsozialen) Koalitionsregierung in Österreich

Entscheidung zur Staatsangehörigkeit

30. August. In Wien wird ein deutsch-polnischer Vertrag über »Option und Staatsangehörigkeit in Oberschlesien« unterzeichnet. Danach müssen Bewohner Polnisch-Oberschlesiens, die deutsch optiert haben, auf Verlangen der polnischen Behörden das Land verlassen. Dies gilt umgekehrt auch für polnische Optanten. Für die Abwanderung werden angemessene Fristen vereinbart.

Bis 15. Juli konnte jeder Oberschlesier optieren, sich also für die deutsche oder die polnische Staatsbürgerschaft entscheiden. In Polnisch-Oberschlesien sind 7000 deutsche Optionen abgegeben worden. Insgesamt ist mit 13 000 bis 14 000 Optanten zu rechnen, weil etwa 2000 Familienväter für ihre Angehörigen mitentschieden haben.

Nach dem Weltkrieg mußte das Deutsche Reich Teile Oberschlesiens an Polen abtreten. Das Gebiet war durch den Versailler Vertrag von 1919 zum Abstimmungsgebiet erklärt worden. Eine daraufhin am 20. März 1921 durchgeführte Volksabstimmung ergab 59,6% der Stimmen für die Zugehörigkeit zum Deutschen Reich und 40,3% für Polen. Ohne die Abstimmungsergebnisse zu beachten, entschied die alliierte Botschafterkonferenz am 21. Oktober 1921: Ein Viertel des Gebiets mit 42,5% der Einwohner und dem größten Teil des Industriereviers wurde polnisch. Im Oberschlesienabkommen vom 15. Mai 1922 vereinbarten das Deutsche Reich und Polen den beiderseitigen Schutz der Bevölkerungsminderheiten, vor allem auf Schulfragen bezogen.

Unterzeichnung des deutsch-polnischen Abkommens in Wien, das die künftige Staatsangehörigkeit der Menschen in Oberschlesien regelt

Verfassungsfeiern im Deutschen Reich

10. August. In allen größeren Städten des Deutschen Reichs werden Feiern zur Erinnerung an die vor fünf Jahren erfolgte Verabschiedung und Verkündung der Weimarer Verfassung abgehalten. Dabei tritt das Reichsbanner Schwarz-Rot-Gold, ein am → 22. Februar (S. 33) gegründeter politischer Kampfverband republikanischer Kriegsteilnehmer, erstmals in der Öffentlichkeit in Erscheinung.

Im Reichstag findet eine offizielle Verfassungsfeier statt, zu der viele bekannte Parlamentarier, ferner Vertreter von Wissenschaft und Kunst, der Industrie, der Behörden und der Gewerkschaften erschienen sind. Dagegen fehlt Reichstagspräsident Max Wallraff (DNVP).

Friedlich verlaufen die Großkundgebungen u. a. in Berlin, Hamburg, Frankfurt und Weimar. Die Redner, so auch Reichspräsident Friedrich Ebert (SPD) in Münster, betonen vielfach die Notwendigkeit eines deutlichen Bekenntnisses zur Verfassung von Weimar und zur ersten deutschen Republik.

Rechtsradikale Bewegung in der Krise

17. August. Im Weimarer Nationaltheater geht der dreitägige Reichsparteitag der Nationalsozialistischen Freihcitsbewegung (NSFP) zu Ende, die als Partei bei den Reichstagswahlen am → 4. Mai (S. 78) mit 32 Mandaten sehr erfolgreich war. Die Tagung soll die sich verschärfenden Gegensätze zwischen Nationalsozialisten und Deutschvölkischen beheben.

In seiner Eröffnungsansprache verurteilt General a. D. Ludendorff, der sich am Hitlerputsch beteiligt hatte, aber freikam (→ 1. 4. / S. 62), die »Spaltpilze« in der Partei (vgl. Kasten). Im weiteren Tagungsverlauf wird ein gemeinsames Programm der Deutschvölkischen und Nationalsozialisten angenommen, eine Zusammenfassung von NSDAP und NSFP-Programm.

Der Parteitag beendet aber nicht den Führungskampf im rechtsextremen Lager. Seit Adolf Hitler verhaftet wurde und er die Führung der Nationalsozialisten niedergelegt hat (→ 7. 7./S. 120), gibt es um seine Nachfolge endlose Auseinandersetzungen und Intrigen. Die von den Deutschvölkischen gegründete Nationalsozialistische Freiheitsbewegung unter der Leitung Ludendorffs, Gregor Strassers und Albrecht von Graefes konkurriert mit der Großdeutschen Volksgemeinschaft, die von Alfred Rosenberg gegründet wurde und von Julius Streicher und Hermann Esser geleitet wird, um die Gefolgschaft der verbotenen NSDAP.

◁ *General a. D. Erich Ludendorff versucht nach der Inhaftierung Adolf Hitlers (→ 1. 4./S. 62) die Leitung der »völkischen Bewegung« an sich zu reißen; Ludendorff war während des Ersten Weltkriegs politisch sehr einflußreich, wurde aber bei Kriegsende auf Druck der Reichsregierung entlassen*

▽ *Eröffnungsfeier für den Parteitag der Nationalsozialistischen Bewegung vor dem Nationaltheater in Weimar; die Rechtsextremen sind zum Kampf gegen die Weimarer Verfassung vor dem Gebäude angetreten, in dem 1919 die Nationalversammlung diese erste demokratische Verfassung verabschiedete*

Ludendorff erhebt Führungsanspruch

In der Eröffnungsveranstaltung des Reichskonvents der Nationalsozialistischen Freiheitspartei (NSFP) in Weimar, der einer drohenden Spaltung im rechtsextremen Lager entgegenwirken soll (→ 17. 8. / S. 135), untermauert General a. D. Erich Ludendorff, der als »Schirmherr« der Veranstaltung auftritt, seinen Führungsanspruch:

»Wenn ich hier spreche, gibt mir der 9. November des vorigen Jahres [Hitlerputsch] das Recht dazu ... Durch Hitlers Inhaftnahme habe ich die Führung übernommen... Wir wollen es offen aussprechen: Wir wollen die Macht ergreifen und das deutsche Volk zu einer großen Kampfgemeinschaft erziehen ... Wenn jeder von uns den deutschen Gedanken erfaßt, wird es gelingen, alle Widersacher und Spaltpilze zu beseitigen. Notwendig ist die Sammlung aller Verbände, die auf dem Boden des Wehrgedankens stehen ... In unserer Bewegung stehen Führer und Gefolgsleute eng zusammen ...Aber es fehlt noch an Zucht, weil wir uns noch nicht zu den ...Höhen des Nationalsozialismus erhoben haben. Es gibt Unterführer, die sich überschätzen in eitler Verblendung. So bildet sich ein Partei-Bonzentum, so schlagen Spaltpilze immer wieder Wurzeln in unserer Partei, und es wird ihnen nicht entgegengetreten. Die Unterführerkrise bleibt ein ernstes Zeichen für uns.«

Denkmal erinnert an Tannenberg-Sieg

26. August. *Am zehnten Jahrestag der Schlacht bei Tannenberg wird hier ein Denkmal (Abb. l. und M.) eingeweiht. Generalfeldmarschall a. D. Paul von Beneckendorff und Hindenburg, Generalfeldmarschall a. D. von Mackensen und General Erich Ludendorff sind prominente Gäste dieser nationalistisch-militaristischen Feier (Abb. r.). Der Tannenberg-Sieg der 8. deutschen Armee über die nach Ostpreußen eingedrungenen russischen Truppen (26.–30. 8. 1914) begründete in der Bevölkerung das Vertrauen in die Heeresführung und den Hindenburgmythos.*

Wirtschaft 1924:

Stabilisierung der Währung und Erholung der Wirtschaft

Mit dem Jahr 1924 beginnt für das Deutsche Reich eine Phase ökonomischer Stabilität, die bis zum Ausbruch der Weltwirtschaftskrise 1929 andauert. Obgleich eine Reihe von Faktoren, angefangen bei der Stabilisierung der Währung, die Lage der Wirtschaft außerordentlich verbessern, stagniert die deutsche Wirtschaft.

Die Inflation bis Herbst 1923, in deren Verlauf der Vorkriegswert der Mark auf einen rechnerisch kaum mehr erfaßbaren Bruchteil von einem Billionstel absank, wurde mit der Einführung einer neuen Währung, der Rentenmark, gestoppt.

Ökonomisch wichtiger noch für das Gelingen der Währungsstabilisierung, d. h. die Anpassung des Geldumlaufs an die tatsächliche Wirtschaftskraft, sind die Begrenzung der Geldumlaufmenge auf 2,4 Milliarden Mark und Einschränkungen bei der Kreditvergabe.

Schon ab Juni 1924 ist die Reichsbank wieder in der Lage, die Devisennachfrage zu befriedigen. Damit ist die Voraussetzung für die endgültige Lösung des Währungsproblems geschaffen: Am → 30. August (S. 133) wird die Reichsmark als gesetzliches Zahlungsmittel eingeführt. Sie wird auf dem internationalen Geldmarkt anerkannt, u. a. weil ihre Grundlage der Golddevisenstandard ist.

Nach der Neuregelung der Reparationsfrage mit dem Dawesplan (→ 16. 8. /S. 130) erhält das Deutsche Reich eine Anleihe in Höhe von 800 Millionen Goldmark für die Zahlung der ersten Reparationsrate. Es beginnt ein umfangreicher Kapitalimport vor allem aus den USA, der sich 1929 als fatal erweisen soll, als die kurzfristig vergebenen, aber langfristig investierten Kredite zurückgezahlt werden müssen.

Die Geldknappheit zwingt viele Firmen- und Geschäftseigentümer im Deutschen Reich zu verlustreichen Ausverkäufen ihrer Warenbestände

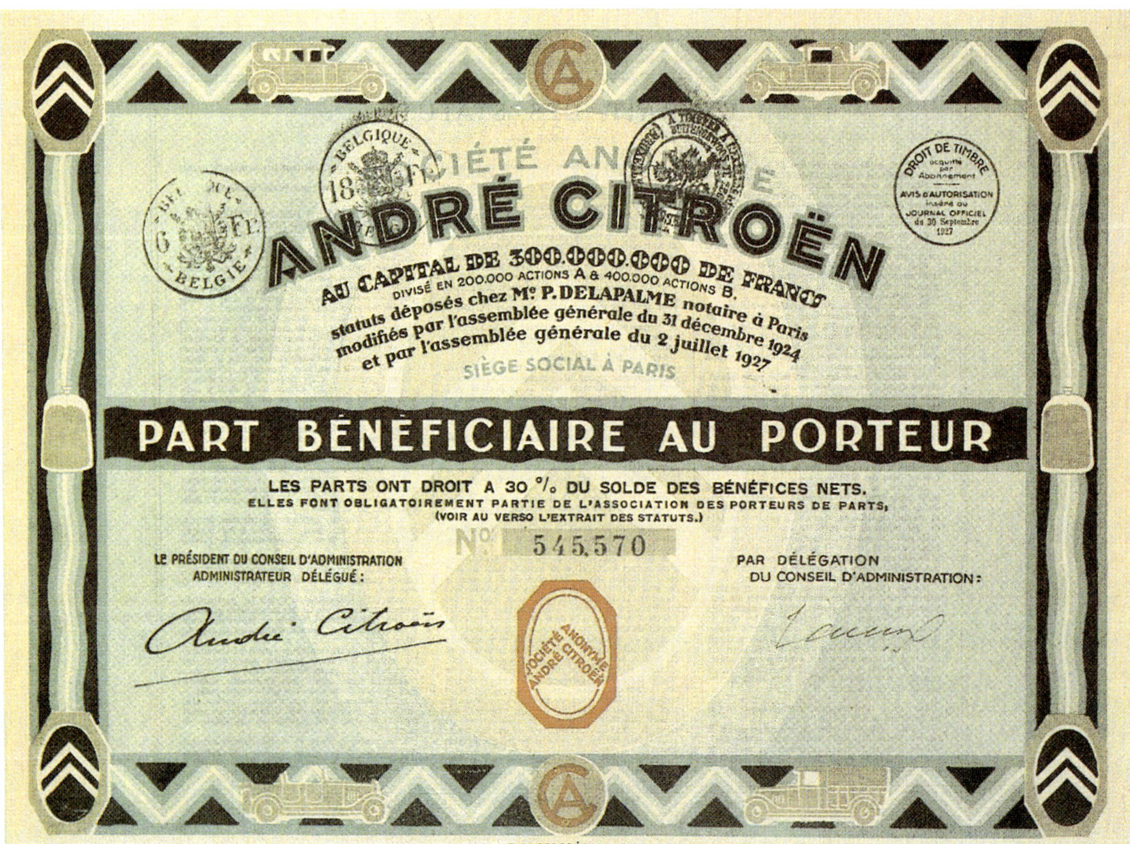

Vorzugsaktie ohne Nennwert des Unternehmens von André Citroën; die Citroën S. A., Société des Automobiles, wurde 1915 von André Citroën gegründet und hat sich inzwischen zu einem führenden Unternehmen der französischen Automobilindustrie entwickelt; auch im Ausland sind Automobile dieser Marke viel gefragt

Diese seit Herbst 1924 einströmenden Auslandsgelder sind die wichtigste Finanzierungsquelle für industrielle und kommunale Investitionen im Deutschen Reich, wo massiver Kapitalmangel herrscht. Der Kapitalimport wird zum zentralen Faktor des wirtschaftlichen Aufschwungs der folgenden Jahre. Ohne ihn hätte die Krise im Deutschen Reich kaum überwunden werden können. Die Stabilisierungskrise, die der Inflation folgte, hatte nämlich zu einer Schwemme von Konkursen geführt und die Arbeitslosigkeit noch verschärft.

Auch die steuerliche Erfassung der Inflationsgewinne durch die Dritte Steuernotverordnung vom 14. Februar hatte die Wirtschaft belastet. Ein internationaler Vergleich der Industrieproduktion (prozentuale Veränderung gegenüber dem Vorjahr) läßt die Erholung der deutschen Wirtschaft erkennen:

▷ Deutsches Reich: +50
▷ Frankreich: +23
▷ Italien: +13
▷ Großbritannien: +3
▷ USA: −6

Dennoch bleibt die deutsche Industrieproduktion (1924: Index 70) noch weit unter dem Vorkriegsstand (1913: Index 100), der in den »Goldenen Zwanzigern« überhaupt nur knapp überschritten wird. Die expansiven »neuen« Industriezweige wie Chemie und Elektrotechnik können gesamtvolkswirtschaftlich die Wachstumshemmungen nicht ausgleichen. Mit Auslandskrediten finanzierte Rationalisierungsinvestitionen erhöhen zwar die Produktivität der deutschen Industrie. Bei stagnierender Binnen-und Auslandsnachfrage kann jedoch weder das Wachstumstempo gesichert, noch die sich in den folgenden Jahren um 8% einpendelnde Arbeitslosigkeit beseitigt werden.

Der Stellenwert der Werbung wächst mit der Internationalisierung der Märkte. Die britische Zeitschrift »London News« stellt einige Teilnehmer an einem internationalen Kongreß zu Werbefragen vor, der in London tagt: Edward Wentworth Beatty, Präsident der Canadian Pacific Railway; E. T. Meredith, früherer US-Landwirtschaftsminister und Ex-Präsident der Associated Advertising Clubs of the World; James David Mooney, Präsident der General Motors Export Company; O. C. Harn, Werbemanager der National Lead Company, New York; Sir Charles Higham, ehemaliger Thirty Club-Präsident; Herbert S. Houston, Herausgeber des US-Wirtschaftsmagazins »Our World«; Sir Woodman Burbidge, Geschäftsführer der Harrod's Ltd. und Präsident des britischen Einzelhandelsverbands; Walter Haddon, britischer Unternehmer und Werbefachmann; Paul E. Derrick, britischer Unternehmer; W. S. Crawford, früherer Präsident vom Thirty Club und Vizepräsident vom Publicity Club; H. Samson Clark, britischer Unternehmer

Erdöl wird zum Wirtschaftsfaktor

Mit der Ausbreitung des Automobils entwickelt sich das Erdöl ab etwa 1900 zu einer Energiequelle von weltpolitischer Bedeutung. Im Weltkrieg zeigte sich die Abhängigkeit der motorisierten Armeen vom Benzin, das auch als »Petroleum« bezeichnet wurde. »Ein Tropfen Petroleum ist ein Tropfen Blut wert«, hatte Frankreichs Ministerpräsident Georges Benjamin Clemenceau 1917 erklärt.

Autoindustrie und Erdölwirtschaft erleben zunächst in den USA einen Boom. Hier wurde schon früh die

Kostbares Erdöl ist auf diesen rumänischen Erdölfeldern ausgelaufen

Bedeutung des Öls als Energieträger und als Treibstoff in einer Wirtschaft erkannt, die zunehmend auf ein funktionierendes Transportwesen angewiesen ist.

In Pennsylvania/USA wurde 1859 die erste Bohrung nach Öl durchgeführt. Eine monopolartige Machtstellung in der US-Erdölwirtschaft eroberte seit 1870 John Davison Rockefellers Standard Oil Company (später Esso). In Galizien und im russischen Kaukasusgebiet bei Baku begann die Erdölproduktion um 1867, in Rumänien 1882. Seit 1900 wird Erdöl aus Mexiko und Niederländisch-Indien (heute Indonesien) exportiert. Mit Erfolg betrieb Sir Henri Deterding, seit 1902 Generaldirektor der Koninklijke Nederlandsche Petroleum Maatschappij, die Fusion mit der »Shell« Transport und Trading Co.

Deutscher Zerstörer nach der Bergung in Scapa Flow; er wurde mit Hilfe von riesigen, luftgefüllten Pontons gehoben, die am Bug befestigt sind

Bergung in Scapa Flow

August. Bisher erfolglos verlaufen Bergungsversuche der 1919 in Scapa Flow südlich der Orkneyinseln versenkten deutschen Hochseeflotte. Britische Sachverständige plädieren inzwischen für die Einstellung der Arbeiten.

Aufgrund des Waffenstillstandsvertrags von Compiègne vom 11. November 1918, der die Kampfhandlungen des Ersten Weltkriegs beendete, mußte das Deutsche Reich sechs Schlachtkreuzer, zehn Linienschiffe, acht kleine Kreuzer, 50 Zerstörer und sämtliche U-Boote ausliefern. Mit Ausnahme der U-Boote wurden die Schiffe in Scapa Flow, dem Hauptstützpunkt der britischen Flotte, interniert. Kurz vor Ablauf des alliierten Ultimatums für die Unterzeichnung des Friedensvertrags von Versailles befahl Konteradmiral Ludwig von Reuter am 21. Juni 1919 den deutschen Besatzungen die Selbstversenkung. Reuter wollte die Eingliederung der deutschen Kriegsschiffe in die britische Flotte verhindern, falls, wie er erwartete, das Deutsche Reich den Versailler Vertrag nicht unterzeichne. Anstelle der versenkten Schiffe mußte das Reich später Seeausrüstung in entsprechendem Wert an die Alliierten abliefern.

Seit einigen Wochen arbeitet nun eine von der britischen Admiralität beauftragte Bergungsfirma in Scapa Flow. Für die geplante Hebung von nur zwei Großkampfschiffen, nämlich der »Hindenburg« und der »Seydlitz«, sowie von 24 Zerstörern hat sich die Firma eine Zeit von mindestens acht Jahren ausbedungen. Nach ersten Versuchen erweist sich das Unterfangen als nahezu aussichtslos und unerschwinglich.

Luftschiff-Ankerplatz auf hoher See

August. *Das US-Luftschiff »Shenandoah« (ZR I) ankert auf hoher See: Es ist an einem speziellen Luftschiffankermast auf dem US-Tanker »Patoka« vertäut. Entstanden ist diese ungewöhnliche Luftaufnahme während eines Manövers, das die US-Marine vor Rhode Island zur Erprobung dieses neuen Verfahrens durchgeführt hat.*

Bombenflugzeug mit Faltflügeln

August. *Der neue britische Bomber »Cubaroo« absolviert bei Brough nahe Hull erfolgreich den ersten offiziellen Flug (Abb. r.). »Cubaroo« ist trotz seiner enormen Ausmaße (Gewicht: 9 t, Flügelspannweite: 26,8 m, Länge: 16,4 m, Höhe: 5,8 m) leicht manövrierbar. Es ist das weltweit größte einmotorige Flugzeug. Zur Unterbringung am Boden können seine Flügel eingefaltet werden (Abb. l.).*

Gewerkschaftliche Buchgemeinschaft

29. August. Auf Initiative des gewerkschaftlichen Bildungsverbandes der deutschen Buchdrucker wird in Leipzig die Büchergilde Gutenberg gegründet.
Mit der Gründung dieser Buchgemeinschaft wird das Ziel verfolgt, auch unteren Bevölkerungsschichten gute Bücher preiswert zugänglich zu machen. Nach dem Verein für Bücherfreunde und der Deutschnationalen Hausbücherei ist die Büchergilde Gutenberg die dritte Buchgemeinschaft im Deutschen Reich. Im Dienste der Volksbildung bezeichnen sich die Buchgemeinschaften selbst als gemeinnützig. Wer sich selbst zu günstigen Buchgemeinschaftspreisen Bücher nicht leisten kann, dem steht das Angebot der öffentlichen Büchereien zur Verfügung, die es inzwischen in allen Großstädten des Deutschen Reiches gibt.
Programmatisch benennt sich die neue Buchgemeinschaft nach Johannes Gutenberg, der um 1440 den Buchdruck mit beweglichen Metalllettern erfand. Erst der Buchdruck ermöglichte überhaupt die Verbreitung von Büchern, die vorher nur wenigen wohlhabenden Gebildeten zugänglich waren.

Kleine Bühne mit hohen Ansprüchen

29. August. Mit Georg Kaisers »Gilles und Jeanne« eröffnet das neue Dramatische Theater in Berlin. Es wird von dem Berliner Schauspieler Wilhelm Dieterle geleitet.
Das Dramatische Theater hat sich zur Aufgabe gesetzt, »zunächst durch Schaffung eines künstlerischen Ensembles an der Förderung einer Gemeinschaftskunst« zu arbeiten. In einer Krisenzeit des traditionellen Theaters, das sich gegen die neuen Medien Film und Rundfunk behaupten muß, startet Dieterle einen mutigen Versuch zur Innovation des Berliner Theaterlebens. Langlebiger als sein Dramatisches Theater, das schon am 13. Oktober mit Yvan Golls »Methusalem oder der ewige Bürger« seine letzte Premiere hat, ist jedoch die im Vorjahr von Regisseur Berthold Viertel gegründete »Truppe«, die z. B. mit Eugene O'Neills »Kaiser Jones« im Januar auf große Resonanz stieß.

Sogar US-amerikanische Sängerabordnungen sind nach Hannover gekommen und nehmen am Festzug teil

Die Fahnen der Sängervereinigungen werden mit eigens angefertigten Sängerfestplaketten geschmückt

40 000 Sänger kommen zum Bundesfest

23. August. Zum 9. Sängerbundesfest versammeln sich für zwei Tage 40 000 Sänger aus dem ganzen Reichsgebiet im festlich geschmückten Hannover. Veranstaltet wird die Feier vom Deutschen Sängerbund, einer Vereinigung von Sängerbünden zur »Ausbreitung und Veredelung des deutschen Chorgesangs«.
Auftakt der festlichen Veranstaltungen ist eine Aufführung im Stadion von Hannover, wo 20 000 Sänger Chorwerke zu Gehör bringen. Es folgt eine Ansprache vom Bundesvorsitzenden Friedrich List. Nachmittags zieht ein Festzug der Sänger durch die Stadt, dessen Vorbeimarsch fast vier Stunden dauert.
Das Musikprogramm ist vielgestaltig. Der Berliner Beethoven-Chor gibt einen historischen Überblick über die Entwicklung des Männergesangs von den Anfängen bis zu Franz Schubert. Volkslieder, meist in neueren Bearbeitungen, sind in fast allen Konzertprogrammen zu finden. Unter den größeren Chor-Werken findet die Aufführung von Hugo Kauns »Requiem« durch die Berliner Liedertafel allgemeine Beachtung. Auch der Dortmunder Männergesang-Verein gestaltet mit Karl Kampfs »Die Macht des Liedes« einen Höhepunkt des Festes.
Während im Deutschen Sängerbund die bürgerlichen Männerchöre organisiert sind, schließt sein sozialdemokratisches Gegenstück, der Deutsche Arbeiter-Sängerbund (DAS), die Arbeitergesangvereine zusammen. Seit 1921 arbeiten beide Bünde zusammen.

Der Vorsitzende des Deutschen Sängerbundes, der Berliner Rechtsanwalt Friedrich List

Die beiden Festdirigenten und Chorleiter G. Wohlgemuth aus Leipzig (l.) und B. Kehldorfer aus Wien

Auf dem festlich geschmückten Marktplatz von Hannover findet die Begrüßung der 40 000 Sänger statt, die am 9. Bundesfest teilnehmen

Reformpädagogik will andere Schule

28. August. Um reformpädagogische Theorien und eine entsprechende Schulgesetzgebung geht es beim Pädagogischen Kongreß, der bis zum 31. August in München tagt. Über 300 Lehrer aus dem Reichsgebiet und Österreich sind dazu angereist.

Geleitet wird die Tagung von Reformpädagoge Georg Kerschensteiner. Der Hauptinitiator der Arbeitsschulbewegung fordert auf dem Kongreß die Zulassung von Versuchsschulen nach dem Vorbild Großbritanniens, das jedem Schulunternehmen mit anerkannten und brauchbaren Plänen staatliche Unterstützung gewähre. Ferner kritisiert Kerschensteiner die obligatorische vierjährige Grundschule, die 1920 im Deutschen Reich eingeführt wurde: Sie beschränke in unheilvoller Weise den Eltern das Recht, ihren Kindern den Elementarunterricht in der von ihnen gewünschten Weise erteilen zu lassen.

Weitere Kongreßthemen sind die Mädchenschulbildung, das Versuchsschulwesen in Österreich und die »körperliche Ertüchtigung der Jugend«. Da die einseitige Entwicklung des Intellekts einer harmonischen Erziehung widerspreche, wird von Kongreßteilnehmern eine tägliche Pflichtturnstunde gefordert. Theodor Litt, Philosoph und Pädagoge, referiert zum Thema: »Philosophie der Gegenwart und ihr Einfluß auf die Bildungsideale«.

Gemeinsamer Grundgedanke der verschiedenen Ansätze der Reformpädagogik in den 20er Jahren ist eine auf Bedürfnisse und Möglichkeiten der Jugend ausgelegte Reform von Erziehung und Unterricht, die »Pädagogik vom Kinde aus«. Gefördert werden sollen »Selbsttätigkeit« und »Selbstbestimmung«, Aktivität, Spontaneität und Phantasie des einzelnen Kindes und der Gruppe; Beispiele sind Kerschensteiners Arbeitsschule, der Jenaplan von Peter Petersen, Paul Oestreichs Einheitsschule, Berthold Ottos Gesamtunterricht und die Pädagogik Maria Montessoris.

Maria Montessori, italienische Ärztin und Erzieherin fordert die Schulung der Sinnestätigkeit von Kindern sowie eine Erziehung zur Selbständigkeit insbesondere in Kindergärten

Pädagoge Theodor Litt begründete die dialektisch-reflexive Erziehungswissenschaft; den Bedürfnissen der Kinder soll das gleiche Recht eingeräumt werden wie der Erziehung selbst

Berthold Otto gründete 1906 in Berlin-Lichterfelde eine Hauslehrerschule; durch einen an den Interessen der Kinder ausgerichteten Unterricht will er eine »organische Volksbildung« erreichen

Kerschensteiner

Als langjähriger Stadtschulrat in München (1895–1919) hat Georg Kerschensteiner (Abb.) die Berufsschule und den Arbeitsunterricht als Fach in der Volksschule eingeführt. Der Reformpädagoge sieht im Arbeitsunterricht ein methodisches Prinzip der körperlichen und geistigen Selbsttätigkeit.

Die Wandlungen des politischen Gesichts

August. Die Veränderung des Politikertyps in Europa ist Thema einer Reportage in der »Berliner Illustrirten Zeitung«. In diesem Wandlungsprozeß schlügen sich die politischen Umwälzungen seit der Jahrhundertwende nieder, so die These des Blatts. Selten geworden seien die Vertreter der geheimen Kabinettspolitik. Sie waren alle »Mitglieder einer Adelsklasse die ungeheuer persönlichkeitsbewußt und ungeheuer exklusiv« auftraten. Nur gelegentlich posierten diese Vertreter der Feudal-Politik für den Fotografen.

»Sie mußten Platz machen den Vertretern der ›Demokratie‹, d. h. den Vertretern eines normalitäts- und konventionsgläubigen Bürgertums ... Das war und ist die Ära des sehr korrekten bürgerlichen Politikertyps (in Deutschland entsprach ihm der Geheimratstyp), der sich gern auch in allerhand ›gemütlichen‹ oder familiären Situationen fotografieren ließ.« Der dritte Typ ist der revolutionäre Politiker.

Robert Arthur Talbot Gascoyne-Cecil, Marquess of Salisbury, *war britischer Premierminister 1885/86, 1886–92 und 1895–1902; bis 1900 war er zugleich mehrfach Außenminister und führte seit 1881 die Konservativen; die »Berliner Illustrirte Zeitung« bezeichnet ihn als eindrucksvolles Beispiel für den Politikertyp aus der Zeit der geheimen Diplomaten- und Kabinettspolitik*

Bernhard Heinrich Martin Fürst von Bülow *(1849–1929) ist der »letzte Vertreter der Feudal-Politik« im Deutschen Reich; Bülow verfolgte als Reichskanzler 1900–1909 das Ziel, dem industriell aufstrebenden Deutschen Reich Weltgeltung zu verschaffen; zugleich war er bestrebt, die Herrschaft der alten Machteliten innerhalb des Landes mit allen Mitteln zu bewahren*

Joseph Caillaux *(1863–1944), französischer Ministerpräsident 1911/12, gilt als ein Politikertyp der parlamentarischen Demokratie; der Finanzwissenschaftler war von 1899 bis 1914 viermal Finanzminister; Caillaux, Mitglied der Radikalen, wurde 1918 verhaftet und sitzt seitdem wegen defätistischer Stimmungsmache während des Ersten Weltkriegs im Gefängnis*

Hiddensee – Insel der Prominenten

August. Auf Hiddensee herrscht wieder Hochbetrieb. Dieses Jahr macht auch Thomas Mann mit Familie in diesem »geistigsten aller deutschen Seebäder« Urlaub, wie Schriftsteller Gerhart Hauptmann die Ostseeinsel westlich von Rügen nannte. Wer in Berliner Künstler- und Intellektuellenkreisen »in« sein will, darf auf Hiddensee nicht fehlen. Dort herrsche, mokiert sich Maler George Grosz, »so ein gewisser intellektueller Schmuse- und Schmockbetrieb«. Filmschauspielerin Asta Nielsen schwärmt: »Nirgends war man so jung, so froh und so frei wie auf dieser schönen Insel.« Hiddensee, das sogar von Berlin aus angeflogen wird, erlebt seine glanzvollsten und wildesten Jahre: Albert Einstein ist genauso Hiddensee-Gast wie Sigmund Freud und Gottfried Benn; Asta Nielsen und Joachim Ringelnatz bauen am Strand von Vitte Burgen; Stammgast Gerhart Hauptmann zecht mit Heinrich George im »Seedorn« und Otto Gebühr mimt in der »Inselbar« »Fridericus Rex«.

△ Hiddenseer Sommergäste 1924: Der deutsche Dichter Thomas Mann verbringt wie viele andere Schriftsteller und Künstler die Ferien mit seiner Familie auf der idyllischen Insel; Thomas Mann kann die Gelegenheit zu ausgiebigen Personenbeobachtungen nutzen; so hält sich z. B. der Dichter Gerhart Hauptmann hier auf, der lebendiges Vorbild für die Peeperkorn-Figur aus Manns »Zauberberg« ist; Abb.: Katja (l.) und Thomas Mann (5. v. l.) mit ihren Kindern Monika, Michael, Elisabeth, Klaus und Erika (v. l.)

◁ Zu den prominentesten Sommergästen auf der Künstlerinsel Hiddensee gehört der bekannte Dichter Gerhart Hauptmann, der sich so in die idyllische Ostseeinsel »verliebt« hat, daß er sich sogar ein eigenes Haus dort kauft und jeden Sommer hier verbringt; bereits 1899 schwärmte Hauptmann gegenüber einem Freund vom Hiddensee-Paradies, bat ihn aber auch um Verschwiegenheit: »Nur stille, stille, daß es nicht etwa ein Weltbad werde«

Bernhard Dernburg *(1865 – 1937), erster bürgerlicher Minister des Deutschen Kaiserreichs wurde als profilierter Vertreter deutscher Großbanken 1907 Staatssekretär des neugebildeten Reichskolonialamts; Kritik an der Politik der Priviliegierung großer Handelsgesellschaften erzwangen 1910 den Rücktritt des linksliberalen Dernburg; 1919 übernimmt er die Ämter des Finanzministers und des Vizekanzlers*

Ulrich Graf von Brockdorff-Rantzau *(1869 – 1928) wurde im Dezember 1918 Leiter des Auswärtigen Amtes und im Februar 1919 Außenminister; vergeblich bemühte er sich, die Forderungen und Bestimmungen des Versailler Vertrags für das Deutsche Reich zu mildern und trat zurück, als der Vertrag unterzeichnet wurde; seit 1922 hat er das Amt des deutschen Botschafters in Moskau inne*

David Lloyd George *(1863 – 1945), britischer Premierminister 1916 bis 1922, auf dem Golfplatz; Lloyd George gilt der »Berliner Illustrirten« als Politiker »aus der Zeit der sozialen und radikalen Gedanken«; der Liberale aus Wales setzte die Umverteilung großer Vermögen, Altersrente und die obligatorische Kranken- und Arbeitslosenversicherung durch*

Philipp Scheidemann *(1865 – 1939), Oberbürgermeister von Kassel, entstammt der Arbeiterschicht; der Buchdrucker und spätere Journalist ist seit 1903 SPD-Reichstagsabgeordneter; Scheidemann rief am 9. November 1919 die Republik aus und war erster Ministerpräsident der Weimarer Republik, trat von diesem Amt aber aus Protest gegen den Versailler Vertrag zurück*

Aufwendige und effektvolle Bühnenbilder sind ein wichtiges Element der Revuen, die sich vor allem in Berlin zu Kassenschlagern entwickeln

Szenenbild »Gaukelei« aus dem Tanztheater Rudolf von Labans, das 1924 in Berlin gastiert; Laban ist Schöpfer des modernen Ausdruckstanzes

Hans Albers und Emmy Sturm in Leo Falls Operette »Der süße Kavalier«

Fritzi Massary in der Gilbert-Operette »Geliebte seiner Hoheit«

Unterhaltung 1924:

Die Ära der »Girls« wird eingeläutet – Revuen begeistern das

Im einstigen Großen Schauspielhaus in Berlin startet Eric Charell seine erste große Revue. Die Mammutshow mit dem Titel »An Alle« sticht alles aus, was man in der Vergnügungsmetropole an der Spree bisher zu sehen bekommen hat. Die »Girlkultur« hält Einzug ins Deutsche Reich. Mittelpunkt von Charells Revue sind die »Tiller-Girls« aus London, die, eher brav gewandet, im beinschwingenden Gleichtakt einen Hauch von anmutig-preußischem Drill und Paradegeist verbreiten. Sie tanzen noch drei Jahre in Berlin.

Auch Charells Konkurrenten in Berlin, Hermann Haller im Theater im Admiralspalast und James Klein in der Komischen Oper präsentieren dem Publikum Girls aus den USA und London.

Für gut fünf Jahre verdrängt die große Ausstattungsrevue mit ihrer lockeren Abfolge von Szenen, Bildern, Sketchen, Tänzen und Solonummern die traditionelle Operette als neues Medium der populären Unterhaltung. Durch wortlose Schau- und Reizeffekte zieht die Revue nicht nur vergnügungstolle Fremde und Provinzler an, sondern begeistert auch Teile des traditionellen Berliner Theaterpublikums. Doch auch auf den Operettenbühnen werden in diesem Jahr Erfolge gefeiert. Walter Kollos »Die Frau ohne Kuß« wird am 6. Juli im Schillertheater Berlin uraufgeführt. Sehr populär werden einige der amüsanten, prägnanten Tanzlieder dieses Lustspiels: Der flotte Marsch »Das ist der Frühling von Berlin« und auch der Shimmy »Gute

Operette »Der Harem auf Reisen«, Jenny Steiner und Ipsen André

»Das hat die Welt noch nicht gesehen« in der Komischen Oper

Publikum

Nacht, mein Liebchen, und verschließ dein Stübchen«. Ähnlichen Anklang findet die neue Operette »Gräfin Mariza« (→ 28. 2. / S. 41). Als Modetanz setzt sich der Shimmy, ein US-Import, durch, bei dem sich die Tänzer bewegen, als wollten sie ihr Hemd (shimmy = Hemdchen) abschütteln. Beliebtester Schlager ist »Ich hab' mein Herz in Heidelberg verloren«.

Houben schlägt Weltelite

6. August. Bei einem Berliner Arbeitersportfest siegt der Krefelder Hubert Houben über 100 m in 10,8 sec vor dem US-amerikanischen Weltrekordläufer Charles Paddock, dem Olympiafünften über 100 m und Olympiazweiten über 200 m. Dritter wird US-Sprinter Loren Murchison, der in Paris sechster über 100 m wurde (→ 27. 7. / S. 112). Deutschlands Meistersprinter Houben hätte nach Auffassung von Fachleuten bei den diesjährigen Olympischen Sommerspielen in Paris (→ 5. 7. / S. 110) Medaillenchancen gehabt. Da die Deutschen nicht teilnehmen durften, entgeht dem 26jährigen diese Chance.

Houben nach seinem sensationellen Sieg über Carr und Porritt in Berlin

Nach dem sensationellen Sieg über die beiden US-Spitzensprinter, die im Anschluß an die Olympischen Spiele eine Europareise machen und erstmals nach dem Weltkrieg im Deutschen Reich starten, besiegt Houben am 24. August in Berlin auch den Australier Edvin W. Carr und den Neuseeländer Arthur Porritt, den Olympiadritten über 100 m. Houben läuft bei diesem Wettkampf 100 m in 10,6 sec. Auf Olympiasieger Harold Maurice Abrahams, der den 100-m-Sprint in 10,6 sec gewann, trifft Houben jedoch nicht.

Der deutsche Spitzenathlet, den die »Berliner Illustrirte« als »einen bescheidenen, stillen Menschen von sympathischem Äußeren und einen vorbildlichen Sportsmann« beschreibt, stellt mit 10,5 sec über 100 m die Weltjahresbestleistung auf. Der Weltrekord, den Houben am 24. Juni in Kopenhagen mit 9,5 sec über 100 Yards lief, wird offiziell nicht anerkannt, obwohl er mit 15 Uhren gestoppt worden ist.

Neu: Startblöcke

August. *Mit seinen »neuartigen Podesten« (Startblöcke) verfügt das Berliner Schwimmstadion über eine hochmoderne Einrichtung (Abb.). Bisher starteten die Schwimmer einfach vom Beckenrand. Mit dem »Wunderbad« in Tourelles, das für die olympischen Schwimmwettkämpfe (→ S. 113) errichtet wurde, können die Berliner jedoch nicht konkurrieren. Dort liegt das große Wettkampfbecken (50 × 18 m) auf dem Dach der Badeanstalt unter freiem Himmel.*

Europas Fahrerelite in Lyon

3. August. *Der Große Preis von Europa wird in diesem Jahr bei Lyon ausgefahren. Gewinner des Rennens über 810,1 km ist der Italiener Guiseppe Campari auf Alfa Romeo in 7:05:34. Die Abbildung zeigt den Italiener Felice Nazarro auf Fiat in Führung, gefolgt von dem Franzosen Robert Benoist auf Delage. Seit 1922 wird der Große Preis von Europa veranstaltet. 1923 gewann der Italiener Carlo Salamano auf Fiat.*

Schwaches Spiel der Nationalelf

31. August. *In Berlin endet das Fußball-Länderspiel Deutschland – Schweden 1:4. Noch in den letzten zehn Spielminuten erzielen die Schweden drei Tore. In der deutschen Mannschaft, die der schwedischen Elf nichts entgegenzusetzen hat, geben sieben der zwölf eingesetzten Spieler ihr Debüt. In der Presse wird die hohe Niederlage vor allem auf das Fehlen von Nationaltorwart Heinrich Stuhlfauth zurückgeführt.*

September 1924

Mo	Di	Mi	Do	Fr	Sa	So
1	2	3	4	5	6	7
8	9	10	11	12	13	14
15	16	17	18	19	20	21
22	23	24	25	26	27	28
29	30					

1. September, Montag

Nach Verabschiedung der Durchführungsgesetze zum Dawesplan durch den Reichstag (→ 29. 8./S. 132) tritt diese von der Londoner Konferenz beschlossene Neuregelung der deutschen Reparationszahlungen in Kraft. Das Deutsche Reich zahlt die erste Rate von 20 Millionen Reichsmark an die Alliierten.

Das deutsch-französische Amnestieabkommen sieht die Freilassung der rund 500 Deutschen in französischer und belgischer Strafhaft vor. Sie waren während des Ruhrkampfes 1923 wegen aktiven oder passiven Widerstands inhaftiert worden. Die Strafverfolgungen in den besetzten Gebieten wird eingestellt.

Vor Bergleuten eines südtoskanischen Werks äußert sich der italienische Ministerpräsident und Duce, Benito Mussolini, über die Oppositionsparteien, die er als »ohnmächtig« bezeichnet. Wörtlich sagt Mussolini: »Sobald die Opposition vom Geschrei zu den konkreten Dingen übergehen wollte, würden wir sie zur Streu für das Faschistenlager machen.«

In Genf beginnt die fünfte Völkerbundsversammlung. Hauptthema der Beratungen, die bis zum 2. Oktober dauern, ist das Genfer Abrüstungsprotokoll (→ 2. 10./S. 162).

2. September, Dienstag

Zur fünften Völkerbundsversammlung, die am Vortag eröffnet wurde, trifft der französische Ministerpräsident Édouard Marie Herriot, mit dem Auto von Lyon kommend, in Genf ein. Am folgenden Tag wird auch sein britischer Amtskollege James Ramsey MacDonald erwartet (→ 2. 10. / S. 162).

3. September, Mittwoch

Zum Generalagenten für deutsche Reparationszahlungen an die Alliierten wird US-Finanzpolitiker Seymour Parker Gilbert bestellt. → S. 149

In Ausführung des Londoner Abkommens, das am → 16. August (S. 130) verabschiedet worden ist, erläßt die Interalliierte Rheinlandkommission erste Verordnungen zur Wiederherstellung der wirtschaftlichen und fiskalischen Einheit des Deutschen Reichs. Die 1923 um die besetzten Gebiete an Rhein und Ruhr errichtete Zoll- und Verwaltungsgrenze wird aufgehoben. → S. 148

Das Deutsche Reich und die Sowjetunion unterzeichnen einen Vertrag über die Lieferung sowjetischen Erdöls.

Erstmals erscheint »Das Dreieck«, eine Monatszeitschrift für Wissenschaft, Kunst und Kritik. Herausgeber sind Walter Gutkelch und Boris Wassermann.

Bei Dreharbeiten einer US-Filmgesellschaft für den schweizerischen Propagandafilm »Die Entstehung der Eidgenossenschaft« am Aegerisee in der Schweiz kommt einer der Statisten ums Leben. Für diesen Darsteller eines österreichischen Ritters ist die Filmschlacht zur tödlichen Realität geworden. Er ist unter ein Pferd geraten.

4. September, Donnerstag

In seiner Rede vor der fünften Völkerbundsversammlung in Genf tritt der britische Premierminister James Ramsey MacDonald für die Aufnahme des Deutschen Reichs in den Völkerbund ein (→ 23. 9. / S. 151).

Zur Feier des 100. Geburtstags von Anton Bruckner eröffnet das Landestheater Darmstadt die Wintersaison mit der 7., 8. und 9. Sinfonie, der d-Moll-Messe und dem Te deum des Komponisten.

5. September, Freitag

Der französische Ministerpräsident Édouard Marie Herriot macht in seiner Rede vor der Völkerbundsversammlung in Genf die Aufnahme des Deutschen Reichs in den Völkerbund von der Erfüllung der deutschen Abrüstungsverpflichtungen gemäß den Bestimmungen des Versailler Vertrags (1919) abhängig (→ 23. 9. / S. 151; 8. 9. / S. 150).

In Lemberg kommt es zu einem Attentatsversuch auf den polnischen Staatspräsidenten Stanislaw Wojciechowski. Die gegen das Auto des Präsidenten geschleuderte Bombe detoniert nicht richtig. Weder der Präsident noch seine Begleiter werden verletzt. Einer der Attentäter, ein Student aus Lemberg, wird festgenommen.

Der Wiener Fußballverband führt den Profi-Fußball ein. Österreich ist das erste Land auf dem Kontinent mit professionellen Fußballspielern.

6. September, Sonnabend

US-Präsident Calvin Coolidge betont in einer außenpolitischen Rede in Baltimore das Interesse der USA daran, daß Europa seine Schwierigkeiten selbst überwinde. Dennoch seien die USA zur Hilfe bereit. Unter Anspielung auf die Dawes-Anleihe sagt Coolidge: »Ich hoffe, daß diese Hilfe beitragen wird, sowohl Deutschland wiederherzustellen wie die Reparationszahlungen an Frankreich durchzuführen.«

Bei der ersten Tagung der deutschen Gerichtssachverständigen in Leipzig wird der Deutsche Bund der gerichtlichen Sachverständigen und der Berufsgraphologen gegründet.

Das in Friedrichshafen am Bodensee für die US-amerikanische Marine gebaute Reparationsluftschiff LZ 126 (US-Bezeichnung ZR III) fliegt während einer Probefahrt über München hinweg, wo es von zahlreichen Schaulustigen begrüßt wird (→ 12. 10. / S. 164).

Bei den US-Leichtathletikmeisterschaften in West Orange im Bundesstaat New Jersey läuft Charles William Paddock mit 20,8 sec über 200 Yards auf gerader Bahn Weltrekord. → S. 157

7. September, Sonntag

Nach der Neuregelung der Reparationsfrage mit dem Londoner Abkommen, das am → 16. August (S. 130) verabschiedet wurde, erteilen die französischen und belgischen Besatzungsbehörden eine allgemeine Rückkehrerlaubnis für die 1923 aus dem besetzten Ruhrgebiet Ausgewiesenen (→ 3. 9. / S. 148).

Bei einem Treffen des rechtsgerichteten Kampfbundes Stahlhelm in Braunschweig kommt es zu schweren Zusammenstößen der rund 15 000 Teilnehmer mit Kommunisten, die eine Gegendemonstration veranstalten. Auf einen Lkw mit Stahlhelm-Leuten wird ein Sprengstoff-Attentat verübt.

8. September, Montag

Im Rahmen der friedensvertraglich geregelten alliierten Militärkontrolle beginnt eine Generalinspektion der deutschen Rüstungsverhältnisse. Die Alliierten drohen bei Nichterfüllung der Entwaffnungsbestimmungen mit einer Verweigerung der am 10. Januar 1925 fälligen Räumung der besetzten Kölner Zone. → S. 150

Hans Fuchs, Oberpräsident der Rheinprovinz, nimmt seinen Dienst in Koblenz wieder auf. Fuchs war während des Ruhrkampfes 1923 mit zahlreichen anderen Beamten wegen passiven Widerstands in das unbesetzte Deutsche Reich ausgewiesen worden.

Erfolgreich verläuft bisher der Probebetrieb des Nachtflugpostverkehrs auf der Strecke Berlin – Warnemünde – Karlskrona – Stockholm. Trotz ungünstiger Wetterlage konnten 85% der Flüge fahrplanmäßig durchgeführt werden.

Der 9. Internationale Buchdruckerkongreß wird in Hamburg eröffnet.

9. September, Dienstag

Nach der Einigung über eine neue Reparationsregelung auf der Londoner Konferenz (16. 7. – 16. 8.) kommt es zur sog. wirtschaftlichen Räumung der besetzten Gebiete an Rhein und Ruhr. In der vergangenen Nacht wurde die östliche Zollgrenze aufgehoben. Bis zum 20. September sollen auch die übrigen Zollämter an der Zollgrenze zwischen besetztem und unbesetztem Gebiet aufgelöst werden (→ 3. 9. / S. 148).

General Miguel Primo de Rivera y Orbaneja, der seit dem Militärputsch im September 1923 in Spanien regiert, hält sich z. Z. in Tetuan/Marokko auf. Wie verlautet, will Primo de Rivera in Spanisch-Marokko bleiben, bis sich die kritische militärische Lage in der spanischen Kolonie entspannt hat. Seit Jahren führen in Spanisch-Marokko die einheimischen Rifkabylen einen zähen Unabhängigkeitskampf gegen die Kolonialtruppen (→ 16. 10. / S. 168).

Eine Konferenz der Arbeitsminister Großbritanniens, Frankreichs, Belgiens und des Deutschen Reichs in Bern erklärt die internationale Einführung des achtstündigen Arbeitstags für wünschenswert. → S. 152

10. September, Mittwoch

Nach Ausbruch eines antibolschewistischen Aufstands in Georgien, der auch auf Aserbaidschan übergegriffen hat, versucht Noah Jordanija, Präsident der ehemaligen Georgischen Volksrepublik, Verhandlungen mit der Regierung der UdSSR einzuleiten. Ziel des Aufstands, der wenig später von der Roten Armee niedergeworfen wird, ist die Selbständigkeit Georgiens. → S. 152

Überraschend endet einer der spektakulärsten Kriminalprozesse der US-Geschichte gegen die beiden Millionärssöhne Nathan Leopold und Richard Loeb, die einen Jungen entführt und ermordet hatten, nicht mit einem doppelten Todesurteil. → S. 153

11. September, Donnerstag

Aufgrund des bei der Londoner Konferenz (16. 7. – 16. 8.) ausgehandelten deutsch-französischen Amnestieabkommens, das am 1. September in Kraft getreten ist, werden in Dortmund und Essen die ersten während des Ruhrkampfes 1923 inhaftierten Deutschen freigelassen (→ 3. 9. / S. 148).

Der preußische Landtag berät über die Entschädigungsstreitigkeiten mit dem früheren Herrscherhaus der Hohenzollern. → S. 151

In Budapest werden drei deutsche Nationalsozialisten verhaftet. Aus beschlagnahmten Dokumenten geht hervor, daß sie mit Gründung und Aufbau einer ungarisch-deutschen NS-Kampforganisation beauftragt waren. Die Nationalsozialisten agitieren vielfach Deutsche im Ausland.

Gegenüber der »Vossischen Zeitung« (Berlin) befürwortet US-General Henry Tureman Allen, früherer Oberbefehlshaber der US-Truppen im Rheinland, den Eintritt des Deutschen Reichs in den Völkerbund (→ 23. 9. / S. 151). Nach seinem Besuch in Berlin will sich Allen nach Genf begeben, wo z. Z. die fünfte Völkerbundsversammlung tagt.

In Heidelberg wird der 33. Deutsche Juristentag eröffnet, an dem etwa 700 Juristen aus dem gesamten Reichsgebiet teilnehmen.

12. September, Freitag

Im Rahmen des allmählichen Rückzugs der französischen Besatzungstruppen aus den »neubesetzten« Gebieten, der bei der Londoner Reparationskonferenz (16. 7. – 16. 8.) vereinbart worden ist, wird der seit Februar 1923 gesperrte Karlsruher Hafen freigegeben.

In Rom wird ein Attentat auf den faschistischen Abgeordneten Casalini verübt, der wenig später seinen Verletzungen erliegt. Der von einem psychisch Kranken verübte Anschlag wird von der faschistischen Presse umgedeutet und für eine Kampagne gegen die Oppositionsparteien eingesetzt. → S. 153

Die französische Besatzungsmacht im rheinisch-westfälischen Industriegebiet wird von der Zeitschrift »Simplicissimus« als gefräßiges Untier dargestellt

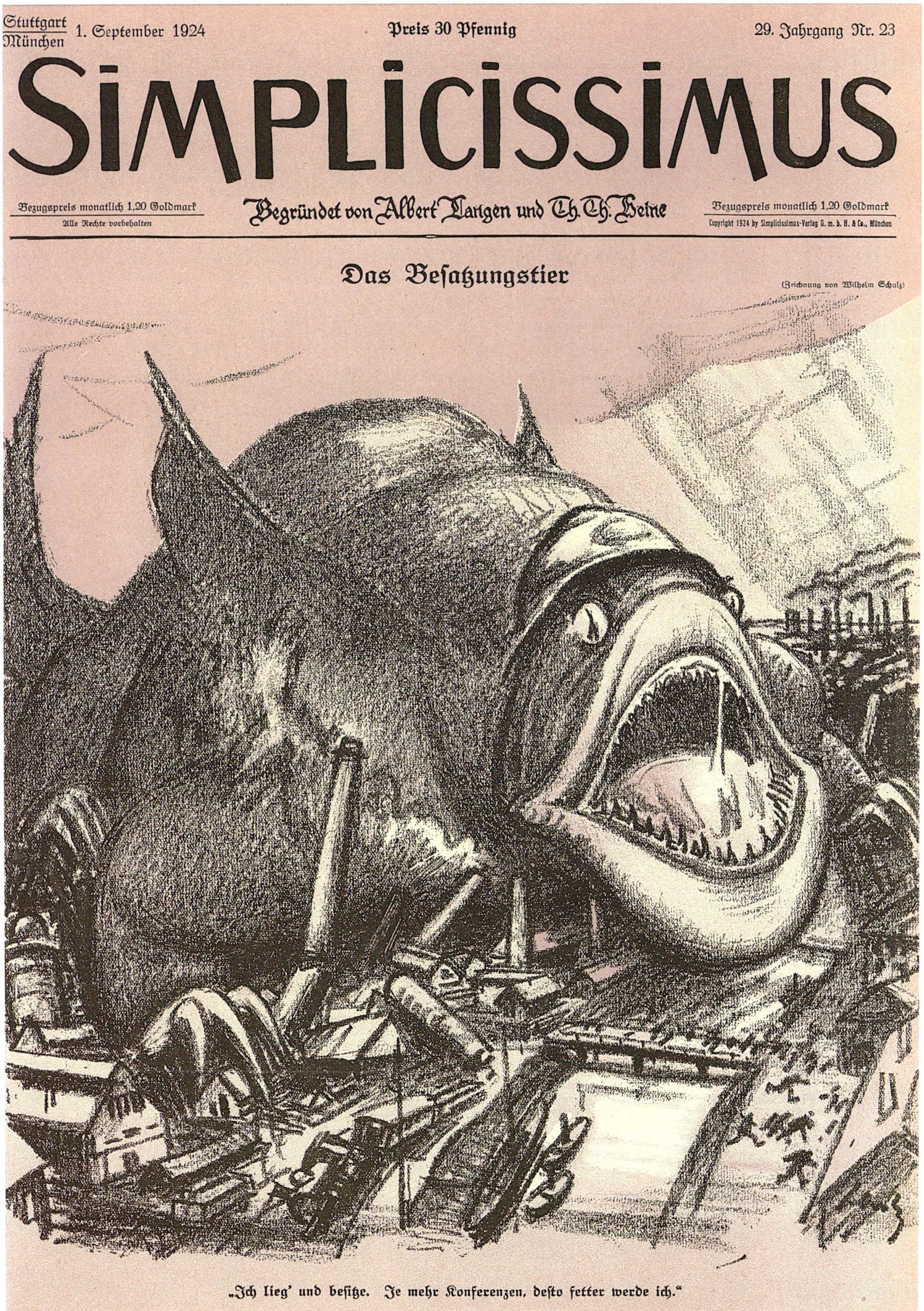
Stuttgart München 1. September 1924 Preis 30 Pfennig 29. Jahrgang Nr. 23

SIMPLICISSIMUS

Bezugspreis monatlich 1,20 Goldmark
Alle Rechte vorbehalten

Begründet von Albert Langen und Th. Th. Heine

Bezugspreis monatlich 1,20 Goldmark
Copyright 1924 by Simplicissimus-Verlag G. m. b. H. & Co., München

Das Besatzungstier

(Zeichnung von Wilhelm Schulz)

„Ich lieg' und besitze. Je mehr Konferenzen, desto fetter werde ich."

General John J. Pershing tritt von seinem Posten als Generalstabschef der US-amerikanischen Armee zurück, nachdem er die Altersgrenze erreicht hat. Aus diesem Anlaß findet in den USA ein »defendence day« statt, eine Art Probemobilmachung der Armee. → S. 152

Zur Ankurbelung der Wirtschaft beschließt die Reichsregierung deutliche Preis- und Steuersenkungen. → S. 151

Ein deutsch-japanisches Abkommen regelt die ungeklärten Fragen aus dem Versailler Vertrag (1919). Danach sollen die deutschen Privatbeteiligten an im Weltkrieg liquidiertem deutschen Eigentum in Japan über zwei Drittel des Wertes ihres Privateigentums zurückerstattet bekommen.

In Lissabon scheitert ein Militärputsch, bei dem u. a. das Kriegsministerium angegriffen wurde.

13. September, Sonnabend

In der »Frankfurter Zeitung« macht sich Gustav Friedrich Hartlaub, führender Kunstkritiker und Direktor der Kunsthalle Mannheim, unter dem Titel »Der Zynismus als Kunstrichtung« Gedanken über die Entwicklung der deutschen Gegenwartskunst. → S. 157

14. September, Sonntag

Mit dem zweiten Musik- und Theaterfest der Stadt Wien beginnt ein internationales Kulturereignis. → S. 157

Mit 47,61 m stellt der US-amerikanische Diskuswerfer Thomas Lieb in Chicago einen Weltrekord auf.

15. September, Montag

Das Schiff »Mauretania« stellt einen transatlantischen Rekord auf. Für die Strecke New York-Plymouth hat die »Mauretania« vier Tage, 21 Stunden und 57 Minuten benötigt.

Von Hedwig Courths-Mahler erscheint der Roman »Die schöne Melusine«.

16. September, Dienstag

Wie von der französischen Regierung angekündigt, räumen die französischen Besatzungstruppen Oberhausen und mehrere kleine Ruhrgebietsortschaften.

Ungarn nimmt diplomatische und wirtschaftliche Beziehungen zur Sowjetunion auf.

Der Forschungsreisende Knud Rasmussen kehrt von einer dreijährigen Expedition nach Nordkanada und Alaska in die dänische Hauptstadt Kopenhagen zurück. → S. 156

17. September, Mittwoch

Ein als parteiamtlich gekennzeichneter Artikel der »Deutschnationalen Korrespondenz« fordert die Aufnahme der Deutschnationalen Volkspartei (DNVP) in die Reichsregierung.

Der norwegische Völkerbundsdelegierte Fritjof Nansen erklärt in einem Presseinterview: »Der Völkerbund wartet auf Deutschlands Eintritt. Ein deutscher Antrag würde mit allen Ehren aufgenommen werden« (→ 23. 9. / S. 151).

Mit dem Nachgeben der Arbeitgeber endet der einwöchige österreichische Metallarbeiterstreik. Eine allgemeine Lohnerhöhung um 10% und die Heraufsetzung der Mindestlöhne um 20 % werden vereinbart. → S. 153

Unter Beteiligung von etwa 1000 Delegierten wird der Deutsche Kolonialkongreß 1924 in Berlin eröffnet (bis 19. 9.). In den Redebeiträgen wird die Notwendigkeit der Wiedererlangung des deutschen Kolonialbesitzes betont. Nach dem Weltkrieg mußten die deutschen Kolonien abgetreten werden. → S. 151

18. September, Donnerstag

Nach Abzug der US-amerikanischen Besatzungstruppen erhält die Dominikanische Republik eine freiheitliche Verfassung. Das Land hat seit 1916 unter US-amerikanischer Besatzung gestanden.

Von der Transeuropa Union (Junkers) wird der Flugdienst Zürich-Berlin mit Zwischenlandungen in München, Fürth und Dresden eingerichtet. Da nicht die direkte Fluglinie gewählt wurde, beträgt die reine Flugzeit knapp sieben Stunden.

Der schwedische Film »Gösta Berlin« nach dem gleichnamigen Roman von Selma Lagerlöf (Regie: Mauritz Stiller) kommt in die deutschen Kinos. Greta Garbo ist als Gräfin Dohna in ihrer Debütrolle zu sehen. → S. 157

19. September, Freitag

In einem Brief an Italiens Ministerpräsidenten und Duce, Benito Mussolini, der auch der Presse übergeben wird, protestiert der Großmeister der italienischen Freimaurer gegen die Zerstörung von Logenhäusern durch Faschisten.

Nach Meldungen der »Times« aus Tokio hat in der japanischen Hauptstadt ein Taifun etwa 3500 Häuser zerstört. 300 Vermißte gelten als tot.

20. September, Sonnabend

Im Rahmen der sog. wirtschaftlichen Räumung wird im besetzten Ruhrgebiet die Kohlensteuer rückwirkend vom 1. September aufgehoben. Ferner wird der Kohlen- und Kokstransport im Ruhrrevier wieder freigegeben (→ 3. 9. / S. 148).

Italien und die Schweiz unterzeichnen in Rom einen Schiedsgerichtsvertrag. Danach sollen Streitigkeiten zwischen den beiden Staaten vor den Internationalen Schiedsgerichtshof (Den Haag) gebracht werden, soweit sie nicht in unmittelbaren Verhandlungen der beiden Länder beigelegt werden können.

China und die Sowjetunion unterzeichnen in Mukden ein Abkommen über die sog. Ost-China-Bahn (Tschangtschun-Eisenbahn) und das Nichteinmischungsgebot. Vorausgegangen war ein Generalabkommen, durch das die Beziehungen zwischen beiden Staaten normalisiert worden waren (→ 31. 5. / S. 84).

Durch Regierungsbeschluß wird die Deutsche Einheitskurzschrift im Deutschen Reich eingeführt.

21. September, Sonntag

Bei Reichstagsnachwahlen in Oberschlesien erhalten das Zentrum drei Mandate, die Deutschnationale Volkspartei (DNVP) und die Kommunistische Partei Deutschlands (KPD) je ein Reichstagsmandat.

Im Vorfeld der Reichstagswahlen, die am → 7. Dezember (S. 194) stattfinden werden, inszeniert Regisseur Erwin Piscator die »Revue Roter Rummel« als Agitationsstück für die KPD. → S. 157

Das Fußball-Länderspiel zwischen der ungarischen und der deutschen Nationalmannschaft in Budapest endet 4:1.

22. September, Montag

Ablehnend reagiert das bayerische Innenministerium auf einen Antrag der Landespolizei, den Nationalsozialisten Adolf Hitler nach Entlassung aus der Festungshaft nach Österreich auszuweisen. Hitler, der am → 1. April (S. 62) wegen Hochverrats verurteilt worden war, besitzt die österreichische Staatsbürgerschaft (→ 20. 12. / S. 196).

Die Regierung Thüringens beschließt die fristlose Kündigung des Präsidenten der Thüringischen Staatsbank, Walter Loeb, dem sie verschiedene Amtsvergehen vorwirft. Ausschlaggebend sind aber politische Gründe. → S. 151

23. September, Dienstag

Um die außenpolitische Isolierung des Deutschen Reichs zu überwinden, beschließt die Reichsregierung, sich um die Aufnahme in den Völkerbund zu bemühen. Am 29. September läßt sie den Mitgliedsmächten des Völkerbundsrats ein entsprechendes Memorandum überreichen. → S. 151

Österreichs Bundeskanzler Ignaz Seipel berichtet im Nationalrat über Verhandlungen mit dem Völkerbundsrat in Genf, unter dessen Kontrolle das österreichische Sanierungsprogramm steht. Zur Beendigung des Sanierungswerks sei eine nochmalige Kraftanstrengung notwendig. Eine dauerhafte finanzielle Stabilisierung erfordere eine Reform der Finanzbeziehungen zwischen Bund und Gemeinden (→ 8. 11. / S. 182).

24. September, Mittwoch

Nach Agenturmeldungen aus Leningrad ist die Stadt durch eine Sturmflut unter Wasser gesetzt worden. Die Deiche der Newa sind gebrochen. Stellenweise steht das Wasser meterhoch in den Straßen Leningrads.

25. September, Donnerstag

Die Deutsche Volkspartei (DVP) fordert die Aufnahme der Deutschnationalen Volkspartei (DNVP) in die Regierungskoalition. Eine solche Verbreiterung der schmalen Regierungsbasis nach rechts – Reichskanzler Wilhelm Marx regiert mit einem Minderheitskabinett der bürgerlichen Mitte – scheitert an Gegensätzen vor allem in der Außenpolitik.

In Pendine stellt Malcolm Campbells mit 235,215 km/h auf Sunbeam den Geschwindigkeitsweltrekord auf.

26. September, Freitag

Wegen Geheimbündelei, Waffenbesitzes und Umsturzbestrebungen wird der rechtsgerichtete Bund Oberland verboten. Zugleich wird das Vermögen des Bundes beschlagnahmt. Die Maßnahme erfolgt aufgrund des Republikschutzgesetzes vom 21. Juli 1922. → S. 151

In Dänemark wird der Geburtstag von König Christian X. nicht mehr durch Arbeitsruhe gefeiert.

27. September, Sonnabend

In Delhi, in Britisch-Indien, wird ein überparteilicher Kongreß zur Wiederherstellung des Friedens zwischen Hindus und Moslems eröffnet. → S. 152

Am Württembergischen Landestheater Stuttgart wird Ernst Barlachs Drama »Die Sündflut« uraufgeführt.

Die schweizerischen Behörden genehmigen die Neubaupläne des Anthroposophen Rudolf Steiner für das neue Goetheanum in Dornach bei Basel. → S. 156

28. September, Sonntag

Österreichs »Inflationskönig« Camillo Castiglioni verläßt überstürzt Wien und entzieht sich damit einer drohenden Festnahme. → S. 153

Zwei US-Flugzeugen ist erstmals ein Weltrundflug gelungen. Nach 42 398 Flugkilometern (in 57 Etappen) landen sie in Seattle, wo sie am → 6. April (S. 69) gestartet waren.

29. September, Montag

Den Mitgliedsmächten des Völkerbundrats übermittelt die Reichsregierung ein Memorandum über den Eintritt des Deutschen Reichs in den Völkerbund (→ 23. 9. / S. 151).

30. September, Dienstag

Die Bank für deutsche Industrieobligationen wird gegründet. Sie dient der Erfüllung eines Teils der deutschen Reparationspflichten, nämlich der Abwicklung der den größeren deutschen Industrieunternehmen im Dawesplan auferlegten Lasten.

Jackie Coogan, Kinderstar aus dem Charlie-Chaplin-Film »The Kid« wird von Papst Pius XI. empfangen. → S. 156.

Das Wetter im Monat September

Station	Mittlere Lufttemperatur (°C)	Niederschlag (mm)	Sonnenscheindauer (Std.)
Aachen	14,1 (14,5)	90 (68)	– (160)
Berlin	14,2 (13,8)	68 (46)	– (194)
Bremen	14,6 (14,0)	88 (60)	– (164)
München	14,6 (13,4)	85 (84)	– (176)
Wien	– (15,0)	– (56)	– (–)
Zürich	14,0 (13,5)	41 (101)	147 (166)

( ) Langjähriger Mittelwert für diesen Monat
– Wert nicht ermittelt

Im Deutschen Reich wird wieder offen über die Frage von deutschem Kolonialbesitz diskutiert, der nach dem Ersten Weltkrieg verlorenging; die Zeitschrift »Die Woche« berichtet über den ersten Kolonialkongreß seit 1919

Die Woche

Nummer 39 | Berlin, den 27. September 1924 | 26. Jahrgang

Der erste Kolonialkongreß nach Versailles in der Berliner Universität

Von links: Gouverneur a. D. Dr. Schnee, Adm. Meyer-Waldeck, Herzog Adolf Friedrich v. Mecklenburg, Wirkl. Geh.-Rat Dr. Theodor Seitz

DIE KOLONIEN — EINE LEBENSFRAGE FÜR DEUTSCHLAND

Ruhrwirtschaft befreit

3. September. Die Interalliierte Rheinlandkommission in Koblenz erläßt erste Verordnungen zur Wiederherstellung der wirtschaftlichen und fiskalischen Einheit des Deutschen Reichs. Diese sog. wirtschaftliche Räumung der besetzten Gebiete an Rhein und Ruhr ist Teil des Londoner Abkommens (Dawesplan), das am → 16. August (S. 130) verabschiedet worden ist.

Was in London vereinbart wurde

»1. Die Beseitigung aller Beschränkungen der deutschen fiskalischen (fiscal) und wirtschaftlichen Gesetzgebung seit dem 11. Januar 1923. Die Wiedereinsetzung der deutschen Behörden mit den vollen Befugnissen ... hinsichtlich der Verwaltung der Zölle und Abgaben, des Außenhandels, der Forsten, der Eisenbahnen ...

2. Die Rückgabe aller Bergwerke, Kokereien und anderen industriellen, landwirtschaftlichen, forstwirtschaftlichen und Schiffahrtsunternehmungen, die seit dem 11. Januar 1923 von den Besatzungsbehörden in Regie ausgebeutet ... worden sind, an ihre Eigentümer.

3. Die Zurückziehung der besonderen Stellen, die zur Ausbeutung der Pfänder geschaffen worden sind, und die Aufhebung der Requisitionen ...

4. Die Aufhebung der Beschränkungen des Personen-, Güter- und Wagenverkehrs ...«

Die Verordnungen der Rheinlandkommission, die auch für das Ruhrgebiet gelten, betreffen die Aufhebung der Zollgrenze zwischen besetztem und unbesetztem Gebiet des Reichs (bis 20. 9. vollzogen), die Beseitigung der Paßvisa und die Aufhebung der Verkehrssperre am 4. September. Ferner werden Sonderbestimmungen über den Umlauf des Notgeldes in den besetzten Gebieten aufgehoben.

Per Verfügung hebt der Oberkommandierende der französischen Besatzungsarmee, Jean Marie Degoutte, dann am 20. September auch die Kohlensteuer auf, die von den Zechen des Ruhrgebiets an die Besatzung gezahlt werden mußte. Zugleich wird im Ruhrgebiet der bisher streng überwachte Kohlen- und Kokstransport wieder freigegeben.

Die Reparationskommission konstatiert am 27. Oktober die Wiederherstellung der wirtschaftlichen und fiskalischen Einheit des Deutschen Reichs. Am folgenden Tag werden die »alliierten Dienststellen beseitigt, welche seit dem 11. Januar 1923 für die Ausbeutung der Pfänder im besetzten Ruhrgebiet geschaffen sind«. Die Micum, die von Frankreich dominierte Interalliierte Kontrollkommission für Fabriken und Bergwerke, beendet ihre amtliche Tätigkeit am 21. Oktober. Die Ruhrzechen und die Eisenbahn (→ 16. 11. / S. 184) kehren unter deutsche Verwaltung zurück.

Für das Deutsche Reich besonders wichtig ist die nun wiederhergestellte Verfügung über das Wirtschaftspotential des Ruhrgebiets. Politiker äußern sich erleichtert über diese Entwicklung; endlich hat die »Ausbeutung deutscher Pfänder« ein Ende, die Franzosen und Belgier seit Beginn der Ruhrbesetzung am 11. Januar 1923 zunehmend erfolgreich betrieben haben. Weniger rasch voran kommt allerdings die entscheidende militärische Räumung des Ruhrgebiets, die innerhalb einer »Höchstfrist« von einem Jahr durchgeführt werden soll (→ 18. 8. / S. 133).

Um »eine gegenseitige Befriedung herbeizuführen und so weit wie möglich tabula rasa mit der Vergangenheit zu machen«, einigen sich Deutsche mit Franzosen und Belgiern in London auf eine Rückkehrerlaubnis für die während des Ruhrkampfs Ausgewiesenen und auf eine Amnestie für die wegen aktiven oder passiven Widerstands Verurteilten. Schon am 7. September wird eine allgemeine Rückkehrerlaubnis für die aus dem Ruhrgebiet Ausgewiesenen erteilt. Es handelt sich vor allem um Beamte der deutschen Verwaltung und der Reichsbahn, die nach dem Einmarsch französischer und belgischer Truppen, einer Anweisung der Reichsregierung folgend, passiven Widerstand geleistet hatten. Zu Tausenden waren sie in das unbesetzte Deutsche Reich ausgewiesen worden, mit den aus dem besetzten Rheinland Ausgewiesenen zusammen rund 140 000. Beim Inkrafttreten des Londoner Amnestieabkommens am 1. September sind 500 Deutsche in französischer oder belgischer Strafhaft.

Erfolg der Londoner Konferenz: Beginn der Räumung des Ruhrgebiets in Dortmund; französisches Militär wartet auf den Befehl zur Abreise; bis zum 2. Oktober dauert der Abzug aus der Zone Limburg – Dortmund – Hörde

Französische Soldaten schaffen ihr Gepäck zum Bahnhof; Abzug der Franzosen in die Heimat

Nachdem die Eisenbahn wieder unter deutscher Verwaltung rollt, werden französische Eisenbahner »arbeitslos«

Ende der »Franzosenherrschaft« in Dortmund; im französischen Hauptquartier wird die Nationalflagge Frankreichs, die Trikolore, eingeholt

Französische Truppen marschieren auf dem Weg nach Düsseldorf durch den Ort Lindorf

Die Bevölkerung beobachtet den Abmarsch der französischen Truppen aus der Ruhrregion

Eine Karikatur aus der Zeitschrift »Simplicissimus« zeigt den neuen Reparationsagenten als übermächtigen Sklavenhalter, der die deutsche Bevölkerung in Ketten für sich arbeiten läßt

Parker Gilbert wird Generalagent für Reparationen

3. September. Die Reparationskommission der Alliierten ernennt in Paris den US-Finanzexperten Seymour Parker Gilbert zum Generalagenten für Reparationszahlungen mit Sitz in Berlin. Als Aufseher über deutsche Zahlungen und Finanzen wird Gilbert in den folgenden Jahren zu einem der mächtigsten Männer im Deutschen Reich. Gemäß Dawesplan (→ 16. 8. / S. 130; 29. 8. / S. 132), der am 1. September in Kraft getreten ist, hat Gilbert die deutschen Zahlungen in ausländische Währung zu transferieren. Die erste Rate von 20 Millionen Reichsmark wurde bereits am 2. September auf das Konto des Generalagenten überwiesen. Um die Stabilität der deutschen Währung zu sichern, müssen Beträge, deren Überweisung die deutsche Finanz- und Wirtschaftslage nicht zuläßt, im Land angelegt werden. Überschreiten sie eine bestimmte Höhe, muß der Generalagent die Zahlungen entsprechend reduzieren.

Diesen Transferschutz für die gerade erst wieder stabilisierte deutsche Währung erkauft sich das Reich mit schwerwiegenden und unpopulären Einschränkungen der Hoheitsrechte im Wirtschafts- und Finanzbereich durch internationale Kontrollorgane. Außer dem Generalagenten ernennen die Alliierten: Den Kommissar für die Notenausgabe der Reichsbank, Gisbert Weyer Bruins (Niederlande); den Generalkommissar für die Reichsbahngesellschaft, Gaston Leverve (Frankreich); den Kommissar für die verpfändeten Reichseinnahmen, Sir Andrew MacFadyean (Großbritannien); den Treuhänder für die Reichsbahnobligationen, Léon Delacroix (Belgien); den Treuhänder für die Industrieobligationen, Bernardino Nogara (Italien). Diese Kommissare erhalten unmittelbare Machtfunktionen im deutschen Hoheitsbereich. Schlüsselstellungen haben die beiden Treuhänder, die Industrie- und Reichsbahnobligationen veräußern und den Erlös an die Reparationskommission abführen.

Owen D. Young (x), Reparationsagent, und der Bruder von C. G. Dawes, Rufus Dawes (xx), in Berlin

Neuer Generalagent für Reparationen in Berlin, Parker Gilbert (r.), mit seinem Vorgänger Owen D. Young

Generalinspektion der Alliierten bei der Reichswehr

8. September. Die Interalliierte Militärkontrollkommission (IMKK) beginnt mit der Generalinspektion der deutschen Rüstungsverhältnisse. Von deren Ergebnis hängen Art und Dauer weiterer Kontrollen der Entwaffnungsbestimmungen des Versailler Vertrags (1919) ebenso ab wie die am 10. Januar 1925 fällige Räumung der ersten (Kölner) Rheinlandzone (→ 31. 12. / S. 197).

Widerstrebend hatte die Reichsregierung am → 30. Juni (S. 95) der Generalinspektion zugestimmt. Sie setzt darauf, daß diese Gesamtprüfung des deutschen Rüstungsstands der Anfang vom Ende der alliierten Miltärkontrolle sein werde. Reichswehrminister Otto Geßler und der Chef der Heeresleitung, Hans von Seeckt, sind skeptischer. Zunächst verläuft die Kontrolle »versöhnlich«. Schon Anfang Oktober häufen sich jedoch die Beschwerden der IMKK, an deren Spitze am 1. Juli General Camille Walch den bisherigen Leiter General Claude Marie Nollet (beide Franzosen) abgelöst hatte. Streitpunkt sind u. a. die in der bürgerkriegsähnlichen Situation 1923 eingestellten Zeitfreiwilligen.

Insgesamt führen die Organe der IMKK in viermonatiger Inspektion 1796 Kontrollbesuche durch:

▷ Stäbe und Einheiten: 437 Besuche
▷ Festungen, Zeugämter usw.: 207 Besuche
▷ Dienststellen der Heeresverwaltung: 243 Besuche
▷ Zivil- und Polizeibehörden: 440 Besuche
▷ Industrielle Werke: 469 Besuche

Für die deutsche Seite verläuft die Generalinspektion enttäuschend. Offenbar ist die IMKK entschlossen, die Nichterfüllung der Abrüstung festzustellen, um das deutsche Verteidigungswesen und die deutsche Industrie einer dauerhaften alliierten Kontrolle zu unterwerfen.

Deutsches Militärwesen: Von der Preußischen Armee zur Reichswehr

Das Deutsche Reich hatte 1871 ein Heer mit einer Friedenpräsenzstärke von 401 659 Mann, also 1% der Bevölkerung. Innerhalb der folgenden vier Jahrzehnte erhöhte sie sich auf 661 500 Mann (1913). Zugleich wurde die Kriegsmarine, die bis zur Jahrhundertwende nur aus wenigen Panzerschiffen und Kreuzern bestand, aufgrund der Flottengesetze von 1898 und 1900 zu einer der drei größten Flotten der Welt ausgebaut. Auf eine völlig neue Basis wurde das Heerwesen nach dem verlorenen Weltkrieg und dem Sturz der Monarchie (1918) gestellt. Der Versailler Friedensvertrag (1919) unterwarf das Reich einer fast völligen Entwaffnung bis auf ein kleines Berufsheer von 100 000 Mann (davon 3797 Offiziere) und eine 15 000-Mann-Marine (davon 1500 Offiziere). Das Heer besteht nun aus sieben Infanterie- und drei Kavallerie-Divisionen. Die Ausrüstung der Reichswehr ist bis zur Gewehrpatrone detailliert festgelegt und auf das Inventar allenfalls einer Bürgerkriegsarmee beschränkt, ohne Flugzeuge, U-Boote, Panzer usw. Die Rüstungsbetriebe müssen auf Friedensproduktion umstellen.

Reichswehrminister Otto Geßler an Bord der »Hannover« beim Abschreiten der Schiffswache; dahinter Admiral Paul Behncke, Chef der Marineleitung

Reichswehrparade bei Straußberg; nach einem Manöver ziehen Truppen an General Hans von Seeckt vorbei, dem Oberkommandierenden der Reichswehr

Manöver in der Neumark; Übergang der Reichswehr über die Oder bei Zellin; erstmals seit dem Ersten Weltkrieg findet ein größeres Manöver statt

Deutsches Reich will in den Völkerbund

23. September. Das Reichskabinett will sich um die Aufnahme des Deutschen Reichs in den Völkerbund bemühen. Den Mitgliedsmächten des Völkerbundsrats wird am 29. September ein Memorandum mit den deutschen Eintrittsbedingungen überreicht.

Friedensorganisation Völkerbund
Zur Sicherung des Weltfriedens wurde der Völkerbund nach dem Weltkrieg als internationale Organisation gegründet (1920). Ursprüngliche Mitglieder waren 32 alliierte Kriegsgegner der Mittelmächte und 13 neutrale Staaten. Die USA haben die Völkerbundssatzung bisher nicht ratifiziert. Hauptorgane des Völkerbunds, der seinen Sitz in Genf hat, sind Bundesversammlung, Rat und Sekretariat.

Der französische Ministerpräsident, Édouard Marie Herriot, bei seiner Rede vor der fünften Völkerbundsversammlung in Genf am 5. September

Es sind im wesentlichen drei Bedingungen: Erstens verlangt die Reichsregierung einen ständigen Sitz im Völkerbundsrat neben den alliierten Hauptmächten Frankreich, Großbritannien, Italien und Japan, also Anerkennung als Großmacht.
Der zweite Vorbehalt betrifft den Artikel 16 der Völkerbundssatzung, der die Mitglieder zur Teilnahme an allen – auch militärischen Maßnahmen verpflichtet, die der Völkerbund ergreifen kann. Solange die Entwaffnung des Deutschen Reichs andauere (→ 8. 9. / S. 150), könne es unmöglich an einer Bundesexekution gegen ein Land teilnehmen.
Drittens soll der Beitritt zum Völkerbund nicht als freiwillige Anerkennung der deutschen Kriegsschuld verstanden werden. Erst nach langwierigen Verhandlungen wird das Deutsche Reich 1926 in die internationale Friedensorganisation aufgenommen.

Regierung senkt Preise und Steuern

12. September. Die Reichsregierung beschließt Preis- und Steuersenkungen. Mit diesen Maßnahmen will sie nach der Neuregelung der Reparationsfrage (→ 16. 8. / S. 130) die Wirtschaft ankurbeln. Im einzelnen wird beschlossen:

▷ Die Gütertarife der Reichsbahn werden um 10% ermäßigt
▷ Zur Erleichterung der Geldversendung ermäßigt die Reichspost die Postanweisungs- und Postscheckgebühr
▷ Bei den Kohlepreisen tritt für das oberschlesische Steinkohlenrevier ab 18. September eine 10%ige Ermäßigung ein. Für das Ruhrrevier steht die Preissenkung noch nicht fest; gerechnet wird mit mindestens 10%
▷ Die Reichsbank lockert ihre Kreditpolitik. Auf die Bankvereinigungen soll eingewirkt werden, zu normalen Kreditprovisionen zurückzukehren
▷ Die Umsatzsteuern werden ab 1. Oktober von 2,5% auf 2% gesenkt. Die Kapitalverkehrssteuern sollen ermäßigt werden.

Freikorpsverbot zum Staatsschutz

26. September. Der Bund Oberland, ein früheres Freikorps, wird wegen Umsturzbestrebungen, Geheimbündelei und Waffenbesitzes aufgrund des Republikschutzgesetzes von 1922 verboten. Nach offizieller Auflösung der Freikorps im Deutschen Reich (1920) gingen diese, so

Friedrich Weber, Führer des rechtsextremen Bundes Oberland, war als Assistent an der tierärztlichen Fakultät in München tätig, bis er im Zusammenhang mit dem Hitlerputsch verhaftet und verurteilt wurde

auch der Bund Oberland, in den Untergrund. Im November unterstützte der rechtsextreme Kampfbund den Hitlerputsch; am → 1. April (S. 62) ist sein Führer Friedrich Weber deshalb verurteilt worden. Finanziert wurde der Bund Oberland u. a. von dem Münchner Verleger Julius Friedrich Lehmann.

Völkische stürzen Staatsbankleiter

22. September. Unter dem Vorwand bewußter Irreführung des Finanzministers, tatsächlich jedoch aus politischen Gründen wird der Präsident der Thüringischen Staatsbank, Walter Loeb, fristlos entlassen. Seit Monaten war der jüdische Sozialdemokrat beleidigenden Anfeindungen von deutschvölkischer Seite ausgesetzt. Die Rechtsregierung in Thüringen (→ 10. 2. / S. 35) gibt nun der Forderung der Deutschvölkischen nach, auf deren Unterstützung sie angewiesen ist. Am 17. Oktober setzt die SPD die Einsetzung eines Landtags-Untersuchungsausschusses zum Fall Loeb durch.
Die deutschvölkische Bewegung und ihre Organisationen, insbesondere die Deutschnationale Volkspartei (DNVP) und die Nationalsozialistische Freiheitspartei (NSFP), betreiben seit dem Kriegsende eine antirepublikanische und antisemitische Politik. Mit massiver Propaganda diskreditieren sie jüdische und sozialistische Politiker, die sie für die deutsche Weltkriegsniederlage verantwortlich machen.

Kolonialbesitz »wiedererlangen«

17. September. In Berlin wird der Deutsche Kolonialkongreß 1924 eröffnet (bis 19. 9.). Neben Vertretern der Reichsregierung und dem Chef der Marineleitung, Admiral Paul Behncke, sind fast alle »führenden deutschen Kolonialmänner« anwesend. In seiner Rede sagt Ex-Herzog

Admiral Paul Behncke, im Ersten Weltkrieg Stellvertretender Chef des Admiralstabs, baut seit 1920 als erster Chef der Marineleitung die Marine neu auf; 1924 wird er Vorsitzender der Gesellschaft für Erdkunde

Adolf Friedrich von Mecklenburg-Schwerin, Afrikareisender und Kolonialpolitiker, das Reich müsse »zur Erhaltung seiner selbst den Kampf um Wiedererlangung seiner ehemaligen Gebiete in fernen Ländern aufnehmen«. Nach dem Ersten Weltkrieg mußte das Reich seine Kolonien abtreten.

Preußen im Streit mit Hohenzollern

11. September. Über die Vermögensauseinandersetzung zwischen Preußen und dem früheren Königshaus legt Finanzminister von Richter dem Landtag eine umfangreiche Denkschrift vor. Bisher ist ein Vergleich über das 1918 beschlagnahmte Vermögen der Hohenzol-

Wilhelm, Kronprinz des Deutschen Reichs und von Preußen bis 1918; der älteste Sohn von Kaiser Wilhem II. ging 1918 ins Exil und verzichtete auf die Thronfolge im Reich und in Preußen; 1923 kehrte er zurück

lern gescheitert. Zuletzt hatte Preußen im Februar 1924 angeboten, Schlösser, Kapitalfonds und die besten Güter aus dem ehemaligen Hofkammerbesitz (160 000 Morgen) zurückzugeben. Die Hohenzollern betrachten dies als »völlig unzureichend«. Sie fordern den gesamten Hofkammerbesitz (400 000 Morgen).

Volkserhebung in Georgien unterdrückt

10. September. Nachdem Ende August in Georgien und Teilen Aserbaidschans ein antibolschewistischer Aufstand ausgebrochen ist, bietet der Präsident der ehemaligen Georgischen Volksrepublik, Noah Jordanija, der sowjetischen Regierung Verhandlungen an zur Beilegung des Konflikts. Jordanija will eine Garantie für die Selbständigkeit Georgiens aushandeln. Der Aufstand wird jedoch bis Mitte September von Truppen der UdSSR blutig niedergeschlagen.

Zwar hatte die Sowjetregierung die am 22. Mai 1918 proklamierte staatliche Unabhängigkeit Georgiens offiziell anerkannt. Sie ließ jedoch schon im Februar 1921 das menschewistisch (sozialdemokratisch) regierte Georgien besetzen und eine bolschewistische Regierung etablieren. Unter grausamem Terror, für den Josef W. Stalin als Volkskommissar für die Nationalitäten und sein Beauftragter Grigori K. Ordschonikidse verantwortlich sind, wurde Georgien in die Sowjetunion zwangsintegriert. Die Georgien-Politik der Sowjetregierung steht in krassem Widerspruch zum 1917 erklärten Selbstbestimmungsrecht für alle Völker. Die Haltung der Moskauer Führung hat u. a. wirtschaftliche Gründe. Die Erdölfelder in der Region von Baku sind von großem Interesse für sie.

△ *Georgische Exilregierung in Paris (v. l. n. r.): Zeretelli, Jordanija, Kandelaki, Guegnetchkori; über Jordanija ist auf der Abbildung das Wappen von Georgien mit dem heiligen Georg zu sehen; Georgien, Armenien und Aserbaidschan hatten 1918 ihre Unabhängigkeit von Moskau erklärt*

Gandhi fastet für indische Einheit

27. September. In Delhi beginnt eine Konferenz zur Beilegung der anhaltenden, blutigen Konflikte zwischen Moslems und Hindus in Britisch-Indien. Unter den Teilnehmern sind Vertreter sämtlicher politischer Parteien, sowie geistliche Führer und prominente Europäer. Gleichzeitig fastet Mohandas Karamchand Gandhi (genannt Mahatma = große Seele) für die Versöhnung zwischen beiden Bevölkerungsgruppen. Gandhi, der bis zum → 4. Februar (S. 37) inhaftiert war, soll nach Pressemeldungen bereits sehr schwach sein.

Weder Konferenz noch Hungeraktion können die von Gandhi geforderte Hindu-Moslem-Einheit wiederherstellen. 1920 hatte er die Kalifatsfrage aufgegriffen, um die Beziehungen zwischen Hindus und Moslems zu verbessern. Die indischen Moslems fürchteten um Stellung und Einfluß des türkischen Sultans und Kalifen, ihres religiösen Oberhaupts (→ 3. 3. / S. 47). Die indische Moslem-Liga hatte zunächst mit den von Gandhi geführten Nationalisten zusammengearbeitet. 1921/22 begann jedoch mit dem blutigen Aufstand der Moplas, moslemischer Bauern an der Malabarküste (Kerala), gegen hinduistische Grundbesitzer und die britische Regierung die Kette religiöser Unruhen.

Truppenparaden für General Pershing

12. September. Zu Ehren von General John J. Pershing wird in den USA ein »defendence day« (Verteidigungstag) veranstaltet. Pershing tritt an diesem Tag aus Altersgründen von seinem Posten als Generalstabschef der US-Armee zurück.

Mit umfangreichen Paraden in allen größeren Städten der USA wird eine Art Probemobilmachung der Streitkräfte durchgeführt. In Washington marschieren etwa 30 000 Mann der regulären Truppen, der Reserve der Nationalgarde und verschiedener paramilitärischer Organisationen an US-Präsident Calvin Coolidge und dem gesamten Kabinett vorüber. Etwa 100 000 Zuschauer nehmen allein in der Hauptstadt an dem Schauspiel teil. Zweck der Veranstaltung, die General Pershing angeregt hat, ist es, unter den US-Bürgern das Interesse an der Landesverteidigung wachzuhalten. Der »defendence day« hat zu innenpolitischen Kontroversen geführt. Von seiten kirchlicher Organisationen und der demokratischen Opposition wird scharfe Kritik an der Veranstaltung geübt. Sie fördere den militaristischen Geist.

US-Präsident Coolidge sorgt für Pershings ehrenvollen Abschied

Scheidender US-Generalstabschef, General John J. Pershing

Beratungen zum Achtstundentag

9. September. In Bern konferieren seit dem Vortag die Arbeitsminister Großbritanniens, Frankreichs, des Deutschen Reichs und Belgiens über das Washingtoner Arbeitszeitabkommen. 1919 war bei einer Tagung der Internationalen Arbeitsorganisation ILO in der US-Hauptstadt die Einführung des Achtstundentags in den Mitgliederländern vereinbart worden. Die meisten Staaten hatten die Vereinbarung jedoch nicht ratifiziert.

Zum Konferenzergebnis in Bern wird mitgeteilt: Die Minister haben es als erwünscht bezeichnet, auf der Grundlage des Abkommens zu einer internationalen Anwendung des Achtstundentags zu kommen. Um die Auslegung zu erleichtern, haben sie das Abkommen einer Nachprüfung unterzogen.

Wien: Bankskandal schreckt Sparer auf

28. September. Die Zahlungsschwierigkeiten der Wiener Allgemeinen Depositenbank von »Inflationskönig« Camillo Castiglioni werden bekannt. Die Bank hatte das Geld kleiner Anleger verspekuliert und 100 Millionen Kronen verloren. Generaldirektor Hilbert Pick erhängt sich. Bankpräsident Castiglioni, dem unsaubere Geldtransaktionen zur Last gelegt werden, setzt sich nach Italien ab. Weitere österreichische Banken geraten in den Sog des Zusammenbruchs.

Die Stabilisierung der österreichischen Krone (→ 21. 2. / S. 35) bedeutet das Ende für Nachkriegsgewinnler Castiglioni, dessen Aufstieg mit dem Ende des Ersten Weltkriegs begann. Erst machte er Geschäfte mit militärischen Überschußgütern der k. u. k. Armee, die er ins Ausland verschob. Dann spekulierte er während der Inflationszeit in großem Stil mit Aktien und Devisen.

Führte unsaubere Geldtransaktionen durch: Wiener Finanzmann Camillo Castiglioni, der sich nach Bekanntwerden seiner Geschäfte nach Italien absetzt

Unter dem Titel »Herbst im Wiener Wald« karikiert Thomas Theodor Heine in der Zeitschrift »Simplicissimus« den Bankskandal; der Familienvater bemerkt zu dem Anblick: »Ja, ja, so viele Bäume gibt's halt doch nicht, wie's Banken gegeben hat!«

Arbeitszimmer im Stadtschloß des Finanzmannes Castiglioni, das er wegen Zahlungsschwierigkeiten mit sämtlichen Kunstschätzen verpfänden muß

Tarifverhandlung bei Kerzenschein

17. September. Mit einer allgemeinen 10%igen Lohnerhöhung wird der einwöchige Streik in der Metallindustrie in Österreich beendet. Das Ergebnis wird als Sieg der Arbeitnehmer gewertet. Den Durchbruch bei den Metallverhandlungen hat ein drohender Streik der Wiener Elektrizitätsarbeiter gebracht.

Zunächst hatten die Metall-Arbeitgeber die geforderte Erhöhung um 15% glatt abgelehnt und erklärt, Lohnzugeständnisse nur in einem Maße gewähren zu können, wie durch Zugeständnisse von Staat, Stadt und Arbeitnehmern die Produktionsbedingungen verbilligt würden. Zu ihren Bedingungen gehörte die Beseitigung des Achtstundentags, des Betriebsrätegesetzes und die Abschaffung des Urlaubs. Vom Staat erwarteten die Metallarbeitgeber ferner Steuererleichterungen in erheblichem Umfang.

Als am Vortag die in Wien unter Leitung der Regierung geführten Tarifverhandlungen zu scheitern drohten, schalteten die »streiklustigen« Elektrizitätsarbeiter in den inneren Stadtbezirken den Strom ab, so daß in der Bundeskanzlei bei Kerzenlicht weiter verhandelt werden mußte. Die erzielte Einigung sieht neben der 10%igen Lohnerhöhung für alle Beteiligten die Anhebung der Mindestlöhne um 20% vor.

Millionärssöhne als skrupellose Mörder

10. September. Kein doppeltes Todesurteil im Prozeß gegen die Millionärssöhne Nathan Leopold (18) und Richard Loeb (17) in Cook Country (USA): Dank der Verteidigung durch Clarence Darrow werden die beiden jugendlichen Kindesentführer und Mörder nur zu lebenslanglichem Zuchthaus verurteilt. Sie hatten kaltblütig und nur »um zu sehen, wie das ist«, einen 14jährigen Nachbarsjungen entführt und ermordet. Während des Prozesses stand die gesamte öffentliche Meinung gegen die »Bestien«, die »ohne Gefühlsregung« die Tat gestanden hatten. Nathan Leopold im Verhör: »Einen Mord zu planen schien mir nicht bedeutender, als die Nachspeise in einem Restaurant auszuwählen.« Staranwalt Darrow hebt in seinem zwölfstündigen Plädoyer auf die Sinnlosigkeit der Todesstrafe ab und stellt die beiden Millionärssöhne als Fälle von Wohlstandsverwahrlosung dar.

Anwalt Darrow (vorn, l.), die Angeklagten Loeb (x), Leopold (xx)

Die Millionärssöhne Loeb (r.) und Leopold ermordeten einen Jungen

Propagandaaktion nach Attentat

12. September. In Rom wird der faschistische Abgeordnete Casalini auf der Straße angeschossen. Casalini, zuletzt Vizepräsident der faschistischen Gewerkschaften, stirbt wenig später im Krankenhaus. Der Attentäter ist ein arbeitsloser Zimmermann namens Corvi, der unmittelbar nach der Tat verhaftet wird.

Von der faschistischen Presse wird die Tat propagandistisch ausgeschlachtet. Das Attentat wird als gut geplante Racheaktion für die Ermordung von Sozialistenführer Giacomo Matteotti (→ 10. 6. / S. 97) bezeichnet. Tatsächlich handelt es sich um die Tat eines psychisch kranken Menschen. Tagelang kommt es nach dem Casalini-Mord in größeren Städten Italiens zu Zusammenstößen zwischen Faschisten und Oppositionellen.

Werbung 1924:

Neu für deutsche Rundfunkhörer: »Inserate aus der Luft«

Mit dem Rundfunk kommt der Werbefunk. Wenige Monate nach der ersten Rundfunksendung im Deutschen Reich im Oktober 1923 gibt die Reichspost im Mai 1924 ihre Zustimmung zu Werbeeinblendungen im Programm »in mäßigem Umfange und allervorsichtigster Form«. Die Deutsche Reichs-Postreklame GmbH, eine Tochtergesellschaft der Reichspost, wickelt das Geschäft ab. Verboten sind politische und religiöse Werbung. Ferner darf für alkoholische Getränke, Vergnügungsstätten, Rundfunkgeräte, Tageszeitungen und Programmzeitschriften keine Reklame gemacht werden. Die Sender bringen sog. Reklame-Rundsprüche, aber auch Werbevorträge.

Bis zuletzt haben die Zeitungsverleger den Werbefunk bekämpft und ein Verbot des Radio-Inserats gefordert. Sie fürchten die Konkurrenz des sich rasch ausbreitenden, neuen Massenmediums: Die Zahl der deutschen Rundfunkteilnehmer schnellt von rund 1500 Anfang des Jahres auf 549 000 Ende 1924.

Über die »Inserate aus der Luft« mokieren sich die Verlage, bevor sie überhaupt gesendet werden. In der »Frankfurter Zeitung« vom 9. Februar erscheint unter diesem Titel folgender Artikel (Auszüge):

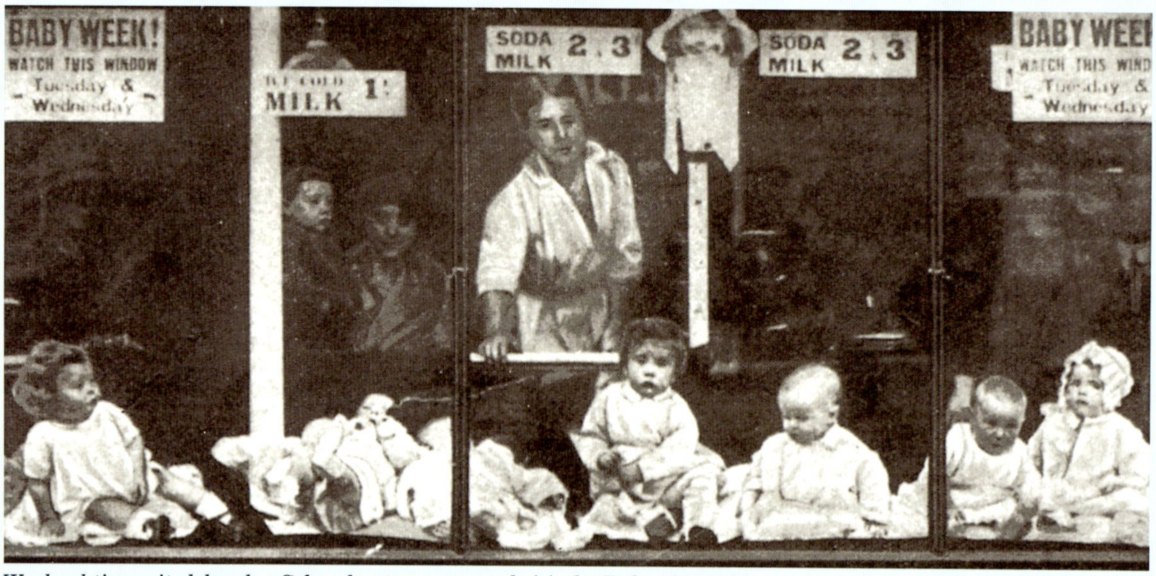

Werbeaktion mit »lebenden Schaufensterpuppen«; britische Babys im Reklame-Einsatz für eine Milchsorte

»Jetzt haben wir seit ein paar Monaten den Rundfunk. Aber es ist beinahe ein Wunder, daß wir auf Welle 400 noch nicht zu hören bekommen, wohin wir uns zu wenden haben, wenn uns die Hühneraugen drücken ... Nun ist die drahtlose Telephonie ... nicht erfunden worden, um für die Kaufleute propagandistisches Neuland zu erobern. Aber da man auf so bequeme Art das Gute mit dem Praktischen verbinden kann, wird die Post kaum das Herz haben, auf diese Einnahmequelle ... zu verzichten, und sie wird nicht viel danach fragen, ob es uns recht ist oder nicht. Durch den Äther wird eine Stimme an unser Ohr kommen, sie wird uns eine spannende Geschichte erzählen. Und wenn wir dann heimlich auf die Pointe brennen, wird es heißen: sie umarmten sich und küßten sich; er schlürfte ihren Atem wie Kognak, denn sie hatte vorher einige Ideal-Tabletten zur Beseitigung üblen Mundgeruchs zu sich genommen. Es wird von der Phantasie und dem dichterischen Schwung der Reklamechefs abhängen, uns jedesmal bis zum Schlußeffekt in Stimmung zu halten. Denn wenn wir vorher den Hörer [Rundfunk wird mit Kopfhörer gehört] abnehmen, hat die ganze Geschichte keinen Sinn ... Damit die für Reklamezwecke verkaufte Luft sich für den Kaufmann auch gut bezahlt macht, wird er vielleicht dazu

Ganzseitige Anzeige in der »Illustrirten Zeitung« für »feine Parfümerien« der Marke »Khasana«

Auch Männer werden als Käufer von Luxusartikeln wie Parfümeriewaren intensiv beworben

Mit wachsender Kaufkraft im Deutschen Reich sehen auch Süßwarenhersteller Absatzchancen

übergehen, Herrn Hans Reimann [Schriftsteller] oder den Dichter Joachim Ringelnatz zu bitten, ihm einige wirksame Rundfunkverse auf seine prachtvolle Sprungfedermatratze zu fabrizieren, beziehungsweise einen Witz auszutüfteln, weshalb gerade diese Gummisauger von den Babys am meisten bevorzugt sind ... Das sind alles gar keine lustigen Phantasien. Wir werden es bald erleben.«

Ebenfalls große Beachtung findet eine Filmplakatausstellung in Berlin, die Anfang des Jahres von der Berliner Filmindustrie unter dem Protektorat von Reichskunstwart Edwin Redslob (1920 – 1933) veranstaltet wird. Sie erfüllt nicht ganz die angesichts des hohen Niveaus des deutschen Industrieplakats gehegten Erwartungen. In der Tagespresse ist zu lesen: »Man sieht nun in der Filmplakatausstellung nur Anläufe zu guter Plakatwirkung. ›Künstlerisch‹, das heißt: eine gebändigte Form der Wirksamkeit zu finden, das gelang dem deutschen Industrieplakat besser als dem französischen und dem italienischen. Deutsche Plakatzeichner sind in den letzten Jahren in Amerika zu hohem Ansehen gelangt. Die deutsche Trickreklame ist ein heiteres, manchmal geistreiches Kunstgewerbe geworden. Die Filmreklame, von der sich die Industrie viel erhofft hat, ist nicht auf der Höhe.« Plakate von bekannten Zeichnern wie Walter Trier (später Illustrator der Kinderbücher von Emil Kästner) und Fritz Koch-Gotha (Karikaturist der »Berliner Illustrirten Zeitung«) überzeugen »an sich«, nicht so sehr jedoch als Werbung für diesen oder jenen Film.

Als erstes Land befreit sich Großbritannien vom Unwesen der sog. Strecken- oder Kilometer-Reklame. Unter dem Druck der öffentlichen Meinung geben die beiden größten Petroleumfirmen Anfang 1924 bekannt, nunmehr auf jede Streckenreklame als »unschön und überflüssig« verzichten zu wollen. Es handelt sich um die auch im Deutschen Reich verbreitete Methode, »allerlei Waren auf hohen Brettergerüsten anzupreisen, die an Eisenbahnlinien, an Chausseen, an Flußufern, Meeresküsten u. a. die Landschaft weithin verschandeln.« Bevorzugter Standort für diese Art von Reklame sind Tankstellen.

Werbeplakat für eine Grammophon- und Schallplattenhandlung in Wien, wo 32 Spezialgeschäfte konkurrieren

»Tentation« (frz., Versuchung); künstlerisch gestaltetes Etikett für exklusives französisches Briefpapier

Werbegrafik von Joseph Binder; immer mehr Firmen lassen ihre Werbung von Künstlern gestalten

Verpackung für Briefpapier aus Frankreich; grafisch gestaltete Briefköpfe und Karten sind sehr beliebt

Anzeige der Firma Bahlsen für den Leibniz-Keks; die künstlerisch gestaltete Anzeige wirkt durch das Zusammenspiel des bekannten, traditionellen Designs der Verpackung und Elementen abstrakter Werbegrafik

Rasmussen bei Eskimos in Nordamerika

16. September. Knud Rasmussen kehrt von seiner bisher längsten Expedition nach Kopenhagen zurück. Diese fünfte Thule-Expedition führte den berühmten dänischen Forschungsreisenden in drei Jahren zu Eskimostämmen in Kanada und Alaska. Neben den geographischen sind besonders seine ethnographischen Studien von hoher Bedeutung. 15 000 völkerkundliche Gegenstände von verschiedenen Eskimostämmen sind der Ertrag der Expedition. Rasmussen übergibt sie dem Kopenhagener Museum.
Nachdem der Grönländer Rasmussen seine Reisetechnik vervollkommnet und seine Grönland-Forschungen abgeschlossen hatte, setzte er sich die Aufgabe, alle außergrönländischen Eskimostämme zu erforschen. Am 8. August 1921 war die Expedition von der Handelsstation Thule, die Rasmussen 1910 im Nordwesten Grönlands gegründet hatte, durch die Hudson- Straße losgesegelt und am 18. September zur Däneninsel im Nordwesten der Hudsonbai in Kanada gelangt. Hier wurde ein Standquartier errichtet, das als Basis für verschiedene Expeditionen diente. An der westlichen Hudsonbai wurden im Binnenland lebende Eskimo entdeckt, die ausschließlich von der Karibujagd leben. Alle anderen Eskimo jagen Fische und Meeressäugetiere.
Zu einer großen Schlittenreise entlang der Nordwestpassage brach Rasmussen am 11. März 1923 auf. Nach Abschluß der wissenschaftlichen Arbeiten an der Hudsonbai will er nur in Begleitung von zwei Polar-Eskimo die übrigen Eskimostämme zu erforschen. Ein Schlitten, ein Hundegespann, Waffen, ein kleiner Vorrat an Proviant und einige Tauschwaren bilden seine Ausrüstung. Die Reisetechnik des Grönländers ist bahnbrechend. Wie die Eskimo lebt er unterwegs von der Jagd. Er benötigt deshalb nur geringe Proviantmengen. Bis zum Ostkap Sibiriens dringt er vor. Insgesamt legt er bei dieser Expedition eine Strecke vom halben Umfang der Erde zurück.

Der Forschungsreisende Knud Rasmussen besucht sämtliche Eskimostämme in der Arktis; darüber hinaus verfaßt er Reiseberichte, Übersetzungen von Eskimosagen und -liedern sowie verschiedene wissenschaftliche Werke über Ethnologie und Geografie

Pius XI. empfängt Jackie Coogan

30. September. Jackie Coogan wird in Rom von Papst Pius XI. empfangen. Der gefeierte Kinderstar aus den USA reist zur Zeit, begleitet von seinen Eltern, durch Europa. In London und Paris drängen sich seine Fans bei seinem Erscheinen, um ihn zu sehen; ein Heer von Reportern und Fotografen folgt dem Wunderkind auf Schritt und Tritt. Als Findelkind in »The Kid« von und mit Charlie Chaplin hat Coogan Furore gemacht. Der Film stößt weltweit auf Begeisterung.
Über den neunjährigen Coogan in Rom schreibt der Korrespondent einer deutschen Tageszeitung: »An und für sich scheint der Papst in seiner schlichten weißen Soutane ihm weniger Eindruck gemacht zu haben als die bunten Schweizer ... Über seine Kunst befragt, äußerte sich Jackie mit kindlichem Lachen, sie gefalle ihm besonders deshalb, weil er nichts amüsanter finde, als sich auf der Leinwand festgehalten zu sehen. Er hat überhaupt in Rom den Eindruck hinterlassen, daß er trotz seiner weltweiten Erfolge ganz ... unblasiert geblieben ist.«

Ungewöhnlich schlechtes Wetter macht Europäern zu schaffen

September. *Unwetterkatastrophen werden aus verschiedenen Teilen Europas gemeldet. Schwere, anhaltende Niederschläge führen zu teilweise über 50%igen Ernteausfällen in der deutschen Landwirtschaft. Die Reichsregierung sagt Steuererleichterungen für geschädigte Bauern zu. Das gesamte Tessin wird durch »sintflutartige Regenfälle« heimgesucht. Flüsse treten über ihre Ufer. In der Nacht zum 25. September wird das Dorf Someo in Italien durch einen Erdrutsch verschüttet (15 Tote). Eine Sturmflut setzt Leningrad unter Wasser, nachdem die Deiche der Newa gebrochen sind. Die Abbildung zeigt überflutete Felder in Frankreich.*

Neues Goetheanum heftig umstritten

27. September. Das neue Goetheanum in Dornach bei Basel wird nun doch nach Entwürfen Rudolf Steiners gebaut. Die zuständige Behörde bewilligt den Neubau und zieht damit den Schlußstrich unter die monatelange, heftige Diskussion in der schweizerischen Presse. Bald nachdem das alte Goetheanum, der Hauptsitz der Anthroposophischen Gesellschaft, in der Silvesternacht 1922/23 abgebrannt war, hatte Steiner Pläne für den Neubau vorgelegt, die scharfe Proteste der schweizerischen Architektenschaft und der Heimatschutzvereinigung provozierten. Auf den alten Grundmauern soll ein Eisenbetonbau von 70 m Länge, 60 m Breite und 40 m Höhe entstehen. Nach dem Geschmack der Kritiker eine klotzige Burg, die sich nicht in das Landschaftsbild einfügt. Der vordergründig über ästhetische Fragen geführte Streit ist geprägt von Vorurteilen und Voreingenommenheiten gegenüber den Anhängern des Anthroposophen Steiner.

Musik- und Theaterfest in Donaumetropole

14. September. *In Wien wird das zweite Musik- und Theaterfest der Stadt feierlich eröffnet: Ein internationales Kulturereignis mit illustrem Publikum und hervorragendem Programm, zu dessen Höhepunkten die Uraufführungen von Arnold Schönbergs »Die glückliche Hand«, Arthur Schnitzlers »Komödie der Verführung« und Franz Werfels »Maximilian und Juarez« gehören. Das oben abgebildete Plakat von Eugen Gustav Steinhof ist vor allem für die Werbung im Ausland bestimmt.*

Hartlaub-Kritik des »Zynismus«

13. September. Kunstkritiker Gustav Friedrich Hartlaub, seit 1923 Direktor der Kunsthalle Mannheim, wendet sich unter dem Titel »Der Zynismus als Kunstrichtung« in der »Frankfurter Zeitung« gegen die veristische »Kaltschnäuzigkeit« in der Gegenwartskunst.

Revolutionäre Hoffnungen der unmittelbaren Nachkriegszeit seien nun in »Resignation« und »Skepsis« umgeschlagen. Hartlaub sieht bei George Grosz, dem »stärksten« und »originellsten« unter den Veristen, eine »verbissene« und »in ihrer pedantischen Wiederholung monomane Konstatierungswut« des »Radikal-Bösen« in der Gesellschaft. »Wozu diese bald tendenziöse, bald schon mehr komplexhaft anmutende Akribie der Gemeinheiten?«, fragt der Kunstkritiker. Unbestreitbar sei die Welt »voller Mörder, Schieber, Kokotten, Raubtiergesichter«; den Veristen gehe »politische Tendenz« jedoch vor »moralische Gesinnung«. Überhaupt fehle ihnen der »Glaube« an das Ewige.

In ihrem »Zynismus der Resignation« und »überrumpelt von den Erfolgen alles Technisch-Mechanischen« suchen einige Gegenwartskünstler »Anschluß an die Formensprache der Technik«. Hartlaub beobachtet hier eine mit der Stabilisierungsphase ab 1924 einsetzende Entwicklung vom Veristisch-Krassen zum Sachlich-Objektivierten in der deutschen Gegenwartskunst. Sie wird als »Neue Sachlichkeit« bezeichnet, ein von Hartlaub als Titel der für September 1925 geplanten Ausstellung nachexpressionistischer Kunst geprägter Ausdruck.

Charles Paddock lief 1921 mit 10,4 sec Weltrekord über 100 m

US-Sprinterkönig Charles Paddock

6. September. Für die einzigen Spitzenleistungen bei den US-Leichtathletikmeisterschaften in West Orange/New Jersey sechs Wochen nach den Olympischen Sommerspielen in Paris (→ 5. 7. / S. 110) sorgt Sprinterkönig Charles Paddock. In Paris als Favorit zweimal gescheitert – Paddock wurde Fünfter über 100 m und Zweiter über 200 m – gewinnt er in West Orange die 100 yards in 9,6 und die 220 yards auf gerader Bahn in 20,8 sec. Beide Male stellt er offizielle Weltrekorde ein. Von den zehn Olympiasiegern aus den Vereinigten Staaten gewinnen in West Orange nur der 400-m-Hürdenläufer Frank Morgan Taylor, Weitspringer William DeHart Hubbard und Hammerwerfer Frederick Tootell.

Greta Garbo debütiert in »Gösta Berling«

18. September. »Gösta Berling«, ein Film von Regisseur Mauritz Stiller, kommt nun auch in die deutschen Kinos. Es handelt sich um die Verfilmung des gleichnamigen Romans von Selma Lagerlöf, der Geschichte eines jungen Pfarrers (Lars Hanson), der wegen Trunksucht sein Amt verliert und mit der Gräfin Dohna (Greta Garbo) ein neues Leben beginnt. Greta Garbo hat hier ihren ersten größeren Filmauftritt. Die dreieinhalbstündige schwedische Originalfassung wurde für den Export gekürzt.

Szene aus dem gefeierten Mauritz-Stiller-Film »Gösta Berling«; Lars Hanson, der die Titelrolle spielt, und Greta Garbo als Gräfin Dohna; mit »Gösta Berling« beginnt die Filmkarriere der schwedischen Schauspielerin

Piscator-Revue »Roter Rummel«

21. September. Der Regisseur Erwin Piscator inszeniert in Berlin die »Revue Roter Rummel« als KPD-Wahlpropaganda vor den Reichstagswahlen (→ 7. 12. / S. 194). Mit rasch wechselnden Agitationsszenen soll eine direkte, stimulierende Wirkung auf das Arbeiterpublikum erzielt werden. Piscator formt in Anknüpfung an den Stil seines Proletarischen Theaters die verschiedenen Elemente der Revue zu Argumenten für die politische Diskussion, die er in Gang bringen will.

Oktober 1924

Mo	Di	Mi	Do	Fr	Sa	So
		1	2	3	4	5
6	7	8	9	10	11	12
13	14	15	16	17	18	19
20	21	22	23	24	25	26
27	28	29	30	31		

1. Oktober, Mittwoch

In Paris beginnen elftägige deutsch-französische Wirtschaftsverhandlungen, die während der Londoner Konferenz (16. 7. – 16. 8.) vereinbart worden waren. Bei dieser und bei einer zweiten Verhandlungsrunde im November wird jedoch keine Einigung erzielt.

Der Duisburg-Ruhrorter Hafen wird von der französischen Besatzung freigegeben. Ebenso werden beschlagnahmte Privatanlagen in Ruhrort ihren Eigentümern zurückgegeben, so daß hier der Zustand vom 10. Januar 1923, vor dem Einmarsch der Franzosen und Belgier, wiederhergestellt ist (→ 3. 9./S. 148).

Beim Ullstein Verlag in Berlin erscheint die erste Nummer des Monat-Magazins »Uhu«. Durch eine intensive Werbekampagne ist der »Uhu« schon vor Erscheinen in aller Munde. Er wird den Verkäufern buchstäblich aus den Händen gerissen. Schon nach wenigen Tagen ist die Auflage verkauft. → S. 173

Die österreichische Radio Verkehrs AG (RAVAG) strahlt ihre erste Sendung in Wien aus. In Österreich sind bereits 11 000 Empfangslizenzen erteilt worden.

Das Kunstgewerbemuseum Frankfurt am Main zeigt die Deutsche Werkbundausstellung »Die Form«.

In London wird eine Ausstellung des offiziellen Kriegsmalers der britischen Armee, William Rothenstein, die vor allem Porträts zeigt, eröffnet. → S. 172

2. Oktober, Donnerstag

In einer Unterredung mit den Führern der Regierungsparteien Zentrum, Deutsche Demokratische Partei und Deutsche Volkspartei wird der Vorschlag von Reichskanzler Wilhelm Marx (Zentrum) angenommen, zur Erweiterung der Minderheitsregierung in Koalitionsverhandlungen mit der Deutschnationalen Volkspartei und den Sozialdemokraten einzutreten (→ 20. 10./S. 163).

Nach langer Beratung über Abrüstung und Sicherheitspolitik verabschiedet die fünfte Völkerbundsversammlung, die seit dem 1. September in Genf tagt, das Protokoll über die friedliche Regelung internationaler Streitigkeiten. Da Großbritannien, das nach den Wahlen am → 29. Oktober (S. 166) konservativ regiert wird, das Genfer Protokoll nicht unterzeichnet, bleibt die Vereinbarung wirkungslos. → S. 162

3. Oktober, Freitag

In London scheitern Verhandlungen zwischen Ägyptens Ministerpräsident Sad Saghlul und dem britischen Premierminister James Ramsey MacDonald. Wafd-Führer Saghlul, der bei seiner Rückkehr in Kairo begeistert empfangen wird, hatte u. a. den Abzug der britischen Streitkräfte aus Ägypten gefordert (→ 19. 11./S. 183).

Ibn Ali Husain, König des Hedschas und Scherif von Mekka, muß abdanken, nachdem ihm Sultan Abd Al Asis Ibn Saud den Heiligen Krieg erklärt hat. Husain hatte zuvor die Unterstützung der Briten verloren (→ 13. 10./S. 169).

4. Oktober, Sonnabend

Die Interalliierte Rheinlandkommission hebt das im Besatzungsgebiet geltende Verbot der satirischen Zeitschrift »Simplicissimus« auf.

Das neue Reichsbankgesetz, das diese Einrichtung internationaler Kontrolle unterstellt, wird von einer außerordentlichen Generalversammlung der Reichsbank angenommen. → S. 163

5. Oktober, Sonntag

Im Plenarsaal des Reichstags in Berlin wird der 23. Weltfriedenskongreß feierlich eröffnet. Der Kongreß, der bis zum 8. Oktober dauert, wird vom Vorsitzenden der Deutschen Friedensgesellschaft, Ludwig Quidde, geleitet.

Die Münchner Telefon-Oper nimmt ihren Betrieb auf. Zunächst nehmen etwa 2500 Hörer an den Aufführungen des Nationaltheaters per Telefon teil. Vorgesehen ist die Einrichtung öffentlicher Hörstuben (→ 18. 6./S. 102).

6. Oktober, Montag

Für Verhandlungen zur Erweiterung der bestehenden Koalition aus Zentrum, Deutscher Demokratischer Partei (DDP) und Deutscher Volkspartei (DVP) verabschiedet die Reichsregierung Richtlinien. Als Grundlage der deutschen Außenpolitik werden die bei der Londoner Konferenz am → 16. August (S. 130) getroffenen Vereinbarungen (Dawesplan) festgelegt (→ 20. 10./S. 163).

Vom Obersten Landesgericht München wird die vorzeitige Haftentlassung Adolf Hitlers abgelehnt. Hitler war am → 1. April (S. 62) wegen des Putschversuchs in München im November 1923 zu fünf Jahren Festungshaft verurteilt worden (→ 20. 12./S. 196).

7. Oktober, Dienstag

Der Liberale Andreas Michalakopulos steht an der Spitze des neuen griechischen Kabinetts, das von allen Parteien unterstützt wird, abgesehen von der republikanischen Partei. Wenige Tage vorher war das Kabinett Themistokles Sofulis zurückgetreten, um die Bildung dieses Koalitionskabinetts zu ermöglichen.

In Lakehurst im US-Bundesstaat New York startet das Luftschiff »Shenandoah« (ZR 1) zu einem Transkontinentalflug nach Kalifornien.

8. Oktober, Mittwoch

Premierminister James Ramsey MacDonald, der seit dem → 23. Januar (S. 19) an der Spitze einer Labour-Minderheitsregierung steht, stellt im Zusammenhang mit dem »Campbell Case« die Vertrauensfrage. Da MacDonald scheitert, kommt es einen Tag später zur Auflösung des Parlaments und zu Neuwahlen in Großbritannien (→ 29. 10./S. 166).

Dänemarks Verteidigungsminister Gustav Rasmussen legt dem Parlament seinen weitgehenden Abrüstungsvorschlag vor. Der Gesetzentwurf sieht die Abschaffung der Wehrpflicht und die Aufhebung der gesamten militärischen Organisation vor. Dieser Plan findet jedoch nicht die Mehrheit im dänischen Parlament (→ 21. 7./S. 117).

Nahe Genua entgleist infolge zu schnellen Überfahrens einer Weiche der Expreßzug Paris – Rom. Bei dem Zugunglück kommen fünf Personen ums Leben, 40 Fahrgäste erleiden teilweise schwere Verletzungen.

9. Oktober, Donnerstag

Reichskanzler Wilhelm Marx (Zentrum) scheitert mit den Bemühungen, seine Minderheitsregierung der bürgerlichen Mitte, an der Zentrum, Deutsche Demokratische Partei und Deutsche Volkspartei beteiligt sind, durch Aufnahme der Deutschnationalen Volkspartei und der Sozialdemokraten in das Kabinett, eine »ganz große Koalition« zu schaffen (→ 20. 10./S. 163).

10. Oktober, Freitag

In London unterzeichnen die Banken der an der Londoner Konferenz beteiligten Länder und Reichsfinanzminister Hans Luther ein Abkommen über die Reparationsanleihe, die der Dawesplan als Starthilfe für das Deutsche Reich vorsieht (→ 16. 8./S. 130). Mit der Unterzeichnung dieses Abkommens treten die Dawes-Gesetze in Kraft. → S. 168

Regisseur Leopold Jessner überzeugt Publikum und Kritiker gleichermaßen mit seiner Inszenierung von Friedrich Schillers »Wallenstein« am Schauspielhaus Berlin. → S. 173

In Münster nimmt die Westdeutsche Funkstunde AG (Wefag) ihren Programmbetrieb auf. Gründer der Wefag sind die Industrie- und Handelskammern Bielefeld, Bochum, Dortmund, Duisburg, Essen, Münster und Osnabrück sowie die Stadt Münster.

11. Oktober, Sonnabend

Reichsverkehrsminister Rudolf Oeser (DDP) scheidet aus dem Kabinett aus und übernimmt die Leitung der neuen Reichsbahngesellschaft. Das Verkehrsministerium wird vertretungsweise von Staatssekretär Rudolf Krohne geleitet. → S. 163

Als Nachfolger von General Jean Marie Degoutte wird General Louis Guillaumat zum Oberbefehlshaber der französischen Besatzungstruppen im Deutschen Reich ernannt.

In Köln feiern die christlichen Gewerkschaften ihr 25jähriges Jubiläum. Konrad Adenauer, Oberbürgermeister von Köln, und Reichsarbeitsminister Heinrich Brauns richten Grußworte an den Jubiläumskongreß.

Im Rahmen des zweiten Musik- und Theaterfestes der Stadt Wien, das am → 14. September (S. 157) begonnen hat, wird im Burgtheater Arthur Schnitzlers »Komödie der Verführung« mit Erfolg uraufgeführt.

12. Oktober, Sonntag

Hugo Eckener startet in Friedrichshafen am Bodensee mit dem Zeppelin LZ 126 zur Atlantiküberquerung nach Lakehurst/New York. Mit diesem riskanten Flug wird das Luftschiff als Teil der deutschen Reparationsleistungen in die Vereinigten Staaten von Amerika überführt. → S. 164

Der französische Erzähler, Essayist und Literaturkritiker Anatole France (eigentl. François Anatole Thibault) stirbt 80jährig auf Gut La Béchellerie bei Saint-Cyr-sur-Loire im Departement Indre-et-Loire. France, geboren am 16. April 1844 in Paris, wurde 1921 mit dem Literaturnobelpreis ausgezeichnet.

13. Oktober, Montag

Die Heilige Stadt Mekka im Königreich Hedschas wird von saudischen Beduinentruppen besetzt. Schon am 3. Oktober hatte Ibn Ali Husain, König des Hedschas und Scherif von Mekka, abgedankt, nachdem er die britische Unterstützung verloren hatte und Sultan Abd Al Asis Ibn ihm den Heiligen Krieg erklärt hatte. → S. 169

Aus dem niederländischen Amsterdam wird die Verhaftung eines deutschen Staatsbürgers gemeldet, der nach Angaben der Polizei versucht haben soll, in Frauenkleidung in das Schloß Doorn einzudringen, um auf den dort im Exil lebenden deutschen Ex-Kaiser Wilhelm II. ein Attentat zu verüben.

Im Dramatischen Theater in Berlin, das erst am → 29. August (S. 139) von Schauspieler Wilhelm Dieterle eröffnet worden war, findet die letzte Premiere statt. Gezeigt wird Yvan Golls »Methusalem oder Der ewige Bürger«. Die kleine Bühne mit hohem künstlerischen Anspruch ist bereits bankrott.

14. Oktober, Dienstag

Schon zwölf Minuten nach Eröffnung wird die Zeichnung von Beteiligungen an der 110-Millionen-US-Dollar-Anleihe des US-Bankhauses Morgan & Co. bei starker Überzeichnung geschlossen. Das Bankhaus Morgan hat die Hälfte der internationalen Dawes-Anleihe für das Deutsche Reich in einer Gesamthöhe von 800 Millionen Goldmark übernommen (→ 10. 10./S. 168).

In der Volksoper in der österreichischen Hauptstadt Wien wird »Die glückliche Hand« von Arnold Schönberg uraufgeführt. Das »Drama mit Musik« ist weder der Oper noch dem Theater eindeutig zuzuordnen. Die Uraufführung findet im Rahmen des zweiten Musik- und Theaterfestes der Stadt Wien statt (→ 14. 9./S. 157).

Die »Illustrated London News« vom 18. Oktober 1924 mit einem Bericht über die Regierungskrise in Großbritannien, die zur Auflösung des Parlaments führt

THE ILLUSTRATED LONDON NEWS,

REGISTERED AS A NEWSPAPER FOR TRANSMISSION IN THE UNITED KINGDOM AND TO CANADA AND NEWFOUNDLAND BY MAGAZINE POST.

SATURDAY, OCTOBER 18, 1924.

The Copyright of all the Editorial Matter, both Engravings and Letterpress, is Strictly Reserved in Great Britain, the Colonies, Europe, and the United States of America.

ON FOOT, AND FOLLOWED BY AN INTERESTED CROWD: MR. RAMSAY MACDONALD ON HIS WAY TO THE HOUSE OF COMMONS TO ANNOUNCE THE DISSOLUTION OF PARLIAMENT.

IN HIS FAMOUS CAR: MR. RAMSAY MACDONALD LEAVING BUCKINGHAM PALACE AFTER HIS AUDIENCE OF THE KING, WHO GRANTED THE PREMIER'S REQUEST FOR A DISSOLUTION.

On October 9, the day following the defeat of the Labour Government over the Liberal amendment to the Conservative Vote of Censure, the Prime Minister, Mr. Ramsay Macdonald, visited Buckingham Palace at 10 a.m. for an audience of his Majesty, who had reached London from Balmoral two hours before, in

on leaving announced that his request for a Dissolution of Parliament had been granted. He drove to the Palace in his now famous Daimler car. After attending a Cabinet meeting, Mr. Ramsay Macdonald walked to the House of Commons from Downing Street, and announced the forthcoming Dissolution.

Theaterregisseur und -intendant Max Reinhardt inszeniert am Deutschen Theater in Berlin »Die heilige Johanna« von George Bernard Shaw. Die Johanna-Darstellerin Elisabeth Bergner begeistert Kritik und Publikum. Sie wechselt vom Lessing-Theater nun fest in das Ensemble des Deutschen Theaters.

Buster Keatons »The Navigator« (Der Seefahrer) wird in den Vereinigten Staaten uraufgeführt. Keaton spielt die Hauptrolle, einen Millionärssohn, der auf eine einsame Insel verschlagen wird.

15. Oktober, Mittwoch

Bei der linksliberalen Deutschen Demokratischen Partei (DDP) stößt eine Erweiterung der Koalition (Zentrum, DVP, DDP) durch Aufnahme der rechten Deutschnationalen Volkspartei (DNVP) auf Ablehnung. Die derzeitige Minderheitsregierung unter Wilhelm Marx ist bestrebt, ihre Regierungsbasis durch Koalitionen zu verbreitern (→ 20. 10./S. 163).

In Moskau wird die erste deutsche Kunstausstellung eröffnet.

Das deutsche Luftschiff LZ 126 landet nach einer sensationellen Atlantiküberquerung auf dem US-Marineflugplatz Lakehurst/New York, wo US-Präsident Calvin Coolidge eine Begrüßungsansprache hält. LZ 126, Teil deutscher Reparationen, erhält wenig später den Namen »Los Angeles« (→ 12. 10./S. 164).

16. Oktober, Donnerstag

General Miguel Primo de Rivera y Orbaneja, seit dem Putsch vom September 1923 Regierungschef in Spanien, wird zum Oberkommissar und Oberkommandanten in Spanisch-Marokko ernannt. Dort führen die Spanier seit 1919 einen Kolonialkrieg gegen die einheimischen Rifkabylen. → S. 168

Mit einer Niederlage für die Arbeitnehmer endet nach mehr als sieben Wochen der Bergarbeiterstreik in Belgien. Von 10% Lohnkürzung haben die Arbeitgeber nur 2% nachgelassen.

17. Oktober, Freitag

Nach Meldung der »Times« betragen die Zeichnungen für den britischen Anteil der deutschen Dawes-Anleihe 150 bis 160 Millionen Pfund, womit die Anleihe 13mal überzeichnet ist. Die Überzeichnung zeigt ein neues Vertrauen in die deutsche Wirtschaft (→ 10. 10./S. 168).

18. Oktober, Sonnabend

In Schweden kommt es nach den Wahlen zur Zweiten Kammer am 19. September zur Bildung einer sozialdemokratischen Regierung unter Hjalmar Branting. Zuvor war der bisherige Ministerpräsident Ernst Trygger mit dem Versuch gescheitert, seine konservative Minderheitsregierung durch Einbeziehung der Freisinnigen zu erweitern.

Der Maler Max Liebermann eröffnet die Herbstausstellung der Berliner Akademie der Künste. Reichspräsident Friedrich Ebert (SPD) gehört zu den prominenten Gästen der Eröffnungsfeier.

19. Oktober, Sonntag

Nach längeren Verhandlungen wird zwischen einer deutschen Abordnung und der Interalliierten Rheinlandkommission ein Abkommen über die Rückgabe der Zoll-, Forst- und Domänenverwaltung erzielt. Danach geht die Verwaltung am 21. Oktober wieder in deutsche Hände über (→ 3. 9./S. 148).

20. Oktober, Montag

Reichspräsident Friedrich Ebert (SPD) löst auf Antrag von Reichskanzler Wilhelm Marx (Zentrum) den erst am → 4. Mai (S. 78) gewählten Reichstag auf. Zuvor waren Bemühungen des Minderheitskabinetts unter Marx gescheitert, durch Verbreiterung der Koalition die Regierungskrise zu lösen. Als Termin für Neuwahlen wird der → 7. Dezember (S. 194) bestimmt. → S. 163

Bei den Wahlen zum norwegischen Parlament (Storting) erhalten die Rechtsparteien eine knappe Mehrheit. Die Regierungsneubildung wird bis nach dem Zusammentritt des Storting am 11. Januar 1925 vertagt.

21. Oktober, Dienstag

In einem Wahlaufruf zu den Reichstagswahlen am → 7. Dezember (S. 194) fordert die Reichsregierung die Wähler auf, die »radikalen Elemente« durch Neuwahlen »auszuschalten«.

Zur wissenschaftlichen und technischen Förderung des Straßenbaus wird in Berlin die Studiengesellschaft für Automobilstraßenbau (StUFA) gegründet.

Ernst Křeneks Oper »Zwingburg« wird in der Berliner Staatsoper uraufgeführt. Das Libretto zu dem Werk schrieb Franz Werfel.

22. Oktober, Mittwoch

Die französischen Besatzungstruppen verlassen die Zone Limburg-Dortmund-Hörde. Nachdem die umstrittene Reparationsfrage mit dem Dawesplan geregelt worden ist, beginnen die Franzosen mit dem Truppenrückzug aus dem seit Januar 1923 besetzten Ruhrgebiet. Bis zum 15. August 1925 soll die Räumung abgeschlossen sein (→ 18. 8./S. 133).

General Emilio De Bono, Oberkommandant der faschistischen Miliz in Italien, tritt zurück. De Bono war im Zusammenhang mit der Ermordung des Sozialistenführers Giacomo Matteotti am → 10. Juni (S. 97) heftigen Angriffen von seiten der Opposition ausgesetzt.

Im ehemaligen Großen Schauspielhaus in Berlin startet Eric Charell seine erste große Ausstattungsrevue mit dem Titel »An Alle«. Mittelpunkt der erfolgreichen Mammutshow sind die bekannten »Tiller-Girls« aus London.

23. Oktober, Donnerstag

Oskar Hergt tritt vom Parteivorsitz der Deutschnationalen Volkspartei (DNVP) zurück. Der Grund ist die innerparteiliche Ablehnung seiner Entscheidung, bei der Abstimmung über die Dawes-Gesetze am → 29. August (S. 132) den Fraktionszwang aufzuheben. → S. 163

Dem bayerischen Landtag wird ein ausgeglichener Doppeletat für 1924 und 1925 vorgelegt. Gegenüber 1913 sind die Ausgaben um 55% gestiegen, was u. a. auf die Erhöhung der Beamtenzahl um rd. 4000 (gegenüber 1913) zurückzuführen ist. Bayern plant deshalb die Privatisierung sämtlicher Staatsbetriebe.

Am Stadttheater Duisburg wird die Tanz-Pantomime »Der Dämon« uraufgeführt. Die Musik stammt von Paul Hindemith.

24. Oktober, Freitag

In Großbritannien wird der sog. Sinowjew-Brief bekannt. In dem Schreiben an die britische Kommunistische Partei rät Grigori J. Sinowjew, Vorsitzender des Exekutivkomitees der Komintern und sowjetischer Volkskommissar für Verkehr, zur bewaffneten Revolution. Der Brief, der sich später als Fälschung erweist, trägt zum Sieg der Konservativen bei den Parlamentswahlen am → 29. Oktober (S. 166) bei. → S. 167

Wie aus London gemeldet wird, ist Eamon de Valera, Führer der republikanischen Sinn Fein-Bewegung im Freistaat Irland, in Newry/Ulster verhaftet worden, als er im Begriff war, trotz vorheriger Verwarnung auf nordirischem Boden eine politische Rede zu halten. Erst am → 16. Juli (S. 116) war de Valera freigelassen worden.

25. Oktober, Sonnabend

Reichspräsident Friedrich Ebert (SPD) hebt den seit dem 28. Februar im Deutschen Reich geltenden zivilen Ausnahmezustand auf, womit Einschränkungen des Presse-, Vereins- und Versammlungsrechts entfallen.

Im Prozeß gegen 24 Mitglieder der rechtsradikalen Geheimorganisation »Consul« vor dem Staatgerichtshof in Leipzig wird das Urteil gesprochen. Die Angeklagten, fast alle frühere Offiziere, werden wegen Geheimbündelei zu Gefängnisstrafen zwischen einem und acht Monaten verurteilt. Sechs Angeklagte werden freigesprochen.

26. Oktober, Sonntag

Bei den Hamburger Bürgerschaftswahlen verlieren die Sozialdemokraten ihre bisher dominierende Stellung, während die Rechtsparteien Gewinne verbuchen können.

27. Oktober, Montag

Eine umfassende territorial-administrative Umgestaltung der mittelasiatischen Sowjetrepubliken wird vom Zentralexekutivkomitee der Sowjetrepubliken gebilligt. Die Republiken Turkestan, Choresmien und Buchara werden u. a. in die Usbekische und Turkmenische SSR umgebildet. → S. 168

28. Oktober, Dienstag

Für seinen bisherigen politischen Kurs erhält Reichskanzler Wilhelm Marx (Zentrum) die Billigung des Reichsparteitags seiner Partei.

Frankreich erkennt die Sowjetunion de jure an (→ 2. 2./S. 36).

Die faschistische Miliz in Italien wird auf König Viktor Emanuel III. vereidigt. Dies ist ein Zugeständnis an den im Zusammenhang mit der Matteotti-Affäre auf normalisierte Verhältnisse drängenden gemäßigten Flügel der Faschisten (→ 10. 6./S. 97).

29. Oktober, Mittwoch

Ein Wahlruf der Deutschnationalen Volkspartei (DNVP) zu den Reichstagswahlen am → 7. Dezember (S. 194) tritt für eine konstitutionelle Erbmonarchie ein und verlangt die »Beseitigung der Alleinherrschaft des Parlamentarismus« im Deutschen Reich.

Bei den britischen Unterhauswahlen gewinnen die Konservativen mit 419 Sitzen (+161) die absolute Mehrheit. Die regierende Labour-Partei verliert 40 von 191 Sitzen. Hauptverlierer sind die Liberalen, die nur noch über 40 (bisher 159) Mandate verfügen. Stanley Baldwin tritt an die Spitze des neuen, konservativen Kabinetts. → S. 166

Großbritannien und die Türkei einigen sich auf einer Tagung des Völkerbundsrates in Brüssel auf die Beilegung des Mossul-Konflikts. → S. 168

Mit seiner Inszenierung von Bertolt Brechts Drama »Im Dickicht« (späterer Titel: »Im Dickicht der Städte«) am Deutschen Theater in Berlin gelingt Erich Engel der Durchbruch als Regisseur. Engel hatte auch die Uraufführung des Stücks am 9. Mai 1923 in München inszeniert und war dann in die Reichshauptstadt gewechselt.

30. Oktober, Donnerstag

In Paris unterzeichnen Frankreich und die Schweiz eine Vereinbarung, wonach für die Lösung des seit 1921 schwebenden Streits um die Aufhebung der Zollfreiheit der Genfer Grenzzone der ständige Gerichtshof für Internationale Rechtsprechung in Den Haag herangezogen werden soll.

31. Oktober, Freitag

Die Aufführung von Eugene O'Neills Stück »Der haarige Affe« im Schauspielhaus Köln erregt allgemeines Aufsehen. Zunehmend öffnen sich deutsche Bühnen ausländischen Autoren; neben mehreren Stücken des US-Amerikaners O'Neill werden 1924 auch Werke von Paul Claudel, John Millington Synge und Luigi Pirandello aufgeführt.

Das Wetter im Monat Oktober

Station	Mittlere Lufttemperatur (°C)	Niederschlag (mm)	Sonnenscheindauer (Std.)
Aachen	11,0 (10,0)	46 (64)	– (123)
Berlin	10,2 (8,8)	12 (58)	– (123)
Bremen	10,2 (9,4)	40 (47)	– (104)
München	9,4 (7,9)	64 (62)	– (130)
Wien	– (9,6)	– (57)	– (–)
Zürich	9,8 (8,4)	77 (80)	106 (108)

( ) Langjähriger Mittelwert für diesen Monat
– Wert nicht ermittelt

Das erste, fortan monatlich im Ullstein-Verlag erscheinende Heft des Literatur- und Gesellschaftsmagazins »Uhu« vom Oktober 1924

Genfer Protokoll zur Friedenssicherung

2. Oktober. Von der fünften Völkerbundsversammlung in Genf (seit 1. 9.) wird das Protokoll über die friedliche Regelung internationaler Streitigkeiten einstimmig angenommen. Es empfiehlt eine Konvention zum Schutze des Weltfriedens und der kollektiven Sicherheit und zur Ächtung des Angriffskriegs.

Vorgesehen ist ein lückenloses, abgestuftes System obligatorischer friedlicher Streitschlichtung unter Einschaltung des internationalen Gerichtshofs in Den Haag. Friedensstörern drohen danach umfassende Sanktionen.

Frankreichs Ministerpräsident Édouard Marie Herriot gehört zu den stärksten Befürwortern des Genfer Protokolls. Er fühlt sich dadurch in seiner Position bestärkt, vor allem gegenüber der französischen Rechten, die ihn wegen seiner Zugeständnisse bei der Londoner Konferenz (→ 16. 8. /S. 130) heftig bedrängt. Das Protokoll entspricht dem Interesse Frankreichs an der Sicherung des Status quo in Europa. Frankreich unterzeichnet es noch am 2. Oktober zusammen mit neun kleineren Staaten.

Nach der Wahlniederlage des britischen Labour-Premiers James Ramsey MacDonald (→ 29. 10./S. 166), der das Protokoll befürwortet hatte, ist die neue konservative Regierung unter Stanley Baldwin nicht zur Unterzeichnung bereit. Dadurch bleibt das Genfer Protokoll ohne die erhoffte Wirkung. Baldwin wird dabei von den Dominions unterstützt, die wegen ihrer geographischen Lage keine Gefahr sehen, in internationale Konflikte verwikkelt zu werden (→ 2. 10. /S. 162).

Die Ministerpräsidenten von Frankreich und Großbritannien, Herriot (l.) und MacDonald, bei ihrer gemeinsamen Abreise von Genf nach Paris

Debatte des Protokolls über die friedliche Regelung internationaler Streitigkeiten auf der fünften Völkerbundversammlung in Genf; ein ausgeklügeltes System friedlicher Streitschlichtung soll in Zukunft den Frieden auf der Welt sichern

Schiedsverfahren statt Angriffskrieg

2. Oktober. Mit dem Genfer Protokoll über die friedliche Regelung internationaler Streitigkeiten will der Völkerbund nach der Katastrophe des Weltkriegs eine internationale Sicherheitsordnung zum Schutze des Weltfriedens errichten (Auszug):

»Artikel 2. Die Signatarstaaten kommen überein, daß sie in keinem Fall zum Kriege schreiten dürfen, . . . ausgenommen in dem Fall des Widerstands gegen Angriffsakte, oder wenn sie in Übereinstimmung mit dem Rat oder der Versammlung des Völkerbundes gemäß den Bestimmungen des Paktes oder des vorliegenden Protokolls handeln.

Artikel 4. Die Signatarstaaten kommen überein, sich an folgendes Verfahren zu halten:

1. Wenn der Streitfall, der dem Rat unterbreitet wird, nicht von ihm geregelt werden kann, . . . so muß der Rat die Parteien auffordern, den Streitfall einer gerichtlichen oder schiedsgerichtlichen Regelung zu unterwerfen . . .

6. Die Signatarstaaten verpflichten sich, . . . die Gerichts- und Schiedssprüche auszuführen und sich . . . nach den vom Rat empfohlenen Lösungen zu richten . . .

Artikel 10. Angreifer ist jeder Staat, welcher zum Kriege schreitet unter Verletzung der in der Satzung [des Völkerbunds] oder in dem vorliegenden Protokoll vorgesehenen Verpflichtungen . . . Im Fall eröffneter Feindseligkeiten wird als Angreifer angesehen:

1. Jeder Staat, der sich weigert, die Streitigkeit dem Verfahren friedlicher Regelung . . . zu unterwerfen . . .

2. Jeder Staat, der eine der vorläufigen Maßnahmen verletzt, die vom Rat während der Dauer des Verfahrens . . . vorgeschrieben sind . . .

Artikel 11. . . . [Weiter] verpflichten sich die Signatarstaaten, individuell oder gemeinschaftlich, dem angegriffenen . . . Staat zu Hilfe zu kommen . . .

Artikel 17. Die Signatarstaaten verpflichten sich zur Teilnahme an einer internationalen Konferenz für die Herabsetzung der Rüstungen . . .«

Reichstag schon wieder aufgelöst

20. Oktober. Auf Antrag von Reichskanzler Wilhelm Marx (Zentrum) löst Reichspräsident Friedrich Ebert (SPD) den erst am → 4. Mai (S. 78) gewählten Reichstag auf. Neuwahlen sollen am → 7. Dezember (S. 194) stattfinden.

Mit »parlamentarischen Schwierigkeiten« wird die bereits zweite Reichstagsauflösung des Jahres (→ 13. 3./S. 50) begründet. Sie setzt der Regierungskrise ein Ende. Nach dem Scheitern wochenlanger Verhandlungen über eine Verbreiterung der Regierungsbasis hatte Marx keine andere Möglichkeit mehr gesehen. Seine Minderheitsregierung der bürgerlichen Mitte, eine Koalition der Deutschen Demokratischen Partei (DDP), des Zentrums und der Deutschen Volkspartei (DVP), verfügt nur über knapp 30% der Reichstagssitze.

Als oppositionelle Sozialdemokraten und Deutschnationale im Reichstag für die Gesetze zum Dawesplan stimmten (→ 29. 8./S. 132), wurde die Koalitionsfrage erneut aufgerollt. Zentrum und DVP

Reichskanzler Wilhelm Marx regiert mit einem Minderheitskabinett

sagten nämlich der DNVP für ihre Unterstützung des Dawesplans die Aufnahme in die Regierung zu. Eine entsprechende Forderung der DVP-Reichstagsfraktion vom 25. September führte zu Gesprächen mit SPD- und DNVP-Führern, die jedoch an der mangelnden Kompromißbereitschaft oder -fähigkeit der beteiligten Parteien scheiterten. Während das Regierungslager mit der SPD wegen innenpolitischer Differenzen nicht zu einer Einigung kam, spielten bei den Deutschnationalen vor allem außenpolitische Gründe eine Rolle.

Die liberale und linke Presse begrüßt die Reichstagsauflösung als einen überfälligen, weil unausweichlichen Schritt. Dagegen werfen die Blätter der Rechten dem Reichskanzler Mangel an gutem Willen vor und erklären, er sei von Anfang an Gegner der Regierungserweiterung nach rechts gewesen.

Die Reichsregierung wendet sich am 21. Oktober mit einem Wahlaufruf an die deutsche Bevölkerung. Die Schwierigkeiten der Regierungsbildung werden darin auf das Ergebnis der Maiwahlen zurückgeführt. Die extremen Parteien seien »allzusehr gestärkt« worden, was die »aufbauende Arbeit der übrigen Parteien« erschwert habe. Es folgt der Appell: »Die radikalen Elemente sollten durch die Neuwahl ausgeschaltet werden.«

Minister Oeser wird Reichsbahn-Chef

11. Oktober. Reichsverkehrsminister Rudolf Oeser (DDP) wird zum Generaldirektor der neuen Reichsbahngesellschaft ernannt. Oeser wird von seinem bisherigen Amt

Rudolf Oeser, Politiker der linksliberalen Deutschen Demokratischen Partei, wurde 1922 Reichsinnenminister, 1923 Reichsverkehrsminister; in dieser Eigenschaft war er Mitbegründer der Deutschen Reichsbahngesellschaft

entbunden, das vorerst Staatssekretär Rudolf Krohne verwaltet. Die Gründung der Reichsbahngesellschaft, auf die das Betriebsrecht der Reichsbahnen übergeht, ist Teil der neuen Reparationsregelungen (Dawesplan). Die Reichsbahngesellschaft muß als Beitrag zu den Reparationen Schuldverschreibungen in Höhe von elf Milliarden Goldmark ausstellen (→ 29. 8./S. 132).

Reichsbank unter Auslandskontrolle

4. Oktober. Eine außerordentliche Generalversammlung der Reichsbank nimmt das neue Bankgesetz an, eines der Durchführungsgesetze zum Dawesplan (→ 29. 8. /S. 132).

Aufgrund dieses Reichsbankgesetzes wird die Reichsbank einer internationalen Kontrolle unterworfen. Ein Generalrat wird etabliert, dessen 14 Mitglieder je zur Hälfte Deutsche und Ausländer sind. Zusätzlich wird die Notenausgabe der Reichsbank durch einen ausländischen Kommissar, den Niederländer Gisbert Weyer Bruins, kontrolliert. Jedoch bleibt der Reichsbank die Stellung einer reichsunmittelbaren Anstalt des öffentlichen Rechts erhalten. Die ausgegebenen Banknoten müssen mit mindestens 40% durch Gold oder Devisen und mit 60% durch diskontierte Wechsel oder Schecks gedeckt sein.

Mit diesen Regelungen wollen die Alliierten die Stabilität der deutschen Währung, die nunmehr Reichsmark heißt, sichern. Davon hängen nämlich, das haben die bisherigen Erfahrungen gelehrt, die deutsche Zahlungsfähigkeit und die Reparationsleistungen ab.

Banknote über 1000 Reichsmark der seit 30. August gültigen neuen Währung

Reichsbanknote über 50 Billionen Mark (50 Rentenmark); bisher gültige Banknoten in Mark aus der Inflationszeit werden aus dem Verkehr gezogen

Hergt muß wegen Dawesplan gehen

23. Oktober. Der Vorsitzende der Deutschnationalen Volkspartei (DNVP), Oskar Hergt, tritt zurück. Durch Aufhebung des Fraktionszwangs bei der Abstimmung über den Dawesplan im Reichstag am → 29. August (S. 132) hatte Hergt einer drohenden Spaltung der Partei entgegengewirkt. Diese Entscheidung stößt jedoch innerhalb der Partei, die als Sammelbecken rechter Re-

Oskar Hergt, Mitbegründer der Deutschnationalen Volkspartei und ihr Vorsitzender von Dezember 1918 bis Oktober 1924, ist Gegner des republikanischen und parlamentarischen Systems

publikgegner heftigen Flügelkämpfen ausgesetzt ist, auf erhebliche Kritik. 48 Ja-Stimmen der DNVP für den zuvor erbittert bekämpften Dawesplan kosten Hergt den Vorsitz der Partei, die er im November 1918 mitbegründete.

Atlantikflug von Zeppelin LZ 126

12. Oktober. In Friedrichshafen am Bodensee startet Hugo Eckener mit LZ 126 zur kühnsten Fahrt, die mit einem Luftschiff bisher unternommen worden ist: Über den Atlantik nach Lakehurst /New York.

Seit Tagen hat man im Deutschen Reich und im Ausland auf die Nachricht vom Start gewartet. Um genau 6.45 Uhr erhebt sich das Luftschiff in die Lüfte. Die riskante Atlantiküberquerung dauert 81 Stunden und 17 Minuten. LZ 126 landet am 15. Oktober nach 8150 Flugkilometern wohlbehalten in Lakehurst. Scharen von Schaulustigen bereiten dem Zeppelin einen begeisterten Empfang. US-Präsident Calvin

Nach der Überquerung des Atlantiks; LZ 126 über New York

Coolidge sagt zur Begrüßung: »Mir und dem amerikanischen Volke ist es eine große Genugtuung, daß friedliche Beziehungen zwischen Deutschland und Amerika wieder voll hergestellt sind und daß dieses große Luftschiff den ersten direkten Flug zwischen Deutschland und Amerika glücklich vollendet hat.«

Das deutsche Nationalgefühl kann sich an Eckeners Leistung wieder aufrichten. Seine technische Pioniertat wird gefeiert, aber auch das Ansehen, das der sensationelle Zeppelinflug erringt. Die Berliner Presse notiert, dieser Zeppelinflug habe dem Reich mehr genützt als zehn Botschafter. LZ 126 ist anstelle von Reparationszahlungen für die US-Marine gebaut worden; das Luftschiff erhält die US-Nummer ZR III und wird wenig später auf den Namen »Los Angeles« getauft.

Luftaufnahme vom deutschen Reparationsluftschiff LZ 126 in niedriger Flughöhe über New York und dem Hudson River

Begeisterte Berliner begrüßen LZ 126, das bei einem Probeflug über der Reichshauptstadt auftaucht; Zuschauer lassen Zeppelin-Luftballons steigen

Luftschiff LZ 126 umkreist den Berliner Rathausturm, auf dem sich zahlreiche schaulustige Zuschauer drängen, um es aus der Nähe zu sehen

Reparationen mit Zeppelin beglichen

Nach dem Weltkrieg konnte Hugo Eckener die USA für ein Luftschiff interessieren, das anstelle von Reparationszahlungen geliefert werden soll. Einzige Bedingung der US-Marine: LZ 126 soll auf dem Luftweg in die USA überführt werden. Jedoch fand man keine Versicherung für dieses riskante Unternehmen. Erst als Eckener mit dem Firmenvermögen des Friedrichhafener Luftschiffbau-Unternehmens haftet, wird LZ 126 (US-Nummer: ZR III) gebaut. Es ist 200 m lang, der größte Durchmesser beträgt 27,6 m. Die fünf Maybach-Motoren haben je 400 PS. Ferner sind vorhanden 14 Auftriebszellen, sechs Gondeln und fünf Propeller. Der Traggasinhalt beträgt 70 000 cbm. LZ 126 hat 8500 km Reichweite. Die Jungfernfahrt fand am 27. August 1924 statt.

Hugo Eckener, Kommandant des Reparationsluftschiffs LZ 126 (l.), bei der Begrüßung durch US-Präsident Coolidge (r.) nach glücklicher Überfahrt über den Atlantik; in der Mitte Kapitänleutnant Flemming, Erster Offizier von LZ 126

Laufgang von LZ 126; an den Seiten Benzinfässer

Platzsparende Küche des Luftschiffs

Die Passagierabteile sind mit Klappbetten ausgestattet

Premierminister MacDonald (l.) bei einer Labour-Wahlveranstaltung in der Queen's Hall

Winston Churchill als Wahlredner in Waltham Abbey; Churchill wird neuer Schatzkanzler

Der Liberale Politiker David Lloyd George bei der Abfahrt zu einer Wahlveranstaltung in Leicester

Konservativer Triumph – Labourregierung abgelöst

29. Oktober. Einen spektakulären Wahlsieg erringen die Konservativen bei den britischen Unterhauswahlen. Labour-Premier James Ramsey MacDonald, der am → 23. Januar (S. 19) angetreten war, tritt nach hohen Stimmverlusten seiner Partei am 4. November zurück. Die neue Regierung bildet der konservative Politiker Stanley Baldwin.

Die Wahlen bringen den Konservativen einen Zuwachs um 161 auf 419 Sitze; sie haben nun eine sichere absolute Mehrheit. Labour gewinnt zwar eine Million Stimmen hinzu, verliert aber wegen des Wahlverfahrens 40 von 191 Sitzen. Die liberale Fraktion schrumpft von 159 auf 40 Sitze; ihr Führer Herbert Henry Asquith erhält kein Mandat.

Außenminister im Kabinett Baldwin, der bereits vor MacDonald Premierminister war, wird Joseph Austen Chamberlain. Winston Churchill übernimmt das Amt des Schatzkanzlers. Neville Chamberlain wird Wohlfahrtsminister. Außenpolitisch will die neue Regierung die Befriedungspolitik MacDonalds fortsetzen, dessen geschickter Vermittlungspolitik die Verabschiedung des Dawesplans bei der Londoner Konferenz (→ 16. 8./S. 130) zu verdanken ist. Innenpolitisch will Baldwin durch Zusammenarbeit mit den Gewerkschaften die »Streik-Ära« beenden.

Wahlsieger Churchill, mit seiner Frau im Auto, wird von begeisterten Anhängern der Konservativen Partei durch seinen Wahlkreis Epping gezogen

Der hohe Wahlsieg der Konservativen ist nicht zuletzt auf den am → 24. Oktober (S. 167) veröffentlichten sog. Sinowjew-Brief zurückzuführen. Die Enthüllung angeblicher Sowjetpropaganda für einen kommunistischen Umsturz in Großbritannien nutzten die Konservativen im Wahlkampf aus, um MacDonalds sowjetfreundliche Politik (→ 2. 2./S. 36; 8. 8./S. 134) zu diskreditieren.

Nach nur neunmonatiger Dauer der ersten Labour-Regierung in der britischen Geschichte hatte MacDonald am 8. Oktober durch Stellung der Vertrauensfrage bewußt Neuwahlen herbeigeführt. Aus taktischen Gründen hatte er sein Amt in Zusammenhang mit dem sog. »Campbell Case« zur Verfügung gestellt, um nicht an der Abstimmung über den von Liberalen und Konservativen heftig bekämpften Handelsvertrag mit der Sowjetunion zu scheitern. Seiner Minderheitsregierung mangelte es an Handlungsfreiheit, die er sich durch eine Neuwahl zu verschaffen hoffte.

Bei der Abstimmung zum Fall Campbell stimmten liberale und konservative Opposition gegen MacDonald. Der Verleger J. R.

Wahlergebnis-Anzeige mit Bildern der Spitzenkandidaten Baldwin, Asquith und MacDonald

Campbell hatte in seinem obskuren, kommunistischen Blatt »The Worker's Weekly« die britischen Soldaten zur Befehlsverweigerung aufgerufen. Das anschließende Verfahren hatte Generalstaatsanwalt Sir Patrick Hastings eingestellt, und zwar, so die Behauptung von Campbell, auf Betreiben des Premierministers. Das Unterhaus hatte daraufhin eine Untersuchung gefordert.

Sinowjew-Brief – Bombe im Wahlkampf

24. Oktober. Auf dem Höhepunkt des britischen Wahlkampfs veröffentlicht das Foreign Office den sog. Sinowjew-Brief, der in der Öffentlichkeit wie eine Bombe einschlägt. In dem – wie sich später erweist – gefälschten Schreiben rät Grigori J. Sinowjew, Vorsitzender des Exekutivkomitees der Komintern, der britischen Kommunistischen Partei zur bewaffneten Revolution. Diese Enthüllung angeblicher Umsturz-Instruktionen aus Moskau nutzen

Verlierer der Wahlen wegen eines gefälschten Briefs: MacDonald

die Konservativen zu heftigen Angriffen gegen Labour-Premier James Ramsey MacDonald und seine sowjetfreundliche Politik, was in erheblichem Ausmaß zum konservativen Wahlsieg am → 29. Oktober (S. 166) beiträgt.

Das Foreign Office hatte am 9. Oktober eine Kopie des brisanten Dokuments vom britischen Geheimdienst erhalten. Es enthält Anweisungen zu einer gewaltsamen Beseitigung der bestehenden britischen Staatseinrichtungen und zur Bildung von Zellen in der britischen Armee als Mittel zu diesem Zweck. Daß es sich um eine Fälschung aus weißrussischen Emigrantenkreisen in Berlin handelt, wird erst 1966 einwandfrei nachgewiesen.

Um einer Veröffentlichung durch die konservative »Daily Mail« zuvorzukommen – die Zeitung ist ebenfalls in den Besitz einer Kopie gekommen –, hat man sich im Foreign Office zur Bekanntgabe entschlossen. Zugleich wird eine scharfe Protestnote an Khristian G. Rakowski, den sowjetischen Geschäftsträger in London, gerichtet. Rakowski bezeichnet den Sinowjew-Brief in seiner Antwortnote als eine plumpe Fälschung und als einen dreisten Versuch, die Entwicklung freundschaftlicher Beziehungen zwischen der Sowjetunion und Großbritannien zu verhindern. Sinowjew bestreitet die Urheberschaft energisch.

Dies wird in der heißen Phase des britischen Wahlkampfs ignoriert. Für die Konservativen ist der angebliche Sinowjew-Brief ein gefundenes Fressen. Mit seiner Hilfe können die Ängste vieler Bürger vor dem Kommunismus gegen die Labour-Partei mobilisiert werden. Die konservative Presse – vier große Blätter mit täglich drei Millionen Exemplaren gegenüber einer Labour-Zeitung mit 300 000 Lesern – hält sich nicht mit Zweifeln an der Echtheit des Briefs auf. Ihr kann es nur recht sein, wenn sich dem englischen Bürger die Haare sträuben. Labour wird einmal mehr der heimlichen Komplizenschaft mit den Kommunisten bezichtigt. Die Konservativen fühlen sich in ihrer Ablehnung der von der Labour-Regierung in Gang gesetzten Annäherung an die Sowjetunion (→ 2. 2./S. 36) bestätigt. Der britisch-sowjetische Handelsvertrag und die darin für Moskau vorgesehene Anleihe (→ 8. 8./S. 134) war für die Konservativen und Liberalen ohnehin ein Hauptthema im Wahlkampf. Tenor der Konservativen: Wer Labour wähle, stimme für die Auslieferung Großbritanniens an die Kommunisten und Moskau.

Obwohl sich Labour nur etwas halbherzig mit dem Hinweis verteidigt, der Sinowjew-Brief sei gefälscht, gibt es keinen Einbruch bei der eigenen Anhängerschaft. Im Gegenteil – Labour gewinnt eine Million Stimmen hinzu. Die Mandatsverluste sind Ergebnis des britischen Wahlverfahrens (→ 23. 1./S. 19). Es sind die liberalen Wähler, die zu den Konservativen abwandern.

Helen Gwynne-Vaughan, konservative Kandidatin in North Camberwell, bei einer ihrer Wahlkampfveranstaltungen für die britischen Unterhauswahlen

Die Frau in der Politik

29. Oktober. Von den 41 Frauen, die für die britischen Parlamentswahlen (→ 29. 10./S. 166) kandidiert haben, werden nur vier ins Unterhaus gewählt. Drei für die Konservativen, eine für Labour. Im letzten Unterhaus saßen acht Parlamentarierinnen. Alle größeren Parteien haben Kandidatinnen aufgestellt, allerdings in der Regel in wenig aussichtsreichen Wahlkreisen.

Die Frau in der Politik will vielen männlichen Kollegen nicht so recht gefallen. Stellvertretend für die vorherrschende Meinung wird Reichsaußenminister Gustav Stresemann (DVP) zitiert; er schreibt an die US-Amerikanerin Ethel Anderson am 17. Oktober: »Die Frage, so präzis gestellt, ob der Platz der Frau in der Politik oder zu Hause ist, möchte ich zunächst damit beantworten, daß ihr Platz zu Hause ist. Das ist für die verheiratete Frau und Mutter eigentlich selbstverständlich... Damit will ich nicht sagen, daß nicht auch auf politischem Gebiete der Frau viele Aufgaben erwachsen. Aber die politische Arbeit der Frau sollte sich... auf kulturellem Gebiet und auf dem Gebiete der Volkswohlfahrt bewegen.«

Die Herzogin von Atholl wird Erziehungsministerin in der neuen konservativen Regierung unter Baldwin; sie ist die erste Britin, die ein Ministeramt erhält; bei den Unterhauswahlen triumphierte sie über den Kandidaten der Labour Party; die Abbildung zeigt die Herzogin bei einer konservativen Versammlung in Perth nach ihrer Wahl; hinter ihr sitzend ihr Mann, der Herzog von Atholl

Neuordnung für Sowjet-Asiaten

27. Oktober. Das Zentralexekutivkomitee der Sowjetrepubliken billigt die seit längerem geplante und vorbereitete territorial-administrative Umgestaltung der mittelasiatischen Sowjetrepubliken. Dabei geht es um eine umfassende Neugliederung im Zuge einer »nationalstaatlichen territorialen Aufteilung der Sowjetrepubliken Mittelasiens«.

Aus den bisherigen Republiken Turkestan, Choresmien und Buchara werden gebildet:

▷ Usbekische und Turkmenische Sozialistische Sowjetrepublik (SSR) am 27. Oktober

▷ Tadschikische Autonome Sozialistische Sowjetrepublik (ASSR) am 14. Oktober

▷ Kara-Kirgisisches Autonomes Gebiet innerhalb der Russischen Sozialistischen Föderativen Sowjetrepublik (RSFSR) am 14. Oktober

▷ Karakalpakisches Autonomes Gebiet innerhalb der RSFSR (1925)

▷ Gebiete der bisherigen Republik Turkestan, die von Kasachen besiedelt sind, werden der Kirgisischen ASSR innerhalb der RSFSR angegliedert. Diese seit 1920 bestehende Kirgisische ASSR wird 1925 in Kasachische ASSR umbenannt.

Die territoriale Neugliederung soll der sowjetischen Zentralregierung in Moskau eine bessere Kontrolle dieser wirtschaftlich wichtigen Regionen ermöglichen.

Streit um Erdöl im Mossul-Gebiet

29. Oktober. Bei der außerordentlichen Tagung des Völkerbundsrats, die am 27. Oktober in Brüssel begonnen hat, wird der Mossul-Konflikt zwischen Großbritannien und der Türkei vorläufig beigelegt. Beide Seiten erheben jedoch weiterhin Anspruch auf das Erdölgebiet Mossul am Tigris. Nach dem Weltkrieg sicherten sich die Briten die Kontrolle über das bis 1918 türkische Gebiet. Da keine Einigung erzielt werden konnte, wurde die Mossul-Frage aus dem Friedensvertrag von Lausanne (1923) zwischen den Alliierten und der Türkei ausgegliedert. Erst 1926 wird der Konflikt zugunsten Großbritanniens beendet.

Abkommen über Dawes-Anleihe

10. Oktober. *Mit den Banken aller beteiligten Länder unterzeichnet Reichsfinanzminister Hans Luther in London ein Abkommen über die deutsche Dawes-Anleihe in Höhe von 800 Millionen Goldmark, die bei der Londoner Konferenz als Starthilfe für die Reparationszahlungen vereinbart worden war (→ 16. 8./S. 130). Das US-Bankhaus Morgan übernimmt einen Anteil von 110 Millionen US-Dollar (400 Millionen Goldmark), europäische Banken die andere Hälfte. Für die Anleihe gelten folgende Bedingungen: 7% Zinsen bei einem Emissionskurs von 92%, rückzahlbar nach 25 Jahren. Auch in Großbritannien wird die deutsche Anleihe mehrfach überzeichnet, weil wieder Vertrauen in die deutsche Wirtschaft vorhanden ist (Abb.: Die Bank von England schließt die Zeichnungsliste wegen Überzeichnung).*

Spanische Rückzugsgefechte in Marokko

16. Oktober. Spaniens Militärdiktator, General Miguel Primo de Rivera y Orbaneja, übernimmt von General Aizpuru das Oberkommando in Spanisch-Marokko, um persönlich den Rückzug der spanischen Truppen auf die befestigte, einheitliche Frontlinie von El-Ksar-el-Kebir, über Megaret nach Tétouan, die sog. Primo Linie, zu leiten.

Im Juli hatte Primo de Rivera die spanische Frontlinie inspiziert und beschlossen, diese höchst verletzliche Position aufzugeben. Nur widerwillig fügen sich die Militärs, besonders der Kommandeur der Fremdenlegion, Francisco Franco Bahamonde, dem Rückzugsbefehl.

In dem seit fünf Jahren tobenden Krieg Spaniens, seit 1912 Protektoratsmacht im nördlichen Marokko (Rifgebiet), gegen den Aufstand des Berberstamms der Rifkabylen unter Abd El Krim tritt damit eine Wendung ein. Mitte September beginnt von Tétouan aus die Offensive zur Entsetzung Chechaouens. Die Räumung dieser großen Garnison verläuft unter schweren Kämpfen. Bei Zoco el Arba schneiden die Rifkabylen den spanischen Haupttruppen – mehr als 40 000 Soldaten – den Rückzug ab. Zugleich beginnt die Regenzeit. Erst am 13. Dezember, fast einen Monat nach Beginn ihres 40-Meilen-Rückzugs, erreichen die Truppen Tétouan. Die Verluste werden auf 800 Offiziere und 17 000 einfache Soldaten geschätzt.

Im Inneren Marokkos werden insgesamt etwa 400 verstreut liegende Posten aufgegeben. Die stark befestigte und bewachte Primo Linie soll nun Umgehungs- und Durchbruchsversuche der Rifkabylen verhindern. Diese haben über Nacht das von ihnen kontrollierte Gebiet und ihre Kampfkraft verdoppelt. Weitere Stämme gehen zur Rebellion gegen die spanische Kolonialmacht über. Nie war das Prestige Abd El Krims unter Araber- und Berberstämmen in Marokko höher.

General Miguel Primo de Rivera y Orbaneja in Spanisch-Marokko; der spanische General und Politiker putschte am 13. September 1923 im Einvernehmen mit König Alfons XIII. gegen die parlamentarische Regierung und errichtete eine Militärdiktatur in Spanien; der 1870 geborene Primo de Rivera war seit 1894 Berufssoldat

Die Kaaba in Mekka, das höchste Heiligtum der Moslems, ist wieder in den Händen der strenggläubigen Wahhabiten

Wüstenfürst Ibn Saud erobert Mekka

13. Oktober. Saudische Truppen besetzen die Heilige Stadt Mekka im Hedschas. Bereits am 3. Oktober hatte Ibn Ali Husain, Scherif von Mekka und selbsternannter »König der Araber« abgedankt. Er hatte die Unterstützung der britischen Schutzmacht verloren.

Vier Jahre lang hat der Waffenstillstand gehalten zwischen dem Hedschas am östlichen Rand des Roten Meeres und dem Nadschd, dem zentralarabischen Reich unter Sultan Abd Al Asis Ibn Saud. Als sich Husain jedoch selbst zum Kalifen ausrufen läßt, nachdem die türkische Republik den Kalifen abgesetzt hatte (→ 3. 3./S. 47), ist dies eine Provokation des mächtigen Nadschd-Herrschers. Ibn Saud und seine so strenggläubige wie militante Wahhabiten-Sekte betrachten Husains Griff nach dem Kalifat, der geistlichen Führung aller Moslems, als Sakrileg. Der »Heilige Krieg« wird proklamiert und am 29. August fallen die kampferprobten saudischen Beduinen-Krieger in den Hedschas ein mit der Losung: »Mekka den Wahhabiten!« Nach dem grausigen Massaker, das die Eroberer am 3. September in Taif anrichten, verläuft die Besetzung Mekkas auf ausdrücklichen Befehl Ibn Sauds ohne Blutvergießen. Die Gegenwehr des Hedschas ist schwach; Husains Sohn Ali, der dessen Nachfolge angetreten hat, zieht sich in die Hafenstadt Dschidda zurück. Gegenoffensiven zur Befreiung Mekkas scheitern. Ibn Saud läßt sich 1926 zum König des Nadschd und Hedschas (ab 1932 Saudi-Arabisches Königreich) ausrufen.

Obwohl die Briten mit Husain und seinen Söhnen (Haschimiden) verbündet sind, bleiben sie in diesem Krieg neutral. Einerseits in Hinblick auf die unruhigen Moslems in Britisch-Indien (→ 27. 9./S. 152), deren Interessen Ibn Saud taktisch geschickt berücksichtigt. Im Rahmen eine Strategie religiösen Friedens verkündet Ibn Saud der islamischen Welt, daß er den Pilgerweg nach Mekka schützen werde. Zum anderen streben die Briten ein möglichst gutes Einverständnis mit Ibn Saud an. Die Saudis sind nämlich mit der den Türken 1913 abgenommenen Provinz Hasa Herr über ein bedeutendes Erdölgebiet.

Wüstenfürst Abd Al Asis Ibn Saud, der Herrscher über die Wahhabiten

Ibn Ali Husain, Scherif von Mekka und König der Hedschas (seit 1916)

Großbritanniens Arabien-Politik

Die Eroberung des Hedschas durch Abd Al Asis Ibn Saud (→ 13. 10./S. 169) bringt die britische Politik im Vorderen Orient (Naher Osten) in Schwierigkeiten. Die Briten haben auf den falschen Mann gesetzt, als sie im Weltkrieg Ibn Saud fallen ließen und sich mit dem – wie sie glaubten – nützlicheren Araber-Clan, den Haschimiden, verbündeten, an deren Spitze Ibn Ali Husain, der Scherif von Mekka, steht.

Nach dem Ende des Weltkriegs und dem Zusammenbruch des Osmanischen Reichs teilten die Alliierten die eroberten Gebiete im arabischen Raum in Mandatsgebiete auf mit »treuhändiger« Verwaltung durch Briten oder Franzosen. Dabei standen Erdölinteressen im Vordergrund. Die Briten griffen nach dem ehemals türkischen Erdölgebiet Mossul, das zum britischen Mandatsgebiet Irak (seit 1920) kommt (→ 29. 10./S. 168). Auch Palästina und Transjordanien wurden 1920 britische Mandatsgebiete. Frankreich erhält Syrien.

Haschimiden-Führer Husain wurde 1916 von den Alliierten als König des Hedschas anerkannt. Sein Sohn Faisal I., der auf britischer Seite mit Oberst T. E. Lawrence (Lawrence of Arabia) in Syrien und Palästina gegen die türkischen und deutschen Truppen gekämpft hatte, wurde 1921 König des Irak, ein Herrscher von Großbritanniens Gnaden.

Zugleich ließen die Briten den Kontakt zu Ibn Saud nicht ganz abreißen, der 1915 von den Alliierten als Herrscher des Nadschd und von Hasa anerkannt wurde. Ibn Saud hat sein Wahhabiten-Reich mit der Oase Riad als Hauptstützpunkt nach und nach ausgeweitet und ist nun der einzige, von den Briten weitgehend unabhängige Herrscher im Vorderen Orient. Husain ist bei den Briten zunehmend in Mißkredit geraten: Er hatte den strenggläubigen Saudis 1918, 1919 und 1922 die Pilgerreise nach Mekka verwehrt.

Wohnen und Design 1924:

Großstädte wollen moderne Wohnsiedlungen errichten

Im Deutschen Reich, insbesondere in Berlin und Frankfurt, werden die Weichen für eine moderne Wohnungsbaukampagne gestellt. Nachdem in den Kriegs- und Nachkriegsjahren die Neubautätigkeit praktisch zum Erliegen gekommen war, nehmen die Kommunen unter den 1924 stabilisierten Währungsverhältnissen diese zentrale sozialpolitische Aufgabe in Angriff. Den sozialen Wohnungsbau der kommenden Jahre prägt die funktionalistische Bauweise.

Vorbild ist Wien, wo mit dem Matzleinsdorfer Hof im 5. Gemeindebezirk bereits der erste Abschnitt des mit einer Wohnbausteuer finanzierten Gemeindebauprogramms (25 000 Wohnungen) fertiggestellt ist. Preußen führt am 1. April 1924 die Hauszinssteuer ein. Durch Besteuerung der Altwohnungen – 16% der Miete – will man Mittel zur Förderung des Wohnungsbaus gewinnen. Zur Überwachung der Geldvergabe wird in Berlin die Wohnungsfürsorgegesellschaft gegründet. Knapp zwei Drittel der in Berlin von 1924 bis 1929 errichteten Wohnungen (insgesamt rd. 100 000) werden von öffentlich geförderten gemeinnützigen Wohnungsbauunternehmen errichtet. Bestimmend ist die 1924 von Martin Wagner gegründete und gewerkschaftliche GEHAG (Gemeinnützige Heimstätten-, Spar- und Bau-Aktiengesellschaft). Ihr Hauptziel sind niedrige Mieten durch Entwicklung wirtschaftlicher Bautechniken. Führender GEHAG-Architekt wird Bruno Taut, der u. a. die Großsiedlung Britz (1925 – 27) baut.

In Frankfurt/ Main steht die Wohnungsbaukampagne unter der Leitung von Stadtplaner Ernst May, seit 1925 Stadtbaurat. Sie wird einheitlicher als in Berlin geplant. Rund um den Stadtrand sollen die Siedlungen entstehen. Als Vorbilder wirken u. a. die Gartenstädte in Holland. Die erste großzügige Bauanlage dieser Art im Deutschen Reich ist Otto Haeslers Siedlung Georgsgarten in Celle (1924 – 26).

Längst nicht alle Wohnsiedlungen werden von modernen Architekten wie Walter Gropius oder Ludwig Mies van der Rohe gebaut. Die Prinzipien der funktionalistischen Bauweise, die wirtschaftliche, soziale und ästhetische Kriterien vereinbaren will, finden gleichwohl breite Anwendung: Wirtschaftlichkeit des Bauplans und der Baumethoden, Licht, Luft, freier Raum, Gärten oder Balkons sowie gemeinschaftliche Einrichtungen (z. B. Waschküchen).

Folgende Anforderungen gelten für Berliner Neubauwohnungen: Maximale Wohnungsgröße 140 m^2, Mindestraumgrößen: Ein Zimmer 20 m^2, jedes weitere Zimmer 12 – 24 m^2, eine Schlafkammer 6 m^2 und die Küche 10 m^2. Ferner sind obligatorisch Gas- und Elektroanschluß, ein Bad mit Warmwasser, ein Balkon und mindestens ein durchsonntes Zimmer ist ebenfalls gefordert. Dies ist gegenüber den Mietskasernen, bisher typisch für das städtisch-proletarische Wohnen, ein enormer Fortschritt.

Atrium mit einer Innenausstattung aus der für Art deco wegweisenden Pariser École Martine (seit 1909)

Korbmöbel werden in Massenproduktion für einen breiten Verbraucherkreis hergestellt; ein Korbsessel kostet lediglich acht Reichsmark

Ungesunde Wohnverhältnisse in städtischen Mietskasernen brandmarkt diese Karikatur; der rechte Herr ist »ganz tüpfelt« wegen der Wanzen

Neues Wohndesign streng funktional

Ein neues funktionalistisches Wohndesign gehört zum modernen Wohnen und Leben, wie es in den Goldenen Zwanzigern propagiert wird. An die Stelle der bürgerlichen Wohnung, die mit ihrer Betonung der Gemütlichkeit oft ans Kitschige grenzt, tritt die dekorationslose, »neutrale« Wohnung.

Nicht nur das international stilbildende Bauhaus in Weimar, auch andere deutsche Kunstschulen, Ateliers und Fabriken praktizieren ein »sachliches« Zweckdesign. Anders als in Frankreich und Großbritannien wird hier eine schlichte, strenge Form der Art deco bevorzugt. Funktionalistisch gestaltet sind die Sitz- und Liegemöbel von Erich Dieckmann, Josef Frank und Bauhaus-Meister Marcel Lajos Breuer, Trinkgläser von Adolf Loos (»Ornament ist Verbrechen«) und Wilhelm Wagenfeld, Porzellangeschirre von Marguerite Friedländer, Trude Petri und Hermann Gretsch sowie Lampen von Ferdinand Kramer und die der Bauhaus-Werkstätten. Stahlmöbel von Ludwig Mies van der Rohe und Breuer werden große Mode.

Funktionalismus im modernen Design bedeutet: Ein Gebrauchsgegenstand wird seinem Zweck entsprechend gestaltet, wobei Form und Funktion eine Einheit bilden sollen. Wichtig ist die Reduzierung auf das Wesentliche. Breuer schreibt: »Ein Möbelstück ist kein willkürliches Gebilde, sondern eine notwendige Komponente unserer Umgebung . . . [Es] erhält seine Bedeutung nur durch die Art, in der es verwandt wird, und zwar im Rahmen eines vollständigen Gesamtplanes. Ein solcher Gesamtplan ist . . . der äußere Ausdruck unserer täglichen Bedürfnisse. Er muß sowohl jenen Notwendigkeiten, die konstant bleiben, wie denen, die wechseln, gerecht werden können. Veränderung ist aber nur dann möglich, wenn die einfachsten und klarsten Dinge verwandt werden. Andernfalls muß man neue Möbel kaufen, wenn man umstellen will.«

Das »befreite«, neue Wohnen soll praktisch sein: Die Kompaktküche mit Spülbecken wird kreiert, das Klappbett sowie ineinanderstellbare Tische und Hocker.

Teekännchen der Designerin Marianne Brandt, 1924, gestaltet im konstruktivistischen Stil

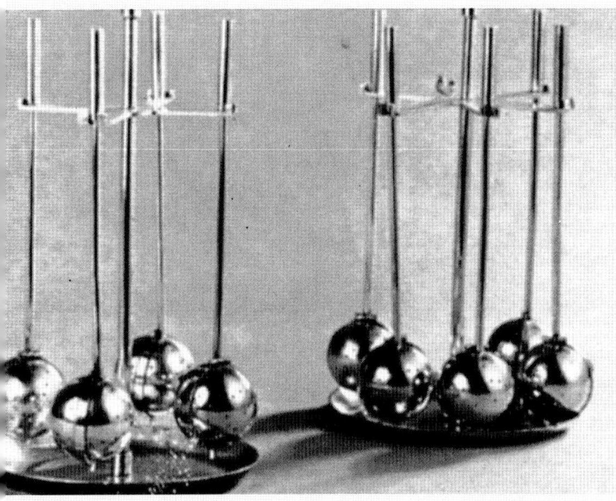

Ein Beispiel für schlichtes und funktionsgerechtes Design, wie es Mitte der 20er Jahre gefragt ist: Ständer mit vier Teekugeln von Otto Rittweger und Wolfgang Tümpel

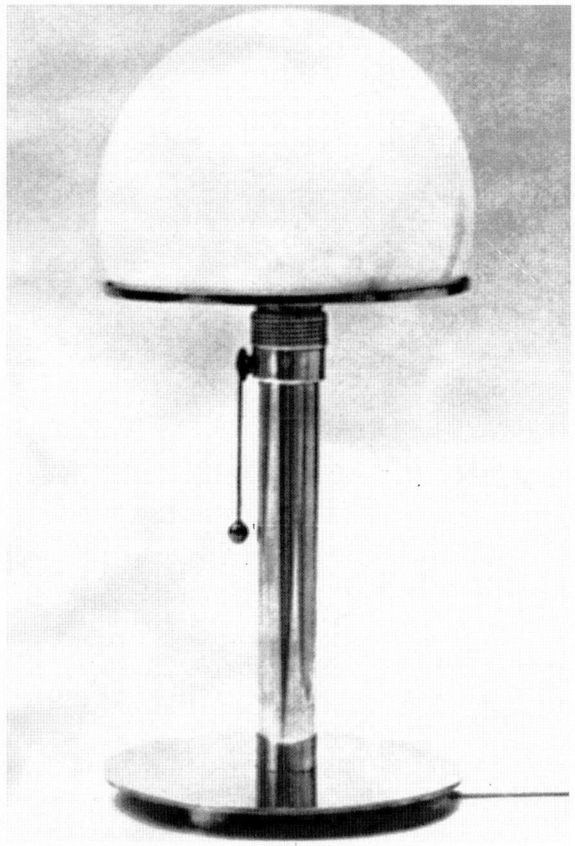

Tischleuchte von Wilhelm Wagenfeld, 1924; Wagenfeld-Entwürfe (vor allem Glas und Porzellan) sind dem funktionellen Bauhaus-Design verpflichtet

Schreibtisch von E. Dieckmann; das aus Eichenholz gefertigte Möbel ist teilweise dunkel gebeizt

Stuhl von Marcel Breuer, dem Leiter der Bauhaus-Möbelklasse

E. Dieckmann: Kleiderschrank aus Nußbaum und Ahorn

Josef Knau: Teemaschine mit Spirituskocher und Extraktkännchen

Marianne Brandt: Aschenbecher mit kippbarem Deckel, Neusilber

Josef Albers: Teeglas mit Metallbügel und Ebenholz-Griffen

Charakterköpfe aus Meisterhand

1. Oktober. Für Aufsehen sorgt die in London eröffnete Ausstellung (bis 30. 10.) mit Porträts von William Rothenstein, dem offiziellen Kriegsmaler der britischen Armee. Berühmte Männer, gesehen von einem berühmten Zeichner:

Sir E. Ray Lankester, britischer Naturwissenschaftler (Veröffentlichungen zur Naturgeschichte)

Sir Aurel Stein, Ostasienreisender und Archäologe

Physiker Albert Einstein, Begründer der Relativitätstheorie

James Ramsey MacDonald, erster Premierminister der Labour Party in der britischen Parlamentsgeschichte

Frederick Delius, Komponist aus Großbritannien, dessen Werk u. a. sechs Opern umfaßt, darunter »Romeo und Julia auf dem Dorfe« (1907) und »Eine Messe des Lebens« (1909)

Rufus Daniel Isaacs, Earl of Reading, britischer Vizekönig in Indien seit 1921; Isaacs erhielt 1917 den Adelstitel »Earl of Reading«

Stürmischer Abschied für Opernstar Nellie Melba in Melbourne

13. Oktober. *Die australische Sängerin Nellie Melba steht ein letztes Mal auf der Opernbühne ihrer Heimatstadt Melbourne in Australien. Am Schluß der Abschiedsvorstellung in »His Majesty's Theatre Melbourne« fliegen Tausende von Papierschlangen auf die Bühne (Abb.). Auf diese Weise werden in Sydney ablegende Ozean-Liner verabschiedet.*

Seit ihrem Debüt im Jahr 1887 in Brüssel (Gilda) hat Nellie Melba (eigentl. Helen Mitchell, verh. Porter Armstrong; das Pseudonym soll an Melbourne erinnern) in allen internationalen Musikmetropolen sensationelle Erfolge als Opern-und Konzertsängerin (Koloratursopran) gefeiert: 1888 Covent Garden, London; 1889 Grand Opéra, Paris; 1890 Petersburg; 1893 Mailänder Scala; 1889/1914 und 1919, 1922/24 regelmäßig Covent Garden (Royal Opera House); 1893/97, 1898/99, 1900/01, 1904/05, 1910/11 Metropolitan Opera New York. Hauptpartien von Melba, die eine virtuose Stimme mit dem außergewöhnlichen Umfang b-f''' hat, sind Rosina, Lucia, Violetta, später auch Desdemona, Mimi, Aida u. a. In London, wo sie an Covent Garden immer wieder das Publikum begeistern konnte, hat sie einen Adelstitel erhalten. Sogar eine Eisspezialität wurde nach ihr benannt.

Die »Schaubude«, eine der wirkungsvollsten Szenen in der Charell-Revue »An Alle« im Großen Schauspielhaus in Berlin

Kulturstadt Berlin im Theater-Rausch

Oktober. Gleich zu Beginn der neuen Saison stellt das Berliner Theater seine Leistungsfähigkeit erneut eindrucksvoll unter Beweis: Erster Höhepunkt ist Leopold Jessners Inszenierung von Friedrich Schillers »Wallenstein«, die zwei Abende umfaßt (10. und 11. 10.). Jessner verzichtet auf die Stufenbühne: »Die klare Stufung der Bühne wurde auf das Wort übertragen. Die Rede wurde nun aufs äußerste diszipliniert, gerafft und geschliffen«, so der Regisseur. Werner Krauß spielt den Wallenstein. Im »Berliner Börsen-Courier« jubelt Herbert Ihering: »Einfach und groß, menschlich und abseitig . . . Herrlich. Ein Riesenerfolg . . . ein Triumph des Staatstheaters . . . Der größte Sieg Jessners.«

Schon am 14. Oktober gibt es eine weitere triumphale Premiere in Berlin: Max Reinhardt inszeniert am Deutschen Theater »Die heilige Johanna«, das neue Stück von George Bernard Shaw (uraufgeführt 1923). Der Beifall gilt dem aus Wien zurückgekehrten Reinhardt, in vielleicht noch höherem Maße der Johanna von Elisabeth Bergner.

Regisseur Erich Engel, neben Jessner und Jürgen Fehling führend in Berlin, bringt »Im Dickicht« von Bertolt Brecht am 29. Oktober auf die Bühne des Deutschen Theaters. Fritz Kortner spielt den Shlink. »Dieser immer noch blutjunge Bertolt Brecht legt bestimmt mehr Wert darauf, zu packen, als verständlich zu sein«, notiert Monty Jacobs in der »Vossischen Zeitung«.

Werner Krauss als Wallenstein in einer Inszenierung am Staatstheater

Großer Erfolg für Elisabeth Bergner in der Rolle der heiligen Johanna

Eugene O'Neills Drama »Der haarige Affe« (am 31. 10. in der Tribüne, Berlin) mit Eugen Klöpfer (1) Ernst Stahl-Nachbaur (2), Paul Biensfeldt (3)

Neu von Ullstein: Zeitschrift »Uhu«

1. Oktober. Das Signet des Berliner Ullstein-Verlags steht Pate für das neue Monatsmagazin »Uhu«.
Mit einer anspruchsvollen Werbekampagne bereitet Ullstein das deutsche Publikum auf »Uhu« vor. Hermann Ullstein hat extra dafür den britischen Star-Karikaturisten H. M. Bateman nach Berlin geholt. Auch Walter Trier zeichnet für diese erfolgreiche Kampagne. Wenige Tage nach Erscheinen ist dann schon die erste Auflage vergriffen.
Das Glanzpapiermagazin »Uhu« ist für den deutschen Markt ein ganz neuartiger Zeitschriftentyp, eine Mischung aus Buch und Zeitschrift, eine Sammlung von Lesestoff für ein Publikum, das intelligent unterhalten werden will. Der »Uhu« will »dick wie ein Buch, gescheit und amüsant, voll guter Laune und Lebensfreude« sein. Bei einem Format von 17,5 × 24 cm läßt sich »Uhu« bequem in der Mantel- oder Handtasche unterbringen. Vorbilder sind das US-Monatsmagazin »The American Magazine« und die britische Zeitschrift »Strand«.
Im »Uhu« erscheinen bekannte Autoren: Vicki Baum, Walter Benjamin, Bertolt Brecht, Hermann Hesse, Erich Kästner, George Bernard Shaw u. a.; Wissenschaftler und Künstler wie der Architekt Walter Gropius, der Physiker Albert Einstein und die Schauspieler Albert Bassermann und Asta Nielsen schreiben über ihre Arbeit.

Das Monatsmagazin »Uhu« aus dem Ullstein Verlag kommt gut an

Literatur 1924:

Gesellschaftlicher Wandel – Herausforderung für Autoren

Der 46jährige A. Döblin ist hauptberuflich als Arzt in Berlin tätig

Klabund, deutscher Schriftsteller, mit seiner Frau am Frühstückstisch

Der Bayer Oskar Maria Graf schreibt sozialkritische Prosa

Mit Beendigung der Inflation und Stabilisierung der politischen und ökonomischen Situation im Deutschen Reich geht eine bewegte Nachkriegszeit zu Ende, was Literatur und Schriftsteller nicht unbeeinflußt läßt. Wie das angestammte bildungsbürgerliche Lesepublikum, durch die Inflation enteignet und verarmt, sind auch die Literaten in eine Krise geraten, nicht nur materiell. Ratlosigkeit herrscht über die Aufgabe von Literatur in einer modernen Massengesellschaft, die sich neuerdings für Sport, Technik, Rundfunk und Film begeistert.

Der jeweils eigenwillige künstlerische Erfahrungs- und Reflexionsprozeß führt gesellschaftskritische Autoren der Weimarer Zeit – Bertolt Brecht, Arnold Zweig, Oskar Maria Graf, Alfred Döblin, Ödön von Horváth – zu einem nüchternen Stil: Die Neue Sachlichkeit in der Literatur. Sie will »objektive« Wirklichkeit darstellen, die Umwelt mit ihren sozio-ökonomischen Gegebenheiten.

Skeptisch malt Döblin in seinem 1924 erscheinenden Zukunftsroman »Berge, Meere und Giganten« das Bild einer hochtechnisierten Gesellschaft im 27. Jahrhundert, deren Eingriffe in die Natur die gesamte Menschheit bedrohen. Der Autor gehört nicht zu den Gegnern der Modernisierung, die das Reich 1924 erfaßt, sieht aber Gefahren im verbreiteten Kult des Technischen, im Glauben an den Kapitalismus, wie ihn Henry Ford in seinem Bestseller »Mein Leben und Werk« (deutsch 1923) verkündet hat.

Sympathisanten der angloamerikanischen Welle in der auf Berlin konzentrierten literarischen Szene – Brecht, Arnolt Bronnen, Lion Feuchtwanger – haben größtes Verständnis für jeden, der sich lieber mit Rundfunk und Kino vergnügt als mit einem Roman von Thomas Mann, einem Drama von Gerhart Hauptmann oder einem Gedicht von Stefan George.

Vielen jüngeren Intellektuellen erscheint Thomas Manns Roman »Der Zauberberg«, der am → 28. November 1924 (S. 189) bei Fischer in Berlin erscheint, als der Inbegriff jener zur modernen Massengesellschaft nicht mehr passenden Bildungsdichtung. Gleichwohl findet der »Zauberberg« sein Publikum, er verkauft sich gut und verleiht dem Ruhm des Buddenbrooks-Autors neuen Glanz. In dem zur Weltliteratur gehörenden Werk liefert Mann eine große Auseinandersetzung über die Möglichkeiten des Menschseins in der modernen Zeit.

Von Franz Werfel erscheint 1924 in Wien der Künstlerroman »Verdi. Roman der Oper«. Schon seit über einem Jahrzehnt hatte der Autor, ein großer Verehrer des italienischen Opernkomponisten, eine literarische Darstellung von Verdis Leben geplant. Werfel kann seinem Freund Franz Kafka kurz vor dessen Tod (→ 3. 6./S. 103) das fertige Buch präsentieren. Kafka selbst liest noch als Todkranker die Fahnen seiner vier Erzählungen »Ein Hungerkünstler«, »Erstes Leid«, »Eine kleine Frau« und »Josefine, die Sängerin oder Das Volk der Mäuse«, die 1924 unter dem Titel »Ein Hungerkünstler« in Berlin erscheinen.

Skandalautor Arthur Schnitzler, über den Kafka schimpfte, er sei »angefüllt mit einer geradezu schwankenden Masse widerlichster Schreiberei«, weshalb man »ihn gar nicht tief genug hinunterstoßen« könne, sorgt mit der 1924 veröffentlichten Erzählung »Fräulein Else« erneut für Wirbel in bürgerlichen Wohnstuben. Dramatischer Höhepunkt der Story ist ein Strip der Titelfigur, die anschließend Selbstmord begeht.

Eine scharfe Attacke Herbert Eulenbergs gegen seine Verleger, die der Schriftsteller Anfang 1924 in der »Weltbühne« veröffentlicht, führt zu einer längeren öffentlichen Debatte über die materielle Notlage von Autoren im Deutschen Reich. Auf die Vorwürfe Eulenbergs, die Verleger hätten sich nach dem Krieg von allen Unternehmen »das Tollste an Ausbeutung« geleistet, reagieren Fritz Th. Cohn, Bruno Cassirer, Kurt Wolff, Gustav Kiepenheuer und Arthur Eloesser. Weitere Autoren, so Carl Sternheim, schließen sich Eulenbergs Auffassung an.

Pechstein-Einband für L. Bruuns' Buch »Van Zantens glückliche Zeit«

Sowjetische Verlagswerbung von W. Majakowski und Alexei Levine

oraison que quelques phrases brisées par ses bégaiements. Julien s'avança. Il avait été ordonné lecteur de l'Église en même temps que son frère; mais, plus ardent dans sa piété, il s'était fait tonsurer, et il était moine. Revêtu de la

F.-L. Schmied: Seite aus »Daphné« von Alfred Comte de Vigny

Schneller, höher, weiter – Sportler auf Rekordjagd

Oktober. Ein nicht auf den Sport beschränktes, aber hier am deutlichsten in Erscheinung tretendes Phänomen, die Jagd nach dem Rekord, ist Thema einer Reportage der Zeitschrift »Die Woche«.

Es wird die Meinung vertreten, die Jagd nach dem Rekord sei »für die Erhöhung des allgemeinen Leistungsniveaus vollkommen unentbehrlich«. Je höher die Rekordleistung sei, desto mehr steige auch die Durchschnittsleistung. Nicht zu unterschätzen sei auch »die propagandistische Wirkung« dieser Gipfelleistungen. »Hunderttausende, ja Millionen von Menschen lesen von dem Weltrekord, den der Norweger Hoff im Stabhochsprung geschaffen, oder von dem Rekordlauf, den das Laufphänomen Nurmi vollbracht hat, und so mancher ... wird für den Sport ... gewonnen.«

Das Leistungsniveau im Sport sei, so schreibt »Die Woche« weiter, im Verlauf der Geschichte wesentlich gesteigert worden. Dies wird auf die »Vervollkommnung der sportlichen Technik« zurückgeführt und auf bessere Möglichkeiten der Aufzeichnung. Zum Schluß gibt es noch aufmunternde Worte für die deutsche Leserschaft: »Wir besitzen den vielleicht besten Kurzstreckenläufer der Welt, den Krefelder Houben, ferner in Rademacher einen Schwimmer, der im Brustschwimmen nicht weniger als drei Weltrekorde hält, und unsere Flieger zählen mit zu den erfolgreichsten der Welt.«

Der deutsche Kurzstreckenmeister Hubert Houben (Krefeld) passiert bei einem 100-m-Lauf die Ziellinie

Erich Rademacher; der deutsche Schwimmer hält die Weltrekorde über 100 m (1:15,0) und 200 m Brust (2:50,4 min.)

Segelflieger Martens (Hannover) beim Flug über der Rhön; beim Wettbewerb in Asiago flog er eine Strecke von 28 km

Der US-amerikanische Rekordschwimmer Johnny Weissmuller

Antonio Ascari (ITA) gewinnt in Monza auf Alfa Romeo den Großen Preis von Italien am 19. Oktober 1924

Weltrekord im Speerwurf durch den Schweden Gunnar Lindström; er wirft 66,62 m am 12. Oktober 1924 in Eksjö

November 1924

Mo	Di	Mi	Do	Fr	Sa	So
					1	2
3	4	5	6	7	8	9
10	11	12	13	14	15	16
17	18	19	20	21	22	23
24	25	26	27	28	29	30

1. November, Sonnabend

Nach dem Wahlsieg der bürgerlichen Parteien verliert Philipp Scheidemann (SPD) sein Amt als Oberbürgermeister von Kassel.

Per Verordnung hebt Reichspräsident Friedrich Ebert (SPD) die während der Inflation 1923 eingeführte Devisengesetzgebung auf. Zugleich erläßt er eine Verordnung über die Aufnahme von Auslandskrediten durch Länder und Gemeinden des Deutschen Reichs.

Nach seiner Rückkehr in die Reichshauptstadt Berlin eröffnet Theaterregisseur und -intendant Max Reinhardt mit Carlo Goldonis »Der Diener zweier Herren« ein neues Theater, die »Komödie« am Kurfürstendamm. Zur glanzvollen Eröffnung erscheint viel Berliner Prominenz; auch Reichskanzler Wilhelm Marx und Reichsaußenminister Gustav Stresemann sind anwesend.

Im Zsolnay Verlag erscheinen Briefe des 1911 verstorbenen österreichischen Komponisten und Dirigenten Gustav Mahler. Herausgeberin ist die Witwe des Komponisten Alma Maria Mahler, die nach dem Tod ihres Mannes und einer kurzen Beziehung zu Oskar Kokoschka 1915 den Architekten Walter Gropius geheiratet hat.

2. November, Sonntag

Die linksliberale Deutsche Demokratische Partei (DDP) tritt auf ihrem außerordentlichen Parteitag in Berlin u. a. für die »entschlossene Aufrechterhaltung und Durchführung einer demokratischen Außenpolitik« ein. Dieser Beschluß richtet sich gegen eine deutschnationale Regierungsbeteiligung.

Der Staatsstreich des »Christlichen Generals« Feng Yü-hsiang, dessen Truppen Peking besetzen, zwingt den bisherigen Präsidenten der Republik China Ts'ao K'un zum Rücktritt (→ 24. 11./S. 181).

Ein neuartiger Schiffsantrieb, der sog. Flettner-Rotor, findet nach Abschluß mehrerer Versuchsfahrten großes Interesse in der Fachpresse. → S. 184

3. November, Montag

Anhaltende Niederschläge führen zu einer Hochwasserkatastrophe vor allem im Rhein-Main-Gebiet. In der Kölner Altstadt werden die Straßen teilweise überflutet. Der Pegel steigt hier acht bis zehn Zentimeter in der Stunde. Auch aus Frankreich und Belgien werden Überschwemmungen gemeldet. → S. 184

4. November, Dienstag

Mit einem hohen Wahlsieg sichert der Republikaner Calvin Coolidge, der seit dem Tod Warren G. Hardings am 2. August 1923 30. Präsident der USA ist, seiner Partei die Präsidentschaft; Coolidge kann sich mühelos gegen John W. Davis (Demokratische Partei) und Robert Marion La Follette (Progressive Partei) durchsetzen. → S. 180

In Italien kommt es in verschiedenen Orten zu schweren Ausschreitungen der Faschisten gegen demonstrierende Weltkriegsteilnehmer. Der Kongreß der italienischen Frontkämpfer hatte am 29. Juli die faschistische Herrschaft indirekt kritisiert.

Am Staatlichen Schauspielhaus in Dresden wird »Intermezzo« von Richard Strauss uraufgeführt. Die Oper bringt dem Komponisten nicht den erhofften Erfolg. Fast mehr noch als an der Uraufführung ist die Öffentlichkeit an der »Strauss-Krise« an der Wiener Staatsoper interessiert. → S. 188

In Paris stirbt Gabriel Fauré im Alter von 79 Jahren. Das Werk des französischen Komponisten ist von Elementen des Klassizismus und des Impressionismus geprägt.

5. November, Mittwoch

Bei einem Inspektionsbesuch alliierter Offiziere in der Waffenmeisterei von Ingolstadt kommt es zu einem Zwischenfall. Die Kontrollkommission wird von einer erregten Volksmenge bedrängt und beschimpft (→ 8. 9./S. 150).

Der Kaiserpalast in Peking wird von den Truppen des »Christlichen Generals« Feng Yü-hsiang besetzt. Feng läßt dem ehemaligen Kaiser von China P'u I nur wenige Stunden Zeit zur Räumung des Palastes. Mit seinem Handstreich gegen den ehemaligen Kaiser will Feng dem auf Peking vorrückenden Tschang Tso-Lin zuvorkommen, der als Begünstiger der Mandschudynastie gilt. → S. 181

In Italien werden führende Oppositionszeitungen beschlagnahmt. Um dieser Maßnahme zu entgehen und sie zugleich zu kritisieren, erscheint die Turiner »Stampa« mit unbedruckten Seiten.

Die Sowjetunion erhebt in einer Zirkularnote an alle ausländischen Regierungen Anspruch auf die nördlich von Sibirien liegenden Polarinseln.

6. November, Donnerstag

Das Reichskabinett berät über Reformen, die durch die Reichstagsauflösung (→ 20. 10./S. 163) blockiert sind; dazu gehört u. a. ein Ende des Personalabbaus in öffentlichen Verwaltungen. → S. 184

In der deutschen Presse kursieren Gerüchte über Putschpläne monarchistischer Kreise in Bayern, an denen besonders Ex-Kronprinz Rupprecht beteiligt sein soll. Der BVP-Regierung nahestehende Blätter wenden sich gegen die »staatsrechtliche Monstrosität eines bayerischen Königs im Reiche [Friedrich] Eberts«. → S. 184

Nach dem Rücktritt der britischen Labour-Regierung unter James Ramsey MacDonald am 4. November, dessen Partei bei den Unterhauswahlen am 29. Oktober Verluste erlitten hatte, bildet Stanley Baldwin ein konservatives Kabinett (→ 29. 10./S. 166).

Der am 10. Juni abgelöste französische Staatspräsident Alexandre Millerand wendet sich als Vorsitzender der von ihm gegründeten National-Republikanischen Liga mit einem Aufruf an die Öffentlichkeit. Darin kündigt er dem regierenden Linkskartell den »Kampf bis aufs Messer« an. Der Liga gehören Politiker der Rechtsparteien und konservative Persönlichkeiten an (→ 15. 6./S. 97).

Nach einer kaum dreimonatigen Regierung unter Ljubomir Davidović (27. 7.–15. 10.) übernimmt Nikola Pasić, der Führer der serbischen Radikalen, im Königreich der Serben, Kroaten und Slowenen (Jugoslawien) erneut das Amt des Ministerpräsidenten. Davidović vertritt als Führer der Demokratischen Partei einen gemäßigten Zentralismus. Seit Jahren ist die Regierungssituation in dem Balkanland äußerst instabil.

Im Zusammenhang mit separatistischen Unruhen im spanischen Katalonien werden zahlreiche Personen verhaftet. Am 10. November werden zwei an den Unruhen Beteiligte nach einem entsprechenden Kriegsgerichtsurteil in Barcelona standrechtlich erschossen.

Für die von der Hochwasserkatastrophe im Rhein-Main-Gebiet betroffenen Städte kündigt die preußische Regierung Hilfeleistungen an. Derzeit sinkt der Wasserstand langsam wieder ab (→ 3. 11./S. 184).

Leon Janáceks Oper »Das schlaue Füchslein« wird in Brünn uraufgeführt. Die deutsche Bearbeitung stammt von Max Brod.

7. November, Freitag

Im Saargebiet wird die Einführung des gesetzlichen Achtstundentags beschlossen. Aufgrund des Versailler Vertrags (1919) wurden die Kohlengruben und das industrielle Ausbeutungsrecht im Saargebiet an Frankreich abgetreten. 1935 soll die Bevölkerung über die politische Zukunft ihres Landes entscheiden.

In Karlsruhe stirbt der Maler Hans Thoma. Der 85jährige galt mit seinen Landschaftsgemälden als bedeutender Vertreter der sog. Heimatkunst. → S. 189

Im Primuspalast in Berlin wird der Film »Gräfin Donelli« von Georg Wilhelm Pabst uraufgeführt. Zu den Hauptdarstellern gehören Henny Porten und Friedrich Kayssler.

Direkt gegenüber vom Repräsentantenhaus in Washington hebt die Prohibitions-Polizei ein geheimes Whisky-Depot aus. Insgesamt werden bei dieser Aktion 1000 Gallonen (rund 4000 l) Whisky beschlagnahmt (→ 13. 3./S. 49).

8. November, Sonnabend

Nach längerer Debatte lehnt der sächsische Landtag Auflösungsanträge der Deutschnationalen Volkspartei (DNVP) und der Kommunisten sowie einen kommunistischen Mißtrauensantrag ab. Vorerst bleibt die von Max Heldt (SPD) geführte Große Koalition an der Regierung. → S. 184

Der österreichische Bundeskanzler Ignaz Seipel tritt mit seinem dritten Kabinett zurück. Äußerer Anlaß für die Demission ist ein Streik der Eisenbahner. Die anhaltenden Differenzen mit den Bundesländern wegen der Sparpolitik der Bundesregierung sind jedoch der eigentliche Grund. → S. 182

9. November, Sonntag

Die regierenden Sozialdemokraten gehen mit 15 Mandaten als stärkste Fraktion aus den Landtagswahlen in Anhalt hervor. Die Bürgerliche Volksgemeinschaft gewinnt 14 Sitze.

In der Türkei wird die oppositionelle Fortschrittspartei gegründet, die sich u. a. gegen die Religionspolitik von Präsident Mustafa Kemal Pascha (Kemal Atatürk) richtet (→ 3. 3./S. 47).

10. November, Montag

In Berlin werden die am 21. September vertagten deutsch-belgischen Wirtschaftsverhandlungen wiederaufgenommen. Die beiden Länder wollen ihre Wirtschaftsbeziehungen intensivieren.

Die Große Volksoper in Berlin befindet sich in einer schweren Finanzkrise. Derzeit weist die Bilanz ein Minus von 460 000 Goldmark auf. Diskutiert wird u. a. eine Fusion mit dem Deutschen Opernhaus, das ebenfalls mit finanziellen Problemen zu kämpfen hat.

11. November, Dienstag

Die Landes-SPD in Sachsen spricht der von Max Heldt (SPD) geführten Landesregierung das schärfste Mißtrauen aus. Die Koalition mit den bürgerlichen Parteien wird von der linken Parteibasis nicht getragen. Heldt kann sich jedoch auf die Mehrheit der SPD-Landtagsfraktion stützen (→ 8. 11./S. 184).

Nach schweren Rassenunruhen in Danville im US-Bundesstaat Kentucky übernehmen Regierungstruppen den Polizeidienst in der Stadt. Den Zusammenstößen war die Ermordung eines Weißen durch einen Neger vorausgegangen.

Überraschend bricht ein Streik bei der Berliner Hoch- und Untergrundbahn aus. Die Streikenden fordern die Wiedereinführung des Achtstundentags.

Eugene O'Neills Drama »Gier unter Ulmen« (»Desire Under the Elms«) wird im Greenwich Village Theatre in New York uraufgeführt. Der US-Dramatiker verarbeitet in dem neuen Stück Erkenntnisse über die Tiefenpsychologie von Sigmund Freud und Carl Gustav Jung.

12. November, Mittwoch

Der Streik der österreichischen Eisenbahner wird nach fünf Tagen beendet, da die Streik-Forderung nach einer neuen Besoldungsordnung weitgehend bewilligt wurde. Die Bezüge der Eisenbahner werden um 6% erhöht.

Die »Münchener Illustrierte Presse« zeigt die Abgeordneten des Reichstags, der am → 20. Oktober von Reichspräsident Friedrich Ebert aufgelöst wurde (S. 163), bei ihrem letzten gemeinsamen Essen, ehe sie wieder in den Wahlkampf ziehen

Erscheint wöchentlich einmal
Preis: 20 Gold-Pfg.

Münchener Illustrierte Presse

Erster Jahrgang
Nummer 50
8. November 1924

Das letzte Bild vom aufgelösten Reichstag

Die Henkersmahlzeit der Abgeordneten im Restaurant des Reichstagsgebäudes.

13. November, Donnerstag

Nachdem Ungarn die Auslieferung von Heinrich Schulz, einem der beiden Mörder des früheren Reichsjustizministers Matthias Erzberger, an das Deutsche Reich abgelehnt hat, wird dieser von Ungarn über Rumänien in die Türkei abgeschoben (→ 16. 8./S. 134).

Im Berliner Ufa-Theater am Kurfürstendamm wird der Stummfilm »Das Wachsfigurenkabinett« von Paul Leni uraufgeführt. Hauptdarsteller sind Emil Jannings und Werner Krauss.

Der mit Henny Porten, Willy Fritsch, Friedrich Kayssler und Wilhelm Dieterle prominent besetzte Film »Mutter und Kind« nach Friedrich Hebbel hat im Marmorhaus Berlin Premiere.

14. November, Freitag

Der Parteitag der rechtsliberalen Deutschen Volkspartei (DVP) in Dortmund verabschiedet einen Aufruf zu den am → 7. Dezember (S. 194) bevorstehenden Reichstagswahlen. Kernpunkt des Wahlprogramms ist die »nationale Realpolitik« Gustav Stresemanns. Stresemann ist DVP-Vorsitzender und Reichsaußenminister.

In Berlin wird der Film »Die Schmetterlingsschlacht« nach dem Bühnenstück von Hermann Sudermann uraufgeführt. Die 40jährige Asta Nielsen spielt in der Hauptrolle das junge Mädchen Rosa Hergentheim. Regie führte Franz Eckstein.

15. November, Sonnabend

Zwischen dem bayerischen Staat und der evangelisch-lutherischen Landeskirche rechts des Rheins sowie der vereinigten protestantisch-evangelisch-christlichen Kirche der Pfalz werden Verträge über die kirchlichen Verhältnisse abgeschlossen. Sie lehnen sich sinngemäß an das Konkordat vom → 29. März (S. 50) an.

16. November, Sonntag

Mit dem Übergang des Eisenbahnbetriebs von der französisch-belgischen Regie auf die Deutsche Eisenbahngesellschaft wird gemäß dem Londoner Abkommen (→ 16. 8./S. 130) die letzte Etappe der wirtschaftlichen Räumung der besetzen Gebiete an Rhein und Ruhr vollzogen. → S. 184

Die Deutsch-Russische Luftverkehrsgesellschaft (Deruluft) richtet gemeinsam mit der niederländischen Gesellschaft KLM eine neue Verbindung Paris – Moskau ein. → S. 185

17. November, Montag

In Berlin wird ein deutsch-schweizerisches Einfuhrabkommen unterzeichnet, das den Abbau komplizierter Einfuhrgenehmigungen vorsieht. Der Handel zwischen beiden Ländern soll vereinfacht und ausgebaut werden.

Um gegen die für die Landwirtschaft ruinöse Wasserwirtschaft der Stadt Los Angeles zu protestieren, besetzen etwa 100 Farmer das Stauwerk im Tal des Owen River und öffnen die Fluttore. → S. 183

18. November, Dienstag

Im Rahmen des in London vereinbarten Rückzugs räumen die französischen Truppen das Gebiet zwischen Königswinter und Honnef (→ 18. 8./S. 133).

Da in Bremen die Bildung einer Regierung mit tragfähiger Mehrheit gescheitert ist, beschließt die Bürgerschaft ihre Selbstauflösung. Neuwahlen werden auf den 7. Dezember festgelegt, den Tag der Reichstagswahlen (→ 7. 12./S. 194).

Bei dem von der Nationalsozialistischen Freiheitspartei (NSFP) in Berlin veranstalteten »Deutschen Abend« fordert General a. D. Erich Ludendorff den Kampf gegen »Schwarzrotgelb und gegen den Parlamentarismus«.

19. November, Buß- und Bettag

Nach Ansicht der Londoner »Times« ist eine Kompromißlösung zur Räumung der Kölner Zone nicht unwahrscheinlich, obwohl Frankreich Einwendungen gegen die termingerechte Räumung am 10. Januar 1925 erhebe. Die Kölner Zone soll als erstes der seit dem Ende des Weltkriegs von den Alliierten besetzten linksrheinischen Gebiete geräumt werden (→ 31. 12./S. 197).

In Kairo wird auf den britischen Oberbefehlshaber der ägyptischen Armee und Generalgouverneur des Sudan, Generalmajor Sir Lee Stack, ein Attentat verübt. Am folgenden Tag erliegt Stack seinen Verletzungen. Britischer Druck führt zum Rücktritt der ägyptischen Regierung unter Sad Saghlul. → S. 183

20. November, Donnerstag

Nach dem Rücktritt Ignaz Seipels am 8. November bildet Rudolf Ramek (christlichsozial) die neue österreichische Regierung. Diese sog. Länderregierung stützt sich vor allem auf Politiker aus den Ländern. Es ist wie bisher eine christlichsozial-großdeutsche Koalition.

21. November, Freitag

Die konservative britische Regierung unter Stanley Baldwin erklärt den noch von der Labour-Regierung James Ramsey MacDonalds am → 8. August (S. 134) mit der Sowjetunion geschlossenen Handelsvertrag für hinfällig. Nach dem Regierungswechsel in London haben sich die Beziehungen zu Moskau verschlechtert (→ 29. 10./S. 166; 24. 10./S. 167).

In Portugal bildet José Domingos dos Santos eine neue Regierung. Dies ist der zweite Kabinettswechsel im Jahr 1924. Ministerpräsident Alfredo Rodrigues Gaspar, der am 28. Juni das Amt übernommen hatte, war am 19. November zurückgetreten, weil sein Kabinett in der Kammer keine Mehrheit hatte.

Der Bildhauer, Graphiker und Dichter Ernst Barlach wird mit dem Kleist-Preis ausgezeichnet.

In Berlin wird Paul Czinners Stummfilm »Nju – Eine unverstandene Frau« uraufgeführt. Theaterschauspielerin Elisabeth Bergner findet in ihrer ersten großen Filmrolle (Nju) großen Beifall.

22. November, Sonnabend

In einer scharfen Note an die ägyptische Regierung fordert die Regierung in London im Zusammenhang mit der Ermordung des britischen Oberbefehlshabers der ägyptischen Truppen, Sir Lee Strack, u. a. die Zahlung einer Buße von 500 000 Pfund und die Zurückziehung aller rein ägyptischen Einheiten aus dem Sudan (→ 19. 11./S. 183).

23. November, Sonntag

Reichskanzler Wilhelm Marx (Zentrum) betont in seiner Wahlkampfrede in der überfüllten Kölner Messehalle besonders die Erleichterungen, die durch die Londoner Vereinbarungen für die besetzten Gebiete an Rhein und Ruhr erreicht worden sind (u. a. wirtschaftliche Räumung).

In Duisburg endet ein deutsch-italienisches Fußball-Länderspiel 0:1.

24. November, Montag

Gegen die antisemitische Wahlpropaganda der Deutschnationalen, die mit dem Schlagwort »Gegen Juden- und Franzosenherrschaft« für die Reichstagswahlen am → 7. Dezember (S. 194) agitieren, richtet sich der Zentralverein deutscher Staatsbürger jüdischen Glaubens in Berlin.

Der ägyptische Ministerpräsident Sad Saghlul tritt zurück, als britische Streitkräfte die Zollgebäude von Alexandrien besetzen. Zu den schweren britisch-ägyptischen Spannungen ist es infolge der Ermordung des britischen Oberbefehlshabers der ägyptischen Armee, Generalmajor Sir Lee Stack, gekommen. Ahmad Ziwar Pascha bildet die neue Regierung (→ 19. 11./S. 183).

In China löst Tuan Ch'i-jui den bisherigen Präsidenten Ts'ao K'un ab. → S. 181

25. November, Dienstag

In Anhalt bilden die Sozialdemokraten mit der linksliberalen Deutschen Demokratischen Partei eine Koalitionsregierung, die von dem bisherigen Ministerpräsidenten Heinrich Deist (SPD) geführt wird.

Mit gezielten Werbekampagnen versucht die Sowjetregierung, die Bauern für eine regere Teilnahme am politischen Leben zu gewinnen. Bis zum 1. Oktober konnten durch eine ähnliche Kampagne unter den Arbeitern 241 600 neue Parteimitglieder geworben werden.

Aufgrund des Washingtoner Abkommens (ratifiziert am 17. 8. 1923), in dem die USA, Großbritannien, Frankreich und Japan eine Begrenzung ihrer Kriegsflotten festgelegt haben, wird das US-Schlachtschiff »Washington« bei Virginia Cap versenkt. → S. 185

Das Luftschiff ZR III, das unter der Bezeichnung LZ 126 als Reparationsluftschiff im Deutschen Reich gebaut und im Oktober mit einem spektakulären Atlantikflug in die USA überführt worden war, wird in Washington auf den Namen »Los Angeles« getauft (→ 12. 10./S. 164).

In Hamburg wird das Institut für auswärtige Politik gegründet.

26. November, Mittwoch

Nachdem mit sowjetischer Hilfe chinesische und weißrussische Truppen in schweren Kämpfen aus der Mongolei vertrieben worden sind, wird die mongolische Volksrepublik gegründet. Sie ist politisch und wirtschaftlich eng an die Sowjetunion gebunden. → S. 182

Zu Ehren des zurückgekehrten Luftschiffpiloten Hugo Eckener, der das Wagnis einging, das deutsche Luftschiff ZR III (vorher LZ 126) nach New York zu überführen, findet bei Reichspräsident Friedrich Ebert (SPD) ein Frühstück statt, an dem auch mehrere Kabinettsmitglieder teilnehmen (→ 12. 10./S. 164).

27. November, Donnerstag

Im Kommunistenprozeß vor dem Revaler Kriegsgericht (Estland) wird das Urteil gegen 149 estnische Kommunisten gesprochen, die der prosowjetischen Spionage und der Vorbereitung eines Putsches beschuldigt werden. → S. 182

28. November, Freitag

In ihrer Note an Großbritannien weist die Sowjetregierung jede Verantwortung für den sog. Sinowjew-Brief zurück. Der am 24. Oktober in Großbritannien veröffentlichte Brief könne nur als eine Fälschung betrachtet werden. → S. 167

Der S. Fischer Verlag in Berlin liefert den Roman »Der Zauberberg« von Thomas Mann aus. Bis zum letztmöglichen Tag hat der Autor an dem 1912 begonnenen Bildungs- und Erziehungsroman gearbeitet. → S. 189

In Frankfurt am Main wird das Schauspiel »Katalaunische Schlacht« des expressionistischen Bühnenavantgardisten Arnolt Bronnen uraufgeführt. Nationale Proteste führen schließlich zur Absetzung des Stücks. Besonders eine Szene – ein deutscher Soldat plündert einen Toten – wird als eine »den vaterländischen Empfindungen hohnsprechende Kränkung« angesehen.

29. November, Sonnabend

Giacomo Puccini, italienischer Opernkomponist, stirbt im Alter von 65 Jahren in einer Brüsseler Klinik. → S. 187

30. November, Sonntag

Fast 2000 Industrielle aus dem ganzen Reichsgebiet kommen zum Eisenhüttentag in Düsseldorf, darunter Albert Vögler, Peter Klöckner und Gustav Krupp von Bohlen und Halbach.

Das Wetter im Monat November

Station	Mittlere Lufttemperatur (°C)	Niederschlag (mm)	Sonnenscheindauer (Std.)
Aachen	5,7 (6,0)	65 (67)	– (62)
Berlin	3,2 (3,9)	18 (46)	– (50)
Bremen	4,4 (5,3)	13 (60)	– (50)
München	1,9 (3,0)	36 (53)	– (54)
Wien	– (4,5)	– (53)	– (–)
Zürich	3,8 (3,3)	11 (72)	43 (51)

( ) Langjähriger Mittelwert für diesen Monat
– Wert nicht ermittelt

Der Maler Max Ernst gestaltet das Titelbild der US-amerikanischen Zeitschrift »The Little Review« als Buchstaben-Collage

Triumphaler Wahlerfolg für US-Präsident Coolidge

4. November. Mit großer Mehrheit wird der Republikaner Calvin Coolidge zum Präsidenten der USA wiedergewählt. Coolidge, der das Amt bereits seit dem Tod seines Vorgängers, Warren Gamaliel Harding, im August 1923 innehatte, profitiert von der Uneinigkeit innerhalb der Opposition. Gegenkandidaten waren der Demokrat John W. Davis und Robert Marion La Follette als Kandidat seiner neuen Progressiven Partei. Vizepräsident wird Charles Gates Dawes.

Auf Coolidge entfallen 13 303 118 Stimmen, auf Davis 7 979 172 und auf La Follette 3 847 959. Die Zahl der Wahlmännerstimmen (insgesamt 531) beträgt für Coolidge 379, für Davis 139 und für La Follette 13.

Der nüchterne Geschäftsgeist des Republikaners mit dem Grundsatz »The business of America is business« (engl. »Die Sache Amerikas ist das Geschäft«) korrespondiert offenbar mit einer auf Geschäft und Erfolg eingestellten Gesellschaft und der in ihr tonangebenden, erfolgreichen Wirtschaftswelt. Die US-amerikanische Gesellschaft erlebt seit 1922 in der Wirtschaft eine Prosperität, die im wesentlichen auf der enormen Produktivitätssteigerung in der Industrie beruht. Ihren politischen Erfolg erringen die Republikaner als Partei des Big Business. Die großen Geschäftsinteressen prägen die Regierungstätigkeit. Finanzminister Andrew W. Mellon, Aluminium-Magnat und Multimilionär, bevorzugt durch Einschränkung der Regierungseingriffe die Großverdiener.

Einen um so vollständigeren Sieg erringt Coolidge, der mit dem Slogan »Coolidge oder das Chaos« den Wahlkampf geführt hat, weil die Demokraten gespalten sind, und La Follette ihnen beinahe vier Millionen Wählerstimmen abjagt. Auf dem demokratischen Nominierungskonvent hat sich der parteiinterne Konflikt zwischen den Demokraten der Großstädte und den Farmern im Westen und Süden deutlich gezeigt (→ 9. 7./S. 117). Prohibition und Ku-Klux-Klan sind nur zwei der umstrittenen Themen.

Zum erstaunlichen Erfolg La Follettes hat auch die Unzufriedenheit der Farmer beigetragen. Coolidge ist nämlich nicht bereit, die notleidende Landwirtschaft zu unterstützen. Die Furcht vor dem »Umsturz«, so ein Kommentar, habe jedoch die Massenflucht republikanischer Wähler zu La Follette verhindert.

Gleichzeitig mit dem US-Präsidenten werden das Repräsentantenhaus und ein Drittel des Senats gewählt. Beide Häuser haben nun eine republikanische Mehrheit.

Frauen als Wahlpropagandistinnen bei einer im Madison Square Garden in New York abgehaltenen Wahlveranstaltung der Progressiven Partei von Robert Marion La Follette, der mit seinem radikalen Reformprogramm überraschend gut abschneidet

Zufriedener Calvin Coolidge nach seiner Wiederwahl; der US-Präsident mit seiner Frau auf dem Balkon des Weißen Hauses in Washington

John W. Davis, *der seine Nominierung zum Präsidentschaftskandidaten der Demokraten nur der Zerstrittenheit seiner Partei verdankt, hatte als politisch wenig profilierter Kompromißkandidat nur geringe Erfolgschancen (→ 9. 7./S. 117). Der Rechtsanwalt aus Clarksburg/West Virginia war 1913 vom damaligen US-Präsidenten Woodrow Wilson zum Generalbundesanwalt der Vereinigten Staaten von Amerika ernannt worden. Von 1919 bis 1921 war Davis US-Botschafter in London, seit dem arbeitete er wieder in seinem Beruf als Rechtsanwalt.*

Robert Marion La Follette, *Reformpolitiker aus Wisconsin, schneidet bei den US-Präsidentschaftwahlen überraschend gut ab (→ 4. 11. /S. 180). Als Gouverneur (1900 – 06) und Senator (seit 1906) für Wisconsin kämpft La Follette seit Jahren für ein politisches und soziales Reformprogramm (sog. Wisconsin Idea). Seine Progressive Partei will u. a. Eisenbahnen und Wasserkraft verstaatlichen, Steuern auf kleine Einkommen senken, eine staatliche Verkaufsorganisation für Agrarprodukte errichten und die Staatsbank öffentlicher Kontrolle unterstellen.*

Kuomintang-Führer Sun Yat-sen, umgeben von Offizieren seines Generalstabs, bei einer zeremoniellen Fahnenübergabe an die Truppen in Kanton

Nach europäischem Vorbild uniformierte chinesische Regierungstruppen; neben diesen regulären Einheiten operieren in China zahlreiche Privatarmeen

Chinesischer Bürgerkrieg tobt weiter

24. November. Neuer Präsident der Republik China wird Tuan Ch'i-jui. Zuvor hatte Feng Yü-hsiangs Nationalarmee Peking besetzt und den bisherigen Präsidenten Ts'ao K'un zum Rücktritt veranlaßt. Auch hatte der »Christliche General« Feng Yü-hsiang am → 5. November (S. 181) den kaiserlichen Palast besetzt und den ehemaligen Kaiser von China P'u I vertrieben.

Seit 1919 herrscht in weiten Teilen Chinas Bürgerkrieg. Verschiedene »Kriegsherren« (warlords) versuchen, ihren jeweiligen Machtbereich auszudehnen. Zu den mächtigsten dieser Generäle gehören Tschang Tso-Lin, Herrscher in der nordöstlichen Mandschurei, Feng Yü-hsiang und Wu Pei-fu. In Südchina (Kanton) hat Kuomintang-Führer Sun Yat-sen eine revolutionäre Gegenregierung gebildet.

Anfang September 1924 flackerte der Bürgerkrieg wieder auf. Es kommt zu längeren Kämpfen bei Schanghai. Ein mit Tschang Tso-Lin und Sun Yat-sen verbündeter lokaler Kriegsherr kämpft gegen einen Parteigänger von Präsident Ts'ao K'un und General Wu Pei-fu. Tschang Tso-Lin erklärt der Pekinger Regierung am 8. September den Krieg. Wu Pei-fu übernimmt den Oberbefehl über die Regierungstruppen, Feng Yü-hsiang übernimmt die Führung der Nordarmee. Eine Offensive Wu Pei-fus wird im Oktober durch einen Staatsstreich Fengs vereitelt, der sich nach Peking zurückzieht und zusammen mit Tschang Tso-Lin Wu Pei-fu eine vernichtende Niederlage zufügt.

Der neue Präsident Tuan Ch'i-jui hat die Unterstützung von Marschall Tschang Tso-Lin, General Feng Yü-hsiang und Sun Yat-sen. Sie wollen eine Konferenz zur Reorganisation Chinas einberufen.

Letzter Kaiser von China P'u I nach seiner Vertreibung aus dem Kaiserpalast; im Haus seines Vaters, Prinz Chun, wurde er unter Bewachung gestellt

Vertreibung P'u Is aus Kaiserpalast

5. November. Truppen unter dem Befehl des »Christlichen Generals« Feng Yü-hsiang besetzen den Kaiserpalast in Peking. Dem ehemaligen Kaiser von China P'u I bleiben zur Räumung der »Verbotenen Stadt« nur wenige Stunden Zeit. Feng will mit seinem Handstreich gegen P'u I vollendete Tatsachen schaffen. Der gegen Peking vorrückende Tschang Tso-Lin gilt als Begünstiger der Mandschudynastie.

Insgesamt 276 Jahre hatten die Mandschuren von Peking aus das Reich der Mitte regiert. Der letzte Kaiser von China wird nun aus dem Kaiserpalast vertrieben. Er wird zunächst in das Haus seines Vaters gebracht. Zuvor wird ein neues Abkommen zwischen P'u I und der Republik China geschlossen, das u. a. die Zahlungen an die Mandschudynastie drastisch herabsetzt.

Der zweijährige Prinz P'u I war am 2. Dezember 1908 als Kaiser Hsün Ti inthronisiert worden. Schon am 12. Februar 1912 proklamierte die Kaiserinwitwe Lung Yü in P'u Is Namen die Abdankung des Kaisers und verfügte die Gründung der Republik China. Seither residierte P'u I als Ex-Kaiser ohne Machtbefugnisse in der »Verbotenen Stadt«.

Massendemonstration von österreichischen Gewerbetreibenden in Wien, die gegen die hohen Steuern protestieren

Kanzler Seipel stürzt über Sparpolitik

8. November. Österreichs christlichsozialer Bundeskanzler Ignaz Seipel tritt mit seinem dritten Kabinett zurück. Äußerer Anlaß ist ein Eisenbahnerstreik, ausschlaggebend für die Demission sind jedoch die anhaltenden Differenzen mit den Bundesländern wegen der Sparpolitik der Bundesregierung.

Während Seipel in dieser Frage entschieden das zentralistische Prinzip vertritt, denken die Christlichsozialen in den Ländern föderalistisch. Sie widersetzen sich der auch vom Finanzkomitee in Genf geforderten Anwendung der rigorosen Sparpolitik auf die Länder und Gemeinden. Daraufhin verzichtet Seipel, dem es seit 1922 mit Unterstützung des Völkerbunds gelungen ist, die österreichische Währung zu sanieren, auf die Wiederwahl zum Bundeskanzler, zumal seine Gesundheit durch das Attentat am → 1. Juni (S. 96) angegriffen ist. In bürgerlichen Kreisen wird der Rücktritt Seipels bedauert. Seipel bleibt jedoch Obmann der Christlichsozialen Partei. Sein Nachfolger ist der Christlichsoziale Karl Ramek. Am 20. November bildet er seine sog. Länderregierung, die sich vor allem auf Politiker aus den Bundesländern stützt. Es ist wieder eine christlichsozial-großdeutsche Koalition.

◁ Rudolf Ramek bildet das sog. Länderkabinett; der zurückgetretene Kanzler Ignaz Seipel hatte Ramek als Nachfolger vorgeschlagen; die Ramek-Regierung führt Seipels Sanierungswerk zu Ende

▽ Neue österreichische Regierung; (sitzend v. l.) Justizminister Waber, Kanzler Ramek, Finanzminister Ahrer, (stehend v. l.) Landwirtschaftsminister Buchinger, Unterrichtsminister Schneider, Außenminister Mataja, Vaugoin (Heerwesen), Resch (Soziale Verwaltung), Schürff (Handel und Verkehr)

Äußere Mongolei wird Volksrepublik

26. November. Die Mongolische Volksrepublik wird proklamiert. Der zentralasiatische Staat steht unter starkem Einfluß der benachbarten UdSSR. Staats- und Ministerpräsident wird Korlin Tschoibalsan.

Zuvor waren mit sowjetischer Unterstützung chinesische und weißrussische Truppen aus der Äußeren Mongolei vertrieben worden. Die Monarchie wird abgeschafft, die Feudalherren werden enteignet. Grund und Boden gehen in Staatsbesitz über; die Bodenschätze des Landes werden verstaatlicht.

Nach dem Sturz der Mandschudynastie in China (1911) hatte sich die Äußere Mongolei, die nun Volksrepublik wird, 1912 von China gelöst. Das Land war 1915 – 1919 erneut von chinesischen Truppen besetzt worden, die von einer starken Unabhängigkeitsbewegung aber endgültig vertrieben wurden.

Verfahren gegen 149 Kommunisten

27. November. In einem Prozeß gegen 149 Kommunisten vor dem Militärgericht in Reval (seit 10. 11.) werden harte Urteile gesprochen. Mit diesem Prozeß soll der kommunistischen Agitation in Estland, die seit Ende 1923 an Heftigkeit zugenommen hat, ein Ende gesetzt werden.

Noch während des Prozesses war der Gewerkschaftsführer und Parlamentsabgeordnete Jaan Tromp wegen Beleidigung des Gerichts vor ein Standgericht gestellt und am 15. November hingerichtet worden.

Wegen Spionage zugunsten der Sowjetunion und der Vorbereitung des Umsturzes in Estland werden 39 Angeklagte zu lebenslänglichem Zuchthaus, 30 zu 15 Jahren, 72 zu drei bis zehn Jahren Haft verurteilt. Sieben Angeklagte werden von dem Gericht freigesprochen.

Die Sowjetunion erhebt offizielle Proteste gegen die Hinrichtung Tromps. Leningrader Zeitungen schreiben über »blutige Repressalien« gegen das estnische Proletariat (→ 1. 12. /S. 197). Das scharfe Durchgreifen gegen die illegalen kommunistischen Organisationen ist bedingt durch die Angst der estnischen Regierung vor der Sowjetunion, von der Estland erst 1918 unabhängig wurde.

Kairo: Schüsse auf britischen General

19. November. Auf den britischen Oberbefehlshaber der ägyptischen Armee und Generalgouverneur des Sudan, Generalmajor Sir Lee Stack, wird in Kairo ein Revolverattentat verübt. Stack erliegt seinen schweren Verwundungen am folgenden Tag. Erhebliche ägyptisch-britische Spannungen infolge des Attentats führen am 24. November zum Rücktritt der ägyptischen Regierung unter Sad Saghlul.

Ministerpräsident Sad Saghlul spricht dem britischen Oberkommissar, Lord Edmund Henry Hynmann Allenby, sofort nach der Tat sein Bedauern aus. Ultimativ fordert die britische Regierung, die das Attentat als Folge einer von der ägyptischen Regierung geduldeten antibritischen Kampagne sieht, am 22. November u. a.: Verfolgung der flüchtigen Täter, Zahlung einer Buße in Höhe von 500 000 Pfund, Zurückziehung aller ägyptischen Offiziere und der rein ägyptischen Einheiten aus dem Sudan, Freigabe der Bewässerung im Sudan.

Die Lage spitzt sich zu, als die nationalistische Wafd-Regierung unter Sad Saghlul die Forderungen bezüglich des Sudans, der seit 1899 unter gemeinsamer britischer und ägyptischer Herrschaft steht, nicht erfüllen will. Britische Streitkräfte besetzen die Zollgebäude von Alexandrien. Daraufhin tritt Wafd-Führer Sad Saghlul, der erst am → 12. Januar (S. 20) mit großer Mehrheit gewählt worden war, zurück. Nachfolger Ahmad Ziwar Pascha akzeptiert sämtliche Bedingungen der Briten.

Am Ort des Attentats auf Sir Lee Stack in Kairo wird eine nicht explodierte Bombe von Soldaten mit Matratzen und Sandsäcken gesichert; die flüchtigen Attentäter hatten auf das Auto von Sir Stack geschossen

◁ Regierungswechsel in Ägypten nach der Ermordung des britischen Oberbefehlshabers der ägyptischen Armee, Sir Lee Stack: Das neue Kabinett wartet vor dem Portal des Parlaments in Kairo auf König Fuad I.

Militante Farmer gegen Los Angeles

17. November. In Kalifornien kommt es zu einer militanten Protestaktion von Farmern im Tal des Owens River, aus dessen Wasserläufen die Stadt Los Angeles ihre Wasserleitungen speist.

Etwa 100 schwerbewaffnete Bauern besetzen das Stauwerk im Owenstal und öffnen die Fluttore, so daß die Wasserversorgung von Los Angeles gefährdet ist. Sie behaupten, daß sie zu diesem Vorgehen durch die Wasserwirtschaft der Stadt gezwungen worden seien. Nicht nur seien ihre Wasserrechte aufs gröblichste verletzt worden, sondern die Art der Wasserausnützung durch Los Angeles drohe, die fruchtbaren Felder des Owenstals in unwirtliches, ausgetrocknetes Land zu verwandeln.

Seit 1913 wird etwa 60 km oberhalb der Flußmündung in den Owens Lake der größte Teil des Wassers in den 375 km langen Los Angeles Aquädukt abgeleitet. Noch nie hat der jahrelange Streit zwischen den Farmern des Owenstals und der Stadt Los Angeles so ernste Formen angenommen. Die Stadt erwirkt eine einstweilige Verfügung; die Entsendung von Bundestruppen ins Owenstal lehnt Washington jedoch ab. Die Farmer, auf längeres Verweilen eingestellt, wollen ihre Position gegebenenfalls auch gegen Truppen verteidigen.

Politiker als Agitatoren: Gemütlich, verbittert oder witzig

November. Durch Fotos bekannter Politiker als Redner läßt sich »Die Woche« zur folgenden Beschreibung von Agitatoren-Typen anregen: »Der Agitator . . . kommt in so viel Spielarten vor, daß es unmöglich wäre, sie aufzuzählen . . . [Es gibt] den pathetischen und den sarkastischen, den witzigen, den gemütlichen, den verbitterten . . . Denn Agitatoren sind natürlich . . . verschieden . . . an Charakter, an Wissen und Geschmack, an Temperament, Schlagfertigkeit . . . und an – Stimme. Sie ist ein überaus wichtiges Handwerkszeug für den Agitator, und eine sonore Stimme, ein schön klingendes Organ vermögen auch einer leichten Gedankenfracht das Ansehen einer wertvollen Ladung zu geben.«

Als die »große Geste des Phlegmatikers« interpretiert die Zeitschrift »Die Woche« die Gestik des US-amerikanischen Senators Johnson während einer politischen Rede

Der britische Liberale David Lloyd George während des Wahlkampfes in London; Lloyd George gilt als »nuancierter Sprecher«, der »gelassen« seine Möglichkeiten abwägt

US-Präsident Calvin Coolidge spricht in der Georgetown University; er ist als schweigsam, als das Gegenteil des geborenen Redners bekannt, der seine Reden abliest

Der US-amerikanische Staatssekretär Bryan versteht es, so die Zeitschrift »Die Woche«, »wie ein Donnerwetter zu poltern« und seine Zuhörer so zu beeindrucken

Monarchistische Pläne in Bayern

6. November. Angesichts verstärkter Aktivitäten monarchistischer Kreise in Bayern verdichten sich Gerüchte über Putschpläne.

Der Bayerische Heimat- und Königsbund, überparteiliche Organisation der Monarchisten, propagiert eifrig den Gedanken einer unmittelbar bevorstehenden Lösung der Königsfrage. Ex-Kronprinz Rupprecht wird in Presseveröffentlichungen in Verbindung mit den Bestrebungen des Heimat- und Königsbunds gebracht. Monarchistisch orientierte Blätter fordern die regierende Bayerische Volkspartei (BVP) auf, endlich aus ihrer »platonischen Königstreue« herauszutreten und für die Wiederherstellung der Monarchie zu handeln. Die regierungsnahe Presse lehnt die Putschpläne ab mit dem Hinweis auf die »staatsrechtliche Monstrosität eines bayerischen Königs im Reiche [Friedrich] Eberts« (»Regensburger Anzeiger«).

Stellenabbau zum Jahresende stoppen

6. November. Das Reichskabinett befaßt sich mit dringenden Fragen, deren Lösung auf gesetzlichem Weg durch die Auflösung des Reichstags (→ 20. 10./S. 163) vorerst blockiert ist. Mit Inkrafttreten des Dawesplans (→ 16. 8./S. 130) und Verwirklichung der 800-Millionen-Goldmark-Anleihe (→ 10. 10. /S. 168) müßten durchgreifende Reformen sofort in Angriff genommen werden, so die Meinung im Kabinett.

Zu den bereits beschlossenen Steuer- und Preissenkungen (→ 12. 9./ S. 151) kommen folgende Maßnahmen: Auf dem Verwaltungsweg sollen Schutzmaßnahmen und Milderungen im Personalabbau durchgeführt werden. Insbesondere soll der Stellenabbau Ende des Jahres eingestellt werden. Die Reichsregierung beabsichtigt eine Aufbesserung der Beamtengehälter. Ferner sollen die Bestrebungen zur Preissenkung fortgesetzt werden.

Regierung Heldt weiter im Amt

8. November. Der Landtag in Sachsen lehnt nach längerer Debatte Anträge zur Landtagsauflösung von der Deutschnationalen Volkspartei (DNVP) und den Kommunisten sowie einen Mißtrauensantrag der Kommunisten gegen die Regierung ab. Bis auf weiteres verbleibt also die Regierung des Freistaats in den Händen der Großen Koalition unter Max Heldt (SPD).

Bis zuletzt war unklar geblieben, wie das Abstimmungsergebnis ausfallen würde, und ob sich die Landesregierung würde halten können. Der linke SPD-Parteiflügel lehnt nämlich die Koalition Heldts mit den bürgerlichen Parteien vehement ab (→ 4. 1./S. 15). So stimmen 17 SPD-Abgeordnete entsprechend einem Beschluß der Landespartei für die Landtagsauflösung, während 23 Sozialdemokraten im Sinne der Weisung des Reichsparteivorstandes die Anträge ablehnen.

Franzosen beenden Eisenbahnregie

16. November. Der Betrieb der Regieeisenbahnen des von Franzosen und Belgiern besetzten Gebiets an Rhein und Ruhr geht auf die gemäß dem Dawesplan gebildete Deutsche Reichsbahngesellschaft über. Damit ist die letzte Etappe der wirtschaftlichen Räumung des Ruhrgebiets (→ 3. 9./S. 148) vollzogen.

Aus Anlaß der Rückgabe der Eisenbahnen, die im Zuge der Ruhrbesetzung der französischen »Régie des Chemins de Fer des Territoires Occupés« (genannt: Regie) unterstellt worden waren, in die deutsche Verwaltung, erläßt Reichsbahnchef Rudolf Oeser (→ 11. 10./S. 163) einen Aufruf an das Eisenbahnpersonal der besetzten Gebiete. Für »jeden deutschen Eisenbahner« sei es »ein Anlaß zu großer Freude«, »daß die Bahnen wieder deutsch« seien. Ein »freudiges Zusammenarbeiten mit den Kameraden des unbesetzten Gebietes« sei nun wieder möglich.

Flettners Segelmaschine: Das Rotor-Schiff

2. November. *Allgemeines Aufsehen im In- und Ausland erregt das neuartige Windkraftschiff (Abb.), das der deutsche Ingenieur Anton Flettner, auch Erfinder des Flettner-Ruders, konstruiert hat. Auf der Kieler Germaniawerft ist das Schiff »Buckau« mit einem Flettner-Rotor ausgerüstet worden: An einer senkrechten Achse ist ein Metallzylinder montiert, der bei Wind rotiert und eine quer zur Strömung gerichtete Kraft erzeugt (Magnus-Effekt). Bei bisherigen Versuchsfahrten auf der Ostsee haben sich, wie der Flettner-Konzern verlauten läßt, die in das Walzensegel gesetzten Erwartungen voll erfüllt. Der Flettner-Rotor habe den 15fachen Effekt eines entsprechenden Segels und könne von einem einzigen Mann elektrisch bedient werden. Er könnte, so das Unternehmen, für die Großschiffahrt erhebliche Einsparungen bei den Betriebskosten bringen. Im Gegensatz zum Flettner-Ruder, einem Flugzeugruder mit Hilfssteuerfläche, kann sich der Flettner-Rotor jedoch nicht durchsetzen.*

Katastrophales Rhein-Hochwasser

3. November. *Infolge ungewöhnlich starker und anhaltender Regenfälle der letzten Tage kommt es im Rhein-Main-Gebiet zu einer Hochwasserkatastrophe. Rhein, Main, Neckar und Mosel treten über die Ufer. In der Nacht vom 4. auf den 5. November erreicht das Rhein-Hochwasser seinen Höchststand bei 8,52 m, anschließend beginnt es zu fallen. In zahlreichen Orten entstehen z. T. erhebliche Sachschäden. Besonders schwer betroffen sind Köln (Abb.), Frankfurt/Main und Koblenz, wo ganze Stadtteile überschwemmt werden. An die betroffene Bevölkerung werden Lebensmittel verteilt. Die Reichsregierung sagt Unterstützung des Notstandsgebiets zu. Zwischen Bingen und Koblenz ist die Schiffahrt eingestellt. Auch aus Frankreich und Belgien wird ein starkes Ansteigen der Flüsse gemeldet, namentlich der Rhone, der Maas und der Seine. Die Behörden haben die Bevölkerung aufgefordert, Wohnungen an den Flußufern zu verlassen.*

Neue Fluglinie von Moskau nach Paris

16. November. Außer der bereits bestehenden Luftverkehrslinie Moskau-Berlin-London wird nun auch eine Verbindung Moskau – Berlin – Paris eingerichtet. Die Deutsch-Russische Luftverkehrsgesellschaft (Deruluft) hat bisher den Luftverkehr Moskau-Berlin-London zusammen mit der britischen Imperial Airways ausgeführt. Durch eine Vereinbarung mit der niederländischen Fluggesellschaft KLM wird in Fortführung der Strecke Moskau – Berlin – Amsterdam die direkte Verbindung nach Paris geschaffen. In der Presse wird der völkerverbindende Charakter der Strecke betont.

Bei steigender Nachfrage weitet sich das Flugnetz in Europa rasch aus. Ende Juli 1924 wurde die erste regelmäßig bediente Nachtfluglinie für Post und Frachtgut auf der Strecke Berlin – Warnemünde – Karlskrona – Stockholm eröffnet.

Pionierzeit des Luftverkehrs

Nachdem während des Ersten Weltkriegs erstmals Flugzeuge in größerer Serie hergestellt worden waren, nimmt der internationale Luftverkehr nach Kriegsende einen raschen Aufschwung. 1919 werden zahlreiche Luftverkehrsgesellschaften gegründet, z. B. die niederländische KLM, und auch die International Air Traffic Association (IATA). Internationale Linien verbinden die Metropolen Europas: London – Paris (1919), Malmö – Kopenhagen – Amsterdam (1920) u. a. Die Gründung der Deutschen Luftreederei (DLR) im Jahr 1917, an deren Spitze der Militärpilot Walter Mackenthun und Egon von Rieben stehen, markiert den Beginn des deutschen Zivilluftverkehrs. Das 1918 gegründete, von Flugpionier August Euler geleitete Reichsluftamt erteilt der DLR im Januar 1919 die Zulassung für den Luftverkehr; am 5. Februar 1919 wird die erste öffentliche Fluglinie Berlin – Leipzig – Weimar eröffnet (Pilot: Otto Könnecke). Rasch wird im Inland ein enges Liniennetz aufgebaut. Marktbeherrschend sind 1924 die beiden Konkurrenten Aero Lloyd AG (Vereinigung der DLR mit kleineren Luftverkehrsunternehmen) und die Junkers Luftverkehrs AG von Hugo Junkers.

Luftaufnahme vom US-Marinehafen in Philadelphia mit zahlreichen eingemotteten Kriegsschiffen: Neun Schlachtschiffe (im Hintergrund mit Gittermasten) und über 120 Zerstörer der US-Navy sind hier vor Anker gelegt worden

US-Navy versenkt Großkampfschiff

25. November. Aufgrund des Washingtoner Abkommens, in dem sich die Seemächte auf eine Begrenzung der Kriegsflotten geeinigt haben, versenkt die US-Marine bei Virginia Cap das Schlachtschiff »Washington«. US-Marineminister Curtis D. Wilbur bezeichnet vor der Presse die aus der Versenkung gezogenen Erkenntnisse als wertvoll für die nationale Verteidigung.

Das zwischen den USA, Großbritannien, Frankreich und Japan 1921 abgeschlossene, 1923 in Kraft getretene Flottenabkommen setzt die Gesamttonnage an Großkampfschiffen (Schlachtschiffen) wie folgt fest: Die USA und Großbritannien dürfen bis zu einer Gesamttonnage von je 525 000 t, Japan bis zu 315 000 t und Frankreich bis zu 175 000 t Großkampfschiffe besitzen. Kein Schlachtschiff darf größer als 35 000 t sein. Auch die Bewaffnung der Großkampfschiffe wird durch das Abkommen eingeschränkt. Innerhalb der nächsten zehn Jahre darf kein neues Großkampfschiff auf Kiel gelegt werden. Über leichte Kreuzer, Torpedoboote, Zerstörer und U-Boote sind in dem Washingtoner Abkommen jedoch keine Regelungen getroffen.

Bildungswesen 1924:

Richertsche Schulreform will höhere Schulen umkrempeln

Die vom preußischen Kultusministerium im März 1924 veröffentlichte Denkschrift über »Die Neuordnung des preußischen höheren Schulwesens« löst eine breite Diskussion aus. Immerhin betrifft dieses Reformvorhaben mit der preußischen etwa zwei Drittel der deutschen höheren Schulen. Gestalter der Reform ist Hans Richert, seit 1923 Ministerialrat im preußischen Kultusministerium. Als »Richertsche Schulreform« wird sie im Jahr 1925 in Preußen verwirklicht.
Zunächst betont die Denkschrift mit Nachdruck, daß die Reform in ihren organisatorischen Grundgedanken und in ihren Bildungszielen, keine, wie Kritiker argwöhnen, »mit schönen Worten verschleierte Sparmaßnahme« sei. Vielmehr ergebe sie sich mit innerer Notwendigkeit aus der veränderten »Kulturlage« im Deutschen Reich seit 1901, dem Jahr der letzten Reform und aus der reformpädagogischen Bewegung der letzten Jahre (→ 28. 8./S. 140).
Angestrebt wird ein Bildungssystem, das in seinen verschiedenen Stufen und Formen innerlich aufeinander bezogen und nach einheitlichen Gesichtspunkten gestaltet ist. Dieses System bezeichnet Richert als »Einheitsschule«. Die künftigen höheren Schulen sollen in diesem »System der Einheitsschule eine organische Verbindung mit der Volksschule und der Hochschule« (Richert) bilden. Damit verbinden sich, wie Preußens Kultusminister Otto Boelitz (DVP) ausführt, »starke soziale Gedanken: für alle Kinder das gleiche Recht auf Bildung und Erziehung, Beseitigung der Standesschule, Überbrückung der Gegensätze im Volk im Sinne der Erziehung zur Volksgemeinschaft«.
Grundgedanke der Reform des höheren Schulwesens ist die größere Selbständigkeit der Schüler:

Kinderhort im Berlin-Schöneberger Werner-Siemens-Gymnasium: Gymnasiasten zeigen bei der Versorgung notleidender Kinder soziales Engagement

Maifeier der Londoner Schulkinder; dieses Schulfest wird in Großbritannien und den USA immer populärer

»Die Verkürzung der Wochenstundenzahl auf 30 und damit der Überfülle und Buntheit der Lehrstoffe und Lehrfächer ist die Voraussetzung einer Vertiefung, die in selbständigen zusammenhängenden Arbeiten der Schüler im Gegensatz zur hastigen nach Minuten berechneten Hausarbeit ihr Ziel sieht ... Die freien Nachmittage sollen der körperlichen, seelischen und geistigen Gesundheit der jetzt über Gebühr belasteten Jugend dienen ...«
Die Reform will das starre System der Lehrpläne und der Prüfungsordnung durch das »Grundprinzip der Freiheit« überwinden. Angestrebt wird die Durchdringung der Bildung mit kunsterzieherischen, staatsbürgerlichen und sozialen Erziehungsgedanken gemäß den Idealen der Jugendbewegung (Wandervogel). Eine bemerkenswerte Neuerung im höheren Schulwesen ist die später auch in einigen anderen Ländern neben Gymnasium, Realgymnasium und Oberrealschule eingeführte Deutsche Oberschule mit Deutsch, Geschichte, Religion (den sog. »Wandervogelfächern«) und Kunst als Kernbereich der Bildung.
Mit der Reform werden auch Einsparungen erreicht. Da die Klassenfrequenzen nicht mehr steigen sollen – durch den seit 1914 bedeutenden Zuwachs an Schülern und Schülerinnen an den höheren Schulen entfielen 1923 auf jede Lehrkraft schon 23 Schüler und 21 Schülerinnen (1914: 20 und 20) –, soll u. a. durch Erhöhung der Pflichtstundenzahl der Lehrer auf 25 pro Woche gespart werden.
Kritiker halten dagegen eine Verkürzung der höheren Schule von neun auf acht Jahre für sinnvoller. Seit nämlich durch das Grundschulgesetz vom 28. April 1920 die vierklassige Grundschule als Pflichtschule eingeführt und die sog. Unterrichtspflicht, die auch im häuslichen Unterricht erfüllt werden konnte, beseitigt worden ist, treten viele Eltern und zahlreiche Städte aus Kostengründen für eine Verkürzung der Klassenstufen in den höheren Schulen ein, um die Gesamtdauer des Schulbesuchs wieder zu reduzieren.

Weltweite Trauer um Komponisten Giacomo Puccini

29. November. Komponist Giacomo Puccini stirbt 65jährig in einer Brüsseler Klinik. Zum Zeichen der Trauer um den größten Vertreter der italienischen Oper neben Giuseppe Verdi bleiben abends in allen Opernhäusern der Welt die Vorhänge geschlossen. Vergebens hatte der an Kehlkopfkrebs leidende Komponist bis zuletzt um die Vollendung seiner wohl bedeutendsten Oper »Turandot« gerungen.

Seit 1920 hatte der Schöpfer von Welterfolgen wie »Manon Lescaut«, »Tosca« und »Madame Butterfly« an diesem Spätwerk gearbeitet. Ihm schwebte »eine originelle, vielleicht sogar einzigartige Oper« vor. Immer wieder trieb er seine beiden Librettisten Renato Simoni und Giuseppe Adami zur Eile an. »Schlaft mir nicht, meine teuren Dichter!«, schrieb er voller Ungeduld; regelrechte Todesahnungen plagten ihn. Im November 1923 hatte Puccini dann die Klavierfassung abgeschlossen, im Februar 1924 die Instrumentation. Die Partitur bricht allerdings mit dem Opfer-Selbstmord der liebenden Sklavin Liù ab. Zum Höhepunkt des Werks, dem Liebesduett von Prinzessin Turandot und Kalaf, kommt der Komponist nicht mehr.

Beisetzungsfeierlichkeiten für den Komponisten Giacomo Puccini vor dem Mailänder Dom; Tausende säumen den Weg des Leichenzugs trotz des Regens

Erste Anzeichen seiner Krankheit hatte Puccini, der jahrelang stark geraucht hatte, ignoriert. Als seine Gesundheit sich seit dem Frühjahr 1924 rapide verschlechterte, entschloß er sich zur ärztlichen Behandlung in einer Brüsseler Spezialklinik. Wenige Tage nach einem operativen Eingriff stirbt Puccini nach einem Herzanfall.

Am 1. Dezember wird sein Leichnam nach Italien überführt; am 3. Dezember findet unter großer Beteiligung der Bevölkerung die Trauerfeier im Mailänder Dom statt. Der Komponist Arturo Toscanini dirigiert das Requiem aus Puccinis Jugendwerk »Edgar«.

Das letzte Duett und die Finalszene von »Turandot« vollendet der Komponist Franco Alfano nach Aufzeichnungen von Puccini. Die Oper wird am 25. April 1926 in der Mailänder Scala uraufgeführt.

Puccini, erschöpft und gezeichnet von seiner schweren Krankheit

»Tosca« und »Madame Butterfly« begeistern Millionen

Schon die dritte Oper »Manon Lescaut« (1893) bringt dem italienischen Komponisten Giacomo Puccini den erhofften Erfolg. Welterfolge sind dann »La Bohème« (1896) und »Tosca« (1900). Die später so beliebte »Madame Butterfly« ist jedoch 1904 bei der Uraufführung in Mailand ein Mißerfolg. Weitere Puccini-Opern: »Das Mädchen aus dem goldenen Westen« (1910), »Die Schwalbe« (1917) und die Trilogie »Der Mantel«, »Schwester Angelica«, »Gianni Schicchi« (1918). Das Spätwerk »Turandot« ist unvollendet (→ 29. 11./S. 187).

Emailliertes silbernes Zigarettenetui aus dem Besitz des Komponisten Giacomo Puccini, auf dem eine Szene aus dem dritten Bild seiner Erfolgsoper »La Bohème« abgebildet ist

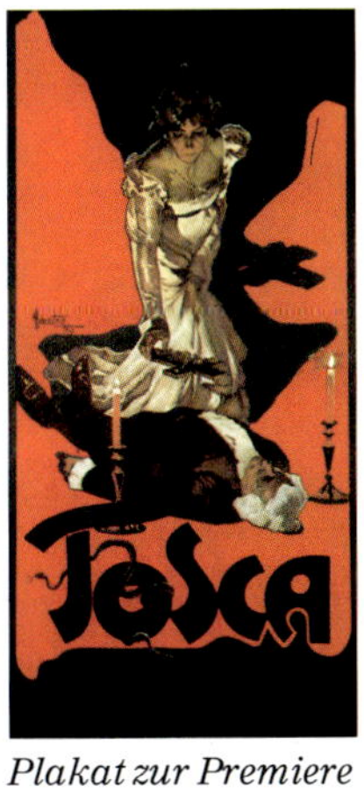

Plakat zur Premiere der Oper »Tosca« im Teatro Constanzi in Rom, 1900

Plakat von Adolf Hohenstein zu »Madame Butterfly« von Puccini; »Butterfly« war das Lieblingswerk des Komponisten in der Reihe der eigenen Opern, da er sie als die »tiefempfundenste« betrachtete

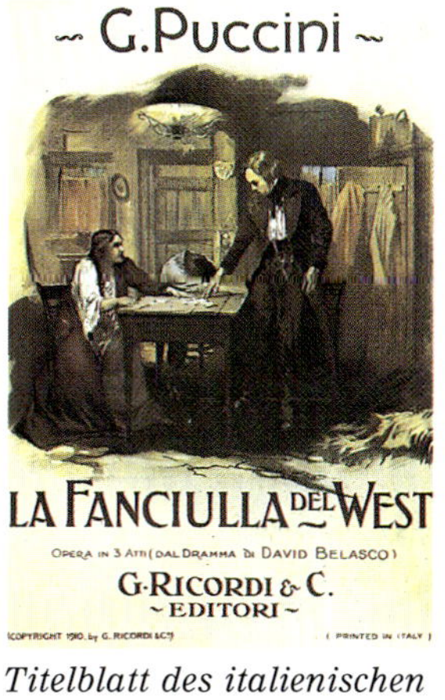

Titelblatt des italienischen Librettos der Puccini-Oper »Das Mädchen aus dem Goldenen Westen« (1910)

Rodtschenko-Foto von seiner Frau W. Stepanowa

»LEF«-Redakteur Osip M. Brik

Alexandr Schewtschenko (alle 1924)

Avantgarde-Künstler experimentieren mit neuen, künstlerischen Möglichkeiten der Fotografie

Alexandr M. Rodtschenko, konstruktivistischer Künstler in der Sowjetunion, legt 1924 Porträtaufnahmen vor von seiner Frau, der Künstlerin Warwara Stepanowa, dem Schriftsteller und Redakteur der Zeitschrift »LEF«, Osip M. Brik, und Alexandr Schewtschenko. Es sind die Ergebnisse erster Experimente Rodtschenkos mit dem neuen Medium Fotografie. Fasziniert von den Möglichkeiten der Kamera, die den Gesetzen des menschlichen Auges nicht zu gehorchen braucht, sprengen Rodtschenko und andere Avantgarde-Künstler alle anerkannten Fotografierregeln. Dadaisten und Konstruktivisten in der Sowjetunion – Rodtschenko und Wladimir W. Majakowski – und im Deutschen Reich – El Lissitzky, László Moholy-Nagy, Kurt Schwitters, Max Burchartz, Friedrich Vordemberge-Gildewart, Herbert Bayer, Werner Graeff – geben, z. T. von der Fotomontage herkommend, wichtige Impulse für eine neue Kunst der Fotografie. Sie prägt auch moderne Typographie und Grafik.

Strauss: Uraufführung und Rücktritt

4. November. Am Staatlichen Schauspielhaus in Dresden wird »Intermezzo« uraufgeführt, die neue Oper von Richard Strauss. Kein durchschlagender Erfolg für den Komponisten und Dirigenten, dessen Rücktritt von der Leitung der Wiener Staatsoper wenige Tage zuvor fast mehr öffentliches Interesse weckt als die Oper.

Mit »Intermezzo« knüpft Strauss musikalisch an die kecke, selbstironische Laune seiner symphonischen Werke »Till Eulenspiegels lustige Streiche« und »Sinfonia domestica« an. In flüssigem, tempobetonten musikalischen Konversationston rollen die Bühnen- und Spielszenen ab. In gutmeinenden Kritiken heißt es u. a.: »Der Musikfreund weiß die gelungene Verschmelzung von Leidenschaft und delikater Instrumentation zu schätzen.«

Diesmal hat Strauss auf seinen bewährten Librettisten, den Dichter Hugo von Hofmannsthal, verzichtet und den autobiographisch gefärbten Text in reiner Prosa selbst verfaßt. »Intermezzo« schildert eine intime Episode aus dem Leben des Ehepaars Storch, einen Fast-Seitensprung der Frau. »Solche Selbstpreisgabe«, notiert Karl Holl in der »Frankfurter Zeitung«, »ist nicht jedem ohne weiteres verständlich oder angenehm.«

Nach dem heiter gemeinten, aber in dieser Absicht steckengebliebenen Ballett »Schlagobers« (→ 9. 5./S. 87) hätte Meister Richard Strauss einen Erfolg dringend gebraucht, zumal er als Operndirektor in die Schlagzeilen geraten ist. Wegen zunehmender Differenzen mit Franz Schalk, mit dem er seit 1919 gemeinschaftlich die Wiener Staatsoper geleitet hat, tritt Strauss nunmehr zurück. Die Doppeldirektion Strauss/Schalk litt an unklarer Kompetenzaufteilung; Intrigen traten an die Stelle anfänglich guter Zusammenarbeit. Anlaß für die Strauss-Demission, der sich nur noch als freischaffender Künstler betätigen will, ist eine Vertragsverlängerung für Schalk. Strauss hatte gehofft, der Vertrag seines Kollegen würde nicht mehr verlängert werden.

Skatszene aus der neuen Oper von Richard Strauss »Intermezzo«, die für den Komponisten nicht den gewünschten Erfolg bringt; stehend die Hauptfigur Robert Storch, in der sich Strauss selbst dargestellt hat

Vielgespielter und populärer Opernkomponist Richard Strauss

Mann-Roman »Der Zauberberg« erscheint

28. November. Im S. Fischer Verlag in Berlin erscheint Thomas Manns mit Spannung erwarteter Roman »Der Zauberberg«. Das im Stil der großen europäischen Erziehungs- und Bildungsromane geschriebene zweibändige Werk ist das literarische Ereignis des Jahres.

Der Roman spielt in der Vorkriegszeit in einem Sanatorium in Davos und veranschaulicht in einer scheinbar zeitlosen Welt die parasitäre Lebensweise, die Dekadenz und Todesverfallenheit der adlig-bürgerlichen Gesellschaft der Vorkriegszeit, deren Repräsentanten auf dem »Zauberberg« versammelt sind. Die Selbstzufriedenheit und die trügerische Sicherheit des Wilhelminischen Zeitalters werden entlarvt.

Zunächst befremdet über das Leben »hier oben« im Bergsanatorium, erliegt der junge Held des Romans, der Hamburger Patriziersohn Hans Castorp, bald dem »hermetischen Zauber« des Ortes. Castorp bleibt sieben Jahre in der Heilanstalt. Er durchläuft einen Bildungsgang, der sich nicht in der Auseinandersetzung mit der Gesellschaft und deren konkreten Aufgaben, sondern in dialektischen Gesprächen und inneren Erlebnissen vollzieht.

Thomas Mann

Der Zauberberg

Roman

Erster Band

1924

S. Fischer / Verlag / Berlin

»Der Zauberberg«, Titelseite der Fischer-Ausgabe von 1924

Sensibilisiert durch seine Krankheit, erlebt Castorp in der Welt des Sanatoriums eine komplexe pädagogische »Steigerung«. Zwei kontrastierende Geister, der Freimaurer Settembrini und der Jesuit Naphta, suchen Castorp von ihren Anschauungen zu überzeugen. Sie faszinieren und verwirren den »simplen« Castorp; er hält sich aber ironisch allen Einflüssen offen. Wie Thomas Mann selbst – für den Autor ist die Entstehungsgeschichte des »Zauberbergs« eng mit der eigenen geistigen und politischen Standortbestimmung verbunden – sucht der Romanheld nach einer vermittelnden Position. Ausgleich der Gegensätze postuliert Thomas Mann als Grundlage humaner Existenz in der modernen Welt. Sein neues Humanitätsideal der Lebenszugewandtheit läßt er Castorp in einer Vision erkennen, daß nämlich »der Mensch um der Güte und Liebe willen dem Tode keine Herrschaft einräumen [soll] über seine Gedanken«.

Im »Zauberberg« behandelt Thomas Mann, der sich in den ersten Jahren der Weimarer Republik zu einem Demokraten entwickelt hat, den Kampf der Demokratie mit der Reaktion in philosophischem Rahmen als Auseinandersetzung zwischen Tag/Nacht, Gesundheit/Krankheit, Leben/Tod. Der Gegensatz wird von den symbolischen Figuren Settembrini und Naphta vertreten. Hinter Zeit- und Sozialkritik macht der Autor die »reine Zeit«, ihre Dauer und Vergänglichkeit zu einem zentralen Thema des Romans, das auch die Erzählstruktur bestimmt. Bei allem Ernst ist dieses Meisterwerk der Erzählkunst mit zahlreichen komischen Szenen und Figuren zugleich ein hintergründig-humoristischer Roman.

Zwölf Jahre Arbeit am Gegenstück zu den »Buddenbrooks«

Bereits 1912 hatte Thomas Mann mit der Arbeit an seinem »Zauberberg« begonnen, der nach seinem Erscheinen am → 28. November (S. 189) begeisterte Aufnahme und schnelle Verbreitung findet.

Ursprünglich war nur ein kürzeres »humoristisches Gegenstück« zum »Tod in Venedig« (1912) geplant. Aus der Novelle wird dann in zwölfjähriger Schaffenszeit ein zweibändiges Monumentalwerk.

Erst gegen Ende, im Oktober 1923, hatte Thomas Mann in Gerhart Hauptmann das Vorbild für die geplante »Zauberberg«-Figur Mynheer Peeperkorn gefunden. Später schreibt er darüber: »Ich trachtete nach einer Figur, die kompositionell längst vorgesehen war, die ich aber nicht sah, nicht hörte, nicht besaß.« Unmittelbar nach der Begegnung mit Hauptmann entstehen die Peeperkorn-Kapitel.

Hauptmann erhält als einer der ersten ein Exemplar und schreibt postwendend: »Thomas Manns Roman beschäftigt mich hier fast ausschließlich. Ich bin auf Seite 333 angelangt . . . Der Roman ist ein Wurf und ein Werk.« Noch hatte er nicht die Peeperkorn-Abschnitte erreicht, die später zur Verstimmung mit Mann führen.

Thomas Mann gehört zu den größten Erzählern im 20. Jahrhundert

Am 28. September 1924 hatte Thomas Mann den »Zauberberg« abgeschlossen, den er selbst, alles Dazwischenliegende übergehend, zum literarischen Gegenstück der »Buddenbrooks« (1901) erklärt.

Während Carl Sternheim und Bertolt Brecht den Roman ablehnen, erhält Thomas Mann von anderen, darunter Arthur Schnitzler, André Gide und Georg Lukács, ein sehr positives Echo. Vom »Zauberberg« werden bis zum Jahresende, obwohl das Buch mit 21 Reichsmark nicht billig ist, fast 30 000 Exemplare verkauft. Es wird in zahlreiche Sprachen übersetzt.

Landschaftsmaler Hans Thoma auf einer Radierung von W. Sauter

Bedeutender Maler der Heimatkunst

7. November. Im Alter von 85 Jahren stirbt in Karlsruhe Hans Thoma, einer der bedeutendsten deutschen Maler der zweiten Hälfte des 19. Jahrhunderts. Berühmt war der aus einfachen Verhältnissen stammende Bauernsohn mit der aufkommenden Heimatkunst geworden. Seine umfangreiches Werk erwuchs aus einer lebenslangen Bindung an die heimatliche Landschaft. Hauptwerke sind die in schlichtem Naturalismus gemalten atmosphärisch stimmungsvollen Schwarzwald- und Taunuslandschaften. Der den romantischen Malern geistesverwandte Thoma glaubte, das für die Entstehung eines Kunstwerks »das Wesen und die Farbe und das Licht« ausreichten. Unter Einfluß von Arnold Böcklin griff er mythologische und religiöse Themen auf, die zu weniger überzeugenden Gemälden voller Engel und Putten führten.

Lebensstationen von Hans Thoma

Der 1839 in Bernau/Schwarzwald geborene Thoma studierte 1859 – 66 Kunst in Karlsruhe, unternahm 1868 eine Parisreise, wo er entscheidend von Gustave Courbets Realismus angeregt wurde. 1870 zog er nach München, 1877 nach Frankfurt am Main und wurde 1899 Direktor der Kunsthalle und Professor der Akademie in Karlsruhe.

Dezember 1924

Mo	Di	Mi	Do	Fr	Sa	So
1	2	3	4	5	6	7
8	9	10	11	12	13	14
15	16	17	18	19	20	21
22	23	24	25	26	27	28
29	30	31				

1. Dezember, Montag

In der estnischen Hauptstadt Reval bricht ein kommunistischer Aufstand aus, der im Laufe des Tages von Regierungstruppen blutig niedergeschlagen wird. Etwa 140 Aufständische, darunter auch sechs Angehörige der sowjetischen Gesandtschaft, werden verhaftet. Unter dem Eindruck des Putsches kommt es am 17. Dezember in Estland zur Bildung eines Allparteienkabinetts unter Jüri Jaakson. → S. 197

Plutarco Elias Calles übernimmt das Präsidentenamt in Mexiko. Calles gehört, wie auch sein Vorgänger Álvaro Obregón, zu den Führern der radikalen Fortschrittspartei und hatte bei den Wahlen am → 6. Juli (S. 117) die Mehrheit der Stimmen auf sich vereinigt. Obregón hatte nicht mehr kandidiert.

Im Zusammenhang mit der Lockerung des Besatzungsregimes im Ruhrgebiet stellt das Nachrichtenblatt der französischen Besatzung »Echo du Rhin« das Erscheinen ein (→ 3. 9. / S. 148).

George Gershwins Musical »Lady be good« wird in New York mit großem Erfolg uraufgeführt.

2. Dezember, Dienstag

Nach längeren Verhandlungen schließen Großbritannien und das Deutsche Reich einen Handels- und Schiffahrtsvertrag ab, der gegenseitige Meistbegünstigung im internationalen Warenaustausch vorsieht.

Vom Bibliographischen Institut in Leipzig wird »Meyers Lexikon« in siebter Auflage herausgebracht. Der erste der insgesamt zwölf Bände dieser Enzyklopädie kostet 30 Reichsmark.

3. Dezember, Mittwoch

In seiner Botschaft an den Kongreß betont der wiedergewählte US-Präsident Calvin Coolidge die guten Beziehungen der Vereinigten Staaten von Amerika zu den europäischen Staaten. Ferner bestätigt Coolidge die bisherige Auffassung der Regierung, daß die USA nicht bereit seien, in den Völkerbund einzutreten (→ 4. 11. / S. 180).

Die Internationale Luftfahrtkonferenz, die seit 1. Dezember in Kopenhagen tagt, berät vor allem die Festlegung der Luftlinien zwischen den skandinavischen und den mitteleuropäischen Staaten.

4. Dezember, Donnerstag

In den Londoner Robinson-Midland-bank-Skandal ist, wie nun aus Pressemeldungen hervorgeht, der indische Maharadscha General Rajah Sir Hari Singh, Premierminister von Kaschmir, verwikkelt. Die britische Regierung hatte versucht, diesen Skandal zu verheimlichen.

In Berlin wird die erste deutsche Funkausstellung eröffnet. Zehn Tage lang präsentieren 268 Aussteller ihre Erzeugnisse. Eine besondere Attraktion für die etwa 115 000 Besucher ist ein 1,5 Kilowatt-Sender mit einer Reichweite von über 200 km. → S. 198

Nach der Überfliegung der Anden landen zwei von Buenos Aires kommende Junkers-Verkehrsflugzeuge in Santiago de Chile. Erstmals wurden damit die Anden unweit ihrer höchsten Erhebung (Aconcagua-Gipfel: 6958 m) überflogen.

5. Dezember, Freitag

In Paris trifft der britische Außenminister Sir Joseph Austen Chamberlain mit dem französischen Ministerpräsidenten Édouard Marie Herriot zusammen, der zugleich Außenminister von Frankreich ist. Bei der Unterredung werden u.a. die Militärkontrolle im Deutschen Reich und die Räumung der Kölner Zone erörtert (→ 31. 12. / S. 197).

Der österreichische Nationalrat nimmt die 13. Novelle zum Arbeitslosengesetz einstimmig an, wonach die Arbeitslosenunterstützung künftig vom 18. statt vom 16. Lebensjahr an gezahlt werden soll. Ursprünglich wollte die Regierung die Unterstützung nur vom 21. Lebensjahr an bewilligen. Während der vorausgegangenen Debatte im Parlament war es zu lautstarken Protesten von Arbeitslosen gekommen.

6. Dezember, Sonnabend

Das US-Bankhaus Morgan verschifft in New York die erste Goldsendung im Wert von fünf Millionen US-Dollar (21 Millionen Reichsmark) nach Hamburg. Das Gold ist gemäß den Anweisungen des Dawesplans für die Reichsbank bestimmt. Insgesamt geht die Hälfte der US-Anleihe für das Deutsche Reich, also 50 Millionen US-Dollar (210 Millionen Reichsmark), an die Reichsbank.

7. Dezember, Sonntag

Bei den zweiten Reichtagswahlen des Jahres erhalten die radikale Rechte und Linke eine deutliche Absage. Die Mitte-Parteien können einen Zuwachs verbuchen, Erfolge verzeichnet die SPD. Nach wie vor bleiben die Schwierigkeiten der Regierungsbildung bestehen, die zur Auflösung des erst am → 4. Mai (S. 78) gewählten zweiten Weimarer Reichstags geführt hatten. → S. 194

In Preußen, Hessen, Braunschweig und Bremen werden zugleich mit den Reichstagswahlen die Landesparlamente gewählt. → S. 195

Die bekannte Firma für Drahtseilbahnen Adolf Bleichert & Co. in Leipzig ist mit der Ausführung der Zugspitzbahn beauftragt worden. Nach einer äußerst langen Anlaufzeit – die ersten Planungen für die Bahn stammen aus dem Jahr 1900 – wird die Seilbahn auf den höchsten deutschen Berg (2962 m) nun realisiert. Die Eröffnung ist für den 1. August 1925 geplant.

8. Dezember, Montag

Komponist Igor Strawinski tritt in Berlin als Solist bei der deutschen Erstaufführung seines »Concerto für Klavier und Blasinstrumente« auf. Auch schon bei der Uraufführung in Paris (1924) war Strawinski als Pianist aufgetreten. Das Berliner Konzert wird von Wilhelm Furtwängler dirigiert.

9. Dezember, Dienstag

Vor dem Schöffengericht in Magdeburg beginnt der Beleidigungsprozeß, den Reichspräsident Friedrich Ebert (SPD) gegen Erwin Rothardt, Redakteur der rechtsgerichteten »Mitteldeutschen Presse«, angestrengt hatte. Rothardt hatte Ebert wegen dessen Teilnahme am Munitionsarbeiterstreik 1918 als Landesverräter bezeichnet (→ 23. 12. / S. 195).

In Österreich wird der Christlichsoziale Michael Hainisch zum zweiten Mal zum Bundespräsidenten gewählt. Hainisch hat das Amt seit 1920 inne.

10. Dezember, Mittwoch

Das Reichskabinett Wilhelm Marx tritt, dem Wahlergebnis vom 7. Dezember folgend, zurück. Am 15. Dezember nimmt Reichspräsident Friedrich Ebert (SPD) die Demission an. Zugleich beauftragt er das Kabinett mit der Fortführung der Geschäfte bis zur Bildung einer neuen Regierung (→ 7. 12. / S. 194).

In Berlin wird die Deutsche Automobilausstellung 1924 eröffnet. Rund 650 Firmen führen ihre Produkte bei der vom Reichsverband der Automobilindustrie veranstalteten Autoschau vor. Besonderes Aufsehen erregt der von der Hannoverschen Firma Hanomag präsentierte neue Kleinwagen, genannt »Kommißbrot«, der mit einem Preis von 2300 Reichsmark extrem günstig ist. → S. 199

In Stockholm werden die Nobelpreise für Medizin (Willem Einthoven), Literatur (Wladyslaw Stanislaw Reymont) und Physik (Karl Manne Georg Siegbahn) verliehen. Wie im Vorjahr findet das Nobelkomitee keine geeignete Persönlichkeit für den Friedensnobelpreis. → S. 203

11. Dezember, Donnerstag

Vom Reichsrat wird der Reichshaushaltsplan für 1925 genehmigt, der erstmals wieder auf der Grundlage der Goldwährung erstellt ist.

Mit großer Mehrheit wählt die schweizerische Bundesversammlung Jean-Marie Musy, bisher Chef des Finanzdepartements, anstelle des ausscheidenden Ernest Louis Chuard zum Bundespräsidenten für das Jahr 1925.

12. Dezember, Freitag

Preußens Innenminister Carl Severing (SPD) hebt das Verbot der Nationalsozialistischen Deutschen Arbeiterpartei (NSDAP) auf. Am → 26. Juli (S. 115) hatte der Reichstag die Aufhebung aller Parteiverbote beschlossen.

In einer weiteren Note an die Mitglieder des Völkerbundsrats fordert die Reichsregierung in Hinblick auf den angestrebten Beitritt des Deutschen Reichs in den Völkerbund Klärung über eine eventuelle Beteiligung des Reichs an kriegerischen Zwangsmaßnahmen des Völkerbunds (→ 23. 9. / S. 151).

Nach offiziellen Mitteilungen aus Paris ist Ministerpräsident Édouard Marie Herriot an einer schweren Venenentzündung erkrankt und wird erst im Januar 1925 wieder seine Arbeitsgeschäfte aufnehmen können.

Von 150 am vergangenen Freitag vom dänischen Nordseehafen Esbjerg ausgelaufenen Fischkuttern sind 70 nach orkanartigen Stürmen der letzten Tage verschollen. Dänische Zeitungen gehen übereinstimmend davon aus, daß die Kutter gesunken sind.

13. Dezember, Sonnabend

Bei einem Gespräch mit Reichskanzler Wilhelm Marx (Zentrum) in Berlin machen SPD-Spitzenpolitiker deutlich, daß der Ausgang der Reichstagswahlen als Bestätigung der bisherigen, auch von der SPD unterstützten Außenpolitik zu werten sei, weshalb für die neue Reichsregierung nur eine Erweiterung ihrer Regierungsbasis nach links in Frage komme (→ 7. 12. / S. 194).

Nach Meldungen aus Tanger ist die militärische Lage der Spanier in Marokko derzeit äußerst schwierig, nachdem bisher freundlich gesinnte Anjerastämme den Kampf gegen sie aufgenommen haben. Seit 1919 kämpfen die spanischen Kolonialtruppen gegen den Aufstand der Rifkabylen. → S. 197

Gegen den verantwortlichen Redakteur des Satireblatts »Simplicissimus« ist von der Evangelischen Kirche in Bayern Anzeige wegen Gotteslästerung erstattet worden. Die Anzeige bezieht sich auf ein satirisches Gedicht in der 29. Nummer der Zeitschrift, das kulturkämpferische und völkische Tendenzen der letzten Tagung des Evangelischen Bundes verspottet.

14. Dezember, Sonntag

In Zusammenarbeit mit den sowjetischen Kommissionen für Post und Telegrafie gelingen der Reichspost Kurzwellenübertragungen Berlin – Moskau und umgekehrt durch Bildtelegrafie.

Ottorino Respighis Sinfonische Tondichtung »Pini di Roma« (»Die Pinien von Rom«) wird im Augusteo in Rom uraufgeführt. → S. 203

Das deutsch-schweizerische Fußball-Länderspiel in Stuttgart endet 1:1.

15. Dezember, Montag

Die Reichsregierung Wilhelm Marx tritt zurück, bleibt aber zunächst geschäftsführend im Amt. Die Parteien der bisherigen Minderheitsregierung Zentrum, Deutsche Demokratische Partei (DDP) und Deutsche Volkspartei (DVP) konnten bei den Reichstagswahlen am → 7. Dezember (S. 194) die Zahl ihrer Mandate nur geringfügig um 14 auf 152 von insgesamt 493 steigern.

Aufruf zur Teilnahme an der Reichstagswahl auf dem Titel der Berliner »Illustrirten Zeitung« vom 7. Dezember 1924

Traugott von Jagow wird begnadigt. Wegen führender Beteiligung am rechtsradikalen Kapp-Putsch im März 1920 war Jagow 1921 zu fünf Jahren Festungshaft verurteilt worden. Jagow war Innenminister der Kapp-Regierung gewesen.

16. Dezember, Dienstag

Reichspräsident Friedrich Ebert (SPD) empfängt in Berlin nacheinander die Führer von SPD, DNVP, DVP, DDP und des Zentrums zu Einzelbesprechungen über die politische Lage und die Frage der Regierungsbildung. Am Vortag hatte Ebert den Rücktritt der Reichsregierung Wilhelm Marx angenommen.

In Wien fordern demonstrierende Arbeitslose eine 20%ige Erhöhung der Unterstützung für Arbeitslose und die uneingeschränkte Zahlung der Unterstützung. Am 5. Dezember hatte der Nationalrat eine Einschränkung der Arbeitslosenunterstützung verabschiedet.

17. Dezember, Mittwoch

Reichspräsident Friedrich Ebert (SPD) beauftragt Reichsaußenminister Gustav Stresemann (DVP) mit der Bildung eines neuen Reichskabinetts, was dieser noch am selben Tag ablehnt. Daraufhin übernimmt der geschäftsführende Reichskanzler Wilhelm Marx am 18. Dezember diese Aufgabe.

In einer Fraktionssitzung lehnt das Zentrum eine Koalition mit der Deutschnationalen Volkspartei (DNVP) ab.

In Leipzig findet die erste Hauptversammlung des Reichs-Knappschaftsvereins statt.

Die neue Frankfurter Funkhochschule eröffnet ihre Kurse mit einem Vortrag Paul Bekkers über »Voraussetzungen der Musikbetrachtung«.

18. Dezember, Donnerstag

Verhandlungen des geschäftsführenden Reichskanzlers Wilhelm Marx (Zentrum) über die Bildung einer neuen Regierung gestalten sich äußerst schwierig. Die DDP und der linke Zentrumsflügel lehnen eine Koalition mit den rechtskonservativen Deutschnationalen ab.

Alarmierend für die Reichsregierung ist eine britische Erklärung über die alliierte Generalinspektion der deutschen Rüstungssituation: Die Alliierten hätten angesichts des deutschen Widerstands gegenüber der Militärkontrolle zu prüfen, ob die Vorbedingungen für die fristgemäße Räumung der britisch besetzten Kölner Zone am 10. Januar 1925 gegeben seien (→ 31. 12. / S. 197).

Papst Pius XI. hält vor dem Geheimen Konsistorium eine Ansprache an die Kardinäle, worin er eine Übersicht über die wichtigsten kirchlichen Ereignisse des Jahres 1924 gibt. Der Papst schildert ausführlich die Lage der Kirche in der Sowjetunion.

An den Berliner Kammerspielen inszeniert Carl Sternheim sein Schauspiel »1913« (Uraufführung: 1919) mit Albert Steinrück und Hubert von Meyerinck.

19. Dezember, Freitag

Da sich keine rasche Lösung bei der Regierungsbildung abzeichnet, einigen sich Reichspräsident Friedrich Ebert (SPD) und der geschäftsführende Reichskanzler Wilhelm Marx (Zentrum) darauf, diese bis Januar 1925 zu verschieben. Am 15. Januar 1925 bildet Hans Luther (parteilos) das neue Kabinett mit den Deutschnationalen.

In Hannover wird Friedrich (»Fritz«) Haarmann, dem 27 Morde an jungen Männer zur Last gelegt werden, zum Tode verurteilt. → S. 200

Erich Mühsam wird auf Bewährung aus der Haft entlassen. Der Schriftsteller war wegen seiner führenden Beteiligung an der Münchner Räterepublik im Jahr 1919 zu 15 Jahren Festungshaft verurteilt worden. → S. 196

Der neugewählte Münchner Stadtrat wählt Bäckermeister Karl Scharnagl von der Bayerischen Volkspartei zum ehrenamtlichen Ersten Bürgermeister der Stadt.

20. Dezember, Sonnabend

Nationalsozialist Adolf Hitler erhält eine großzügige Bewährungsfrist und wird vorzeitig aus der Festung Landsberg am Lech entlassen. Erst am → 1. April (S. 62) war Hitler wegen des Putsches vom 8. / 9. November 1923 zu fünf Jahren Festungshaft verurteilt worden. → S. 196

Dem Staatssekretär im Auswärtigen Amt, Adolf G. D. Maltzan, wird an Stelle von O. Wiedfeldt zum Botschafter in Washington ernannt.

In Fortführung der Stabilisierungspolitik wird in Österreich die Schillingwährung eingeführt. Das Schillingsrechnungsgesetz bezweckt einen Übergang von der Kronenwährung auf eine nicht inflationierte Geldeinheit (ein Schilling = 10 000 Kronen). → S. 197

21. Dezember, Sonntag

Die Volksbühne Berlin bringt Eugene O'Neills Drama »Unterm karibischen Mond« in einer Inszenierung von Erwin Piscator.

22. Dezember, Montag

Der Maler Christian Rohlfs wird anläßlich seines 75. Geburtstages zum Ehrenbürger der Stadt Hagen und zum Mitglied der Preußischen Akademie der Künste ernannt.

23. Dezember, Dienstag

In einem Beleidigungsprozeß bestätigt das Schöffengericht Magdeburg, daß Reichspräsident Friedrich Ebert (SPD) durch seine Teilnahme an einem Munitionsarbeiterstreik im Januar 1918 de facto Landesverrat begangen habe. Das Urteil löst einen Sturm der Entrüstung in der republikanischen Öffentlichkeit aus. → S. 195

Für die Reichspost- und Telegrafenverwaltung wird die Bezeichnung Deutsche Reichspost (DRP) eingeführt.

Im Berliner Ufa-Palast am Zoo wird Friedrich Wilhelm Murnaus psychologische Filmtragödie »Der letzte Mann« uraufgeführt. Die Hauptrolle spielt Emil Jannings. → S. 204

24. Dezember, Mittwoch

In Braunschweig übernimmt Gerhard Marquordt (parteilos) die Regierung. Seine den Rechtsparteien nahestehenden Fachminister gehören nicht dem Landtag an (→ 7. 12. / S. 195).

Nach dem Urteil im Rothardt-Prozeß bestätigt das Reichskabinett dem Reichspräsidenten Friedrich Ebert (SPD), daß »Ihre Tätigkeit stets dem Wohle des deutschen Vaterlandes gegolten hat«.

Frankreichs Ministerpräsident Édouard Marie Herriot äußert sich in Paris über die Räumung der Kölner Zone dahingehend, daß der bisherige Verlauf der Militärinspektion im Deutschen Reich für den Beweis ausreiche, daß die Räumung nicht wie vorgesehen am 10. Januar 1925 vollzogen werden könne (→ 31. 12. / S. 197).

Achmed Zogu, Führer moslemisch-konservativer Kreise in Albanien, vertreibt die revolutionäre Regierung unter Bischof Fan S. Noli aus Tiranan. Erst im Juni war Zogu durch einen von Fan S. Noli geführten Aufstand ins Exil gezwungen worden. Von Italien und dem Königreich der Serben, Kroaten und Slowenen (Jugoslawien) militärisch unterstützt, gelingt Zogu nun die Rückeroberung der Macht. → S. 197

In der Peterskirche in Rom wird als Auftakt zum Jubeljahr der katholischen Kirche (1925) die Heilige Pforte geöffnet, die vor 24 Jahren zuletzt geschlossen worden war. → S. 199

25. Dezember, 1. Weihnachtstag

Bei einer Weihnachtsfeier in Hobart im US-Bundesstaat Oklahoma kommt es durch eine umgestürzte Kerze zu einem furchtbaren Brandunglück. Bisher sind 42 Leichen aus dem völlig zerstörten Haus geborgen worden. Panik unter den 300 Kindern hatte die Rettungsarbeit erheblich erschwert.

26. Dezember, 2. Weihnachtstag

Angriffe von konservativer und nationalistischer Seite führen zur Schließung des Bauhauses in Weimar und seiner Umsiedlung nach Dessau. Leiter Walter Gropius und die Meister des Instituts kündigen die Schließung für den 1. April 1925 an. → S. 198

27. Dezember, Sonnabend

Während der Weihnachtsfeiern wurden nach polizeilichen Angaben in Berlin 50 Selbstmorde und Selbstmordversuche begangen.

28. Dezember, Sonntag

Wegen anhaltender parteiinterner Differenzen werden der sächsische Ministerpräsident Max Heldt und Innenminister Max Müller von ihren Bezirksvorständen aus der SPD ausgeschlossen.

29. Dezember, Montag

Gegenüber dem Vorjahr fallen die Erträge der Kartoffelernte 1924 mit 1,5 Millionen t um 4,7% höher aus.

Im Alter von 79 Jahren stirbt der schweizerische Epiker, Erzähler und Lyriker Carl Spitteler (Pseudonym: Carl Felix Tandem) in Luzern. 1919 erhielt Spitteler den Literaturnobelpreis.

30. Dezember, Dienstag

Die deutschen Bergarbeiterverbände kündigen zum 28. Februar 1925 das Abkommen über die erhöhte Arbeitszeit.

Im Ruhrgebiet wurden im vergangenen Monat 8,97 Millionen t Kohle gefördert; die Koksproduktion beträgt in diesem Zeitraum 2,02 Millionen t.

Mit Max Reinhardts aufsehenerregender Inszenierung von Luigi Pirandellos »Sechs Personen suchen einen Autor« im Berliner Theater Komödie wird eine »Pirandello-Mode« im Deutschen Reich ausgelöst. → S. 203

31. Dezember, Mittwoch

Die Botschafterkonferenz der Alliierten beschließt, die am 10. Januar 1925 fällige Räumung der Kölner Zone zu verschieben. Grundlage für diese Entscheidung ist das Gutachten der Interalliierten Militärkontrollkommission, das eine vollständige Erfüllung der Abrüstungsklausel des Versailler Vertrags (1919) bis zu diesem Datum für ausgeschlossen hält. → S. 197

Der Alte Bergarbeiterverband verzeichnet einen Mitgliederschwund von 10 000, also etwa ein Drittel seiner Mitgliederschaft. Auch andere Gewerkschaften haben mit diesen Problemen zu kämpfen.

Im vergangenen Jahr lieferte das Deutsche Reich 11,4 Millionen t Steinkohle und 3,7 Millionen t Koks als Reparationen an die Alliierten.

Die Berliner Kriminalpolizei nimmt den Geschäftsmann Julius Barmat wegen Vermögensdelikten fest. Bereits am 22. Dezember war der Geschäftsmann Iwan Kutisker aus dem gleichen Grund verhaftet worden. Beiden wird Bestechung hoher Beamter und Politiker vorgeworfen. Reichspostminister Anton Höfle tritt wegen seiner Verwicklung in den Korruptionsskandal zurück. → S. 196

Der deutsche Wohnungsbau im vergangenen Jahr wurde zu 58% aus öffentlichen und zu 42% aus privaten Mitteln finanziert. Insgesamt wurden für die Errichtung neuer Wohnungen 1,1 Milliarden Reichsmark ausgegeben.

Das Wetter im Monat Dezember

Station	Mittlere Lufttemperatur (°C)	Niederschlag (mm)	Sonnenscheindauer (Std.)
Aachen	4,5 (3,1)	46 (62)	– (49)
Berlin	1,6 (0,7)	19 (41)	– (36)
Bremen	3,9 (2,2)	12 (54)	– (33)
München	–0,8 (–0,7)	26 (44)	– (41)
Wien	– (0,9)	– (51)	– (–)
Zürich	0,6 (0,2)	23 (73)	29 (37)

( ) Langjähriger Mittelwert für diesen Monat
– Wert nicht ermittelt

Titel der »Jugend« zum Weihnachtsfest 1924; für die Millionen von Arbeitslosen im Deutschen Reich bleibt der reich gedeckte Gabentisch ein Wunschtraum

Neuer Reichstag gewählt

7. Dezember. Bei den zweiten Reichstagswahlen des Jahres können vor allem die SPD, aber auch die bürgerlichen Parteien Gewinne verbuchen. Im Gegensatz zu den turnusgemäßen Wahlen am → 4. Mai (S. 78) kehren die radikale Rechte und Linke erheblich geschwächt in den Reichstag zurück. Die in der Nationalsozialistischen Freiheitspartei (NSFP) vereinigten Deutschvölkischen und Nationalsozialisten verfügen künftig nur noch über 14 Mandate (–18), die KPD über 45 Mandate (–17). Mit 31 Mandaten verzeichnen die Sozialdemokraten die stärksten Gewinne (131 Sitze).

Auslandsstimmen zur Wahl

Die britische »Times« sieht im Wahlausgang eine »Friedensbotschaft« und der »Daily Telegraph« (London) betont: »Die Parteien, die verfassungstreu und bereit sind, die internationalen Verpflichtungen zu erfüllen, gehen aus den Wahlen gestärkt hervor.« Auch in den USA überwiegt das positive Echo. Die »New York World« meint: »Deutschland hat für den europäischen Frieden, die Republik und den Dawesplan gestimmt.« Die Schweizer Presse hebt hervor, daß »eine klare parlamentarische Situation« nicht geschaffen worden sei (»Neue Zürcher Zeitung«).

Der Zweck der Reichstagsauflösung (→ 20. 10. / S. 163), klare Mehrheiten zur Überwindung der Regierungskrise zu erhalten, wird jedoch nicht erreicht. Seit das von Gustav Stresemann geführte Mehrheitskabinett der Großen Koalition im November 1923 scheiterte, regiert Wilhelm Marx mit Minderheitskabinetten der bürgerlichen Mitte. Die Regierungsparteien – die linksliberale Deutsche Demokratische Partei (DDP), das katholische Zentrum und die rechtsliberale Deutsche Demokratische Partei (DVP) – bleiben auch im neuen Reichstag mit zusammen 152 Mandaten (etwa 30 % der Sitze) in der Minderheit.

Mehrheitsregierungen sind vom Wahlergebnis her rechnerisch nur auf zwei Wegen möglich; entweder durch die Bildung einer Großen Koalition (SPD, DDP, Zentrum, DVP) oder durch einen sog. Bürgerblock, d. h. die Aufnahme der rechtskonservativen Deutschnationalen Volkspartei (DNVP), die über 103 Mandate verfügt, in die bisherige Koalition. Realistisch ist nur die zweite Möglichkeit, gegen die sich allerdings die DDP und Teile des Zentrums sträuben. Erst am 15. Januar 1925 bildet Hans Luther (parteilos) mit den Deutschnationalen die neue Regierung.

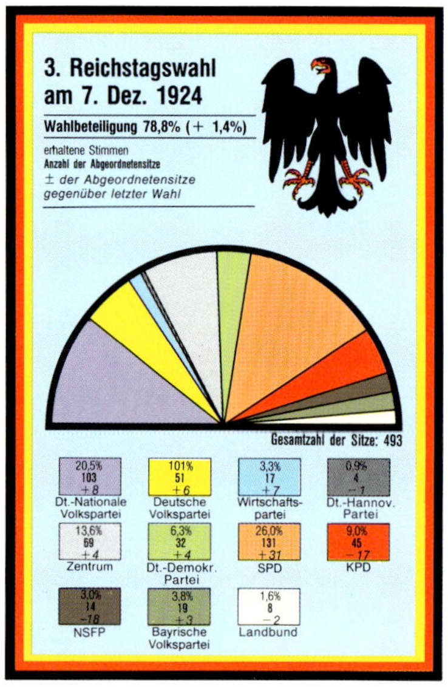

Verkündung der Wahlergebnisse durch Scheinwerfer und Abwerfen von Extrablättern aus einem Flugzeug in Berlin (Zeichner: M. Frost)

Die zweiten Reichstagswahlen in diesem Jahr haben in Oberbayern ein eigenes Gepräge; Klosterfrauen warten in einem Wahllokal, um ihre Stimmen abzugeben (Zeichnung von Fritz Bergen für die »Illustrirte Zeitung«)

Meinungen zur Reichstagswahl

Angesichts der politischen Bedeutung der zweiten Reichstagswahl in diesem Jahr äußern sich auch viele Prominente aus Wissenschaft, Kultur und Wirtschaft wie die Schriftsteller Thomas Mann und Gerhart Hauptmann, der Konstrukteur Hugo Eckener und Reichsbankpräsident Hjalmar Schacht. Sie sind beunruhigt durch die unklaren Stimmenverhältnisse im Reichstag. Stabile Regierungsmehrheiten betrachten sie als eine wichtige Voraussetzung für eine weitere wirtschaftliche Genesung des Deutschen Reiches.

Der Schriftsteller Gerhart Hauptmann gibt folgenden Kommentar zu den Reichstagswahlen ab: »Unser genesendes Volk braucht Schonung und Ruhe.«

Hugo Eckener, Führer des Luftschiffs LZ 126: »Wir müssen als besiegtes Volk vieles tun, was uns der Feind auferlegt, denn die Einstellung, die eine Privatperson haben kann: ›Lieber gehe ich zugrunde‹, kann ein Volk nimmer haben.«

Der Schriftsteller Thomas Mann, dessen neuer Roman »Der Zauberberg« gerade erschienen ist, meint im Vorfeld der Wahlen: »Demokratie ist Vernunft des Herzens.«

Reichsbankchef Hjalmar Schacht bekennt anläßlich der Wahl: »Nur demokratische Politik vollendet unsere nationale Wiedergeburt.«

Rechtsruck bei Landtagswahl in Preußen

7. Dezember. Zugleich mit der Wahl zum Reichstag (→ 7. 12. / S. 194) werden neue Landesparlamente in Preußen, Hessen, Braunschweig und Bremen gewählt.

Die bedeutendste dieser Länderwahlen findet in Preußen statt, das nach Fläche und Bevölkerung zwei Drittel des Deutschen Reichs umfaßt. Das Wählervotum führt hier zu einer Schwächung der Großen Koalition. Gleichzeitig wird die rechte Opposition erheblich gestärkt. Obwohl Sozialdemokraten (SPD), Deutsche Demokratische Partei (DDP), Zentrum und Deutsche Volkspartei (DVP) mit 267 von 450 Mandaten auch im neuen Landtag noch über eine sichere Mehrheit verfügen, führt ein Parteienstreit im Gefolge der Landtagswahlen zu instabilen Regierungverhältnissen in Preußen. Die Deutsche Volkspartei will nämlich die rechtskonservative Deutschnationale Volkspartei (DNVP) an der Regierung beteiligen. Dies entspreche dem Wählervotum, so die DVP. Im neuen Landtag haben die Deutschnationalen 109 Sitze (bisher 75). Erstmals ist auch die Nationalsozialistische Freiheitspartei (NSFP) mit 11 Sitzen vertreten, so daß die rechte Opposition über 120 Sitze (= 26,7%) verfügt. Ministerpräsident Otto Braun (SPD) tritt schließlich am 5. Februar 1925 zurück.

In Hessen wird die Weimarer Koalition (SPD, Zentrum, DDP) bestätigt. Die Regierungskoalition verfügt nun über 43 (bisher 42) der 70 Mandate. Ministerpräsident Carl Ulrich (SPD) bleibt im Amt (seit 1918).

Hingegen gerät in Braunschweig die Weimarer Koalition in die Minderheit. Die vereinigte Rechte und Mitte hat im neuen Landtag 25 von 48 Mandaten. SPD-Ministerpräsident Heinrich Jasper tritt zurück. Sein Nachfolger wird Gerhard Marquordt (parteilos).

Bei den Bürgerschaftswahlen in Bremen erzielen DDP und SPD mit 61 von 120 Sitzen eine rechnerische Mehrheit. Der 1920 gebildete Senat unter Martin Donandt (DNVP), der von den Deutschnationalen bis zu den Sozialdemokraten reicht, bleibt jedoch bestehen.

Sitzverteilung in neuen Landesparlamenten nach Dezemberwahlen

Parteien	Preußen	Hessen	Braunschweig	Bremen
NSFP	11	1	1	4
DNVP	109	5	10	13
Landvolk	–	9	–	–
DVP	45	8	9	22
WiP	11	–	–	–
Dt. Hann. Partei	6	–	–	–
Zentrum	81	11	–	2
DDP	27	6	2	14
SPD	114	26	19	47
KPD	44	4	2	9
Restliche	2	–	5	9

Schmähungen gegen Friedrich Ebert

23. Dezember. In einem Beleidigungsprozeß, den Reichspräsident Friedrich Ebert (SPD) gegen den Redakteur der rechtsgerichteten »Mitteldeutschen Presse«, Erwin Rothardt, angestrengt hat, bekräftigt das Schöffengericht Magdeburg den Vorwurf des Angeklagten, Ebert habe durch seine Teilnahme an einem Munitionsarbeiterstreik im Januar 1918 Landesverrat begangen.

Da der Redakteur seine Anschuldigung ohne genaue Beweise erhoben hat, wird er wegen formaler Beleidigung zu drei Monaten Gefängnis verurteilt. Das Gericht vertritt jedoch die Auffassung, Ebert habe de facto Landesverrat begangen, und lehnt es ab, die Hintergründe zu beurteilen. Ebert hatte innerhalb der Streikleitung versucht, den Streik im Interesse der Landesverteidigung so rasch wie möglich zu beenden.

Nach diesem Urteil triumphieren rechtsgerichtete Kreise. Das Staatsoberhaupt sieht sich einer Vielzahl von Beleidigungen und Beschimpfungen ausgesetzt, die zugleich der Republik gelten (→ 24. 12. / S. 195).

Vertrauenserklärung für den Präsidenten

24. Dezember. Mit folgender Entschließung spricht die Reichsregierung dem Reichspräsidenten Friedrich Ebert (SPD) nach dem Urteil im Magdeburger Prozeß am Vortag (→ 23. 12. / S. 195) ihr Vertrauen aus:

»Das Reichskabinett hat in seiner gestrigen Sitzung einstimmig beschlossen, Ihnen, Herr Reichspräsident, die Empfindung zum Ausdruck zu bringen, die uns angesichts des Schweren, das Sie in diesen Tagen zu ertragen haben, bewegt. Wer an der Spitze des Deutschen Reiches steht, hat des Vaterlandes Wohl zu fördern und zu wahren. Wir haben, zum Teil in jahrelanger Zusammenarbeit mit Ihnen, Ihr Wirken kennen und Ihre Persönlichkeit politisch und menschlich schätzen gelernt. Auf Grund dieser Erkenntnis wünschen wir Ihnen zu sagen, daß wir einmütig ohne Unterschied der Parteistellung die Überzeugung haben, daß Ihre Tätigkeit stets dem Wohle des deutschen Vaterlandes gegolten hat. Lassen Sie uns Ihnen in diesem Sinne unsere besten Wünsche für Ihre Tätigkeit in Ihrem hohen verantwortungsvollen Amte aussprechen.«

Reichspräsident Friedrich Ebert

Nationalsozialist Hitler auf freiem Fuß

20. Dezember. Adolf Hitler und Hermann Kriebel werden aus der Festungshaft entlassen. Die Staatsanwaltschaft München I hat per Telegramm an die Haftanstalt Landsberg am Lech die sofortige Entlassung der beiden Nationalsozialisten angeordnet, nachdem das Bayerische Oberste Landesgericht am Vortag Hitlers Bewährungsfrist als Rechtens beurteilt hatte.

Erst am → 1. April (S. 62) waren Hitler, Hermann Kriebel, Ernst Pöhner und Friedrich Weber als Hauptbeteiligte an dem Novemberputsch von 1923 wegen Hochverrats zu je fünf Jahren Festungshaft verurteilt worden. Das äußerst milde Urteil hatte ihnen »Bewährungsfrist für den Strafrest« nach Verbüßung von je sechs Monaten Festungshaft in Aussicht gestellt.

Die Staatsanwaltschaft München I hatte versucht, die vorzeitige Entlassung Hitlers durch Versagen der Bewährungsfrist zu verhindern. Auch unter dem Eindruck der großen Stimmenverluste der Nationalsozialistischen Freiheitspartei (NSFP) bei den Reichstagswahlen am → 7. Dezember (S. 194) – die Rechtsradikalen verlieren 18 von 32 Mandaten – hat das Oberste Landesgericht die staatsanwaltschaftliche Beschwerde verworfen. Die Wahlschlappe der Rechtsradikalen begünstigt die sich ausbreitende Ansicht, die völkische Bewegung habe ihren Höhepunkt überschritten, da sich das Reich politisch und ökonomisch stabilisiere.

Hitler wird mit dem Auto aus der Festung Landsberg abgeholt; bevor er das Gefängnis endgültig verläßt, posiert er selbstbewußt für einen Fotografen

Nachdem Pöhner und Weber schon früher auf freien Fuß gesetzt wurden, kommen mit Hitler und Kriebel nun schon die letzten Verurteilten des Hitlerprozesses frei. Für linke Revolutionäre der Räterepublik, Ernst Toller (→ 11. 7. / S. 114) und Erich Mühsam (→ 19. 12. / S. 196) gelten in Bayern offenbar andere Regeln, bemerken republikanische Zeitungen in bissigen Kommentaren zur Freilassung der Rechtsextremisten. Nach seiner Entlassung kehrt Hitler nach München zurück, wo er seine nationalsozialistischen Aktivitäten sofort wieder aufnimmt.

Während seiner Haftzeit hatte sich die bayerische Regierung um eine Abschiebung in Hitlers Geburtsland Österreich bemüht, was an der Ablehnung des Nachbarlandes scheiterte. Hitler entzieht sich 1925 endgültig der Gefahr einer Abschiebung, indem er die österreichischen Staatsangehörigkeit ablegt und staatenlos wird.

Räte-Revolutionär aus Haft entlassen

19. Dezember. Schriftsteller Erich Mühsam wird nach sechs Jahren auf Bewährung aus der Haft entlassen. Wegen Beteiligung an der

Der 46jährige Erich Mühsam war zunächst Apotheker und arbeitete seit 1902 als Redakteur bei mehreren anarchistischen und satirischen Zeitschriften; einem intellektuellen Leserkreis ist er auch als Lyriker, Dramatiker und Essayist bekannt

Münchner Räterepublik (1919) war er zu 15 Jahren Festungshaft verurteilt worden.

In den Jahren vor seinem Eintreten für die Räterepublik hatte Mühsam an linksgerichteten und satirischen Kabaretts und Zeitschriften mitgearbeitet, darunter »Der arme Teufel« (anarchistisch) und »Simplicissimus«. 1911 bis 1914 und 1918/19 gab er die Monatsschrift »Kain, Zeitschrift für Menschlichkeit« heraus.

Bei den revolutionären Ereignissen in München 1918/19 gehörten Mühsam wie auch die Schriftsteller Ernst Toller und Gustav Landauer zu den führenden Persönlichkeiten. Sie gelangten zu weitreichender politischer Verantwortung in der am 7. April 1919 ausgerufenen Räterepublik: Mühsam wurde Mitglied des Zentralrates, Toller dessen Vorsitzender und damit oberster Repräsentant der Münchner Räterepublik, Landauer Volksbeauftragter für Volksaufklärung.

Sie vertreten einen intellektuell geprägten Anarchismus, wie ihn Landauer in seiner Schrift »Aufruf zum Sozialismus« (1908) formuliert hatte. Danach ist der Dichter »der Weise, der Prophet«, »Träger der Utopie und Künder des Ideals« vom »Gemeinschaftsleben ohne Obrigkeitszwang und Kapitalistenherrschaft«. Sozialismus wird nicht im marxistischen Sinne verstanden, sondern als die Wiederherstellung des »heruntergekommenen menschenverbindenden Geistes.«

Bei der blutigen Niederwerfung der Räterepublik durch Freikorpssoldaten wurde Landauer bestialisch ermordet, Mühsam und Toller verhaftet und verurteilt. Letzterer ist am → 11. Juli 1924 (S. 114) aus der Haft entlassen worden.

Korruptionsfall erschüttert Republik

31. Dezember. Wegen Vermögensdelikten nimmt die Berliner Kriminalpolizei den Geschäftsmann Julius Barmat fest. Aus dem gleichen Grund war am 22. Dezember der Geschäftsmann Iwan Kutisker in Berlin verhaftet worden. Den beiden wird auch die Bestechung hoher Beamter und Politiker vorgeworfen. Nach und nach werden Einzelheiten über diesen Korruptionsskandal größten Ausmaßes publik.

Die Barmat-Kutisker-Gruppe hatte hohe Kredite von der Preußischen Staatsbank und vom Reichspostministerium erhalten. Wie die Untersuchungen ergeben, wurde die Kreditwürdigkeit des Konzerns durch politisch nützliche, z. T. durch Korruption gepflegte Kontakte gesichert. Reichspostminister Anton Höfle (Zentrum) ist in den Skandal

Julius Barmat, Hauptbeschuldigter in dem Korruptionsskandal

verwickelt und tritt zurück. Auch der ehemalige Reichskanzler Gustav Bauer (SPD) und der Berliner Polizeipräsident Wilhelm Richter (SPD) sind stark kompromittiert.

Durch die dubiosen Finanzgeschäfte der Kutisker-Barmat-Gruppe erleiden die Preußische Staatsbank und die Deutsche Reichspost hohe Verluste. Allein die beim Barmat-Konzern eingetretenen Verluste belaufen sich auf über 39 Millionen Reichsmark.

Gravierender ist jedoch der politische Schaden. Das Ansehen der Republik wird durch die Verquickung von Politik und Geschäft schwer geschädigt. Von den Gegnern des »Systems« wird die ungeliebte Republik einmal mehr als Nährboden für Korruption und Günstlingswirtschaft hingestellt.

Österreich führt Schilling-Währung ein

20. Dezember. In Österreich wird als neue Währung der Schilling eingeführt. Der Schilling soll mit dem 1. Januar 1925 wirksam werden, tritt endgültig dann aber erst am 1. März 1925 in Kraft.
Die Maßnahme bezweckt den rechnerischen Übergang von der Kronenwährung auf eine nicht inflationierte Geldeinheit. Da die österreichische Währung nun seit zwei Jahren stabil ist, will die Regierung die Inflationserscheinung »der vielen Nullen« beseitigen. Mit der Schilling-Währung ist die Inflation in Österreich endgültig zu Ende. Der Währungsumtausch der Krone in Schilling beginnt mit dem 20. Dezember, wird aber grundsätzlich bis zum 31. März 1937 durchgeführt.
Die neue Währung hat als Scheidemünze 100 Groschen (die Krone 100 Heller). Ein Schilling entspricht dem Wert von 10 000 Papierkronen. Eine Goldkrone ist 1,41 Schilling wert. Zunächst soll der Markt mit Hartgeld versorgt werden, später wird die Notenbank auch auf Schilling lautende Banknoten ausgeben. Bund, Länder und Gemeinden sowie alle öffentlichen Ämter haben in Schilling zu rechnen.

Banknote für die Übergangszeit mit Kronen- und Schilling-Aufdruck

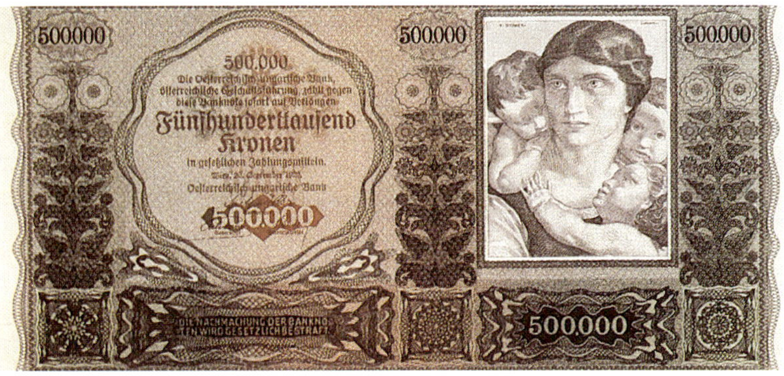

Geldschein der österreichischen Nationalbank in der alten Kronenwährung

Spanischer Rückzug in Nord-Marokko

13. Dezember. Die spanischen Kolonialtruppen in Marokko treffen in Tétouan ein. Unter dem Oberbefehl von Spaniens Diktator, General Miguel Primo de Rivera y Orbaneja, ziehen sich die Spanier, die seit 1919 gegen die Rifkabylen von Abd El Krim kämpfen, auf die Frontlinie El Ksar-Megaret-Tétouan zurück. Entlang dieser sog. Primo Linie steht pro Viertelmeile ein Militärposten. Da jedoch nun auch bisher spanienfreundliche Anjerastämme hinter der Primo Linie zur Rebellion übergehen, bleibt die Lage der spanischen Einheiten kritisch. Vor allem der wichtigste spanische Nachschubweg, die Eisenbahnlinie Ceuta-Tétouan ist bedroht.

Spaniens Militärdiktator (seit September 1923), General Miguel Primo de Rivera y Orbaneja, hat persönlich den Oberbefehl in Spanisch-Marokko übernommen

Kommunistischer Aufstand in Reval

1. Dezember. In Estlands Hauptstadt Reval bricht früh morgens ein kommunistischer Aufstand aus, der bis zum Mittag von Regierungstruppen niedergeschlagen wird.
Kommunistische Stoßtrupps besetzen den Hauptbahnhof und versuchen, in die Regierungsgebäude einzudringen. Verkehrsminister Karl Kark wird erschossen. Der Kriegszustand wird proklamiert, General Johan Laidoner erhält außerordentliche Vollmachten. Von den 400 bis 500 Putschisten werden rund 140 verhaftet und 30 sofort hingerichtet. Putschführer Jaan Anvelt entkommt in die Sowjetunion.
Unter dem Eindruck des Putsches wird in Estland eine Mehrheitsregierung unter Jüri Jaakson gebildet. Die europäischen Staaten, viele haben gerade ihre Beziehungen zur Sowjetunion normalisiert (→ 2. 2. / S. 36), sind alarmiert. Sie vermuten in Komintern-Chef Grigori J. Sinowjew den Drahtzieher der Aktion (→ 27. 11. / S. 182).

Kölner Zone bleibt besetzt

31. Dezember. Die alliierte Botschafterkonferenz in Paris stellt mit Einstimmigkeit fest, daß die Kölner Zone am 10. Januar 1925 noch nicht geräumt wird. Grundlage für die ablehnende Haltung bildet das Gutachten der Interalliierten Militärkontrollkommission (IMKK) über die seit dem → 8. September (S. 150) durchgeführte Generalinspektion der deutschen Rüstungsverhältnisse. Die IMKK moniert u. a. die Einstellung von Zeitfreiwilligen.
In ihrer Kollektivnote an die Reichsregierung, die am 5. Januar 1925 in Berlin übergeben wird, stellen die Alliierten fest, das Deutsche Reich habe die Entwaffnungsbestimmungen des Versailler Friedensvertrags (1919) und damit die wichtigste Bedingung für die Räumung der Kölner Zone nicht erfüllt. Der etappenweise Räumungsplan für das von den Alliierten besetzte Rheinland sieht die Freigabe der (britischen) Kölner Zone am 10. Januar 1925 als erste Teilräumung nach fünf Jahren vor, zu der es erst 1926 kommt.
Angesichts der fast völligen Entwaffnung des Reichs hatte die Reichsregierung mit einem günstigeren Ausgang der Generalinspektion gerechnet. In Presseveröffentlichungen wird vermutet, die IMKK sei entschlossen gewesen, die Nichterfüllung festzustellen.

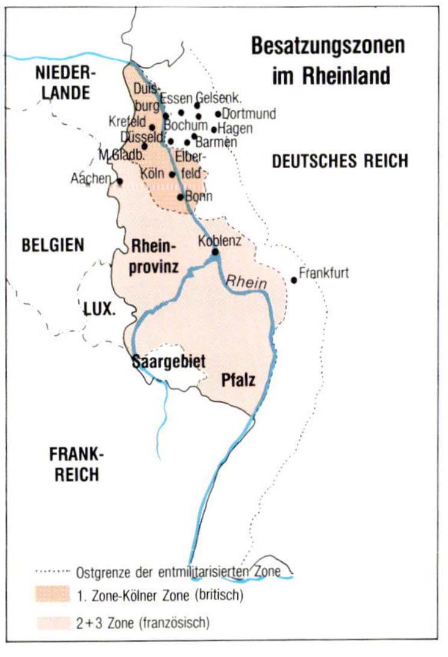

Albanien wieder in Zogus Hand

24. Dezember. Truppen unter dem Befehl Achmed Zogus besetzen die albanische Hauptstadt Tirana. Der Führer moslemisch-konservativer Kreise in Albanien, Zogu, stürzt mit Militärhilfe des Königreichs der Serben, Kroaten und Slowenen (Jugoslawien) die revolutionäre Regierung unter Metropolit Fan S. Noli.
Erst am 10. Juni waren aufständische Truppen unter Bajram Curri und Fan S. Noli, die sich Ende Mai an die Spitze der Opposition gegen das Zogu-Regime gesetzt hatten, in die Hauptstadt eingezogen. Fan S. Noli wurde Präsident der revolutionären Regierung, die ein 19-Punkte-Programm verkündete, das u. a. die Aufhebung des Feudalismus (Agrarreform) vorsah.
Mit Unterstützung Roms und Belgrads hat Zogu im Exil eine Freiwilligen-Truppe aufstellen können. Fan S. Noli flieht nach Zogus Sieg ins Exil (USA). Zogu übernimmt im Januar 1925 wie bereits 1923/24 die Regierung in Albanien.

Besucherandrang beim »Haus der Funkindustrie« in Berlin, wo die erste deutsche Funkausstellung eröffnet wird

Erstmals deutsche Funkausstellung

4. Dezember. In Berlin wird die erste deutsche Funkausstellung in der dafür gebauten Ausstellungshalle auf dem Messegelände am Kaiserdamm eröffnet. 268 Aussteller zeigen bis zum 13. Dezember ihre Produkte. Die Resonanz ist groß; es werden etwa 115 000 Besucher gezählt. Da der geplante Funkturm nicht fertig geworden ist, behelfen sich die Veranstalter mit einem 84 m hohen Mast. Größte Attraktion ist ein hinter einer Glaswand aufgestellter 1,5-Kilowatt-Sender; die wichtigste technische Neuerung der Ausstellung ist der erste brauchbare Trichterlautsprecher. Ein guter Radioapparat mit vier Röhren kostet 400 bis 500 Reichsmark, ein einfacher Detektorempfänger 70 Reichsmark. Kopfhörer gibt es für 7 bis 14, Lautsprecher für 65 bis 100 Reichsmark. Für viele Interessenten ist das zu teuer; also hören viele mit selbstgebastelten Geräten schwarz. Ende 1924 sind 549 000 Rundfunkhörer gemeldet.

Flächendeckende Rundfunksender

Seit der ersten Sendung im Oktober 1923 wird der deutsche Rundfunk rasch ausgebaut. In den nach der Reichweite der Sender (150 km) konzipierten Sendegebieten gibt es neun Rundfunkgesellschaften:

- ▷ Funk-Stunde AG, Berlin, Start: 29. Oktober 1923
- ▷ Mitteldeutsche Rundfunk AG, Leipzig (Mirag), erste Sendung: 2. März 1924
- ▷ Deutsche Stunde in Bayern GmbH, München, erste Sendung: 30. März 1924
- ▷ Südwestdeutsche Rundfunkdienst AG, Frankfurt/Main (SWR), regelmäßiges Programm ab 1. April 1924
- ▷ Nordische Rundfunk AG, Hamburg (Norag), Programmstart: 2. Mai 1924
- ▷ Süddeutsche Rundfunk AG, Stuttgart (Sürag), Programmstart: 12. Mai 1924
- ▷ Schlesische Funkstunde AG, Breslau, Programmstart: 26. Mai 1924
- ▷ Ostmarken-Rundfunk AG, Königsberg (Orag), Programm ab 14. Juni 1924
- ▷ Westdeutsche Funkstunde AG, Münster (Wefag), Start: 10. Oktober 1924

Rechte erzwingen Auflösung des Bauhauses in Weimar

26. Dezember. Die im Meisterrat versammelten Lehrer des Staatlichen Bauhauses Weimar erklären das berühmte Institut zum 1. April für aufgelöst. Im Frühjahr 1925 zieht es nach Dessau um.

Wegen unausgesetzter Anfeindungen von rechtsextremer Seite sind sich der Bauhaus-Leiter Walter Gropius und die Lehrmeister Georg Muche, László Moholy-Nagy, Herbert Bayer, Marcel Lajos Breuer, Wassily Kandinsky, Paul Klee und Lyonel Feininger über den Weggang aus Thüringen einig. Eine Weiterexistenz des Bauhauses ist ohnehin kaum möglich, nachdem die neugewählte bürgerliche thüringische Regierung (→ 10. 2. / S. 35) die staatlichen Mittel gestrichen und den Bauhausmeistern gekündigt hat.

Frankfurt/ Main, Hagen, Mannheim, Darmstadt und Dessau wollen das Bauhaus aufnehmen, dessen radikale Design-Kunst und Architektur bereits internationales Aufsehen erregen. Gropius, Gründer und Leiter des Bauhauses, entscheidet sich für die aufstrebende Industriestadt Dessau. Er selbst entwirft das neue Gebäude. Der neuen Hochschule für Gestaltung, wie sich das Bauhaus in Dessau nennt, werden kommerziell arbeitende Produktionsbetriebe für Möbel und Gebrauchsgegenstände angegliedert. Zunehmend verkauft das Bauhaus seine »endgültig durchgearbeiteten Modelle« auch an gewinnorientierte Fertigungsbetriebe, um wirtschaftlich unabhängig zu sein.

Architekt und Bauhausleiter Walter Gropius

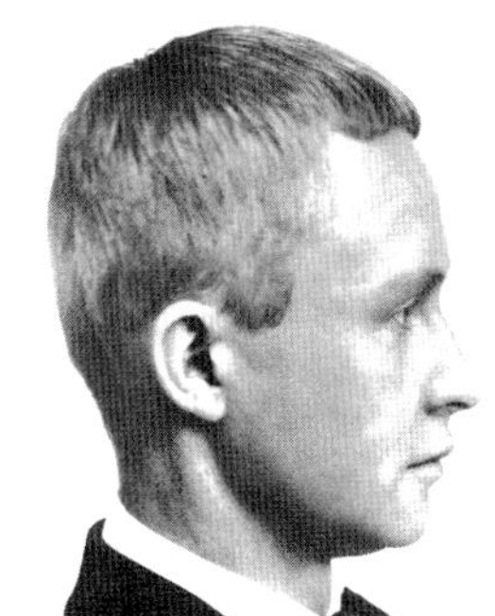

Der Maler Georg Muche lehrt seit 1920 am Bauhaus

László Moholy-Nagy, Vorreiter der Objektkunst

Der Maler und Grafiker Wassily Kandinsky

Öffnung der Heiligen Pforte durch Pius XI. (Zeichnung)

Papst Pius XI. kniet in der Heiligen Pforte nieder

Jubeljahr der Katholiken beginnt mit Öffnung der Heiligen Pforte

24. Dezember. *Mit Feierlichkeiten in der Peterskirche in der Vatikanstadt beginnt für die Katholiken das Heilige Jahr 1925. Zeremonieller Höhepunkt ist die Öffnung der Heiligen Pforte durch Papst Pius XI. unter Teilnahme hoher katholischer Würdenträger. Sie war am Ende des letzten Jubeljahrs (1900) vom damaligen Papst Leo XIII. geschlossen worden.*

»Die Zeremonie der Türöffnung war nur kurz. Der Papst klopfte mehrmals unter Segenssprüchen mit dem goldenen Hammer an die Marmorplatte, welche die Türöffnung absperrte, die Menge respondierte, die Marmorplatte glitt auf Schienen unter allgemeiner Spannung zu Boden, und die Porta Santa war wieder offen ... Als erster zog dann der Papst durch die geöffnete Pforte in die Peterskirche ein ... Nach kurzem Aufenthalt in ... [einer] Kapelle ließ sich der Papst durch die Peterskirche tragen, während das dichtgedrängte Volk begeistert applaudierte und mit Taschentüchern und Hüten winkte.« So beschreibt die »Frankfurter Zeitung« das Zeremoniell in der Peterskirche.

Zugspitzbahn wird nun doch realisiert

7. Dezember. Wie die »Frankfurter Zeitung« meldet, ist mit der Ausführung der Zugspitzbahn nun das bekannte Leipziger Unternehmen für Drahtseilbahnen, Adolf Bleichert & Co., beauftragt worden. Damit kommt eine sehr lange Vorentwicklung endlich zum Abschluß, lagen doch bereits seit 1900 ein Reihe von Planungen vor für die Bahn auf den mit 2962 m höchsten deutschen Berg, die aber alle an der Finanzierung scheiterten. Die Bahn soll am 1. August 1925 eröffnet werden.

Werbeplakat für die Zugspitzbahn von der Firma Adolf Bleichert

»Kommißbrot« Attraktion der Automobilausstellung

10. Dezember. In Berlin wird die diesjährige Deutsche Automobilausstellung eröffnet, die einen bedeutend größeren Umfang als in den vorausgegangenen Jahren hat. Auf der bis zum 18. Dezember dauernden Ausstellung präsentieren sich 71 Automobilfabriken mit Pkw, 35 Firmen mit Lkw bzw. Omnibussen, 83 Motorradfabriken und etwa 450 Zulieferbetriebe.

Besonders gewachsen ist das Angebot an Motorrädern und Kleinwagen. Als vielbeachtete Neuigkeit zeigt die Autoschau den Kleinwagen der hannoverschen Firma Hanomag, »Kommißbrot« genannt. Er hat einen Einzylinder-Viertaktmotor (499 ccm) mit Hinterradantrieb, drei Vorwärtsgänge und einen Rückwärtsgang. Der von den Ingenieuren Böhler und Pollich entworfene Wagen hat 10 PS. Er ist sehr einfach in der Bauart und ungewöhnlich billig. Fahr- und betriebsbereit kostet er lediglich 2300 Reichsmark. Auf 100 km verbraucht er im Schnitt nur Benzin für 1,50 Reichsmark. Wie der »Laubfrosch«, der neue Kleinwagen von Opel, wird auch das »Kommißbrot« in Serie am Fließband produziert. Beide entwickeln sich zu Verkaufsschlagern. Der erwerbstätige Mittelstand wird mit diesen Modellen als neue Käuferschicht angesprochen.

Der kleine Hanomag, im Volksmund »Kommißbrot« genannt, findet auf der Automobilausstellung Beifall; der Wagen ist mit zwei bequemen Sitzen ausgestattet; Maximalgeschwindigkeit: 50 – 60 km/h

Ausstellungsstand der Dux-Automobil-Werke AG, Wahren bei Leipzig, auf der diesjährigen Deutschen Automobilausstellung

Mehrfacher Mörder Haarmann zum Tode verurteilt

19. Dezember. In Hannover endet der Prozeß gegen den mehrfachen Mörder Friedrich (»Fritz«) Haarmann mit dem erwarteten Todesurteil wegen Mordes in 27 Fällen. Vier Monate später, am 15. April 1925 wird Haarmann hingerichtet.

Seit Februar dieses Jahres waren in Hannover in der Leine immer wieder Leichenteile gefunden worden. Zugleich häuften sich Meldungen über vermißte männliche Jugendliche aus Hannover und dem ganzen Reichsgebiet. Eine Welle von Gerüchten, Angst und Unruhe erfaßte die Bevölkerung. Der Polizeipräsident von Hannover, Rudolf von Beckerath, ordnete für Pfingsten eine große Suchaktion an. Der Wasserspiegel der Leine wurde abgesenkt und der Fluß systematisch durchsucht: Ergebnis der Suche waren Knochen und Leichenteile von mindestens 20 jungen Männern.

△ *Zweimal Fritz Haarmann – in Hannover ist der Polizeispitzel eine stadtbekannte Erscheinung, viele kennen ihn nur mit Hut; Prozeßbeobachter Lessing über Haarmann: »Vor uns steht eine keineswegs unsympathische Erscheinung. Äußerlich betrachtet ein schlichter Mann aus dem Volk. Freundlich blickend und gefällig, zuvorkommend.«*

Spottlied auf einen Massenmörder
Nach der Verhaftung Haarmanns im Juni singt man nach einer bekannten Schlagermelodie:
»Warte, warte nur ein Weilchen, dann kommt Haarmann auch zu dir, mit dem kleinen Hackebeilchen macht er Schabefleisch [auch: feine Wurst, Hackfleisch u. ä. Variationen] aus dir«

◁ *Altstadt von Hannover, wie sie zur Zeit Haarmanns aussieht; der einst vornehme Stadtteil gegenüber dem Hohen Ufer und in direkter Nähe zum Schloß der Welfen ist in den 20er Jahren völlig verslumt; die Ärmsten wohnen in diesem Viertel*

Kommissar Rätz, Leiter der hannoverschen Mordkommission, wollte daraufhin den Verdächtigen Haarmann überwachen lassen. Da die Opfer junge Männer waren, wurde der Täter im Homosexuellenmilieu Hannovers vermutet. Von Haarmann, einer stadtbekannten Figur, wußte die Polizei nicht nur, daß er homosexuell ist; seine Akte weist ihn zudem als Triebtäter und Gewaltverbrecher aus. Jedoch sträubten sich andere Abteilungen der Polizei gegen eine Überwachung. Der Grund: Seit 1918 stand der Altkleiderhändler als Spitzel im Dienste der Polizei, verfügte er doch über ausgezeichnete Kenntnisse des Ganoven- und Zuhältermilieus in der verslumten Altstadt Hannovers.

Am 23. Juni wurde Haarmann schließlich festgenommen. Nach und nach legte er ein Geständnis ab. Genau berichtete er dem psychologischen Gutachter Ernst Schultze über die Mordserie, der von September 1919 bis Juni 1924 Monat für Monat bis zu vier junge Männer zum Opfer fielen. Seine Opfer holte er sich vom »Schwulenstrich hinterm Café Kröpcke«; sie mußten »jung, lieb und schön« sein. Auch jugendliche Ausreißer und junge Männer ohne Arbeit und Bleibe lockte Haarmann in seine ärmliche Wohnung (zuerst Neue Straße 8, dann Rote Reihe 2): »Komm mit«, bot der jovial-freundschaftlich auftretende, solide gekleidete Herr an, »bei mir kannste schlafen, und zu essen kriegste auch.«

Wie es zu diesem für ganz Europa beunruhigenden Kriminalfall gekommen ist, wird im Prozeß nicht geklärt, was Prozeßbeobachter Theodor Lessing scharf kritisiert. Das Todesurteil habe von vornherein festgestanden. Das Schultze-Gutachten erhellt nicht die psychopathologische Entwicklung des gestörten Täters, auf dessen Sexualität es überhaupt nicht eingeht. Schultze hält Haarmann für zurechnungsfähig. Vergeblich hatte Lessing die Hinzuziehung Sigmund Freuds als Gutachter gefordert.

Haarmann selbst meint: »Ob das mit dem Abmurksen davon gekommen ist, daß der Hans [Grans] das Weibervolk immer mitbrachte?« An den 20 Jahre jüngeren, nicht homosexuellen Grans, seit 1919 Liebhaber und Komplize Haarmanns, ist der Mörder emotional eng gebunden. Die Spannungen in dieser Beziehung nahmen seit 1923 zu. Grans wird ebenfalls zum Tode verurteilt wegen Anstiftung zum Mord in zwei Fällen. Da Haarmann ihn kurz vor seiner Hinrichtung entlastet, wird der Prozeß gegen Grans später noch einmal aufgerollt.

In den Augen Theodor Lessings, Professor für Psychologie an der Technischen Hochschule in Hannover, ist der Haarmann-Prozeß ein »trauriges Kleinstadt-Schauspiel«. Die Mitschuld der hannoverschen Polizei wird verschleiert. Ihre Versäumnisse und Pannen haben, so sieht es nicht nur Lessing, die Mordserie u. a. möglich gemacht. Frühe Hinweise von Nachbarn, denen die Vorgänge in Haarmanns Zimmer verdächtig erschienen, wurden nicht eingehend verfolgt. Zudem konnte Haarmann mit dem Polizeiausweis z. B. gegenüber seinen Opfern quasi als Amtsperson auftreten.

Manchmal vier Morde pro Monat

Triebtäter Friedrich Haarmann tötete in Hannover 27 junge Männer im sexuellen Rausch (→ 19. 12. / S. 200). Um die Leichen zu beseitigen, zerlegte er sie und warf die Leichenteile in die Leine. Ob er mit Menschenfleisch gehandelt hat, wird nie bewiesen. Die Opfer und wann sie ermordet wurden:

1. Schüler Friedel Rothe, geb. 1901, etwa September 1918
2. Lehrling Fritz Franke, geb. 1906, etwa Februar 1923
3. Lehrling Wilhelm Schulze, geb. 1906, etwa März 1923
4. Schüler Roland Huch, geb. 1907, etwa Mai 1923
5. Arbeiter Hans Sonnenfeld, geb. 1904, etwa Mai 1923
6. Schüler Ernst Ehrenberg, geb. 1909, etwa Juni 1923
7. Bürogehilfe Heinrich Struß, geb. 1905, etwa August 1923
8. Lehrling Paul Bronischewski, geb. 1906, etwa September 1923
9. Arbeiter Richard Gräf, geb. 1906, etwa Oktober 1923
10. Lehrling Wilhelm Erdner, geb. 1907, etwa Oktober 1923
11. Arbeiter Hermann Wolf, geb. 1908, etwa Oktober 1923
12. Schüler Heinz Brinkmann, geb. 1910, etwa Oktober 1923
13. Zimmermann Adolf Hannappel, geb. 1908, etwa November 1923
14. Arbeiter Adolf Hennies, geb. 1904, etwa Dezember 1923
15. Schlosser Ernst Spiecker, geb. 1906, etwa Januar 1924
16. Arbeiter Heinrich Koch, geb. 1905, etwa Januar 1924
17. Arbeiter Willi Senger, geb. 1904, etwa Februar 1924
18. Lehrling Hermann Speichert, geb. 1908, etwa Februar 1924
19. Lehrling Alfred Hogrefe, geb. 1907, etwa April 1924
20. Arbeiter Hermann Bock, geb. 1901, etwa April 1924
21. Lehrling Wilhelm Apel, geb. 1908, April 1924
22. Lehrling Robert Witzel, geb. 1906, Ende April 1924
23. Lehrling Heinz Martin, geb. 1909, Mai 1924
24. Reisender Fritz Wittig, geb. 1906, etwa Mai 1924
25. Schüler Friedrich Abeling, geb. 1913, etwa Mai 1924
26. Lehrling Friedrich Koch, geb. 1908, etwa Juni 1924
27. Bäckergeselle Erich de Vries, geb. 1907, Juni 1924

Mansardenstube des Mörders Haarmann; hierhin führte der homosexuelle »Triebirrsinnige« die jungen Männer mit dem Versprechen einer Mahlzeit und Übernachtungsmöglichkeit; nachts tötete er dann das schlafende Opfer

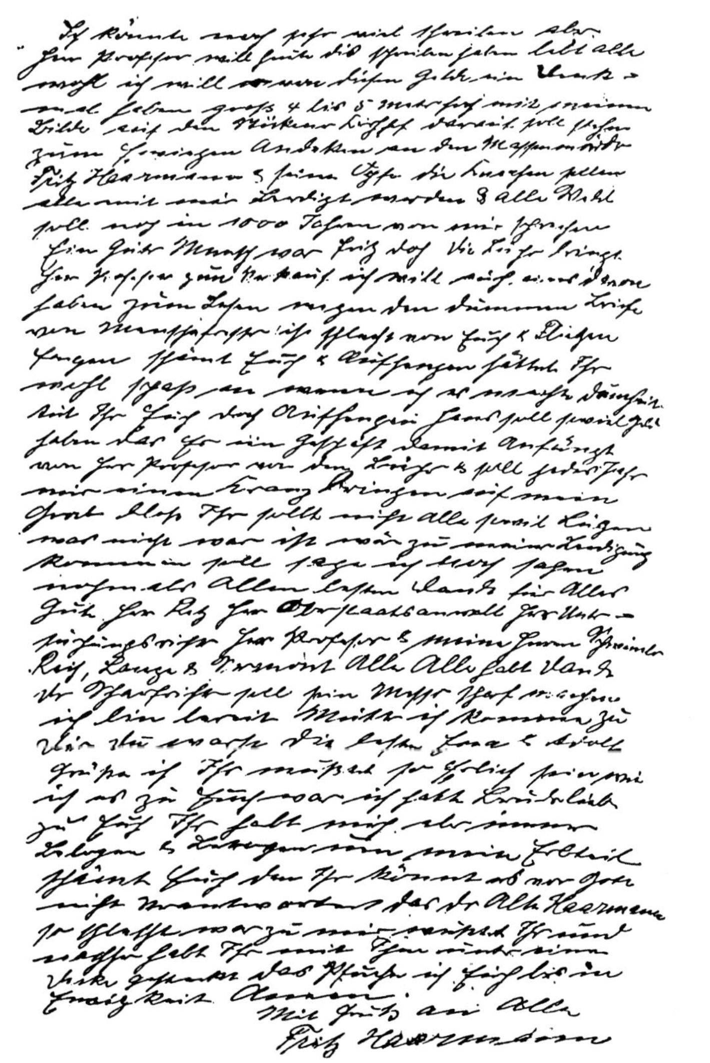

Mit Gruß an Alle
Fritz Haarmann

Letzte Seite der Lebensbeschreibung Haarmanns, verfaßt im Sommer 1924

Irrsinn Haarmanns schon früh erkannt

Friedrich (genannt Fritz) Heinrich Karl Haarmann wird am 25. Oktober 1879 in Hannover geboren, wo er in kleinbürgerlichen Verhältnissen aufwächst. Seine Beziehung zum Vater ist schlecht, zur Mutter recht gut. Seine schulischen Leistungen sind unterdurchschnittlich schwach; dem »Hosenscheißer« gilt der Spott der Mitschüler. 1895 wird bei Haarmann Jugendirresein festgestellt. 1896 folgt in Hannover das erste Strafverfahren wegen fortwährender Sittlichkeitsdelikte an Kindern. In einer Hildesheimer Irrenanstalt wird er 1897 nicht nur als schwachsinnig, sondern als ein gemeingefährlicher Geisteskranker eingestuft. Haarmann flieht aus der Anstalt und lebt zeitweise in der Schweiz. Der Hildesheimer Sanitätsrat Erich Gerstenberg stellt ein Fahndungsersuchen an die hannoversche Polizei, das bis 1900, als Haarmann zurückkehrt, offenbar vergessen wird. 1913 bis 1918 verbüßt Haarmann eine Zuchthausstrafe wegen Unzuchtdelikten. Seit 1918 lebt der »Triebirrsinnige«, von der Polizei als Spitzel beschäftigt, frei in Hannover: Eine stadtbekannte, »keineswegs unsympathische Erscheinung« (Beschreibung Theodor Lessings), hinter der niemand den Massenmörder vermutet.

Wissenschaft und Technik 1924:

Vom Urmenschen in Afrika zur Weltraumforschung

»Afrika ist die Wiege der Menschheit«. Dies behauptet Raymond Arthur Dart, Anatomieprofessor der Universität Johannesburg, nach aufsehenerregenden Knochenfunden bei Johannesburg. Dart meint, die Schädel, Kiefer und Zähne hätten dem »Australopithecus« (»südlicher Affe«) gehört, der eine Übergangsform zwischen Tier und Mensch darstelle. Die Fachwelt will zunächst nicht glauben, daß tatsächlich das langgesuchte Verbindungsglied zwischen Affe und Mensch gefunden worden ist. Später erhärtet sich Darts These: Der Australopithecus lebte vor etwa sechs Millionen Jahren als einer der frühesten Vorfahren des Menschen. Er hatte noch eine affenartige Mundpartie, aber schon ein deutlich größeres Vorderhirn als ein Affe. Außerdem ging er aufrecht wie ein Mensch.

Ähnlich spektakulär, diesmal für die Astronomen, ist die erste Distanzmessung zu einem astronomischen Objekt außerhalb der Milchstraße. Edwin Powell Hubble, seit 1919 Mitarbeiter des Carnegie-Instituts und des Mount-Wilson-Observatoriums in Pasadena/Kalifornien, mißt die Entfernung zum extragalaktischen Andromedanebel: Obwohl mit bloßem Auge im Sternbild Andromeda erkennbar, ist er knapp eine Million Lichtjahre von unserem Sonnensystem entfernt.

Weltweit einzigartig ist das nun fertige Projektionsplanetarium, das Walther Bauersfeld als Konstruktionsingenieur und Geschäftsleiter der Firma Carl Zeiss in Jena seit 1919 entwickelt hat. Oskar von Miller hat es für sein Deutsches Museum in München in Auftrag gegeben, das 1925 eröffnet wird. Insgesamt 72 zusammengeschaltete Projektoren werfen das Bild des Sternenhimmels an eine Kuppel. Das Sonnensystem und Tausende von Fixsternen werden gezeigt.

Eine wesentlich verbesserte Empfangsqualität, z. B. für den Rundfunk, bietet der neue dynamische Lautsprecher, bei dem die Ablenkung eines stromdurchflossenen Leiters in einem Magnetfeld ausgenutzt wird. Die US-Amerikaner C. W. Rice und E. W. Kellog sowie der deutsche Physiker Hans Riegger bauen zwei unterschiedliche Modelle, dieses wegen seiner Robustheit und dem hohen Wirkungsgrad effektvollen Lautsprechers.

Stromversorgung durch Windkraft an der Schneekoppe, Riesengebirge

Neuartige Leuchtfeuertechnik auf der schottischen Insel Inchkeith

Solarenergie: Hohlspiegel des Sonnenmotors von Los Angeles

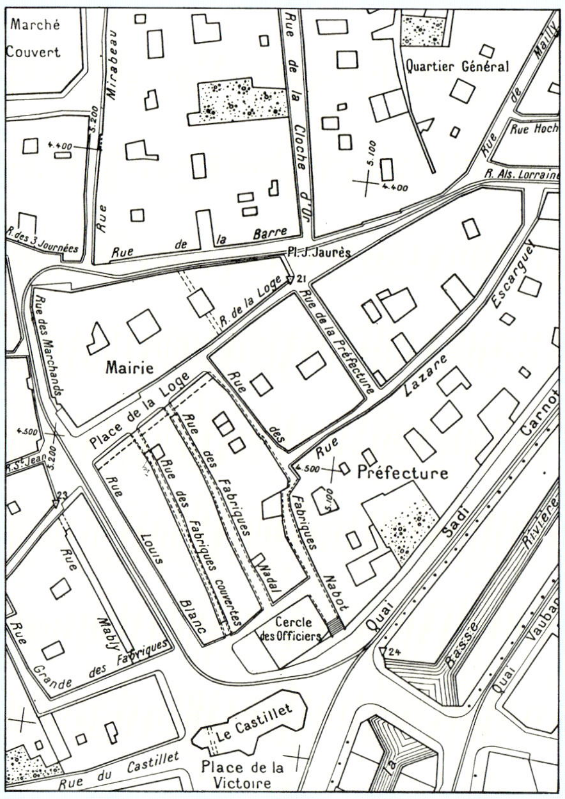

Luftaufnahmen für Landkartenwerke

Seit dem Weltkrieg macht sich die Kartographie in zunehmendem Ausmaß Luftaufnahmen zunutze, und produziert auf diese Weise billiger, schneller und präziser z. B. für die Stadtplanung notwendige Karten. Voraussetzung war eine verbesserte Fototechnik; eigens für diesen Zweck entwickelte Kameras erlauben es, während eines vierstündigen Flugs ein 2300 km² großes Gebiet aufzunehmen. Mit hochspezialisierten Geräten werden die Luftaufnahmen ausgewertet. Dabei ist es sogar möglich, stereoskopische (raumgetreue) Karten herzustellen. Der Autokartograph von Hugershoff-Heyde in Dresden stellt mit einem Paar stereoskopischer Luftaufnahmen automatisch Flächen- und Höhenmaße des betreffenden Gebiets fest. Nebenstehend eine Luftaufnahme (Abb. l.) und Karte (Abb. r.) eines Stadtteils der französischen Stadt Perpignan.

Die Niagara-Fälle sollen diese riesige Wasserturbine von 70 000 PS antreiben; durch ihre Wasserzuleitungsröhren könnte eine Lokomotive fahren

»Windtunnel« der Aerodynamischen Versuchsanstalt in Göttingen zur Messung der Winddruckstärken auf Modelle von Fahrzeugen und Brücken

Versuche mit künstlichen Nebelwolken in New York; Flugzeuge legen diese als Schutz vor Bombardierung geplante »Tarnkappe« um Ortschaften

Grammophon als Konzertinstrument

14. Dezember. Im Augusteo in Rom wird die neue sinfonische Tondichtung von Ottorino Respighi uraufgeführt: »Pini di Roma« (»Pinien von Rom«). Mit großem Orchester läßt Respighi Bilder aus der römischen Geschichte auferstehen. Im ersten Klangbild spielen Kinder zwischen den Pinien der Villa Borghese, dann dringt klagender Gesang aus den Tiefen der Katakomben. In den »Pinien auf dem Gianicolo« (drittes Tonbild) singt in klarer Vollmondnacht eine Nachtigall. Die Vogelstimme wird jedoch nicht von einem Instrument imitiert, sondern mittels Schallplatte eingespielt. Zuletzt naht unter dem Geschmetter von sechs Signaltrompeten ein römischer Konsul mit seinem Heer.

Begeisterung für Luigi Pirandello

30. Dezember. An der Komödie Berlin hat Luigi Pirandellos »Sechs Personen suchen einen Autor« ihre deutsche Premiere. Regie führt Max Reinhardt. Dieses Stück (Uraufführung 1921 in Rom) des italienischen Autors ist bereits ein Welterfolg. Mit einiger Verspätung nimmt nun auch das deutsche Theater im Zusammenhang mit einer neuen Aufgeschlossenheit für ausländische Stücke Pirandello auf. Mit der erfolgreichen Reinhardtschen Aufführung beginnt im Deutschen Reich eine »Pirandello-Mode«. Durch einen neuen Stil der Inszenierung deutet sich beim österreichischen Regisseur Max Reinhardt eine endgültige Verabschiedung vom illusionistischen Theater an.

Der Niederländer Willem Einthoven, Nobelpreisträger für Medizin

Erhält den Literaturnobelpreis: Wladyslaw Stanislaw Reymont

Wieder kein Friedenspreis

10. Dezember. In der schwedischen Hauptstadt Stockholm werden die diesjährigen Nobelpreise verliehen. Der niederländische Mediziner Willem Einthoven wird mit dem Nobelpreis für Physiologie/Medizin ausgezeichnet. Einthoven erhält den begehrten Preis für Forschungen, mit denen er die Grundlagen für die Elektrokardiographie (Aufzeichnung der Herzstromkurve) geschaffen hat. Dies gelang ihm u. a. durch die Vervollkommnung des Seitengalvanometers.

Mit dem Literaturnobelpreis wird der polnische Schriftsteller Władysław Stanisław Reymont für seinen vierbändigen Roman »Die Bauern« geehrt, den er zwischen 1904 und 1909 geschrieben hat. In dem Roman, das Hauptwerk des aus armen Verhältnissen stammenden Autors, gibt Reymont eine nach den Jahreszeiten in vier Teile gegliederte Schilderung des polnischen Dorflebens, das er als Landarbeiter aus eigener Erfahrung kennt.

Nobelpreisträger für Physik ist der Schwede Karl Manne Georg Siegbahn. Dem Physiker wird die Auszeichnung für seine röntgenspektroskopischen Forschungen zuerkannt. Verliehen wird der Preis allerdings erst 1925. Mit der systematischen Untersuchung der Röntgenspektren nahezu aller chemischen Elemente (seit 1913) ist Siegbahn einer der Pioniere auf diesem Gebiet.

Wie bereits im Vorjahr findet das Nobelkomitee des norwegischen Parlaments zum allgemeinen Bedauern keine Persönlichkeit, die es mit dem Friedensnobelpreis 1924 auszeichnen möchte. Auch einen Nobelpreisträger für Chemie gibt es in diesem Jahr nicht.

Film 1924:

Umbruchzeit für deutschen Film

Ab 1924 gerät der deutsche Film wirtschaftlich verstärkt unter den Druck der US-Konkurrenz aus Hollywood. Zugleich beginnen industrielle Großkonzerne »sich des Films zu bemächtigen«, wie »Das Tagebuch« im Dezember 1924 notiert. Der Konzern von Alfred Hugenberg kontrolliert die Deulig-Film-A.G. und der Stinnes-Konzern die Westi-Film-GmbH.

Der Höhepunkt des expressionistischen Films ist überschritten; Neue Sachlichkeit ist auch ein Trend im deutschen Film. Furore macht Friedrich Wilhelm Murnaus Stummfilm »Der letzte Mann« mit Star Emil Jannings in der Hauptrolle. Mit seiner beweglichen Kamera und der einfachen Geschichte hat der Film schon etwas von der neuen realistischen Haltung.

Gegenstück zu diesem kammerspielartigen Film sind die Monumentalszenen des »Nibelungen«-Films von Fritz Lang (→ 10. 5. / S. 87). Der Erfolg seines am 13. November in Berlin uraufgeführten Films »Das Wachsfigurenkabinett« bringt Paul Leni nach Hollywood. Als ehemaliger Bühnenausstatter Max Reinhardts ist Leni von der zentralen Bedeutung des Ausstatters für den Film überzeugt, was er im »Wachsfigurenkabinett« demonstriert. Leni ist ein Pionier des Horror-Comedy-Genres.

Nach einem mißglückten Debüt gelingt Ernst Lubitsch, der 1922 zusammen mit Pola Negri nach Hollywood ging, nun die gewagt-spritzige Filmkomödie »Forbidden Paradise« mit Pola Negri und Adolphe Menjou in den Hauptrollen. Der US-amerikanische Komiker Buster Keaton bringt 1924 zwei seiner bedeutendsten Komödien in die Kinos: »The Navigator« und »Sherlock Holmes jr.«.

Vom Surrealismus in der bildenden Kunst beeinflußt ist das »cinéma pur« von René Clair. Mit dem aus einer Folge absurder Situationen bestehenden Film »Entr'acte« (Zwischenspiel) will die Pariser Avantgarde – Man Ray, Jean Börlin, Erik Satie, Marcel Duchamp gehören zu den Darstellern – unter Clairs Regie gegen den kommerziellen Film protestieren.

Jannings mit Nils Edwall in »Nju« von Paul Czinner

Filmszene aus »Der letzte Mann« mit Emil Jannings

Emil Jannings feiert Triumphe als Nachtportier in »Der letzte Mann«

23. Dezember. Im Berliner Zoo-Palast wird Friedrich Wilhelm Murnaus »Der letzte Mann« uraufgeführt. In der Hauptrolle: Emil Jannings. Er spielt einen alten Hotelportier, der an seiner Degradierung zum Toilettenwart zu verzweifeln droht. In der Darstellung alter, gebrochener Männer, die nicht mehr gebraucht werden, strahlt Jannings echtes Pathos aus und rührt mit seinem berühmten »Plüschblick« jedes Herz. Seine Leistungen auch in Paul Lenis »Das Wachsfigurenkabinett« (1924) machen nicht nur im Deutschen Reich Furore. Jannings, der seit 1915 bei Max Reinhardt auf der Theaterbühne steht, spielt schon seit 1914 auch in Kinoprodukten eindrucksvolle Charakterrollen, u. a. in »Vendetta« (1916) oder dem Kostümfilm »Madame Dubarry« (1919) von Ernst Lubitsch.

Spezialeffekt in dem Film »The Thief of Bagdad« (Der Dieb von Bagdad) von Raoul Walsh: Ein fliegender Teppich startet mit dem Dieb (Douglas Fairbanks) und der Prinzessin (Julianne Johnston) in das Reich der Liebe

Hans Albers (r.) spielt in dem Film »Jagd auf Menschen (1924) den Hochstapler und Falschspieler Trasymopolus der mit Hilfe seiner schönen Komplizin Fiametta (Vivia Gibson, l.) einen Bankier betrügt

△ *Zwei historische Filme aus den Vereinigten Staaten: Links eine Szene aus »The eternal City« (Die ewige Stadt), ein an römischen Originalschauplätzen gedrehter Film, Hauptfigur ist Donna Roma, gespielt von Barbara La Marr (im Hintergrund mit erhobenem Arm); rechts die Attentatsszene aus dem historisch-biographischen Film »Abraham Lincoln«: Der US-amerikanische Präsident wurde 1865 im Theater in Washington erschossen*

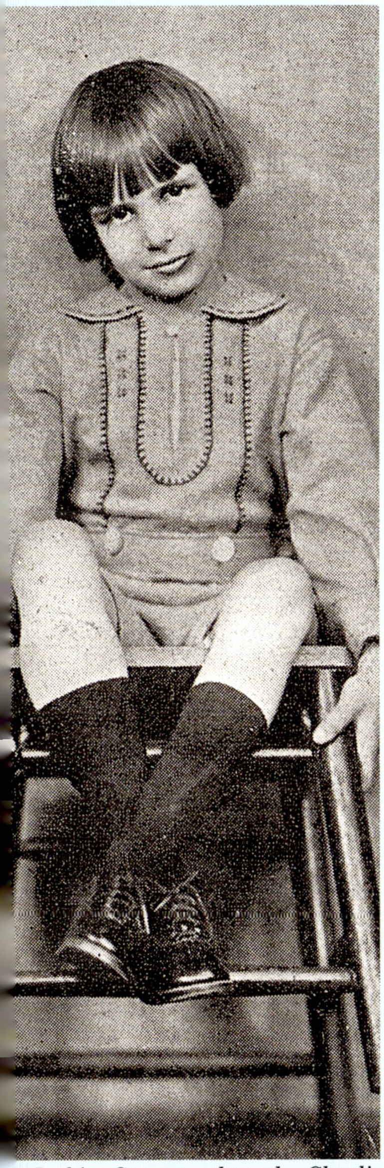

Jackie Coogan, der als Charlie Chaplins »The Kid« ein Kinderstar geworden ist; auch in anderen Filmen spielt er den kleinen Tramp

◁ *»Entr'acte« (Zwischenspiel) von René Clair, der den mit humorvollen und witzig-absurden Details prall gefüllten avantgardistischen Kurzfilm (22 min.) in nur drei Wochen auf der Bühne des Théâtre des Champs-Élysées, im Luna Park und anderen Gegenden von Paris drehte*

◁ *Szene aus John Fords großem epischen Western »The Iron Horse« (Das eiserne Pferd) über den Bau der ersten Eisenbahn quer durch den US-amerikanischen Kontinent in den 60er Jahren des 19. Jahrhunderts; mit 300 Schauspielern, Statisten und Technikern drehte Ford über zwei Monate »vor Ort« in der Sierra Nevada, ließ ganze Barackenstädte errichten und Schienen verlegen; als ein Blizzard über den Drehort fegte, änderte Ford das Drehbuch und ließ bei – 20 °C weiterdrehen; als die Produktionsgesellschaft die Beendigung der Dreharbeiten anordnete, zerriß Ford das Telegramm; der fertige Film kostete 280 000 US-Dollar und spielt drei Millionen ein; »Eine amerikanische Odyssee« nennt ein Kritiker nach der Uraufführung 1924 das frühe Meisterwerk des gebürtigen Iren Ford*

Wieder fröhlichere Weihnachten im Deutschen Reich

24. Dezember. Weihnachten 1924 steht trotz spürbarer wirtschaftlicher Erholung im Deutschen Reich für viele Menschen noch unter dem Eindruck von Armut und Hunger. Hilfsorganisationen veranstalten in den Großstädten Kinderspeisungen und haben durch Sammlungen Weihnachtsgeschenke für Bedürftige zusammengetragen.
Den meisten Familien geht es jedoch finanziell deutlich besser als im Vorjahr, was sich auch in einem guten Weihnachtsgeschäft niederschlägt, denn »Weihnachtsstimmung läßt Wünsche keimen«, wie ein Zeitungskommentator dazu bemerkt. Beliebte Geschenke sind für die Dame immer noch Parfüms, etwa »Lohses Uraltes Lavendelwasser« oder Kosmetika der Marke

Weihnachten in vielen Ländern; Karikatur im US-Witzblatt »Life«

Die Weihnachtsausgabe der britischen »Illustrated London News« bringt diese Fotografie mit einem Blick auf Jerusalem, aufgenommen von einem Glockenturm auf dem Ölberg; im Zentrum der Stadt ist der Felsendom zu erkennen

Khasana. Altbewährt und sehr beliebt ist immer noch »4711 Kölnisch Wasser«. Den Herrn erfreut man, ist er ein Raucher, mit exquisitem Rauchwerk, sonst auch mit einer Flasche »Scharlachberg« oder »Winkelhausen Alte Reserve«. Als persönlichere Geschenke kommen Bücher auf den Gabentisch. Thomas Manns neuer Roman »Der Zauberberg« (→ 28.11. / S. 189) wird gern verschenkt. Noch wesentlich tiefer muß man in die Tasche greifen, sollen es repräsentative Kunstbände oder Reisebücher sein.
Winterurlaub und -sport erfreuen sich wachsender Beliebtheit. Zwar ist der Begriff »Winterfrische« vielen noch recht neu, aber die Tradition aus Großmutters Tagen, daß der Vernünftige den Winter hinterm Ofen verbringt, ist nicht mehr modern. Bad Reichenhall und Berchtesgaden bieten attraktive Wintersportmöglichkeiten, die auch ein internationales Publikum anlocken. Mondäner sind Davos und St. Moritz in der Schweiz. Als ein Dorado für Skiläufer bietet sich auch Norwegen an.
Die Atmosphäre im Deutschen Reich zum Jahresende 1924 ist geprägt von wirtschaftlicher Entspannung nach den Notjahren der Nachkriegszeit. Die unsicheren politischen Verhältnisse, die sich auch nach zwei Reichstagswahlen in diesem Jahr noch immer nicht stabilisiert haben, beschäftigt die Bürger nicht so sehr. Sie wollen in erster Linie den neuen Luxus genießen und sich gut unterhalten.

Stresemann: »Fortschritt nicht zu bestreiten«

Reichsaußenminister Gustav Stresemann (DVP) zieht in einem Artikel in der »Zeit« Bilanz über das vergangene Jahr 1924:

»Daß wir im vergangenen Jahr politisch und wirtschaftlich vorwärtsgekommen sind, wird niemand bestreiten wollen. Noch vor Jahresfrist lag das ganze Problem des besetzten Ruhrgebiets vor uns ... Separatismus ... [die] Ausgewiesenen ... [die] Gefangenen ... – alles das liegt doch hinter uns ... Wenn die Dawes-Gesetze schließlich vom Reichstag angenommen wurden, so ... stand der Gedanke [dahinter], daß London der Ausgangspunkt einer neuen weltpolitischen Situation eines befriedeten Europa sein würde ... Wenn die Alliierten Grund zur Beanstandung in militärischen Fragen glauben vorbringen zu müssen, so [wird] ... Deutschland Verhandlungen ... nicht ablehnen ... Aber daraus die Folgerung herzuleiten, die Räumung ... der [Kölner] Zone nicht vorzunehmen, bedeutet in der öffentlichen Meinung Deutschlands einen Sieg derer, die diejenigen als Illusionisten angesehen haben, die an eine Welt politischer Entspannung geglaubt haben.«

Vorweihnachtsabend in der Mönckebergstraße in Hamburg; in der Haupteinkaufsstraße herrscht reger Betrieb (Zeichnung von Martin Frost)

Kleidersammlung für arme Kinder zum Weihnachtsfest, vom Notdienst der Frauen mit Hilfe älterer Schüler in der Reichshauptstadt organisiert

Auch das ist Weihnachten im Jahr 1924: Große Bescherung für 2800 bedürftige Personen durch Angehörige der Heilsarmee im Berliner Sportpalast

Neue Postwertzeichen 1924 im Deutschen Reich

Flugpost-Ausgabe, auf der eine stilisierte Taube abgebildet ist

Heinrich von Stephan, Mitbegründer des Weltpostvereins, auf der Freimarken-Ausgabe zum 50jährigen Bestehen des Verbands

Sonderausgabe zum 50. Jahrestag des Weltpostvereins mit dem Porträt des 1. deutschen Generalpostmeisters Heinrich von Stephan

Motive aus »Das Leben der heiligen Elisabeth« von Moritz von Schwind zeigen die Wohltätigkeitsmarken zugunsten der Deutschen Nothilfe

Freimarken-Ausgabe mit dem deutschen Reichsadler (sieben Werte)

Freimarken mit Ansichten von Burg Rheinstein, dem linksrheinischen Köln, Marienburg und dem Speyerer Dom

Anhang

Regierungen Deutsches Reich, Österreich und Schweiz 1924

Neben den Staatsoberhäuptern des Deutschen Reichs, Österreichs und der Schweiz sind in der Zusammenstellung die einzelnen Kabinette des Jahres 1924 in chronologischer Reihenfolge enthalten. Hinter den Namen der wichtigsten Regierungsmitglieder steht in Klammern der Zeitraum ihrer Tätigkeit.

Deutsches Reich

Staatsform:
Republik
Reichspräsident:
Friedrich Ebert (1919–1925)

1. Kabinett Marx (Zentrum; 1923–26. 5. 1924):
Reichskanzler:
Wilhelm Marx (Zentrum; 1923–15. 12. 1924, 1926–1928)
Vizekanzler:
Karl Jarres (parteilos; 1923–15. 12. 1924)
Auswärtiges:
Gustav Stresemann (DVP; 1923–1929)
Inneres:
Karl Jarres (parteilos; 1923–15. 12. 1924)
Finanzen:
Hans Luther (parteilos; 1923–15. 12. 1924, 1925)
Wirtschaft:
Eduard Hamm (Demokrat; 1923–15. 12. 1924)
Arbeit:
Heinrich Brauns (Zentrum; 1920–1928)
Justiz:
Erich Emminger (Bayerische Volkspartei; 1923–15. 4. 1924), Kurt Joël (parteilos; 15. 4. 1924–26. 5. 1924)
Wehr:
Otto Geßler (Demokrat; 1920–1928)
Post:
Anton Höfle (Zentrum; 1923–1925)
Verkehr:
Rudolf Oeser (Demokrat; 1923–11. 10. 1924)
Ernährung:
Gerhard von Kanitz (parteilos; 1923–1925)
Besetzte Gebiete (beauftragt):
Anton Höfle (Zentrum; 1923–15. 12. 1924)
Wiederaufbau:
unbesetzt, am 12. 5. 1924 aufgehoben
Staatssekretär der Reichskanzlei:
Franz Bracht (parteilos; 1923–15. 12. 1924)
Pressechef:
Karl Spiecker (Zentrum; 1923–15. 12. 1924)

2. Kabinett Marx (Zentrum; 3. 6.–15. 12. 1924):
Reichskanzler:
Wilhelm Marx (Zentrum; 1923–15. 12. 1924, 1926–1928)
Vizekanzler:
Karl Jarres (parteilos; 1923–15. 12. 1924)
Auswärtiges:
Gustav Stresemann (DVP; 1923–1929)
Inneres:
Karl Jarres (parteilos; 1923–15. 12. 1924)
Finanzen:
Hans Luther (parteilos; 1923–15. 12. 1924, 1925)
Wirtschaft:
Eduard Hamm (Demokrat; 1923–15. 12. 1924)
Arbeit:
Heinrich Brauns (Zentrum; 1920–1928)
Justiz (beauftragt):
Kurt Joël (parteilos; 3. 6.–15. 12. 1924)
Wehr:
Otto Geßler (Demokrat; 1920–1928)
Post:
Anton Höfle (Zentrum; 1923–1925)
Verkehr:
Rudolf Oeser (Demokrat; 1923–11. 10. 1924), beauftragt: Rudolf Krohne (DVP; 11. 10.–15. 12. 1924)
Ernährung:
Gerhard von Kanitz (parteilos; 1923–1925)
Besetzte Gebiete (beauftragt):
Anton Höfle (Zentrum; 1923–15. 12. 1924)
Staatssekretär der Reichskanzlei:
Franz Bracht (parteilos; 1923–15. 12. 1924)
Pressechef:
Karl Spiecker (Zentrum; 1923–15. 12. 1924)

Die Regierungschefs der deutschen Länder, Freien Hansestädte und Berlins
Anhalt:
Heinrich Deist (SPD), Ministerpräsident (1919–1932)
Baden:
Heinrich Köhler (Zentrum), Staats- und Ministerpräsident (1923–23. 11. 1924, 1926/27), Willy Hellpach (Demokrat), Staats- und Ministerpräsident (23. 11. 1924–1925)
Bayern:
Eugen von Knilling (BVP), Ministerpräsident und Außenminister (1922–30. 6. 1924), Heinrich Held (BVP), Ministerpräsident und Außenminister (1. 7. 1924–1930, geschäftsführend 1930–1933)
Berlin:
Gustav Böß, Oberbürgermeister (1921–1929)
Braunschweig:
Heinrich Jasper (SPD), Ministerpräsident (1919/20, 1922–24. 12. 1924, 1927–1930), Gerhard Marquordt (parteilos), Ministerpräsident, Inneres und Volksbildung (24. 12. 1924–1927)
Bremen:
Martin Donandt (DNVP), Bürgermeister (1920–1933)
Hamburg:
Arnold G. F. Diestel, Regierender Bürgermeister (1920–3. 1. 1924), Carl Petersen, Regierender Bürgermeister (9. 1. 1924–1928)
Hessen:
Carl Urlich (SPD), Ministerpräsident (1918–1928)
Lippe:
Heinrich Drake (SPD), Ministerpräsident (1920–1933)
Lübeck:
Johannes Neumann, Regierender Bürgermeister (1920–1927)
Mecklenburg-Schwerin:
Johannes Stelling (SPD), Ministerpräsident, Äußeres und Inneres (1921 bis März 1924), Joachim von Brandenstein (Deutschnational), Ministerpräsident, Äußeres und Inneres (18. 3. 1924–1926)
Mecklenburg-Strelitz:
Karl Schwabe (Deutschnational), Ministerpräsident (1923–1928)
Oldenburg:
Eugen von Finckh (parteilos), Ministerpräsident (1923–1930)
Preußen:
Otto Braun (SPD), Ministerpräsident (1920/21, 1921–1925, geschäftsführend 1925–1932)
Karl Severing (SPD), Inneres (1920/21, 1921–1925, 1925/26)
Hugo am Zehnhoff (Zentrum), Justiz (1919–1932)
Sachsen:
Karl Fellisch (SPD), Ministerpräsident (1923–4. 1. 1924), Max Heldt (SPD), Ministerpräsident (4. 1. 1924–1929)
Schaumburg-Lippe:
K. Wippermann (parteilos), Ministerpräsident (1922–1925)
Thüringen:
August Frölich (SPD), Ministerpräsident (1921–1923, geschäftsführend bis 21. 2. 1924), Richard Leutheußer (DVP), Ministerpräsident, Justiz und Volksbildung (21. 2. 1924–1928)
Württemberg:
Johannes von Hieber (Demokrat), Ministerpräsident und Kultus (1920–8. 4. 1924), Eduard Rau (parteilos), Ministerpräsident, Kultus, Arbeit und Ernährung (8. 4. bis Juni 1924), Wilhelm Bazille (Deutschnational), Ministerpräsident, Kultus und Wirtschaft (3. 6. 1924–1928)

Österreich

Staatsform:
Republik
Bundespräsident:
Michael Hainisch (christlichsozial; 1920–1928)

3. Kabinett Seipel (1922–8. 11. 1924):
Bundeskanzler:
Ignaz Seipel (christlichsozial; 1922–8. 11. 1924; 1926–1929)
Vizekanzler:
Felix Frank (großdeutsch; 1922–8. 11. 1924)
Äußeres:
Alfred Grünberger (parteilos; 1922–8. 11. 1924)
Inneres:
Ignaz Seipel (christlichsozial; 1923–8. 11. 1924; 1926–1929)
Justiz:
Felix Frank (großdeutsch; 1923–8. 11. 1924)
Unterricht:
Emil Schneider (christlichsozial; 1922–1926)
Finanzen:
Viktor Kienböck (christlichsozial; 1922–8. 11. 1924, 1926–1929)
Handel und Verkehrswesen:
Hans Schürff (großdeutsch; 1923–1929)
Soziale Verwaltung:
Richard Schmitz (christlichsozial; 1922–8. 11. 1924)
Heerwesen:
Karl Vaugoin (christlichsozial; 1921–1933)
Land- und Forstwirtschaft:
Rudolf Buchinger (christlichsozial; 1922–1926)

1. Kabinett Ramek (19./20. 11. 1924–1926):
Bundeskanzler:
Rudolf Ramek (christlichsozial; 19./20. 11. 1924–1926)
Vizekanzler:
Leopold Waber (großdeutsch; 19./20. 11. 1924–1926)
Äußeres:
Heinrich Mataja (christlichsozial; 19./20. 11. 1924–1926)
Inneres:
Rudolf Ramek (christlichsozial; 19./20. 11. 1924–1926)
Justiz:
Leopold Waber (großdeutsch; 19./20. 11. 1924–1926)
Unterricht:
Emil Schneider (christlichsozial; 1922–1926)
Finanzen:
Jakob Ahrer (christlichsozial; 19./20. 11. 1924–1926)
Handel und Verkehr:
Hans Schürff (großdeutsch; 1923–1929)
Soziale Verwaltung:
Josef Resch (christlichsozial; 19./20. 11. 1924–1929)
Heerwesen:
Karl Vaugoin (christlichsozial; 1921–1933)
Land- und Forstwirtschaft:
Rudolf Buchinger (christlichsozial; 1922–1926)

Schweiz

Staatsform:
Republik
Bundespräsident:
Ernest Louis Chuard (1924)

Politisches Departement (Äußeres):
Giuseppe Motta (katholisch-konservativ; 1920–1940)
Inneres:
Ernest Louis Chuard (freisinnig; 1920–1928)
Justiz und Polizei:
Heinrich Häberlin (freisinnig; 1920–1934)
Finanzen und Zölle:
Jean-Marie Musy (katholisch-konservativ; 1919–1934)
Militär:
Karl Scheurer (freisinnig; 1919–1929)
Volkswirtschaft:
Edmund Schultheß (freisinnig; 1912–1935)
Post und Eisenbahn:
Robert Haab (freisinnig; 1918–1929)

Deutsches Reich, Österreich und die Schweiz 1924 in Zahlen

Die Statistiken für die drei deutschsprachigen Länder umfassen eine Auswahl von grundlegenden Daten. Es wurden vor allem Daten aufgenommen, die innerhalb der einzelnen Länder vergleichbar sind. Maßgebend für alle Angaben waren die amtlichen Statistiken. Die Zahlen beziehen sich auf die jeweiligen Staatsgrenzen von 1924. Nicht in allen gesellschaftlichen Bereichen finden jährliche Erhebungen statt, so daß mitunter die Daten aus früheren Jahren aufgenommen werden mußten. Das Erhebungsdatum ist jeweils angegeben (unter der Rubrik »Stand«). Die aktuellen Zahlen des Jahres 1924 werden – wo möglich – durch einen Vergleich zum Vorjahr relativiert. Wichtige Zusatzinformationen zum Verständnis einzelner Daten sind in den Fußnoten enthalten.

Deutsches Reich

Erhebungsgegenstand	Wert	Vergleich Vorjahr (%)	Stand
Fläche (km²)	472 034	–	31. 12. 1924
Bevölkerung			
Wohnbevölkerung	62 845 000	+ 0,6	1924
männlich	28 496 496	–	8. 10. 1919 1)
weiblich	31 356 336	–	8. 10. 1919 1)
Einwohner je km²	133,1	+ 0,6	1924
Ausländer	1 270 342	–	1. 12. 1916 1)
Privathaushalte	14 283 000	–	1. 12. 1910 1)
Einpersonenhaushalte	1 045 000	–	1. 12. 1910 1)
Mehrpersonenhaushalte	13 238 000	–	1. 12. 1910 1)
Lebendgeborene	1 297 449	–	1923 2)
Gestorbene	903 603	–	1923 2)
Eheschließungen	581 277	–	1923 2)
Ehescheidungen	33 939	–	1923 2)
Familienstand der Bevölkerung 3)			
Ledige insgesamt	35 941 510	–	1. 12. 1916 1)
männlich	16 398 807	–	1. 12. 1916 1)
weiblich	19 542 703	–	1. 12. 1916 1)
Verheiratete	21 023 944	–	1. 12. 1916 1)
Verwitwete und Geschiedene	3 861 219	–	1. 12. 1916 1)
männlich	860 485	–	1. 12. 1916 1)
weiblich	3 000 734	–	1. 12. 1916 1)
Religionszugehörigkeit			
Christen	57 439 326	–	1920 1)
katholisch	19 322 031	–	1910 1)
evangelisch	39 117 295	–	1910 1)
Juden	538 909	–	1910 1)
andere, ohne Konfession	472 108	–	1910 2)
Altersgruppen			
unter 5 Jahren	6 331 514	–	1. 12. 1916 1)
5 bis unter 10 Jahren	7 423 480	–	1. 12. 1916 1)
10 bis unter 15 Jahren	7 321 959	–	1. 12. 1916 1)
15 bis unter 20 Jahren	6 567 397	–	1. 12. 1916 1)
20 bis unter 30 Jahren	8 078 695	–	1. 12. 1916 1)
30 bis unter 40 Jahren	7 231 926	–	1. 12. 1916 1)
40 bis unter 50 Jahren	6 873 485	–	1. 12. 1916 1)
50 bis unter 60 Jahren	5 549 943	–	1. 12. 1916 1)
60 bis unter 70 Jahren	3 453 498	–	1. 12. 1916 1)
70 bis unter 80 Jahren	1 641 122	–	1. 12. 1916 1)
80 bis unter 90 Jahren	334 214	–	1. 12. 1916 1)
90 bis unter 100 Jahren	16 409	–	1. 12. 1916 1)
100 Jahre und darüber	170	–	1. 12. 1916 1)

1) Letzte verfügbare Angabe
2) Ohne Saarland
3) Gebietsstand vom 31. 12. 1924
4) Ortsanwesende Bevölkerung
5) Vollspurige Eisenbahnen
6) Reichsschuld

Erhebungsgegenstand	Wert	Vergleich Vorjahr (%)	Stand
Die zehn größten Städte			
Berlin	3 803 785	–	1. 10. 1919 1)
Hamburg	985 774	–	1. 10. 1919 1)
Köln	640 940	–	1. 10. 1919 1)
Leipzig	636 485	–	1. 10. 1919 1)
München	630 711	–	1. 10. 1919 1)
Dresden	587 748	–	1. 10. 1919 1)
Breslau	528 260	–	1. 10. 1919 1)
Essen	439 257	–	1. 10. 1919 1)
Frankfurt am Main	433 002	–	1. 10. 1919 1)
Düsseldorf	407 338	–	1. 10. 1919 1)
Erwerbstätigkeit			
Erwerbstätige	21 830 549	–	1. 12. 1916 1)
männlich	13 026 245	–	1. 12. 1916 1)
weiblich	8 804 300	–	1. 12. 1916 1)
nach Wirtschaftsbereichen			
Land- und Forstwirtschaft, Tierhaltung und Fischerei	5 514 549 4)	–	1. 12. 1916 1)
Produzierendes Gewerbe	7 376 364	–	1. 10. 1916 1)
Handel und Verkehr	2 574 057	–	1. 12. 1916 1)
Militär und Freie Berufe	3 900 529	–	1. 12. 1916 1)
Häuslicher Dienst	1 528 272	–	1. 12. 1916 1)
Sonstige	936 778	–	1. 12. 1916 1)
Ausländische Arbeitnehmer	428 863	–	1. 12. 1916 1)
Arbeitslose	978 000	–	1923
Betriebe			
Landwirtschaftliche Betriebe	5 736 082	–	1. 12. 1907 1)
Industrie einschl. Bergbau und Baugewerbe	2 157 116	–	1. 12. 1907 2)
Handel, Gastgewerbe, Reiseverkehr	1 514 958	–	1. 12. 1907 2)
Außenhandel			
Einfuhr (Mio RM)	9 083	+ 47,7	1924
Ausfuhr (Mio RM)	6 552	+ 7,4	1924
Einfuhrüberschuß (Mio RM)	2 531	–	1924
Verkehr			
Eisenbahnnetz (km) 5)	51 880,62	+ 0,2	1924
Beförderte Personen (Mio)	1 962,5	– 17,6	1924
Beförderte Güter (Mio t)	342,6	+ 18,3	1924
Bestand an Kraftfahrzeugen	292 606	+ 37,2	1. 7. 1924
davon Pkw	132 179	+ 31,7	1. 7. 1924
davon Lkw	60 629	+ 17,2	1. 7. 1924
Auf Binnenschiffen beförderte Güter (t)	70 900 000	+ 106,9	1924
Handelsschiffe/Seeschiffahrt (BRT)	3 008 262	–	1. 1. 1924
Luftverkehr			
Beförderte Personen	13 422	–	1924
Beförderte Güter (kg)	677 512	–	1924
Bildung			
Schüler an			
Volksschulen	8 930 070	–	1921/22 1)
Mittelschulen	329 344	–	1921/22 1)
Höhere Schulen	751 442	–	1921/22 1)
Studenten	100 751	+ 18,0	1924
Rundfunk			
Hörfunkteilnehmer	12 431 721	–	1939
Gesundheitswesen			
Ärzte	40 139	–	1924
Zahnärzte	7 494	–	1924
Krankenhäuser	4 402	– 0,6	1924
Sozialleistungen			
Mitglieder der gesetzlichen Krankenversicherung	17 287 841	– 4,6	1924

Erhebungsgegenstand	Wert	Vergleich Vorjahr (%)	Stand
Rentenversicherung der Arbeiter	2 289 996	+9,3	1924
Rentenversicherung der Angestellten	66 312	–	1924
Knappschaftl. Rentenversicherung	308 076	–	1924
Empfänger von Arbeitslosengeld u. -hilfe	729 432	–	Sept. 1924
Finanzen und Steuern			
Gesamtausgaben des Staates (Mio RM)	6 895,5	–	1924/25
Gesamteinnahmen des Staates (Mio RM)	7 786,2	–	1924/25
Schuldenlast des Staates (Mio RM) [6]	2 894,9	–3,3	1. 12. 1924
Löhne und Gehälter			
Wochenarbeitszeit in der Industrie (Stunden)	ca. 50	–	1924
Tariflicher Bruttostundenverdienst (Rpf)			
männlicher Facharbeiter	63,8	–	1924
weiblicher Facharbeiter	41,4	–	1924
Preise			
Einzelhandelspreise ausgewählter Lebensmittel (RM)			
Butter, 1 kg	4,60	6,50 [7]	Okt. 1924
Roggenbrot, 1 kg	0,38	0,47 [7]	Okt. 1924
Schweinefleisch, 1 kg	2,40	7,20 [7]	Okt. 1924
Rindfleisch, 1 kg	2,00	5,60 [7]	Okt. 1924
Eier, 1 Stück	0,20	0,37 [7]	Okt. 1924
Kartoffeln, 1 kg	0,08	0,08 [7]	Okt. 1924
Vollmilch, 1 l	0,35	0,28 [7]	Okt. 1924
Zucker, 1 kg	0,76	1,24 [7]	Okt. 1924
Index der Lebenshaltungskosten für eine 5köpfige Arbeiterfamilie	86	–	1924

	Bremen	Berlin	Breslau	Aachen	Stuttgart	München
Klimatische Verhältnisse						
Mittlere Lufttemperatur (°C)						
Januar	–1,1	–3,2	–4,4	–1,8	–1,3	–3,0
Februar	–1,1	–2,9	–4,9	0,0	–0,5	–2,9
März	1,6	2,3	1,5	3,8	4,8	3,4
April	6,6	6,2	6,6	7,2	9,6	7,8
Mai	14,5	14,6	14,6	14,6	16,3	12,4
Juni	15,8	16,4	16,3	15,6	16,9	15,8
Juli	17,4	17,6	17,1	17,0	19,6	17,7
August	15,6	16,0	16,3	14,3	16,5	14,8
September	14,6	14,2	14,8	14,1	16,3	14,6
Oktober	10,2	10,2	9,2	11,0	11,7	9,4
November	4,4	3,2	2,1	5,7	3,8	1,9
Dezember	3,9	1,6	0,4	4,5	0,9	–0,8
Niederschlagsmengen (mm)						
Januar	25	17	12	35	20	20
Februar	26	38	44	55	18	22
März	32	10	28	42	25	23
April	74	71	35	73	57	156
Mai	60	64	80	89	114	132
Juni	69	25	78	78	76	134
Juli	91	111	40	127	87	187
August	103	25	62	134	88	100
September	88	68	80	90	68	85
Oktober	40	12	53	46	39	64
November	13	18	25	65	59	36
Dezember	12	19	31	46	9	26

[1] Letzte verfügbare Angabe
[7] in Billionen Mark, November 1923

Österreich

Erhebungsgegenstand	Wert	Vergleich Vorjahr (%)	Stand
Fläche (km²)	83 838	±0	1924
Bevölkerung			
Wohnbevölkerung	6 582 870	±0,7	1924
männlich	3 172 093	+0,8	1924
weiblich	3 410 777	+0,6	1924
Einwohner je km²	78,5	+0,8	1924
Ausländer	423 487	–	1920 [1]
Lebendgeborene	142 141	–3,2	1924
Gestorbene	98 055	–1,9	1924
Eheschließungen	52 845	–6,6	1924
Ehescheidungen		–	
Familienstand der Bevölkerung			
Ledige insgesamt	3 587 774	–	1920 [1]
männlich	1 783 063	–	1920 [1]
weiblich	1 804 711	–	1920 [1]
Verheiratete	2 072 203	–	1920 [1]
Verwitwete und Geschiedene	471 471	–	1920 [1]
männlich	124 848	–	1920 [1]
weiblich	346 623	–	1920 [1]
Altersgruppen			
unter 5 Jahren	556 292	–	1923 [1]
5 bis unter 10 Jahren	450 589	–	1923 [1]
10 bis unter 15 Jahren	627 284	–	1923 [1]
15 bis unter 20 Jahren	633 698	–	1923 [1]
20 bis unter 30 Jahren	1 150 756	–	1923 [1]
30 bis unter 40 Jahren	953 190	–	1923 [1]
40 bis unter 50 Jahren	850 234	–	1923 [1]
50 bis unter 60 Jahren	649 361	–	1923 [1]
60 bis unter 70 Jahren	432 957	–	1923 [1]
70 Jahre und darüber	230 120	–	1923 [1]
Die zehn größten Städte			
Wien	1 965 780	–	1923 [1]
Graz	152 706	–	1923 [1]
Linz	102 081		1923 [1]
Innsbruck	56 401	–	1923 [1]
Salzburg	37 856	–	1923 [1]
Wiener Neustadt	36 956	–	1923 [1]
St. Pölten	31 576	–	1923 [1]
Klagenfurt	27 423	–	1923 [1]
Baden	22 217	–	1923 [1]
Steyr	22 111	–	1923 [1]
Erwerbstätigkeit			
Erwerbstätige	3 342 996	–	1923 [1]
nach Wirtschaftsbereichen			
Land- und Forstwirtschaft, Tierhaltung und Fischerei	1 426 238	–	1923 [1]
Industrie und Gewerbe	1 009 952	–	1923 [1]
Handel und Verkehr	517 469	–	1923 [1]
Öffentlicher Dienst und freie Berufe	210 524	–	1923 [1]
Sonstige	178 813	–	1923 [1]
Arbeitslose	125 830	–	1924
Betriebe			
Landwirtschaftliche Betriebe	855	–	1923 [1]
Bergbau	132	–	1923 [1]
Baugewerbe	13 122	–	1923 [1]
Handel, Gastgewerbe, Reiseverkehr	8 138	–	1923 [1]
Sonstige	42 322	–	1923 [1]
Außenhandel			
Einfuhr (1000 Goldkronen/RM)	1 850 924 (117 107)	–	1923 [1]

Erhebungsgegenstand	Wert	Vergleich Vorjahr (%)	Stand
Außenhandel			
Ausfuhr (1000 Goldkronen/RM)	1037713 (65656)	–	1923[1]
Einfuhrüberschuß (1000 Goldkronen/RM)	813211 (51451)	–	1923[1]
Verkehr			
Eisenbahnnetz (km)	6625	–4,7	1924
Straßennetz (km)	31313	–	1923
Bestand an Kraftfahrzeugen	25287	+42,9	1924
davon Pkw	9722	– 4,6	1924
davon Lkw	5054	+19,7	1924
Auf Binnenschiffen beförderte Güter (t)[8]	1386859	–	1924
Luftverkehr			
Beförderte Personen	3389	+41,8	1924
Beförderte Güter (t)	96821	+96,5	1924
Bildung			
Schüler an			
Realschulen	26898	–	1924/25
Gymnasien	11989	–	1924/25
Studenten	13425	–	1924/25
Gesundheitswesen			
Krankenhäuser	212	–0,6	1924
Sozialleistungen			
Mitglieder der gesetzlichen Krankenversicherung	1248534	+8,9	1924
Empfänger von Arbeitslosengeld u. -hilfe	94700	–13,7	1924
Löhne und Gehälter			
Mindestwochenlöhne männlicher Metallarbeiter (S)	40,80	+20,0	1924
Preise			
Index der Einzelhandelspreise (1914 = 100)	13100	–18,2	März 1924
Bruttosozialprodukt (Mio S)	9570	–	1924

Schweiz

Erhebungsgegenstand	Wert	Vergleich Vorjahr (%)	Stand
Fläche (km²)	41295	±0	1924
Bevölkerung			
Wohnbevölkerung	3917800	+0,4	1924
männlich	1871123[9]	–	1920[1]
weiblich	2009197[9]	–	1920[1]
Einwohner je km²	94,9	+0,4	1924
Ausländer	402385	–	1921
Privathaushalte	886874	–	1924
Lebendgeborene	73508	–2,7	1924
Gestorbene	48987	+6,5	1924
Eheschließungen	28510	–3,6	1924
Ehescheidungen	2119	+5,6	1924
Familienstand der Bevölkerung			
Ledige insgesamt	35941510	–	1920[1]
männlich	1127467	–	1920[1]
weiblich	1153703	–	1920[1]
Verheiratete	1337653	–	1920[1]
Verwitwete und Geschiedene	265497	–	1920[1]
männlich	78844	–	1920[1]
weiblich	186653	–	1920[1]
Religionszugehörigkeit			
Christen	3815908	–	1920[1]
katholisch	1585311	–	1920[1]
evangelisch	2230597	–	1920[1]
Juden	20979	–	1920[1]
andere, ohne Konfession	43433	–	1920[1]
Altersgruppen			
unter 5 Jahren	328866	–	1920[1]
5 bis unter 10 Jahren	346063	–	1920[1]
10 bis unter 15 Jahren	390365	–	1920[1]
15 bis unter 20 Jahren	386901	–	1920[1]
20 bis unter 30 Jahren	653486	–	1920[1]
30 bis unter 40 Jahren	543828	–	1920[1]
40 bis unter 50 Jahren	488576	–	1920[1]
50 bis unter 60 Jahren	363569	–	1920[1]
60 bis unter 70 Jahren	227417	–	1920[1]
70 bis unter 80 Jahren	108445	–	1920[1]
80 bis unter 90 Jahren	24804	–	1920[1]
80 Jahre und darüber		–	1920[1]
Die zehn größten Städte			
Zürich	204570	+1,6	1924[10]
Basel	136580	+0,2	1924[10]
Genf	127720	–1,7	1924[10]
Bern	105070	+1,1	1924[10]
Lausanne	69370	+1,7	1924[10]
St. Gallen	67220	–0,1	1924[10]
Winterthur	50530	+1,3	1924[10]
Luzern	43780	+1,2	1924[10]
La Chaux-de-Fonds	35900	–0,2	1924[10]
Biel	34800	+2,4	1924[10]
Erwerbstätigkeit			
Erwerbstätige	1871725	–	1920[1]
männlich	1236281	–	1920[1]
weiblich	635444	–	1920[1]
nach Wirtschaftsbereichen			
Land- und Forstwirtschaft, Tierhaltung und Fischerei	482758	–	1920
Industrie, Handwerk, Baugewerbe	802876	–	1920
Dienstleistungen	586091	–	1920
Ausländische Arbeitnehmer	216224	–	1920
Außenhandel			
Einfuhr (1000 sFr/1000 RM)	2504468 (2037885)	+11,7	1924
Ausfuhr (1000 sFr/1000 RM)	2070136 (1684469)	+17,6	1924
Einfuhrüberschuß (1000 sFr/1000 RM)	434332 (353415)	–10,1	1924
Verkehr			
Eisenbahnnetz (km)	5368	+0,1	1924
Beförderte Personen (1000)	336382	+6,4	1924
Beförderte Güter (1000 t)	22632	–	1924
Bestand an Kraftfahrzeugen	30793	+33,7	1924
davon Pkw	22540	+35,0	1924
davon Lkw	8253	+30,1	1924
Auf Binnenschiffen beförderte Güter (t)[11]	286595	+619,6	1924

1) Letzte verfügbare Angabe
8) Donauschiffahrt
9) Stand bei der Volkszählung 1920; Wohnbevölkerung 1920 = 3880320
10) Geschätzte Wohnbevölkerung

Erhebungsgegenstand	Wert	Vergleich Vorjahr (%)	Stand
Luftverkehr			
Beförderte Personen	**9289**	**+40,8**	**1924**
Beförderte Güter (kg) [12]	**28394**	–	**1924**
Bildung			
Schüler an			
Primarschulen	495516	−2,8	1924/25
Sekundarschulen	53579	+2,5	1924/25
Gymnasien, Kantonschulen etc.	18881	+33,8	1924/25
Studenten (Schweizer)	5100	−1,3	1924/25
Ausländer	1523	+32,7	1924/25
Gesundheitswesen			
Ärzte	3008	–	1923 [1]
Zahnärzte	406	–	1923 [1]
Krankenhäuser	106	±0	1924
Sozialleistungen			
Mitglieder der gesetzlichen Krankenversicherung	1112460	+5,7	1924
Rentenversicherung allgemein	8912	+3,3	1924
Finanzen und Steuern			
Gesamtausgaben des Staates (Mio sFr/Mio RM)	304,4 (247,6)	–	1924
Gesamteinnahmen des Staates (Mio sFr/Mio RM)	282,8 (230,1)	+11,6	1924
Schuldenlast des Staates (Mio sFr/Mio RM)	47,9 (38,9)	+1,4	1924
Löhne und Gehälter			
Mittlerer Stundenverdienst männlicher Arbeiter (sFr/RM)	1,33 (1,08)	–	1923 [1]
Preise			
Index der Einzelhandelspreise (1914 = 100)	171,3	+0,7	1. 6. 1924
Einzelhandelspreise ausgewählter Lebensmittel (sFr/RM)			
Butter, 1 kg	6,68 (5,47)	−0,3	Dez. 1924
Weizenmehl, 1 kg	0,79 (0,64)	+8,2	Dez. 1924
Schweinefleisch, 1 kg	4,54 (3,68)	−9,2	Dez. 1924
Rindfleisch, 1 kg	3,62 (2,94)	−1,9	Dez. 1924
Eier, 1 Stück	0,24 (0,19)	−2,5	Dez. 1924
Kartoffeln, 1 kg	0,25 (0,20)	+8,7	Dez. 1924
Vollmilch, 1 l	0,39 (0,32)	±0	Dez. 1924

	Zürich	Basel	Bern	Genf	Davos	Lugano
Klimatische Verhältnisse						
Mittlere Lufttemperatur (°C)						
Januar	−1,7	−0,2	−2,6	−0,6	−7,8	−0,7
Februar	−1,7	−0,2	−2,3	−0,1	−8,1	2,9
März	4,1	5,2	3,3	5,5	−2,4	6,5
April	8,5	9,4	8,1	9,9	2,6	11,9
Mai	14,0	14,9	13,6	15,2	8,5	16,9
Juni	15,4	16,6	15,5	17,3	10,0	19,8
Juli	17,3	18,5	17,5	19,1	12,2	21,8
August	14,2	15,2	13,7	15,8	8,9	18,1
September	14,0	14,9	13,3	15,0	8,6	16,9
Oktober	9,8	10,7	8,7	10,0	4,2	11,6
November	3,8	4,6	3,5	5,8	−0,1	6,4
Dezember	0,6	1,3	−0,5	1,6	−4,4	3,4
Niederschlagsmengen (mm)						
Januar	35	21	42	32	29	68
Februar	25	14	16	23	52	39
März	50	55	53	42	8	109
April	131	68	95	65	64	153
Mai	122	127	164	127	83	169
Juni	168	92	113	71	173	140
Juli	129	108	99	73	158	263
August	172	91	103	81	149	351
September	41	71	84	170	93	227
Oktober	77	51	94	73	32	196
November	11	8	3	4	6	73
Dezember	23	14	20	19	27	129

1) Letzte verfügbare Angabe
11) Basler Rheinhafenverkehr
12) incl. Post

Staatsoberhäupter und Regierungen ausgewählter Länder 1924

Die Einträge zu den wichtigsten Ländern des Jahres 1924 informieren über die Staatsform (hinter dem Ländernamen), Titel und Namen des Staatsoberhaupts sowie in Klammern dessen Regierungszeit. Es folgen – soweit vorhanden – die Regierungschefs, bei wichtigeren Ländern auch die Außenminister des Jahres 1924; jeweils in Klammern stehen die Zeiträume der Amtsausübung. Eine Kurzdarstellung gibt – wo es sinnvoll erscheint – einen Einblick in die innen- und außenpolitische Situation des Landes. Über bewaffnete Konflikte und Unruhegebiete, auf die hier nicht näher eingegangen wird, informiert der Anhang »Kriege und Krisenherde des Jahres 1924« gesondert.

Abessinien (heute Äthiopien)

Kaiserreich; *Kaiserin:* Woisero Zäuditu (1916–1928)

Afghanistan

Emirat; *Emir:* Aman Ullah Khan (1919–1929, König ab 1926)

Ägypten

Königreich; *König:* Fuad I. (1922–1936, zuvor Sultan 1917–1922)
Ministerpräsident: Abd Al Fattah Jahja Ibrahim Pascha (1923–17. 1. 1924), Sad Saghlul (28. 1.–24. 11. 1914), Ahmad Ziwar Pascha (24. 11. 1924–1926)
Britischer Oberkommissar: Edmund Henry Hynmann Allenby (1919–1925)
Obwohl das Land seit 1922 eine unabhängige Monarchie ist, bleibt der Einfluß Großbritanniens, das den König auf seiner Seite weiß, bestehen. Die nationalistische Wafd-Partei fordert die Abschaffung der britischen Revervatrechte und bekämpft den »probritischen König«, der mit diktatorischen Maßnahmen und Ausschaltung der das Parlament beherrschenden Wafd-Partei reagiert.

Albanien

Republik; *Präsident:* Turchan Pascha (1918–10. 6. 1924), Fan S. Noli (10. 6. 1924–1925)
Das Land wird im Verlauf des Jahres von schweren Unruhen und Putschversuchen erschüttert. Den Hintergrund bilden Auseinandersetzungen zwischen moslemisch-konservativen und revolutionären Kreisen.

Annam

Kaiserreich unter französischem Protektorat; *Kaiser:* Khwai Dinh (1922–1925, zuvor König 1916–1922)
Annam ist als Teil der Indochinesischen Union französisches Protektorat.

Argentinien

Republik; *Präsident:* Marcelo Torcuato de Alvear (1922–1928)
Nach der Industrialisierungswelle während des Ersten Weltkriegs erlebt das Land bis zum Ausbruch der Weltwirtschaftskrise 1929 eine wirtschaftliche Blütezeit.

Australien

Bundesstaat im Britischen Empire; *Ministerpräsident und Außenminister:* Stanley Melbourne Bruce of Melbourne (1923–1929)
Britischer Generalgouverneur: Henry William Forster (1920–1925)
Die Zeit nach dem Ersten Weltkrieg ist bis zum Ausbruch der Weltwirtschaftskrise 1929 durch eine wirtschaftliche Hochkonjunktur gekennzeichnet. Zugleich wächst das Gefühl der Bedrohung durch das übervölkerte Japan. Das Land beschränkt die Einwanderung von Asiaten und fördert den Zuzug europäischer Siedler.

Belgien

Königreich; *König:* Albert I. (1909–1934)
Ministerpräsident: Georges Theunis (katholisch; 1921–1925, 1934/35)
Außenminister: Henri Jaspar (1920–27. 2. 1924, 1934), Paul Hymans (11. 3. 1924–1925, 1927–1934)

Bhutan

Königreich; *König:* Ugyen Wangchuk (1907–1926)
Das Land erkennt die britisch-indische Vormacht an, regelt seine inneren Angelegenheiten jedoch selbständig.

Birma

Provinz von Britisch-Indien; *Gouverneur:* Harcourt Butler (1922–1927)
Birma wurde 1886 von Großbritannien annektiert und wird als Provinz von Britisch-Indien verwaltet.

Bolivien

Republik; *Präsident:* Bautista Saavedra (1920–1925)

Brasilien

Bundesrepublik; *Präsident:* Arturo da Silva Bernardes (1922–1926)

Bulgarien

Königreich; *König/Zar:* Boris III. (1918–1943)
Ministerpräsident: Alexandar Zankow (9. 6. 1923–1926)

Chile

Republik; *Präsident:* Arturo Alessandri y Palma (1920–1925)

China

Republik; *Präsident:* Ts'ao K'un (1923–2. 11. 1924), Tuan Ch'i-jui (24. 11. 1924–1926)

Costa Rica

Republik; *Präsident:* Julio Acosta García (1919, 1920–8. 5. 1924), Ricardo Jiménez Oreamuno (1910–1912, 8. 5. 1924–1928, 1932–1936)

Dänemark

Königreich; *König:* Christian X. (1912–1947)
Ministerpräsident: Niels Thomas Neergaard (1908/09, 1920–1922, 1922–23. 4. 1924), Thorvald Stauning (23. 4. 1924–1926, 1929–1942)
Außenminister: Christian Cold (1922–23. 4. 1924), Carl Paul Oscar Graf Moltke (23. 4. 1924–1926)

Danzig

Freie Stadt unter dem Schutz des Völkerbunds; *Völkerbundkommissar:* Mervyn Sorley MacDonnell (Brite; 1923–1925)
Senatspräsident: Heinrich Sahm (1920–1931)
Danzig gehört zum polnischen Zollgebiet. Polen vertritt die Freie Stadt auch im Ausland.

Dominikanische Republik

Republik; *Präsident:* Juan Bautista Vicini Burgos (1922–12. 7. 1924), Horacio Vásquez (1899, 1902/03, 12. 7. 1924–1930)

Ecuador

Militärdiktatur/Republik; *Präsident:* José Luis Tamayo (1920–1. 9. 1924), Gonzalo Hernández Córdoba (1. 9. 1924–1925)

El Salvador

Republik; *Präsident:* Alfonso Quinones Molina (1914/15, 1923–1927)

Estland

Republik; *Staats- und Ministerpräsident:* Konstantin Päts (1923–28. 3. 1924, 1931/32, 1932/33, 1933–1938, Staatspräsident 1938–1940), Friedrich Akel (28. 3.–10. 12. 1924), Jüri Jaakson (17. 12. 1924–1925)

Finnland

Republik; *Präsident:* Kaarlo Juho Ståhlberg (1919–1925)
Ministerpräsident: Kyösti Kallio (1922–18. 1. 1924, 1925/26, 1929/30, 1936/37), Aimo Kaarlo Cajander (1922, 18. 1.–31. 5. 1924, 1937–1939), Lauri Ingman (31. 5. 1924–1925)

Frankreich

Republik; *Präsident:* Alexandre Millerand (1920–10. 6. 1924), Gaston Doumergue (13. 6. 1924–1931)
Ministerpräsident: Raymond Poincaré (1912/13, 1922–1. 6. 1924, 1926–1928, 1928/29), Frédéric François-Marsal (8.–13. 6. 1924), Édouard Marie Herriot (15. 6. 1924–1925, 1926, 1932)
Außenminister: Raymond Poincaré (1912/13, 1922–1. 6. 1924), Edmond Lefèbvre du Prey (8.–13. 6. 1924), Édourd Marie Herriot (15. 6. 1924–1925, 1926, 1932)

Griechenland

Königreich/Republik ab 25. März 1924; *König:* Georg II. (1922–25. 3. 1924, 1935–1947)
Präsident: Pavlos Konduriotis (25. 3. 1924–1926, 1926–1929)
Ministerpräsident: Eleftherios Weniselos (1910–1915, 1917–1920, 11. 1.–6. 2. 1924, 1928–1932, 1932, 1933), Georg Kafandáris (6. 2.–11. 3. 1924), Alexander Papanastasiou (11. 3.–24. 7. 1924), Themistokles Sofulis (24. 6.–7. 10. 1924), Andreas Michalakopulos (7. 10. 1924–1925)
Die Proklamation der Republik am 25. März 1924 ist eine Folge der Niederlage im Griechisch-Türkischen Krieg (1919–1922).

Großbritannien

Königreich; *König:* Georg V. (1910–1936)
Premierminister: Stanley Baldwin (konservativ; 1923–22. 1. 1924, 6. 11. 1924–1929), James Ramsey MacDonald (Labour; 23. 1.–4. 11. 1924, 1929–1931)
Außenminister: George Nathaniel Marquess Curzon of Kedlestone (1919–22. 1. 1924), James Ramsey MacDonald (23. 1.–4. 11. 1924), Sir Joseph Austen Chamberlain (6. 11. 1924–1929)

Guatemala

Republik; *Präsident:* José María Orellana (1922–1926)

Haiti

Von den USA besetzte Republik; *Präsident:* Joseph Luis Bornó (1922–1930)
Seit 1915 ist Haiti von den Vereinigten Staaten von Amerika besetzt (bis 1934), die das politische Geschehen, die Finanzen und die Zölle kontrollieren.

Honduras

Republik; *Präsident:* López Gutiérrez (1919–10. 3. 1924), Fausto Dávila (27.–31. 3. 1924), Vicente Tosta (1. 4. 1924–1925)
Seit seiner Unabhängigkeit als Republik 1838/39 ist Honduras der Staat in Zentralamerika, dessen innenpolitische Lage am wenigsten stabil ist.

Indien (Britisch-Indien)

Britisches Vizekönigreich; *Vizekönig:* Rufus Daniel Isaacs (ab 1926), Marquess of Reading (1921–1925)

Indochinesische Union

Französisches Protektorat; *Generalgouverneur:* Merlin (1922–1925)
Indochina besteht aus den 1887 vereinigten französischen Protektoraten Annam, Tonkin und Kambodscha, der Kolonie Kotschinchina und seit 1893 auch Laos.

Irak

Königreich
König: Faisal I. (1921–1933)

Iran

Siehe Persien (amtlich »Iran« ab 1934)

Irland

Republik; (Freistaat innerhalb des British Commonwealth)
Ministerpräsident: Liam T. Mac Cosgair = William Thomas Cosgrave (1922–1932)
Außenminister: Desmond Mac Gearailt = D. Fitzgerald (1922–1927)
Britischer Generalgouverneur: Timothy Michael Healy (1922–1927)

Island

Republik; (in Personalunion mit Dänemark bis 1944); *Ministerpräsident:* Sigurdur Eggerz (1922 bis März 1924), Jón Thorláksson (22. 3. 1924–1927)

Italien

Königreich/Diktatur; *König:* Viktor Emanuel III. (1900–1946)
Ministerpräsident: Benito Mussolini (1922–1943, 1943–1944); Außenminister 1922–1929, 1932–1936, 1943; Innenminister 1922–16. 6. 1924, 1926–1943; Kriegsminister 1933–1943; Marineminister 1933–1943; Luftfahrtminister 1933–1943
Die Ermordung des sozialistischen Abgeordneten Giacomo Matteotti am 10. Juni durch Faschisten führt zu einer schweren Krise des faschistischen Regimes.

Japan

Kaiserreich; *Kaiser:* Joschihito (1912–1926)
Ministerpräsident: Gombei Jamamoto (1913/14, 1923–4. 1. 1924), Keigo Kiyoura (4. 1.–11. 6. 1924), Takaaki Fürst Kato (11. 6. 1924–1926)

Jemen (Sana)

Königreich; *König:* Hamid Ad Din Jahja (1918–1948, davor Imam 1904–1918)

Jordanien
Siehe Transjordanien

Jugoslawien
Siehe Königreich der Serben, Kroaten und Slowenen

Kambodscha
Königreich; unter französischem Protektorat; *König:* Sisovath (1904–1927)
Kambodscha ist ein zur Indochinesischen Union gehörendes französisches Protektorat.

Kanada
Parlamentarische Monarchie im British Commonwealth; *Premier- und Außenminister:* William Lyon Mackenzie King (1921–1926, 1926–1930, 1935–1948)
Britischer Generalgouverneur: Julian Byng of Vimy of Thorpe-le-Soken (1921–1926)

Kirchenstaat
Siehe Papst

Kolumbien
Republik; *Präsident:* Pedro Nel Ospina (1922–1926)

Königreich der Serben, Kroaten und Slowenen
König: Alexander II. (1921–1934)
Ministerpräsident: Nikola Pašić (1918, 1921–27. 7. 1924, 6. 11. 1924–1926), Ljubomir Davidović (27. 7. 1924–15. 10. 1924)

Korea
Japanisches Generalgouvernement Chosen (1910–1945); *Generalgouverneur:* Makoto Graf Saito (1919–1927)

Kuba
Republik; *Präsident:* Alfredo Zayas y Alonso (1921–1925)

Kuwait
Emirat unter britischem Protektorat

Emir
Scheich Ahmad (1921–1950)

Laos
Königreich unter französischem Protektorat; *König:* Sisavong Vong (1904–1959)
Laos ist ein seit 1893 zur Indochinesischen Union gehörendes französisches Protektorat.

Lettland
Republik; *Präsident:* Janis Cakste (1922–1927)
Ministerpräsident: Pauluk (1923–25. 1. 1924), Woldemar Samuel (25. 1.–2. 12. 1924), Hugo Celmiņš (16. 12. 1924–1925)

Libanon
Französisches Völkerbundsmandat

Liberia
Republik; *Präsident:* Charles Dunbar Burgess King (1920–1930)

Libyen
Italienisches Kolonialland

Liechtenstein
Fürstentum; *Fürst:* Johann II. (1858 1929)

Litauen
Republik; *Präsident:* Alexander Stulginskis (1922–1926)
Ministerpräsident: Ernst Galvanauskas (1919/20, 1923–9. 6. 1924), Anton Tumėnas (18. 6. 1924–1925)

Luxemburg
Großherzogtum; *Großherzogin:* Charlotte (1919–1964)
Ministerpräsident und Außenminister: Emil Reuter (1918–1921, 1921–1925)

Marokko
Sultanat unter französischem Protektorat; *Sultan:* Jusuf (1912–1927)
Großwesir: Muhammad al-Muqri (1917–1955)
Französischer Generalresident: Louis Hubert Lyautey (1912–1916, 1917–1925)

Memelgebiet
Autonomer Staat unter Litauen 1923/24–1939
Landespräsident: Viktor Gailius (Memellitauer; 15. 2. 1923–1925)
1920 wurde die Verwaltung des Memelgebiets an die gemeinsame Verwaltung der alliierten Hauptmächte übergeben (»Kondominium«). 1923 hat Litauen das Memelgebiet besetzt. Durch das Memelabkommen vom 8. Mai 1924 werden die aus dem Versailler Friedensvertrag (28. Juni 1919) stammenden Rechte der Alliierten auf Litauen übertragen. Zugleich erhält das Gebiet mit dem Memelstatut weitgehende innenpolitische Autonomie. Die Landespräsidenten sind allerdings von Litauen oktroyiert.

Mexiko
Bundesrepublik; *Präsident:* Álvaro Obregón (1920–1. 12. 1924), Plutarco Elias Calles (1. 12. 1924–1928)

Monaco
Fürstentum; *Fürst:* Ludwig II. (1922–1949)

Mongolische Volksrepublik
Volksrepublik; *Vorsitzender des Präsidium des Großen Rats (Staatspräsident):* Korlin Tschoibalsan (21. 12. 1924–1930), Ministerpräsident (1924–1952)
Die Mongolische Volksrepublik wird am 26. November 1924 gegründet.

Nepal
Königreich; *König:* Tribhuvana (1911–1950, 1952/53)

Neuseeland
Dominion im British Commonwealth; *Premierminister:* William Ferguson Massey (1912–1925)

Nicaragua
Republik; *Präsident:* Martínez Bartolo (1923–7. 12. 1924)

Niederlande
Königreich; *Königin:* Wilhelmina (1890–1948)
Ministerpräsident: Charles Joseph Maria Ruys de Beerenbrouck (1918–1922, 1922–1925, 1929–1933)
Außenminister: Herman Adriaan van Karnebeek (1918–1927)

Nordirland
Teil von Großbritannien und Nordirland; *Ministerpräsident:* James Craig Viscount Craigavon (1921–1940)
Nordirland ist Teil des Vereinigten Königreichs von Großbritannien und Nordirland.

Norwegen
Königreich; *König:* Håkon VII. (1905–1957)
Ministerpräsident: Abraham Berge (1923–25. 6. 1924), Johann Ludwig Mowinckel (25. 6. 1924–1926)

Palästina
Britisches Völkerbundsmandat; *Oberkommissar:* Herbert Louis Samuel (1920–1925)

Panama
Republik; *Präsident:* Belisario Porras (1918, 1918–1. 10. 1924), Roberto Francisco Chiari (1. 10. 1924–1928)
Die Republik Panama wird de facto finanziert von einem US-amerikanischen Lebensmittelkonzern, der United Fruit Company.

Papst
Absolute Monarchie; *Papst:* Pius XI., vorher Achille Ratti (1922–1939)
Kardinalstaatssekretär: Kardinal Pietro Gasparri (1914–1930)
Der frühere Kirchenstaat ist seit 1870 dem italienischen Nationalstaat eingegliedert.

Paraguay
Republik; *Präsident:* Eligio Ayala (1923–12. 4. 1924, 15. 8. 1924–1928), Luis Alberto Riart (12. 4.–15. 8. 1924)

Persien
Königreich (amtlich »Iran« erst 1934); *Schah:* Ahmad Schah (1909–1925)
Ministerpräsident: Mohammad Resa Khan (ab 1925 = Schah Resa Pahlawi; 1920/21, 1921, 1923–1925)
Ahmad Schah, der letzte Herrscher aus der Kadscharendynastie, hat 1923 das Land verlassen und wird 1925 vom Parlament abgesetzt.

Peru
Republik; *Präsident:* Augusto Bernardino Leguía (1908–1912, 1919–1930)

Philippinen
Gouvernement der USA; *Generalgouverneur:* Leonard Wood (1921–1927)

Polen
Republik; *Präsident:* Stanislaw Wojciechowski (1922–1926)
Ministerpräsident: Władysław Grabski (1920, 1923–1925)

Portugal
Republik; *Präsident:* Manue Texeira Gomes (1923–1925
Ministerpräsident: António María da Silva (1920, 1922–28. 6. 1924, 1925), Alfredo Rodrigues Gaspar (28. 6.–19. 11. 1924), José Domingos dos Santos (21. 11. 1924–1925)

Rumänien
Königreich; *König:* Ferdinand I. (1914–1927)
Ministerpräsident: Ion C. Brătianu (1909/10/11, 1914–1918, 1918/19, 1922–1926)

Sansibar
Sultanat unter britischem Protektorat; *Sultan:* Chalifa II. (1911–1960)

Schweden
Königreich; *König:* Gustav V. (1907–1950)
Ministerpräsident: Ernst Trygger (1923–18. 10. 1924), Hjalmar Branting (1920, 1921–1923, 18. 10. 1924–1925)

Spanien
Königreich; *König:* Alfons XIII. (1886–1931)
Ministerpräsident: Miguel Primo de Rivera y Orbaneja, Marqués de Estella (1923–1930)

Südafrikanische Union
Dominion im British Commonwealth; *Ministerpräsident:* Jan Christiaan Smuts (1919–23. 6. 1924, 1939–1948), James Barry M. Hertzog (30. 6. 1924–1939)
Generalgouverneur: Arthur Herzog von Connaught (1920–1924), Alexander Earl of Athlone (1924–1931)

Syrien
Französisches Völkerbundsmandat; *Oberkommissar:* Maxime Weygand (1923 bis Dezember 1924)

Thailand
Königreich; *König:* Rama VI. Maha Wajirawudh (1910–1925)

Tibet
Autonomer Staat seit 1914; *Dalai-Lama:* Thupten Gjatso (1876/95–1933)

Transjordanien
Königreich unter britischem Mandat; *König:* Abd Allah Ibn Al Husain (1921–1951)
Ministerpräsident: Hasan Chalid Pascha (1923–1924), Rida Pascha ar-Riquabi (1924 – 1933)

Tschechoslowakei
Republik; *Präsident:* Tomáš Garigue Masaryk (1918/20–1935)
Ministerpräsident: Anton Svehla (1922–1929)

Tunis
Französisches Protektorat; *Bei:* Muhammad VI. (1922–1929)

Türkei
Republik; *Präsident:* Mustafa Kemal Pascha (Kemal Atatürk, 1923–1938)
Ministerpräsident: Mustafa Ismet Pascha (1923–1937)

UdSSR
Republik; *Parteichef:* Josef W. Stalin (1922–1953)
Präsident (Vorsitzender des Präsidiums des Obersten Sowjets): Michail I. Kalinin (1919/1923–1946)
Ministerpräsident (Vorsitzender des Rats der Volkskommissare): Wladimir I. Lenin (1917–21. 1. 1924), Alexei I. Rykow (2. 2. 1924–1930)

Ungarn
Monarchie; *König:* Otto II. (1922–1944/45, im Exil); *Reichsverweser:* Miklós Horthy (1920–1944)
Ministerpräsident: István Graf Bethlen von Bethlen (1921–1931)

Uruguay
Republik; *Präsident:* José Serrato (1923–1927)

USA
Bundesstaat; *30. Präsident:* Calvin Coolidge (Republikaner; 1923–1929)
Staatssekretär (Außenminister): Charles Evans Hughes (1921–1925)

Venezuela
Republik; *Präsident:* Juan Vicente Gómez (1908–1929, 1931–1935)

Kriege und Krisenherde des Jahres 1924

Die herausragenden politischen und militärischen Krisensituationen des Jahres 1924 werden – alphabetisch nach Ländern geordnet – im Überblick dargestellt.

Reparationsabkommen

Während das Ruhrgebiet wegen ausstehender deutscher Reparationszahlungen noch immer von französischen und belgischen Truppen besetzt ist, verabschiedet die internationale Reparationskommission am 16. August 1924 in Londen den Dawesplan, der die Zahlung der deutschen Wiedergutmachungszahlungen neu regelt. Er ist benannt nach dem US-amerikanischen Finanzpolitiker Charles Gates Dawes, der hierfür zusammen mit Joseph Austen Chamberlain 1925 den Friedensnobelpreis erhält.
Zur wirtschaftlichen Gesundung, die als Voraussetzung für die Zahlungsfähigkeit angesehen wird, erhält das Deutsche Reich einen Kredit von 800 Millionen Goldmark. Die Gesamthöhe der Reparationszahlungen wird nicht festgelegt. Es wird nur vereinbart, daß die Zahlungen bis 1929 die Höhe von 2,5 Milliarden Goldmark jährlich erreichen müssen. Zur Sicherung der Zahlungen werden die Reichsbahn und die Reichsbank dem direkten Einfluß des Staats entzogen und ausländischer Kontrolle unterstellt.
Die Zahlungen des Deutschen Reichs sind durch den Kredit sichergestellt, doch wächst dadurch die Verschuldung der deutschen Wirtschaft und ihre Abhängigkeit von der Wirtschaftslage im Ausland.

Ruhrbesetzung dauert an

Der am 16. August in London verabschiedete Dawesplan zur Neuregelung der deutschen Reparationszahlungen schafft die Voraussetzungen für die Beendigung der Ruhrbesetzung bis August 1925. Vereinzelt werden bereits 1924 Truppen abgezogen, am 22. Oktober z. B. rücken die französischen Truppen aus Dortmund ab.
Französische und belgische Truppen waren am 11. Januar 1923 wegen ausstehender deutscher Reparationszahlungen in das Ruhrgebiet einmarschiert. Die Reparationen, die das Deutsche Reich zu zahlen hat, waren auf der Alliiertenkonferenz in Paris 1921 auf 226 Millionen Goldmark festgelegt worden. Doch die Folgen des Ersten Weltkriegs und die Wirtschaftskrise machten es dem Deutschen Reich fast unmöglich, diese Zahlungen aufzubringen. Da es an Bargeld fehlte, durfte das Deutsche Reich einen Teil der Reparationen in Sachleistungen abgelten. Die Situation eskalierte, als 1921 ein von deutscher Seite abgeschickter Holztransport an Frankreich abgelehnt wurde. Die Deutschen stellten daraufhin ihre Lieferungen ein.
Wegen der ausstehenden Zahlungen wurde 1923 das Ruhrgebiet besetzt. Die Bevölkerung leistet den Besatzern passiven Widerstand. Überall werden Sabotageakte verübt, wiederholt flackern Streiks auf. Eine zentrale Rolle spielen dabei die Eisenbahner, die den Abtransport der Kohle, des Hauptanteils der Sachlieferungen an Frankreich, durch Stillegung einzelner Bahnhöfe zu verhindern suchen.
Doch führt der beginnende Abzug der Besatzer zur Entspannung der Lage. Eisenbahnen und Zechen kehren unter deutsche Verwaltung zurück.

Sturz der Monarchie in Athen

Die Niederlage Griechenlands im Griechisch-Türkischen Krieg von 1919 bis 1922 führt am 25. März 1924 zum Sturz der Monarchie und zur Ausrufung der Republik. König Georg II. verläßt das Land, erster Staatspräsident wird Pavlos Konduriotis. Der Griechisch-Türkische Krieg hatte bereits 1923 zum Umsturz in der Türkei geführt. Dort war ebenfalls die Republik proklamiert worden mit dem Volksführer Mustafa Kemal (Kemal Atatürk) als Staatspräsident.
Griechische Truppen hatten nach der Niederlage des Osmanischen Reichs im Ersten Weltkrieg 1919 im Auftrag der alliierten Siegermächte die osmanische Hafenstadt Smyrna (Izmir) besetzt. Dies war der Beginn des Griechisch-Türkischen Kriegs. Smyrna blieb bis zum Ende des Kriegs 1922 von Griechenland besetzt. Das Osmanische Reich und die Alliierten hatten 1918 den Waffenstillstand von Mudros geschlossen. Das Osmanische Reich lieferte alle Kriegsschiffe aus und gab sein Staatsgebiet für Operationen der Alliierten frei.
Die griechischen Truppen drangen 1919 auch in Konstantinopel (Istanbul) ein und besetzten in der Folgezeit das Hinterland von Izmir sowie Adrianopel und Bursa und rückten 1921 in Anatolien bis zum Sakarya vor. Der von Frankreich unterstützte Führer der türkischen Nationalbewegung, Mustafa Kemal Pascha (Kemal Atatürk), schlug 1922 die Griechen jedoch entscheidend. Mit der griechischen Armee floh daraufhin auch die griechische Bevölkerung.
Der Friede von Lausanne beendete 1923 den Krieg. Die in Kleinasien lebenden Griechen mußten die Türkei verlassen, die Türkei nahm Ostthrakien wieder in Besitz, erkannte aber den italienischen Besitz des Dodekanes und die Annexion Zyperns durch Großbritannien an. Die Dardanellen wurden der freien Schifffahrt zugänglich gemacht.

Unabhängigkeit der Mongolei

Am 26. November 1924 wird die Mongolische Volksrepublik gegründet, nachdem z. T. mit sowjetischer Unterstützung in schweren Kämpfen die chinesischen und monarchistischen weißrussischen Truppen vertrieben worden sind und die Monarchie für abgeschafft erklärt worden ist. Vorsitzender des Präsidium des Großen Rats in der Stellung eines Staatspräsidenten wird Korlin Tschoibalsan, der auch das Amt des Ministerpräsidenten übernimmt und bis 1952 behält.
Die Feudalherren werden enteignet, Grund und Boden, Bodenschätze u. a. natürliche Reichtümer des Landes werden verstaatlicht.

Ausgewählte Neuerscheinungen auf dem Buchmarkt 1924

Die Auswahl berücksichtigt nicht nur Neuerscheinungen von literarischem oder wissenschaftlichem Wert, sondern auch vielgelesene Bücher des Jahres 1924. Innerhalb der einzelnen Länder sind die erschienenen Werke alphabetisch nach Autoren geordnet (siehe auch den Übersichtsartikel auf S. 174).

Deutsches Reich

Hans Carossa
Rumänisches Tagebuch
Kriegstagebuch
Unter dem Titel »Rumänisches Tagebuch« veröffentlicht Hans Carossa (1878–1956) beim Verlag Insel in Leipzig seine Aufzeichnungen als Bataillonsarzt während des Ersten Weltkriegs. Die prägenden Erlebnisse dieser Zeit verwertet er nicht nur in diesen Kriegstagebüchern, sondern fast in seinem gesamten, autobiographisch gefärbten Werk. Trotz des Unheils und Leids auf der Welt hält er am Glauben an eine ordnende Schöpfung Gottes fest und fordert Ehrfurcht vor dem Mitmenschen. Den Krieg selbst stellt Carossa nicht in Frage.

Alfred Döblin
Berge, Meere und Giganten
Roman
Alfred Döblins (1878–1957) »Berge, Meere und Giganten«, erschienen beim Verlag Fischer in Berlin, ist einer der bedeutendsten Zukunftsromane der ersten Hälfte des 20. Jahrhundert.
Als Menschen im 27. Jahrhundert beginnen, Grönland zu enteisen, um neue Siedlungsräume zu erschließen, werden fossile Lebewesen aus dem Eis geschwemmt, wachsen unter der Einwirkung von Wärme und Licht zu kolossalen Ungeheuern auf und bedrohen die Existenz der Menschheit. Zwar gelingt es den Menschen, Giganten zu züchten, die den Angriff der riesenhaften Vorzeittiere abwehren, doch dann entbrennt ein Kampf dieser Untiere, der die Menschheit zu vernichten droht. Die Überlebenden beginnen schließlich auf Grund dieser leidvollen Erfahrung zum Natürlichen zurückzukehren, zur ländlichen Idylle, ins Vormaschinenzeitalter.

Gerhart Hauptmann
Die Insel der großen Mutter oder Das Wunder von Île des Dames
Eine Geschichte aus dem utopischen Archipelagus
Roman
Gerhart Hauptmann (1862–1946), Literaturnobelpreisträger 1912, entwirft in dem beim Verlag Fischer in Berlin erscheinenden Roman ein Gegenbild zur Zivilisation der Gegenwart, die von Männern beherrscht wird. Etwa 100 schiffbrüchige Frauen gründen auf einer paradiesischen Insel in der Südsee eine Frauenrepublik. Daß Hauptmanns matriarchalischer Inselstaat nicht als ernstzunehmender Gesellschaftsentwurf, sondern als spielerisch-experimenteller Versuch zu werten ist, geht u. a. daraus hervor, daß die Frauen auf der Insel im Besitz vieler »geretteter« Zivilisationsgegenstände sind. Auch ein Knabe ist auf der Insel, die Frauen bekommen Kinder, und am Schluß tragen die Männer den Sieg über das »Mütterland« davon.

Gertrud von Le Fort
Hymnen an die Kirche
Gedichte
Mit den im Theatiner-Verlag in München erscheinenden »Hymnen an die Kirche« stellt sich die Schriftstellerin Gertrud von Le Fort (1876–1971), die ein Jahr später zum Katholizismus übertritt, erstmals als Verfasserin religiöser Lyrik vor. Die in der Form alttestamentlicher Psalmen verfaßten »Hymnen« sind Zwiegespräche, in denen Gott der nach ihm verlangenden Seele durch die Stimme der Kirche antwortet: »Ich bin in das Gesetz Deines Glaubens gefallen wie in ein nakkendes Schwert, mitten durch meinen Verstand ging seine Schärfe«, bekennt die Dichterin.

Wilhelm Lehmann
Der bedrängte Seraph
Novelle
Wilhelm Lehmann (1882–1968), an dessen Naturgedichten sich eine ganze Generation deutscher Lyriker schult und der 1923 den Kleistpreis erhält, schildert in der Novelle »Der bedrängte Seraph«, die in der Deutschen Verlags-Anstalt in Stuttgart erscheint, die psychische Zerrissenheit eines jungen Mannes. Der in quälender Isolation aufgewachsene Lachnit Bittersüß sehnt sich zwar nach menschlichem Kontakt, aber seine überwältigenden mystischen Naturerlebnisse hindern ihn daran, sich in der Realität zurechtzufinden. – Das Urteil Oskar Loerkes, mit dem Lehmann zeitlebens befreundet war, zeigt die Problematik in Lehmanns Naturdichtungen: »Es fliegt bei ihm von Schmetterlingen und Vögeln, stäubt von Sporen und Samen, kriecht von Würmern, wächst von Blumen und Gräsern – nicht nur im Freien, sondern auch in den Häusern, den Herzen, Hirnen und Adern der Menschen, denn seine vielen Naturgleichnisse sind so eindringlich, daß der zweite Teil des Gleichnisses selbständig zu leben beginnt, den ersten Gast erdrückt und auslöscht.« Weitere bekannte erzählerische Werke Lehmanns sind die Romane »Der Bilderstürmer« (1917), »Schmetterlingspuppe« (1918) und »Weingott« (1921) sowie die Erzählung »Die Hochzeit der Aufrührer« (1934).

Thomas Mann
Der Zauberberg
Roman
Thomas Mann (1875–1955), Literaturnobelpreisträger 1929, legt mit dem beim Verlag Fischer in Berlin erscheinenden zweibändigen Roman »Der Zauberberg« ein Werk vor, das weniger Abbild realer Vorgänge, als poetische Reflexion geistes- und kulturgeschichtlicher, ethischer und politisch-moralischer Themen ist. Die Fabel dieses umfangreichen Werks, das von der Literaturwissenschaft auch als Bildungsroman bezeichnet wird, ist folgende: Der junge Patriziersohn Hans Castorp besucht in einem vornehmen Hochgebirgssanatorium in Davos seinen lungenkranken Vetter Joachim Ziemßen. Er erliegt bald dem »hermetischen Zauber« dieses Orts und verschiebt seine Abreise, bis er schließlich in dem außergewöhnlichen Klima selbst Patient wird. Da ihm der Aufenthalt auf diesem Zauberberg »hier oben« geistige Abenteuer und neue menschliche Erfahrungen verspricht, die ihm im »Flachland« verschlossen bleiben würden, ist ihm auch diese Verlängerung des Aufenthaltes recht. Obwohl seine Krankheit bald ausgeheilt ist, bleibt er sieben Jahre, bis ihn der »Donnerschlag« des Ersten Weltkriegs in die Realität des Alltags zurückholt und aufs Schlachtfeld fordert. Während der sieben Jahre hat sich in Castorp ein neues Gefühl von Humanität herangebildet. Er verläßt den »Zauberberg« nicht mehr als der Hans Castorp, der er vormals war.

Heinrich Rickert
Kant als Philosoph der modernen Kultur
Kulturphilosophisches Werk
Der deutsche Philosoph Heinrich Rickert (1863–1936) analysiert in dem kulturphilosophischen Werk die Bedeutung Immanuel Kants für die Kultur der Gegenwart. Rickert ist der Führer der sog. südwestdeutschen oder badischen Philosophenschule, die den Standpunkt eines wertphilosphischen, sich an Kant und Johann Gottlieb Fichte anlehnenden Kritizismus annimmt. In seinem Werk »Der Gegenstand der Erkenntnis« (1892, 6. Auflage 1928) entwickelte er die Erkenntnislehre eines transzendentalen Idealismus. Erkennen ist für ihn Urteilen, ein Bestätigen oder Verwerfen von Werten; Wahrheit liege in der Anerkennung des zeitlos geltenden Sollens; der Gegenstand der Erkenntnis bestehe nicht in einem Sein, sondern in einem Transzendenten Sollen. In seinem »System der Philosophie I« (1912) unterscheidet er drei Wahrnehmungsbereiche: Das der konkreten Wirklichkeit, das der Werte oder des transzendenten Sinns und das diese beiden Ebenen verbindende Reich des immanenten Sinns. In den Werken »Die Grenzen der naturwissenschaftlichen Begriffsbildung« (1896–1902) und »Kulturwissenschaft und Naturwissenschaft« (1899) versucht er wissenschafts-methodologische Fragen zu klären; seiner Meinung nach sind die Wissenschaften nicht nach ihrem Gegenstand, sondern nach ihrer Verfahrensweise zu klassifizieren. Der Methode der Naturwissenschaften stellt er die individualisierende Methode der Kulturwissenschaften gegenüber. Für die Philosophie als Wissenschaft fordert er streng rationale Begriffe.

Max Scheler
Schriften zur Soziologie und Weltanschauungslehre
Essays
Der deutsche Philosoph Max Scheler (1874–1928) veröffentlicht den vierten und letzten Band seiner »Schriften zur Soziologie und Weltanschauungslehre«. Scheler gilt als Neubegründer der philosophischen Anthropologie, der es um das Erfassen der menschlichen Persönlichkeit geht.
Nach Scheler ist dies nicht durch rationale Erkenntnis, sondern in der direkten »Wesensschau« möglich. Ihr enthüllt sich der Mensch in seiner bevorzugten Stellung im Kosmos (»Die Stellung des Menschen im Kosmos« ist der Titel des letzten größeren Werks von Scheler). Durch ein ursprüngliches Wertgefühl kann der Mensch die objektive Rangordnung der Werte, an deren oberster Stelle die Liebe zu Gott steht, erfassen.
Mit seinem ethischen Hauptwerk »Der Formalismus in der Ethik und die materiale Wertethik« (1913–1916) begründete Scheler die materiale Wertethik, die das Handeln des Menschen begründet. Die Werte, nach denen der Mensch strebt, sind absolute, für sich bestehende, unveränderliche Wesenheiten. Es gibt positive und negative, niedere und höhere Werte. Nach Scheler sind die niedersten Werte die des bloßen sinnlichen Fühlens, des Angenehmen und Unangenehmen; darüber stehen die Werte des vitalen Fühlens, des Edlen und Gemeinen; über ihnen stehen die Werte der Erkenntnis, des Schönen, des Rechten und ihre Gegensätze; zuoberst stehen die religiösen Werte des Heiligen.

Ernst Toller
Das Schwalbenbuch
Gedichte
Die in freien Rhythmen gehaltenen Gedichte des »Schwalbenbuchs« des expressionistischen Dramatikers, Lyrikers und Erzählers Ernst Toller (1893–1939), die beim Verlag Kiepenheuer in Potsdam erscheinen, spiegeln eigenes Erleben des Autors wider. 1919 war Toller als Beteiligter an der Münchner Räterepublik zu fünf Jahren Festungshaft verurteilt worden. In den Gedichten des »Schwalbenbuchs« ist ein nistendes Schwalbenpaar einen Sommer lang der einzige Trost eines im Zuchthaus Gefangenen, seine einzige Verbindung zum Leben.

Franz Werfel
Verdi
Roman der Oper
Franz Werfel (1890–1945) gestaltet in dem Künstlerroman »Verdi«, der beim Verlag Zsolnay in Wien erscheint, den menschlichen und künstlerischen Gegensatz zwischen Giuseppe Verdi, der nach der Vollendung der Oper »Aida« – uraufgeführt 1871 in Kairo – unter seiner Unproduktivität leidet, und Richard Wagner. In Monologen und Rückblicken wird die Schaffenskrise Verdis transparent.

Chile

Pablo Neruda
Zwanzig Liebesgedichte und ein Lied der Verzweiflung
(Veinte poemas de amor y una canción desesperada)
Gedichte
»Zwanzig Liebesgedichte und ein Lied der Verzweiflung« ist nach »La canción de la fiesta« (1921) und »Crepusculario« (1923) die dritte Veröffentlichung des chilenischen Lyrikers Pablo Neruda (1904–1973), der 1971 mit dem Literaturnobelpreis ausgezeichnet wird »für eine Poesie, die mit der Wirkung einer Naturkraft Schicksal und Träume eines Weltteils sichtbar macht«. Nerudas Frühwerk steht unter dem Einfluß des spanischen Modernismus und des Surrealismus. Zentrales Thema ist die Liebe, die helfen soll, Pessimismus, Einsamkeit und Verzweiflung zu entrinnen.

Frankreich

André Breton
Manifest des Surrealismus
(Manifeste du surréalisme)
Programmatischer Essay
In der grundlegenden Programmschrift »Manifest des Surrealismus« geht André Breton (1896–1966), der Haupttheoretiker dieser Kunstrichtung, davon aus, daß einzig die Vorstellungskraft aufzeigen kann, was im Leben möglich ist. Mit logischen Verfahren ließen sich allenfalls weniger bedeutende Lebensfragen lösen. Dabei wird Surrealismus so definiert: »Reiner psychischer Automatismus, in den man sich versetzt, um mündlich, schriftlich oder auf irgendeine sonstige Weise das wirkliche Funktionieren des Denkens zum Ausdruck zu bringen. Diktat des Denkstroms oder Ausschaltung jeglicher Vernunftkontrolle, außerhalb jeglicher ästhetischen oder moralischen Voreingenommenheit.« Philosophisch formuliert: »Der Surrealismus beruht auf dem Glauben an die höhere Wirklichkeit gewisser, bis heute vernachlässigter Assoziationsformen, an die Allgewalt des Traums, an das absichtsfreie Spiel des Gedankens. Er zielt auf die endgültige Zerstörung aller anderen psychischen Mechanismen und will sich an ihre Stelle setzen, zur Lösung der hauptsächlichen Probleme des Lebens.« – Die deutsche Übersetzung erscheint 1947.

Saint-John Perse
Anabasis
(Anabase)
Lyrisches Epos
Saint-John Perse (1887–1975) stellt in dem lyrischen Epos »Anabasis« in der Gestalt eines Eroberers sein Ideal des in absoluter Freiheit und selbstgewählter Einsamkeit lebenden Menschen dar, der die Suche nach dem Unbekannten niemals aufgibt und immer zu neuem Aufbruch bereit ist. – Die deutsche Übersetzung von »Anabasis« erscheint 1950.
1960 erhält Saint-John Perse »für den erhabenen Gedankenflug und die beschwörende Bildsprache seiner Dichtungen, die visionär die Verhältnisse unserer Zeit widerspiegeln« den Literaturnobelpreis.

Großbritannien

Ford Madox Ford
Ende der Parade
(Parade's End)
Romantetralogie
Der 1924 erscheinende Roman »Some Do Not« ist der erste Teil der Tetralogie »Ende der Parade« von Ford Madox Ford (1873–1939), die den Ruhm des Autors begründet. Die Folgebände sind «No More Parades« (1925), »A Man Could Stand Up« (1926) und »The Last Post« (1928). »Ende der Parade« ist eine Familiengeschichte vor dem Hintergrund des als sinnlos dargestellten Ersten Weltkriegs und gleichzeitig die Schilderung des Zerfalls der alten und des Entstehens einer neuen sozialen Ordnung.

Edward Morgan Forster
Auf der Suche nach Indien
(A Passage to India)
Roman
Der englische Romancier, Kritiker und Essayist Edward Morgan Forster (1879–1970) löst mit seinem bedeutendsten Roman, »Auf der Suche nach Indien«, wegen der kritischen Darstellung der Kolonialbehörden in Britisch-Indien große Kontroversen aus. Der Roman zeigt den fast unüberbrückbaren Gegensatz zwischen West und Ost und ihren Kulturen und Weltanschauungen. Nur zwischenmenschliche Beziehungen können diesen Gegensatz teilweise überwinden. – Die deutsche Übersetzung dieses erfolgreichen Werks erscheint 1932.

Margaret Kennedy
Die treue Nymphe
(The Constant Nymph)
Roman
Der Konflikt zwischen bürgerlicher und künstlerischer Lebensauffassung ist das zentrale Thema von Margaret Kennedys (1896–1967) Roman »Die treue Nymphe«. Der Bestseller der britischen Schriftstellerin wird bereits 1925 ins Deutsche übersetzt, 1926 unter Mitwirkung der Autorin für die Bühne bearbeitet und bleibt ein Erfolgsroman der 20er und 30er Jahre. Aber auch später wird er immer wieder aufgelegt. Die an ein freies Leben gewöhnten Kinder des genialen und exzentrischen, aber alles andere als wohlhabenden Komponisten Arthur Sanger kommen nach dem Tod des Vaters zu bürgerlichen Verwandten. Hier häufen sich bald die Konflikte.

Italien

Filippo Tommaso Marinetti
Futurismus und Faschismus
(Futurismo e fascismo)
Kunsttheoretischer Essay
Filippo Tommaso Marinetti (1876–1944), der mit der Veröffentlichung seines ersten futuristischen Manifests 1909 zum Begründer des Futurismus wurde, einer antinaturalistischen und antieklektischen Stilrichtung, bekennt sich in dem Essay »Futurismus und Faschismus« zum italienischen Faschismus. Schon 1909 hatte er Thesen propagiert, die der Ideologie des Faschismus entsprechen: »Wir wollen den Krieg verherrlichen, diese einzige Hygiene der Welt, den Militarismus, den Patriotismus, die Vernichtungstat der Freien!«

Kolumbien

José Eustasio Rivera
Der Strudel
(La Vorágine)
Roman
Der kolumbianische Lyriker und Erzähler José Eustasio Rivera (1888–1928), Jurist, Abgeordneter und Abenteurer, wird berühmt mit dem in viele Sprachen übersetzten Roman »Der Strudel«, der realistischen Schilderung vom Kampf des Menschen gegen die Naturgewalten. Der Urwald, die »grüne Hölle«, verschlingt den Menschen. – Die deutsche Übersetzung erscheint 1934.

Österreich

Franz Kafka
Ein Hungerkünstler
Vier Geschichten
Kurz nach dem Tod des im Alter von nur 40 Jahren an Kehlkopftuberkulose gestorbenen Franz Kafka (1883–1924) erscheinen im Verlag Die Schmiede in Berlin unter dem Titel »Ein Hungerkünstler« die vier Erzählungen »Erstes Leid«, »Eine kleine Frau«, »Ein Hungerkünstler« und »Josefine, die Sängerin oder Das Volk der Mäuse«. Die Titelerzählung, die erstmals 1922 in der »Neuen Rundschau« in Berlin veröffentlicht wurde, ist die Geschichte eines Mannes, der im Zirkus als Hungerkünstler bestaunt wird. Die tragische Ironie seiner Existenz beruht darauf, daß er für etwas bewundert wird, zu dem er unfreiwillig verdammt ist, »weil ich nicht die Speise finden konnte, die mir schmeckt. Hätte ich sie gefunden, glaube mir, ich hätte kein Aufsehen gemacht und micht vollgegessen wie du und alle.«

Arthur Schnitzler
Fräulein Else
Erzählung
Die Erzählung »Fräulein Else« von Arthur Schnitzler (1862–1931), die beim Verlag Zsolnay in Berlin erscheint, zählt zu den frühesten Werken der deutschsprachigen Literatur, in denen der innere Monolog konsequent durgeführt wird. Die 19jährige Else, Tochter eines wohlhabenden jüdischen Advokaten, wird während eines Urlaubs in den Dolomiten plötzlich durch einen Eilbrief ihrer Mutter aufgefordert, die Ehre ihrer Familie zu retten und bei einem ebenfalls in den Dolomiten weilenden Geschäftsfreund des Vaters Geld zu leihen, andernfalls müßte ihre Vater wegen Betrugs und anderer Delikte ins Gefängnis. Der Geschäftsfreund verlangt, Else eine Viertelstunde lang nackt sehen zu dürfen. Auf dem Weg zu diesem Rendezvous bricht Else zusammen.

Schweiz

Heinrich Federer
Papst und Kaiser im Dorf
Eine Erzählung
Heinrich Federer (1866–1928), katholischer Priester (seit 1893) und freischaffender Schriftsteller in Zürich seit 1907, schildert als realistischer schweizerischer Heimaterzähler in seinen vielgelesenen Romanen und Erzählungen das Leben der kleinen Leute auf dem Land. Am erfolgreichsten wird nach dem Roman »Berge und Menschen« (1911) die Erzählung »Papst und Kaiser im Dorf«, für die er 1924 mit dem Gottfried-Keller-Preis ausgezeichnet wird. Darin schildert er die Machtkämpfe zwischen Pfarrer und Amtmann in einer kleinen Gemeinde im Toggenburg.

Spanien

Rafael Alberti
Zu Wasser, zu Lande
(Marinero en tierra)
Gedichte
Rafael Alberti (* 1902), der sich in Madrid als kubistischer Maler betätigt und in den Kreisen der Surrealisten verkehrt, erhält ein Jahr nach der Veröffentlichung seines 1924 erscheinenden Gedichtbandes und Erstlingswerkes »Zu Wasser, zu Lande« den Staatlichen Literaturpreis. Die Gedichte, die der spätere spanischen Literaturnobelpreisträger Juan Ramón Jiménez als »neu und vollendet zugleich« bezeichnet, sind Ausdruck des sog. Neopopularismo, einer Strömung in der spanischen Literatur, die sich an volkstümlichen Themen orientiert. – Die deutsche Übersetzung erscheint 1960.

UdSSR

Konstantin A. Fedin
Städte und Jahre
(Goroda i gody)
Roman
Konstantin A. Fedin (1892–1977) behandelt in seinem ersten und bekanntesten Roman, »Städte und Jahre«, das Problem des Intellektuellen während der Revolution, wobei er weniger den antipsychologischen Tendenzen der derzeitigen Sowjetliteratur als modernen europäischen Erzählformen – psychologischer Realismus und deutscher Expressionismus – verpflichtet ist. Der Roman erzählt die Tragödie des bürgerlichen Intellektuellen und Träumers Andrei Startschow zwischen 1920 und 1940. – Die deutsche Übersetzung erscheint 1927.

Alexandr S. Serafimowitsch
Der eiserne Strom
(Železnyj potok)
Roman
Alexandr S. Serafimowitsch (1863–1949) legt mit dem Roman »Der eiserne Strom« ein Werk vor, das als Klassiker der Sowjetliteratur gilt. Serafimowitsch beschreibt den Rückzug einer bolschewistischen Armee, die 1918 in 32 Tagen mit Frauen und Kindern 500 km zurücklegt. Durch Verzicht auf die Darstellung von Einzelcharakteren wird die Masse zur handelnden Kraft. – Die deutsche Übersetzung erscheint 1925.

Konstantin S. Stanislawski
Mein Leben in der Kunst
(My Life in Art)
Memoiren
Unter dem Titel »Mein Leben in der Kunst« veröffentlicht der russisch-sowjetische Schauspieler, Regisseur, Pädagoge und Theaterwissenschaftler Konstantin S. Stanislawski (1863–1938), Mitgründer und Leiter des Moskauer Künstlertheaters, seine Memoiren. Das Buch, das während einer Europa- und Nordamerikatournee des Moskauer Künstlertheaters von 1922 bis 1924 entstand, erscheint in Boston. Es ist in die vier Abschnitte künstlerische Kindheit, Knabenalter, künstlerische Jünglingsjahre und künstlerische Reife eingeteilt.
Stanislawski, der schon als 14jähriger auf der Bühne stand, war einer der bedeutendsten Schauspieler seiner Zeit. 1898 gründete er mit Wladimir I. Nemirowitsch-Dantschenko das Moskauer Künstlertheater, ein Avantgardetheater, das seinen ersten durchschlagenden Erfolg noch im selben Jahr mit der von Stanislawski inszenierten Uraufführung von Anton P. Tschechows Drama »Die Möwe« hatte; die Möwe wurde das Wahrzeichen des Moskauer Künstlertheaters. Im Mittelpunkt der Regiearbeit steht für Stanislawski der Unterricht des Schauspielers, von dem er außer einer körperlich-bewegungsmäßigen Umsetzung der Handlung intensive seelische Einfühlung erwartet, so daß dem Zuschauer eine perfekte Identifikation geboten werden kann. Diese »Stanislawski-Methode« bildet den Höhepunkt des naturalistischen Illusionstheaters.

Uraufführungen Schauspiel, Oper, Operette und Ballett 1924

Die bedeutendsten Uraufführungen aus Schauspiel, Oper, Operette und Ballett sind alphabetisch nach Autoren/Komponisten geordnet (siehe auch die Übersichtsartikel »Musik« auf S. 24 und »Theater« auf S. 56).

Deutsches Reich

Arnolt Bronnen
Katalaunische Schlacht
Schauspiel
Der expressionistische Bühnenavantgardist Arnolt Bronnen (1895–1959) versucht in dem Schauspiel »Katalaunische Schlacht«, das am 28. November in Frankfurt am Main uraufgeführt wird, das Erlebnis des Ersten Weltkriegs und der Nachkriegszeit zu gestalten. Im Mittelpunkt des im Herbst 1918 und zwei Jahre später während der Inflation spielenden Stücks steht das Mädchen Hiddie, das als Mann verkleidet dem Artillerieleutnant Karl an die Westfront gefolgt ist. Als entdeckt wird, daß »der Bursche« des Leutnants eine Frau ist, erwachen in den anderen Soldaten hemmungslose sexuelle Triebe. Der Kampf um das Mädchens wird auch nach Kriegsende fortgesetzt.

Bertolt Brecht/Lion Feuchtwanger
Leben Eduards des Zweiten von England
Historie
Unter der Regie von Bertolt Brecht (1898–1956) wird am 18. März in den Münchner Kammerspielen die Historie »Leben Eduards des Zweiten von England« uraufgeführt. Brecht schrieb dieses Schauspiel zusammen mit Lion Feuchtwanger nach dem Geschichtsdrama »Die unruhige Regierungszeit und der jammervolle Tod König Eduards II. von England« von Christopher Marlowe (1564–1593). Brecht und Feuchtwanger griffen diese historische Vorlage auf, um einerseits mit dem konventionellen Stil deutscher Aufführung elisabethanischer Theaterstücke zu brechen, auch was die Sprache betrifft; zum andern sollte der Gang der Geschichte in Beziehung gesetzt werden zum wechselvollen Verlauf individueller Schicksale und das Verhältnis von Ursachen und Folgen kollektiven und individuellen Handelns ergründet werden. Brecht und Feuchtwanger stellen weder Eduard II. noch seine Gegner, die unzufriedenen Lords, sympathisch dar. Die Kette von Mord- und Gewalttaten hat zum Ergebnis, daß Land und Leute durch die Fehde der »Großen« in einem grausamen Bürgerkrieg ausgeblutet werden.

Curt Goetz
Die tote Tante
Eine erbauliche Begebenheit
Seinen ersten großen Erfolg erringt Curt Goetz (1888–1960) mit der bühnenwirksamen Boulevardkomödie »Die tote Tante«, uraufgeführt am 1. Oktober in den Berliner Kammerspielen. Zentrale Gestalt in dieser Satire auf die wegen einer Erbschaft ins Wanken geratene bürgerliche Moral ist der sittenstrenge, aber mit zwölf Kindern gesegnete und daher in beschränkten Verhältnissen lebende Traugott Hermann Nägler; er ist »Lehrer für Germanistik und tote Sprachen am Stadtgymnasium eines beschaulichen Städtchens im schönen deutschen Vaterlande«. Nägler erhält eines Tages die Nachricht, daß seine leichtlebige Schwester, die als 17jährige wegen eines unehelichen Kindes aus dem Haus gejagt worden war, als reiche Frau verstorben ist und seine Tochter Innocentia mit einer Erbschaft bedacht hat. Nägler will zunächst aus moralischen Gründen keinen Pfennig dieser Erbschaft annehmen. Seinen moralischen Prinzipien wird zudem ein harter Stoß versetzt, als er erfährt, daß dieses Testament nur wirksam wird, wenn Innocentia innerhalb des nächsten Jahres ein uneheliches Kind bekommen würde. Wie sich herausstellt, will der Verlobte Innocentias ein Kind in die Ehe einbringen, also ist Innocentia »Mutter eines unehelichen Kindes«. – Goetz erweitert den Einakter 1945 zu der Komödie »Das Haus in Montevideo«, die am 22. Oktober 1950 im Renaissance-Theater Berlin (West) uraufgeführt wird.

Georg Kaiser
Kolportage
Komödie in einem Vorspiel und drei Akten nach zwanzig Jahren
Georg Kaiser (1878–1945), der bedeutendste Dramatiker des deutschen Expressionismus, stellt in der bewußt als Kolportagestück angelegten Komödie, die am 27. März im Berliner Lessingtheater und im Neuen Theater in Frankfurt am Main uraufgeführt wird, die These auf, daß das Leben oft nichts weiter als Kolportage ist. Ein Graf raubt nach der Scheidung seiner Frau das gemeinsame einjährige Kind, wie er glaubt. In Wirklichkeit ist es aber das Kind einer Bettlerin. Zwanzig Jahre später erscheint die Mutter mit dem tatsächlichen Grafensohn, den sie versteckt hatte, und fordert das Erbe.

Paul Kornfeld
Palme oder Der Gekränkte
Komödie
Am 12. März wird in den Berliner Kammerspielen die Komödie »Palme oder Der Gekränkte« von Paul Kornfeld (1889–1942) uraufgeführt. Das Stück, in dem »ewig menschliche« Torheiten und Eitelkeiten belächelt werden und die gesellschaftliche Wirklichkeit unangetastet bleibt, markiert das Ende der expressionistischen Phase des Autors, der die Komödie mit folgenden Worten einleitet: »Nichts mehr von Krieg und Revolution und Welterlosung! Laß uns bescheiden sein und uns anderen, kleineren Dingen zuwenden – einen Menschen betrachten, eine Seele, einen Narren, laßt uns ein wenig spielen, ein wenig schauen, und wenn wir können, ein wenig lachen oder lächeln!«

Hans José Rehfisch
Wer weint um Juckenack?
Tragikomödie in drei Akten
Mit der Tragikomödie »Wer weint um Juckenack?«, die am 23. Februar im Schauspielhaus Leipzig uraufgeführt wird, wird Hans José Rehfisch (1891–1960) auch über die Grenzen des Deutschen Reichs hinaus bekannt. Jukkenack, Obersekretär einer Staatsanwaltschaft, begreift nach einem Herzanfall, daß niemand seinen Tod beweint hätte, wenn er gestorben wäre. Er macht sich auf, jemanden zu finden, der echte Liebe für ihn empfindet und trauert, wenn er einst tot sein wird. Doch über den »guten Taten«, die er zu diesem Zweck an seinen Mitmenschen vollbringt, wird er zum Phantasten und Träumer. Erst als er stirbt, erkennt er, daß er selbst hätte lieben sollen, da man sich nur durch Liebe wirkliche Gegenliebe erwirbt.

Richard Strauss
Intermezzo
Eine bürgerliche Komödie mit sinfonischen Zwischenspielen in zwei Aufzügen
In der Eifersuchts- und Verwechslungskomödie »Intermezzo«, die am 4. November unter der musikalischen Leitung von Fritz Busch im Schauspielhaus des Sächsischen Staatstheaters zu Dresden uraufgeführt wird und deren Text der Komponist selbst verfaßt hat, setzt Richard Strauss (1864–1949) seinem recht bewegten Eheleben mit Pauline de Ahna ein musikalisches Denkmal. In dem Stück, das auf die Alltagssprache des Konversationsstückes zurückgreift, hat das Orchester durch die »sinfonischen Zwischenspiele«, die die einzelnen Szenen verbinden, eine zentrale Funktion. Die Singstimmen sind deklamatorisch durchgeführt, das Orchester wird so eingesetzt, daß der Text zwar musikalisch untermalt aber immer dominant bleibt.

Karl Valentin
Die Raubritter von München
Stegreifkomödie
Die Uraufführung von Karl Valentins (1882–1948) Stegreifkomödie »Die Raubritter von München« am 4. April in den Münchner Kammerspielen wird ein großer Erfolg. »Ein wunderbares Stück, eine außerordentliche Viecherei« urteilt Hermann Hesse. Valentin, ursprünglich Sargschreiner, trat 1907 mit einem selbstgebastelten Orchestrion als Musikclown Charles Fey erfolglos in Halle, Leipzig und Berlin auf, war danach Zitherspieler in Münchner Gaststätten und hatte noch im selben Jahr seinen ersten durchschlagenden Erfolg mit dem komischen Stegreifsolo »Aquarium«. Gastspiele an den Kabaretts »Simplicissimus« und »Serenissimus« in München folgten. 1911 lernte er Liesl Karlstadt kennen, die in fast allen seinen Stücken seine Partnerin war. 1919 wurde das Stück »Auf dem Oktoberfest« mit Bertolt Brecht als Klarinettenspieler in München uraufgeführt. Seit 1922 gibt er Nachtvorstellungen in den Münchner Kammerspielen sowie Gastspiele in Berlin, Zürich und Wien. Brecht über Valentin: »Es ist nicht einzusehen, inwiefern Karl Valentin dem großen Charlie (Chaplin), mit dem er mehr als den völligen Verzicht auf Mimik und billige Psychologismen gemein hat, nicht gleichgestellt werden sollte.«

Friedrich Wolf
Der Arme Konrad
Schauspiel aus dem Deutschen Bauernkrieg 1514
In dem Schauspiel »Der Arme Konrad«, das am 14. Februar in Stuttgart uraufgeführt wird, setzt sich der sozialistische Dramatiker und Erzähler Friedrich Wolf (1888–1953) indirekt mit der deutschen Novemberrevolution von 1918 auseinander. Am Beispiel des Armen Konrad, eines Bauernbunds, der sich 1514 gegen Herzog Ulrich von Württemberg bildet, untersucht er die Berechtigung revolutionärer Gewaltanwendung und das Verhältnis zwischen politischen Führern und Volk. Konz, der Führer der gescheiterten Bauernerhebung, geht am Schluß nicht auf das Angebot des Herzogs ein, den Aufstand zu beenden: Er will die gerechte Sache der Bauern durch einen solchen Widerruf nicht für immer unglaubwürdig machen.

Frankreich

Paul Raynal
Das Grabmal des Unbekannten Soldaten
(Le Tombeau sous l'Arc de Triomphe)
Tragödie in drei Akten
Paul Raynal (1885–1971), Verfasser patriotisch inspririerter Antikriegsstücke, wird mit der Tragödie »Das Grabmal des Unbekannten Soldaten«, die am 1. Februar in der Comédie-Française in Paris uraufgeführt wird, weltberühmt. Das Stück wird in der Folgezeit rund 9000mal gespielt. Ein namenloser französischer Soldat, seine junge Braut Aude und sein Vater sind die Protagonisten dieses pathetischen Stücks, mit dem Raynal an die klassische Tragödie anknüpfen will. Der Soldat hat vier Stunden Zeit, um seine Braut zu heiraten. Während dieses Kurzurlaubs begreift er, wie hohl die Trauer der daheimgebliebenen Alten ist, die im Krieg nur ein Mittel sehen, ihren Besitz zu wahren.

Irland

Sean O'Casey
Juno und der Pfau
(Juno and the Paycock)
Tragödie in drei Akten
Der irische Dramatiker Sean O'Casey (1880–1964) setzt sich in der Tragödie »Juno und der Pfau«, die am 3. März im Abbey Theatre in Dublin uraufgeführt wird, mit dem irischen Arbeitermilieu während des Bürgerkriegs im Jahr 1922 auseinander. Die Arbeiterfrau Juno, die selbständig ihre Familie versorgt, verläßt ihren Mann Jack, einen eitlen »Pfau«, der sich aufs Faulenzen und Trinken verlegt hat. – Der Stoff wird 1930 von Regisseur Alfred Hitchcock verfilmt, 1949 erscheint die deutsche Übersetzung.

Österreich

Emmerich Kálmán
Gräfin Mariza
Operette in drei Akten
Mit der Operette »Gräfin Mariza«, die am 28. Februar im Wiener »Theater an der Wien« uraufgeführt wird, erringt der ungarische Komponist Emmerich Kálmán (1882–1953) seinen größten Erfolg seit der »Csárdásfürstin« (1915). »Gräfin Mariza« ist eine der typisch »ungarischen« Operetten Kálmáns mit zahlreichen Melodien seines Heimatlands, die effektvoll zu zündenden Operettenliedern und -szenen verarbeitet worden sind. Am bekanntesten werden »Komm mit nach Varazdin«, »Ich möchte träumen« und das Walzerlied »Wenn es Abend wird«.

Arnold Schönberg
Die glückliche Hand
Drama mit Musik
Der österreichische Komponist Arnold Schönberg (1874–1951), der Begründer der Zwölftontechnik, schafft mit »Die glückliche Hand« ein Stück, das weder der Oper noch dem Drama eindeutig zuzuordnen ist. Eine Handlung im engeren Sinn fehlt, farbige Reflexe und Beleuchtungseffekte sollen die Musik in ihrer Wirkung unterstreichen. Durch Stimmungsdichte schafft der Komponist eine Art Traumvision des Grauens, in der ein Mann verschiedene Arten von Sehnsucht und Liebe und zuletzt Enttäuschung und Verzweiflung erlebt. Das in freier Atonalität komponierte Werk, zu dem Schönberg selbst den Text schrieb, wird am 14. Oktober in der Wiener Volksoper uraufgeführt.

Arnold Schönberg
Erwartung
Monodrama
Der österreichische Komponist Arnold Schönberg (1874–1951) bringt mit dem Monodrama »Erwartung«, das am 6. Juni in Prag uraufgeführt wird, ein Stück auf die Bühne, in dem allein psychische Vorgänge dargestellt werden. Eine Frau (Sopran) irrt nachts in einem Wald umher und sucht ihren Geliebten, den sie schließlich tot auffindet. Haß, Angst, Sehnsucht, Eifersucht und andere Gefühle werden in dieser Vision des Grauens in freier Atonalität musikalisch umgesetzt.

Tschechoslowakei

Leoš Janáček
Das schlaue Füchslein
(Přihody lišky Bystroušky)
Oper in drei Akten
Leoš Janáček (1854–1928), einer der bedeutendsten Vertreter der neueren tschechischen Musik, schafft mit »Das schlaue Füchslein« eine Märchenoper, in der die Poesie des Waldes und seiner Bewohner liebevoll dargestellt sind, während die Welt der Menschen wenig sympathisch gezeichnet ist. Die Oper, zu der Janáček das Libretto nach einer Novelle von Rudolf Těsnohlídek selbst schrieb, wird am 6. November in Brünn uraufgeführt. In der Folgezeit wird sie in ganz Europa u. a. in Paris, Mailand, London, Helsinki, München sowie in den Vereinigten Staaten in New York aufgeführt. Janáček gründete 1881 in Brünn eine eigene Orgelschule, 1919 wurde er Professor am Prager Konservatorium. Seine Oper »Jenufa«, 1904 in Brünn uraufgeführt, erlebte 1916 in Wien in der Übersetzung von Max Brod ihre deutschsprachige Premiere. Weitere wichtige Opern von Leoš Janáček sind »Die Ausflüge des Herrn Brouček« (1920), »Katja Kabanowa« (1921), »Die Sache Makropoulos« (1926) und die postum uraufgeführte Oper »Aus einem Totenhaus« (1930).

USA

Eugene O'Neill
Alle Kinder Gottes haben Flügel
(All God's Chillun Got Wings)
Drama in zwei Akten
Der US-amerikanische Dramatiker Eugene O'Neill (1888–1953), Literaturnobelpreisträger 1936 aufgrund »seiner von Kraft, Ehrlichkeit und tiefem Empfinden erfüllten dramatischen Werke«, stellt in dem Drama »Alle Kinder haben Flügel«, das am 15. Mai 1924 im Provincetown Playhouse in New York uraufgeführt wird, das Rassenproblem in den Mittelpunkt der Handlung. Ein schwarzer Rechtsanwalt und eine Weiße setzen sich über gesellschaftliche Vorurteile hinweg und heiraten. Die Konflikte während des Zusammenlebens und die Reaktionen der Umwelt treiben die Frau in den Wahnsinn, während der Mann in der Religion Zuflucht sucht. – Die deutsche Übersetzung erscheint 1963.

Eugene O'Neill
Gier unter Ulmen
(Desire Under the Elms)
Drama in drei Akten
Der US-amerikanische Dramatiker und Nobelpreisträger (1936) Eugene O'Neill (1888–1953), verarbeitet in dem Drama »Gier unter Ulmen«, das am 11. November im Greenwich Village Theatre in New York uraufgeführt wird, seine aus der Lektüre von Sigmund Freud und Carl Gustav Jung gewonnenen Erkenntnisse über die Tiefenpsychologie. Die Tragödie, die sich Mitte des 19. Jahrhunderts auf einer Farm in Neuengland abspielt, hat ihre Wurzeln in Besitzgier und übermächtigen sexuellen Trieben. Der 75jährige Ephraim Cabot heiratet in dritter Ehe die 35jährige Abbie, die sich durch die Verbindung mit dem alten Mann die Sicherung ihrer Zukunft verspricht. Ihr Stiefsohn Eben, der sich als rechtmäßiger Erbe der Farm betrachtet, wird ihr Geliebter. Als Abbie ein Kind bekommt verkündet der alte Cabot bei der Taufe, durch die Geburt des Kindes sei sie Eigentümerin der Farm geworden. Eben fühlt sich hintergangen, doch Abbie beweist ihm ihre Liebe, indem sie das Kind erstickt. – Die deutsche Erstaufführung findet 1925 im Berliner Lessing-Theater mit Paul Wegener in der Hauptrolle statt. 1928 und 1957 wird der Stoff verfilmt.

Filme 1924

Die neuen Filme des Jahres 1924 sind entsprechend der Nationalität der Regisseure dem Länderalphabet zugeordnet und hier wiederum alphabetisch nach Regisseuren aufgeführt (siehe auch den Übersichtsartikel auf S. 204).

Deutsches Reich

Paul Czinner
Nju
Die österreichische Bühnenschauspielerin Elisabeth Bergner übernimmt in dem Stummfilm »Nju« von Paul Czinner, ihrem späteren Ehemann, uraufgeführt am 21. November in Berlin, ihre erste große Filmrolle. Sie spielt eine junge Frau, die von der bürgerlichen Ehe und ihrem Mann (Emil Jannings) enttäuscht ist, aber auch bei einem Geliebten (Conrad Veidt) keine Erfüllung findet. Sie begeht Selbstmord.

Fritz Lang
Die Nibelungen
Mit dem Zweiteiler »Die Nibelungen« wenden sich Regisseur Fritz Lang und seine Frau Thea von Harbou, die das Drehbuch schrieb, der Nibelungensage zu, deren traditionelle Beliebtheit in Deutschland zum Erfolg dieses Stummfilms beiträgt. Am 14. Februar wird der erste Teil unter dem Titel »Siegfried« im Ufa-Palast am Zoo in Berlin uraufgeführt, am 10. Mai dieses Jahres folgt »Kriemhilds Rache«. Hauptdarsteller sind Paul Richter (Siegfried), Margarethe Schön (Kriemhild), Hanna Ralph (Brunhild), Hans Adalbert Schlettow (Hagen von Tronje), Rudolf Klein-Rogge (König Etzel), Theodor Loos (König Gunther), Gertrud Arnold (Königin Ute), Hans Carl Müller (Gernot) u. a. Der Film, der sich in deutschen Kinos zum Kassenschlager entwickelt hat die Widmung: »Dem deutschen Volke zu eigen.«
»Die Filmwoche« kommentiert das Werk so: »Wie Volker von Alzey, der Sänger, einst seine Fiedel stimmte, um das Lied von den Nibelungen hinauszutragen in die Weite, so greift heute Fritz Lang in die stummen Saiten des Films, um dem heischenden Auge der Welt zu bieten, was in ahnungsvoller Vergangenheit dunklem Schoße lange ruhte. Er läßt das deutsche Heldenlied auferstehen und bekennt sich damit zu einer Tat, deren Kühnheit dem Deutschen wohl kaum offenbar ist. Ein geschlagenes Volk dichtet seinen kriegerischen Helden einen Epos in Bildern, wie ihn die Welt bis heute noch kaum gesehen – das ist eine Tat! Fritz Lang schuf sie, und ein ganzes Volk steht ihm zur Seite. Ein ganzes Volk, weil eben dieses er bei seinem innersten Herzen faßt ... Wir brauchen wieder Helden!«

Paul Leni
Das Wachsfigurenkabinett
Paul Leni inszeniert in dem Film »Das Wachsfigurenkabinett«, der am 13. November im Berliner Ufa-Theater am Kurfürstendamm uraufgeführt wird, die Geschichte eines jungen Dichters (Wilhelm Dieterle), der für den Besitzer eines Wachsfigurenkabinetts spannende Geschichten über einzelne Figuren der Sammlung schreiben soll. In den drei in diese Rahmenhandlung eingeschalteten Episoden – einmal zur Zeit des Kalifen Harun Al Raschid (Emil Jannings), dann während der Herrschaft Iwans des Schrecklichen (Conrad Veidt) und schließlich im Milieu von Jack the Ripper (Werner Krauss) – spielen er und die Tochter (Olga Belajeff) des Kabinettbesitzers ein Liebespaar.
Frank Warschauer schriebt nach der Premiere in der »Weltbühne«: »Der Maler Paul Leni, der im ›Wachsfigurenkabinett‹ die Regie führt, hat keine Neigung, auf die Vorrechte des Künstlers zu verzichten, und erschafft sich Räume und Dinge eigner Prägung. Er tut es aber so geschickt und mit so zweckmäßigen Begründungen, daß er sehr starke Wirkungen erzielt.«

Ernst Lubitsch
Das verbotene Paradies
(Forbidden Paradise)
Nach dem grandiosen Erfolg von »Madame Dubarry (1919) sind Ernst Lubitsch und Pola Negri von Deutschland nach Hollywood übergewechselt. Hier begründen die Filme »Das verbotene Paradies« (1924) und »Die Ehe im Kreise« (1924) den legendären Ruf des Regisseurs, derben Witz und subtile Ironie für den Stummfilm fruchtbar gemacht zu haben. Pola Negri spielt in dieser Komödie die Zarin eines fiktiven Balkanstaats, die wegen ihrer zahlreichen Liebhaber eine Armeerevolte provoziert. – Im selben Jahr wird auch die Verwechslungskomödie »Die Ehe im Kreise« uraufgeführt. Die Hauptrollen spielen Marie Prvost, Florence Vidor, Adolphe Menjou, Monte Blue und Creighton Hale.

Friedrich Wilhelm Murnau
Der letzte Mann
Mit der psychologischen Filmtragödie »Der letzte Mann«, die am 23. Dezember im Berliner Ufa-Palast am Zoo uraufgeführt wird, löst sich F. W. Murnau von seinem naturalistischen Frühstil und findet zu einer expressionistisch beeinflußten Sachlichkeit. Geschildert wird der psychische Zusammenbruch eines alternden Mannes (Emil Jannings), der vom Hotelportier zum Toilettenwärter degradiert wird.
Der Stummfilm, der mit einem einzigen Zwischentitel auskommt, erregt u. a. wegen seiner beweglichen Kameraführung weltweit Aufsehen und begründet das internationale Ansehen des Regisseurs. Er gilt als einer der bestinszenierten und technisch revolutionärsten der Zeit.

Frankreich

René Clair
Das schlafende Paris
(Paris qui dort)
Deutlich vom Surrealismus beeinflußt ist René Clairs Stummfilm »Das schlafende Paris«. Ein Gelehrter (Martinelli) kann mit geheimnisvollen Strahlen das Leben anhalten: Ganz Paris verfällt in einen tiefen Schlaf. Die mit einem Flugzeug gelandeten Augenzeugen dieses stummen Schauspiels bestürmen den Alten, das Leben wieder in Gang zu bringen, doch dies gelingt ihm nur mit Mühe, zuerst bewegt sich alles rasend schnell, dann langsam wie in Zeitlupe. Als das Leben wieder »normal« ist, werden der Alte und die Augenzeugen als Verrückte eingesperrt.

René Clair
Zwischenspiel
(Entr'acte)
René Clairs Stummfilm »Zwischenspiel« war als Pausenstück für ein Ballett von Erik Satie gedacht, der auch die Musik zum Film komponierte. Bei diesem Werk handelt es sich um eine Mischung aus »cinéma pur« und Slapstick-Komödie, die auf dem Spiel mit witzig-absurden Einfällen basiert. Das Drehbuch schrieb Francis Picabia, unter den Darstellern finden sich bekannte Namen der Pariser Avantgarde: Man Ray, Marcel Duchamp, Jean Börlin, Inge Fries, Georges Auric, Marcel Achard und Rolf de Maré.

UdSSR

Lew W. Kuleschow
Die seltsamen Abenteuer des Mr. West im Lande der Bolschewiken
(Neobytschainyje prikljutschenija Mistera Westa w stranje bolschewikow)
Lew W. Kuleschows Stummfilmkomödie ist eine amüsante Parodie auf Klischeevorstellungen der Amerikaner von den Zuständen im nachrevolutionären Rußland. Ein Geschäftsmann (Porfiri Podobed) aus den USA besucht Moskau, nimmt jedoch als Begleitschutz einen Cowboy (Boris Barnet) mit, um sich vor Übergriffen der Bolschewiki zu schützen. Mit diesem Leibwächter gerät er in der sowjetischen Hauptstadt bald in Schwierigkeiten und muß zahlreiche Abenteuer bestehen.

Jakow A. Protasanow
Aelita
(Aelita)
Jakow A. Protasanow, der beim Film 1905 als Schauspieler angefangen hat, vor der Oktoberrevolution zahlreiche historische Filme gedreht und nach der Revolution Rußland verlassen hat, inszeniert nach seiner Rückkehr in die Sowjetunion mit »Aelita« eine Science-fiction-Phantasie mit Dekorationen und Kostümen in einem Stil zwischen Expressionismus, Konstruktivismus und Kubismus. Die starke Wirkung des Films beruht auf dem Wechsel zwischen den realistischen Szenen des Moskauer Alltags und den auf dem Mars spielenden Szenen.

USA

John Ford
Das eiserne Pferd
(The Iron Horse)
Der Film »Das eiserne Pferd«, der am 28. August uraufgeführt wird, ist ein Loblied auf Unternehmergeist und Pionierleistungen. Er ist John Fords erster großer Erfolg als Filmregisseur. Hintergrund für die Mischung aus Western und Abenteuerfilm ist der Bau der transamerikanischen Eisenbahn in den 60er Jahren des 19. Jahrhundert. Die Hauptrollen spielen George O'Brien als Bauleiter und Madge Bellamy als seine Braut.

Buster Keaton
Der Seefahrer
(The Navigator)
Buster Keaton, bekannt als »der Mann, der niemals lacht«, spielt in dem Stummfilm »Der Seefahrer« einmal keinen armen Teufel, der in unmögliche Situationen gerät, sondern einen Millionärssohn. Mit seiner lebenstüchtigen Braut (Kathryn McGuire) wird der an Dienstboten und Luxus gewöhnte junge Herr während einer Dampferfahrt auf eine einsame Insel verschlagen, auf der er erstaunliche Fähigkeiten entwickelt. »Der Seefahrer« ist Buster Keatons bis dahin erfolgreichster und einträglichster Film. Keaton hat sich 1923 der Langfilmproduktion zugewandt, behält jedoch das Konzept seiner erfolgreichen Kurzfilme bei: Er zeigt Menschen in Situationen, für die sie keine Voraussetzungen mitbringen.

Sportereignisse und -rekorde des Jahres 1924

Die Aufstellung erfaßt Rekorde, Sieger und Meister in wichtigen Sportarten. Aufgenommen wurden nur solche Wettbewerbe, die in den vergangenen Jahren bereits regelmäßig ausgetragen worden sind und ab 1924 kontinuierlich zu den Sportprogrammen gehörten. Sportarten in alphabetischer Reihenfolge.

Automobilsport

Grand-Prix-Rennen

Großer Preis von (Datum) Kurs/Strecke (Länge	Sieger (Land)	Marke	Ø km/h
Europa (3. 8.) Lyon (810,1 km)	Guiseppe Campari (ITA)	Alfa-Romeo	114,208
England/André Gold Cup Brooklands (323,6 km)	Bill Guiness (GBR)	Darracq	164,587
Frankreich/Coupe Georges Boillot (31. 8.) Boulogne (523 km)	François Leonard (FRA)	Chenard-Walcker	90,280
Italien (19. 10.) Monza (800 km)	Antonio Ascari (ITA)	Alfa-Romeo	158,896
Spanien (27. 9.) La Sarte – St. Sebastian (621,3 km)	Henry Segrave (GBR)	Sunbeam	103,164

Langstreckenrennen

Kurs/Dauer (Datum)	Sieger (Land)	Marke	Ø km/h
Indianapolis/500 ms (27. 4.)	Corum/Boyer	Duesenberg	158,093
Le Mans/24 h (14./15. 6.)	John Duff (GBR)/ Frank Clement (GBR)	Bentley	86,555
Spa/Francochamps/24 h (19./20. 7.)	Springuel/Becquet	Bignan	78,333
Targa Florio/ 540 km (30. 5.)	Christian Werner (GER)	Mercedes Benz	65,160

Rallyes

Monte Carlo	Ledure (FRA)	Bignan	

Boxen/Schwergewicht

Ort/Datum	Weltmeister (Land)	
	Jack Dempsey (USA)	1924 keine Titelkämpfe

Eiskunstlauf

Turnier	Ort	Datum
Weltmeisterschaften	Manchester (Herren/Paare)	26./27. 2.
	Oslo (Damen)	16./17. 2.
Europameisterschaften	Davos	
Deutsche Meisterschaften	Berlin	
Einzel	**Herren**	**Damen**
Weltmeister	Gillis Grafström (SWE)	Herma Plank-Szabo (AUT)
Europameister	Fritz Kachler (AUT)	nicht ausgetragen
Deutsche Meister	Werner Rittberger (Berlin)	Ellen Brockhöft (Berlin)
Paarlauf		
Weltmeister	Helene Engelmann/Alfred Berger (AUT)	
Europameister	nicht ausgetragen	
Deutsche Meister	Flebbe/Eilers (Berlin)	

Fußball

Länderspiele	Ergebnis	Ort	Datum
Deutschland (+3, =1, –3)			
Deutschland – Österreich	4:3	Nürnberg	13. 1.
Holland – Deutschland	0:1	Amsterdam	24. 4.
Norwegen – Deutschland	0:2	Christiania	15. 6.
Deutschland – Schweden	1:4	Berlin	31. 8.
Ungarn – Deutschland	4:1	Budapest	21. 9.
Deutschland – Italien	0:1	Duisburg	23. 11.
Deutschland – Schweiz	1:1	Stuttgart	14. 12.
Österreich (+6, =2, –2)			
Deutschland – Österreich	4:3	Nürnberg	13. 1.
Österreich – Ägypten	3:1	Wien	
Österreich – Bulgarien	6:0	Wien	
Italien – Österreich	0:4	Genua	
Jugoslawien – Österreich	1:4	Zagreb	
Österreich – Rumänien	4:1	Wien	
Österreich – Schweden	1:1	Wien	
Spanien – Österreich	2:1	Barcelona	
Ungarn – Österreich	2:2	Budapest	
Österreich – Ungarn	2:1	Wien	
Schweiz (+7, =2, –1)			
Schweiz – Frankreich	3:0	Genf	23. 3.
Schweiz – Dänemark	2:0	Basel	20. 4.
Schweiz – Ungarn	4:2	Zürich	18. 5.
Schweiz – Litauen	9:0	Paris	25. 5. [1]
Schweiz – Tschechoslowakei	1:1	Paris	28. 5. [1]
Schweiz – Tschechoslowakei	1:0	Paris	30. 5. [1]
Schweiz – Italien	2:1	Paris	2. 6. [1]
Schweiz – Schweden	2:1	Paris	5. 6. [1]
Schweiz – Uruguay	0:3	Paris	9. 6. [1]
Deutschland – Schweiz	1:1	Stuttgart	14. 12.

Landesmeister	
Deutschland	1. FC Nürnberg
Österreich	SC Amateure (Austria) Wien
Schweiz	FC Zürich
Belgien	AC Beerschot
Dänemark	Boldklubben 03
England	Huddersfield Town
Finnland	IFK Abo
Holland	Feyenoord Rotterdam
Italien	FC Genua
Jugoslawien	Jugoslawija Belgrad
Norwegen	Odd Skien
Schottland	Glasgow Rangers
Schweden	Fässberg

Landespokal	
Österreich	SC Amateure (Austria) Wien – SK Slovan Wien 8:6
England	Newcastle United – Aston Villa 2:0
Holland	nicht ausgetragen
Schottland	Airdie
Spanien	Union De Irun – Real Madrid 1:0

[1] olympisches Fußball-Turnier

Gewichtheben

Weltrekordhalter (Land)	Dreikampf	Drücken	Reißen	Stoßen
Karl Mörke (GER)	380,0 kg			
Joseph Alzin (LUX)		120,0 kg		
Hermann Görner (GER)			120,0 kg	157,0 kg
Charles Rigoulot (FRA)			120,0 kg	
Hermann Gässler (GER)				157,0 kg

Leichtathletik

Deutsche Meisterschaften (Stettin, 9. – 10. August)

Disziplin	Sieger (Ort)	Leistung
Männer		
100 m	Hubert Houben (Krefeld)	10,7
200 m	Hermann Schlöske (Berlin)	22,3
400 m	Otto Neumann (Mannheim)	51,2
800 m	Otto Peltzer (Stettin)	1:57,2
1500 m	Otto Peltzer (Stettin)	4:06,8
5000 m	Wilhelm Husen (Hamburg)	15:23,7
10 000 m	Fritz Graßmann (Vielau)	33:07,4

Disziplin	Sieger (Ort)	Leistung
Marathon 2)	Paul Hempel (Charlottenburg)	2:47:05,2
110 m Hürden	Fritz Gundel (Berlin)	16,2
400 m Hürden	Arthur Hebel (Mannheim)	58,5
4 × 100 m	Preußen Krefeld	43,9
3 × 1000 m	SC Charlottenburg Berlin	7:57,3
Hochsprung	Max Skorczinski (Berlin)	1,77
Stabhochsprung	Alfred Lehniger (Charlottenburg)	3,70
Weitsprung	Henry Schumacher (Hamburg)	6,89
Kugelstoßen	Ludwig Haymann (München)	13,37
beidarmig	Ludwig Haymann (München)	24,20
Diskuswurf	Gustav Steinbrenner (Frankfurt)	41,20
beidarmig	Hermann Hänchen (Berlin)	68,09
Speerwurf	Kurt Zimmermann (Breslau)	56,83
beidarmig	Walter Lüdeke (Berlin)	93,08
Zehnkampf 3)	Hermann Westerhaus (Berlin)	532
Gehen 50 km 4)	Paul Sievert (Neukölln)	4:34:03,0
Frauen		
100 m	Emmi Haux (Frankfurt)	12,9
4 × 100 m	Berliner Sport-Club	52,8
Hochsprung	Marie Heister (Wilhelmshaven)	1,43
Weitsprung	Lilly Henoch (Berlin)	4,97
Kugelstoßen	Lilly Henoch (Berlin)	8,69
Diskuswurf	Lilly Henoch (Berlin)	25,61
Speerwurf	Gundel Wittmann (Charlottenburg)	35,69

2) 26. 7., Berlin
3) 9./10. 8., Stettin
4) 5. 10., München

Weltrekorde (Stand: 31. 12. 1924)

Disziplin	Name (Land)	Leistung	Datum	Ort
Männer				
100 m	Charles Paddock (USA)	10,4	23. 4. 1921	Redlands
200 m (Gerade)	Charles Paddock (USA)	20,8 y	26. 3. 1921	Berkeley
200 m (Kurve)	William Applegarth (GBR)	21,2 y	4. 7. 1914	London
400 m	James Meredith (USA)	47,4 y	27. 5. 1916	Cambridge
800 m	James Meredith (USA)	1:51,9	8. 7. 1912	Stockholm
	James Meredith (USA)	1:52,2 y	13. 5. 1916	Philadelphia
1000 m	Sven Lundgren (SWE)	2:28,5	12. 9. 1922	Stockholm
1500 m	Paavo Nurmi (FIN)	3:52,6	19. 6. 1924	Helsinki
Meile	Paavo Nurmi (FIN)	4:10,4	23. 8. 1923	Stockholm
3000 m	Paavo Nurmi (FIN)	8:28,6	27. 8. 1922	Turku
	Paavo Nurmi (FIN) 5)	8:27,8	10. 9. 1923	Kööpenhamina
5000 m	Paavo Nurmi (FIN)	14:28,2	19. 6. 1924	Helsinki
10 000 m	Paavo Nurmi (FIN)	30:06,2	31. 8. 1924	Kuopio
110 m Hürden	Earl Thomson (CAN)	14,8	18. 8. 1920	Antwerpen
400 m Hürden	Frank Loomis (USA)	54,0	16. 8. 1920	Antwerpen
	Ivan Rilly (USA)	52,1	31. 5. 1924	Ann Arbor
3000 m Hindern.	Ville Ritola (FIN) 5)	9:33,6	9. 7. 1924	Paris
4 × 100 m	USA	41,0	13. 7. 1924	Paris
4 × 400 m	USA	3:16,0	13. 7. 1924	Paris
Hochsprung	Harold Osborn (USA)	2,03	27. 5. 1924	Urbana
Stabhochsprung	Charles Hoff (NOR)	4,21	27. 7. 1923	Kopenhagen
	Ralph Spearow (USA) 5)	4,22	1924	Tokio
Weitsprung	Robert Le Gendre (USA)	7,77	7. 7. 1924	Paris
Dreisprung	Archibald Winter (AUS)	15,53	12. 7. 1924	Paris
Kugelstoßen	Ralph Rose (USA)	15,54	21. 8. 1909	San Francisco
Diskuswurf	Thomas Lieb (USA)	47,61	14. 9. 1924	Chicago
	Armas Taipale (FIN) 5)	47,85	20. 7. 1913	Magdeburg
Hammerwurf	Patrick Ryan (USA)	57,77	17. 8. 1913	New York
Speerwurf	Gunnar Lindström (SWE)	66,62	12. 10. 1924	Eksjö
Zehnkampf	Harold Osborn (USA)	7710	11./12. 7. 36	Paris
Frauen				
100 m	Mary Lines (GBR)	12,8	20. 8. 1922	Paris
200 m	Eileen Edwards (GBR)	26,2 y	20. 8. 1924	Lonodon
400 m 5)	Eileen Edwards (GBR)	60,8 y	11. 7. 1924	London
800 m	Mary Lines (GBR)	2:26,6 y	30. 8. 1922	London
4 × 100 m	Frankreich 5)	50,6	10. 5. 1923	Brünn
	USA	51,0 y	1924	Georgetown
Hochsprung	Elisabeth Stines (USA)	1,48	26. 5. 1923	Leonia
	Elise van Tryen (BEL) 5)	1,51	4. 8. 1924	London
Weitsprung	Marie Mejzlikova (ČSR)	5,30	23. 9. 1923	Prag
Kugelstoßen	Violette Gouraud-Morris (FRA)	10,15	14. 7. 1924	Paris
Diskuswurf	Lucienne Vellu (FRA)	30,225	14. 9. 1924	Paris
Speerwurf	Maria Janderova (ČSR)	27,24	25. 5. 1924	Ostrau

y = Yard-Strecke: 220 y = 201,17 m; 440 y = 402,34 m; 880 y = 804,67 m
5) inoffiziell, offiziell (auch später) nicht anerkannt

Deutsche Rekorde (Stand: 31. 12. 1924)

Disziplin	Name (Ort)	Leistung	Datum	Ort
Männer				
100 m	Richard Rau (Berlin)	10,5	13. 8. 1911	Braunschweig
200 m	Richard Rau (Berlin)	21,6	28. 6. 1914	Berlin
400 m	Hanns Braun (München)	48,3	13. 7. 1912	Stockholm
800 m	Hanns Braun (München)	1:52,2	13. 7. 1912	Stockholm
1000 m	Friedrich-Franz Köpcke (Berlin)	2:31,9	22. 6. 1922	Berlin
1500 m	Otto Peltzer (Stettin)	3:59,4	15. 7. 1923	Göteborg
3000 m	Emil Bedarff (Frankfurt/M.)	8:44,5	13. 7. 1922	Düsseldorf
5000 m	Emil Bedarff (Frankfurt/M.)	15:14,2	17. 8. 1923	Frankfurt
10 000 m	Emil Bedarff (Düsseldorf)	32:14,2	15. 8. 1924	Düsseldorf
110 m Hürden	Heinrich Troßbach (Berlin)	15,3	20. 8. 1922	Duisburg
400 m Hürden	Gerhard von Massow (Berlin)	56,2	28. 6. 1922	Berlin
4 × 100 m	Nationalstaffel	42,2	31. 8. 1924	Düsseldorf
	SC Charlottenburg	42,4	20. 8. 1922	Duisburg
4 × 400 m	Mannheimer TG	3:25,4	24. 8. 1924	Berlin
Hochsprung	Robert Pasemann (Berlin)	1,923	13. 8. 1911	Braunschweig
Stabhochsprung	Heinrich Fricke (Hannover)	3,80	20. 8. 1922	Duisburg
Weitsprung	Karl Hornberger (Kreuznach)	7,33	21. 8. 1921	Hamburg
Dreisprung	Arthur Holz (Berlin)	14,99	1. 7. 1922	Berlin
Kugelstoßen	Ludwig Haymann (München)	14,07	14. 9. 1924	Fürth
Diskuswurf	Gustav Steinbrenner (Frankfurt/M.)	46,66	27. 8. 1922	Aschaffenburg
Hammerwurf	Max Furtwengler (Berlin)	39,87	21. 8. 1920	Stuttgart
Speerwurf	Walter Lüdeke (Berlin)	62,14	16. 7. 1924	Berlin
Zehnkampf	Arthur Holz (Berlin)	644	18./19. 8. 22	Duisburg
Frauen				
100 m	Marie Kießling (München)	12,8	21. 8. 1921	Hamburg
200 m	Wally Wittmann (Berlin)	27,4	13. 7. 1924	Berlin
4 × 100 m	Berliner Sport-Club	51,6	13. 7. 1924	Berlin
Hochsprung	Marie Heister (Wilhelmshaven)	1,48	20. 7. 1924	Hannover
Weitsprung	Marie Kießling (München)	5,54	29. 5. 1921	München
Kugelstoßen	Frieda Grasse (Niederlehme)	9,30	6. 8. 1921	Berlin
Diskuswurf	Lilly Henoch (Berlin)	26,62	7. 8. 1923	Berlin
Speerwurf	Wally Wittmann (Berlin)	35,69	9. 8. 1924	Stettin

Pferdesport

Disziplin/Turnier	Sieger (Land)	Pferd (Gestüt)	Tag
Galopprennen			
Deutsches Derby	R. Torke	Anmarsch	
Trabrennen			
Deutsches Derby	R. Großmann	Homer (Bindow)	
Turniersport			
Springreiten			
Deutsches Derby	Frhr. v. Langen (GER)	Hanko	

Radsport

Disziplin	Plazierung, Name (Land)	Zeit/ Rückstand
Straßenweltmeisterschaft in Amsterdam		
Amateure (180 km) Paris	1. André Lèducq (FRA) 2. Otto Lehner (SUI) 3. Armand Blanchonnet (FRA)	
Rundfahrten (Etappen)		
Tour de France (15) Datum: 22. 6. – 18. 7. Länge: 5428 km 157 Starter, 60 im Ziel	1. Ottavi Bottecchia (ITA) 2. Nicolas Frantz (LUX) 3. Lucien Buysse (BEL)	226:18:21 35:36 1:32:13
Giro d'Italia (12) Datum: 10. 5. – 1. 6. Länge: 3611 km 90 Starter, 30 im Ziel	1. Guiseppe Enrici (ITA) 2. Federico Gay (ITA) 3. Angiolo Gabrielli (ITA)	143:43:37 58:21 1:56:53

Schwimmen

Deutsche Meisterschaften (Berlin)

Disziplin	Sieger (Ort)	Leistung
Männer		
Freistil 100 m	Herbert Heinrich (Leipzig)	1:03,9
Freistil 200 m	Friedel Berges (Darmstadt)	5:23,4
Freistil 1500 m	Friedel Berges (Darmstadt)	22:56,0
Freistil 3 × 100 m	Poseidon Köln	3:24,0
Freistil 3 × 200 m	Rhenus Köln	7:57,0
Brust 100 m	Erich Rademacher (Magdeburg)	1:18,8
Brust 3 × 100 m	Rhenus Köln	4:13,8
Rücken 100 m	Herbert Dahlem (Breslau)	1:16,8
Seite 100 m	Ernst Cramer (Breslau)	1:13,4
Lagenstaffel 4 × 100 m	Hellas Magdeburg	5:10,2
Stromschwimmen (7500 m)	Ernst Vierkötter (Köln)	1:25:00,0
Kunstspringen	Joachim Lechnir (Dessau)	103,4
Mehrkampf	Hans Luber (Berlin)	
Wasserball	Hellas Magdeburg	
Frauen		
Disziplin	Sieger (Ort)	Leistung
Freistil 100 m	Anni Rehborn (Bochum)	1:20,0
Freistil 3 × 100 m	Poseidon Dresden	4:27,2
Brust 100 m	Ernst Murray (Leipzig)	1:31,0
Brust 3 × 100 m	Bille Hamburg	5:02,0
Rücken 100 m	Anni Rehborn (Bochum)	1:32,2
Stromschwimmen (7500 m)	Käthe Preissler (Dresden)	1:44:00,0
Kunstspringen	Lini Söhnchen (Osnabrück)	62,8

Weltrekorde (Stand: 31. 12. 1924)

Disziplin	Name (Land)	Leistung	Datum	Ort
Männer				
Freistil 100 m	Johnny Weissmuller (USA)	57,4	17. 2. 1924	Miami
Freistil 200 m	Johnny Weissmuller (USA)	2:15,6	26. 5. 1922	Honolulu
Freistil 400 m	Arne Borg (SWE)	4:54,7	9. 12. 1924	Stockholm
Freistil 800 m	Arne Borg (SWE)	10:43,6	11. 2. 1924	Honolulu
Freistil 1500 m	Andrew Charlton (AUS)	20:06,6	15. 7. 1924	Paris
Freistil 4 × 100 m	Deutschland	4:34,0	20. 7. 1912	Hamburg
Freistil 4 × 200 m	Deutschland	9:50,0	20. 8. 1924	Budapest
Brust 100 m	Erich Rademacher (GER)	1:15,0	22. 3. 1924	München
Brust 200 m	Erich Rademacher (GER)	2:50,4	4. 3. 1922	Duisburg
Rücken 100 m	Warren Kealoha (USA)	1:12,4	13. 4. 1924	Honolulu
Rücken 200 m	Bernhard Skamper (GER)	2:47,1	29. 9. 1923	Darmstadt
Frauen				
Freistil 100 m	Mariechen Wehselau (USA)	1:12,2	19. 7. 1924	Paris
Freistil 200 m	Gertrud Ederle (USA)	2:45,2	4. 4. 1923	Brooklyn
Freistil 400 m	Gertrud Eberle (USA)	5:53,2	4. 8. 1922	Indianapolis
Freistil 800 m	Gertrud Ederle (USA)	13:19,0	17. 8. 1919	Indianapolis
Freistil 1500 m	Helen Wainwright (USA)	25:06,6	19. 8. 1922	Manhattan
Freistil 4 × 100 m	USA	4:58,8	18. 7. 1924	Paris
Brust 100 m	Erna Murray (GER)	1:31,0	10. 8. 1924	Berlin
Brust 200 m	Irene Gilbert (GER)	3:20,4	18. 6. 1923	Rotherdam
Rücken 100 m	Sybil Bauer (USA)	1:22,4	6. 1. 1924	Miami
Rücken 200 m	Sybill Bauer (USA)	3:03,8	9. 2. 1924	Miami

Deutsche Rekorde

Disziplin	Name (Land)	Leistung	Datum	Ort
Männer				
Freistil 100 m	Kurt Bretting (Magdeburg)	1:02,4	6. 4. 1912	Brüssel
Freistil 200 m	Herbert Heinrich (Leipzig)	2:26,0	30. 11. 1924	München
Freistil 400 m	Friedel Berges (Darmstadt)	5:17,4	4. 10. 1924	Darmstadt
Freistil 800 m	Otto Fahr (Cannstatt)	11:45,0	20. 4. 1912	Magdeburg
Freistil 1500 m	Friedel Berges (Darmstadt)	22:18,0	5. 7. 1924	Magdeburg
Freistil 4 × 100 m	Hellas Magdeburg	4:37,8	1922	Berlin
Freistil 4 × 200 m	Hellas Magdeburg	10:54,4	1922	Berlin
Brust 100 m	Erich Rademacher (Magdeburg)	1:15,0	22. 3. 1924	München
Brust 200 m	Erich Rademacher (Magdeburg)	2:50,4	4. 3. 1929	Duisburg
Rücken 100 m	Gustav Frölich (Magdeburg)	1:14,0	2. 10. 1921	Darmstadt
Rücken 200 m	Bernhard Skamper (Köln)	2:47,1	19. 9. 1923	Darmstadt
Frauen				
Freistil 100 m	Anni Rehborn (Bochum)	1:20,0	10. 8. 1924	Berlin
Freistil 200 m	Eva Gerstenkorn (Wilhelmshaven)	3:44,6	1922	Berlin
Freistil 400 m	Hermine Stindt (Hannover)	7:26,6	1922	Berlin
Freistil 4 × 100 m	DSV Hannover	6:21,6	1922	Berlin
Brust 100 m	Erna Murray (Berlin)	1:31,0	10. 8. 1924	Berlin
Brust 200 m	Erna Murray (Berlin)	3:28,0	15. 8. 1920	Darmstadt
Rücken 100 m	Anni Rehborn (Bochum)	1:31,1	1. 12. 1924	München
Rücken 200 m	Eva Henschel (Berlin)	3:54,0	1922	Berlin

Tennis

Meisterschaften	Ort	Datum
Wimbledon	London	23. 6. – 5. 7.
US Open	Forest Hills (Herreneinzel, Damen) Chestnut Hill (Herrendoppel, Mixed)	
Australian Open	Melbourne	
Daviscup-Endpiel	Philadelphia	
Intern. Deutsche	Hamburg	

Turnier	Sieger (Land) – Finalgegner (Land)	Ergebnis
Herren		
Wimbledon	Jean Borotra (FRA) – René Lacoste (FRA)	6:1, 3:6, 6:1, 3:6, 6:4
US Open	Bill Tilden (USA) – Bill Johnston (USA)	6:1, 9:7, 6:2
Australian Open	James Anderson (AUS) – Gerald Patterson (AUS)	11:9, 2:6, 6:2, 6:3
Int. Deutsche	Bela von Kehrling (UNG)	
Daviscup	USA – Australien 5:0	

Das Rekordproblem: Seit der Mensch sportliche Leistungen registriert und vergleicht – und das geschieht überschaubar seit rund 100 Jahren – gibt es das Problem der genauen Feststellung der Rekorde.
Weltrekorde z. B. wurden zuerst privat aufgezeichnet. Später übernahmen internationale und nationale Verbände diese Aufgabe und gaben Höchstleistungen durch ihre Anerkennung offiziellen Charakter.
Probleme bei der Anerkennung der Rekorde gab es, weil nationale Verbände häufig im Ausland erzielte Rekorde nicht anerkannten, oder Rekorde von Sportlern, die nicht zu einem Weltverband gehörten, ignorierten. Zudem wurden in einigen wenigen Fällen aufgrund sprachlicher Mißverständnisse und falscher Umrechnungen (z. B. yards in Meter, inches in Zentimeter) Weltrekorde anerkannt, die in Wirklichkeit gar keine waren.
Bis 1912 sind etwa 95% aller Weltrekorde das Ergebnis privater Recherchen. Von 1912 bis 1945 halten einige Höchstleistungen den heutigen Maßstäben nicht stand – das bedeutet, daß einige offizielle Weltrekorde falsch und mehr oder weniger »privat« registrierte die richtigen sind.
In den Rekordlisten des Jahres 1924 sind also inoffizielle deutsche Welt- und Europarekorde genauso verzeichnet wie die offiziellen, sofern sie der Nachprüfung standhalten.

Tennis (Fortsetzung)

Turnier	Sieger (Land) – Finalgegner (Land)		Ergebnis
Damen			
Wimbledon	Kitty McKane (GBR) – Helen Wills (USA)		4:6, 6:4, 6:4
US Open	Helen Wills (USA) – Molla Bjurstedt-Mallory (AUS)		6:1, 6:3
Australian Open	Sylvia Lance – Esna Boyd (AUS)		6:3, 3:6, 6:4
Int. Deutsche	Ilse Friedleben (GER)		
Herren-Doppel			
Wimbledon	Frank Hunter (USA)/ Vince Richards (USA)	– W. N. Washburn/ Dick Williams (AUS)	6:3, 3:6, 8:10, 8:6, 6:3
US Open	Herbert Kinsey (USA)/ Richard Kinsey (USA)	– Patrick O'Hara Wood (AUS)/ Gerald Patterson (AUS)	7:5, 5:7, 7:9, 6:3, 6:4
Australian Open	James Anderson (AUS)/ Norman Brookes (AUS)	– Patrick O'Hara Wood (AUS)/ Gerald Patterson (AUS)	6:2, 6:4, 6:3
Int. Deutsche	Friedrich-Wilhelm Rahe (GER)/Bela von Kehrling (UNG)		

Turnier	Sieger (Land) – Finalgegner (Land)		Ergebnis
Damen-Doppel			
Wimbledon	Hazel Hotchkiss-Wightman (USA)/ Helen Wills (USA)	– Phyllis Covell (GBR)/ Kitty McKane (GBR)	6:4, 6:4
US Open	Hazel Hotchkiss-Wightman (USA)/ Helen Wills (USA)	– Eleanor Goss (USA)/ Marion Jessup (USA)	6:4, 6:3
Australian Open	Daphne Akhurst/ Sylvia Lance (AUS)	– Kathrine Le Mesurier/ Meryl O'Hara Woods (AUS)	7:5, 6:2
Mixed			
Wimbledon	John B. Gilbert (GBR)/ Kitty McKane (GBR)	– Leslie Godfree (GBR)/ Dorothy Shepherd-Baron (GBR)	6:3, 3:6, 6:3
US Open	Vince Richards (USA)/ Helen Wills (USA)	– Bill Tilden (USA)/ Molla Bjurstedt-Mallory (USA)	6:8, 7:5, 6:0
Australian Open	J. Willard/ Daphne Akhurst	– G. M. Hone/ Erna Boyd (AUS)	6:3, 6:4
Int. Deutsche	Heinrich Kleinschroth (GER)/Nelly Neppach (GER)		

Olympische Winterspiele (Chamonix, 25. 1.–4. 2. 1924)

	Gold	Silber	Bronze
Ski nordisch-Herren			
18 km Langlauf	Thorleif Haug (NOR) 1:14:31,0	Johan Gröttumsbraaten (NOR) 1:15:51,0	Tapani Niku (FIN) 1:26:26,0
50 km Langlauf	Thorleif Haug (NOR) 3:44:32,0	Thoralf Stzrömstad (NOR) 3:46:23,0	Johan Gröttumsbraaten (NOR) 3:47:46,0
Spezialspringen			
	Jacob Tullin Thams (NOR) 18,960	Narve Bonna (NOR) 18,689	Thorleif Haug (NOR) 18,000* Anders Haugen (USA) 17,916*
Nordische Kombination			
	Thorleif Haug (NOR) 18,906	Thoralf Streömstad (NOR) 18,219	Johan Gröttumsbraaten (NOR) 17,854
Eiskunstlauf			
Damen	Herma Planck-Szabo (AUT) 2094,25	Beatrix Loughran (USA) 1959,00	Ethel Muckelt (GBR) 1750,50
Herren	Gillis Grafström (SWE) 2575,25	Willy Böckl (AUT) 2518,75	Georges Gautschi (SUI) 2233,50
Paare	Helene Engelmann/Alfred Berger (AUT) 74,50	Ludowiga Jakobsson/Walter Jakobsson (FIN) 71,75	Andée Joly/Pierre Brunet (FRA) 69,25
Eisschnellauf-Herren			
500 m	Charles Jewtraw (USA) 44,0	Oskar Olsen (NOR) 44,2	Roald Larsen (NOR) 44,8 Clas Thunberg (FIN) 44,8
1500 m	Clas Thunberg (FIN) 2:20,8	Roald Larsen (NOR) 2:22,0	Sigurd Moen (NOR) 2:25,6
5000 m	Clas Thunberg (FIN) 8:39,0	Julius Skutnabb (FIN) 8:48,4	Roald Larsen (NOR) 8:50,2
10000 m	Julius Skutnabb (FIN) 18:04,8	Clas Thunberg (FIN) 18:07,8	Roald Larsen (NOR) 18:12,2
Bob			
Viererbob (2 Läufe)	Schweiz I 5:45,54	England II 5:48,83	Belgien I 6:02,29
Eishockey	Kanada	USA	England

* Durch einen Rechenfehler, der erst 1974 entdeckt und korrigiert werden konnte, erhielt Haug offiziell die Bronzemedaille, obwohl er tatsächlich nur 17,821 Punkte hatte

Olympische Sommerspiele (Paris, 4. 5.–27. 7. 1924)

	Gold		Silber		Bronze	
Leichtathletik-Herren						
100 m	Harold Abrahams (GBR)	10,6	Jackson Scholz (USA)	10,7	Arthur Porritt (NSE)	10,8
200 m	Jackson Scholz (USA)	21,6	Charles Paddock (USA)	21,7	Eric Liddell (GBR)	21,9
400 m	Eric Liddell (GBR)	47,6	Horatio Fitch (USA)	48,4	Guy Butler (GBR)	48,6
800 m	Douglas Lowe (GBR)	1:52,6	Erik Bylehn (SWE)	1:52,8	Hermann Engelhard (GER)	1:53,2
1500 m	Paavo Nurmi (FIN)	3:53,6	Willy Schärer (SUI)	3:55,0	Henry Stallard (GBR)	3:55,6
3000 m Mannschaft	Finnland	8	England	14	USA	25
5000 m	Paavo Nurmi (FIN)	14:31,2	Ville Ritola (FIN)	14:31,4	Edvin Wide (SWE)	15:01,8
10 000 m	Ville Ritola (FIN)	30:23,2	Edvin Wide (SWE)	30:55,2	Eero Berg (FIN)	31:43,0
Marathon	Albin Stenroos (FIN)	2:41:22,6	Romeo Bertini (ITA)	2:47:19,6	Clarence DeMar (USA)	2:48:14,0
110 m Hürden	Daniel Kinsey (USA)	15,0	Sidney Atkinson (SWE)	15,0	Sten Petterson (SWE)	15,4
400 m Hürden	F. Morgan Taylor (USA)	52,6	Erik Vilén (FIN)	53,8	Ivan Riley (USA)	54,2
3000 m Hindernis	Ville Ritola (FIN)	9:33,6	Elias Katz (FIN)	9:44,0	Paul Bontemps (FRA)	9:45,2
Querfeldein (ca. 10 km)	Paavo Nurmi (FIN)	32:54,8	Ville Ritola (FIN)	34:19,4	Earl Johnson (USA)	35:21,0
Mannschaft	Finnland	11	USA	14	Frankreich	120
4 × 100-m-Staffel	USA	41,0	England	41,2	Niederlande	41,8
4 × 400-m-Staffel	USA	3:16,0	Schweden	3:17,0	England	3:17,4
10 km Gehen	Ugo Fregerio (ITA)	47:49,0	Gordon Goodwin	(GBR)	Cecil CH. McMaster	(SAF)
Hochsprung	Harold Osborn (USA)	1,98	Leroy Brown (USA)	1,95	Pierre Lewden (FRA)	1,92
Stabhochsprung	Lee Barnes (USA)	3,95	Glen Graham (USA)	3,95	James Brokker (USA)	3,90
Weitsprung	William De Hart Hubbard (USA)	7,445	Edward Gourdin (USA)	7,275	Sverre Hansen (NOR)	7,26
Dreisprung	Anthony Winter (AUS)	15,525	Luis Bruneto (ARG)	15,425	Vilkjo Tuulos (FIN)	15,37
Kugelstoßen	Clarence Houser (USA)	14,995	Glenn Hartranft (USA)	14,895	Ralph Hills (USA)	14,64
Diskuswurf	Clarence Houser (USA)	46,155	Vilko Niittymaa (FIN)	44,95	Thomas Lieb (USA)	44,83
Hammerwurf	Frederick Toostell (USA)	53,295	Matthew McGrath (USA)	50,84	Malcolm Nokes (GBR)	48,875
Speerwurf	Jonni Myrä (FIN)	62,96	Gunnar Lindström (SWE)	60,92	Eugene Oberst (USA)	58,35
Fünfkampf	Eero Lehtonen (FIN)	14	Elemér Sonfay (UNG)	16	Robert LeGendre (USA)	18
Zehnkampf	Harold Osborn (USA)	7710,775	Emerson Morton (USA)	7350,895	Aleksander Klumberg (EST)	7329,360

Schwimmen-Herren						
100 m Kraul	Johnny Weissmuller (USA)	59,0	Duke Paoa Kahanamoku (USA)	1:01,4	Sam Kahanamoku (USA)	1:01,8
400 m Kraul	Johnny Weissmuller (USA)	5:04,2	Arne Borg (SWE)	5:05,6	Andrew Charlton (AUS)	5:06,6
1500 m Kraul	Andrew Charlton (AUS)	20:06,6	Arne Borg (SWE)	20:41,4	Frank Beaurepaise (AUS)	21:48,4
100 m Rücken	Warren Paoa Kealoha (USA)	1:13,2	Paul Wyatt (USA)	1:15,4	Károly Bartha (UNG)	1:17,8
200 m Brust	Robert Skelton (USA)	2:56,6	Joseph de Combe (BEL)	2:59,2	William Kirschbaum (USA)	3:01,0
4 × 200 m Kraul	USA	9:53,4	Australien	10:02,2	Schweden	10:06,8
Kunstspringen	Albert White (USA)	696,4	Peter Desjardino (USA)	693,3	Clarence Pinkston (USA)	653,0
Turmspringen	Albert White (USA)	97,46	David Fall (USA)	97,30	Clarence Pinkston (USA)	94,60
Turmspringen einfach	Richmond Eve (AUS)	160,0	John Jansson (SWE)	157,0 [6]	Harold Clarke (GBR)	158,0 [6]
Wasserball	Frankreich		Belgien		USA	

6) Platzziffer: Jansson 14,5 – Clarke 15,5

Schwimmen – Damen						
100 m Kraul	Ethel Lackie (USA)	1:12,4	Mariechen Wehselau (USA)	1:12,8	Gertrude C. Ederle (USA)	1:14,2
400 m Kraul	Martha Norelius (USA)	6:02,2	Helen Wainwright (USA)	6:03,8	Gertrude C. Ederle (USA)	6:04,8
200 m Brust	Lucy Morton (GBR)	3:33,2	Agnes Geraghty (USA)	3:34,0	Gladys Helena Carson (GBR)	3:35,4
100 m Rücken	Sybil Bauer (USA)	1:23,2	Phyllis Harding (GBR)	1:27,4	Aileen Riggin (USA)	1:28,2
4 × 100 m Kraul	USA	4:58,8	Großbritannien	5:17,0	Schweden	5:35,6
Kunstspringen	Elizabeth Becker (USA)	474,5	Aileen Riggin (USA)	460,4	Caroline Fletcher (USA)	436,4
Turmspringen	Caroline Smith (USA)	33,2 [7]	Elizabeth Becker (USA)	33,4 [7]	Hjördis Töpel (SWE)	32,8

7) Platzziffer: Smith 10,5 – Becker 11,0

Boxen (Gewichtslimit)			
Fliegengewicht (– 50,80 kg)	Fidel LaBarba (USA)	James McKenzie (GBR)	Raymond Fee (USA)
Bantamgewicht (– 53,52 kg)	William Smith (SAF)	Salvatore Tripoli (USA)	Jean Ces (FRA)
Federgewicht (– 57,15 kg)	Jackie Fields (USA)	Joseph Salas (USA)	Pedro Quartucci (ARG)
Leichtgewicht (– 61,24 kg)	Hans Nielsen (DAN)	Alfredo Copello (ARG)	Frederick Boylstein (USA)
Weltergewicht (– 66,68 kg)	Jean Delarge (BEL)	Héctor Mendez (ARG)	Douglas Lewis (CAN)
Mittelgewicht (– 72,57 kg)	Harry Mallin (GBR)	John Elliott (GBR)	Joseph Beecken (BEL)
Halbschwergewicht (– 79,38 kg)	Harry Mitchell (GBR)	Thyge Petersen (DAN)	Sverre Sörsdal (NOR)
Schwergewicht (+ 79,38 kg)	Otto von Porrat (NOR)	Sören Petersen (DAN)	Alfredo Porzio (ARG)

Gewichtheben (Gewichtslimit) Fünfkampf						
Federgewicht (– 60 kg)	Pierino Gabetti (ITA)	402,5	Andreas Stadler (AUT)	385,0	Arthur Reinmann (SUI)	382,5
Leichtgewicht (– 67,5 kg)	Edmond Decottignies (FRA)	440,0	Anton Zwerina (AUT)	427,5	Bohumil Durdis (ČSR)	425,0
Mittelgewicht (– 75 kg)	Carlo Galimbert (ITA)	492,5	Alfred Neuland (EST)	455,0	Joan Kikas (EST)	450,0
Leichtschwergewicht (– 82,5 kg)	Charles Rigoulat (FRA)	502,5	Fritz Hünenberger (SUI)	490,0 [8]	Leopold Friedrich (AUT)	490,0 [8]
Schwergewicht (+ 82,5 kg)	Guiseppe Tonani (ITA)	517,5	Franz Aigner (AUT)	515,0	Harald Tammer (EST)	497,5

8) Körpergewicht: Hünenberger 81,9 kg – Friedrich 82,0 kg

Olympische Sommerspiele (Paris, 4. 5.–27. 7. 1924)

	Gold		Silber		Bronze	
Ringen, griechisch-römisch Gewichtslimit)						
Bantamgewicht (–58 kg)	Eduard Pütsep (EST)		Anselm Ahlfors (FIN)		Väinö Ikonen (FIN)	
Federgewicht (–62 kg)	Kalle Antilla (FIN)		Aleksanteri Toivola (FIN)		Erik Malmberg (SWE)	
Leichtgewicht (–67,5 kg)	Oskari Friman (FIN)		Lajos Keresztes (UNG)		Kalle Westerlund (FIN)	
Mittelgewicht (–75 kg)	Edvard Vesterlund (FIN)		Artur Lindfors (FIN)		Roman Steinberg (EST)	
Halbschwergewicht (–82,5 kg)	Carl Westergren (SWE)		Rudolf Svensson (SWE)		Onni Pellinen (FIN)	
Schwergewicht (+82,5 kg)	Henri Deglane (FRA)		Edil Rosenqvist (FIN)		Raymund Badó (UNG)	
Ringen, freier Stil (Gewichtslimit)						
Bantamgewicht (–56 kg)	Kustaa Pihlajamäki (FIN)		Kaarlo Mäkinen (FIN)		Bryant Hines (USA)	
Federgewicht (–61 kg)	Robin Reed (USA)		Chester Newton (USA)		Katsutoski Naito (JAP)	
Leichtgewicht (–66 kg)	Russell Vis (USA)		Volmari Vikström (FIN)		Arro Haavisto (FIN)	
Weltergewicht (–72 kg)	Hermann Gehri (SUI)		Eino Leino (FIN)		Otto Müller (SUI)	
Mittelgewicht (–79 kg)	Fritz Hagemann (SUI)		Pierre Olivier (BEL)		Vilho Pekkala (FIN)	
Halbschwergewicht (–87 kg)	John Spellman (USA)		Rudolf Svensson (SWE)		Charles Courant (SUI)	
Schwergewicht (+87 kg)	Harry Steele (USA)		Henri Wernli (SUI)		Andrew McDonald (GBR)	
Fechten						
Florett-Einzel, Herren	Roger Ducret (FRA)	6	Philippe Cattian (FRA)	5	Maurice van Damme (BEL)	4
Florett-Mannschaft, Herren	Frankreich		Belgien		Ungarn	
Degen-Einzel	Charles Delaporte (BEL)	8	Roger Ducret (FRA)	7	Nils Hellsten (SWE)	7
Degen-Mannschaft	Frankreich		Belgien		Italien	
Säbel-Einzel	Sándor Posta (UNG)	5	Roger Ducret (FRA)	5	János Garay (UNG)	5
Säbel-Mannschaft	Italien		Ungarn		Holland	
Florett-Einzel, Damen	Ellen Osiler (DAN)	5	Gladys Muriel Davis (GBR)	4	Grete Heckscher (DAN)	3
Moderner Fünfkampf						
Einzel	Bo Lindman (SWE)	18	Gustaf Dyrssen (SWE)	39,5	Bertil Uggla (SWE)	45
Rudern						
Einer	Jack Beresford jr. (GBR)	7:49,2	William E. Garrett Gilmore (USA)	7:54,0	Josef Schneider (SUI)	8:01,1
Doppelzweier	USA	6:34,0	Frankreich	6:38,0	Schweiz	
Zweier ohne Steuermann	Holland	8:19,4	Frankreich	8:21,6		
Zweier mit Steuermann	Schweiz	8:39,0	Italien	8:39,1	USA	
Vierer ohne Steuermann	England	7:08,6	Kanada		Schweiz	
Vierer mit Steuermann	Schweiz	7:18,4	Frankreich	7:21,6	USA	
Achter	USA	6:33,4	Kanada	6:49,0	Italien	
Segeln						
Ein-Mann-Boot	Léon Huybrechts (BEL)	2	Henrik Robert (NOR)	7	Hans Dittmar (FIN)	8
6-m-Klasse	Norwegen	2	Dänemark	5	Holland	5
8-m-Klasse	Norwegen	2	England	5	Frankreich	5
Radsport						
Straßenrennen, Einzel (188 km)	Armand Blanchonnet (FRA)	6:20,48,0	Henri Hoevenaers (BEL)	6:30:27,0	René Hamel (FRA)	6:30:51,6
Straßenrennen, Mannschaft	Frankreich		Belgien		Schweden	
1000-m-Sprint	Lucien Michard (FRA)		Jakob Meijer (HOL)		Jean Cugnot (FRA)	
2000-m-Tandemfahren	Frankreich		Dänemark		Holland	
4000-m-Mannschaftsverfolgung	Italien	5:15,0	Polen		Belgien	
50-km-Bahnrennen	Jacobus Willems (HOL)	1:18:24,0	Cyril Albert Alden (GBR)		Frank H. Wyld (GBR)	
Reitsport						
Military-Einzel	Adolph v. d. Voort v. Zijp (HOL)	1976,0	Frode Kirkebjerg (DAN)	1853,5	Sloan Doak (USA)	1845,5
Military-Mannschaft	Holland	5297,5	Schweden	4743,5	Italien	4512,5
Dressur-Einzel	Ernst Linder (SWE)	276,4	Berti Sandström (SWE)	275,8	Xavier Lesage (FRA)	265,8
Jagdspringen-Einzel	Alphonse Gemusens (SUI)	–6	Tommaso Lequio (ITA)	–8,75	Adam Królikiewicz (POL)	–10
Jagdspringen-Mannschaft	Schweden	–42,25	Schweiz	–50,0	Portugal	–53,0
Schießen						
Freies Gewehr	Morris Fisher (USA)	95	Carl T. Osburn (USA)	95	Niels H. D. Larsen (DAN)	93
Freies Gewehr, Mannschaft	USA	676	Frankreich	646	Haiti	646
Kleinkaliber, liegend	Pierre Coquelin de Lisle (FRA)	398	Marcus Dinwiddle (USA)	396	Josias Hartmann (SUI)	394
Schnellfeuerpistole	H. M. Bailey (USA)	18	Vilhelm Carlberg (SWE)	18	Lennart Hannelius (FIN)	18
Tontaubenschießen	Gyula Halasy (UNG)	98	Konrad Huber (FIN)	98	Frank Hughes (USA)	97
Mannschaft	USA	363	Kanada	360	Finnland	360
Schießen auf den lf. Hirsch	John K. Boles (USA)	40	C. W. Mackworth-Praed (GBR)	39	Otto M. Olsen (NOR)	39
Mannschaft	Norwegen	160	Schweden	154	USA	148
Doppelschuß	Ole A. Lilloe-Olsen (NOR)	76	C. W. Mackworth-Praed (GBR)	72	Alfred Swahn (SWE)	72
Mannschaft	England	263	Norwegen	262	Schweden	250

Olympische Sommerspiele (Paris, 4. 5.–27. 7. 1924)

	Gold		Silber		Bronze	
Turnen						
Mehrkampf, Einzelwertung	Leon Stukelji (YUG)	110,340	Robert Prazak (ČSR)	110,323	Bedrich Supcik (ČSR)	106, 930
Mehrkampf, Mannschaft	Italien	839,058	Frankreich	820,528	Schweiz	816,661
Barren, Herren	August Güttinger (SUI)	21,63	Robert Prazak (ČSR)	21,61	Giorgio Zampori (ITA)	21,45
Pferdsprung, Herren	Frank Kriz (USA)	9,98	Jan Koutny (ČSR)	9,97	Bohumil Morkovsky (ČSR)	9,93
Seitpferd	Josef Wilhelm (SUI)	21,33	Jean Gutweniger (SUI)	21,13	Antoine Rebetez (SUI)	20,73
Reck	Leon Stukelji (YUG)	19,730	Jean Gutweniger (SUI)	19,236	André Higelin (FRA)	19,163
Ringe	Franco Martino (ITA)	21,553	Robert Prazak (ČSR)	21,483	Ladislav Vácha (ČSR)	21,430
Tauhangeln	Bedrich Supcik (ČSR)	7,2	Albert Séguin (FRA)	7,4	August Güttinger (SUI)	7,8
Seitpferdsprung	Albert Séguin (FRA)	10,00	Jean Gounet (FRA)	9,93		
			François Gangloff (FRA)	9,93		
Tennis						
Herren-Einzel	Vincent Richards (USA)	6:4, 6:4, 5:7, 4:6, 6:2	Henri Cochet (FRA)		Umberto L. De Morpurgo (ITA)	
Herren-Doppel	Vincent Richards/Frank Hunter (USA)	4:6, 6:2, 6:3, 2:6, 6:3	Jacques Brugnon/Henri Cochet (FRA)		Jean Borotra/René Lacoste (FRA)	
Damen-Einzel	Helen Wills (USA)	6:2, 6:2	Julie P. Vlasto (FRA)		Kitty McKane (GBR)	
Damen-Doppel	Hazel Wightman/Helen Wills (USA)	7:5, 8:6	Edith Covell/Kitty McKane (GBR)		Dorothy C. Shepherd-Barron/ Evely L. Colyer (GBR)	
Mixed	Hazel Wightman/ R. Norris Williams (USA)	6:2, 6:3	Marion Jessup/Vincent Richards (USA)		Cornelia Bouman/ Hendrik Timmer (HOL)	
Fußball	Uruguay		Schweiz		Schweden	
Polo	Argentinien		USA		England	

Abkürzungen zu den Sportseiten

AFG	Afghanistan
ARG	Argentinien
AUS	Australien
AUT	Österreich
BEL	Belgien
BOL	Bolivien
BRA	Brasilien
BUL	Bulgarien
CAN	Kanada
CHI	Chile
CHN	China
COL	Kolumbien
COS	Costa Rica
ČSR	Tschechoslowakei
CUB	Kuba
DAN	Dänemark
DOM	Dominikanische Republik
ECU	Ecuador
EGY	Ägypten
ETH	Äthiopien
FIN	Finnland
FRA	Frankreich
GBR	England
GER	Deutschland
GRE	Griechenland
GUA	Guatemala
HAI	Haiti
HOL	Holland
IRA	(Persien) Iran
IRK	Irak
IRL	Irland
ITA	Italien
JAP	Japan
LIAT	Liberia
LIB	Libanon
LIE	Liechtenstein
LIT	Litauen
LUX	Luxemburg
MCO	Monaco
MEX	Mexiko
MON	Mongolei
NEP	Nepal
NIC	Nicaragua
NOR	Norwegen
NSE	Neuseeland
PAN	Panama
PAR	Paraguay
PER	Peru
POL	Polen
POR	Portugal
PUR	Puerto Rico
RUM	Rumänien
SAF	Südafrika
SAL	El Salvador
SAN	San Marino
SPA	Spanien
SUI	Schweiz
SWE	Schweden
THA	Thailand
TUR	Türkei
UNG	Ungarn
URS	Sowjetunion
URU	Uruguay
USA	Vereinigte Staaten von Amerika
VEN	Venezuela
YUG	Jugoslawien

Nekrolog 1924

Bekannte Persönlichkeiten aus allen Bereichen des gesellschaftlichen Lebens, die im Jahr 1924 gestorben sind, werden – alphabetisch geordnet – in Kurzbiographien dargestellt.

Ludwig Barnay

deutscher Schauspieler und Theaterleiter (* 7. 2. 1842, Pest = Budapest), stirbt am 1. Februar in Hannover.

Barnay gehörte als Helden- und Charakterdarsteller (Tell, Wallenstein, Lear, Hamlet, Othello) der Hoftheatertruppe des Herzogs Georg II. von Sachsen-Meiningen an und spielte auch am Wiener Burgtheater. Er war Mitbegründer der Genossenschaft Deutscher Bühnen-Angehörigen (1871) und des Deutschen Theaters in Berlin (1883). Von 1887 bis 1894 leitete er das Berliner Theater, 1906 das Königliche Schauspielhaus in Berlin und von 1908 bis 1911 das Hoftheater in Hannover.

Francis Herbert Bradley

britischer Philosoph (* 30. 1. 1846, Glasbury), stirbt am 18. September in Oxford.

Der Neuhegelianer Bradley war einer der Hauptvertreter der idealistischen Strömung in der britischen Philosophie um die Jahrhundertwende. Er nahm hinter dem Subjektiven und Objektiven ein harmonisches Ganzes an, das jedoch nur erfühlt, nicht begrifflich erfaßt werden kann (»Erscheinung und Wirklichkeit«, 1893).

Waleri Jakowlewitsch Brjussow

russischer Dichter (* 13. 12. 1873, Moskau), stirbt am 9. Oktober in Moskau.

Brjussow war der Begründer und führende Theoretiker des Symbolismus in Rußland. Er propagierte keine symbolistische Weltanschauung, sondern forderte eine Neuordnung der ästhetischen Kriterien. Darüber hinaus veröffentlichte er u. a. die Gedichtsammlungen »Chefs-d'œuvre« (1895), »Tertia vigilia« (1901) und »Urbi et orbi« (1903) sowie die Romane »Der feurige Engel« (1908) und »Der Siegesaltar« (1911). Er übersetzte Virgil, Decimus Magnus Ausonius, Dante Alighieri, Victor Hugo, Paul Verlaine, Émile Verhaeren, Molière, Johann Wolfgang von Goethe (»Faust«), Edgar Allan Poe und George Gordon Noel Lord Byron ins Russische.

Ferruccio Busoni

italienisch-deutscher Komponist und Pianist (* 1. 4. 1866, Empoli bei Florenz), stirbt am 27. Juli in Berlin.

Busoni errang internationalen Ruhm als Konzertpianist, ehe er mit eigenen Kompositionen – vor allem Werke für Klavier – hervortrat. Er lehnte die programmatische Musik ab und forderte eine »junge Klassizität« mit Rückbesinnung auf Johann Sebastian Bach und Wolfgang Amadeus Mozart. Zu seinen bekanntesten Opern zählen »Turandot« (uraufgeführt 1917 in Zürich) und »Doktor Faust« (Postum 1925 in Dresden).

Johann Freiherr von Chlumecký

österreichischer Politiker (* 23. 3. 1834, Zadar), stirbt am 11. Dezember in Bad Aussee.

Von Chlumecký wurde 1865 Mitglied des mährischen Landtags und war ab 1870 im Reichsrat einer der führenden Köpfe der gemäßigten Linken (Großgrundbesitzer). Von 1871 bis 1875 übte er das Amt des Ackerbauministers und von 1875 bis 1879 das des Handelsministers aus. Als Präsident des Abgeordnetenhauses war er von 1893 bis 1897 tätig, 1897 wurde er Mitglied des Herrenhauses. Außerdem gründete er die Hochschule für Bodenkultur in Wien.

Joseph Conrad

eigentl. Józef Teodor Konrad Korzeniowski (* 3. 12. 1857, Berditschew), britischer Schriftsteller polnischer Herkunft, stirbt am 3. August in Bishopsbourne in Kent.

Zeitlebens von der Liebe zum Meer erfüllt, ging Conrad, der seine polnischen Eltern früh verlor und bei einem Onkel in Krakau aufwuchs, 1874 nach Marseille auf die Marineschule. Er bereiste u. a. den Kongo und die malaiischen Inseln, wo viele seiner Romane spielen. Ab 1878 diente er in der englischen Handelsmarine, erhielt 1884 die britische Staatsangehörigkeit und übernahm wenig später sein erstes Kommando als Kapitän. Während seiner Seereisen vor Südamerika und im Fernen Osten zog er sich ein Fieber zu, das ihn 1893 zur Aufgabe des Seemannsberufs zwang.

Conrad widmete sich nun ganz dem Schreiben, und zwar in Englisch, was ihm anfangs große Mühe bereitete. 1895 erschien sein Roman »Almayers Wahn«, an dem er jahrelang gearbeitet hatte. Es folgten zwölf romantisch-realistische Romane und 28 Kurzgeschichten, die sich mit ihren hervorragenden, psychologisch einfühlsamen Schilderungen des Seemannslebens einen festen Platz in der Literatur erobert haben: »Der Verdammte der Inseln« (1896), »Der Nigger von der Narzissus« (1897), »Lord Jim« (1900), »Jugend« (1902), »Nostromo« (1904), »Der Geheimagent« (1907), »Mit den Augen des Westens« (1911), »Spiel des Zufalls« (1914), »Sieg« (1915), »Der Freibeuter« (1923).

Eleonora Duse

italienische Schauspielerin (* 3. 10. 1858, Vigevano/Pavia), stirbt während einer Gastspielreise am 21. April in Pittsburgh im US-Bundesstaat Pennsylvania.

Eleonora Duse, deren Karriere 1878 in Neapel begann, war neben Sarah Bernhardt die meistgefeierte Schauspielerin der Jahrhundertwende. Sie verkörperte den sensiblen, nervösen Frauentyp, den der Jugendstil kreierte. Ihre verinnerlichte Spielweise orientierte sich am Realismus und war sprachlich stark differenziert. Eleonora Duse trat sowohl in klassischen als auch in modernen Stücken auf. Sie bevorzugte Stücke von Victorien Sardou, Henrik Ibsen (»Nora«, Hedda Gabler«), Alexandre Dumas d. J. (»Die Kameliendame«), Maurice Maeterlinck und von ihrem langjährigen Freund Gabriele D'Annunzio.

Gabriel Fauré

französischer Komponist zwischen Klassizismus und Impressionismus, Organist, Kapellmeister und Musikpädagoge (* 12. 5. 1845, Pamiers/Ariège), stirbt am 4. November in Paris.

Der zwischen Klassizismus und Impressionismus stehende Fauré zählt zu den bedeutendsten französischen Liederkomponisten (60 Lieder, fünf Liederzyklen). Einen zentralen Platz nimmt in seinem Schaffen die Kammermusik ein (ein Streichquartett, ein Klaviertrio, zwei Klavierquartette, zwei Klavierquintette), wobei es sich um Werke stark französischer Eigenart mit Dominanz des Lyrischen und ohne dramatisch zugespitzte Gegensätze handelt. Er komponierte ferner 50 Klavierstücke und die Opern »Prométhée« (1900) und »Pénélope« (1913).

Anatole France

eigentl. François Anatole Thibault, französischer Erzähler und Essayist, Literaturnobelpreisträger 1921 (* 16. 4. 1844, Paris), stirbt am 12. Oktober auf dem Gut La Béchellerie bei Saint-Cyr-sur-Loire im Departement Indre-et-Loire.

Der ehemalige Lektor, Bibliothekar und erfolgreiche Literaturkritiker wurde 1896 Mitglied der Académie française. Er vertrat einen jeglichem Dogmatismus und jeder philosophischen Spekulation feindlichen Rationalismus der humanistischen Aufklärung, den er mit scharfer sozialer und antiklerikaler Kritik verband. Zusammen mit Émile Zola setzte er sich in der Dreyfus-Affäre für die Rehabilitierung des zu Unrecht verurteilten jüdischen Offiziers Alfred Dreyfus ein. Er schuf einfühlsame historische Romane wie »Thaïs« (1890) über die Spätantike und »Die Götter dürsten« (1912) über die Französische Revolution sowie den biographischen Bericht »Das Leben der heiligen Johanna« (1908). Für sein umfangreiches Werk, das auch Dramen und Aphorismen umfaßt, wurde ihm 1921 der Literaturnobelpreis verliehen »in Anerkennung seiner glänzenden Leistungen, die sich durch Adel und Kraft des Stils, hochherzige Menschlichkeit, echten Charme und französisches Temperament auszeichnen«. Die Jury ehrte damit einen Schriftsteller, der kurz zuvor der Kommunistischen Partei beigetreten war und dessen Werk die katholische Kirche so sehr mißbilligte, daß sie es 1922 auf den Index, die Liste der für Katholiken verbotenen Bücher, setzte.

Karl Helfferich

deutscher Volkswirt, Jurist und Politiker (* 22. 7. 1872, Neustadt an der Weinstraße), kommt am 23. April bei einem Eisenbahnunglück in Bellinzona ums Leben.

Helfferich begann seine Laufbahn 1901 in der Kolonialabteilung des Auswärtigen Amts, 1905 wurde er Direktor der Anatolischen Eisenbahngesellschaft in Konstantinopel (Istanbul). Von 1908 bis 1915 war er Vorstandsmitglied der Deutschen Bank und ab 1910 zugleich Mitglied des Zentralausschusses der Reichsbank. Als Staatssekretär des Reichsschatzamts übernahm er 1915 die Hauptverantwortung für die Finanzierung des Weltkriegs; seine Kriegsfinanzpolitik, die Kriegskosten durch große Anleihen statt durch neue Steuern zu decken, war heftig umstritten. 1916/17 war er Stellvertreter des Reichskanzlers und Staatssekretär des Reichsamts des Innern.

Nach dem Weltkrieg wurde er einer der fähigsten und rücksichtslosesten Führer der rechtsoppositionellen Deutschnationalen Volkspartei; er agitierte gegen die »Erfüllungspolitik« der Weimarer Koalition und verursachte durch unbegründete Verdächtigungen 1920 den Rücktritt von Reichsfinanzminister Matthias Erzberger. 1923 leistete er durch den von ihm ausgearbeiteten Plan der sog. Roggenwährung wichtige Vorarbeit für die Stabilisierung der deutschen Währung. Die Schaffung der Rentenmark geht u. a. auf seine Vorschläge zurück.

Franz Kafka

österreichischer Schriftsteller (* 3. 7. 1883, Prag), stirbt am 3. Juni in Kierling bei Wien.

1926, zwei Jahre nach dem Tod des im Alter von nur 40 Jahren an Kehlkopftuberkulose verstorbenen Kafka, gab sein Freund Max Brod gegen den Willen des Autors, der seine Manuskripte testamentarisch zur Verbrennung bestimmt hatte, Kafkas Roman »Das Schloß« heraus. Wie Kafkas vorausgegangene Erzählungen »Das Urteil« (1916), »Die Verwandlung« (1916), »Ein Landarzt« (1919), »In der Strafkolonie« (1919) und »Ein Hungerkünstler« (1924) oder wie der Roman »Der Prozeß« (1925) entzieht sich auch »Das Schloß« jedem Versuch einer klaren Deutung, das Werk wird je nach Standpunkt psychologisch, soziologisch, theologisch, existenzialistisch oder marxistisch interpretiert.

Fast allen Deutungen dieses Werks ist jedoch die Ansicht gemeinsam, daß die Romanfigur K. den modernen Menschen symbolisierte, ob nun das Schloß als Chiffre für die göttliche Gnade aufgefaßt wird, die Geschehnisse als Ausdruck für die Absurdität des Lebens oder das Verhalten von K. als die Krise des isolierten zeitgenössischen Menschen interpretiert werden, der die Welt stets als Projektion seiner eigenen unerfüllten Wünsche erlebt und beständig auf sich selbst zurückverwiesen wird.

In fast allen seinen Werken schildert Kafka die Ohnmacht des isolierten Einzelnen gegenüber unentwirrbaren Mechanismen und anonymen Machtapparaten sowie die vergeblichen Bemühungen dieser Menschen, gegen die über sie verfügenden, undurchschaubaren Mächte anzukämpfen. Diese Erfahrung der Entfremdung setzte Kafka in visionäre Bilder und Allegorien um.

Friedrich Kallmorgen

deutscher Maler und Grafiker (* 15. 11. 1856, Altona/Hamburg), stirbt am 4. Juni in Grötzingen bei Karlsruhe.
Kallmorgen, einer der Mitbegründer des Karlsruher Künstlerbundes (1896), begann mit naturalistischen Genreszenen. Später schuf er überwiegend stimmungsvolle impressionistische Landschaftsdarstellungen. Zu seinen bedeutendsten Werken zählen zahlreiche Hafenansichten (»Hamburger Hafen«, 1906).

Wladimir Iljitsch Lenin

eigentl. Wladimir Iljitsch Uljanow, russischer Revolutionär und sowjetischer Politiker, Gründer und Regierungschef der UdSSR, marxistischer Theoretiker (* 22. 4. 1870, Simbirsk/Uljanowsk), stirbt am 21. Januar in Gorki bei Moskau. – Die Nachfolge Lenins tritt das Dreierkollegium (Troika) Grigori J. Sinowjew, Leo D. Trotzki, Josef W. Stalin an.
Lenin, der sich nach der Hinrichtung seines Bruders wegen eines geplanten Attentats auf den Zaren schon als 17jähriger an Studentenunruhen beteiligte und 1895 den Petersburger Kampfbund zur Befreiung der Arbeiterklasse gründete, wurde 1897 wegen politischer Agitation nach Sibirien verbannt. Dort lernte er die ebenfalls verbannte Nadeschda K. Krupskaja kennen, die 1898 seine Frau wurde. 1899 schrieb er das Werk »Die Entwicklung des Kapitalismus in Rußland«. Nach dem Ende der Verbannung im Februar 1900 übersiedelte er nach Pskow bei Petersburg (Leningrad) und hielt sich illegal in Moskau und Petersburg auf, während seine Frau weiter in der Verbannung in Ufa lebte. Nach vorübergehender Verhaftung verließ er am 29. Juli seine Heimat, die erste Emigration begann.
Er fuhr zunächst in die Schweiz und verhandelte in Zürich und Genf mit den Exilrussen Pawel B. Axelrod und Georgi W. Plechanow über die Herausgabe der »Iskra« (Funke), einer gesamtrussischen politischen Zeitschrift der revolutionären Marxisten. Die Mitarbeiter der »Iskra« sollten sich auch an der Herausgabe des theoretischen Parteiorgans »Zarja« beteiligen. In München widmete sich Lenin 1900/01 der »Iskra«, die im Dezember 1900 – zunächst mit einer Auflage von 4000 Exemplaren – in Leipzig erschien und nach Rußland geschmuggelt wurde. Der Redaktion gehörten neben Lenin, Axelrod und Plechanow die Exilrussen L. Martow, Alexander N. Potressow und Wera I. Sassulitsch an. In dem von Lenin verfaßten Leitartikel »Die dringendsten Aufgaben unserer Bewegung« wurde die Hauptaufgabe der Zeitung formuliert, in Rußland eine revolutionäre Arbeiterpartei zu schaffen. In der Schrift »Was tun?« (1902) forderte er eine Organisation von Berufsrevolutionären; die Partei solle als Vorhut der Arbeiterklasse fungieren, das sozialistische Bewußtsein müsse von außen in die Massen hineingetragen werden.
1903 kam es in London zur Spaltung der russischen Sozialdemokratie in die Anhänger Lenins, die sich Bolschewiki (»Mehrheitler«) nannten, und in die gemäßigten Menschewiki (»Minderheitler«).
Auf Lenins Rußlandaufenthalt im Anschluß an die Revolution von 1905 folgte von 1907 bis 1917 die zweite Emigration nach Westeuropa; in dieser Zeit schuf er aus den Bolschewiki eine Kaderpartei mit der »Prawda« (gegründet 1912) als Zentralorgan.
Nach dem Ausbruch der Februarrevolution kehrte Lenin im April 1917 nach Rußland zurück und verkündete in Petrograd (Leningrad) seine Aprilthesen: »Frieden um jeden Preis!«, »Alles Land den Bauern!«, »Alle Macht den Sowjets!«. Nach der Oktoberrevolution wurde er Regierungschef. Bis zu seinem Tod blieb er Regierungschef, obwohl er zwei Schlaganfälle erlitt (1922, 1923); die Parteiführung übernahm 1922 Stalin, dessen Abberufung Lenin in seinem sog. »Testament« vergeblich gefordert hatte.

Giacomo Matteotti

italienischer Politiker, seit 1922 Generalsekretär der Unitarischen Sozialistischen Partei (* 22. 5. 1885, Fratta Polesine/Provinz Rovigo), wird am 10. Juni in Rom auf dem Weg zum Parlament von Faschisten überfallen, in ein Auto gezerrt und ermordet. Wenige Tage zuvor, am 30. Mai, hatte der entschiedene Gegner des Faschismus im Parlament die Annulierung der Wahlen wegen des faschistischen Terrors gefordert.
Der Mord an Matteotti löst eine schwere Krise des Faschismus aus. Die Mehrheit der nichtfaschistischen Oppositionellen beschließt, aus Protest gegen die Innenpolitik der Faschisten nicht mehr an den Parlamentsverhandlungen teilzunehmen; sie ziehen aus der Kammer aus und begeben sich demonstrativ auf den Aventinischen Hügel, einen der sieben Hügel Roms, auf den sich in der Antike die römischen Plebejer während einer Auseinandersetzung mit den Patriziern zurückgezogen hatten. Die Forderungen der sog. Aventinianer: Aufklärung des Mordes, Auflösung der Miliz, Beendigung des Staatsterrors.
Die Matteotti-Krise führt Anfang 1925 zum völligen Verbot aller antifaschistischen Organisationen in Italien.

Paul Natorp

deutscher Philosoph (* 24. 1. 1854, Düsseldorf), stirbt am 17. August in Marburg.
Natorp, dessen Werke sich durch klare und verständliche Darstellung auszeichnen, war der Hauptsprecher der sog. Marburger Schule und unterstützte die Hinwendung des Neukantianismus zur praktischen Philosophie. Er vertrat die These, daß der Gegenstand der Erkenntnis durch die Methode des Denkens erzeugt werde und bemühte sich um die Grundlegung der Naturwissenschaften, der Psychologie und der Pädagogik: »Sozialpädagogik« (1899), »Allgemeine Pädagogik« (1905), »Philosophie und Pädagogik« (1909), »Die logischen Grundlagen der exakten Wissenschaften« (1910), »Allgemeine Psychologie« (1912).

Giacomo Puccini

italienischer Opernkomponist (* 22. 12. 1858, Lucca), stirbt am 29. November in Brüssel.
Der »Spätromantiker« Puccini gilt als der bedeutendste Vertreter der italienischen Oper nach Giuseppe Verdi. Seine Opern kennzeichnen zum einen der dramatische Handlungsablauf, zum andern die lyrisch-poetischen Schilderungen der Atmosphäre. Seine erste erfolgreiche Oper war »Le villi« (1884), seinen ersten Welterfolg errang er mit »Manon Lescaut« (1896). Nach der zarten Milieuschilderung der Oper »La Bohème« (1896), die dem Komponisten den Namen »Poet der kleinen Dinge« eintrug, stieß Puccini mit der Oper »Tosca« (1900) von der überwiegend lyrischen Sphäre zur Musiktragödie vor, desgleichen in »Madame Butterfly« (1904). Mit »Das Mädchen aus dem goldenen Westen« (1910) eroberte er die USA. »Turandot« wird 1926 posthum uraufgeführt.

Alois Riehl

österreichischer Philosoph (* 27. 4. 1844, Bozen), stirbt am 21. November in Neubabelsberg (Potsdam).
Riehl suchte als Neukantianer den wissenschaftlichen Charakter der Philosophie zu sichern und erklärte die Erkenntnistheorie zum Hauptinhalt der wissenschaftlichen Philosophie. Seine wichtigste Aufgabe sah er in der Scheidung der rationell-apriorischen und der »realen« Bestandteile der Erfahrung. In seinem Hauptwerk, »Der philosophische Kritizismus« (1876–1887), entwickelte er eine an Kants Kritizismus orientierte Philosophie des »kritischen Realismus«. Als Muster der exakten Wissenschaft galt ihm die Physik.

Franz Schwechten

deutscher Architekt (* 12. 8. 1841, Köln), stirbt am 11. August in Berlin.
Die Hauptwerke von Schwechten sind der Anhalter Bahnhof in Berlin (1875–1880), der beispielgebend wurde für die monumentale Gestaltung eines modernen Zweckbaus, und die in romanischen Bauformen gehaltene Kaiser-Wilhelm-Gedächtniskirche in Berlin (1891–1895).

Ernst Schweninger

deutscher Mediziner (* 15. 6. 1850, Freystadt in der Oberpfalz), stirbt am 13. Januar in München.
Schweninger, ab 1884 Professor für Dermatologie an der Universität Berlin, war von 1882 bis 1890 Leibarzt des deutschen Reichskanzlers und preußischen Ministerpräsidenten Otto von Bismarck. Als Vertreter der Naturheilkunde ging er neue Wege, die ihn in Gegensatz zur Schulmedizin brachten. Die nach ihm benannte Schweninger-Kur ist eine Diätkur gegen Fettsucht.

Hugo von Seeliger

deutscher Astronom (* 23. 9. 1849, Biała/Bielsko-Biała), stirbt am 22. Dezember in München.
Von Seeliger wurde 1881 Direktor der Sternwarte Gotha und 1882 Professor und Direktor der Sternwarte München. In seinen Arbeiten über Sternverteilung und Astrophysik (»Über die räumliche Verteilung der Sterne«, 1911, »Untersuchungen über das Sternsystem«, 1920) entwickelte er eine Stern- und Nebeltheorie zur Erklärung der Entstehung neuer Sterne.

Carl Spitteler

Pseudonym Carl Felix Tandem, schweizerischer Dichter und Essayist, Literaturnobelpreisträger 1919 (* 24. 4. 1845, Liestal), stirbt am 29. Dezember in Luzern.
Spitteler wurde nach einem Jura- und Theologiestudium Landpfarrer, gab diese Stellung jedoch bald auf und verdiente sich von 1871 bis 1879 seinen Lebensunterhalt als Lehrer in vornehmen Familien Finnlands und Rußlands. Nach seiner Rückkehr in die Schweiz arbeitete er als Journalist, ab 1892 als freier Schriftsteller.
In seinem Hauptwerk, dem Epos »Olympischer Frühling«, dessen erste Fassung von 1900 bis 1905 erschien, propagierte Spitteler ein elitäres Menschheitsbild und Schönheitsideal, das er unter dem Einfluß Arthur Schopenhauers und Friedrich Nietzsches der modernen Massengesellschaft engegensetzte. Sein Werk ist von tiefem Skeptizismus und zugleich von einem heroischen Elitebewußtsein erfüllt. Spitteler knüpfte an die antike Mythologie an, die er durch neue mythische Vorstellungen wieder zu beleben versuchte, und bediente sich auch antiker Dichtungsformen. In bilderreicher, pathetischer und betont altertümlicher Sprache wandte er sich gegen eine säkularisierte, rationale Welt. 1920 erhielt Spitteler den Literaturnobelpreis für 1919 »vor allem in Anerkennung seines machtvollen Epos ›Olympischer Frühling‹«, das 1910 als zweibändige revidierte Fassung erschien. Insbesondere bei der Jugendbewegung und beim wilhelminischen Bürgertum erfreute sich Spittelers Epos großer Beliebtheit, weil dieses Werk einerseits ein bedeutender Beitrag zum Kulturpessimismus der Zeit war, sich andererseits aber jeglicher politischer Stellungnahme enthielt.

Sir Charles Villier Stanford

irischer Komponist (* 30. 9. 1852, Dublin), stirbt am 29. März in London.
Stanford verband in seinen Kompositionen Elemente der irischen Nationalmusik und der kontinentalen Spätromantik. Neben kirchlichen Gesangswerken, Opern (»Eden«, 1891, »Shamus O'Brien«, 1896) und Sinfonien komponierte er auch Kammermusikwerke, Klavier- und Orgelstücke, Lieder und Balladen. Stanford setzte sich für die Pflege des Werks von Johann Sebastian Bach ein und war ein einflußreicher Kompositionslehrer (Ralph Vaughan Williams, Gustav Holst, John Ireland, Frank Bridge u. a.)

Hugo Stinnes

deutscher Industrieller (* 12. 2. 1870, Mülheim an der Ruhr), stirbt am 10. April in Berlin.
Während der Inflationsjahre der Weimarer Republik baute Stinnes den Stinnes-Konzern, eine Unternehmensgruppe der Montanindustrie und der Schiffahrt, zu einer der größten deutschen Unternehmensgruppen aus. Von 1920 bis 1923 war er für die Deutsche Volkspartei Mitglied des Deutschen Reichstags.

Louis Henry Sullivan

US-amerikanischer Architekt (* 3. 9. 1856, Boston), stirbt am 14. April in Chicago.
Sullivan war als Vertreter eines strengen Funktionalismus (»Form folgt der Funktion«) Wegbereiter der modernen konstruktivistischen Bauweise. Während seiner Zusammenarbeit mit Dankmar Adler entstanden in Chicago ab 1879 mehr als 100 Bauten, darunter das Auditorium Building (1886–1890) und das Warenhaus Carson, Pirie and Scott (1899–1901, 1903/04). Typische Hochhausbauten sind das Wainwright Building in Saint Louis (1890) und das Guaranty Trust Building in Buffalo (1894/95).

Hans Thoma

deutscher Maler (* 2. 10. 1839, Bernau/Hochschwarzwald), stirbt am 7. November in Karlsruhe.
Thoma zählt zu den bedeutendsten deutschen Malern der zweiten Hälfte des 19. Jahrhunderts. Er begann unter dem Einfluß der süddeutschen Spätromantik – vor allem Moritz von Schwinds – und der Düsseldorfer Malerschule, verarbeitete nach einer Parisreise 1868 die Errungenschaften des Realismus (Gustave Courbet, Schule von Barbizon, Camille Corot) und hatte ab 1870 enge Beziehungen zu dem Kreis um Wilhelm Leibl und zu Arnold Böcklin. 1899 wurde er Direktor der Kunsthalle und Professor der Akademie Karlsruhe. Zu den Hauptwerken Thomas zählen seine zahlreichen Landschaften aus dem Schwarzwald (»Sommer«, 1872, »Der Rhein bei Säckingen«, 1873, »Der Rheinfall bei Schaffhausen«, 1876). Von 1873 bis zur Jahrhundertwende integrierte er auch neuromantische Themen und Motive wie Amoretten, Nymphen und Reigen in seine Landschaftsbilder; weitere Themen waren das Goldene Zeitalter, der Liebesgarten u. a.

Woodrow Wilson

28. US-Präsident von 1913 bis 1921 (Demokrat), Friedensnobelpreisträger 1920 (* 28. 12. 1856, Staunton/Virginia), stirbt am 3. Februar in Washington D. C.
Wilson setzte als Präsident innenpolitisch und wirtschaftlich wichtige Reformen durch: Senkung der Zölle, Errichtung des Zentralbanksystems und der Außenhandelsbundesbehörde, Einführung der progressiven Einkommensteuer, Anti-Trust-Gesetz u. a. Beim Ausbruch des Ersten Weltkriegs (1914) verkündete er die Neutralität der USA. Wirtschaftsinteressen und die Kriegführung des Deutschen Reichs brachten ihn jedoch dazu, 1917 zugunsten der Entente einzugreifen und dem Deutschen Reich den Krieg zu erklären.
Am 8. Januar 1918 legte er in einer Rede vor dem Kongreß ein Friedensprogramm in 14 Punkten vor, das einen baldigen Friedensschluß im Ersten Weltkrieg herbeiführen sollte und eine Neuordnung der Welt vorsah. Darin nannte er den Mittelmächten folgende Forderungen für den Abschluß eines gesicherten Friedens: Wiederherstellung der Unabhängigkeit Belgiens, Rückgabe von Elsaß-Lothringen an Frankreich, Räumung der besetzten Gebiete in Rußland und auf dem Balkan, Bildung eines unabhängigen polnischen Staates, Autonomie für die einzelnen Völker in Österreich-Ungarn und im Osmanischen Reich. Die Forderung nach Autonomie erweiterte Wilson später zum Grundsatz des Selbstbestimmungsrechts der Völker und Nationen über ihren politischen Status. Als Grundzüge einer neuen Weltpolitik nannte er folgende Punkte: Öffentlichkeit von Friedensverhandlungen und Verträgen; Freiheit der Schiffahrt und des Handels; weltweite Abrüstung und Neuordnung der kolonialen Ansprüche. Außerdem regt er zur friedlichen Beilegung internationaler Konflikte und zur Sicherung der territorialen Unverletzlichkeit der Staaten die Gründung einer allgemeinen Gesellschaft der Nationen, einen Völkerbund, an.
1920 wurde er mit dem Friedensnobelpreis für 1919 ausgezeichnet.

Personenregister

Das Personenregister enthält alle in diesem Buch genannten Personen (nicht berücksichtigt sind mythologische Gestalten und fiktive Persönlichkeiten sowie Eintragungen im Anhang mit Ausnahme des Nekrologs). Herrscher und Angehörige regierender Häuser mit selben Namen sind alphabetisch nach den Ländern ihrer Herkunft geordnet. Kursive Zahlen verweisen auf Abbildungen.

Abd Al Madschid II., Kalif der Türkei 44, *47*, 60
Abd El Krim 168, 197
Abeling, Friedrich 201
Abrahams, Harold Maurice *112*, 143
Adami, Guiseppe 187
Adenauer, Konrad 10, *83*, 158
Adolf Friedrich, Herzog von Mecklenburg-Schwerin 151
Ahmad Ziwar Pascha 178, 183
Ahrer, Jakob *182*
Akel, Friedrich 44
Alancourt *124*
Albers, Hans *142*, *204*
Albers, Josef 171
Alessandri y Palma, Arturo 42
Alfano, Franco 187
Alfons XIII., König von Spanien 168
Ali, König des Hedschas 169
Allen, Henry Tureman 68, 90, 144
Allenby, Edmund Henry Hynmann, Viscount of Megiddo and Felixstowe 183
Anderson, Ethel 167
Andra, Fern 74
Andrade, José Leandro 104
Anvelt, Jaan 197
Anwander, Arthur *57*
Apel, Wilhelm 201
Aragon, Louis 70
Aravantinos, griechischer Politiker *46*
Arp, Hans 70
Ascari, Antonio 60, *175*
Asquith, Herbert Henry, Earl of Oxford and 166
Aymo *124*
Bailey, Eugen 58
Baldwin, Stanley 10, *19*, 26, 160, 162, 166, 176, 178
Balfour, Arthur James 19
Balling, Michael 125
Bang, Nina 66
Bark, Gustav 105
Barlach, Ernst 146, 178
Barmat, Julius 192, *196*
Barnes, Lee *112*
Barney, Ludwig *229*
Bartók, Béla 24
Bassermann, Albert 10, *56*, 173
Bateman, H. M. 173
Bauer, Felice *103*
Bauer, Fritz 31
Bauer, Gustav 196
Bauer, Karl Heinrich 53
Bauer, Sybil 26
Bauersfeld, Walther 202
Baum, Vicki 173
Bauzer, Josef 63
Bayer, Herbert 188, 198
Beatty, Edward Wentworth *137*
Beckerath, Rudolf von 200
Beerenbrouck, Charles Joseph Maria Ruys de 8, 20
Beethoven, Ludwig van 73
Behncke, Paul *150*
Beilke, Erika *56*
Bekker, Paul 192
Bellenger *124*
Bendow, Wilhelm 28
Benito, Eduardo Garcia 89
Benjamin, Walter 173
Benn, Gottfried 141
Benoist, Robert *143*
Berg, Alban 24
Berge, Abraham 108
Bergen, Claus 69
Bergen, Fritz 194
Berger, Alfred Freiherr von 28, *30*, 31
Bergner, Elisabeth 56, 160, *173*, 178
Bernhardt, Sarah 72
Berthold, Hans 90, *104*
Bicker, Oswald Eduard 26
Biensfeldt, Paul *173*
Bildt, Paul Hermann *57*
Binder, Joseph 155
Binder, Sybille *73*
Blanchonnet, Armand *112*
Blech, Leo *24*
Bloch, Ernst *63*
Blum, Léon 74, 84, 97
Bock, Hermann 201
Bock, Wilhelm 94
Böckl, Wilhelm 30
Boelitz, Otto 72, 186
Borg, Arne 26, *31*, *113*
Börlin, Jean 204
Borotra, Jean 106, *125*
Borsig, Ernst von 83
Bottecchia, Ottavio 108, *124*
Bradley, Francis Herbert 229
Brandenstein, Joachim von 74
Brandt, Marianne 171
Branting, Hjalmar 160
Braun, Heinrich 44, 158
Braun, Otto 72, 195
Brauns, Heinrich 76, 83
Brecht, Bertolt 44, 55, 56, 160, 173, 174, 189
Bredow, Hans 54, 60, 83
Breitensträter, Hans 28, *31*
Brentano, Clemens 26
Breton, André 70
Breuer, Marcel Lajos 171, 198
Briand, Aristide 84, 97
Brik, Osip M. *188*
Brinkmann, Heinz 201
Brjussow, Waleri J. 229
Brockdorff-Rantzau, Ulrich Graf von *141*
Brod, Fritta *56*
Brod, Max 103, 176
Bronischewski, Paul 201
Bronnen, Arnolt 56, 58, 73, 174, 178
Bruce, Charles Granville 101
Bruce, Geoffrey 101
Bruckner, Anton 144
Brückner, Wilhelm 33
Brugnon, Jacques 125
Bruins, Gisbert Weyer 149, 163
Bruun, Laurids 174
Bryan, US-amerikanischer Politiker *183*
Buber, Martin 44
Buchinger, Rudolf *182*
Bühler, Hans 112
Bullock, G. H. 101
Bülow, Bernhard Heinrich Martin, Fürst von *140*
Burbidge, Woodman *137*
Burchartz, Max 188
Burroughes, D. 41
Busch, Fritz *24*, 125
Busoni, Ferruccio 108, *229*
Buysse, Lucien 124
Caillaux, Joseph *140*
Cajander, Aimo Kaarlo 10
Caldwell, Orville *25*
Campari, Guiseppe 143
Campbell, J. R. 166
Campbells, Malcolm 146
Canning, George 19
Capone, Al(phonse) 49
Carnarvon, George Edward Stanhope Molyneux Herbert, Earl of 40
Carr, Edvin W. 143
Carter, Howard 40
Casalini, G. 144, 153
Cassirer, Bruno 174
Castiglioni, Camillo 146, *153*
Cecil, Robert, Marquess of Salisbury 19
Cecilie, Kronprinzessin des Deutschen Reiches und Preußens *50*, *79*
Cesaro, italienischer Politiker 26
Chamberlain, Joseph Austen 166, 190
Chamberlain, Neville Bowles 166
Chanel, Coco 92
Chaplin, Charlie 156
Charell, Eric 142, 160
Chiang Kai-shek 74
Chlumecky, Johann Freiherr von 229
Christian X., König von Dänemark 146
Christians, Mady 8
Chuard, Ernest Louis 190
Churchill, Winston *166*
Citroën, André 136
Clair, René 204, 205
Clark, H. Samson *137*
Claudel, Paul 160
Clemenceau, Georges Benjamin 137
Clive, Robert Henry 34
Cochet, Jean 125
Cocteau, Jean 92
Cohn, Fritz Th. 174
Conrad, Joseph 126, *229*
Coogan, Jackie 146, 156, *205*
Coolidge, Calvin 26, 44, 76, 90, 117, 126, 144, *152*, 160, 164, *165*, 176, *180*, *183*, 190
Cooper, Diana *25*
Cosgrave, William Thomas 116
Coubertin, Pierre Baron de 110
Courbet, Gustave 189
Courths-Mahler, Hedwig 55, 146
Crawford, W. S. *137*
Crispien, Arthur 95
Curri, Bajram 197
Czinner, Paul 178, 204
D'Annunzio, Gabriele 44, 48, 72
D'Oisy, Pelletiers 60, 69, 90
Dali, Salvador 70
Darrow, Clarence *153*
Dart, Raymond Arthur 202
Das, Chittaranjan 37
Daugherty, Harry M. 38, 44, 49
Davidović, Ljubomir 47, 176
Dávila, Fausto 26
Davis, John W. 106, *117*, 126, 176, *180*
Dawes, Charles Gates 8, *12*, 42, *61*, *64*, 108, *130*, *149*, 180
De Bono, Emilio 160
De Chirico, Giorgio 70
De Stefani, Alberto 116
Degoutte, Jean Marie 148, 158
Deist, Heinrich 178
Delacroix, Léon 149
Delius, Frederick *172*
Delvaux, Paul 70
Denby, Edwin N. 28, 38
Dernburg, Bernhard *141*
Derrick, Paul E. *137*
Deterding, Henri 137
Diaghilew, Sergei 92
Diamant, Dora 103
Dieckmann, Erich 171
Dieffenbacher, Reinhold *21*
Diestel, Arnold G. F. 8, 15
Dieterle, Wilhelm 128, 139, 158, 178
Dirnhuber, Karl 123
Disraeli, Benjamin, Earl of Beaconsfield 19
Dix, Otto 70
Döblin, Alfred *174*
Doesburg, Theo van 122
Donandt, Martin 195
Donath, Ludwig *56*
Dongen, Kees van 89
Doumergue, Gaston 90, *97*, *211*
Duchamp, Marcel 70, 204
Dudok, Willem Marinus 122
Dumas, Alexandre d. J. 72
Dupas, Jean 89
Duse, Eleonora 60, *72*, 229
Dymow, Ossip *57*
Ebert, Friedrich *13*, 22, 26, 28, *32*, 42, 50, 58, 74, *79*, *83*, 90, 95, 98, 108, 117, 126, 128, 133, *134*, 160, 163, 176, 177, 178, 184, 190, 192, *195*
Echnaton, König von Ägypten 40

Eckener, Hugo 158, 164, *165*, 178, *195*
Eckstein, Franz 178
Eduard, Prinz von Wales 44, *55*, *111*
Edwall, Nils *204*
Eggenstedt, sozialdemokratischer Abgeordneter 94
Ehrenberg, Ernst 201
Ehrenstein, Albert *103*
Eichheim, Joseph *55*
Einstein, Albert 95, 141, *172*, 173
Einthoven, Willem 190, *203*
Eis, Maria Theresia *73*
Eisner, Kurt 114
Eldridge, E. A. D. 106
Elias Calles, Plutarco 106, 117, 128, 190
Eloesser, Arthur 174
Eluard, Paul 70
Emmerick, Anna Katharina 26
Emminger, Erich 15, 60, 65
Engel, Erich 160, 173
Engelmann, Helene 28, *30*, 31
Enrici, Guiseppe 90
Erdner, Wilhelm 201
Erickson, Carl 89
Ernst, Max 70, 179
Erzberger, Matthias 64, 128, *134*, 178
Esser, Hermann 14
Eulenberg, Herbert 174
Euler, August 185
Fabian, Max 99
Fairbanks, Douglas *204*
Faisal I., König des Irak 169
Falckenberg, Otto *56*
Fall, Albert 38
Fall, Leo 142
Fauré, Gabriel 176, 229
Fehling, Jürgen 58, 173
Feininger, Lyonel 70, *71*, 198
Fellisch, Karl 8
Feng Yü-hsiang 176
Feuchtwanger, Lion 174
Fewzi, Mustafa *47*
Filippelli, Filippo 97
Finch, George Ingle 101
Finzi, Aldo 97
Fischer, Betty *41*
Fischer, Ruth 96
Fjodor, Ladislas 115
Flemming, deutscher Luftschiff-Fahrer *165*
Flettner, Anton 184
Flora *12*, *64*
Flores, Angel 117
Ford, Edsel Bryant *100*
Ford, Henry *100*, 174
Ford, John 128, 205
France, Anatole (eigentl. Francois Anatole Thibault) 158, *229*
Francis, Polly 89
Franck, Walter *57*, *73*
Franco Bahamonde, Francisco 168
Francois-Marsal, Frédéric 90, *97*
Frangui, Emilo *12*, *64*
Frank, Josef 123, 171
Franke, Fritz 201
Frantz, Nicolas 124
Freud, Sigmund *55*, 70, 141, 176, 200
Frick, Wilhelm *33*
Friedländer, Marguerite 171
Friedrich August III., König von Sachsen 106, 114
Friedrich Leopold, Prinz von Preußen 92
Fritsch, Willy 178
Froelich, Carl 178
Fröhlich, Lucie *56*
Frölich, August 35, 114
Frost, Martin 194, 207
Frunse, Michail, W. 42, 48
Fuad I., König von Ägypten 42, *47*, 183
Fuchs, Hans 144
Fuller, Elsie *51*
Furtwängler, Wilhelm *24*, 190
Gabrielli, Angiolo 90, 105
Galvanauskas, Ernst 92
Gandhi, Mohandas Karamchand (genannt Mahatma) 26, *37*, 152
Garbo, Greta 146, *157*
Garina, Hanna *54*
Gaspar, Alfredo Rodrigues 92
Gay, Federico 90, 105
Gebühr, Otto 141
Geddes, Norman Bel *25*
Gemuseus, Alphonse *112*
Georg II., König von Griechenland 44, 46, 58
Georg V., König von Großbritannien *19*, *67*, 108, 120
George, Heinrich 10, 141
George, Stefan 174
Gershwin, George 26, *41*, 190
Gerstenberg, Erich 201
Geßler, Otto *150*
Ghione, Emilio 74
Giacometti, Augusto 127
Gibson, Vivian *204*
Gide, André 189
Gilbert, Seymour Parker 144, *149*
Ginsberg, Ernst *56*
Gladstone, William Ewart 19
Goetz, Curt *57*
Goldoni, Carlo 58, 73, 176
Goll, Yvan 139, 158
Gombei, Jamamoto 8
Gonatas, Stilianos 8, 20
Gordon, George, Earl of Aberdeen 19
Gourdin, Edward 112
Grabski, Władysław 8, 60
Graefe, Albrecht von 135
Graeff, Werner 188
Graf, Oskar Maria *174*
Graf, Richard 201
Grafström, Gillis 30, 31
Graham, Glenn 112
Grandel, Gottlieb 82
Grans, Hans 200
Gretsch, Hermann 171
Gropius, Walter 86, 170, 173, 176, 192, *198*
Grosz, George (eigenl. Georg Groß) 28, 35, 90, 102, 141, 157
Grüning, Ilka 8
Guegnetchkori, georgischer Politiker *152*
Guillaumat, Louis 158
Gumbel, Emil Julius 108, *115*
Gustav V., König von Schweden *36*
Gutenberg, Johannes 139
Gutkelch, Walter 144
Gwynne-Vaughan, Helen *167*
Haack, Käte *56*
Haarmann, Friedrich 92, *95*, 192, *200*, 201
Haddon, Walter *137*
Hadjikyriakos, griechischer Admiral *46*
Haesler, Otto 170
Hahn, Max 31
Hainisch, Marianne 83
Hainisch, Michael 74, 83, 190
Haller, Hermann 142
Hamsun, Knut *56*, *57*
Händel, Georg Friedrich 106
Hänisch, Konrad 8
Hanley 31
Hannappel, Adolf 201
Hansen, Max *41*
Hanson, Lars *157*
Hanus, Emerich 8
Harbou, Thea von 8, 87
Harding, Warren Gamaliel 28, 38, 117, 176, 180
Häring, Hugo 122, 123
Harn, D. C. *137*
Hartlaub, Gustav Friedrich 146, 157
Hartmann, Paul 73
Hasenclever, Walter 56
Hastings, Patrick 166
Haudaert *124*
Haug, Thorleif 30
Hauptmann, Gerhart 8, *141*, 174, 189, *195*
Haustein, Otfried von 90
Hayashi, Fumiko 116
Heartfield, John (eigentl. Heinrich Herzfeld) 90, 102, 126
Hebbel, Christian Friedrich 58, 178
Heine, Thomas Theodor 153
Heinz, Franz Josef (Heinz-Orbis) 8, *15*, 34
Held, Heinrich *50*, 65, 106, *114*
Heldt, Max 8, 10, *15*, 176, 184, 192
Helene von Griechenland, Kronprinzessin von Rumänien *111*
Helfferich, Karl 10, 42, 60, *64*, *229*
Helfferich, Philipp 10
Hellpach, Willy 115
Hendrich, Hermann 125
Henie, Sonja 30
Hennies, Adolf 201
Henze, Paul 118
Hergt, Oskar 94, 128, 132, 160, *163*
Hermann, Karl 106, 114
Hermanns, Heinrich *21*
Herriot, Édouard Marie 74, 84, *91*, 92, 95, *97*, 106, 108, *116*, 117, 126, 128, 133, 144, *150*, *151*, *162*, 190, 192
Hertz, Heinrich 83
Hertzog, James Barry Munnick *96*
Herzfelde, Wieland (eigentl. Wieland Herzfeld) 35
Heß, Rudolf *120*
Hesse, Hermann 58, 173
Hieber, Johannes von 58
Hilbersheimer, Ludwig 123
Hilferding, Rudolf 128
Hindemith, Paul 24, 160
Hindenburg, Paul von Beneckendorff und von *135*
Hirohito, Prinzregent von Japan 10, *22*
Hirtsiefer, Heinrich *52*
Hitler, Adolf 28, *33*, 44, 58, *59*, 60, *62*, 106, *120*, 128, 135, 146, 158, 192, *196*
Hochgesang, Georg 105
Hoesch, Leopold von 26, 58
Hoff, Charles 112, 175
Höfle, Anton 192, 196
Hofmannsthal, Hugo von 188
Hogrefe, Alfred 201
Hohenstein, Adolf 187
Holl, Karl 188
Holzknecht, Guido 53
Honegger, Arthur 24
Hood, Raymond 86
Hörsing, Otto 28, 33
Horváth, Ödön von 174
Houben, Hubert 126, *143*, *175*
Houghton, Alanson B. 106
Houser, Clarence 112
Houston, Herbert S. *137*
Houtard *12*, *64*
Howard-Bury, C. K. 101
Howells, John Mead 86
Hubbard, William De-Hart 112, 157
Hubble, Edwin Powell 202
Huch, Ricarda 108, *124*
Huch, Roland 201
Huerta, Adolfo de la 8, 26, *37*
Hugenberg, Alfred 204
Hughes, Charles Evans 102, 108, 121, 126
Hülsen, Hans von 63
Husain, Ibn Ali, König des Hedschas 42, *47*, 158, *169*
Hymans, Paul 28, 76
Ibn Saud, Abd Al Asis, Herrscher im Nadsch 158, *169*
Ibsen, Henrik 72
Ihering, Herbert 55, 73, 173
Ingman, Lauri 76
Ioffe, Adolf A. *134*
Ipsen, André *143*
Irvine, Andrew 90, 101
Jaakson, Jüri 190, 197
Jacobs, Monty 173
Jagow, Traugott von 192
Janáček, Leoš 176
Jannings, Emil *41*, *55*, 178, 192, *204*
Jarray, Paul 119
Jarres, Karl 58, 126
Jasper, Heinrich 195
Jawlensky, Alexej von 70, *71*
Jaworek, Karl 90, 96

Jenkinson, Robert Banks, Earl of Liverpool 19
Jesenská, Milena 103
Jessner, Leopold 158, 173
Joël, Kurt 65
Johnson, US-amerikanischer Politiker *183*
Johnston, Julianne *204*
Jordanija, Noah 144, *152*
Jung, Carl Gustav 176
Junker, Kurt *57*
Junkers, Hugo 126, 185
Jussuf Mohamed 104
Kadow, Walter 42
Kaehler, Willibald 125
Kafándaris, Georg 26
Kafka, Franz 90, *103*, 174, 230
Kahn, Otto H. 73, 126
Kahr, Gustav Ritter von 42, 62, 74
Kaiser 31
Kaiser, Georg 44, 55, 56, 128, 139
Kalb, Hans 105
Kallio, Kyösti 10
Kallmorgen, Friedrich *230*
Kálmán, Emmerich 28, *41*
Kamenew, Lew B. *18*
Kampf, Karl 139
Kandelaki, georgischer Politiker *152*
Kandinsky, Wassily 70, *71*, *198*
Kanitz, Gerhard Graf 68
Kanoldt, Alexander 70
Kant, Immanuel 60, *72*
Kark, Karl 197
Karl I., Kaiser von Österreich (als Karl IV. König von Ungarn) 67
Karl, Kronprinz von Rumänien *111*
Karolus, August 86
Kaske, Oskar 73
Kästner, Erich 155, 173
Katznelson, Lise *103*
Kaufmann, Oskar *25*
Kaun, Hugo 139
Kayssler, Friedrich 176, 178
Keaton, Buster 160, 204
Kehldorfer, B. *139*
Keigo, Kiyoura 8
Kellas, A. M. 101
Kellog, E. W. 202
Kellog, Frank Billings 116
Kerschensteiner, Georg 108, 128, *140*
Kiepenheuer, Gustav 174
Kindersley, Sir Robert *12*, *64*
Klabund (eigentl. Alfred Henschke) *174*
Klee, Paul 10, 70, *71*, 198
Kleiber, Erich *24*, 26
Klein, James 142
Klemperer, Otto *24*, 25
Klöckner, Peter 178
Klönne, Moritz 94
Klöpfer, Eugen 10, *173*
Klumberg, Aleksander 112
Knau, Josef 171
Knilling, Eugen Ritter von 50, 74
Koch, Friedrich 201
Koch, Heinrich 201
Koch-Gotha, Fritz 155
Kokoschka, Oskar 176
Kollo, Walter 106, 142
Kollontai, Alexandra M. 42, 49
Konduriotis, Pavlos 44, 46
Kondylis, Georgios *46*
Könnecke, Otto 185
Konstantin I., König von Griechenland 46
Kornfeld, Paul 42, 56
Kortner, Fritz 173
Kramer, Ferdinand 171
Kraus, Karl *57*
Krauss, Werner *173*, 178
Křenek, Ernst 24, 90, 102, 160
Kreß, Freiherr von Kressenstein 58
Kriebel, Hermann *33*, 58, 62, 94, *120*
Krisler, Fritz 41
Krohne, Rudolf 158, 163
Kroll, Josef 25
Kröller, Heinrich 87
Krupkat 31
Krupp von Bohlen und Halbach, Gustav 178
Kugler, Anton 105
Kuhnt, Werner *143*
Kutisker, Iwan 192, 196
Kutschera, Tilli *121*
La Follette, Robert Marion 176, *180*
La Marr, Barbara *205*
Laban, Rudolf von 142
Lacoste, René 106, 125
Lagerlöf, Selma 146, 157
Laidoner, Johan 197
Lamb, William, Viscount Melbourne 19
Landauer, Gustav 196
Lang, Fritz 28, 74, *87*, 204
Lange, Sven *57*
Langenberg, Hans 105
Langewisch, Harry *56*
Lankester, E. Ray *172*
Larsen, Roald *30*
Laurens, Henri 92
Laverrenz, Wilhelm *94*
Lawrence 31
Lawrence, Thomas Edward (»Lawrence of Arabia«) 169
LeGendre, Robert *112*
Lehmann, Julius Friedrich 151
Leischner, Erich 123
Lelong, Lucien 89
Lenglen, Suzanne 125
Leni, Paul 178, 204
Lenin, Wladimir I. 10, *16*, 17, *18*, 28, 48, 85, 230
Leo XIII., Papst 199
Leonid, Alexandr 122
Leopold, Nathan 144, *153*
Leroux, Georges 110
Lessing, Theodor 200, 201
Leutheußer, Richard 28, 35
Leverve, Gaston 149
Levine, Alexei 174
Lidell, Eric 112
Lieb, Thomas 146
Liebermann, Max 160
Liedtke, Harry 8
Lindström, Gunnar *175*
Lissitzky, El 122, 123, 188
List, Friedrich *139*
Litt, Theodor *140*
Litwinow, Maxim M. *18*
Lloyd George, David *141*, *166*, *183*
Löbe, Paul 74
Loeb, Richard 144, *153*
Loeb, Walter 146, 151
Loos, Adolf 86
López Gutiérrez, Rafael 26
Lordmann, Peter *54*
Lorenz, Karl 31
Losch, Tilly 87
Lossow, Otto von 14, 28, *33*, 42, 58, 62, 74
Lubitsch, Ernst 204
Ludendorff, Erich 8, 14, 28, *33*, 42, *62*, *65*, 78, *81*, 125, *135*, 178
Lueger, Karl 120
Lueken, Emil 67
Lukács, György (Georg von) 189
Lung Yü 181
Luther, Hans 82, 126, 130, 158, 168, 192, 194
MacDonald, James Ramsey *9*, 10, *19*, 36, 47, 48, *91*, 92, 97, 102, 106, 108, *116*, 126, 128, 134, 144, 158, *162*, *166*, *167*, *172*, 176, 178
MacFadyean, Andrew *12*, *64*, 149
Mackensen, August von *135*
Mackenthun, Walter 185
MacLaren, britischer Offizier 69
Magritte, René 70
Mahler, Alma Maria 176
Mahler, Gustav 24, 176
Majakowski, Wladimir W. 174, 188
Malewitsch, Kasimir S. 74
Mallory, George H. Leigh 90, 101
Maltzan, Adolf G. D. 192
Man Ray 70, 71, 204
Mann, Thomas 108, *124*, *141*, 174, 178, *189*, *195*, 206
Mantel, Karl 63
Marlitt, Eugenie 55
Marquordt, Gerhard 192, 195
Martens, Karl *175*
Martens, Valérie von *57*
Martin, Charles 89
Martin, Heinz 201
Marty 89
Marx, Paul *57*
Marx, Wilhelm 8, 10, *13*, 14, 28, *32*, 42, 44, 50, *65*, 74, 76, 78, *79*, 83, 90, 92, 94, 106, 108, *115*, 126, 128, *130*, 132, 146, 158, 160, *163*, 176, 178, 190, 192, 194
Masetti, Graf Giulio 60
Massary, Fritzi *142*
Massine, Léonide 92
Masson, André 70
Mataja, Heinrich *182*
Matteotti, Giacomo 76, 90, 92, *97*, 126, 128, 153, 160, 230
Maurice, Emil *120*
May, Ernst 170
Mayer-Kaufbeuren, Wilhelm 26
McAdoo, William G. 106, *117*
McKane, Kitty 106, *125*
McKenna, Reginald 10, 12, 64
Mecklenburg-Schwerin, Adolf Friedrich, Herzog von 10
Mehring, Franz 129
Melba, Dame Nellie (eigentl. Helen Mitchell) *172*
Mellon, Andrew William 180
Mendelsohn, Erich 122
Menjou, Adolphe 204
Meredith, E. T. *137*
Merton, Arthur 40
Meyerinck, Hubert von 192
Michalakopulos, Andreas 158
Mies van der Rohe, Ludwig 122, 170, 171
Milhaud, Darius 92
Miller, Oskar von *22*, 202
Millerand, Alexandre *13*, *84*, 90, 97, 121, 176
Mine, Robert Yoshijiro 86
Miró, Joan 70, 71
Mitchell, Harry *112*
Moholy-Nagy, László 188, *198*
Moll, Florentin *35*
Molyneux, Herbert, Earl of 40
Montessori, Maria *140*
Mooney, James David *137*
Motta, Giuseppe 44
Mowinckel, Johann Ludwig 108
Mozart, Wolfgang Amadeus 73
Muche, Georg *198*
Muck, Karl 125
Muhammad VI., Sultan der Türkei 47
Mühsam, Erich 63, 192, *196*
Müller, Hans *56*
Müller, Hermann 95
Müller, Max 192
Munk, Marie 8
Murchison, Loren 112, 126, 143
Murnau, Friedrich Wilhelm 8, 192, 204
Mussolini, Benito 26, 44, *48*, 60, 66, 76, 90, 92, 97, 144, 146
Mustafa Kemal Pascha (Kemal Atatürk) 47, 60, 176
Musy, Jean-Marie 190
Müthel, Lothar Max *57*
Nagako, japanische Prinzessin 10, *22*
Nansen, Fritjof 146
Natorp, Paul 230
Naumann, Friedrich 15
Nazarro, Felice *143*
Neergaard, Niels Thomas 42, 60, 66
Negri, Pola 204
Nehru, Motilal 37
Nelson, Erik H. 69
Nielsen, Asta *51*, 141, 173, 178
Nijinska, Bronislava 92
Noa, Manfred 10, 26
Nogara, Bernardino 149
Noli, Fan S. 74, 90, 192, 197

Nollet, Claude Marie *95*, 106, 150
Norton, Eduard Felix *101*
Nurmi, Paavo 92, 105, 110, 112, *113*, 175
O'Casey, Sean 42
O'Neill, Eugene 56, 74, 139, 160, 176, 192
Oberth, Hermann *120*
Obregón, Álvaro 8, 37, 58, 117, 190
Odemar, Fritz *56*
Oehmichen, Etienne 60
Oeser, Rudolf *55*, 58, 158, *163*, 184
Oestreich, Paul 140
Oldenburg-Wittig, Lotte 121
Ordschonikidse, Grigori K. 152
Osborn, Harold 112
Osman I. Ghasi, Sultan des Osmanischen Reiches 47
Ossietzky, Carl von 90
Ossinsky, Sowjetischer Diplomat *36*
Otto, Berthold *140*
Oud, Jacobus Johannes Pieter 122
P'u I, Kaiser von China 176, *181*
Pabst, Georg Wilhelm 176
Pacelli, Eugenio *50*
Paddock, Charles William 112, 126, 144, *157*
Painlevé, Paul 74, 84, *97*
Papanastasiou, Alexandros *46*, 108
Paquet, Alfons 56, 87
Parmentier *12*, *64*
Pasić, Nikola 47, *48*, 176
Päts, Konstantin 44
Peel, Sir Robert 19
Pélissier, Henri 124
Pernet, Heinz 33
Pershing, John J. 146, *152*
Petersen, Carl 8, 15
Petersen, Peter 140
Petersen, Thyge *112*
Petri, Trude 171
Pfundmayr, Hedy 87
Picasso, Pablo 92
Pichler, Gusti 87
Pick, Hilbert 153
Pick, Otto *103*
Piel, Harry 8
Pinchot, Rosamond *25*
Pirandello, Luigi 56, *57*, 160, 192, 203
Pirelli, Alberto *12*, *64*
Piscator, Erwin 56, 76, *87*, 101, 157, 192
Pistolotows, Baron Skott von 108
Pius XI., Papst 42, 44, 60, 146, 156, 192, *199*
Planck-Szabó, Herma 28, 30, *31*
Pöhner, Ernst *33*, 58, 62, 196
Poincaré, Raymond *13*, *36*, *37*, 44, 60, 74, 84, 90, 97, 121
Porritt, Arthur 143
Porsche, Ferdinand 90
Porten, Henny 176, 178
Preuß, Hugo 8
Primo de Rivera y Orbaneja, Miguel 74, 144, 160, *168*, *197*
Primrose, Archibald Philip, Earl of Rosebery 19
Puccini, Giacomo 178, *187*, 230
Putti, Lya de *51*
Quidde, Ludwig 44, *50*, 158
Rachmaninow, Sergei W. 41
Rademacher, Erich 44, *175*
Radić, Stjepan 47
Rakowsky, Khristian G. *96*, 167
Ralph, Hanna 74
Ramek, Rudolf 178, *182*
Rasmussen, Gustav 108, 117, 158
Rasmussen, Knud 146, *156*
Rathenau, Walther 64, 92, 95
Rau, Eduard 58
Raynal, Paul 41
Reading, Rufus Daniel Isaacs, 1. Marquess of *172*
Redslob, Edwin 155
Reger, Max 24
Rehfisch, Hans José 28
Reimann, Hans 155
Reinhardt, Max 10, 25, *56*, *57*, 58, *73*, 160, 173, 176, 192, 203
Resch, Josef *182*
Respighi, Ottorino 190, 203
Reuter, Fritz 106
Reuter, Ludwig von 138
Reymont Władysław Stanisław 190, 203
Rice, C. W. 202
Richert, Hans 186
Richl, Alois 230
Richter, Egmont *57*
Richter, Ellen 10
Richter, Paul 74, *87*
Richter, Wilhelm 196
Rieben, Egon von 185
Riecken, Christian 90, *104*
Riegel, Carl 105
Riegger, Hans 202
Rietveld, Gerrit 122, 123
Ringelnatz, Joachim 141, 155
Ritola, Ville *112*, 113
Rittweger, Otto 171
Robinson Frederick John, Viscount Goderich 19
Rockefeller, John Davison 137
Rodrigues, Alfredo 178
Rodtschenko, Alexandr M. 188
Rohlfs, Christian 192
Röhm, Ernst *33*
Röntgen, Wilhelm Conrad *55*
Roosenburg, R. D. 122
Roosevelt, Franklin Delano 92
Rosenberg, Alfred 8, *14*, 135
Rosenzweig, Franz 44
Rossi, Cesare 97
Rossi, Ernesto 72
Roth, Adolf 94
Rothardt, Erwin 190, 195
Rothe, Friedel 201
Rothenstein, William 158, 172
Rumpler, Edmund 119
Rupprecht, Kronprinz von Bayern 176, 184
Russel, John 19
Rykow, Alexei I. *18*
Saghlul, Sad *20*, *47*, 106, 158, 178, 183
Salamano, Carlo 143
Saldow, Karl 31
Salisburg, Robert Arthur Talbot Gascoyne-Cecil, 3. Marquess of S. *140*
Salmonowa, Lyda *57*
Samson-Körner, Paul 28, *31*
Sandrock, Adele 10
Santos, José Domingos dos 178
Sardou, Victorien 72
Satie, Erik 92, 204
Schacht, Hjalmar 10, 60, *67*, 76, *195*
Schalk, Franz 188
Scharnagl, Karl 192
Scheidemann, Philipp 176
Schewtschenko, Alexandr *188*
Schiller, Friedrich von 158, 173
Schlageter, Albert Leo 74
Schlettow, Hans Adalbert 74
Schlichter, Rudolf 102
Schmidt, Hans 105
Schneider, Emil *182*
Schnitzler, Arthur *56*, *57*, 157, 174, 189
Scholz, Jackson *112*
Schön, Margarethe 74
Schönberg, Arnold 24, 90, 157, 158
Schönlank, Erich *56*
Schreker, Franz 44
Schrimpf, Georg 70
Schubert, Franz 139
Schultheß, Edmund 35
Schultze, Ernst 200
Schulz, Ferdinand 74, 86
Schulz, Heinrich 128, 134, 178
Schulze, Wilhelm 201
Schürff, Hans *182*
Schwechten, Franz 230
Schweikart, Hans *56*
Schweninger, Ernst *230*
Schweyer, Franz 63, 76
Schwitters, Kurt 188
Scribe, Eugène 72
Seeckt, Hans von 10, 28, 32, 76, *82*, 150
Seeliger, Hugo von 230
Seidl, Lea *88*
Seipel, Ignaz 28, 90, *96*, 126, *134*, 146, 176, 178, 182
Seisser, Hans Ritter von 33, 62, 74
Senger, Willi 201
Servae, Franz 73
Servaes, Dagny *73*
Severing, Carl 76, 190
Shakespeare, William 72
Shaw, George Bernard 56, 160, 173
Shelley, Percy Bysshe *56*
Sheridan, Clare *17*
Siegbahn, Karl Manne Georg 190, 203
Silva Bernardes, Arturo da 106
Silva, António María da 92
Simon-Franken, sozialdemokratischer Abgeordneter 94
Simoni, Renato 187
Singer, Leopold von 73
Singh, Rajah Sir Hari 190
Sinowjew, Grigori J. 96, 106, 160, 167, 197
Skutnabb, Julius *30*
Smith, Alfred E. 92, 106, *117*
Smith, Lowell H. 69
Smuts, Jan Christiaan 92, *96*
Sofulis, Themistokles 108, 158
Somervell, T. Howard 101
Sonnenfeld, Hans 201
Sophie, Königin von Griechenland *46*
Soupault, Philippe 70
Speichert, Hermann 201
Spiecker, Ernst 201
Spitteler, Carl 192, *230*
Stack, Lee 178, 183
Stahl-Nachbaur, Ernst *173*
Ståhlberg, Kaarlo Juho 10
Stalin, Josef W. 10, 16, *18*, 36, 42, 48, 76, *85*, 152
Stamboliski, Alexandar 58, 66
Stamp, Josiah C. *12*, *64*
Stanford, Sir Charles Villiers 230
Stanhope, Edward 40
Stanley, Edward Geoffrey, Earl of Derby 19
Stauning, Thorvald 58, 60, *66*
Steckel, Leonhard *57*
Stein, Aurel *172*
Steiner, Jenny *143*
Steiner, Rudolf 146, 156
Steinhof, Eugen Gustav 157
Steinrück, Albert 192
Stellbrink, Arthur 31
Stepanowa, Warwara *188*
Sternaux, Ludwig 55
Sternheim, Carl 174, 189, 192
Stieler, Elisabeth *56*
Stiller, Mauritz 146, 157
Stinnes, Hugo 44, 58, *67*, *231*
Strasser, Gregor 135
Strasser, Otto 120
Strauss, Richard *24*, 74, 87, 90, 176, *188*
Strawinski, Igor 24, 41, 190
Streicher, Julius 14, 135
Stresemann, Gustav *13*, 42, 44, *79*, 83, 88, *94*, 106, 126, *130*, 133, 167, 176, 178, 192, 194, 206
Strindberg, August *56*, *57*
Strobel, Wolfgang 105
Struß, Heinrich 201
Stuber, Werner 112
Stuhlfauth, Heiner 105
Sturm, Emmy *142*
Sudermann, Hermann 178
Sullivan, Louis Henry 60, 231
Sun Yat-sen 74, 84, *181*
Sutor, Hans 105
Swanson, Gloria *51*
Synge, John Millington 160
Takaaki, Fürst Kato 90
Tänzler, Hans *54*
Taut, Bruno 86
Taut, Max 86
Taylor 31
Taylor, Frank Morgan 157

Techmer, Willy 31
Temple, Henry John, 3. Viscount Palmerston 19
Thälmann, Ernst *96*
Thams, Jacob Tullin *30*
Theunis, Georges 28, 76, *116*
Thimig, Helene 73
Thimig, Hugo 73
Thoma, Hans 176, *189*, 231
Thormann, Alexander 82
Thunberg, Clas *30*
Thys, Phillippe *124*
Thyssen, Fritz 26, *64*
Tietz, Oskar 31
Tillessen, Heinrich 134
Toelle, Carola *56*
Toller, Ernst 10, 25, 26, 63, 106, *114*, 196
Tootell, Frederick 157
Torcuato de Alvear, Marcelo 22
Toscanini, Arturo 187
Tosta, Vincente 26
Träg, Heinrich 105
Tralow, Johannes *56*
Trier, Walter 155, 173
Tromp, Jaan 182
Troßbach, Heinrich 114
Trotzki, Leo D. *16*, *18*, 42, 48, 76, 85
Trygger, Ernst 160
Ts'ao K'un 176, 178
Tschang Tso-Lin 176, 181
Tschechowa, Olga *57*
Tschitscherin, Georgi W. *18*, 36, 42
Tuan Ch'i-jui 178
Tumenas, Anton 92
Tümpel, Wolfgang 171
Turner, D. A. 38
Tutanchamun, König von Ägypten 26, 40
Twardowski, Hans Heinrich von *73*
Ullstein, Hermann 173
Ulrich, Carl 195
Unruh, Fritz von 95
Valentin, Karl 58
Valera, Eamon de 108, *116*, 160
Vaugoin, Karl *182*
Verdi, Giuseppe 174, 187
Viertel, Berthold 139
Vigny, Alfred Comte de 174
Viktor Emanuel II., König von Italien *48*
Viktor Emanuel III., König von Italien 76, 97, 160
Vögler, Albert 94, 178
Vollmoeller, Karl Gustav 10, 25
Vordemberge-Gildewart, Friedr. 188
Vries, Erich de 201
Waber, Leopold *182*
Wagenfeld, Wilhelm 171
Wagner, Martin 170
Wagner, Richard 25, 102
Wagner, Robert 33
Wagner, Siegfried *125*
Walch, Camille 106, 150
Waldau, Gustav 73
Waldemar, Richard *41*
Wallraf, Max 76, 134
Walsh, Raoul 204
Walter, Bruno *24*
Walther, Friedrich (eigentl. Walther von Eynern) 8
Wassermann, Boris 144
Weber, Friedrich *33*, 58, 62, *120*, *151*, 196
Webern, Anton von 24
Weichert, Richard *57*
Weill, Kurt 24
Weingartner, Felix von *24*
Weiss, Ernst 128
Weissmuller, Johnny 28, *31*, *113*, *175*
Wellesley, Arthur, Herzog von Wellington 19
Wels, Otto 33, 95
Weniselos, Eleftherios 8, *20*, 26, 46
Werfel, Franz 157, 160, 174
Werner, Christian 60
Wesnin, Alexandr A. 123
Wesnin, Leonid A. 123
Wesnin, Wiktor A. 122, 123
Wheeler, E. O. 101
Whiteman, Paul 41
Wide, Edvin *112*
Wiecke, Paul 25
Wieder, Ludwig 105
Wightman, Hazel 125
Wilbur, Curtis D. 38, 185
Wilder, Billy 141
Wilhelm II., deutscher Kaiser und König von Preußen 158
Wilhelm, Kronprinz des Deutschen Reiches und Preußens 42, 50, 79, *151*
Wilhelmina, Königin der Niederlande 8, *20*
Wilson, Woodrow 26, *36*, 102, 117, 180, 231
Winterstein, Eduard von *56*
Wittig, Fritz 201
Witzel, Robert 201
Wohlgemuth, G. *139*
Wojciechowski, Stanislaw 144
Wolf, Friedrich 28
Wolf, Hermann 201
Wolff, Kurt 174
Wolff, Willi 10
Wu Pei-fu 181
Young, Owen D. 8, *12*, *64*, 114, *130*, 149
Zankow, Alexandar 66
Zeigner, Erich 15, 44, 52
Zeretelli, Irakli G. *152*
Zille, Heinrich 26
Zimmermann, Alfred 28, 35
Zita, Kaiserin von Österreich und Königin von Ungarn *67*
Zogu, Achmed 74, 90, 192, 197
Zweig, Arnold 174
Zwing, Karl 74

Sachregister

Das Sachregister enthält Suchwörter zu den in den einzelnen Artikeln behandelten Ereignissen sowie Hinweise auf die im Anhang erfaßten Daten und Entwicklungen. Kalendariumseinträge sind nicht in das Register aufgenommen. Während politische Ereignisse im Ausland unter den betreffenden Ländernamen zu finden sind (Beispiel: »Abrüstungsplan« unter »Dänemark«), wird das politische Geschehen im Deutschen Reich unter den entsprechenden Schlagwörtern erfaßt. Begriffe zu herausragenden Ereignissen des Jahres sind ebenso direkt zu finden (Beispiel: »Hitlerprozeß« eben dort). Ereignisse und Begriffe, die einem großen Themenbereich (außer Politik) zuzuordnen sind, sind unter einem Oberbegriff aufgelistet (Beispiel: »Reformpädagogik« unter »Bildungswesen«).

Abessinien (heute Äthiopien) 214
Abrüstung (→ Militär)
Afghanistan 214
Ägypten 214
– Attentat auf den britischen Oberbefehlshaber 183
– Parlamentseröffnung 47
– Tutanchamun-Grab 40
– Wafd-Wahlsieg 20
Albanien 197, 214
Anhalt 213
Annam 214
Arbeit und Soziales 21 (Übersicht)
– Arbeitslosigkeit 21
– Arbeitszeit 21, 35, 152
– Frauenerwerbstätigkeit 121
– Löhne und Gehälter 21, 82
Architektur 122 (Übersicht)
– Bauhaus 198
– Chicago Tribune Tower 86
– Goetheanum 156
Argentinien 22, 214
Atlantikflug 164, 165
Australien 214
Auto 100, 118 (Übersicht), 199
Automobilsport (→ Sport)
Autoverkehr (→ Verkehr)
Baden 213
Ballett (→ Musik)
Barmat-Kutisker-Skandal 196
Bauhaus (Weimar) 198
Bayern 213
– Hitlerprozeß 33, 62, 63
– Konflikt mit der Reichsregierung 14, 33
– Konkordat 50
– Landtagswahlen 65
– Monarchisten 184
– Regierungsbildung 114
– Verfassungsdenkschrift 14
Beamtengehälter 82
Belgien 214
– Konflikt Flamen/Wallonen 66
Bergbau 64, 83
Berlin 213
Bhutan 214
Bildtelegrafie 86
Bildungswesen 186 (Übersicht)
– Reformpädagogik 140
– Richertsche Schulreform 186
Birma 214
Bolivien 214
Boxen (→ Sport)
Brasilien 214
Braunschweig 213
Bremen 213
Büchergilde Gutenberg 139
Bulgarien 66, 214
Bund Oberland 151
Chile 214
China 214
– Abkommen mit der UdSSR 84
– Bürgerkrieg 181
– Vertreibung des Kaisers 181
Costa Rica 214
Dänemark 214
– Abrüstungsplan 117
– Parlamentswahlen 66
Danzig 214
Dawesplan 12, 64, 83, 94, 97, 115, 116, 130, 132, 149, 163, 216
Deutsches Reich 209 (Statistik), 213
DVP (Deutsche Volkspartei) 94
Deutsch-Hannoversche Partei (Welfenpartei) 82
DNVP (Deutschnationale Volkspartei) 163
Dominikanische Republik 214
»Ecce homo«-Prozeß 35
Ecuador 214
Eiskunstlauf (→ Sport)
El Salvador 214
Ermächtigungsgesetz 32
Essen und Trinken/Ernährung 52, 68 (Übersicht)
Estland 214
– Kommunistenaufstand 197
– Kommunistenprozeß 182
Film 204 (Übersicht)
– Kinderstar Jackie Coogan 156
– Werke:
»Abraham Lincoln« 205
»Aelita« 221
»Entrácte« (Zwischenspiel) 204, 205, 221
»The Eternal City« (Die ewige Stadt) 205
»Forbidden Paradise« (Das verbotene Paradies) 204, 221
»Gösta Berling« 157
»The Iron Horse« (Das eiserne Pferd) 205, 221
»The Kid« 156, 205
»Der letzte Mann« 204, 221
»Madame Dubarry« 204
»The Navigator« (Der Seefahrer) 204, 221
»Die Nibelungen« 87, 204, 221
»Nju« 204, 221
»Paris qui dort« (Das schlafende Paris) 221
»Quo vadis?« 41
»Die seltsamen Abenteuer des Mr. West im Lande der Bolschewiken« 221
»Sherlock Holmes jr.« 204
»The Thief of Bagdad« (Der Dieb von Bagdad) 204
»Vendetta« 204
»Das Wachsfigurenkabinett« 204, 221
Finnland 214
Flettner-Rotor 184
Fotografie 188
Frankreich 214
– Inflation 37
– Parlamentswahlen 84
– Präsidentensturz 97
– Regierungswechsel 84, 97
– Wiederaufbau von Arras 85
Frauenerwerbstätigkeit 121
Frauenwahlrecht 69
Funkverkehr und -technik 22, 67, 83, 198
Fürstenabfindung 50, 114, 151
Fußball (→ Sport)
Gedenkfeiern für Weltkriegsopfer 134
Gesundheit 53 (Übersicht)
– Infektionskrankheiten 53
– Krebsforschung 53, 55
– Naturheilkunde 100
– Psychoanalyse 55
Gewichtheben (→ Sport)
Griechenland 214, 216
– Ausrufung der Republik 46
– Regierungswechsel 20
Großbritannien 214
– Anerkennung der UdSSR 36
– Arabien-Politik 169
– Empire-Ausstellung 67
– Erste Labour-Regierung 19, 166
– Handelsvertrag mit UdSSR 134
– Luftwaffenausbau 48, 138
– Mossul-Konflikt 168
– Regierungswechsel 19, 166
Guatemala 214
Haiti 214
Hamburg 15, 213
Hannover 82
Hedschas
– Eroberung Mekkas 169
Heinrich-Hertz-Gesellschaft 83
Hessen 213
Hiddensee 141
Hitlerprozeß 33, 62, 63
Honduras 214
Indien (Britisch-Indien) 214
– Freilassung Gandhis 37
– Religiöse Unruhen 152
– Unabhängigkeitsbewegung 37
Indochinesische Union 214
Institut für Sozialforschung (Frankfurt/Main) 100
Irak 214
Iran (→ Persien)
Irland 117, 214
Island 214
Italien 214
– Angliederung Fiumes 48
– Matteotti-Attentat 97
– Parlamentswahlen 66
Japan 214
– Hochzeit Hirohitos 22
Jemen (Sana) 214
Jordanien (→ Transjordanien)
Jugoslawien (→ Königreich der Serben, Kroaten und Slowenen)
Justizreform 15
Kambodscha 215
Kanada 215
Kantfeiern (Königsberg) 72
Kieler Freihafen 67
Kino (→ Film)
Kirchenstaat (→ Papst)
Kirche/Religion
– Heiliges Jahr 199
– Konkordat (Bayern) 50
Kleine Entente 20
Kölner Messe 83
Kolonialkongreß (Berlin) 151
Kolumbien 215
Kommunistische Internationale (Komintern) 96
Königreich der Serben, Kroaten und Slowenen 215
Korea 215
Kriegsschuld 133
Kriminalität 95, 153, 200, 201
Kuba 215
Kunst/Malerei 70 (Übersicht)
– »Ecce homo«-Prozeß 35
– Künstlervereinigung Rote Gruppe (Berlin) 102
– Neue Sachlichkeit 70, 157
– Porträtausstellung (London) 172
– Surrealismus 70
– Werke:
»Ecce homo« 35
»Die Eltern des Künstlers« 70
»Maternité« 71
Kuwait 215
Landwirtschaft 68
Laos 215
Lebensmittelspenden 52, 68
Leichtathletik (→ Sport)
Leipziger Frühjahrsmesse 52
Lettland 215
Libanon 215
Liberia 215
Libyen 215
Liechtenstein 215
Lippe 213
Litauen 215
Literatur 174 (Übersicht)
– Büchergilde Gutenberg 139
– Neue Sachlichkeit 174
– Zeitschrift »Uhu« 173
– Werke:
»Anabasis« 218
»Auf der Suche nach Indien« 218
»Der bedrängte Seraph« 217
»Berge, Meere und Giganten« 174, 217
»Buddenbrocks« 189
»Daphné« 174

»Der eiserne Strom« 218
»Ende der Parade« 218
»Fräulein Else« 174, 218
»Futurismus und Faschismus« 218
»Ein Hungerkünstler« 103, 174, 218
»Hymnen an die Kirche« 217
»In der Strafkolonie« 103
»Die Insel der großen Mutter oder Das Wunder von Île des Dames« 217
»Kant als Philosoph der modernen Kultur« 217
»Manifest des Surrealismus« 70, 218
»Mein Leben in der Kunst« 218
»Papst und Kaiser im Dorf« 218
»Der Prozeß« 103
»Rumänisches Tagebuch« 217
»Das Schloß« 103
»Schriften zur Soziologie und Weltanschauungslehre« 217
»Das Schwalbenbuch« 217
»Städte und Jahre« 218
»Der Strudel« 218
»Die treue Nymphe« 218
»Das Urteil« 103
»Van Zantens glückliche Zeit« 174
»Verdi: Roman der Oper« 174, 217
»Der Verschollene« (»Amerika«) 103
»Die Verwandlung« 103
»Zu Wasser, zu Lande« 218
»Der Zauberberg« 174, 189, 217
»Zwanzig Liebesgedichte und ein Lied der Verzweiflung« 217
Londoner Reparationskonferenz 97, 116, 130, 132, 168
Lübeck 213
Luftfahrt (→ Verkehr)
Luftschiffe 22, 138, 164, 165
Luxemburg 215
Malerei (→ Kunst)
Marokko 215
Mecklenburg-Schwerin 213
Mecklenburg-Strelitz 213
Memelgebiet 215
Mexiko 215
– Aufstand 37
– Präsidentschaftswahlen 117
Militär
– Abrüstung 102, 117, 185
– Alliierte Kontrolle der Reichswehr 95, 150, 197
– Britische Flottenparade 120
– Britische Luftwaffe 48, 138
– Flottenbergung in Scapa Flow 138
– Genfer Protokoll 162
– US-Manöver 102
Mode 88 (Übersicht)
– Bubikopf 51
Monaco 215
Mongolische Volksrepublik 182, 215, 216
Mount-Everest-Expedition 101
Musik (auch → Unterhaltung) 24 (Übersicht)
– Ballett 24, 87
– Krolloper 25
– Musik- und Theaterfest Wien 157
– Oper 24, 25, 102, 172, 187, 188
– Operette 24, 41
– Richard-Wagner-Festspiele125
– Sängerbundfest 139
– Schallplatte 24
– Telefonoper 102
– Werke:
»Erwartung« 220
»Die glückliche Hand« 220
»Gräfin Maritza« 41, 219
»Intermezzo« 24, 188, 219
»Pini di Roma« 203
»Rhapsody in blue« 41
»Schlagobers« 24, 87
»Das schlaue Füchslein« 219
»Der Sprung über den Schatten« 102
Muttertag 83
Nationalsozialistische Deutsche Arbeiterpartei (→ NSDAP)
Naturheilkunde 100
Nepal 215
Neue Sachlichkeit 70, 157, 174, 204
Neujahrsansprachen 13
Neuseeland 215
Nicaragua 215
Niederlande 215
– Regierungskrise 20
Nobelpreise 203
Nordirland 215
Norwegen 215
Notverordnungen 32
NSDAP
– Ersatzorganisationen 14
– Führungskampf 135
– Hitlerprozeß 33, 62, 63
– Parteitag 135
– Wahlerfolg in Bayern 65
Oberschlesien (Staatsangehörigkeit) 134
Oldenburg 213
Olympische Spiele (→ Sport)
Österreich 210 (Statistik), 213
– Attentat auf Kanzler Seipel 96, 134
– Bankskandal 153
– Muttertag 83
– Regierungswechsel 182
– Sanierungspolitik 35, 182, 197
– Schilling-Währung 197
– Streiks 38, 153
– Völkerbundsanleihe 35
Palästina 215
Panama 215
Papst 199, 215
Paraguay 215
Parteienverbote 115
Pazifismus 50, 115
Persien 215
Peru 215
Pferdesport (→ Sport)
Philippinen 215
Polen 134, 215
Portugal 215
Preußen 213
– Landtagswahl 195
Prohibition 49
Psychoanalyse 55
Radsport (→ Sport)
Raumfahrt (→ Wissenschaft und Technik)
Reformpädagogik 140
Reichsbanner Schwarz-Rot-Gold 33
Reichsmark 133
Reichspräsident
– Beleidigungsprozeß 195
Reichsregierung 32, 50, 94, 163, 184
Reichstag
– Auflösung 50, 163
– Dawes-Gesetze 132
– Parteiverbote 115
– Tumulte 94
– Wahlen 65, 78 (Grafik), 194 (Grafik)
Reichswehr 95, 150
Reisezeit 98, 121
Reparationen 12, 64, 97, 115, 116, 130, 132, 149
Revue (→ Unterhaltung)
Rheinlandbesetzung
– Ausgewiesene Personen 95
– Räumung der Kölner Zone 197 (Karte)
Richard-Wagner-Festspiele 125
Roter Frontkämpferbund 115
Ruhrgebiet 216
– Bergbau 64, 83
– Besetzung 14, 64, 133
– Räumung 133, 148, 184
– Streik im Bergbau 83
Rumänien 215
Rundfunk 54, 154, 198
Sachsen 213
– Abfindung des Königs 114
– Regierungskrise 184
– Regierungswechsel 15
– Zeigner-Prozeß 52
Sängerbundfest 139
Sansibar 215
Schaumburg-Lippe 213
Schiffahrt (→ Verkehr)
Schweden 215
Schweiz 211 (Statistik), 213
– Volksabstimmung über Arbeitszeit 35
Schwimmen (→ Sport)
Separatismus (Pfalz) 15, 34
Ski (→ Sport)
Siam (→ Thailand)
Sommerschlußverkauf 121
Sowjetunion (→ UdSSR)
SPD (Sozialdemokratische Partei Deutschlands) 95
– Reichsbanner Schwarz-Rot-Gold 33
Spanien 215
– Frauenwahlrecht 69
– Rückzug in Marokko 168, 197
Sport
– Automobilsport 104, 143, 222
– Berliner Sechstagerennen 31
– Boxen/Schwergewicht 31, 222
– Eiskunstlauf 30, 31, 222
– »Frankfurter Olympiade« 114
– Fußball 104, 105, 143, 222
– Gewichtheben 222
– Handball 105
– Leichtathletik 105, 112, 113, 143, 222, 223
– Olympische Sommerspiele 104, 110, 111, 112, 113, 226
– Olympische Winterspiele 25, 30, 225
– Pferdesport 224
– Radsport 105, 124, 224
– Schwimmen 31, 113, 143, 224
– Segelflug 86
– Ski 30, 225
– Tennis 125, 225
Südafrikanische Union 96, 215
Surrealismus 70
Syrien 215
Tannenberg-Denkmal 135
Telefon 22, 102
Tennis (→ Sport)
Thailand 215
Theater 56 (Übersicht)
– Dramatisches Theater (Berlin) 139
– Musik- und Theaterfest Wien 157
– Skandal um »Hinkemann« 25
– Theater in der Josefstadt (Wien) 73
– Werke:
»Alle Kinder Gottes haben Flügel« 220
»Anarchie in Sillian« 56, 73
»Antonius und Kleopatra« 72
»Der arme Konrad« 219
»Die Cenci« 56
»Denise« 72
»Der Diener zweier Herren« 73
»Der einsame Weg« 73
»Fahnen« 56, 87
»Fédora« 72
»Fernande« 72
»La Gioconda« 72
»Gier unter Ulmen« 220
»Gilles und Jeanne« 139
»Das Grabmal des unbekannten Soldaten« 41, 219
»Gustav III.« 57
»Der haarige Affe« 173
»Hamlet« 72
»Die heilige Johanna« 56, 173
»Der Hinkemann« 25
»Im Dickicht« (späterer Titel »Im Dickicht der Städte«) 173
»Ingeborg« 57
»Juno und der Pfau« 219
»Kaiser Jones« 139
»Die Kameliendame« 72
»Karl XII.« 56
»Katalaunische Schlacht« 56, 219
»Kolportage« 55, 56, 219

»Komödie der Verführung« 57, 157
»Leben Eduards des Zweiten von England« 55, 56, 219
»Maximilian und Juarez« 157
»Medea« 56
»Methusalem oder der ewige Bürger« 139
»Das Mirakel« 25
»Monsieur Alphonse« 72
»Othello« 72
»Palme oder Der Gekränkte« 56, 219
»La Princesse de Bagdad« (Die Prinzessin von Bagdad) 72
»Die Raubritter von München« 219
»Roter Rummel« 157
»Sechs Personen suchen einen Autor« 57, 203
»Simson und Delila« 57
»Sommer« 57
»Spiel des Lebens« 56
»Théodora« 72
»Die Tokaier« 56
»Die tote Stadt« 72
»Die tote Tante« 219
»Traumstück« 57
»Vom Teufel geholt« 57
»Wallenstein« 173
»Wer weint um Juckenack?« 219
Thüringen 35, 114, 151, 213
Tibet 215
Tourismus 98, 121
Transjordanien 215
Tschechoslowakei 215
Tunis 215
Türkei 215
– Abschaffung des Kalifats 47
– Ausweisung der Osmanen 47
– Mossul-Konflikt 168
Tutanchamun-Grab 40
UdSSR 215
– Abkommen mit China 84
– Außenpolitik 36
– Aufstand in Georgien 152
– Botschafterin Kollontai 49
– »Brief an den Parteitag« (sog. Testament Lenins) 85
– Diplomatische Anerkennung 36, 84
– Handelsvertrag mit Großbritannien 134
– Komintern-Kongreß 96
– Konflikt um Berliner Handelsvertretung 82
– Machtkampf Stalin/Trotzki 18, 48, 85
– Sinowjew-Brief 167
– Verwaltungsreform 168
Ungarn 215
Unglücksfälle 38, 41, 55, 64, 86
Unterhaltung 142 (Übersicht)
– Operette 41, 142
– Revue 142
Urlaub und Freizeit 98 (Übersicht), 121
Uruguay 104, 215
USA 215
– Einwanderungsstop 84
– Giftgas-Hinrichtung 38
– Korruptionsskandal 38
– Marinemanöver 102
– Präsidentschaftswahlen 117, 180
– Prohibition 49
– Truppenparaden 152
– Wahlkonvent der Demokraten 117
– Wasserkonflikt (Kalifornien) 183
Venezuela 215
Verfassungsfeiern 134
Verfassungsreform 14
Verkehr 39 (Übersicht)
– Autoverkehr 39, 86
– Luftfahrt 39, 67, 69, 185
– Reichsbahn 55, 163
– Schiffahrt 69, 184
– Verkehrssicherheit 39, 86
– Zugspitzbahn 199
Völkerbund
– Aufnahmeantrag des Deutschen Reichs 151
– Genfer Protokoll zur Friedenssicherung 162
Walchenseekraftwerk 22
Wasserkraftwerk (→ Wissenschaft und Technik)
Weihnachten 206
Weltflieger 69 (Karte)
Werbung 154 (Übersicht)
Wetter 23, 156, 184
Wirtschaft 136 (Übersicht)
– Beamtengehälter 82
– Erdöl 137, 168
– Freihafen (Kiel) 67
– Golddiskontbank 67
– Industrie und Dawesplan 83
– Kölner Messe 83
– Leipziger Frühjahrsmesse 51
– Preissenkung 151
– Rationalisierung 21
– Reichsbank 163
– Reichsmark 133
– Ruhrbergbau 64, 83
– Sommerschlußverkauf 121
– Stabilisierung 13, 136
– Steuersenkung 151
– Stinnes-Konzern 67
Wissenschaft und Technik 202 (Übersicht)
– Bildtelegrafie 86
– Flettner-Rotor 184
– Funkverkehr und -technik 22, 67, 83, 198
– Institut für Sozialforschung (Frankfurt/Main) 100
– Kartographie 202
– Raumfahrt 120
– Telefon 22, 102
– Wasserkraftwerk 22
– Zugspitzbahn 199
Wohnen und Design 170 (Übersicht)
– Bauhaus 198
Württemberg 213
Zeitschrift »Uhu« 173

Quellen

Texte

© für die folgenden Beiträge:
S. 13, 206, Gustav Stresemann: Verlag Ullstein, Berlin (1932)
S. 49, Alexandra Kollontai: Verlag Klaus Guhl, Berlin
S. 63, Hans von Hülsen und Otto Strasser: Karl Rauch Verlag, Düsseldorf (1968)
S. 171, Marcel Breuer: Verlag Gerd Hatje, Stuttgart (1955)

Abbildungen

Archives of American Art, Chicago (Ill.) (2); BBC Hulton, London (1); Karola Bloch, Tübingen (1); S. Fischer Verlag, Frankfurt (1); Harenberg Kommunikation, Dortmund (613); Harenberg Kommunikation/Fischer, Berlin (8); Harvard University Museum, Cambridge (Mass.) (1); Historia-Photo, Hamburg (3); Historisches Museum, Hannover (3); Keystone Pressedienst, Hamburg (3); Kunstgewerbemuseum Zürich (1); Robert Lebeck, Hamburg (3); Max Reinhardt-Bildarchiv, Salzburg (1); Museum für deutsche Geschichte, Berlin (Ost) (1); Niedersächsische Landesgalerie Hannover (1); Österreichische Nationalbank, Wien (2); Österreichische Nationalbibliothek, Wien (3); Bildarchiv Paturi, Rodenbach (1); Schwaneberger-Verlag, München (26); Süddeutscher Verlag, München (11); Thomas Mann-Archiv der Technischen Hochschule, Zürich (1); Klaus Wagenbach, Berlin (1)

© für die Abbildung von Kunstwerken:
Otto Dix: »Die Eltern des Künstlers II«, Erben Otto Dix, Baden, Schweiz
Oskar Laske: Bühnenbild-Entwurf zu Carlo Goldoni, »Der Diener zweier Herren«, Lily Schulz-Laske, Wien
Joan Miró: »Maternité«, VG Bild-Kunst, Bonn 1988
Man Ray: »Violin d'Ingres«, VG Bild-Kunst, Bonn 1988

© für Karten und Grafiken:
Bertelsmann Lexikon Verlag GmbH, Gütersloh / München (7)

Trotz größter Sorgfalt konnten die Urheber des Bildmaterials nicht in allen Fällen ermittelt werden.
Es wird gegebenenfalls um Mitteilung gebeten.